Bertrand Meyer
Objektorientierte Softwareentwicklung

Bertrand Meyer

Objektorientierte Softwareentwicklung

aus dem Amerikanischen übersetzt
von Werner Simonsmeier

Eine Coedition der Verlage Carl Hanser und Prentice-Hall International

Titel der amerikanischen Originalausgabe:

"Object-oriented Software Construction"
by Bertrand Meyer

First published 1988 by
Prentice Hall International (UK) Ltd.,
66 Wood Land End, Hemel Hempstead,
Hertfordshire, HP2 4RG
A division of Simon & Schuster International Group

CIP-Titelaufnahme der Deutschen Bibliothek

Meyer, Bertrand:
Objektorientierte Softwareentwicklung / Bertrand Meyer. Aus d. Amerikan. übers. von Werner Simonsmeier. - München ; Wien : Hanser ; London : Prentice Hall Internat., 1990
Einheitssacht.: Object-oriented software construction <dt.>
ISBN 3-446-15773-5

Eine Coedition der Verlage:
Carl Hanser Verlag München Wien
Prentice-Hall International Inc., London

Umschlagkonzeption: Hans Peter Willberg

Satz: Lichtsatz Gruber, Regensburg
Gesamtherstellung: Druckerei Sommer GmbH, Feuchtwangen

Printed in Germany

Vorwort

Geboren in den eisblauen Wassern der zerklüfteten norwegischen Küste; groß geworden (durch eine Verirrung von Weltströmungen, für die Meeresgeographen noch eine vernünftige Erklärung finden müssen) in der viel graueren Gegend des kalifornischen Pazifik; von manchen als Taifun empfunden, von anderen als Tsunami, von wieder anderen als Sturm im Wasserglas - eine Gezeitenwelle hat die Strände der Informatik-Welt erreicht.

„Objektorientiert" ist *in* und ergänzt oder ersetzt vielleicht sogar „strukturiert", die High-Tech-Version von „gut". Wie stets in solchen Fällen unvermeidbar, wird der Begriff von verschiedenen Leuten mit verschiedenen Bedeutungen benutzt; genauso unvermeidbar wie die drei Stufen von Reaktionen, die die Einführung eines neuen methodischen Prinzips begleiten: (1) „Das ist trivial"; (2) „Im übrigen wird das nicht funktionieren"; (3) „Ich habe sowieso schon immer so gearbeitet". (Die Reihenfolge mag variieren.)

Um es gleich klarzustellen, damit der Leser nicht glaubt, der Autor gehe nur halbherzig an dieses Thema heran: Ich halte objektorientierten Entwurf nicht für eine bloße Laune; ich denke, es ist nicht trivial (obwohl ich mich bemühen werde, das Thema so klar wie möglich darzustellen); ich weiß, daß es funktioniert; und ich bin überzeugt davon, daß objektorientierter Entwurf nicht nur verschieden ist von den Softwareentwurfsmethoden, die die meisten Leute heute anwenden, sondern in gewisser Hinsicht sogar unverträglich mit diesen Methoden, einschließlich einiger Prinzipien, wie sie in den meisten Programmier-Lehrbüchern gelehrt werden. Ich glaube darüber hinaus, daß mit objektorientiertem Entwurf die Qualität von Software entscheidend verbessert werden kann und daß das ansteht. Schließlich hoffe ich, daß der Leser beim Durcharbeiten dieser Seiten meine Begeisterung über diese vielversprechende Prachtstraße zu Softwareentwurf und -realisierung zu teilen beginnt.

„Prachtstraße zu Softwareentwurf und -realisierung". Der Blickwinkel, unter dem dieses Buch objektorientierten Entwurf betrachtet, ist definitiv der des Software Engineering. Andere Betrachtungsweisen sind auch möglich: Es gibt viel Interesse, objektorientierte Methoden auf Künstliche Intelligenz, Graphikprogrammierung oder experimentelle Programmierung anzuwenden. Obwohl diese Darstellung solche Anwendungen nicht ausschließt, liegt auf ihnen nicht der Schwerpunkt. Wir betrachten die objektorientierte Herangehensweise als eine Menge von Prinzipien, Methoden und Werkzeugen, die der Herstellung von „Produktions"-Software mit einem höheren Qualitätsstandard als dem heute üblichen dient.

Objektorientierter Entwurf beruht in seiner einfachsten Form auf einer bemerkenswert elementaren Idee. EDV-Systeme führen Operationen auf bestimmten Objekten aus; um flexible und wiederverwendbare Systeme zu erhalten, ist es geschickter, die Softwarestruktur auf die Objekte statt auf die Operationen zu gründen.

Damit ist keine Definition gegeben, sondern eher eine Reihe von Problemen aufgeworfen: Was genau ist ein Objekt? Wie findet und beschreibt man ein Objekt? Wie sollen Programme Objekte manipulieren? Was sind die möglichen Beziehungen zwischen Objekten? Wie erforscht man die eventuellen Gemeinsamkeiten zwischen verschiedenen

Arten von Objekten? In welchem Zusammenhang mit diesen Ideen stehen klassische Software-Engineering-Themen wie Korrektheit, Einfachheit, Effizienz?

Antworten auf diese Fragen beruhen auf einer beeindruckenden Reihe von Verfahren zur effizienten Herstellung wiederverwendbarer, erweiterbarer und zuverlässiger Software: Vererbung, sowohl in der linearen (einstufigen) als auch in der mehrstufigen Form; dynamisches Binden und Polymorphismus; eine neue Betrachtung von Typen und Typprüfungen; Generizität; Geheimnisprinzip (information hiding); Benutzung von Zusicherungen; Programmieren durch Vertrag (programming by contract); sichere Ausnahmebehandlung. Effiziente Implementierungstechniken sind entwickelt worden, um diese Ideen in der Praxis einsetzen zu können.

Auf den folgenden Seiten werden wir die Methoden und Techniken der objektorientierten Softwareentwicklung behandeln. Teil 1 (Kapitel 1 bis 4) beschreibt die Software-Engineering-Probleme, die zum objektorientierten Ansatz führen, und die Grundkonzepte des objektorientierten Entwurfs. Teil 2 (Kapitel 5 bis 16) behandelt objektorientierte Verfahren im Detail; dieser Teil beruht auf der objektorientierten Sprache **Eiffel**. Teil 3 (Kapitel 17 bis 20) wirft einen Blick auf die Implementierung objektorientierter Konzepte in anderen Umgebungen: klassische, nicht objektorientierte Sprachen wie FORTRAN, Pascal und C; modulare, aber nicht wirklich objektorientierte Sprachen wie Ada und MODULA-2; andere objektorientierte Sprachen wie SIMULA 67 und Smalltalk. Teil 3 schließt mit einer kurzen Betrachtung aktueller Probleme wie Nebenläufigkeit und Persistenz. Teil 4 enthält eine Reihe von Anhängen, insbesondere zu Details von Eiffel.

Eiffel spielt in diesem Buch eine wichtige Rolle, einige Bemerkungen dazu sind deshalb notwendig. Versuche, Probleme des Software-Entwurfs unabhängig von jeder Notation zu erörtern, mögen lobenswert scheinen, sind in Wirklichkeit aber naiv und führen zwangsläufig zu gekünstelten Resultaten. Umgekehrt sind viele Erörterungen von Problemen, die etwas mit der Sprache zu tun zu haben scheinen, in Wirklichkeit Diskussionen ernsthafter Software-Engineering-Probleme. Objektorientierter Entwurf ist da keine Ausnahme; um dies gründlich zu beschreiben, braucht man eine gute Notation. Für mich ist Eiffel diese gute Notation; ich habe Eiffel entworfen, weil keine existierende Sprache meine Erwartungen erfüllte. Anders ausgedrückt: Eiffel wird hier benutzt, um die Konzepte zu erläutern, und nicht umgekehrt. Ich schätze, daß 90% des Materials für Leser interessant sind, die sich für objektorientierten Entwurf interessieren, auch wenn sie nie etwas mit der Eiffel-Programmierumgebung zu tun haben werden. Die restlichen 10% finden sich hauptsächlich in den Anhängen und syntaktischen Notizen am Ende jedes Kapitels. Teil 3 erklärt, wie die Konzepte in andere Sprachen übertragen werden können.

Einige Kapitel in Teil 2 enthalten einen Abschnitt „Erörterung", in dem die Entwurfsprobleme erläutert werden, die beim Entwurf von Eiffel aufkamen, und wie sie gelöst wurden. Da ich der Sprach-Entwerfer bin, gehört dies m.E. zu den wichtigsten Informationen, die ich zu vermitteln versuche. Ich hoffe, der Leser sieht in diesen Erörterungen nicht den Versuch einer Rechtfertigung, sondern freimütige Einblicke in den Prozeß des Sprach-Entwurfs, was viel mit dem Prozeß des Software-Entwurfs gemeinsam hat. Ich habe mir beim Lesen der Beschreibungen wohlbekannter Programmiersprachen oft gewünscht, daß mir die Entwerfer nicht nur erzählten, welche Lösung sie gewählt hatten, sondern auch warum.

Der Gebrauch von Programmier-Notation sollte den Leser nicht zu dem Schluß verleiten, objektorientierte Verfahren deckten nur die Implementierungsphase ab. Ganz im Gegenteil handelt viel in diesem Buch von **Entwurf**. Software-Entwurf wird manchmal fälschlicherweise als eine von der eigentlichen Implementierung vollständig getrennte Aktivität gesehen. Es ist sogar eine Tendenz aufgekommen, einfache graphische Notationen, die vielleicht geeignet sind, Entwürfe *darzustellen,* als „Entwurfsmethoden" (oder noch besser: „Methodologien") zu präsentieren. In der Wirklichkeit beinhaltet der Entwurf die gleichen intellektuellen Vorgänge und die gleichen intellektuellen Herausforderungen wie das Programmieren, nur auf einem höheren Abstraktionsniveau. Eine Herangehensweise, die diese beiden Aktivitäten im selben konzeptionellen Rahmen integriert, ist sehr vorteilhaft. Eiffel wurde mit diesem Ziel im Hinterkopf konzipiert; solche Spracheigenschaften wie aufgeschobene Klassen (deferred classes), Geheimnisprinzip und Zusicherungen dienen unmittelbar diesem Ziel. Einige Kapitel (besonders 3, 4, 7, 9, 12 und 14) erörtern speziell Fragen des abstrakten Entwurfs.

Während ich für alle Mängel in diesem Buch und für den Entwurf von Eiffel volle Verantwortung trage, bedanke ich mich mit großer Freude für die Hilfe, die ich von vielen Menschen bekommen habe. Herausragenden Einfluß hatte SIMULA, die Sprache, in der die meisten Konzepte schon vor zwanzig Jahren eingeführt wurden, und das zumeist richtig; Tony Hoares Bemerkung zu ALGOL 60 - daß sie eine Verbesserung gegenüber den meisten ihrer Nachfolger gewesen sei - trifft genauso auch auf SIMULA zu. Die Mitarbeiter von Interactive Software Engineering halfen enorm. Jean-Marc Nerson trug zahlreiche Einsichten bei und implementierte einige der Werkzeuge aus der Eiffel-Umgebung; seine dauernde Unterstützung war entscheidend. Er und Reynald Bouy sorgten als die ersten Eiffel-Programmierer für Rückkopplung und brachten Vorschläge zum wichtigsten Zeitpunkt. Die erste Implementierung von Eiffel wurde von Deniz Yuksel begonnen und von Olivier Mallet, Frederic Lalanne und Herve Templereau fertiggestellt; in dieser Phase trugen sie viele brillante Einsichten bei, nicht nur die Implementierung, sondern auch die Sprache selbst betreffend. Schlüsselbeiträge wurden auch von Pascal Boosz geliefert. Ich bin Ruth Freestone und Helen Martin von Prentice-Hall International sehr dankbar dafür, daß sie das Manuskript produktreif gemacht haben. Auf drei Kontinenten gab ich kleine Kurse und Vorlesungen zu den Themen dieses Buchs, und die Fragen und Bemerkungen der Teilnehmer haben mein Verständnis dieses Gebiets ebenso wesentlich erweitert wie die vielen Vorschläge von den industriellen und universitären Benutzern von Eiffel.

Santa Barbara B.M.

Januar 1988

Inhaltsverzeichnis

Syntax-Notation

Die folgende Notation, eine einfache Variante von BNF (Backus-Naur-Form), wird in den syntaktischen Beschreibungen benutzt, die sich am Ende jedes Kapitels über Eiffel sowie im Anhang C finden. Sprachstrukturen werden als „Konstrukte" definiert, deren Namen mit einem Großbuchstaben beginnen und in normalem Zeichensatz (Times mager) geschrieben werden, wie Class, Instruction, etc. Die syntaktische Form der Bildung eines Konstrukts wird durch eine Produktionsregel der folgenden Form angegeben:

Konstrukt = Rechte_Seite

Jedes syntaktische Konstrukt erscheint auf der linken Seite von genau einer Produktionsregel, außer den lexikalischen Konstrukten (Bezeichner, usw.), die gesondert definiert werden.

Die rechte Seite einer Produktionsregel ist eine Folge von Konstrukten und/oder terminalen Begriffen, wobei ein terminaler Begriff ein wirkliches Sprachelement repräsentiert (Schlüsselwörter wie **class**, Operatoren wie +, etc.). Terminale Begriffe werden wie folgt geschrieben:

- Schlüsselwörter erscheinen fett und stehen für sich selbst, zum Beispiel **class**, **loop**, etc.
- Vordefinierte Typen, Größen oder Routinen wie *INTEGER, Result* oder *Create* erscheinen kursiv und stehen für sich selbst.
- Besondere Symbole werden in Anführungszeichen eingeschlossen, zum Beispiel ";", ":", etc. Das Anführungszeichen wird in Hochkommata eingeschlossen: '"' (das Hochkomma wird "'" geschrieben).

Alternative rechte Seiten werden durch senkrechte Striche getrennt, wie hier:

Type = *BOOLEAN* | *INTEGER* | *CHARACTER* | *REAL* | Class_type | Association

wobei die ersten vier Alternativen terminale Begriffe sind und die letzten beiden Verweise auf nicht-terminale, anderswo definierte Begriffe.

Zwei notationelle Vereinfachungen werden in rechten Seiten benutzt:

- [comp] bezeichnet das optionale Vorhandensein einer optionalen Komponente comp;
- {Construct § ...} beschreibt Folgen von **null oder mehr** Vorkommen von Construct, die, wenn mehr als eines vorkommt, voneinander durch § getrennt sind.
- {Construct § ...}+ beschreibt Folgen von **einem oder mehr** Vorkommen von Construct, die, wenn mehr als eines vorkommt, voneinander durch § getrennt sind.

Beachte, daß besondere Symbole in Anführungszeichen eingeschlossen sind, so daß keine Verwechslung passieren kann zwischen den Meta-Symbolen dieser Notation, wie [, {, +, etc. und entsprechenden Symbolen in der beschriebenen Sprache, die als "[", "{", "+", etc. vorkommen werden.

Als Beispiel für diese Schreibweise beschreibt das folgende eine triviale Sprache mit den Instruktionen "skip" und "goto", wobei jede Instruktion mit einer Marke versehen sein kann und von der folgenden durch Semikolon abgetrennt wird.

Warnung: Das ist nicht die Eiffel-Syntax!

Program	=	{Instruction ";" ...}
Instruction	=	[Label ":"] Simple_instruction
Simple_instruction	=	Skip | Goto
Skip	=	**skip**
Goto	=	**goto** Label
Label	=	Identifier

TEIL 1

Kernprobleme und Prinzipien

1 Aspekte von Software-Qualität

Das grundsätzliche Ziel von Software Engineering besteht darin, zur Produktion von Qualitätssoftware beizutragen. Dieses Buch führt eine Reihe von Vorgehensweisen ein, die ein enormes Potential zur Verbesserung der Qualität von Software-Produkten in sich bergen.

Bevor wir diese Vorgehensweisen betrachten, müssen wir ihre Ziele klären. Software-Qualität ist kein sehr einfaches Konzept; am besten sieht man sie als einen facettenreichen Begriff, beschrieben durch eine Reihe von Faktoren. Dieses Kapitel analysiert einige dieser Faktoren, zeigt, wo Verbesserungen am dringendsten nötig sind, und zeigt die Richtungen an, in denen wir für den Rest unserer Reise nach Lösungen suchen sollten.

1.1 Äußere und innere Faktoren

Wir alle wünschen uns unsere Programme schnell, zuverlässig, leicht benutzbar, lesbar, modular, strukturiert und so weiter. Aber diese Qualifikatoren bezeichnen zwei verschiedene Sorten von Qualitäten.

Auf der einen Seite betrachten wir solche Qualitäten wie Geschwindigkeit oder leichte Benutzbarkeit, deren Vorhandensein oder Abwesenheit in einem Software-Produkt von den Benutzern des Produkts entdeckt werden kann. Solche Qualitäten mögen **äußere** Qualitätsfaktoren genannt werden. Um die Betrachtung nicht unnötig einzuengen, sollten wir zu den „Benutzern" nicht nur jene Personen zählen, die unmittelbar mit den Endprodukten kommunizieren (zum Beispiel ein Angestellter einer Fluglinie, der ein Flugreservierungssystem benutzt), sondern auch solche, die die Software einkaufen oder die Verträge über ihre Entwicklung und Weiterentwicklung schließen (wie der Fluglinien-Manager, der für die Beschaffung von Flugreservierungssystemen zuständig ist). Damit fällt der Aufwand, der zur Anpassung der Software an Spezifikationsänderungen benötigt wird *(Erweiterbarkeit),* in die Kategorie der äußeren Faktoren. Andere Softwareprodukten zuschreibbare Qualitäten wie Modularität oder Lesbarkeit sind **innere** Faktoren, lediglich für EDV-Profis wahrnehmbar.

Natürlich zählen letztlich nur die äußeren Faktoren: Wenn ich ein Spreadsheet-Programm oder ein Steuerungssystem für ein Kernkraftwerk benutze, kümmert es mich wenig, ob das Quellprogramm lesbar ist oder nicht, wenn meine Berechnungen Jahrhunderte dauern oder eine falsche Eingabe das Kernkraftwerk in die Luft jagt. Die inneren Faktoren aber sind der Schlüssel zur Erfüllung der äußeren Qualitätsanforderungen: Damit Benutzer sich an den sichtbaren Qualitäten erfreuen können, müssen Entwerfer und Implementierer innere Verfahren angewendet haben, die die verborgenen Qualitäten sichern.

Der gesamte übrige Inhalt dieses Buches widmet sich der Darstellung einer Reihe von modernen Verfahren zur Erlangung innerer Qualitäten. Wir sollten jedoch das globale Bild nicht aus den Augen verlieren; die inneren Qualitäten sind keine Werte an sich, sondern lediglich Zwecke zur Erreichung äußerer Qualitäten. Die wichtigsten dieser Qualitätsmerkmale werden im folgenden dargestellt.

1.2 Äußere Qualitätsfaktoren

1.2.1 Korrektheit

Definition:
Korrektheit ist die Fähigkeit von Softwareprodukten, ihre Aufgaben exakt zu erfüllen, wie sie durch Anforderungen und Spezifikationen definiert sind.

Korrektheit ist unbestreitbar die primäre Qualität. Wenn ein System nicht das tut, was es tun soll, dann ist alles andere unwichtig. Dieses Ziel kann allerdings leichter formuliert als erreicht werden, schon deshalb, weil sein Erreichen voraussetzt, daß Systemanforderungen vollständig formal dargestellt werden.

1.2.2 Robustheit

Definition:
Robustheit heißt die Fähigkeit von Softwaresystemen, auch unter außergewöhnlichen Bedingungen zu funktionieren.

Robustheit hat etwas damit zu tun, was in Ausnahmefällen passiert. Das ist verschieden von Korrektheit, denn da ist das Systemverhalten für solche Fälle definiert, die in der Spezifikation ausdrücklich beschrieben sind.

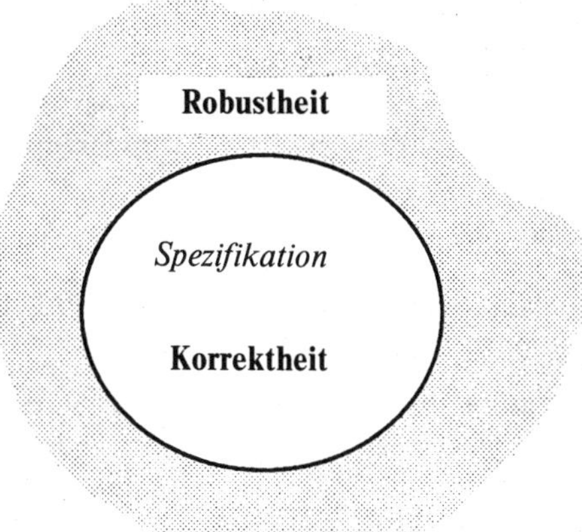

Bild 1.1 Robustheit und Korrektheit

Robustheit ist notwendigerweise ein undeutlicherer Begriff als Korrektheit. In Frage steht, was passiert in allen Fällen, die in der Spezifikation nicht ausdrücklich beschrieben sind. Es ist nicht möglich, wie bei der Korrektheit zu sagen, daß das System in solch einem Falle „seine Aufgaben wahrnehmen" solle, denn diese Aufgaben sind per definitionem unbekannt; könnten sie genauer beschrieben werden, würde der Ausnahmefall Teil der Spezifikation, und wir wären zurück in den Gefilden der Korrektheit. Es wird jedoch immer Fälle geben, die von der Spezifikation nicht ausdrücklich erfaßt sind. Die Rolle der Robustheits-Anforderung besteht darin, für die Eventualität des Auftretens eines solchen Falles abzusichern, daß das System nicht katastrophale Ereignisse auslöst; es sollte seine Ausführung sauber beenden oder in einen Modus des „allmählichen Abfalls" übergehen.

Der Ausdruck „Zuverlässigkeit" wird manchmal im Sinne von Robustheit gebraucht; aber er bezeichnet ein umfassenderes Konzept, das am geeignetsten aufgefaßt wird als Korrektheit und Robustheit zusammen.

1.2.3 Erweiterbarkeit

> **Definition:**
> Erweiterbarkeit bezeichnet die Leichtigkeit, mit der Softwareprodukte an Spezifikationsänderungen angepaßt werden können.

Software wird als „weich" betrachtet, und tatsächlich ist sie das ja im Prinzip auch; nichts ist leichter, als ein Programmelement zu nehmen und es zu ändern.

Das Problem der Erweiterbarkeit besteht im Maßstab. Änderungen in kleinen Programmen sind gewöhnlich kein ernsthaftes Problem, sehr wohl jedoch bei der Programmierung im Großen. Je größer Programme werden, umso schwerer wird es, sie zu ändern. Oftmals erscheint ein großes Softwaresystem wie eine gigantische, aber zerbrechliche Konstruktion, bei dem kein Stein herausgenommen werden darf, ohne das ganze Kunstwerk zum Einsturz zu bringen.

Obwohl viele Verfahren zur Verbesserung der Erweiterbarkeit durch kleine Beispiele oder in Einführungskursen vermittelt werden können, wird ihre Bedeutung doch erst in größeren Projekten klar.

Zwei Prinzipien sind grundlegend zur Verbesserung der Erweiterbarkeit:

- *Einfachheit des Entwurfs:* Eine einfache Architektur wird stets einfacher Änderungen angepaßt werden können als eine komplizierte.
- *Dezentralisierung:* Je autonomer die Moduln in einer Software-Architektur sind, desto höher ist die Wahrscheinlichkeit, daß eine einfache Änderung eher nur einen einzigen oder wenige Moduln betrifft, als daß eine Kettenreaktion von Änderungen über das gesamte System ausgelöst wird.

Einfachheit und Dezentralisierung sind tatsächlich zwei der in den folgenden Erörterungen am häufigsten wiederkehrenden Themen.

1.2.4 Wiederverwendbarkeit

Definition:
Die Wiederverwendbarkeit von Softwareprodukten ist die Eigenschaft, ganz oder teilweise für neue Anwendungen wiederverwendet werden zu können.

Das Bedürfnis nach Wiederverwendbarkeit entsteht aus der Beobachtung, daß viele Elemente von Softwaresystemen nach gleichem Muster gebaut sind; es sollte möglich sein, diese Gemeinsamkeit auszunutzen, um nicht Problemlösungen erneut zu erfinden, die schon zuvor ausgearbeitet worden sind.

Die Wichtigkeit von Wiederverwendbarkeit ist offensichtlich. Man beachte insbesondere, daß Wiederverwendbarkeit alle anderen Aspekte von Softwarequalität beeinflußt. Wenn nämlich das Wiederverwendbarkeitsproblem gelöst ist, muß schließlich weniger Software geschrieben werden, so daß - bei gleichen Gesamtkosten - in die Verbesserung der anderen Faktoren wie Korrektheit, Robustheit, usw. mehr Aufwand gesteckt werden kann.

Kapitel 3 ist vollständig der Wiederverwendbarkeit gewidmet; die dortige Erörterung wird uns zu den Verfahren des objektorientierten Entwurfs führen.

1.2.5 Kompatibilität (Verträglichkeit)

Definition:
Kompatibilität ist das Maß der Leichtigkeit, mit der Softwareprodukte mit anderen verbunden werden können.

Kompatibilität ist wichtig, weil Softwareprodukte nicht in einem Vakuum entwickelt werden: Sie müssen miteinander interagieren (kommunizieren). Zu oft aber gibt es Interaktionsprobleme, weil jedes Produkt unverträgliche Annahmen über den Rest der Welt macht. Ein extremes Beispiel ist die große Vielfalt inkompatibler Dateiformate, wie sie in manchen Betriebssystemen unterstützt werden. Ein Programm kann die Ergebnisse eines anderen nur dann direkt weiterverarbeiten, wenn die Dateiformate kompatibel sind.

Der Schlüssel zur Kompatibilität liegt in der Einheitlichkeit des Entwurfs und in der Vereinbarung von Standards für die Inter-Programm-Kommunikation. Lösungsbeispiele sind:

- Standardisierte Dateiformate wie in Unix, wo jede Textdatei einfach eine Folge von Zeichen ist.
- Standardisierte Datenstrukturen wie in Lisp-Systemen, wo alle Daten und auch Programme durch binäre Bäume (in Lisp „Listen" genannt) dargestellt werden.
- Standardisierte Benutzungsschnittstellen wie in Smalltalk-Systemen, wo alle Werkzeuge auf einem einzigen Prinzip der Benutzerkommunikation beruhen, aufbauend auf Fenstern, Sinnbildern, Graphik, usw.

Allgemeinere Lösungen entstehen, wenn standardisierte Protokolle für den Zugriff auf alle wichtigen, von der Software manipulierten Dinge definiert werden. Das ist die Idee, die hinter abstrakten Datentypen (Kapitel 4) und dem objektorientierten Zugang steckt.

1.2.6 Andere Qualitätseigenschaften

Die bisher benannten Qualitätseigenschaften sind diejenigen, die am meisten von den Verfahren des objektorientierten Entwurfs profitieren; sie werden im Mittelpunkt der folgenden Erörterungen stehen. Jedoch sollten wir andere Aspekte von Softwarequalität nicht vernachlässigen. **Effizienz** ist die ökonomische Nutzung von Hardware-Ressourcen wie Prozessoren, interner und externer Speicher, Kommunikationsgeräte. Obwohl es in der frühen Diskussion über das Programmieren eine gewisse Überbetonung von „low-level"-Effizienz gegeben haben mag, ist die ökonomische Nutzung verfügbarer Ressourcen - sowohl bezüglich Raum als auch bezüglich Zeit - natürlich eine grundlegende Anforderung an jedes Softwareprodukt.

Portabilität ist das Maß der Leichtigkeit, mit der Softwareprodukte auf verschiedene Hardware- und Software-Umgebungen übertragen werden können.

Verifizierbarkeit ist das Maß der Leichtigkeit, mit der Abnahmeprozeduren, insbesondere Testdaten, und Prozeduren zur Fehlererkennung und -verfolgung während der Validations- und der Betriebsphase erzeugt werden können.

Integrität ist die Fähigkeit des Softwaresystems, seine verschiedenen Komponenten (Programme, Daten, Dokumente) gegen unberechtigte Zugriffe und Veränderungen zu schützen.

Benutzerfreundlichkeit ist die Leichtigkeit, mit der die Benutzung von Softwaresystemen, ihre Bedienung, das Bereitstellen von Eingabedaten, die Auswertung der Ergebnisse und das Wiederaufsetzen nach Benutzungsfehlern erlernt werden kann.

1.2.7 Konkurrierende Eigenschaften

In dieser Betrachtung externer Softwarequalitätsfaktoren haben wir Anforderungen herausgearbeitet, die nicht unbedingt verträglich miteinander sind. Wie kann man perfekte Unverletzbarkeit erreichen, ohne Schutzmaßnahmen und Barrieren verschiedenster Art aufzubauen, die unweigerlich die Benutzungsfreundlichkeit behindern? Ebenso würde optimale Effizienz perfekte Anpassung an eine bestimmte Hardware- und Software-Umgebung erfordern, was das Gegenteil von Portabilität und perfekter Anpassung an eine bestimmte Spezifikation ist. Erweiterbarkeit und Wiederverwendbarkeit wiederum drängen zu Lösungen von allgemeineren als den ursprünglich vorgegebenen Problemen.

In vielen Fällen mögen Lösungen gefunden werden, in denen offensichtlich widersprüchliche Faktoren versöhnt werden. Manchmal müssen jedoch Kompromisse eingegangen werden. In solchen Fällen ist es wichtig, die Kriterien klarzulegen.

1.3 Über Softwarewartung

Oftmals wird in Diskussionen über Software und Softwarequalität nur die Entwicklungsphase betrachtet. Aber das wirkliche Bild ist breiter. Der verborgene Teil, diejenige Seite des Geschäfts, die in Programmierkursen üblicherweise nicht sehr hervorgehoben wird, ist die Wartung. Allgemein wird der Kostenanteil der Softwarewartung auf 70% geschätzt. Keine Diskussion über Softwarequalität kann befriedigen, wenn dieser Aspekt vernachlässigt wird.

Was bedeutet „Wartung" in bezug auf Software? Kurzes Nachdenken führt zur Erkenntnis, daß es sich um eine Fehlbenennung handelt: Ein Softwareprodukt verschleist nicht durch wiederholten Gebrauch und muß deshalb auch nicht wie ein Auto oder ein Fernseher „gewartet" werden. Tatsächlich wird das Wort von Software-Leuten benutzt, um über einige vornehme und einige nicht so vornehme Aktivitäten einen Schleier zu werfen. Der vornehme Teil ist Änderung: So wie sich Spezifikationen von Computersystemen ändern und damit Änderungen in der externen Welt widerspiegeln, so müssen sich auch die Systeme selbst ändern. Der weniger vornehme Teil ist späte Fehlerbehebung: Beseitigung von Fehlern, die eigentlich von vornherein gar nicht hätten drin sein dürfen.

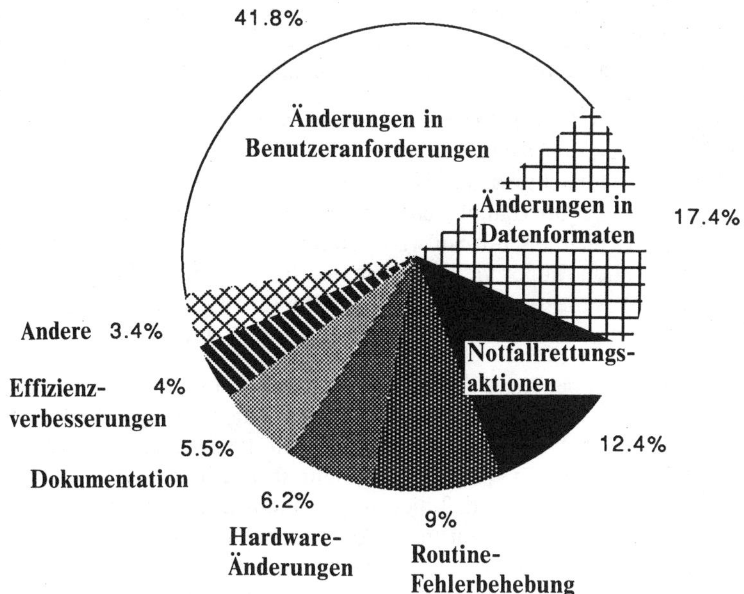

Bild 1.2 Zusammensetzung der Wartungskosten (Quelle: [Lientz 1979])

Das obige Diagramm wirft ein Licht darauf, was alles mit dem schwammigen Begriff der Wartung gemeint ist. Auf der Grundlage von 487 Institutionen, die Software aller Art entwickeln, zeigt es die Verteilung der Wartungskosten. Mehr als zwei Fünftel der Wartungsarbeiten sind - nach dieser Studie - von Benutzern geforderte Erweiterungen und Änderungen. Das scheint der von uns so genannte vornehme Teil der Wartung zu sein, also der unvermeidliche. Jedoch scheint die Größe dieses Anteils ein Zeichen für die mangelnde Erweiterbarkeit von gewöhnlich implementierter Software zu sein: Systeme können nur sehr viel schwerer als gewünscht geändert werden. Ein Schlüsselvorteil der in diesem Buch behandelten Techniken ist der, Software leichter änderbar zu machen.

Der zweitgrößte Posten ist besonders interessant: Folge der Änderungen von Datenformaten. Wenn die physikalische Struktur von Dateien und anderen Datenelementen sich ändert, müssen die Programme angepaßt werden. Als zum Beispiel vor wenigen Jahren die US Post die „5 + 4"-Postleitzahl für große Firmen einführte (neun Ziffern anstelle von standardmäßig fünf), mußten zahlreiche Adreßbearbeitungsprogramme, die „wußten", daß Postleitzahlen genau fünf Stellen lang sind, mit großem Kostenaufwand für die Industrie umgeschrieben werden.

Das Problem ist nicht, daß irgendein Programmteil die physikalische Struktur der Daten kennt: Dies ist unvermeidlich, weil auf die Daten eventuell für interne Verarbeitungen zugegriffen werden muß. Aber bei den meisten bekannten Softwareentwurfstechniken ist diese Kenntnis über zu weite Teile des Systems verstreut. Wenn also die physikalische Datenstruktur sich ändert (was sicher früher oder später passiert), dann sind die Folgen für die Systemstruktur unverhältnismäßig weitreichend; zu viele Teile des Systems sind betroffen. Die Theorie der abstrakten Datenstrukturen, wie sie in Kapitel 4 behandelt wird, birgt den Schlüssel zu diesem Problem: Programme greifen auf Daten über deren externe Eigenschaften und nicht über ihre physikalische Implementierung zu.

Ein weiteres deutliches Problem in der Verteilung der Arbeiten ist der niedrige Anteil (5,5%) der Dokumentationskosten. Man beachte, daß dies Kosten von Arbeiten zur Wartungszeit sind. Die Beobachtung hier ist, daß entweder als Teil der Systementwicklung dokumentiert wird - oder überhaupt nicht. Dieses Buch betont einen Entwicklungsstil, in dem Dokumentation nicht als von Software sauber getrennt betrachtet wird; der größte Teil der Dokumentation (außer vielleicht Diagramme, die die Architektur auf höchster Ebene beschreiben) ist in den Programmen enthalten. Besondere Werkzeuge (siehe Kapitel 9 und 15) ziehen die Dokumentation aus dem Code heraus.

Die nächsten Posten in der Liste von Lientz und Swanson sind auch interessant, wenn auch nicht unmittelbar von Bedeutung für die Themen dieses Buchs. Notfallrettungsaktionen (in Eile ausgeführt, wenn das Programm nicht die erwarteten Ergebnisse liefert oder katastrophales „Verhalten" zeigt) kosten mehr als routinemäßige, geplante Korrekturen. Das rührt nicht nur daher, daß hier unter hohem Druck gearbeitet werden muß, sondern auch, daß damit der geordnete Ablauf der Auslieferung neuer Versionen durcheinandergebracht wird und neue Fehler eingebaut werden. Die letzten beiden Aktivitäten haben nur geringe Anteile. Die eine ist Effizienzverbesserung; das heißt wohl, daß Projektmanager und Programmierer - wenn ein System mal läuft - nicht besonders begierig sind, das empfindliche Gleichgewicht in der vagen Hoffnung auf Effizienzverbesserungen zu stören. Die andere ist Übertragung auf andere Umgebungen; anscheinend sind üblicherweise geschriebene Systeme entweder von Natur aus sehr portabel oder derartig abhängig von spezieller Hardware, daß jede Hoffnung auf Portabilität vergebens ist. Die Wahl zwischen diesen beiden Interpretationen wird dem Leser überlassen.

1.4 Die Schlüsselqualitäten

Die verbleibende Diskussion wird die ersten fünf oben angesprochenen Qualitäten beleuchten: **Korrektheit, Robustheit, Erweiterbarkeit, Wiederverwendbarkeit und Verträglichkeit.** In ihnen spiegeln sich die ernstesten Probleme mit der heutigen Praxis der Softwareentwicklung wider. Zu oft tun Programme nicht das, was sie tun sollen. Sie sind nicht gut genug gerüstet, um ungewöhnlichen Situationen zu begegnen. Sie sind zu schwer änderbar. Ihre Entwicklung baut zu wenig auf frühere Arbeit auf. Sie können nicht gut genug miteinander verbunden werden.

Wenn wir nach Lösungen für diese Probleme suchen, ergeben sich deutlich zwei Untergruppen aus dieser Liste. Auf der einen Seite erfordern Wiederverwendbarkeit, Erweiterbarkeit und Verträglichkeit Konstruktionstechniken, die flexible, dezentralisierte Entwürfe produzieren, bestehend aus festen Moduln, verbunden durch wohldefinierte Schnittstellen. Der objektorientierte Ansatz bietet die beste bekannte Lösung. Auf der anderen Seite werden Korrektheit und Robustheit durch Techniken begünstigt, die die systematische, auf präziser Spezifikation von Anforderungen und Einschränkungen beruhende Entwicklung unterstützen. Wie wir unten zeigen werden, können solche Techniken harmonisch mit anderen Aspekten des objektorientierten Entwurfs gemischt werden.

1.5 In diesem Kapitel eingeführte Schlüsselkonzepte

- Der Zweck von Software Engineering besteht darin, Wege zur Herstellung von Qualitätssoftware zu finden.
- Softwarewartung, die einen großen Anteil an den Softwarekosten ausmacht, ist belastet durch die Schwierigkeiten, Softwareprodukte zu ändern, und durch die Überabhängigkeit der Programme von der physikalischen Struktur der Daten, auf denen sie arbeiten.
- Softwarequalität darf nicht als einzelnes Kriterium, sondern sollte als Kompromiß zwischen einer Menge verschiedener Ziele betrachtet werden.
- Externe Faktoren, die von Benutzern und Kunden wahrgenommen werden, sollten unterschieden werden von internen Faktoren, wie sie von Entwerfern und Implementierern wahrgenommen werden.
- Was zählt, sind die externen Faktoren, aber sie können nur durch die internen Faktoren erreicht werden.
- Es wurden zehn grundlegende externe Faktoren dargestellt. Diejenigen Faktoren, für die gegenwärtige Software am dringendsten bessere Methoden benötigt, sind die sicherheitsbezogenen Faktoren Korrektheit und Robustheit, und diejenigen, die dezentralere Software-Architekturen erfordern: Wiederverwendbarkeit, Erweiterbarkeit und Verträglichkeit.

1.6 Literaturhinweise

Verschiedene Autoren haben Definitionen für Qualität vorgeschlagen; eine der ersten, die auf einer systematischen Untersuchung basierte, kam von einer TRW-Gruppe [Boehm 1978]; siehe auch eine ältere Arbeit von Hoare [Hoare 1972].

Die Unterscheidung in externe und interne Faktoren wurde 1977 in einer Untersuchung bei General Electric im Auftrag der US Air Force eingeführt [McCall 1977]. McCall benutzt die Begriffe „Faktor" und „Kriterium", wo wir externe Faktoren und interne Faktoren sagen. Die zehn in diesem Kapitel eingeführten Faktoren sind ähnlich zu denjenigen von McCall; einer von McCalls Faktoren, Wartbarkeit, wurde fallengelassen, weil dies ausreichend durch Erweiterbarkeit und Beweisbarkeit abgedeckt ist (die Gründe sind in Abschnitt 1.3 erläutert). In McCalls Untersuchung werden neben internen Faktoren (Kriterien genannt) auch *Metriken* oder quantitative Techniken zur Beurteilung, wie gut die internen Faktoren erfüllt werden, behandelt. Die internen Faktoren und Metriken in dieser Untersuchung sind jedoch zu eng mit Programmiertechniken verbunden, die durch die Standards des objektorientierten Entwurfs ungültig geworden sind. Diesen Teil von McCalls Arbeit auf die in diesem Buch entwickelten Techniken zu übertragen, wäre sicherlich eine lohnende Mühe.

Das Diagramm über die Wartungskosten (Bild 1.2) kommt von [Lientz 1979]. Siehe auch [Boehm 1979]. Der Ausdruck *Programmierung im Großen* wurde von [DeRemer 1976] eingeführt.

2 Modularität

In Kapitel 1 wurde der Bedarf an flexiblen Systemarchitekturen betont, die den Zielen der Erweiterungsfähigkeit, Wiederverwendbarkeit und Kompatibilität dienen. Ein Begriff fällt dabei ins Auge: Wir sollten unsere Software *modularer* machen.

Wie „strukturiert" oder „benutzerfreundlich" ist „modular" eines der beliebtesten Schlagworte im Software Engineering, aber an exakten Definitionen mangelt es. Modulare Programmierung wurde einst verstanden als die Entwicklung von Programmen, die aus kleinen Teilstücken - üblicherweise Unterprogrammen - bestehen. Diese Technik kann jedoch nur dann Vorteile für die Erweiterbarkeit und Wiederverwendbarkeit bringen, wenn die entstehenden Teilstücke - die *Moduln* - autonom, in sich geschlossen und in robusten Architekturen organisiert sind. Jede sinnvolle Definition von Modularität muß dieses Problem berücksichtigen.

Eine einzige Definition wird da wohl nicht genügen; wie bei der Softwarequalität müssen wir Modularität aus mehr als einem Blickwinkel betrachten. Wir benutzen fünf „Kriterien" und fünf „Prinzipien". Die Kriterien sind unabhängig voneinander; man kann eines erfüllen und dabei die anderen verletzen. Die Prinzipien sind in der Praxis ebenso wichtig wie die Kriterien, aber jene folgen logisch aus diesen.

Der Zweck dieser Erörterung besteht darin zu beurteilen, was es bedeutet, daß eine *Softwareentwicklungsmethode* modular ist in dem Sinne, daß sie Entwerfern dabei hilft, Softwaresysteme aus autonomen, durch eine klare, einfache Struktur miteinander verbundenen Elementen zu erzeugen. Die wichtigsten Folgen von Modularität sind auf der Entwurfsebene spürbar; deshalb interessieren wir uns nicht nur für *Programm*-Moduln, sondern auch für *Entwurfs*-Moduln.

Die Form der Moduln steht jetzt noch nicht fest. Unser Ziel besteht vielmehr darin, eine Grundlage für die Entscheidung über die Form der Moduln zu schaffen. Die einfachste Form ist die eines Unterprogramms (oder einer Prozedur), die einen Schritt der von der Software wahrzunehmenden Aufgabe darstellt. Das Unterprogramm wird jedoch bald als für die Zwecke der Modularität ungenügend erscheinen, und wir werden fortgeschrittenere Modulformen einführen.

2.1 Fünf Kriterien

Die fünf Kriterien dienen der Bewertung von Entwurfsmethoden in bezug auf Modularität. Sie lauten:

- modulare Zerlegbarkeit
- modulare Kombinierbarkeit
- modulare Verständlichkeit
- modulare Beständigkeit
- modulare Geschütztheit.

2.1.1 Modulare Zerlegbarkeit

Das Kriterium modulare Zerlegbarkeit ist erfüllt, wenn die Entwurfsmethode bei der Zerlegung eines neuen Problems in verschiedene Teilprobleme hilft, deren Lösungen jeweils getrennt gesucht werden können.

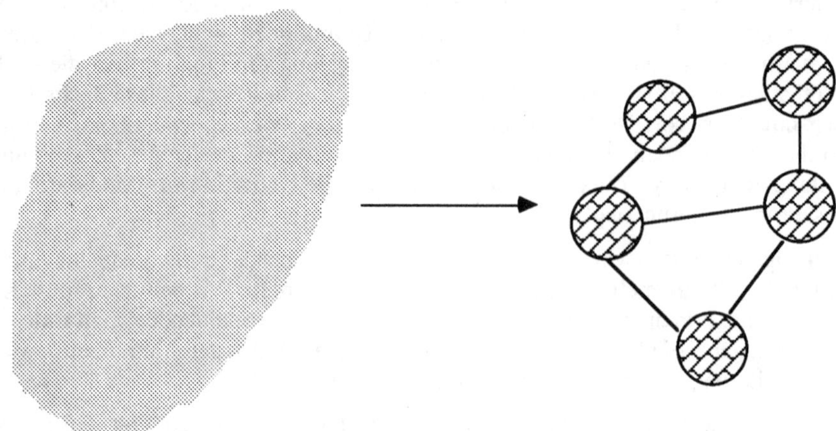

Bild 2.1 Zerlegbarkeit

Das Bild stellt die Idee dar: Die Methode sollte helfen, die augenscheinliche Komplexität einer anfänglichen Systembeschreibung zu reduzieren, indem das System in eine Menge weniger komplexer Subsysteme zerlegt wird, die durch eine einfache Struktur miteinander verbunden sind. Im allgemeinen wird dieser Prozeß wiederholt werden: Subsysteme müssen ihrerseits wiederholt werden.

Die Erfüllung dieses Kriteriums ist für die modulare Entwicklung nicht-trivialer Systeme unabdingbar. Das Kriterium ist schwieriger zu erfüllen als es zunächst den Anschein haben mag, denn es folgt daraus, daß die verschiedenen Teilprobleme, die durch die Zerlegung entstehen, verschiedenen Leuten zur getrennten Bearbeitung übergeben werden können. Dies ist eine zwingende Anforderung.

- *Beispiel: Top-down Entwurf.* Die Top-down-Entwurfsmethode leitet den Entwerfer dabei an, mit einer abstraktesten Beschreibung der Systemfunktionen zu beginnen und dann diese Sichtweise schrittweise zu verfeinern, wobei jedes Subsystem so lange in jedem Schritt in eine kleine Zahl einfacherer Subsysteme zerlegt wird, bis alle so erhaltenen Elemente ein zur direkten Implementierung ausreichend niedriges Abstraktionsniveau erreicht haben. Der Prozeß kann als Baum dargestellt werden. Diese Herangehensweise fördert ganz eindeutig die Zerlegbarkeit.
- *Gegenbeispiel: Initialisierungsmodul.* Viele Moduln benötigen irgendeine Initialisierung: Handlungen wie z. B. die Zuweisung initialer Werte an bestimmte Variable, Öffnen von Dateien, usw. müssen vorgenommen worden sein, bevor der Modul seine

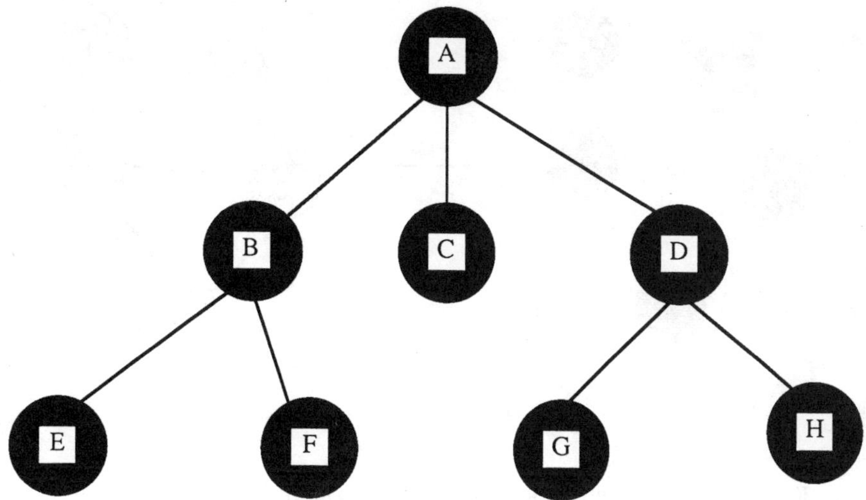

Bild 2.2 Eine Top-down-Hierarchie

erste nützliche Arbeit durchführen kann. Es scheint eine gute Idee zu sein, all diese Handlungen für alle Moduln im System in einem einzigen Initialisierungsmodul zu konzentrieren, der alles für jedermann initialisiert. Solch ein Modul zeigt eine gute „zeitliche Festigkeit", da alle seine Handlungen im selben Stadium der Systemausführung durchgeführt werden. (Der Ausdruck „zeitliche Festigkeit" kommt von der als strukturierter Entwurf bezeichneten Methode; s. Literaturhinweise.) Ein solcher Initialisierungsmodul muß jedoch auf die Datenstrukturen aller Moduln zugreifen, die er initialisiert, was ein stetiges Zusammenspiel zwischen dem Initialisierungsmodul und anderen Moduln erfordert. Das steht im Gegensatz zum Zerlegbarkeitskriterium.

2.1.2 Modulare Kombinierbarkeit

Eine Methode erfüllt das Kriterium der modularen Kombinierbarkeit, wenn sie die Herstellung von solchen Softwareelementen fördert, die miteinander frei zur Herstellung neuer Systeme kombiniert werden können, möglicherweise in einer von der anfänglichen Entwicklungsumgebung sehr verschiedenen Umgebung.

Während Zerlegbarkeit sich auf die Herleitung von Softwareelementen aus Spezifikationen bezieht, befaßt sich Kombinierbarkeit mit dem umgekehrten Prozeß: mit der Sicherstellung, daß vorhandene Softwareelemente bei der Entwicklung neuer Systeme verwendet werden können.

Kombinierbarkeit ist unmittelbar mit dem Wiederverwendbarkeitsproblem verbunden: Das Ziel ist, Softwareteile so zu entwerfen, daß sie wohldefinierte Aufgaben wahrnehmen und auch in sehr unterschiedlichen Zusammenhängen benutzbar sind.

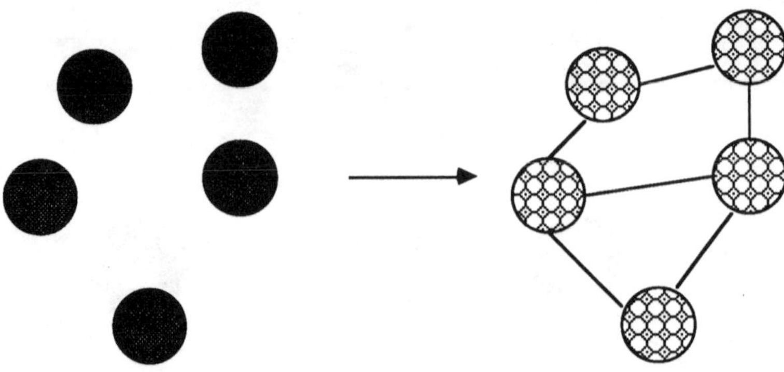

Bild 2.3 Kombinierbarkeit

Dieses Kriterium spiegelt einen alten Traum wider: Der Softwareentwurfsprozeß soll zu einer Baukastentätigkeit werden, wobei Programme durch die Kombination vorhandener Standardelemente entstehen.

- *Beispiel 1: Unterprogrammbibliotheken.* Unterprogrammbibliotheken werden als Mengen kombinierbarer Elemente entworfen. Bibliotheken waren zum Beispiel auf dem Gebiet der Numerik erfolgreich, wo sorgfältig entworfene Bibliotheken von Unterprogrammen routinemäßig zur Lösung klassischer Probleme in der Linearen Algebra, bei der Finite-Elemente-Methode, bei Differentialgleichungen, usw. benutzt werden.
- *Beispiel 2: Unix-Shell-Konventionen.* Die Unix-Basis-Kommandos operieren auf Eingaben, die als sequentielle Zeichenfolgen aufgefaßt werden, und erzeugen Ausgaben mit der gleichen Standardstruktur. Das macht sie potentiell kombinierbar; der Kombinationsoperator wird als | geschrieben, so daß A | B ein Programm ist, das die Eingabe von A akzeptiert, durch A verarbeitet, die Ausgabe von A an B als Eingabe übergibt und durch B verarbeitet. Eine solche systematische Konvention begünstigt die Kombinierbarkeit von Softwarewerkzeugen.
- *Gegenbeispiel: Präprozessoren.* Eine populäre Methode, die Eigenschaften von Programmiersprachen zu „erweitern" (und manchmal auch einige der eklatantesten Schwächen zu korrigieren), ist die Benutzung von „Präprozessoren", die eine erweiterte Syntax als Eingabe akzeptieren und sie in die Standardform der Sprache transformieren. Fortran zum Beispiel wurde vielfältig um Konzepte für graphische Primitiven, Steuerkonstrukte der „strukturierten Programmierung" oder Datenbankoperationen erweitert. Üblicherweise sind solche Erweiterungen jedoch nicht kompatibel; dann können die Präprozessoren nicht miteinander kombiniert werden, was zu unlösbaren Konflikten führt wie zur Wahl zwischen Graphik und geeigneten Steuerkonstrukten.

Das Kombinierbarkeitskriterium ist unabhängig vom vorherigen Kriterium, der Zerlegbarkeit. Tatsächlich stehen sie oft in Widerspruch zueinander. So wird beim Top-down-Entwurf zum Beispiel die Kombinierbarkeit *nicht* berücksichtigt, es werden Moduln erzeugt, die eher nicht wiederverwendbar sind. Der Grund ist, daß hier Moduln zur Erfüllung einer speziellen Anforderung entwickelt werden, die einem bestimmten Teilproblem entsprechen, wie es an einem gewissen Punkt des Verfeinerungsprozesses (s. Bild 2.2) identifiziert wurde; die Methode gibt keinen Hinweis darauf, den Modul allgemeiner als dieses Teilproblem zu machen, noch einen Anreiz dazu.

2.1.3 Modulare Verständlichkeit

Eine Methode begünstigt Modulare Verständlichkeit, wenn sie die Herstellung von Moduln unterstützt, die für sich durch einen menschlichen Leser verstanden werden können. Im schlimmsten Falle sollte der Leser nur wenige Nachbarmoduln mitansehen müssen.

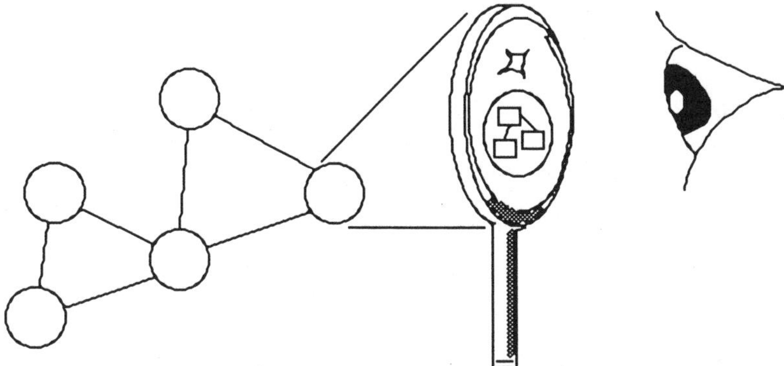

Bild 2.4 Verständlichkeit

Dieses Kriterium ist wichtig im Hinblick auf das Wartungsproblem. Bei den meisten Wartungsarbeiten, ob nun von der vornehmen oder von der weniger vornehmen Art (s. Kapitel 1), muß man sich in vorhandene Softwareelemente eingraben. Diese Methode kann kaum als modular bezeichnet werden, wenn Dokumente nicht für sich verständlich sind.

Man beachte, daß diese Diskussion eher Entwurf als Programmierung zum Hauptthema hat; die für sich verständlichen Elemente können also ebenso gut Entwurfsmoduln wie Programmeinheiten sein.

- *Gegenbeispiel: Abhängigkeit von der Reihenfolge.* Wenn eine Menge von Moduln so entworfen wurde, daß ihr korrektes Funktionieren davon abhängt, daß diese Moduln in einer vorbestimmten Reihenfolge aktiviert werden, dann sind sie nicht individuell verständlich.

2.1.4 Modulare Stetigkeit

Eine Entwurfsmethode erfüllt das Kriterium der Modularen Stetigkeit, wenn eine kleine Änderung in der Problemspezifikation sich als Änderung in nur einem Modul oder wenigen Moduln auswirkt, die mithilfe der Methode aus der Spezifikation abgeleitet werden können. Solche Änderungen sollten nicht die *Architektur* des Systems berühren, also die Beziehungen zwischen den Moduln.

Dieses Kriterium spiegelt das Erweiterbarkeitsproblem wider: Wie in Kapitel 1 erwähnt, werden im Laufe der Projektabwicklung fast alle Spezifikationen geändert. Stetigkeit bedeutet, daß kleine Änderungen nur einzelne Moduln in der Systemstruktur berühren sollten und nicht die Struktur selbst.

Der Begriff „Stetigkeit" wurde in Anlehnung an das Konzept einer stetigen Funktion in der Mathematik gewählt. Grob gesprochen, ist eine Funktion stetig, wenn eine kleine Änderung des Arguments eine kleine Änderung im Resultat bewirkt. Die hier betrachtete Funktion ist die Entwurfsmethode, betrachtet als Mechanismus zur Erzeugung von Systemen aus Spezifikationen:

Entwurfsmethode : Spezifikation → System

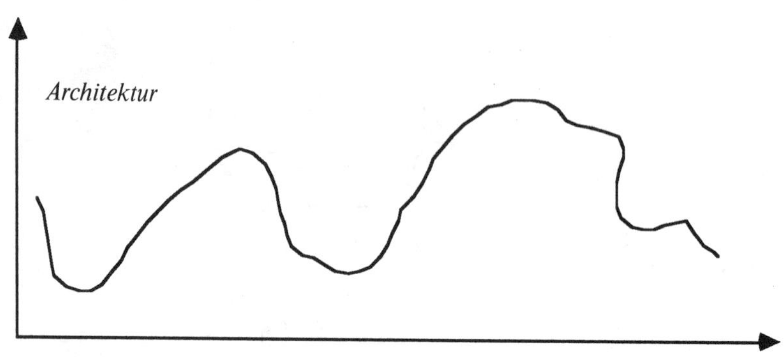

Bild 2.5 Stetigkeit

Trotz der mathematischen Analogie arbeiten wir hier natürlich mit nicht-exakten Konzepten; es ist schwer, im Zusammenhang mit Änderungen in der Programmarchitektur, oder gar Spezifikationen exakt zu definieren, was „klein" oder „groß" bedeutet. Das Konzept der Stetigkeit ist jedoch intuitiv klar und stellt eine wichtige Anforderung dar an jede Methode, die in Anspruch nimmt, modular zu sein.

- *Beispiel 1: Symbolische Konstanten.* Einige Programmierprojekte haben die Konvention, daß in den Programminstruktionen keine numerischen oder Textkonstanten verwendet werden dürfen: Alle Konstanten müssen über symbolische Namen benutzt werden, deren zugehörige Werte nur in Konstantendefinitionsklauseln (PARAMETER in Fortran77, **constant** in Pascal oder Ada) vorkommen. Wenn der Wert geändert werden muß, ist nur die Definition betroffen. Das ist eine sehr weise Vorsichtsmaßnahme im Hinblick auf Stetigkeit.

- *Beispiel 2: Das Prinzip des einheitlichen Zugriffs.* Sei *x* der Name eines Programmobjekts und *a* der Name eines Attributs von *x*. Zum Beispiel kann *x* eine Variable sein, die ein Bankkonto darstellt, und *a* das „Kontostand"-Attribut des Bankkontos.
  Wie bezeichnet man den Wert des Attributs *a* für *x*? In vielen Entwurfs- oder Programmiersprachen hängt das davon ab, ob der Wert bei *x* abgespeichert wird oder bei Gebrauch berechnet. Zum Beispiel kann der Kontostand entweder ein Element des Verbundobjekts sein, welches das Konto repräsentiert, oder das Ergebnis der Berech-

nung einer Funktion (basierend auf einigen anderen Elementen des Verbundes, so den Listen der Zu- und Abbuchungen auf dem Konto). In Pascal oder Ada ist die Schreibweise im ersten Fall *x.a*, im zweiten *a(x)*.
Die Wahl zwischen diesen beiden Repräsentationen ist eine Rechnung Raum gegen Zeit; die eine spart Rechenzeit, die andere Speicherplatz. Welche Wahl getroffen wird, ist eine jener Entscheidungen, die oft mindestens einmal im Laufe eines Projekts geändert werden. Das Stetigkeitskriterium bevorzugt also jede Schreibweise, die gegen solche Änderungen unempfindlich ist. Das ist ein Beispiel des Prinzips des einheitlichen Zugriffs, das in seiner allgemeinen Form folgendermaßen beschrieben werden kann: Die von einem Modul angebotenen Dienste sollten mit einer einheitlichen Schreibweise verfügbar sein, unabhängig davon, ob der Dienst mittels Abspeicherung oder mittels Berechnung implementiert ist.
In Algol W, zum Beispiel, werden sowohl Funktionsaufrufe als auch Feldzugriffe *a(x)* geschrieben; in Simula67 oder Eiffel werden beide *x.a* geschrieben. In allen Fällen ist die Konvention einheitlich, das Prinzip ist erfüllt. Im Gegensatz dazu benutzen Pascal und Ada unterschiedliche Schreibweisen, wie wir sahen.

- *Gegenbeispiel 1: Benutzung physikalischer Repräsentationen.* Eine Methode, bei der Programmentwürfe nach dem Muster der physikalischen Datenrepräsentation entstehen, führt zu Entwürfen, die gegen geringfügige Änderungen in der Umgebung sehr empfindlich sind.

- *Gegenbeispiel 2: Statische Felder.* Sprachen wie Fortran oder Pascal, bei denen die Deklaration von Feldern, deren Grenzen erst zur Laufzeit bekannt sind, nicht erlaubt ist, machen die Weiterentwicklung von Programmen sehr viel schwerer.

2.1.5 Modulgeschütztheit

Eine Methode erfüllt das Kriterium der Modulgeschütztheit, wenn sie zu Architekturen führt, in denen die Auswirkungen einer zur Laufzeit in einem Modul auftretenden Ausnahmesituation auf diesen Modul beschränkt bleiben oder höchstens sich auf wenige benachbarte Moduln fortpflanzt.

Das zugrundeliegende Problem von Störungen und Fehlern ist zentral im Software Engineering. Die hier betrachteten Fehler sind Laufzeitfehler, die aus Hardwarestörungen herrühren, aus fehlerhaften Eingaben oder Mangel an benötigten Ressourcen (wie „verfügbarer Speicherplatz erschöpft"). Das Kriterium befaßt sich nicht mit der Vermeidung oder Beseitigung von Fehlern, sondern mit dem Aspekt, der für die Modularität unmittelbar wichtig ist: ihrer Ausbreitung.

- *Beispiel: Prüfen der Eingabe an der Quelle.* Eine Methode, die verlangt, daß jeder Daten-liefernde Modul auch für die Prüfung ihrer Gültigkeit verantwortlich ist, ist gut für die Modulgeschütztheit.

- *Gegenbeispiel: Undisziplinierte Ausnahmen.* Sprachen wie PL/I, CLU und Ada kennen den Begriff der Ausnahme. Eine Ausnahme ist ein besonderes Signal, das von einer bestimmten Instruktion „hervorgerufen" und in einem anderen, möglicherweise entfernten Teil des Systems „behandelt" werden kann. Wenn die Ausnahme hervorgeru-

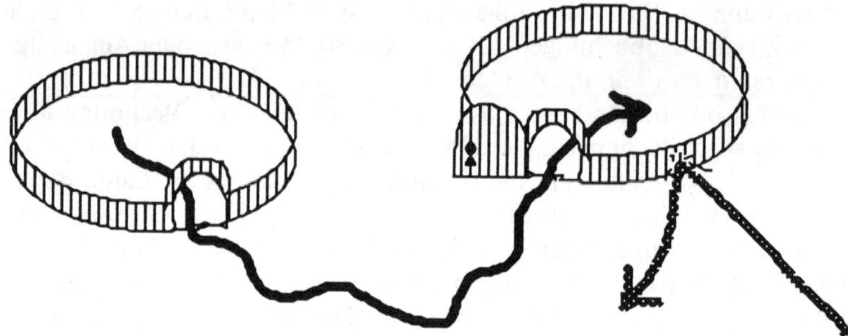

Bild 2.6 Geschütztheit

fen wurde, geht die Steuerung an den Behandler über. (Die Details des Mechanismus sind verschieden bei den Sprachen; Ada und CLU sind in dieser Beziehung disziplinierter als PL/I.) Solche Einrichtungen mögen das Verdienst haben, zur Vereinfachung der Programmstruktur beizutragen, weil sie die Trennung zwischen den Algorithmen für die Normalfälle von der Bearbeitung der Fehlerfälle ermöglichen. Aber sie begünstigen die Trennung von Entdeckung und Behandlung von Fehlern und behindern somit die Modulgeschütztheit. Ein disziplinierter Ausnahmebehandlungsmechanismus, der das Kriterium der Modulgeschütztheit nicht verletzt, wird in Kapitel 7 behandelt.

2.2 Fünf Prinzipien

Aus den obigen Kriterien folgen bestimmte Prinzipien, die zum Zweck sauberer Modularität beachtet werden müssen. Die fünf betrachteten Prinzipien sind:

- Sprachliche Moduleinheiten
- Wenige Schnittstellen
- Schmale Schnittstellen (lose Kopplung)
- Explizite Schnittstellen
- Geheimnisprinzip.

Das erste Prinzip bezieht sich auf die Schreibweise; alle anderen betreffen das wesentliche Problem der Kommunikation zwischen Moduln. Um zu guten Modularchitekturen zu gelangen, muß die Kommunikation kontrolliert und diszipliniert geschehen.

2.2.1 Sprachliche Moduleinheiten

Das Prinzip der sprachlichen Moduleinheit drückt aus, daß der Formalismus, der zur Bezeichnung von Entwürfen, Programmen, usw. benutzt wird, die benutzte Sicht von Modularität unterstützen muß:

Moduln müssen zu syntaktischen Einheiten der benutzten Sprache passen.

Die erwähnte Sprache kann eine Programmiersprache sein, eine Programmentwurfssprache, eine Spezifikationssprache, usw. Im Fall der Programmiersprache sollten Moduln getrennt übersetzbar sein.

Im Gegensatz dazu steht die Möglichkeit, die Modulstruktur von außen zu beschreiben ohne Bezug zur linguistischen Struktur des Programms (zum Beispiel, indem gesagt wird, Modul X erstrecke sich von Zeile 47 bis Zeile 203 und von Zeile 542 bis Zeile 597 der Prozedur P).

Dieses Prinzip folgt aus mehreren der im vorigen Abschnitt genannten Kriterien:

- Zerlegbarkeit: Wenn man die Systementwicklung in verschiedene Aufgaben zerlegen will, dann muß jede dieser Aufgaben eine deutlich abgegrenzte syntaktische Einheit zum Ergebnis haben, die im Falle der Programmeinheiten getrennt übersetzbar sein müssen.
- Kombinierbarkeit: Wie kann man etwas kombinieren, was keine geschlossene Einheit ist?
- Geschütztheit: Man hat nur dann eine Chance, den Wirkungsbereich von Fehlern im Griff zu haben, wenn Moduln syntaktisch gegeneinander abgegrenzt sind.

Das Prinzip zerstört jede Hoffnung darauf, gute Modularisierungsstrategien ohne geeignete Sprachunterstützung zu realisieren. Entwickler, von äußeren Zwängen eingeengt, glauben manchmal, sie könnten fortgeschrittene Modularisierungskonzepte als Entwurfsrichtlinie benutzen, aber weiterhin jede beliebige Sprache benutzen, die durch die Umgebung vorgeschrieben ist. So hört man oft den Satz: „Ich entwerfe in einem Ada-ähnlichen [oder objektorientierten, usw.] Modularisierungsstil und implementiere das in C [oder Pascal oder Fortran]". Das kann bei wesentlichen Entwicklungen nicht funktionieren; die Kluft zwischen Ideen und ihrer Realisierung ist zu breit, was einem schmerzlich klar wird, wenn die Zeit der Wartung und Weiterentwicklung kommt.

2.2.2 Wenige Schnittstellen

Das Prinzip „wenige Schnittstellen" beschränkt die Gesamtzahl der Kommunikationskanäle zwischen Moduln in einer Software-Architektur:

Jeder Modul sollte mit möglichst wenig anderen kommunizieren.

Zwischen Moduln kann auf vielfache Weise kommuniziert werden. Moduln können einander aufrufen (wenn sie Prozeduren sind), sie können Datenstrukturen gemeinsam benutzen, usw. Das Prinzip „wenige Schnittstellen" beschränkt die Anzahl solcher Verbindungen.

Genauer gesagt: Wenn ein System aus n Moduln besteht, dann sollte die Anzahl der intermodularen Verbindungen näher beim Minimum $n-1$ (wie bei (a) im nachfolgendem Bild) als beim Maximum $n(n-1)/2$ (wie bei (c) im nachfolgendem Bild) liegen.

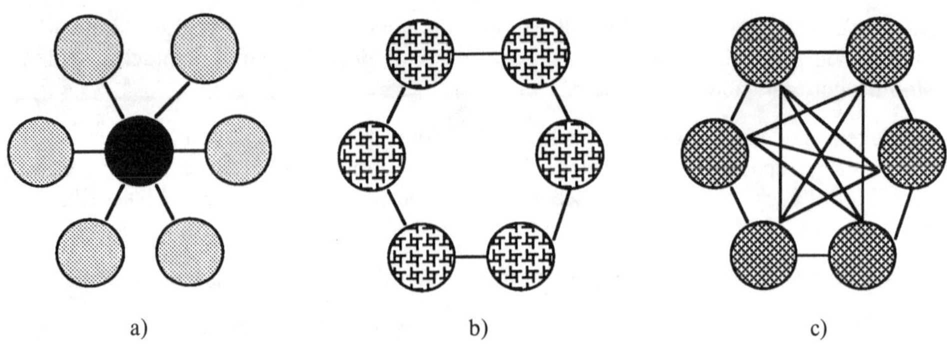

Bild 2.7 Arten von Modulverbindungsstrukturen

Dieses Prinzip folgt insbesondere aus den Kriterien der Stetigkeit und Geschütztheit: Wenn es zu viele Beziehungen zwischen Moduln gibt, dann kann sich der Effekt einer Änderung oder eines Fehlers auf eine große Zahl von Moduln ausbreiten. Das Prinzip hat auch mit Kombinierbarkeit zu tun (wenn ein Modul als solcher in einer neuen Umgebung benutzbar sein soll, dann darf er nicht von zu vielen anderen abhängig sein), ebenso mit Verständlichkeit und Zerlegbarkeit.

Bild 2.7(a) zeigt, wie eine minimale Anzahl von Verbindungen, $n-1$, erreicht werden kann, nämlich durch eine extrem zentrale Struktur: Es gibt einen einzigen „Boss", jeder spricht mit ihm und nur mit ihm. Aber es gibt auch sehr viel „liberalere" Strukturen, wie in (b) dargestellt, die ungefähr die gleiche Anzahl Verbindungen haben. Bei diesem Schema „spricht" jeder Modul genau mit seinen beiden unmittelbaren Nachbarn, es gibt keine zentrale Autorität. Ein solcher Entwurfsstil ist zunächst etwas überraschend, weil er nicht zum traditionellen Modell eines funktionalen, Top-down-Entwurfs paßt. Aber er kann zu interessanten, robusten Architekturen führen; diese Strukturierungsart wird von objektorientierten Techniken gefördert.

2.2.3 Schmale Schnittstellen (Lose Kopplung)

Das Prinzip „Schmale Schnittstellen" oder „Lose Kopplung" bezieht sich auf die Größe der intermodularen Verbindungen und nicht auf ihre Anzahl:

> Wenn zwei Moduln überhaupt miteinander kommunizieren, sollten sie so wenig Information wie möglich austauschen.

Dieses Prinzip bedeutet, elektrotechnisch ausgedrückt, daß alle Kanäle eine beschränkte Bandbreite haben sollen. Diese Anforderung folgt insbesondere aus den Kriterien Stetigkeit und Geschütztheit.

Ein extremes Gegenbeispiel ist die bei Fortran verbreitete Praxis des „Garbage Common Block". Programmierer, die diese Technik benutzen, finden es sehr bequem, beim Beginn einer jeden Programmeinheit eine identische COMMON-Direktive abzusetzen, die alle wesentlichen Datenobjekte (Variablen, Felder) aufzählt, so daß jede Einheit jedes

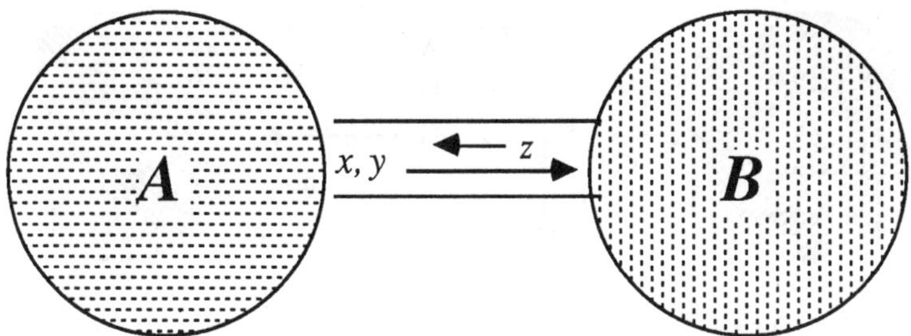

Bild 2.8 Intermodulare Kommunikation

Datenelement direkt benutzen kann. Das Problem besteht darin, daß auch jede Einheit die gemeinsamen Daten mißbrauchen kann, so daß die Einheiten eng miteinander gekoppelt sind; die Probleme der Stetigkeit (Ausbreitung von Änderungen) und Geschütztheit (Ausbreitung von Fehlern) sind dann besonders unangenehm.

Dennoch behält diese altehrwürdige Technik bei Fortran-Programmierern ihre Beliebtheit; Debugging macht so viel Spaß...

Programmierer blockorientierter Sprachen können an dieser Freude teilhaben, wenn sie alle Variablen auf dem obersten Level deklarieren. (Auf ähnliche Weise können C-Programmierer alle Variablen als „external" einführen.) Blockstruktur, wie sie von Algol eingeführt wurde, ist tatsächlich ziemlich gefährlich in bezug auf das Prinzip der schmalen Schnittstelle. Jeder Block hat Zugriffsrecht auf alle Objekte, die zu den höherliegenden, umschließenden Blöcken gehören, einschließlich vieler, die gar nicht wichtig für diesen Block sind. Das führt zum Risiko unberechtigter Zugriffe.

2.2.4 Explizite Schnittstellen

Mit dem vierten Prinzip tun wir einen weiteren Schritt bei der Errichtung eines totalitären Regimes über die Gesellschaft der Moduln: Wir verlangen nicht nur, daß jeder nur mit wenigen anderen spricht und daß diese Konversation sich auf den Austausch weniger Worte beschränkt; wir ordnen auch noch an, daß dies öffentlich und laut geschieht!

> Wenn zwei Moduln *A* und *B* kommunizieren, dann muß das aus dem Text von *A* oder *B* oder beiden hervorgehen.

Hinter diesem Prinzip stehen die Kriterien Zerlegbarkeit und Kombinierbarkeit (wenn ein Modul zerlegt oder mit anderen kombiniert werden soll, muß jede Außenverbindung deutlich gekennzeichnet sein), Stetigkeit (es sollte offensichtlich sein, welche anderen Elemente betroffen sein könnten) und Verständlichkeit (wie könnte man *A* alleine verstehen, wenn sein Verhalten auf irgendeine trickreiche Weise durch *B* beeinflußt ist?).

Ein Problem bei der Anwendung des Prinzips der expliziten Verbindung besteht darin, daß intermodulare Verbindung mehr bedeutet als nur Prozeduraufrufe; insbesondere ist Nutzung gemeinsamer Daten eine wichtige Quelle von indirekter Verbindung.

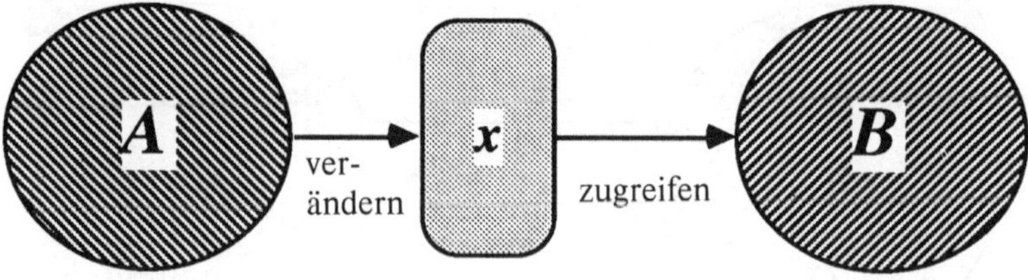

Bild 2.9 Nutzung gemeinsamer Daten

Nehmen wir zum Beispiel an, daß Modul *A* das Datenelement *x* verändert und Modul *B* es benutzt. Dann sind *A* und *B* über *x* tatsächlich stark gekoppelt, auch wenn es keine offensichtliche Verbindung wie einen Prozeduraufruf zwischen beiden gibt.

2.2.5 Geheimnisprinzip

Das Geheimnisprinzip kann wie folgt ausgedrückt werden:

> Jede Information über einen Modul sollte modulintern sein, wenn sie nicht ausdrücklich als öffentlich erklärt wird.

Die Anwendung dieses Prinzips bedeutet, daß jeder Modul dem Rest der Welt (also den Entwerfern der anderen Moduln) durch eine offizielle Beschreibung, die **Schnittstelle**, bekannt sein sollte. Natürlich kann der gesamte Modultext selbst (Programmtext, Entwurfstext) die Rolle der Schnittstelle spielen: Per definitionem ist das eine korrekte Sicht des Moduls. Das Prinzip sagt jedoch, daß dies im allgemeinen nicht der Fall sein sollte: Die Schnittstelle sollte nur einige der Moduleigenschaften enthalten. Der Rest sollte intern bleiben.

Der tiefere Grund hinter diesem Prinzip ist das Stetigkeitskriterium. Wenn ein Modul sich ändert, dies aber nur seine internen Elemente und nicht die Schnittstelle betrifft, dann sollten die benutzenden Moduln, *Kundenmoduln* genannt, nicht betroffen sein. (Das Inverse eines Kunden heißt *Lieferant.*) Je schmaler die Schnittstelle, desto besser die Chance, daß Änderungen am Modul tatsächlich keine Effekte auf Kunden haben. Ein nach dem Geheimnisprinzip realisierter Modul kann als Eisberg dargestellt werden; nur die Spitze - die Schnittstelle - ist sichtbar.

Obwohl es keine allgemeinen Regeln dafür gibt, was in der Schnittstelle und was geheim sein sollte, ist die Idee klar: Die Schnittstelle sollte die Beschreibung der Funktion oder der Funktionen des Moduls sein; alles, was mit der *Implementierung* dieser Funktionen zu tun hat, sollte intern gehalten werden, um andere Moduln vor späteren Revisionen von Implentierungsentscheidungen zu bewahren.

Ein typisches Beispiel ist eine Prozedur zum Ermitteln der Attribute, die zu einem Schlüssel in einer bestimmten Tabelle gehören, zum Beispiel eine Personaldatei oder die Symboltabelle eines Übersetzers. Die Prozedur wird intern sehr verschieden sein, je nachdem, wie die Tabelle gespeichert ist (sequentielles Feld oder sequentielle Datei,

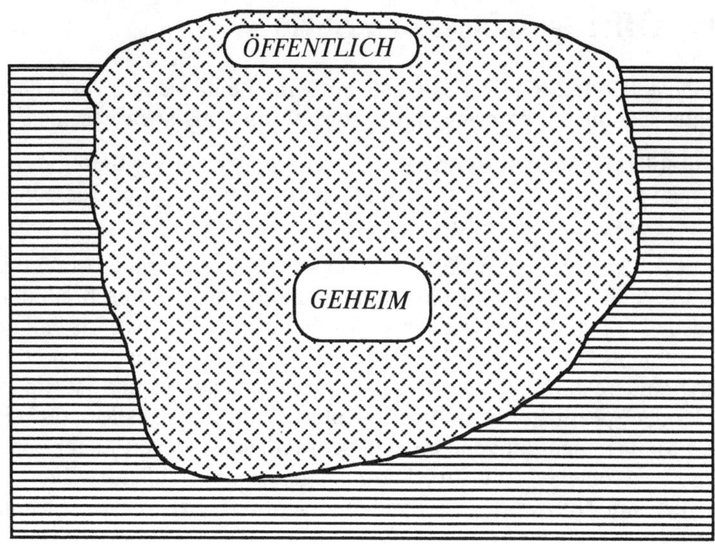

Bild 2.10 Geheimnisprinzip

Hash-Tabelle, binärer oder B-Baum, usw.). Aus dem Geheimnisprinzip folgt, daß die Benutzungen dieser Prozedur von der gewählten Implementierung unabhängig sein sollten. Damit werden Benutzermoduln nicht unter irgendeiner Implementierungsänderung leiden.

Man beachte, daß das Geheimnisprinzip nicht *Schutz* im Sinne von Sicherheitsbeschränkungen bedeutet - also Kundenentwerfer in Wirklichkeit daran zu hindern, auf den internen Text eines Moduls zuzugreifen. Es kann Kundenentwerfern durchaus erlaubt werden, alle Details zu lesen, wenn sie wollen; aber sie dürfen nicht Kundenmoduln schreiben können, deren korrekte Funktion von den internen Informationen abhängt. Nehmen wir beispielsweise an, daß Tabellensuche mit binären Suchbäumen realisiert wird; wenn diese Eigenschaft nicht Teil der Schnittstelle ist, dann sollte ein Modul, der diese Tabelle benutzt, keinen Vorteil aus dieser Kenntnis ziehen dürfen.

Das Geheimnisprinzip betont die Notwendigkeit, Funktionalität und Implementierung zu trennen. Neben Stetigkeit hat es auch zu tun mit den Anforderungen der Zerlegbarkeit, Kombinierbarkeit und Verständlichkeit: Um die Moduln eines Systems getrennt zu entwickeln, um verschiedene vorhandene Moduln zu kombinieren oder um einzelne Moduln zu verstehen, ist es unverzichtbar, genau zu wissen, was jeder von den anderen erwartet oder nicht erwartet. Das Geheimnisprinzip, eine grundlegende Komponente der Programmiermethodik, gibt Richtlinien dafür, wie Schnittstellen entworfen werden sollten, aber es wirft auch Fragen auf. Dieser Problemkreis im Zusammenhang des objektorientierten Entwurfs ist Thema des Kapitels 9.

2.3 Das Offen-geschlossen-Prinzip

Eine zufriedenstellende Modulzerlegungstechnik muß eine weitere Anforderung erfüllen: Sie sollte Moduln hervorbringen, die sowohl offen als auch geschlossen sind.

- Ein Modul soll offen heißen, wenn er für Erweiterungen zur Verfügung steht. Es sollte zum Beispiel möglich sein, zu den enthaltenen Datenstrukturen Elemente oder zur Menge der Funktionen neue hinzuzufügen.
- Ein Modul soll geschlossen heißen, wenn er von anderen benutzt werden kann. Das setzt voraus, daß dem Modul eine wohldefinierte, stabile Beschreibung gegeben wurde (also eine Schnittstelle im Sinne des Geheimnisprinzips). Im Falle eines programmiersprachlichen Moduls ist ein Modul dann geschlossen, wenn er zur Benutzung durch andere kompiliert und in einer Bibliothek gespeichert ist. Im Falle eines Entwurfs- oder Spezifikationsmoduls bedeutet „Schließen eines Moduls" einfach, ihn durch das Management zu genehmigen, dem projektoffiziellen Lager der abgenommenen Softwareobjekte (oft Projektgrundlage genannt) hinzuzufügen und seine Schnittstelle zum Nutzen der anderen Modulentwerfer zu veröffentlichen.

Betrachten wir ein einfaches Beispiel auf dem Programmiersprachenlevel. Nehmen wir an, wir arbeiten mit einem Bibliotheksverwaltungssystem, das eine Datenstruktur „Veröffentlichungen" hat. Die Typdeklaration mag lauten:

```
type Veröffentlichung =
    record
    Autor,Titel: STRING;
    Erscheinungsjahr: INTEGER
    case Art: (Buch,Zeitschrift,Konferenzband) of
        Buch: (Verlag: STRING);
        Zeitschrift: (Herausgeber: STRING);
        Konferenzband: (Herausgeber,Ort: STRING)
    end
```

(Die Pascal-Ada-Schreibweise von Verbundtypen mit Varianten wird benutzt, um Mengen von Datenstrukturen zu beschreiben, die einige für alle Exemplare gleiche Elemente und einige für bestimmte Varianten verschiedene Elemente haben. Ein äquivalentes Konstrukt wären die Vereinigungstypen von C oder Algol68.)

Solange der Modul als offen betrachtet wird, können neue Elemente oder neue Varianten diesem Verbundtyp hinzugefügt werden. Den Modul zu schließen bedeutet, daß die angegebenen Elemente und Varianten die einzig wichtigen sind.

Die zwei Eigenschaften - offen und geschlossen - scheinen widersprüchlich zu sein, aber effektives Softwareprojektmanagement braucht beides. Die Offenheits-Anforderung ist unausweichlich, weil man selten alle Implikationen eines Teilproblems schon beim Beginn der Lösung erkennt. Das heißt, man übersieht zwangsläufig wichtige Aspekte, wenn man einen Modul schreibt, und muß darauf vorbereitet sein, später neue Elemente hinzuzufügen. Aber Moduln zu schließen ist genauso wenig verzichtbar: Man kann mit der Freigabe eines Moduls für andere nicht warten, bis alle Informationen da sind. Wenn man wartete, würde Software aus mehreren Moduln nie produziert werden, weil die Arbeit an jedem Modul an der Vervollständigung der Arbeit der Lieferanten hängen würde.

In klassischen Entwurfsansätzen wird das Problem so gelöst, daß Moduln dann geschlossen werden, wenn sie einen vernünftigen Stabilitätsgrad erreicht haben, und - wenn eine Änderung nötig wird - eben wieder geöffnet werden. Wenn man aber einen Modul wieder öffnet, dann müssen auch alle Kunden zur Anpassung wieder geöffnet werden, denn sie hängen von der alten Version ab.

Wenn man z. B. später im Projekt erkennt, daß die Bibliothek auch andere, vorher nicht bedachte Publikationsarten verwalten muß, sagen wir technische Berichte mit ihren besonderen Feldern, dann muß die obige Deklaration geändert werden. Alle Kundenmoduln müssen rekompiliert werden; vermutlich müssen sie sogar geändert werden, weil die meisten wahrscheinlich Fallunterscheidungen der folgenden Form haben, denen ein neuer Fall hinzugefügt werden muß:

```
case V.Art of
        Buch: ...;
        Zeitschrift: ...;
        Konferenzbericht: ...
end
```

Das Problem ist keineswegs auf dieses Beispiel von Datenstrukturen mit Varianten beschränkt; es tritt jedesmal auf, wenn ein Modul durch eine neue Funktion oder ein neues Datenelement erweitert werden muß, was zu Änderungen bei direkten und indirekten Kunden führt. Dieses Phänomen ist eine wesentliche Quelle für Verwirrung in der Softwareentwicklung und eine der Hauptgründe dafür, daß es so schwierig ist, Softwareprojekte unter Kontrolle zu halten. Der unerreichbare Traum eines jeden Projektmanagers besteht darin, Teile des Projekts als gut schließen zu können und alle Projektmitarbeiter zwingen zu können, ihre Finger von den geschlossenen Teilen zu lassen. Aber aus dem obengenannten Grund funktioniert das nicht: Selten kriegt man das ganze Bild beim erstenmal hin.

Durch die Benutzung von Software-Engineering-Werkzeugen, **Configuration Management Systeme** genannt, mögen Entwickler die intermodularen Beziehungen verfolgen und Berichte über den Zustand des Projekts erhalten können: Welche Moduln sind aktuell und welche nicht. Aber das Configuration-Management-System kann nur die wieder zu öffnenden Moduln finden und kann die notwendigen Veränderungen nicht selbst durchführen. Im besten Fall kann es einen Modul rekompilieren, wenn keine Änderung nötig ist. In jedem Fall wird damit nicht das wirkliche Problem angegangen, nämlich die unabdingbare Notwendigkeit, Moduln wieder zu eröffnen, die lange davor hätten eingefroren werden sollen.

Bei den klassischen Zugängen zu Entwurf und Programmierung gibt es keinen Weg, bei dem Moduln gleichzeitig offen und geschlossen sind. Nur mit Vererbung, wie sie von der objektorientierten Methode geboten wird, kann dieses offensichtliche Dilemma gelöst werden. Diese Techniken werden in Kapitel 10 eingeführt.

2.4 In diesem Kapitel eingeführte Schlüsselkonzepte

- Modularität ist der Schlüssel, die Ziele von Wiederverwendbarkeit und Erweiterbarkeit zu erreichen.
- Modularisierungskonzepte betreffen sowohl die Programmierung als auch Spezifikation und Entwurf.
- Eine umfassende Definition von Modularität muß verschiedene Perspektiven berücksichtigen; die verschiedenen Anforderungen scheinen manchmal in Widerspruch zueinander zu stehen, wie die Zerlegbarkeit (die zu Top-down-Methoden drängt) und die Kombinierbarkeit (die einen Bottom-up-Ansatz bevorzugt).
- Ein grundlegender Schritt zur Erlangung modularer Architekturen ist die Kontrolle von Menge und Form der Kommunikation zwischen Moduln.
- Die dauerhafte Integrität modularer Systemstrukturen kann nur durch das Geheimnisprinzip erreicht werden, das eine strikte Trennung von Schnittstelle und Implementierung erzwingt.
- Ein geschlossener Modul ist ein Modul, der über seine Schnittstelle von Kundenmoduln benutzt werden kann.
- Ein offener Modul ist ein Modul, der noch erweitert werden kann.
- Effektives Projektmanagement braucht Unterstützung für Sprachen, die sowohl offen als auch geschlossen sind. Klassische Herangehensweisen an Entwurf und Programmierung erlauben dies jedoch nicht.

2.5 Literaturhinweise

Eine Entwurfsmethode, die die Bedeutung modularer Strukturen betont, ist „structured design" [Yourdon 1979]. Die Methode basiert auf einer Analyse der (inneren) „Bindung" und (äußeren) „Kopplung" von Moduln. Die Moduln werden in der Diskussion jedoch implizit sehr im Sinne des traditionellen Unterprogramm-Begriffs gesehen, was die Anwendbarkeit der Diskussion einschränkt.

Das Prinzip des einheitlichen Zugriffs ist beschrieben in [Geschke 1975].

Das Geheimnisprinzip wurde von David Parnas in einem Meilenstein-Artikel dargestellt [Parnas 1972].

Configuration-Management-Werkzeuge, die alle diejenigen Moduln eines Systems rekompilieren, die von Änderungen in anderen Moduln betroffen sind, vorausgesetzt, der Programmierer hat eine Liste der Modulabhängigkeiten erstellt, basieren auf den Ideen des Make-Werkzeugs, wie es bei Unix verfügbar ist [Feldman 1979].

Übungen

2.1 Modularität in Programmiersprachen

Untersuchen Sie die Modularisierungsstrukturen aller Programmiersprachen, die Sie gut kennen, und bewerten Sie, ob diese auf irgendeine Weise die in diesem Kapitel beschriebenen Kriterien und Prinzipien unterstützen.

2.2 Das Offen-geschlossen-Prinzip (für Lisp-Programmierer)

Viele Lisp-Implementierungen unterstützen das dynamische Binden von Namen an Funktionen. Unterstützt damit Lisp das Offen-geschlossen-Prinzip (2.3) eher als mehr statische Sprachen?

2.3 Grenzen des Geheimnisprinzips

Können Sie sich Umstände vorstellen, unter denen das Geheimnisprinzip auf einen Modul *nicht* angewandt werden sollte?

2.4 Metriken für Modularität

Die fünf Prinzipien von Abschnitt 2.2 wurden durch qualitative Definitionen eingeführt. Die vier Prinzipien, die mit Kommunikation zu tun haben (alle außer dem ersten), scheinen einer quantitativen Analyse zugänglich zu sein.

Erarbeiten Sie einen Satz von Modularitäts-Metriken, die die Bewertung der Modularität einer Softwarearchitektur entsprechend diesen Prinzipien erlaubten. Die Metriken sollten unabhängig von der Größe sein: Die Vergrößerung eines Systems ohne Veränderung der Modulstruktur sollte seine Komplexitätsmaße nicht verändern.

Wenden Sie die entwickelten Metriken auf existierende Systeme an. Können Sie eindeutige Zusammenhänge herstellen zwischen den Ergebnissen dieser Messungen und einer intuitiven Bewertung der strukturellen Komplexität oder – falls vorhanden – Daten über Korrektur- und Änderungskosten?

3 Ansätze zur Wiederverwendbarkeit

„Warum ist Software nicht mehr wie Hardware? Warum muß jede neue Entwicklung ganz von vorne beginnen? Es sollte Verzeichnisse von Software-Moduln geben, so wie es Verzeichnisse von VLSI-Bausteinen gibt: Wenn man ein neues System baut, sollte man Bausteine aus diesen Verzeichnissen bestellen und miteinander verbinden und nicht jedesmal das Rad neu erfinden. Man würde **weniger** *Software schreiben und vielleicht die Entwicklungsaufgaben besser erledigen. Würden dann nicht einige Probleme, über die alle klagen – hohe Kosten, Terminüberschreitungen, Mangel an Zuverlässigkeit – einfach verschwinden? Warum ist das nicht so?"*

Wahrscheinlich haben Sie eine solche Bemerkung schon einmal gehört; vielleicht haben Sie selbst schon einmal so etwas gesagt. Schon im Jahre 1968, auf dem inzwischen berühmten NATO-Workshop zur Software-Krise, hat D. McIlroy für „massenproduzierte Softwarebausteine" plädiert. Wiederverwendbarkeit ist – als Traum – nicht neu.

In diesem Kapitel wird auf Fortschritte eingegangen, die erreicht werden müssen, wenn dieser Traum Wirklichkeit werden soll.

3.1 Wiederholung beim Programmieren

Jeder, der die Softwareentwicklung beobachtet, muß einfach beeindruckt sein von ihrem repetitiven Wesen. Immer und immer wieder weben Programmierer einen Satz von Grundmustern: Sortieren, Suchen, Lesen, Schreiben, Vergleichen, Traversieren, Zuordnen, Synchronisieren, ... Erfahrene Programmierer kennen dieses *déjà vu* Gefühl, das so typisch für ihr Gewerbe ist.

3.1.1 Eine naive Frage

Eine gute Methode, diese Lage zu beurteilen, besteht darin, die folgende Frage ehrlich zu beantworten – erneut unter der Annahme, daß Sie Software herstellen oder Menschen anleiten, die das tun. Betrachten Sie das allgemeine Problem der Tabellensuche: Ein Element beliebiger Art x und eine Menge t ähnlicher Elemente ist gegeben, und das Programm sollte herausfinden, ob x in t vorkommt oder nicht. Die Frage lautet: *Wie oft haben Sie oder Menschen, die für Sie arbeiten, in den letzten sechs Monaten ein Programmstück für die Tabellensuche geschrieben?*

Vermutlich heißt die Antwort einmal oder mehrere Male. Wirklich bemerkenswert aber ist, daß dieses Programmstück höchstwahrscheinlich auf dem niedrigstmöglichen Abstraktionsniveau geschrieben wurde, nämlich als Code in irgendeiner Programmiersprache und nicht durch den Aufruf einer vorhandenen Routine. Doch Tabellensuche ist eines der bestuntersuchten Gebiete der Informatik: Ausgezeichnete Bücher beschreiben die grundlegenden Algorithmen, eigentlich müßte niemand mehr einen Suchalgorithmus kodieren, zumindest in Standardfällen – ähnlich wie Elektronikingenieure keine Umsetzer entwerfen: Sie kaufen sie.

3.1.2 Nicht-technische Hindernisse

Warum ist dann Wiederverwendung nicht üblicher? Einige Hindernisse sind ökonomischer Natur. Wenn Sie als Auftragnehmer Ihrem Kunden Software liefern, die allzu allgemein und wiederverwendbar ist, werden Sie keinen Folgeauftrag von ihm bekommen können - weil es eben nichts mehr zu tun gibt! Wenn Wiederverwendung in einem breiten Maßstab Erfolg haben soll, dann müssen Anreize gefunden werden, mit denen Firmen belohnt werden, die wiederverwendbare Produkte entwickeln, und die innerhalb von Firmen Programmierern zugute kommen, deren Arbeit zu guter Wiederverwendbarkeit beiträgt.

Es gibt auch ernste organisatorische Probleme. Der weltbeste wiederverwendbare Baustein nützt nichts, wenn keiner weiß, daß es ihn gibt, wenn es zu lange dauert, ihn zu bekommen, oder wenn er zu teuer ist. Der Erfolg von Wiederverwendbarkeitstechniken in der Praxis erfordert die Entwicklung geeigneter Datenbanken für Softwarebausteine, die durch geeignete Schlüsselwörter gesucht werden können, so daß ein potentieller Benutzer schnell herausfinden kann, ob ein vorhandener Baustein einen bestimmten Bedarf befriedigt. Außerdem müssen Netzwerkdienste verfügbar sein, um elektronisches Bestellen und sofortige Lieferung ausgewählter Bausteine zu ermöglichen. Ein Preisgefüge muß gefunden werden, das Benutzern das Ausprobieren von Bausteinen billig ermöglicht, Bausteinhersteller aber im Falle des verbreiteten und wiederholten Gebrauchs angemessen entlohnt.

Letztlich sollten auch die psychologischen Schwierigkeiten nicht unterschätzt werden. Der „Nicht-hier-erfunden"-Komplex ist wohlbekannt. Für die Praxis der Wiederverwendbarkeit bedeutet das, daß wiederverwendbare Bausteine gegenüber hausgemachten einen wesentlichen Vorteil in bezug auf Qualität, Verwendbarkeit und Kosten bringen müssen. Ein nur geringfügiger Vorteil ist nicht genug, um Programmierer davon zu überzeugen, statt ihrer eigenen die Mausefalle von jemandem anderen zu benutzen.

Bemühungen, dieses Problem zu lösen, sind in den USA im Rahmen des STARS-Programms *(Software Technology for Adaptable, Reliable Systems)* unternommen worden, wo ein Ziel in der Bereitstellung einer Bibliothek wiederverwendbarer Ada-Bausteine besteht, und in Japan in Form der „Software-Fabriken", wie sie von einigen großen Firmen eingerichtet wurden.

So wichtig diese Fragen auf lange Sicht sind, so falsch ist es meiner Meinung nach, beim gegenwärtigen Stand der Technik sich darauf zu beschränken. Organisatorische Lösungen des Wiederverwendbarkeitsproblems erlangen erst auf einer geeigneten Grundlage ihre Bedeutung. Heute sind jedoch die wesentlichen Hindernisse technischer Natur: Uns fehlt einfach ein geeigneter Modul-Begriff.

Im Rest des Kapitels wird gezeigt, warum übliche Modul-Begriffe für die Zwecke der Wiederverwendbarkeit im Großen nicht geeignet sind. Bessere Modulstrukturen werden in den folgenden Kapiteln dargestellt.

3.1.3 Veränderung und Beständigkeit

Die technischen Schwierigkeiten mit der Wiederverwendbarkeit werden offensichtlich, wenn wir den Charakter von Wiederholungen in der Softwareentwicklung näher betrachten. Eine solche Analyse enthüllt, daß Programmierer zwar tatsächlich dazu neigen, immer und immer wieder das gleiche zu tun, aber eben nicht *genau* das gleiche. Wenn es wirklich genau das gleiche wäre, wäre die Lösung - zumindest auf dem Papier - leicht; in der Praxis ändern sich jedoch so viele Details, daß jeder naive Versuch, die Gemeinsamkeit zu erfassen, im Keim erstickt wird.

Eine beredte Analogie dazu bilden die Werke des norwegischen Malers Edvard Munch, von denen die meisten im ihm gewidmeten Museum in Oslo zu sehen sind. Munch war von wenigen grundlegenden bedeutenden Themen besessen: Liebe, Angst, Eifersucht, Tanz, Tod, ... Er zeichnete und malte sie endlos, benutzte dabei jedesmal das gleiche Muster, aber wechselte ständig das technische Medium, die Farben, die Betonung, die Größe und andere Details.

Von dieser Art ist die Plage des Software-Ingenieurs: Immer und immer wieder muß er neue Varianten komponieren, die sich immer um die gleichen Grundthemen drehen.

Nehmen wir noch einmal Tabellensuche. Tatsächlich scheint die generelle Form des Codes jedesmal gleich auszusehen: Beginne an irgendeiner Stelle in der Tabelle *t;* dann durchforsche die Tabelle von dieser Position aus, indem jedesmal geprüft wird, ob das an der jeweiligen Position gefundene Element das gesuchte ist, und indem zu einer anderen Position gerückt wird, wenn das nicht der Fall ist. Der Prozeß terminiert, wenn entweder das Element gefunden wurde oder wenn alle interessierenden Tabellenpositionen erfolglos überprüft wurden.

Diese Vorgehensweise ist mehr oder weniger für alle möglichen Datenrepräsentationen anwendbar (sortierte und unsortierte Felder, unsortierte und sortierte verkettete Listen, sequentielle Dateien, Binärbäume, B-Bäume, Hash-Tabellen, usw.). Im folgenden Programmschema ist das genauer wiedergegeben, wobei in Großbuchstaben geschriebene Ausdrücke den Details entsprechen, die sich bei verschiedenen Ausprägungen des Problems unterscheiden können.

```
suchen    (x:ELEMENT, t:TABELLE_VON_ELEMENT) return boolean is
        -- Kommt Element x in der Tabelle t vor?
        pos:POSITION
begin
        pos := ANFANGSPOSITION (x,t);
        while not NICHTS_MEHR_DA(pos,t) and then
                not GEFUNDEN(pos,x,t) do
        pos := NÄCHSTES(pos,x,t);
        end;
        return not NICHTS_MEHR_DA(pos,t)
end -- suchen
```

Bild 3.1 Muster für Tabellensuche

Das Problem, ein allgemeingültiges Softwareelement für das Suchen zu finden, wird hier deutlich. Auch wenn das Muster festgelegt wurde, verbleibt eine große Variationsbreite: welchen Typ die Tabellenelemente haben *(ELEMENT)*, wie die Anfangsposition festgelegt wird *(ANFANGSPOSITION)*, wie man von einer Position zur nächsten kommt *(NÄCHSTES)*, und so weiter.

Und es ist nicht nur schwer, einen allgemeingültigen Such-Modul zu implementieren: Wegen der vielen möglichen Variationen in Such-Situationen ist es fast genauso schwer, einen Modul so zu *spezifizieren*, daß Kunden sich auf ihn verlassen können, ohne seine Implementierung zu kennen. (Erinnern Sie sich, daß ein Kunde eines Moduls jeder andere Modul ist, der dessen Leistungen nutzt.)

3.2 Einfache Herangehensweisen

Trotz der oben benannten Hindernisse wäre es unfair zu behaupten, es gebe keine Wiederverwendung in der Software. Verschiedene Konzepte sind mit einigem Erfolg angewendet worden.

Wiederverwendung von Quellcode ist in Universitäten üblich. Vieles von der Unix-Kultur zum Beispiel hat sich in Universitäten und Labors dank der Online-Verfügbarkeit des Quellcodes verbreitet, so daß Benutzer das System studieren, nachmachen und erweitern konnten. Dasselbe gilt für manche Lisp-Umgebungen. Es ist jedoch unwahrscheinlich, daß sich diese Art von Wiederverwendung auf traditionellere Industrieumgebungen übertragen ließe. Abgesehen von den ökonomischen und psychologischen Hemmnissen bei der Verbreitung von Quellcode unterstützt diese Technik nicht das Geheimnisprinzip, eine unerläßliche Voraussetzung für Wiederverwendung im großen Stil.

Personal-Wiederverwendbarkeit ist eine Form von Wiederverwendbarkeit, wie sie in der Industrie weithin praktiziert wird: Indem Software-Ingenieure von Projekt zu Projekt eingesetzt werden, vermeiden Firmen Know-how-Verluste und stellen sicher, daß Erfahrungen auf neue Entwicklungen angewendet werden. Dieser nichttechnische Ansatz zu Wiederverwendbarkeit ist jedoch offensichtlich nur begrenzt anwendbar, und sei es auch nur wegen der hohen Fluktuationsrate bei Datenverarbeitungsberufen.

Wiederverwendbarkeit von Entwürfen anstelle von Implementierungen ist vorgeschlagen worden. Die Idee ist die, daß Unternehmen ein Entwurfslager anhäufen sollten, in dem abgenommene Entwurfsstrukturen für die häufigsten Anwendungen abgelegt sein sollten. Eine Firma, die Flugleitsysteme entwickelt, sollte zum Beispiel eine Menge von Modellentwürfen haben, die ihre Erfahrung auf diesem Gebiet enthalten sollte. Solche Dokumente beschreiben eher Modulmuster als fertige Moduln. Das scheint nicht viel mehr zu bringen als die oben erwähnte Wiederverwendung von Know-how und Erfahrung. Die Niederschrift von Entwürfen als unabhängige Softwareprodukte, die ein von den zugehörigen Implementierungen getrenntes Leben führen, erscheint zweifelhaft: Ständige Konsistenz zwischen Entwurf und Code, was von Software-Engineering-Lehrbüchern zu recht als zu erreichendes Ziel betont wird, ist über die gesamte Entwicklungszeit eines Softwaresystems stets schwer zu erhalten. Wenn also nur der Entwurf wiederverwendet wird, ist das Risiko, fehlerhafte oder ungültige Elemente wiederzuverwenden, sehr hoch. Selbstverständlich ändert sich das Bild, wenn die Grenze zwischen Entwurf und Implementierung aufgehoben wird; mehr dazu später.

Beachten Sie, daß alle o.g. Ansätze, so begrenzt in ihrer Anwendbarkeit sie sein mögen, dazu dienen, wichtige Aspekte des Wiederverwendbarkeitsproblems aufzuzeigen:

- Der Begriff der Quellcode-Wiederverwendbarkeit erinnert daran, daß Software schließlich und endlich durch Code definiert ist. Eine zufriedenstellende Strategie für Wiederverwendbarkeit muß schließlich wiederverwendbare Programme produzieren.
- Personal-Wiederverwendbarkeit ist notwendig, wenn auch nicht hinreichend. Die besten wiederverwendbaren Bausteine sind nutzlos, wenn Programmierer nicht ausreichend ausgebildet sind und nicht genügend Erfahrung gesammelt haben, um Situationen, in denen ihnen vorhandene Bausteine helfen könnten, erkennen zu können.
- Entwurfswiederverwendbarkeit betont, daß ein wiederverwendbarer Baustein von genügend hohem konzeptionellem Niveau und Allgemeinheitsgrad sein muß - und nicht nur Lösung für ein bestimmtes Problem. Wir werden sehen, wie die Klassen in objektorientierten Sprachen ebenso als Entwurfsmoduln wie als Implementierungsmoduln betrachtet werden können.

3.3 Fünf Forderungen an Modulstrukturen

Wie kann man zu Modulstrukturen kommen, die brauchbare wiederverwendbare Bausteine ergeben? Das Tabellensuch-Beispiel ist ein gutes Beispiel für die strengen Anforderungen, die an jede Lösung gestellt werden. Schauen wir uns noch einmal das Muster einer allgemein verwendbaren Suchroutine an (Bild 3.1). In diesem Beispiel müssen fünf Probleme gelöst werden, bevor wiederverwendbare Moduln mit Aussicht auf Erfolg erzeugt werden können.

3.3.1 Typ-Variation

Der Such-Modul sollte auf verschiedene Exemplare des Typs *ELEMENT* anwendbar sein. Man möchte den gleichen Modul bei der Suche nach einer Ganzzahl in einer Tabelle von Ganzzahlen, bei der Suche nach einem Arbeitnehmer-Satz in der entsprechenden Tabelle, usw. benutzen können.

3.3.2 Datenstruktur- und Algorithmen-Variationen

Das obige Schema ist sehr allgemein und muß an viele verschiedene Datenstrukturen und zugehörige Suchalgorithmen angepaßt werden: Sequentielle Tabellen (sortiert und unsortiert), Felder, binäre Suchbäume, B-Bäume, verschieden strukturierte Dateien, usw. Die Primitiven ANFANGSPOSITION, NICHTS_MEHR_DA und NÄCHSTES sind für jeden Fall anders. Wie können wir eine solche Vielfalt erklären?

3.3.3 Zusammenhängende Routinen

Wenn man wissen will, wie eine Tabelle durchsucht werden kann, dann muß man wissen, wie die Tabelle erzeugt wurde, wie Elemente eingetragen und gelöscht werden, usw.

Eine Suchroutine ist also nicht unabhängig. Sie muß mit Routinen zum Erzeugen von Tabellen, Eintragen und Löschen von Elementen, usw. verbunden werden.

3.3.4 Darstellungsunabhängigkeit

Eine wirklich modulare Struktur sollte es möglich machen, daß Kunden eine Operation spezifizieren, ohne über die Implementierung Bescheid zu wissen. Ein Kundenmodul sollte zum Beispiel einen Aufruf der Form

aktuelles := suche (x, t)

enthalten können, ohne zu wissen, welche Art von Tabelle *t* zum Zeitpunkt des Aufrufs ist. Wenn verschiedene Suchalgorithmen vorhanden sind, dann sollte das zugrundeliegende Verfahren ohne Kundeneingriff in der Lage sein, den geeigneten zu finden. In seiner einfachsten Form ist diese Anforderung lediglich eine natürliche Erweiterung des Geheimnisprinzips (2.2.5) und wesentlich für die flüssige Entwicklung großer Systeme: Implementierungsentscheidungen werden sich oft ändern, und Kunden sollten geschützt werden. Die Idee geht jedoch darüber hinaus. In der letzten Konsequenz bedeutet Darstellungsunabhängigkeit nicht einfach, daß Darstellungsänderungen dem Kunden während der *Projektlaufzeit* verborgen sein sollten: Kunden sollten auch zur *Ausführungszeit* vor Änderungen gefeit sein - einem weitaus engeren Zeitrahmen! Im obigen Beispiel möchten wir gerne, daß *suche* sich automatisch an die Laufzeitform der Tabelle *t* anpaßt, sogar wenn diese Form sich seit dem letzten Aufruf geändert hat. Nur wenn wir diese Stufe erreicht haben, können wir uns rühmen, wahre Darstellungsunabhängigkeit erzielt zu haben. Warum ist diese Anforderung so wichtig? Das Kriterium hier ist nicht einfach Wiederverwendbarkeit, sondern Erweiterbarkeit. Wenn *t* tatsächlich zur Laufzeit seine Form ändern kann, dann muß irgendwo im System die Entscheidung gefällt werden, unter allen möglichen eine bestimmte Version von suche auszuwählen. Anders gesagt: Wenn es für diese Entscheidung nicht irgendeinen automatischen Mechanismus gibt, dann muß der Code irgendwo ein Konstrukt der folgenden Form enthalten:

```
if t ist vom Typ A then
        "wende Suchalgorithmus A an"
elsif t ist vom Typ B then
        "wende Suchalgorithmus B an"
elsif ...
```

Diese Fallunterscheidung muß entweder im Modul selbst oder im Kundencode enthalten sein. Beide Lösungen sind unbefriedigend:

- Wenn die Unterscheidung im Modul ist, muß der Modul alle vorhandenen Tabellenimplementierungen kennen. Eine solche Strategie würde zu riesigen, nicht handhabbaren Moduln führen, die ständigen Änderungen und Revisionen unterlägen (der Code muß jedesmal angepaßt werden, wenn eine neue Tabellenform realisiert wird).

- Den Kunden die Fälle unterscheiden zu lassen, ist auch nicht besser. Der Kunde soll vielleicht angeben, daß *t* eine Tabelle einer bestimmten Form sein soll, aber mehr sollte er nicht sagen müssen: Diese Information ist ausreichend, die richtige Variante der Operation *suche* zu ermitteln.

Der zweite Punkt ist nicht einfach eine Frage der Programmier-Bequemlichkeit, sondern ein Schlüsselaspekt des Erweiterbarkeits-Problems. Wenn Kunden zwischen Tabellenformen unterscheiden müssen, dann führt das dazu, daß jede Ausführung einer Operation *suche* (und jedes *einfügen, löschen,* usw.) durch eine große Fallunterscheidungs-Anweisung wie oben ausgedrückt werden muß. Jede Hinzufügung einer neuen Form erfordert Verbesserung und Neuübersetzung einer erheblichen Menge Kundencodes. Dieses Problem ist eines der schwierigsten Hindernisse für die Erweiterbarkeit. Wenn Software - wie in Kapitel 1 gesagt - nicht „soft" genug ist (es sei an die 42% Softwarepflegekosten erinnert, die in die Realisierung von Änderungen fließen), dann liegt das zu einem großen Teil daran, daß zu viele Moduln über alle möglichen Formen derjenigen Objekte Bescheid wissen müssen, die sie manipulieren. Typischer Code ist voll mit länglichen Fallunterscheidungen der Form

```
if t ist von der Form 1 then
        geeignete Behandlung 1
elsif t ist von der Form 2 then
        geeignete Behandlung 2
elsif ...
(usw.)
```

Das ist nicht nur umständlich und komplex, was bei Software immer ein schlechtes Zeichen ist, sondern jede neu hinzukommende Form - tatsächlich recht üblich in der Laufzeit eines Projekts - führt zu einer Kettenreaktion von Änderungen über das gesamte Softwaresystem hinweg. Da sich der Prozeß wiederholt, wächst die „Entropie" des Systems (oder - in weniger pompösen Begriffen - seine Unordentlichkeit) unbegrenzt. Jede neue Änderung wird schwieriger zu verwirklichen.

Sie sind berechtigt, verwirrt zu sein, wenn Sie diese Erörterung aufmerksam verfolgt haben. Wir haben gesehen, daß dem bereitstellenden Modul die Anpassung an die jeweilige Darstellung zu überlassen ebenso unangebracht ist wie dies dem Kunden aufzubürden. Aber irgendwer muß doch sicherlich diese Entscheidung fällen!

Unglücklicherweise kann hier noch keine Lösung angegeben werden. Grob gesprochen, werden wir nach dezentralen Modularchitekturen streben, in denen verschiedene Moduln, die durch schrittweise Erweiterung und Änderung gebaut werden und durch wohldefinierte Beziehungen miteinander verbunden sind, konkurrierende Versionen variabler Operationen von der Art von *suche* bereitstellen; ein Unterstützungsverfahren, **dynamisches Binden** genannt, führt die Auswahl automatisch durch. Aber dieses Verfahren beruht auf Vererbung, deren Wunder erst im Kapitel 10 enthüllt werden.

3.3.5 Gemeinsamkeiten zwischen Teilgruppen

Das letzte Thema in unserer Liste der technischen Probleme von Wiederverwendbarkeit betrifft den Entwurf wiederverwendbarer Moduln selbst, nicht ihrer Kunden. Dieses Problem ist aber auch grundsätzlicher Art, denn es bestimmt die Fähigkeit, wohlstrukturierte Modulsammlungen ohne unnötige Wiederholungen zu schreiben. Wenn es bei miteinander in Beziehung stehenden Moduln zu viele Wiederholungen gibt, dann ist ihre konzeptionelle Integrität nur schwer zu bewahren; Konfigurationsverwaltung wird dann schnell zum unlösbaren Problem, weil Änderungen auf viele verschiedene Elemente übertragen werden müssen.

Die Frage ist, wie Modulimplementierer die starken Gemeinsamkeiten nutzen können, die in einer Untergruppe einer möglichen Menge von Datenstruktur-Implementierungen vorhanden sein mögen. Im Fall der Tabellensuche haben wir als typisches Beispiel die Untergruppe aller sequentiellen Tabellen, ob sie nun als sequentielle Felder, verkettete Listen oder sequentielle Dateien implementiert sein mögen. In diesem Fall könnte der Algorithmus genauer als in der oben gezeigten allgemeinen Form ausgedrückt werden. Tatsächlich ist der Algorithmus für alle sequentiellen Implementierungen gleich; die einzig verbleibenden Unterschiede betreffen eine kleine Zahl im Algorithmus genutzter primitiver Operationen: Beginnen an der Anfangsposition, Weitergehen zur nächsten Position, Feststellen der letzten Position. Die folgenden Bilder zeigen die allgemeinen sequentiellen Algorithmen und einige mögliche Implementierungen der primitiven Operationen.

```
suche (x: ELEMENT, t: SEQUENTIELLE_TABELLE): boolean is
        -- Kommt Element x in der Tabelle t vor?
    pos: POSITION
begin
    BEGINNE_SUCHE; -- Hängt nicht von x ab
    while not NICHTS_MEHR_DA and then not GEFUNDEN(pos,x,t)
    do
        GEH_ZUM_NÄCHSTEN    -- Hängt nicht von x ab
    end;
    return not NICHTS_MEHR_DA
end -- suche
```

Bild 3.2 Muster für eine sequentielle Tabellensuche

	Sequentielles Feld	**Verkettete Liste**	**Sequentielle Datei**
BEGINNE_SUCHE	*i := 1*	*l := Kopf*	*rücksetzen*
GEH_ZUM_NÄCHSTEN	*i := i+1*	*l := l.nächster*	*lies_nächsten*
NICHTS_MEHR_DA	*i > Länge*	*l* = **null**	*end_of_file*

Bild 3.3 Implementierungsvarianten für primitive Operationen

Die Herausforderung besteht hier darin, einen Weg zu finden, auf dem die Gemeinsamkeiten in dieser besonderen Gruppe der Tabellensuch-Implementierungen einzufangen sind. Im Idealfall sollten wir in kleinen Schritten arbeiten können, indem wir vom Grundmuster aller Suchimplementierungen auf dem allgemeinsten Niveau ausgehen, dann auf dem Niveau der sequentiellen Gruppe die Eigenschaften des sequentiellen Suchens hinzufügen und schließlich für jede besondere Implementierung in dieser Gruppe (verkettete Liste, usw.) die letzten verbleibenden Details ergänzen. Wir möchten nicht, daß der gleiche Code für viele verschiedene Moduln immer wiederholt wird.

Um die Bezugnahme in den folgenden Erörterungen zu erleichtern, werden die obengenannten fünf Bedingungen in der folgenden Tabelle zusammengefaßt und numeriert.

1. Typ-Variationen
2. Datenstruktur- und Algorithmen-Variationen
3. Nicht nur eine, sondern verschiedene miteinander verbundene Operationen
4. Aufruf einer Operation, ohne ihre Implementierung zu kennen
5. Gemeinsamkeiten zwischen Implementierungsgruppen

Bild 3.4 Probleme bei der Bildung von Modulstrukturen

3.4 Routinen

Der klassische Zugang zur Wiederverwendbarkeit besteht in der Bildung von Routinen-Bibliotheken; der Ausdruck „Routine" wird hier als Oberbegriff für alles benutzt, was in der Literatur Prozedur, Funktion, Subroutine, Unterprogramm, usw. genannt wird. Jede Routine in einer solchen Bibliothek implementiert eine wohldefinierte Operation. Ein Gebiet, auf dem dieser Zugang recht erfolgreich ist, ist wissenschaftliches Rechnen: Hervorragende Routinen-Bibliotheken werden allgemein benutzt, um Probleme der Linearen Algebra, von Differentialgleichungen und anderen Gebieten zu lösen. Auf Routinen kommt man auch bei der Zerlegung von Softwaresystemen top-down in funktionale Einheiten.

Der Ansatz Routinen-Bibliotheken scheint in der Tat dort gut zu funktionieren, wo eine (möglicherweise große) Menge einzelner Probleme festgestellt werden kann, allerdings mit folgenden Einschränkungen.

A. • Jedes Problem muß durch eine einfache Spezifikation in dem Sinne beschreibbar sein, daß jedes Exemplar des Problems durch eine kleine Anzahl von Parametern definiert werden kann.

B. • Die einzelnen Probleme müssen deutlich verschieden voneinander sein: Dieser Zugang erlaubt nicht die Benutzung irgendwelcher wesentlichen vielleicht vorhandenen Gemeinsamkeiten - außer durch Wiederverwendung des Entwurfs.

C. • Komplexe Datenstrukturen dürfen nicht beteiligt sein: Sie würden zwischen den sie benutzenden Routinen verteilt werden, womit die konzeptionelle Eigenständigkeit jedes Moduls verloren ginge.

Die Begrenztheit des Routinen-Ansatzes zeigt sich deutlich bei der Betrachtung des Tabellensuchproblems. Man hat die Wahl, entweder eine einzelne Routine zu schreiben oder eine Menge von Routinen, jede für einen speziellen Fall. Die Zahl der möglichen Fälle ist jedoch so groß, daß die Gesamtkomplexität in der Praxis die tatsächliche Wiederverwendbarkeit sehr schwer macht:

- Bei der ersten Lösung wird die einzelne Routine eine beträchtliche Zahl von Argumenten haben und wahrscheinlich als eine gigantische Menge von **case**-Anweisungen strukturiert sein; durch ihre Komplexität und Ineffizienz wird sie aller Wahrscheinlichkeit nach unbenutzbar. Schlimmer noch: Jede Hinzufügung eines weiteren Falls bedeutet Änderung und Neu-Kompilation der ganzen Routine.
- Bei der zweiten Lösung bekommt man eine große Anzahl von Routinen; viele werden ähnlich aussehen (wie im Beispiel der sequentiellen Felder und sequentiellen verketteten Listen), aber es gibt für den Implementierer keinen einfachen Weg, diese Ähnlichkeit zu nutzen. Entwerfer und Implementierer von Kundenmoduln (im folgenden *Kundenprogrammierer* genannt) müssen sich ihren Weg durch einen Irrgarten von Routinen suchen.

Eine sogar noch problematischere Begrenztheit des Subroutinen-Ansatzes in diesem und vielen anderen Fällen ist die Tatsache, daß Problem 3 damit nicht gelöst wird: Eine Suchroutine sagt nichts zu Tabellenerzeugung, Eintragen oder Löschen, was durch andere Routinen abgedeckt werden muß. Aus einem anderen Blickwinkel erkennt man diesen Mangel in der Tatsache, daß die oben angegebene Bedingung C nicht erfüllt ist: Die verschiedenen Routinen müssen auf einer gemeinsamen Datenstruktur, der Tabelle, operieren, die beim Entwurf völlig unbeachtet bleibt.

3.5 Pakete

Modulare Sprachen wie Modula-2 und Ada bieten einen ersten Schritt zu geeigneteren Lösungen.

Diese Sprachen haben einen Modulbegriff (mal Modul, mal Paket genannt) als gegenüber Routinen höheres Strukturierungskonstrukt. Solche Moduln - der Ada-Begriff *package (Paket)* wird in dieser Erörterung benutzt - können mehr als eine Routine zusammen mit Typ-, Konstanten- und Variablendeklarationen enthalten. Ein Paket kann dadurch einer ganzen Datenstruktur und den zugehörigen Operationen gewidmet sein.

Pakete beseitigen einige der eklatantesten Mängel des Routinen-Ansatzes, indem Moduln Gruppen miteinander verbundener Operationen enthalten können und nicht nur eine; die Implementierung der Datenstruktur, auf die die Operationen angewandt werden, wird ebenfalls im Paket beschrieben.

In unserem Suchbeispiel besteht unser Modul nicht mehr einfach aus *suche*, sondern aus der gesamten Implementierung des Tabellenkonzepts und der zugehörigen Operationen. Als Beispiel sei hier ein Modul *GANZ_BINÄR_BÄUME* genannt, der die Implementierung eines binären Suchbaums von Ganzzahlen beschreibt und aus den folgenden Elementen besteht:

- Typ-Deklaration: der Typ *ganzbinbaum* binärer Bäume von Ganzzahlen.
- Menge von Routinen: *Erzeuge, Suche, Füge_ein usw.*

Kundencode kann den in *GANZ_BINÄR_BÄUME* definierten Typ und die dort definierten Operationen benutzen, um binäre Suchbäume von Ganzzahlen zu erzeugen und zu verändern. Man braucht eine Schreibweise, mit der Kunden des Moduls *M* auf ein in *M* definiertes Element *e* (Typ, Konstante, Variable, Operation) zugreifen können. Wir wollen die von der Sprache CLU entlehnte Schreibweise *M$e* benutzen. (Die Ada-Schreibweise wäre *M.e.*) Kundencode, der Binärbäume benutzt, könnte folgendermaßen aussehen:

```
x: integer; b: boolean;
                        -- Deklarationen von Hilfsvariablen
t: GANZ_BINÄR_BÄUME$ganzbinbaum;
                        -- Deklaration von t als Variable des
                        -- Typs ganzbinbaum, definiert im Modul
                        -- GANZ_BINÄR_BÄUME
GANZ_BINÄR_BÄUME$Erzeuge (t);
                        -- Wende Routine Erzeuge aus
                        -- GANZ_BINÄR_BÄUME auf t an

GANZ_BINÄR_BÄUME$Füge_ein (x,b);
b := GANZ_BINÄR_BÄUME$Suche (x,p)
                        -- Operationen aus GANZ_BINÄR_BÄUME
```

Derzeitige Sprachen bieten verschiedene syntaktische Möglichkeiten, die Wiederholung des Modulnamens, hier *GANZ_BINÄR_BÄUME,* zu vermeiden, wann immer eines seiner Elemente benutzt wird. (Die Möglichkeiten bei Ada werden in Kapitel 18 beschrieben.)

Eine weniger schlimme Belästigung entsteht durch die Notwendigkeit, zwei Arten miteinander verbundener Namen zu erfinden, einen für den Modul (hier *GANZ_BINÄR_BÄUME*) und den anderen für seinen Haupt-Datentyp (ganzbinbaum). Ein zentraler Schritt zu Objektorientiertheit wird darin bestehen, den Modul und den Typ miteinander zu verschmelzen. Aber wir wollen nicht vorgreifen.

Der Paket-Ansatz ermöglicht es, miteinander zusammenhängende Elemente (Typen, Variablen, Routinen) unter einem Dach zu sammeln. Diese Herangehensweise erfüllt das Prinzip der sprachlichen Moduleinheiten (2.2.1). Die Verbesserung in bezug auf den Kapselungsmechanismus ist sowohl für Modulimplementierer als auch für Kundenprogrammierer bedeutend:

- Der Vorteil für Modulimplementierer besteht darin, daß alle Programmteile, die zu einem wichtigen konzeptionellen Teil des Systems gehören, am selben Ort zusammengefaßt zu finden sind. Das erleichtert Pflege und Weiterentwicklung. Im Gegensatz dazu besteht bei getrennten Subroutinen immer das Risiko, die Veränderung von einigen Routinen zu vergessen, wenn die Implementierung geändert wird (wie z.B. *Erzeuge, Füge_ein* und *Suche* zu verändern, aber *Lösche* zu vergessen).
- Für Kundenprogrammierer ist es leichter, eine Menge von Diensten zu finden und zu benutzen, wenn sie an einem Platz gesammelt sind.

Die Einzelheiten des Paket-Ansatzes werden in Kapitel 18 am Fall Ada dargestellt. Vom Standpunkt der Wiederverwendbarkeit aus gesehen, gehen Pakete das Problem 3 an, die Notwendigkeit, mehr als eine Operation zur gleichen Zeit anzupacken. Pakete sind deutlich besser als Subroutinen, wenn das Problem einen wichtigen Datenstruktur-Aspekt enthält (vergl. Bedingung C im Abschnitt 3.4): In diesem Fall wird die Datenstruktur zusammen mit den Operationen beschrieben.

Pakete lösen jedoch nicht die anderen WiederverwendbarkeitsProbleme. Weitergehende Techniken werden benötigt, um Moduln flexibler zu machen (Probleme 1 und 2), um Kunden von der Wahl der Darstellung zu befreien (4) und um Gemeinsamkeiten zwischen Gruppen von Implementierungen ausbeuten zu können (5).

3.6 Überlagern und Generizität

3.6.1 Überlagern

Ein zusätzlicher Grad an Flexibilität wird durch das Namensüberlagern erreicht, wie es in Algol68 und Ada möglich ist.

Überlagern kann definiert werden als die Möglichkeit, einem in einem Programm vorkommenden Namen mehr als eine Bedeutung zuzuordnen.

Operationsnamen sind typische Kandidaten für das Überlagern. Wenn man zum Beispiel verschiedene Tabellenimplementierungen schreibt, die alle durch eine eigene Typdeklaration definiert sind, so ermöglicht einem das Überlagern, allen zugeordneten - sagen wir - Suchprozeduren denselben Namen *suche* zu geben; auf diese Weise kann eine Suchoperation immer als *b := suche (x,t)* aufgerufen werden, unabhängig von der für *t* gewählten Implementierung. Das funktioniert in streng getypten Sprachen wie Ada oder Algol68 gut, weil der Compiler für die Auswahl der zutreffenden Version von *suche* ausreichend Typinformationen über *t* und *x* hat.

Das ist eine Entlastung für Kundenprogrammierer: Sie können denselben Namen benutzen, wenn sie unterschiedliche Implementierungen einer gegebenen Operation aufrufen wollen.

3.6.2 Generizität

Eine verwandte Technik ist Generizität, wie sie in Ada und CLU vorgesehen ist.

Generizität bezeichnet die Möglichkeit, parametrierte Moduln zu definieren. Ein solcher Modul, *generischer* Modul genannt, ist nicht unmittelbar benutzbar; vielmehr ist er ein Modulmuster. Üblicherweise stehen die Parameter (**formale generische Parameter** genannt) für Typen. Aktuelle Moduln, **Exemplare** des generischen Moduls genannt, entstehen durch die Belegung jedes formalen generischen Parameters durch aktuelle Typen (**aktuelle generische Parameter**).

Ein typischer generischer Modul ist

BINÄRBÄUME [T]

wobei der generische formale Parameter T den Typ der Binärbaumelemente darstellt. Statt einer Menge sehr ähnlicher Moduln, eines für jede Art von Elementtyp - Modul *GANZZAHL_BINÄRBÄUME*, Modul *REAL_BINÄRBÄUME* usw. - hat man jetzt nur einen einzigen generischen Modul *BINÄRBÄUME [T]*. Wie schon erwähnt, sollte das eher als Modulmuster bezeichnet werden; aktuelle Moduln bekommt man durch das Belegen mit aktuellen generischen Parametern, wie zum Beispiel:

BINÄRBÄUME [INTEGER]

BINÄRBÄUME [REAL]

Die Deklaration des generischen Moduls ähnelt der o.g. Deklaration von *GANZZAHL_BINÄRBÄUME* mit dem Unterschied, daß anstelle von *INTEGER T* benutzt wird. Zum Beispiel:

```
type ganzbinbaum =
      record
            info: T;
            links, rechts : intbinbaum
      end;

suche (x : T, t : intbinbaum) return boolean is
            -- Kommt Element x im Binärbaum t vor?
      begin
            ... Implementierung von suche ...
      end

-- usw.
```

Diese Technik ist ein unbestrittener Fortschritt an Flexibilität, weil damit parametrierte Moduln geschrieben werden können, die an unterschiedliche Typen angepaßt werden können.

3.6.3 Eine Bewertung von Generizität und Überlagern

Überlagern und Generizität bieten symmetrische Möglichkeiten:

- Überlagern ist eine Hilfe für *Kundenprogrammierer:* man kann denselben Kundencode schreiben und dabei *unterschiedliche Implementierungen* einer Datenstruktur benutzen, wie sie von verschiedenen Moduln geboten werden.
- Generizität ist etwas für *Modulimplementierer:* Sie können *denselben Modulcode* zur Beschreibung aller Exemplare *derselben Implementierung* einer Datenstruktur schreiben, die aus unterschiedlichen Objekttypen besteht.

Welche Vorteile bieten diese Techniken in bezug auf Wiederverwendbarkeit? Generizität bietet eine Lösung für Problem 1 (verantwortlich für verschiedene Typen). Überlagern scheint ein Angriff auf Problem 2 (zuständig für Variationen von Datenstrukturen und Algorithmen) und 4 (Kunden können eine Operation aufrufen, ohne ihre Implementierung zu kennen) zu sein. Bei näherem Hinsehen ist das Ergebnis jedoch enttäuschend.

Zunächst einmal haben wir keinerlei Fortschritte bei der Lösung von Problem 5 gemacht, nämlich feinkörnige Gemeinsamkeiten zwischen Gruppen von Implementierungen derselben allgemeinen Datenstruktur zu erfassen. Überlagern hilft hier nicht, auch Generizität nicht, denn sie bietet nur zwei Modulebenen:

- Generische Moduln, die parametriert sind und damit offen für Variationen, aber nicht direkt benutzbar.
- Modulexemplare, die direkt benutzbar, aber nicht mehr verfeinerbar sind.

Man kann also keine komplexe Hierarchie von Darstellungen mit unterschiedlichen Ebenen der Parametrierung beschreiben.

Die Techniken leiden unter einer weiteren wesentlichen Beschränkung. Keine von beiden ermöglicht es dem Kunden, verschiedene Implementierungen einer Datenstruktur (wie der Tabelle) zu benutzen, ohne daß der Kundenprogrammierer weiß, welche Implementierung in jedem Exemplar benutzt wird:

- Ein generischer Modul ist, wie schon ausgeführt, von Kunden nicht direkt benutzbar, sondern nur durch seine Exemplare. Diese Exemplare haben aber alle Flexibilität verloren, weil die formalen generischen Parameter durch aktuelle Typen belegt worden sind.
- Das Überlagern ist andererseits nicht mehr als eine syntaktische Eigenschaft, die Programmierer davon entlastet, für verschiedene Implementierungen einer Operation verschiedene Namen zu erfinden, und letztendlich den Compiler damit belastet. Das löst aber nicht die Probleme 2 und 4. Jeder Aufruf eines überlagernden Operationsnamens - wie *suche (x,t)* - bezieht sich auf genau eine Version der Operation; der Kundenprogrammierer, der den Aufruf schreibt, weiß (ebenso wie der Compiler, der das analysiert) genau, welche Version aufgerufen wird.

Man beachte, daß Kundenprogrammierer nicht wirklich wissen müssen, *wie* jede Version implementiert ist, weil in den meisten Sprachen mit generischen Paketen (wie Ada) Moduln über eine Schnittstelle benutzt werden, in der die verfügbaren Routinen unabhängig von ihrer Implementierung beschrieben werden. Aber sie müssen in jedem konkreten Fall ausdrücklich entscheiden, *welche* Version zu benutzen ist. Anders gesagt: Wenn Ihre Moduln verschiedene Tabellenarten benutzen, müssen Sie nicht wissen, wie binäre Bäume, indizierte sequentielle Dateien und ähnliches implementiert werden, aber Sie müssen jedesmal, wenn Sie eine Tabellenoperation benutzen, sagen, welche dieser Repräsentationen Sie benutzen wollen.

Für wahre Darstellungsunabhängigkeit müssen wir einen Aufruf wie suche *(x,t)* schreiben können und damit folgendes meinen: „Suche nach *x* in *t* und benutze dabei den geeigneten Algorithmus, **welche Art von Tabelle zum Zeitpunkt der Ausführung des Aufrufs *t* auch gerade sein mag**". Um diesen Grad von Flexibilität zu erreichen, der für die Erstellung wiederverwendbarer Softwareelemente unverzichtbar ist, müssen wir uns dem objektorientierten Entwurf zuwenden.

3.7 In diesem Kapitel eingeführte Schlüsselkonzepte

- Programmieren ist eine sehr wiederholungsintensive Tätigkeit, bei der oft von verbreiteten Mustern Gebrauch gemacht wird. Es gibt jedoch beachtliche Variationen in der Art der Benutzung und Verbindung dieser Muster, wodurch zu einfache Versuche, Programme aus beliebig verfügbaren Bausteinen zu entwickeln, scheitern.
- Die Einführung von Wiederverwendbarkeit in die Praxis bringt ökonomische, psychologische und organisatorische Probleme mit sich. Insbesondere die letzteren sind schwerwiegend, weil die Datenbanken wiederverwendbarer Moduln in geeigneter Form zugänglich gemacht werden müssen. Sogar noch bedeutender sind aber die grundlegenden technischen Probleme: Allgemein akzeptierte Modulbegriffe sind zur Unterstützung ernsthafter Wiederverwendbarkeit schlicht ungeeignet. Diese technischen Probleme müssen gelöst werden, bevor organisatorische Lösungen überhaupt wirksam werden können.
- Einfache Ansätze: Quellcode-Wiederverwendbarkeit, Wiederverwendbarkeit von Personal, Wiederverwendbarkeit von Entwürfen, Unterprogramm-Bibliotheken haben sich als in bestimmten Zusammenhängen erfolgreich erwiesen. Aber alle versagen, wenn es darum geht, eine Grundlage für einen systematischen Angriff auf das Wiederverwendbarkeits-Problem zu schaffen.
- Pakete bieten eine bessere Kapselungstechnik als Routinen, weil sie eine Datenstruktur und ihre zugehörigen Operationen zusammenpacken.
- Zwei Techniken erweitern die Flexibilität von Paketen: Überlagern, die Benutzung des gleichen Namens für mehrere Operationen; Generizität, die Verfügbarkeit von Typparametrierten Moduln.
- Weder Generizität noch Überlagern löst alle Probleme der Wiederverwendbarkeit. Überlagern ist im wesentlichen eine syntaktische Eigenschaft; Generizität geht nur die Typparametrierung an.
- Was gebraucht wird, sind Techniken, um Gemeinsamkeiten zwischen Gruppen verwandter Datenstrukturimplementierungen zu erfassen, sowie Methoden, Kunden vor internen Moduldarstellungen zu schützen.

3.8 Literaturhinweise

Die erste veröffentlichte Erörterung des Themas Wiederverwendbarkeit bei der Programmierung war wahrscheinlich das eingangs zitierte Papier von McIlroy aus dem Jahre 1968, wiederveröffentlicht als [McIlroy 1976].

Eine Sonderausgabe der IEEE *Transactions on Software Engineering* [Biggerstaff 1984] enthält eine Menge interessanter Artikel, in denen Wiederverwendbarkeit aus verschiedenen Blickwinkeln behandelt wird. Siehe aus dieser Ausgabe insbesondere [Horowitz 1984], [Jones 1984], [Curry 1984], [Standish 1984] und [Goguen 1984]. [Wegner 1984] bildet eine gute Ergänzung dazu.

Ein anderer Ansatz zur Wiederverwendbarkeit, der auf Konzepten der Künstlichen Intelligenz beruht, wird im MIT-Projekt Programmer's Apprentice verkörpert [Waters 1985]. Das System benutzt weniger fertige wiederverwendbare Moduln als vielmehr Muster (*clichés* und *plans* genannt), die verbreitete Programmentwurfsstrategien darstellen.

Im STARS-Projekt des US-Verteidigungsministeriums wird Wiederverwendbarkeit betont mit besonderem Schwergewicht auf den organisatorischen Aspekten des Problems und mit Ada als der Sprache für Softwarebausteinen. Man findet eine Reihe von Beiträgen zu diesem Ansatz im Konferenzband der STARS-Verteidigungsministerium-Industrie-Tagung 1985 [NSIA 1985].

Die Begründung für die Idee, mit der Auswahl der geeigneten Variante einer Operation, die auf der Form des zu manipulierenden Objekts beruht, bis zur Ausführungszeit zu warten (s. 3.3.4), ist in [Cox 1986] zu finden.

4 Der Weg zur Objektorientiertheit

Wir haben die Ziele studiert, die modulorientierte Entwurfsmethoden zu erreichen trachten sollten. In diesem Kapitel wird gezeigt, wie man durch Umkehrung des herkömmlichen Blickwinkels beim Softwareentwurf zu flexibleren Strukturen kommt, welche die Ziele der Wiederverwendbarkeit und Erweiterbarkeit fördern.

4.1 Prozesse und Daten

Ein Softwaresystem ist eine Menge von Mechanismen, um bestimmte Aktionen auf bestimmten Daten auszuführen.

Beim Grobentwurf einer Systemarchitektur ist der Softwareentwerfer vor eine grundsätzliche Wahl gestellt: Soll die Struktur auf den Aktionen oder auf den Daten beruhen? In der Antwort auf diese Frage liegt der Unterschied zwischen herkömmlichen Entwurfsmethoden und dem objektorientierten Ansatz.

> Es gibt Gründe für hybride Ansätze, denn letztendlich spielen sowohl Daten als auch Aktionen ihre Rolle in der Struktur eines Programms. Die wichtigste Frage ist jedoch, was als erstes Kriterium zur Beschreibung der Zerlegungsstrukturen auf höchster Ebene dienen soll. Dieser Frage kann man sich nicht entziehen: Der Entwerfer muß sich entscheiden.

In der Erörterung werden bei der Betrachtung des ersten Ansatzes die Begriffe „Funktion", „Aktion" und „Prozeß" austauschbar verwendet und ebenso „Daten" und „Objekte" bei der Betrachtung des zweiten.

Der pfiffige Leser wird erraten haben, daß die übrige Erörterung den zweiten Ansatz befürworten wird, nämlich die Systemstruktur auf Datenstrukturen zu gründen. Argumente für diesen Ansatz werden jetzt geliefert, und zwar sowohl positive als auch negative, mit denen die Unzulänglichkeit herkömmlicher, funktionsorientierter Methoden gezeigt wird.

4.2 Funktionen, Daten und Stetigkeit

Das Schlüsselelement bei der Beantwortung der Frage „soll man um die Funktionen oder um die Daten herum strukturieren?" ist vielleicht das Problem der Erweiterbarkeit, oder präziser: das in Kapitel 2 so genannte *Stetigkeitsprinzip*. Wir erinnern uns, daß eine Entwurfsmethode das Kriterium Stetigkeit dann erfüllt, wenn sie solche Architekturen erzeugt, die nicht wegen jeder kleinen Änderung der Systemanforderungen geändert werden müssen.

Stetigkeit ist erst auf lange Sicht interessant. Wenn man den Softwareentwicklungsprozeß betrachtet als beginnend mit der Anforderungsdefinition und endend mit der ersten lauffähigen Systemversion, dann ist Stetigkeit vielleicht nicht so wichtig (obwohl Änderungen gerade in diesem beschränkten Prozeß unvermeidlich sind). Stetigkeit wird jedoch entscheidend, wenn man den gesamten Entwicklungsprozeß einschließlich Weiterentwicklung und Anpassung betrachtet.

Jedes erfolgreiche System unterliegt während seiner Lebenszeit unausweichlich zahlreichen Änderungen. Wenn man den Software-Lebenszyklus nur bis zur ersten Auslieferung einer mehr oder minder funktionierenden Version betrachtet, dann vernachlässigt man das gesamte Nachleben von Änderungen und Revisionen. Das ist genauso weit vom wirklichen Leben entfernt wie jene Erzählungen, die bei der Heirat des Helden mit der Heldin enden, also da, wo in der Wirklichkeit der wirklich interessante Teil beginnt.

Um die Qualität einer Architektur (und der sie erzeugenden Methode) zu bewerten, sollten wir nicht nur in Betracht ziehen, wie einfach diese Architektur erstmals gewonnen werden kann: Es ist genauso wichtig, wenn nicht wichtiger, sich zu vergewissern, wie gut die Architektur die Veränderungsprozesse übersteht. Hier sind Objekte den Funktionen entscheidend überlegen.

Im Werdegang eines Systems sind Funktionen im allgemeinen die flüchtigsten Teile. Bei einem erfolgreichen System wird schnell der Bedarf nach neu zu übernehmenden Aufgaben wach. So wird zum Beispiel ein Lohnabrechnungsprogramm, das ursprünglich zur Erzeugung von Zahlungsanweisungen aus Zeitkarten benutzt wurde, nach gewisser Zeit um die Sammlung statistischer Informationen, die Erzeugung von Steuerbescheinigungen, die Pflege einer Beschäftigten-Datenbank, usw. erweitert werden; seine ursprüngliche Funktion wird verändert werden (statt zweiwöchentliche sollen zum Beispiel monatliche Anweisungen ausgeschrieben werden) und wird am Ende oft nur eine von vielen Dienstleistungen des Systems darstellen. Beispiele aus anderen Gebieten: Ein ursprünglicher Code, der anfangs einfach irgendeinen numerischen Algorithmus zur Erzeugung von Zahlentabellen aus Stapeleingaben anwendete, wird erweitert, um mit graphischer Eingabe und Ausgabe zu arbeiten oder um eine Datenbank der vorangegangenen Ergebnisse zu pflegen. Ein Übersetzer, der anfangs einfach nur korrekten Quellcode in Objektcode übertrug, wird nach gewisser Zeit als Syntaxprüfer, Programm für die statische Analyse, Schöndruckaufbereiter, usw. benutzt werden.

Der Änderungsprozeß ist in solchen Fällen oft schrittweise. Die neuen Anforderungen entstehen stetig aus den anfänglichen. Das neue System ist in vielerlei Hinsicht immer noch das alte; es ist - in den erwähnten Beispielen - immer noch ein Lohnabrechnungssystem, ein nuklearer Code, ein Übersetzer.

Wenn die Architektur zu sehr auf den Funktionen beruht, scheint es nicht möglich zu sein zu gewährleisten, daß die Weiterentwicklung des Systems ebenso gleitend vor sich geht wie die Weiterentwicklung der Anforderungen, wie es vom Stetigkeitskriterium gefordert wird.

Sehen wir uns jetzt die Daten an. Ein Lohnabrechnungsprogramm wird in allen seinen verschiedenen Erscheinungsformen stets mehr oder weniger dieselben Datenarten bearbeiten: Beschäftigten-Sätze, Bestimmungen der Firma und der Sozialgesetze (besser gesagt, deren Computer-Darstellungen), Steuerbescheinigungen, usw. Ein Übersetzer wird stets auf Quelltext, lexikalischen Einheiten, Syntaxbäumen, Objektcode und ähnlichem arbeiten.

Diese Bemerkungen weisen auf ein allgemeines Phänomen. Wenn ein System sich entwickelt, können sich seine Aufgaben radikal ändern. Sehr viel mehr Beständigkeit findet sich in den Datenarten, auf denen gearbeitet wird, *zumindest auf einem ausreichend hohen Abstraktionsniveau betrachtet* (zu dieser Präzisierung später mehr). Das ist das Schlüsselargument dafür, als Hauptrichtschnur für die Systemstrukturierung eher die Daten als die Aufgaben zu benutzen.

4.3 Die Top-down-funktionale Vorgehensweise

Bevor wir mehr direkte Argumente für den Daten-bezogenen Entwurf liefern, wollen wir den herkömmlichen Zugang genauer untersuchen. Klassische Entwurfsmethoden nutzen typischerweise die Funktionen als Grundlage und nicht die Daten. Die bekannteste Methode ist der Top-down-funktionale Entwurf. Wir wollen uns anschauen, was das ist und wie die Fragen von Wiederverwendbarkeit und Erweiterbarkeit angegangen werden.

4.3.1 Die Top-down-Methode

Die Top-down-Methode beruht auf der Idee, daß Software durch schrittweise Verfeinerung aus der abstrakten Funktion des Systems gewonnen werden sollte. Der Vorgang beginnt mit der Niederschrift der höchsten Anweisung dieser Funktion, wie zum Beispiel

(C0) *Übersetze ein C-Programm in Motorola 68030 - Code*

oder

(P0) *Verarbeite ein Benutzerkommando*

und wird fortgesetzt durch eine Folge von Schritten. Jeder Schritt muß das Abstraktionsniveau der dadurch erhaltenen Elemente senken; ein Schritt besteht aus der Zerlegung jeder entstandenen Anweisung in eine Kombination von einer oder mehr einfacheren Anweisungen. Der nächste Schritt im ersten Beispiel könnte die folgende Zerlegung ergeben:

(C'1)

Lies das Programm und erzeuge eine Folge von Einheiten;
Gliedere die Folge von Einheiten in abstrakte Syntaxbäume;
Reichere den Baum mit semantischer Information an;
Erzeuge Code aus dem angereicherten Baum

oder, unter Nutzung einer alternativen Struktur:

(C"1)

while *nicht alle Funktionsdefinitionen verarbeitet* **do**
    lies nächste Funktionsdefinition ein;
    erzeuge partiellen Code
end;
Füge Querverweise ein

(Ein C-Programm ist eine Folge von Funktionsdefinitionen.)

In jedem Fall müssen die entstandenen Elemente („Lies das Programm ...", „nicht alle Funktionsdefinitionen verarbeitet" usw.) wiederholt detailliert werden, bis alle entstandenen Elemente auf einem Abstraktionsniveau angelangt sind, das niedrig genug zur direkten Implementierung in die zur Verfügung stehende Programmiersprache ist.

Der Prozeß der Top-down-Verfeinerung kann als Entwicklung eines Baums beschrieben werden. Knoten des Baums stellen Elemente der Zerlegung dar; Kanten zeigen die Relation „*B* ist Teil der Verfeinerung von *A*". Genauere Darstellungen sind denkbar, mit denen auch die Steuerkonstrukte gezeigt werden, die bei den verschiedenen Exemplaren dieser Relation vorkommen (wie Aufeinanderfolge in der ersten obigen Zerlegung und die **while**-Schleife in der zweiten.

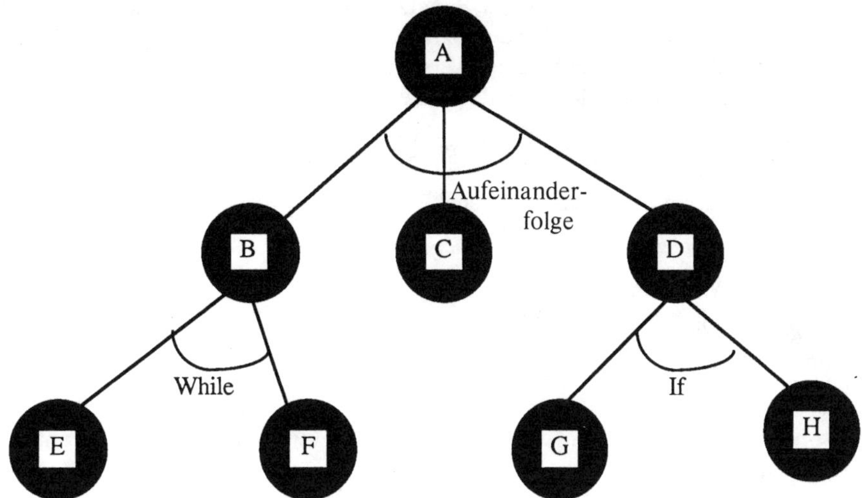

Bild 4.1 Top-down-Entwurf: Baumstruktur

Ein starkes Argument spricht für den Top-down-Ansatz. Er ist eine logische, wohlorganisierte Denkdisziplin, die eine geordnete Systementwicklung fördert und dem Entwerfer hilft, einen Weg durch die tatsächlich hohe Komplexität zu finden, die für die Anfangsphasen des Systementwurfs kennzeichnend ist.

Aber Top-down-Entwurf leidet unter verschiedenen Mängeln.

- Die Methode berücksichtigt nicht den evolutionären Charakter von Softwaresystemen.
- Ein Begriff von Systemen, die ausschließlich durch eine einzige Funktion gekennzeichnet sind, ist fragwürdig.
- Wenn die Funktion als Grundlage genommen wird, so bedeutet das oft, daß der Datenstrukturaspekt vernachlässigt wird.
- Die Top-down-Vorgehensweise fördert nicht die Wiederverwendbarkeit.

Die nächsten Abschnitte untersuchen diese Mängel.

4.3.2 Funktionen und Weiterentwicklung

Der größte Ärger mit dem top-down funktionalen Entwurf ist die Stetigkeit. Wie oben erörtert, sind Funktionen nicht der stabilste Teil eines Systems. Der Top-down-Entwurf benutzt jedoch die funktionale Zerlegung als Hauptkriterium der Strukturierung. Damit wird kurzfristige Bequemlichkeit - eine recht einfach gewonnene Anfangsstruktur - durch eine langfristige Katastrophe erkauft: Wenn sich das System ändert, stehen die Entwerfer vor der Aussicht auf ständigen Neuentwurf.

Betrachten wir das Beispiel eines Programms, das zwei Versionen hat: eine „Stapelversion", bei der jedes Problem in einem einzigen großen Durchlauf abgehandelt wird, und eine interaktive Version, bei der eine Sitzung aus einer Folge von Transaktionen besteht, was zu einer viel feineren Struktur der Benutzer-System-Kommunikation führt. Das ist typisch für große wissenschaftliche Programme, die oft eine „laß den Riesenhaufen Berechnungen die ganze Nacht laufen"-Version haben und eine „ich will ein paar wenige Dinge ausprobieren und sofort die Resultate sehen"-Version.

Die Top-down-Verfeinerung der Stapelversion könnte wie folgt beginnen:

(B0) [Abstraktion der höchsten Ebene]

Löse ein vollständiges Exemplar des Problems

(B1) [Erste Verfeinerung]

Lies die Eingabewerte;
Berechne die Ergebnisse;
Gib die Ergebnisse aus

und so weiter. Die Top-down-Entwicklung der interaktiven Version würde wohl so wie folgt gehen:

(I1)

Bearbeite eine Transaktion

(I2)

```
if neue Information vom Benutzer then
        Gib Information ein;
        Speichere das
elsif Anfrage nach zuvor gegebener Information then
        Hole gewünschte Information zurück;
        Gib die Information aus
elsif Anfrage nach Ergebnis then
        if notwendige Information verfügbar then
                Hole gewünschte Ergebnisse;
                Gib sie aus
        else
                Bitte um Bestätigung der Anfrage;
                if ja then
                        Beschaffe verlangte Information;
                        Berechne das verlangte Ergebnis;
                        Gib das Ergebnis aus
                end
        end
else ... (usw.)
```

Es ist klar, daß die Top-down-Entwicklung zu zwei sehr verschiedenen Strukturen führt. Die Methode ist nicht in der Lage zu erfassen, daß dies lediglich zwei verschiedene Versionen desselben Programms sind – entweder gleichzeitig entwickelt oder das eine aus dem anderen entstanden.

Dieses Beispiel bringt zwei der gefährlichsten Folgen des Top-down-Ansatzes ans Licht: Seine Zuspitzung auf die äußere Schnittstelle (was hier zu einer frühen Wahl zwischen Stapel- und interaktiver Verarbeitung führt) und seine voreilige Festlegung zeitlicher Beziehungen (die Abarbeitungsfolge von Aktionen). Die Konzentration auf Schnittstellen ist bei einer Methode, die als Schlüsselfrage stellt, „Was soll das System für mich tun?", unvermeidlich. Die Antworten betonen in aller Regel die äußerlichsten Aspekte. In einem großen Softwaresystem ist die Schnittstelle nur eine der Komponenten. Und sie ist oft die flüchtigste, schon deshalb, weil es schwierig ist, die Schnittstelle gleich das erste Mal richtig zu entwerfen: Fast immer sind Versuche mit Prototypen oder ersten Versionen des jeweiligen Systems nötig. Während des vorläufigen Entwurfs erzielte erste Versionen der Schnittstelle können erheblich daneben liegen. Gesunde Entwurfsmethoden versuchen deshalb, die Schnittstelle so gut wie möglich vom Rest des Systems zu trennen und als Richtlinie für die Systemstrukturierung tieferliegende Eigenschaften zu nutzen. Systemarchitektur sollte auf Inhalt und nicht auf Form beruhen. Aber Top-down-Entwicklung neigt dazu, ausgerechnet den oberflächlichsten Aspekt des Systems als Grundlage für seine Struktur zu benutzen.

Der andere hier deutlich gewordene Mangel ist die voreilige Festlegung zeitlicher Beziehungen. In einer funktionalen Zerlegung detailliert jede Verfeinerung ein Stück abstrakte Struktur in genauere Steuerarchitektur. Betrachten wir noch einmal die zwei alternativen Strukturierungsmöglichkeiten für die erste Verfeinerung eines Compilers:

(C'1)

Lies das Programm und erzeuge eine Folge von Einheiten;
Gliedere die Folge von Einheiten in abstrakte Syntaxbäume;
Reichere den Baum mit semantischer Information an;
Erzeuge Code aus dem angereicherten Baum

(C"1)

```
while nicht alle Funktionsdefinitionen verarbeitet do
        lies nächste Funktionsdefinition ein;
        erzeuge partiellen Code
end;
Füge Querverweise ein
```

Hier erhält man erneut von Anfang an zwei vollständig verschiedene Architekturen. Jede wird durch ein Steuerkonstrukt definiert (eine Folge von Operationen im ersten Fall, eine Schleife, gefolgt von einer Operation, im zweiten), was eine strenge Anordnung der Strukturelemente zur Folge hat. Solche Ordnungsrelationen in den frühesten Phasen des Systementwurfs einzufrieren, ist aber nicht vernünftig. Probleme wie die Anzahl der Pässe in einem Übersetzer und die Anordnung verschiedener Tätigkeiten (lexikalische Analyse, Gruppierung, usw.) können auf viele Arten gelöst werden; Lösungen ergeben sich aus Speicherplatz-Zeit-Abwägungen und anderen Kriterien, die zu Anfang eines Projekts nicht notwendigerweise schon beherrscht werden. Manch fruchtbare Entwurfs- und Implementierungsarbeit kann schon auf den einzelnen Komponenten geleistet werden, bevor ihre zeitlichen Beziehungen eingefroren werden. Es ist notwendig, bezüglich der Festlegung von Reihenfolgen so lange wie möglich so viel Flexibilität wie möglich zu behalten. Top-down-funktionaler Entwurf bietet solche Flexibilität nicht.

Es sei erwähnt, daß viele Entwurfsmethoden, die einige Mängel des funktionalen Top-down-Entwurfs zu verbessern versuchen, ebenfalls an dieser voreiligen Festlegung der zeitlichen Beziehungen kranken. Die Datenfluß-bezogenen Methoden von Yourdon und DeMarco zum Beispiel nutzen den Informationsfluß durch ein System als das vorrangige Strukturierungskriterium. Die Reihenfolge, in der verschiedene Dinge einem Datenelement widerfahren, wird also als entscheidend betrachtet.

Im Gegensatz dazu nimmt der objektorientierte Entwurf zur Reihenfolge eine eher neutrale Haltung ein: Der Entwerfer zählt die verschiedenen Operationen auf, die auf eine bestimmte Art von Daten anwendbar sind, und spezifiziert genau den Effekt jeder Operation, verschiebt aber die Spezifikation der Reihenfolge, in der diese Operationen angewendet werden können, so lang wie möglich. Man könnte das den **Einkaufszettel-**Ansatz nennen: Benenne die gebrauchten Operationen, aber nicht ihre Reihenfolge-Einschränkungen. Als Ergebnis bekommt man sehr viel flexiblere Architekturen.

4.3.3 Nicht einfach eine Funktion

Top-down-Methoden gehen davon aus, daß jedes System auf der abstraktesten Ebene durch seine Hauptfunktion exakt beschrieben werden kann. Obwohl Lehrbuch-Beispiele algorithmischer Probleme - die Türme von Hanoi, die Acht Damen und ähnliche - leicht durch ihr funktionales „Top" gekennzeichnet werden können, werden praktische Softwaresysteme besser dadurch beschrieben, daß sie eine Anzahl Dienstleistungen bieten. Es ist meist möglich, diese Systeme durch einzelne Funktionen zu definieren, aber das führt zu eher künstlichen Antworten.

Nehmen wir mal ein Betriebssystem. Am besten betrachtet man es als ein System, das eine Menge von Dienstleistungen bietet - Zuweisung von CPU-Zeit, Verwaltung des Hauptspeichers, Handhabung der Ein-/Ausgabe-Geräte, Interpretation der Benutzerkommandos, usw. Ein wohlorganisiertes Betriebssystem ist mehr oder weniger aus Moduln aufgebaut, die um diese Funktionen herumgruppiert sind. Funktionale Zerlegung führt jedoch nicht natürlicherweise zu einer solchen Architektur. Sie, der Entwerfer, werden dazu gezwungen, die künstliche Frage „Welches ist die höchste Funktion?" zu beantworten und die aufeinanderfolgenden Verfeinerungen der Antwort als Grundlage für die Struktur zu benutzen. Sie werden wahrscheinlich - unter Qualen - zu einer Antwort kommen, zum Beispiel

"Bearbeite alle Benutzerwünsche"

was etwa wie folgt verfeinert werden könnte

while *nicht abgestürzt* **do**
Lies einen Benutzerwunsch ein und reihe ihn in die Eingabeschlange ein;

Hole einen Wunsch w aus der Eingabeschlange;
Bearbeite w;
Reihe das Ergebnis in die Ausgabeschlange ein;
Hole ein Ergebnis a aus der Ausgabeschlange;
Gib a seinem Empfänger aus
end

Hier kann man fortfahren. Es ist jedoch höchst unwahrscheinlich, daß jemals auf diese Weise ein vernünftig strukturiertes Betriebssystem entwickelt worden ist. Dies gilt für viele praktische Systeme. **Wirkliche Systeme haben keine Spitze.**

Sogar bei jenen Systemtypen, die zu der Kategorie „eine Eingabe, eine abstrakte Funktion, eine Ausgabe" zu gehören scheinen, wie Übersetzer oder Textsatzsysteme, zeigt sich bei näherer Überprüfung eine flexiblere Struktur. Das Übersetzer-Beispiel wurde oben schon erwähnt. Wer ein Textsatzprogramm lediglich als Mechanismus begreift, der aus Eingabetexten Satzmaschinencode erzeugt, der übersieht die Menge der Funktionen, die ein solches Werkzeug bietet, und die Objektklassen, auf denen es arbeitet (Dokumente, Kapitel, Abschnitte, Absätze, Zeilen, Wörter, Zeichen, Zeichensätze, laufende Kopfzeilen, Titel, Bilder, usw.).

Um zu Systemstrukturen zu kommen, die realistisch sind und den Test der Veränderung überstehen, müssen wir einen weniger oberflächlichen Weg finden, Software zu charakterisieren, als „die" Hauptfunktion.

4.3.4 Der Datenstrukturaspekt

Funktionale Zerlegung vernachlässigt die Datenstrukturen des Programms. Jede Datenstruktur muß einer oder (meist) mehreren Funktionen zugeordnet werden. Bei Problemen, die eine starke Datenkomponente haben, geht der Einfluß der Datenstruktur in der Programmstruktur verloren.

Die im vorigen Kapitel erörterte Tabellensuche ist ein typisches Beispiel. Wer den Entwurf an den Operationen - suchen, einfügen, erzeugen, usw. - orientiert, verfehlt den vereinenden Faktor, hier die Tabellenstruktur. Die Beschreibung dieser Struktur wird über die sie benutzenden Funktionen verstreut.

Folgendes sollte beachtet werden: Da Funktionen und Daten in der Software komplementäre Rollen spielen, birgt die umgekehrte Lösung - Funktionen Daten zuzuordnen - ein symmetrisches Risiko, nämlich zu Strukturen zu gelangen, bei denen die Bedeutung der Funktionen nicht ausreichend gewürdigt wird. Wie wir jedoch sehen werden, kann Funktionen innerhalb einer Daten-zentrierten Architektur durch die Benutzung abstrakter Datentypen als Modularisierungsgrundlage ihr richtiger Platz zugewiesen werden.

4.3.5 Wiederverwendbarkeit

Wenn man top-down arbeitet, dann bedeutet das, daß Softwareelemente als Folge bestimmter Teilspezifikationen entwickelt werden, wie sie bei der baumartigen Systementwicklung entstehen. An einem bestimmten Punkt der Entwicklung, der der Verfeinerung eines bestimmten Knotens entspricht, wird der Bedarf nach einer bestimmten Funktion - sagen wir Analyse einer Eingabekommandozeile - entdeckt, das entsprechende Programmelement wird entwickelt.

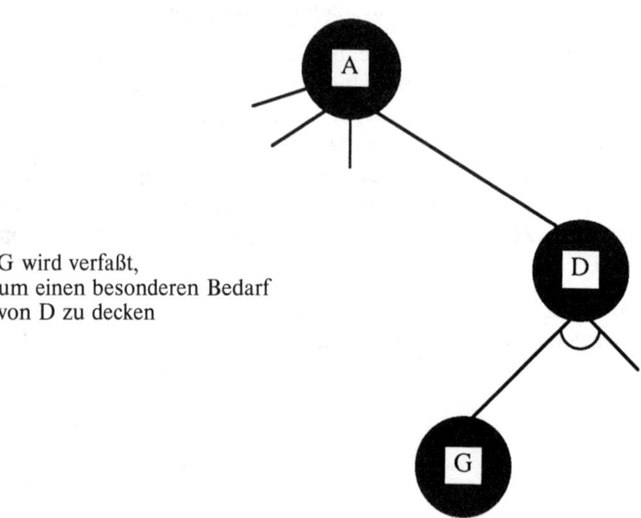

Bild 4.2 Top-down-Entwurf: Graphstruktur

Dieser Ansatz ist dafür geeignet, die Übereinstimmung des Entwurfs mit der ursprünglichen Spezifikation zu sichern, aber er fördert nicht die Wiederverwendbarkeit. Elemente sind eher auf niedrigem Abstraktionsniveau denjenigen Teilproblemen angepaßt, die Anlaß für ihre Entwicklung waren; sie sind nicht natürlicherweise allgemein. Wenn zum Beispiel der Bedarf nach einem Kommandozeilen-Analysierer in einem speziellen Zusammenhang aufkam, ist es unwahrscheinlich, daß das Ergebnis zur Analyse von Kommandozeilen mit anderer Struktur benutzbar sein wird.

Selbstverständlich erzwingt der Top-down-Entwurf nicht an sich, daß Komponenten spezifisch und nicht wiederverwendbar sind. Entwerfer können immer Elemente verfassen, die über den besonderen Bedarf hinausgehen, der zu ihrer Entwicklung geführt hat. Tatsächlich ist die durch einen Top-down-Entwurf erhaltene Struktur nicht auf einen echten Baum eingeschränkt: Es kann ein allgemeinerer gerichteter Graph sein, der von mehreren Verfeinerungen gemeinsam benutzte Elemente enthält.

Solche wiederverwendbaren Elemente sind jedoch keine natürlichen Ergebnisse der Methode. Der eigentliche Begriff des Top-down-Entwurfs ist im wesentlichen das

Gegenteil von Wiederverwendbarkeit; wiederverwendbare Software bedeutet, daß Systeme so weit wie irgend möglich durch die Kombination vorhandener Komponenten entwickelt werden, und das ist die Definition des Bottom-up-Entwurfs.

4.3.6 Eine Bewertung

Diese Erörterung des top-down funktionalen Entwurfs zeigt, daß diese Methode nur schlecht auf die Entwicklung wesentlicher Softwaresysteme angewandt werden kann. Top-down-Entwurf bleibt ein nützliches Prinzip im Bereich kleiner Programme und einzelner Algorithmen; sicherlich ist das auch eine für die Lehre in einführenden Programmierkursen hilfreiche Technik, wo Studenten in die Lage versetzt werden, ein Problem auf geordnete Weise anzugehen. Dieser Ansatz läßt sich jedoch nicht auf umfangreiche praktische Systeme vergrößern. Der Punkt ist nicht der, daß man Systeme nicht top-down entwickeln könnte; man kann das wohl. Dabei handelt man sich jedoch für kurzfristige Bequemlichkeit langfristige Starrheit ein, eine Funktion wird gegenüber den anderen willkürlich bevorzugt, ebenso wie (oft) die Schnittstelle gegenüber den tieferliegenden Leistungen des Systems, man verliert den Blick auf den Datenaspekt, und man opfert die Wiederverwendbarkeit.

4.4 Warum die Daten benutzen?

Das Plädoyer für die Benutzung der Daten(objekte) als Schlüssel zur Systemmodularisierung wird auf einige der in Kapitel 1 definierten Qualitätsziele gegründet: Verträglichkeit, Wiederverwendbarkeit, Erweiterbarkeit. Wenn wir uns diese Ziele erneut anschauen, tauchen viele der gegen den top-down funktionsorientierten Entwurf vorgebrachten Argumente als Argumente für den datenorientierten Bottom-up-Entwurf wieder auf.

- **Verträglichkeit** wirkt als wesentlicher Anstoß, Daten als Zerlegungskriterium zu benutzen. Es ist schwierig, Aktionen miteinander zu verbinden, wenn die Datenstrukturen, auf die sie zugreifen, nicht in Betracht gezogen werden. Warum sollte man nicht stattdessen versuchen, ganze Datenstrukturen miteinander in Verbindung zu bringen?
- **Wiederverwendbarkeit** legt ebenso Argumente nahe. In jeder Anwendung, die nichttriviale Datenstrukturen enthält, ist es schwierig, wiederverwendbare Komponenten zu bauen, die nur Aktionen enthalten und den Datenteil unbeachtet lassen. Das Beispiel der Tabellensuche zeigt diesen Punkt deutlich.
- Schließlich haben wir gesehen, daß **Stetigkeit** das überzeugendste Argument beiträgt: Über die Zeit betrachtet, sind Datenstrukturen – zumindest auf einem ausreichend hohen Abstraktionsniveau – der wirklich stabile Aspekt eines Systems.

4.5 Objektorientierter Entwurf

4.5.1 Eine erste Definition

Wir haben bis jetzt ausreichend Hintergrundmaterial angehäuft, um eine erste Definition von objektorientiertem Entwurf in Betracht zu ziehen.

> **Definition 1:**
> Objektorientierter Entwurf ist diejenige Methode, die zu Softwarearchitekturen führt, die auf den von jedem System oder Teilsystem bearbeiteten Objekten beruhen (und nicht auf „der" Funktion, die das System angeblich realisiert).

Das ist nur eine weite Definition, die später zu einer technischeren verfeinert werden wird. Sie genügt jedoch zur Charakterisierung der grundlegenden Eigenschaft des objektorientierten Entwurfs, dessen Motto wie folgt heißen könnte:

> *Frag nicht zuerst, was das System tut: Frag, WORAN es etwas tut!*

Was ein System machen soll, ist in der Tat eine wichtige Frage; um zu einer funktionierenden Implementierung zu kommen, muß diese Frage früher oder später beantwortet werden. Besser später als früher, sagt die objektorientierte Weisheit.

Bei der Anwendung objektorientierten Entwurfs unterläßt der Entwerfer so lange wie möglich die (letztlich unausweichlich) notwendige Beschreibung und Implementierung der höchsten Funktion des Systems. Stattdessen analysiert er die Objektklassen des Systems. Systementwurf basiert dann auf schrittweisen Verbesserungen des Verständnisses dieser Objektklassen.

Für viele Programmierer mag dieser Wechsel des Blickwinkels ein ähnlicher Schock sein wie für manche Leute zu einer anderen Zeit die Idee, daß die Erde sich um die Sonne drehe und nicht umgekehrt. Es steht auch im Widerspruch zu den meisten eingeführten Softwaretechnik-Weisheiten, in denen gewöhnlich Systementwicklung als die Erfüllung einer System-„Funktion" dargestellt wird, wie sie in einem beschränkten, bindenden Anforderungsdokument niedergelegt ist. Doch diese einfache Idee – betrachte zuerst die Daten, vergiß den unmittelbaren Zweck des Systems – birgt den Schlüssel zu Wiederverwendbarkeit und Erweiterbarkeit.

4.5.2 Probleme

Die obige Definition bildet eine allgemeine Richtschnur zum objektorientierten Softwareentwurf. Und es wird eine Reihe von Fragen aufgeworfen:

- Wie findet man die Objekte?
- Wie beschreibt man die Objekte?
- Wie beschreibt man die Beziehungen von und Gemeinsamkeiten zwischen Objekten?
- Wie nutzt man Objekte zur Programmstrukturierung?

Der Rest dieses Kapitels gilt einem ersten Blick auf diese Probleme, die in den folgenden Kapiteln genauer behandelt werden.

4.6 Aufspüren der Objekte

Neulinge in der objektorientierten Methodik fragen oft, wie man denn die Objekte findet.

Wir haben uns bis jetzt noch nicht mit den notwendigen Mechanismen für eine saubere Antwort auf diese Frage ausgerüstet (tatsächlich nicht einmal für eine saubere Formulierung, die eher *Klassen* verwenden wird als Objekte). Aber wir können einen ersten Blick darauf werfen und dabei feststellen, daß die Antwort in einigen praktischen Fällen überraschend einfach ist.

Um zu verstehen warum, ist es nützlich, zunächst einen unvoreingenommenen Blick darauf zu werfen, worum es sich bei Computerprogrammierung handelt. Wir nutzen Software, um auf bestimmte Fragen zur Außenwelt Antworten zu erhalten (wie in einer zur Lösung eines Problems entworfenen Berechnung), um mit der Welt zu interagieren (wie in einem Prozeßsteuerungssystem) oder um neue Dinge der Welt zu erzeugen (wie in einem Textverarbeitungssystem oder einem Übersetzer). In jedem Fall muß die Software auf irgendeiner Beschreibung derjenigen Aspekte der Welt beruhen, die für die Anwendung wichtig sind, seien es physikalische Gesetze (in einem wissenschaftlichen Programm), Gehaltsstrukturen (in einem Lohnabrechnungsprogramm), Einkommensteuerbestimmungen, Syntax und Semantik von Sprachen (in einem Übersetzer), usw.

Ein wohlorganisiertes Softwaresystem kann also als ein **operationales Modell** eines bestimmten Aspektes der Welt betrachtet werden. Operational deshalb, weil es zur Erzeugung praktischer Ergebnisse benutzt wird und manchmal auch, um diese Ergebnisse an die Welt rückzukoppeln; Modell deshalb, weil jedes nützliche System auf einer bestimmten Interpretation gewisser Erscheinungen der Welt beruhen muß.

Wenn man Softwareentwurf als operationales Modellieren versteht, ist objektorientierter Entwurf ein natürlicher Ansatz: Die zu modellierende Welt besteht aus Objekten – Sensoren, Geräte, Flugzeuge, Beschäftigte, Gehaltsschecks, Steuerrückzahlungen –, und es ist angebracht, das Modell um die Computer-Darstellung dieser Objekte herum zu organisieren. Deshalb verbringen objektorientierte Entwerfer normalerweise ihre Zeit nicht mit akademischen Diskussionen über Methoden, wie Objekte zu finden sind: In der physikalischen oder abstrakten Wirklichkeit sind die Objekte modelliert und warten darauf, aufgelesen zu werden! Die Softwareobjekte spiegeln diese externen Objekte einfach wider.

Diese Ansicht von Software ist vielleicht nirgendwo so unausweichlich wie auf dem Gebiet der **Simulation**. Es ist deshalb kein Zufall, daß seit Simula 67 eine der beliebtesten Anwendungsgebiete für objektorientierte Techniken die Simulation ist. Es scheint kaum möglich zu sein, für Simulationsprogramme sich eine bessere Struktur auszudenken als diejenige, die direkt dem Muster der Objekte folgt, deren Verhalten simuliert werden soll. Simula 67, eine allgemein anwendbare Programmiersprache mit Primitiven für die diskrete Ereignis-orientierte Simulation (20.1), ist aus der älteren Sprache Simula 1 entstanden, die ausschließlich der Simulation gewidmet war.

Zum Finden von Klassen gibt es mehr zu sagen, als aus dieser Erörterung folgt (siehe weitere Bemerkungen in 14.2). Aber die obigen einfachen Bemerkungen sind oft bemerkenswert fruchtbar: Man nutze als erste Softwareobjekte Repräsentationen der offensichtlichen externen Objekte.

4.7 Objekte beschreiben: Abstrakte Datentypen

4.7.1 Klassen

Wenn man sich schließlich einmal auf die Arten der Objekte festgelegt hat, die von der Systemzerlegung benutzt werden sollen, dann stellt sich die nächste Frage, wie diese Objekte beschrieben werden sollen.

Zunächst, solange wir über Systeme reden, die um Datenstrukturen herum organisiert werden sollen, sind wir natürlich mehr an *Klassen* von Datenstrukturen als an einzelnen Objekten interessiert. Es geht bei der Systemstrukturierung in erster Linie nicht um einzelne Syntaxbäume, Beschäftigtenbeschreibungen, usw., sondern um die Klasse aller Syntaxbäume oder Beschäftigtenbeschreibungen.

„Klasse" wird in objektorientierten Sprachen tatsächlich als der technische Begriff verwendet, mit dem solche Datenstrukturmengen bezeichnet werden, die durch gemeinsame Eigenschaften charakterisiert sind. (Manchmal gibt es Verwechslungen zwischen Klassen und Objekten. Der Unterschied ist der gleiche wie der zwischen einer Menge von Gegenständen, sagen wir mal der Menge aller Baumaschinen, und einem Element der Menge, einer ganz bestimmten Baumaschine.)

4.7.2 Implementierungsvarianten

Wie charakterisiert man eine Klasse von Objekten? Man kann irgendeine Darstellung benutzen. Ein Keller zum Beispiel wird gewöhnlich dargestellt durch ein Feld sowie eine Ganzzahlvariable, deren Wert die Kellerspitze anzeigt. Eine Kelleroperation wie die, ein Element auf den Keller zu legen, wird durch Anweisungen wie im folgenden Bild dargestellt.

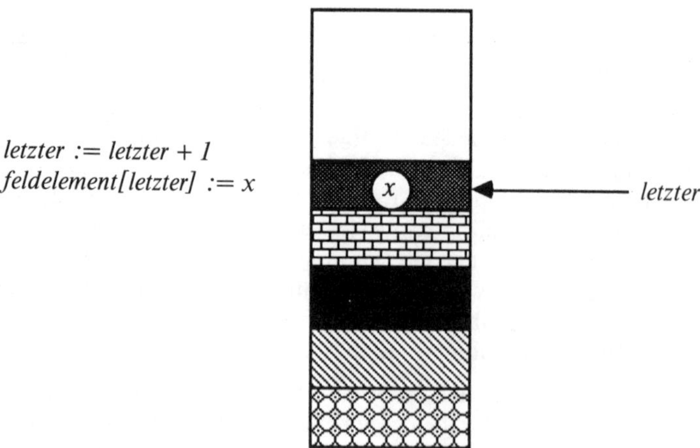

Bild 4.3 Felddarstellung eines Kellers

Eine solche Beschreibung von Objekten ist jedoch für unsere Zwecke nicht geeignet. Wir befassen uns mit Flexibilität und Stetigkeit; aber gerade physikalische Darstellungen gehören zu denjenigen Entscheidungen, die im Werdegang eines Systems am meisten geändert werden. Erinnern wir uns an die Ergebnisse von Lientz und Swanson (Abschnitt 1.3, Bild 1.2): Es wurde festgestellt, daß 17,4% der Pflegekosten aus der Notwendigkeit entstehen, Änderungen von Datenformaten zu berücksichtigen. Wie im Kommentar zu diesem Ergebnis vermerkt wurde, sind übliche Programme schon zu sehr von der physikalischen Struktur ihrer Daten abhängig. Eine Entwurfsmethode, die die physikalische Datenstruktur nutzt, um die Systemarchitektur zu erzeugen, wird kaum zu flexibler Software führen. Tatsächlich sind wir da mit dem top-down funktionalen Entwurf wahrscheinlich noch besser bedient, der wenigstens zu Abstraktion anregt.

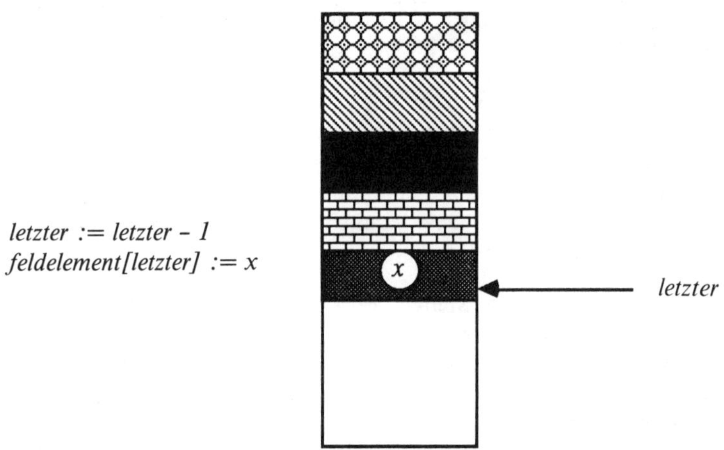

Bild 4.4 Ein Feldkeller, der abwärts wächst

Ein Beispiel für Datenstrukturvariationen bildet der Fall des Kellers. Aus irgendwelchen Gründen neigen Systemprogrammierer dazu, ihre Keller eher abwärts als aufwärts wachsen zu lassen; die Codestücke von Operationen wie push sind dann anders. Noch eine andere Darstellung benutzt verkettete Strukturen; hier hat der Code für push nahezu keinen offensichtlichen Zusammenhang zur ursprünglichen Form mehr.

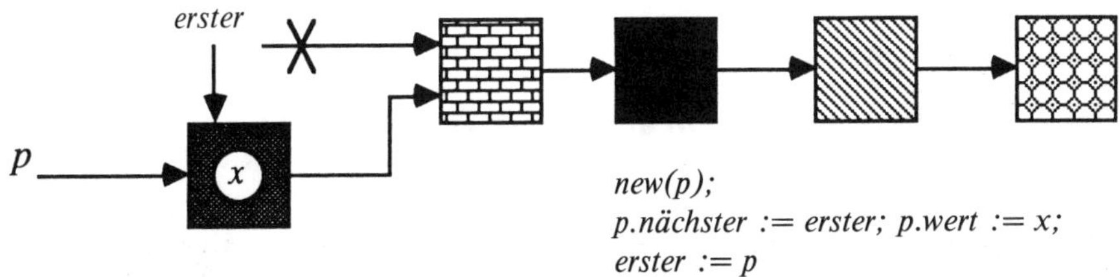

Bild 4.5 Keller in verketteter Darstellung

4.7.3 Abstrakte Datentypen

Wir stecken in einem Dilemma. Wir hätten gerne vollständige, genaue und eindeutige Beschreibungen von (Klassen von) Datenstrukturen; aber wir wollen keine Beschreibung mittels der physikalischen Darstellung, obwohl damit diese Kriterien erfüllt wären: Die Benutzung der Darstellung schränkt zu sehr ein und erlaubt keine spätere Weiterentwicklung. Anders gesagt, das führt zur *Überspezifikation.*

Wie kommen wir zu Vollständigkeit, Genauigkeit und Eindeutigkeit, ohne den Preis der Überspezifikation zu zahlen? Die Antwort liegt in der Theorie der abstrakten Datentypen. Grob gesprochen, beschreibt eine abstrakte Datentypspezifikation eine Klasse von Datenstrukturen nicht durch eine Implementierung, sondern durch die Liste der *Dienste*, die auf diesen Datenstrukturen verfügbar sind, sowie die formalen *Eigenschaften* dieser Dienste. (Anstelle von „Dienste" werden auch die Worte „Operationen" und „Merkmal" benutzt.)

Ein Keller wird zum Beispiel als Struktur betrachtet, auf der folgende Dienste verfügbar sind: trage ein neues Element ein (push), hole das oberste Element (pop), greife auf das oberste Element zu, prüfe, ob der Keller leer ist, usw.; diese Dienste sollten der last-in-first-out-Disziplin genügen, die das Kellerverhalten charakterisiert. Ein Bankkonto kann eröffnet oder geschlossen werden, Geld kann eingezahlt oder abgehoben werden, usw., mit zugeordneten Eigenschaften (Übung 4.2).

Eine Datenstruktur wird also als Menge von Diensten betrachtet, die der Außenwelt angeboten werden. Wenn wir abstrakte Datentypen benutzen, kümmern wir uns nicht darum (wir lehnen es ab, uns darum zu kümmern), was eine Datenstruktur *ist*; wichtig ist, was sie *hat* – was sie anderen Softwareelementen anbieten kann. Das ist eine utilitaristische Betrachtungsweise, aber die einzige, die mit den Bedingungen der Entwicklung großer Software zusammenpaßt: Um die Integrität jedes Moduls in einer Umwelt ständiger Veränderungen erhalten zu können, muß jede Komponente sich um ihre eigenen Geschäfte kümmern. Sie darf auf die Datenstrukturen anderer nur mithilfe deren bekanntgemachter Eigenschaften zugreifen und nicht über die Implementierung, die zu irgendeinem Zeitpunkt der Systementwicklung gewählt worden sein mag. Das stimmt natürlich mit dem Geheimnisprinzip (2.2.5) überein.

Zusammengefaßt ist ein abstrakter Datentyp eine Klasse von Datenstrukturen, die durch eine äußere Sicht beschrieben werden, nämlich durch die verfügbaren Dienste und die Eigenschaften dieser Dienste. Im nächsten Abschnitt wird eine formalere Definition dieses Begriffs gegeben.

4.7.4 Formale Spezifikation abstrakter Datentypen

Im folgenden wird die vollständige formale Spezifikation des abstrakten Datentyps *STACK* angegeben. (Das Kellerbeispiel wird zwar immer und immer wieder benutzt und ist dabei zu einem Klischee geworden, aber weil das daran liegt, daß dies ein ausgezeichnetes Beispiel ist, gibt es keinen Grund, es nicht ein weiteres Mal zu verwenden.)

Die Spezifikation wird unten gezeigt (Bild 4.6). Sie besteht aus vier Teilen: Typen, Funktionen, Vorbedingungen und Axiomen. Man kann sagen, daß die ersten beiden die Syntax des Typs (seine strukturellen Eigenschaften) ausdrücken, die letzten beiden seine Semantik.

4.7.5 Der Abschnitt TYPEN

Der Abschnitt TYPEN zählt die Typen der Spezifikation auf. Im allgemeinen kann es bequem sein, mehrere abstrakte Datentypen zusammen zu spezifizieren, obwohl in diesem Beispiel nur einer vorkommt, der *STACK*.

Dieser Typ wird eingeführt als *STACK[X]*. Das bedeutet, daß es sich um einen **generischen** abstrakten Datentyp handelt mit einem Leerparameter, *X*, der einen beliebigen Typ darstellt. Generizität, die schon im Zusammenhang mit Programm-Paketen (3.6.2) eingeführt wurde, dient hier einem offensichtlichen Zweck: Um nicht getrennte, aber fast gleiche Spezifikationen für Keller aus Ganzzahlen, Keller aus lexikalischen Einheiten, Keller aus Beschäftigtensätzen, usw. schreiben zu müssen, sollte die Spezifikation die gemeinsamen Eigenschaften durch einen parametrierten Typ abdecken. Aktuelle Kellertypen erhält man durch Ersetzung von *X* durch einen Typ wie in *STACK[INTEGER]*.

Die übrige Spezifikation beschreibt die Eigenschaften eines solchen Kellertyps, der als Menge von Objekten (einzelnen Kellern) betrachtet wird, die Exemplare des Typs genannt werden.

TYPEN
STACK[X]

FUNKTIONEN
empty: STACK[X] —> BOOLEAN
new: —> STACK[X]
push : X x *STACK[X] —> STACK[X]*
pop: STACK[X] +> STACK[X]
top: STACK[X] +> X

VORBEDINGUNGEN
pre *pop(s: STACK[X]) =* (**not** *empty(s))*
pre *top(s: STACK[X]) =* (**not** *empty(s))*

AXIOME
Für alle *x: X, s: STACK[X]:*
empty(new())
not *empty(push(x,s))*
top(push(x,s)) = x
pop(push(x,s)) = s

Bild 4.6 Keller als abstrakter Datentyp

4.7.6 Der Abschnitt FUNKTIONEN

Im Abschnitt FUNKTIONEN sind die Dienste aufgeführt, die von Exemplaren des Typs zur Verfügung gestellt werden. Diese Dienste werden als mathematische Funktionen spezifiziert, hier: *empty, new, push, pop* und *top*.

Auf jeder Zeile dieses Abschnitts steht die Signatur einer Funktion, also ihre Argument- und Ergebnistypen. Eine Funktion f mit der Signatur

$$A_1 \times A_2 \times \ldots \times A_m \rightarrow B_1 \times B_2 \times \ldots \times B_n$$

hat m Argumente vom Typ A_1 bzw. $A_2 \ldots$ bzw. A_m und erzeugt n Ergebnisse des Typs B_1 bzw. $B_2 \ldots$ bzw. B_n. Mindestens eines der A_i oder B_j muß vom zu spezifizierenden abstrakten Datentyp, hier *STACK[X]*, sein. In der Praxis haben alle betrachteten Funktionen nur eine Ergebnismenge ($n = 1$). Ein durchstrichener Pfeil ($\not\rightarrow$) bezeichnet eine partielle Funktion (siehe unten).

Die Spezifikation eines abstrakten Datentyps ist eine mathematische Beschreibung. Der Begriff der Anweisung im Sinne des Programmierens (eine Handlung, die Objekte verändern kann, z. B. eine Zuweisung) ist der Mathematik fremd. In realen Implementierungen arbeitet eine Kelleroperation wie *push* gewöhnlich mit einem Seiteneffekt, nämlich der Veränderung seines Zielobjekts. In der Mathematik gibt es jedoch keine Seiteneffekte. Das in einem solchen Fall verwendete mathematische Konzept besteht in einer Funktion, die auf ein oder mehrere Argumente angewandt wird und ein oder mehrere Ergebnisse liefert. Die cosinus-Funktion, zum Beispiel, verändert nicht eine Zahl *r* in ihren cosinus, sondern erzeugt einfach ein Ergebnis aus *r*, *cos(r)* geschrieben.

Analog werden Dienste wie push mathematisch als Funktion modelliert:

$$push : X \times STACK[X] \rightarrow STACK[X]$$

Das bedeutet: *push* wird als Funktion aufgefaßt, die auf zwei Argumenten arbeitet, einem *X* und einem Keller, und als Ergebnis einen neuen Keller erzeugt. Informell ist das Ergebnis identisch mit dem Eingabe-Keller mit einem zusätzlichen Element auf der Spitze. Wenn *s* ein Keller ist und *x* ein *X*, dann wird der resultierende Keller *push(x,s)* geschrieben.

In der Implementierungsphase will man solch einer Spezifikation selten wörtlich folgen, denn dies bedeutete, bei jeder *push*-Operation (und genauso bei *pop*) eine vollständige Kopie des Kellers anzufertigen. Die funktionale Spezifikation ist jedoch als abstrakte Beschreibung der Operationen geeignet; der Spezifizierer profitiert dabei von den gesicherten Mitteln mathematischer Spezifikationen. Das ist besonders notwendig zur einfachen und genauen Formulierung der Eigenschaften des abstrakten Datentyps (durch die Axiome dieses Typs, siehe unten). Seiteneffekte können in der Entwurfs- oder in der Implementierungsphase eingeführt werden.

Weitere Funktionen und ihre Signaturen sind die folgenden. Die Funktion

$$empty : STACK[X] \rightarrow BOOLEAN$$

liefert als Ergebnis einen Wahrheitswert, der anzeigt, ob das Argument (der Keller) leer ist oder nicht. Die Funktionen pop und top beschreiben den Zugriff auf das oberste Kellerelement bzw. die Entfernung dieses Elements:

pop : STACK[X] +> STACK[X]
top : STACK[X] +> X

Sie könnten alternativ auch als eine einzige Funktion mit zwei Ergebnissen formuliert werden. Die Erzeugung eines neuen Kellers wird ausgedrückt durch die Funktion

new : -> STACK[X]

die kein Argument hat und deshalb immer das gleiche Ergebnis liefert, *new()* geschrieben.

4.7.7 Kategorien von Funktionen und partielle Funktionen

Die in der Definition eines abstrakten Datentyps *T* vorkommenden Funktionen werden in drei Kategorien eingeteilt:

- Eine Funktion, bei der *T* nur rechts vom Pfeil auftritt, erzeugt neue Elemente des Typs (eventuell aus Elementen anderer Typen, wenn die linke Seite nicht leer ist). Man nennt dies eine **Konstruktor**-Funktion. Der einzige Konstruktor hier ist *empty*.
- Funktionen, bei denen *T* nur links vom Pfeil vorkommt, erzeugen Attribute vorhandener Elemente des Typs, ausgedrückt als Werte anderer Typen. Sie werden **Zugriff**-Funktionen genannt. Die Zugriff-Funktionen hier sind *empty* und *top*.
- Wenn schließlich *T* sowohl links als auch rechts vom Pfeil auftritt, erzeugt die Funktion aus vorherigen Elementen des Typs (und eventuell anderen Argumenten) neue Elemente des Typs. Diese werden **Transformations**funktionen genannt. Die Transformationsfunktionen hier sind *push* und *pop*.

Man beachte, daß die Funktionen *pop* und *top* nicht mit einem normalen Pfeil ->, sondern mit einem durchstrichenen Pfeil +> eingeführt wurden. Das heißt, es sind **partielle** Funktionen, die nicht notwendigerweise für jedes Objekt vom Typ *STACK* definiert sind. Tatsächlich können *pop* und *top* auf einen leeren Keller nicht angewandt werden.

4.7.8 Der Abschnitt VORBEDINGUNGEN

Partielle Funktionen sind eine unausweichliche Tatsache des wirklichen Programmierlebens (nicht jede Operation kann auf jedes Objekt angewandt werden), aber auch eine mögliche Fehlerquelle. Es ist also wesentlich, die Anforderungen an die Benutzbarkeit jeder partiellen Funktion klar zu formulieren. Das ist der Zweck des Abschnitts Vorbedingungen, in dem für jede partielle Funktion die Bedingungen ihrer Anwendbarkeit festgelegt werden. Hier:

1. **pre** *pop(s: STACK[X]) = (***not** *empty(s))*
2. **pre** *top(s: STACK[X]) = (***not** *empty(s))*

Das bedeutet: Die Vorbedingung, die erfüllt sein muß, damit *pop* auf einen Keller *s* angewandt werden kann, ist die rechte Seite der ersten Zeile, nämlich daß *s* nicht-leer ist – und analog für *top*.

4.7.9 Der Abschnitt AXIOME

Die bisher angegebene Spezifikation gilt für mehr als nur für Keller. Jede Datenstruktur mit ähnlichen Diensten würde durch Funktionen mit der gleichen Signatur beschrieben werden: eine Schlange, eine Prioritätenliste, usw. Um die Spezifikation auf Keller einzuschränken, müssen wir semantische Eigenschaften hinzufügen. Das ist die Rolle der Axiome.

Die ersten beiden Axiome beschreiben die Eigenschaften der Funktion *empty:*

Für alle *x: X, s: STACK[X]:*

1. *empty(new())*
2. **not** *empty(push(x,s))*

Anders gesagt: Ein neuer Keller ist leer, und jeder Keller, den man durch die Hinzufügung (*push*) eines Elements *x* zu einem vorhandenen – leeren oder nicht-leeren – Keller *s* bekommt, ist nicht-leer.

Die letzten beiden Axiome beschreiben die grundlegende last-in-first-out-Eigenschaft von Kellern:

3. $top(push(x,s)) = x$
4. $pop(push(x,s)) = s$

Anders gesagt: Sei *s'=push(x,s)* der Keller, der durch Hinzufügung des Elements *x* zum Keller *s* entsteht. Dann ist *top(s')* das zuletzt hinzugefügte Element *x* und *pop(s')* ist identisch mit *s*. Oder, operationaler ausgedrückt: Hinzufügen (push) eines Elements zu einem Keller und das anschließende Wegnehmen (pop) vom Ergebnis erbringt den ursprünglichen Keller.

4.7.10 Nichts als die Wahrheit

Die Mächtigkeit der Spezifikationen abstrakter Datentypen rührt von ihrer Fähigkeit, die wesentlichen Eigenschaften von Datenstrukturen zu erfassen, ohne sie zu überspezifizieren. Die obige Kellerspezifikation drückt alles aus, was über den Begriff des Kellers im allgemeinen wissenswert ist, und läßt alles weg, was nur für bestimmte Kellerrepräsentationen gilt. Kurz gesagt: die ganze Wahrheit über Keller und nichts als die Wahrheit.

Damit steht ein allgemeines Modell des Umgangs mit Datenstrukturen zur Verfügung. Komplexe Folgen von Operationen kann man durch mathematische Ausdrücke beschreiben und sich dabei die üblichen Eigenschaften der Algebra zunutze machen; der Prozeß der Durchführung der Berechnung (die Programmausführung) kann als eine algebraische Reduktion betrachtet werden. Auf die gleiche Weise, wie einem die gewöhnlichen Gesetze der Trigonometrie die Vereinfachung von zum Beispiel *cos(2⋆x)* ermöglichen, können wir mithilfe der Kelleraxiome einen Ausdruck wie den folgenden vereinfachen:

x = top(pop(push(x1,pop(push(x2,push
(top(pop(push(x4,push(x5,new())))),
pop(push(x6,push(x7,push(x8,new()))))))))))

Dies ist vielleicht verständlicher, wenn wir Hilfsausdrücke verwenden:

s1 = new()
s2 = (push(x6,push(x7,push(x8,s1))))
s3 = pop(s2)
s4 = new()
s5 = push(x4,push(x5,s4))
s6 = pop(s5)
y1 = top(s6)
s7 = push(y1,s3)
s8 = push(x2,s7)
s9 = pop(s8)
s10 = push(x1,s9)
s11 = pop(s10)
x = top(s11)

Die durch diesen Ausdruck beschriebene Berechnung kann leicht nachvollzogen werden: Erzeuge einen neuen Keller; füge Elemente *x8, x7, x6* in dieser Reihenfolge hinzu; entferne das zuletzt hinzugefügte Element (*x6*) und bezeichne den Ergebniskeller mit *s3;* erzeuge einen weiteren leeren Keller; und so weiter. Wenn man die Schritte aufzeichnet, sieht man leicht das Ergebnis. Die Theorie bringt dieses Ergebnis jedoch formal, ohne Bilder zu benötigen: Durch die Anwendung von Axiomen werden formal schrittweise Vereinfachungen durchgeführt. Axiom 3 zum Beispiel ergibt, daß *s3* = *push(x7,push(x8,s1))* ist, und so weiter. Schrittweise Vereinfachungen, die genauso einfach und mechanisch wie in der elementaren Arithmetik durchgeführt werden können, führen zum Ergebnis (finden Sie es!).

Diese Aspekte abstrakter Datentypen haben sie zur Grundlage vieler Arbeiten auf den Gebieten formale Spezifikation, symbolische Ausführung, Programmverifikation und Software-Prototyping werden lassen. Für diese Erörterung hier stellen die abstrakten Datentypen unschätzbar wertvolle Antworten auf die Probleme der Datenstrukturbeschreibungen dar. Beim objektorientierten Entwurf wird jeder Modul um eine Klasse von Datenstrukturen herum organisiert; um Implementierungsabhängigkeiten zu vermeiden, sollte die zugrundeliegende Beschreibung die eines abstrakten Datentyps sein.

Eine besonders befriedigende Eigenschaft dieser Herangehensweise ist die, daß die **Funktionen** eines Softwaresystems in ausgewogener Weise wieder eingeführt werden. Wie in der Einleitung zu diesem Kapitel bemerkt, spielen Funktionen und Daten in der Software gleich wichtige Rollen. Eine der Hauptkritiken an den funktionsorientierten Zerlegungstechniken war die, daß die Hälfte des Bildes, nämlich die Daten, übersehen wurden. Wir erwähnten bereits eine Gefahr bei datenorientierten Architekturen: Könnten diese nicht am umgekehrten Mangel leiden - der Vernachlässigung der Funktionen? Mit den abstrakten Datenstrukturen verschwindet dieses Problem: Sicher, die Systemstruktur beruht auf den Datenstrukturen, aber die Datenstruktur selbst ist in *Begriffen abstrakter Funktionen* definiert. Damit schließt sich der Kreis: Wir haben alle Elemente einer harmonischen Zerlegungstechnik, geleitet durch die Daten, aber den Funktionen ist der ihnen gemäße Platz zugewiesen.

4.8 Eine präzise Definition

Wir sind jetzt in der Lage, eine technischere Definition von objektorientiertem Entwurf zu geben. Die anfängliche Definition (Abschnitt 4.5.1) lautete: „Software-Architekturen, die auf den von jedem System oder Teilsystem bearbeiteten Objekten beruhen". Die folgende Definition erweitert diesen Begriff:

> **Definition 2:**
> Objektorientierter Entwurf ist die Entwicklung von Softwaresystemen als strukturierte Sammlungen von Implementierungen abstrakter Datentypen.

In einer objektorientierten Architektur wird jeder Modul auf einer Datenabstraktion aufgebaut, also auf einer Menge von Datenstrukturen, die von Diensten (Teil der öffentlichen Schnittstelle) und von den Eigenschaften dieser Dienste beschrieben werden.

Man beachte, wie gut sich diese Ideen mit dem Geheimnisprinzip vertragen. Wenn der Modul auf genau einer Datenabstraktion aufbaut, dann entspricht seine Schnittstelle (die Spitze des Eisbergs) genau den Diensten, welche die Funktionen der Spezifikation des abstrakten Datentyps repräsentieren. Die Schnittstelle eines Kellermoduls, die dem Rest der Welt einen einheitlichen Blick auf Keller vermittelt, enthält die Dienste *push, pop, top* und *empty*. Der Modul kann andere Hilfsoperationen enthalten, die intern für Implementierungszwecke verwendet werden; diese sollten nicht Teil der Schnittstelle sein.

Wie schon erwähnt, werden die Moduln objektorientierter Systeme **Klassen** genannt. Entsprechend der obigen Definition ist eine Klasse die Implementierung eines abstrakten Datentyps, *nicht* der abstrakte Datentyp selbst. Das ist bei einer Methode, die auf den wirklichen Entwurf und die Implementierung zielt und nicht nur auf Spezifikation, zwangsläufig so. So werden zum Beispiel die Seiteneffekt-freien Funktionen der Spezifikation (*push* und ähnliche) in der Klasse aus Effizienzgründen durch Prozeduren mit Seiteneffekten repräsentiert werden.

> Wir werden jedoch sehen, daß objektorientierte Techniken Klassen ermöglichen, die mehr als eine Implementierung eines abstrakten Datentyps umfassen. Solche Klassen werden aufgeschobene Klassen (deferred classes) genannt - eingeführt in Kapitel 10. Die in den folgenden Kapiteln benutzte Sprache Eiffel gibt dem Entwerfer Flexibilität bis auf das Abstraktionsniveau der Klassen, die er schreibt. Es ist möglich, so allgemeine Klassen zu schreiben, daß man tatsächlich sehr nah an die echte Spezifikation eines abstrakten Datentyps herankommt.

Ein anderes wichtiges Wort in der Definition ist *Sammlung*. Es spiegelt wider, wie Klassen entworfen werden sollten: als Einheiten, die an sich interessant und nützlich sind, unabhängig von den Systemen, zu denen sie gehören. Solche Klassen können dann in vielen verschiedenen Systemen wiederverwendet werden. Systementwicklung wird aufgefaßt als Bottom-up-Zusammenfügung vorhandener Klassen und nicht als vom Nichts ausgehender Top-down-Prozeß.

Schließlich spiegelt das Wort *strukturiert* die Existenz wichtiger Beziehungen zwischen Klassen wider. Zwei Beziehungen sind besonders hervorzuheben: *Kunde* und *Nachkomme.*

- Eine Klasse ist Kunde einer anderen, wenn sie von den in der Schnittstelle definierten Diensten der anderen Klasse Gebrauch macht. So kann zum Beispiel eine Kellerimplementierung ein Feld als Implementierung benutzen und ist also Kunde der Klasse *ARRAY*.
- Eine Klasse ist Nachkomme einer oder mehrerer anderer Klassen, wenn sie als Erweiterung oder Spezialisierung dieser Klasse entworfen ist. Das ist das mächtige Konzept des (Mehrfach-)*Erbens*.

Diese beiden Beziehungen werden in den folgenden Kapiteln sehr viel genauer erörtert werden.

4.8.1 Klassen und Wiederverwendbarkeit

Da Wiederverwendbarkeit eines unserer Hauptthemen ist, sollten die Spezifikation des abstrakten Datentyps und die sie implementierenden Klassen so allgemein und robust wie möglich sein. Sie liefern tatsächlich die wiederverwendbaren Softwarekomponenten, die für die objektorientierte Herangehensweise so wesentlich sind.

Ein Verzeichnis robuster und wiederverwendbarer Komponenten, die **Eiffel-Basisbibliothek,** wird in den folgenden Kapiteln behandelt.

4.9 Sieben Stufen zur objektbasierten Glückseligkeit

Die obige Definition wird als Grundlage für das Studium objektorientierter Techniken in diesem Buch benutzt. Weil der Begriff „objektorientiert" zur Beschreibung sehr unterschiedlicher Techniken benutzt wird - sogar für Ada wird in Anspruch genommen, sie sei eine objektorientierte Sprache! - ist es nützlich, die verschiedenen Stufen zu unterscheiden, die zu wahrer Objektorientiertheit führen. Ich brauche nicht zu sagen, daß meiner Meinung nach nur Systeme, die die letzte Stufe erreichen, diesen Namen zurecht tragen.

Die erste Ebene entspricht der grundlegenden Bemerkung, daß die Daten als wesentliches Strukturierungskriterium dienen sollten:

> **Ebene 1**
> *(Objektbasierte modulare Struktur):* Systeme werden auf der Grundlage ihrer Datenstrukturen modularisiert.

Beim nächsten Schritt beteiligen sich die abstrakten Datenstrukturen am Spaß:

> **Ebene 2**
> *(Datenabstraktion):* Objekte müssen als Implementierungen abstrakter Datentypen beschrieben werden.

Mit den meisten Programmiersprachen kann diese Ebene erreicht werden. Ada und Modula-2 sind offensichtliche Beispiele. Aber sogar Fortran kann auf diese Weise angewandt werden. Sprachen, die diese Möglichkeiten nicht bieten, sind Pascal, Cobol und Basic. Genauere Ausführungen zur Anpaßbarkeit klassischer Programmiersprachen an objektorientierte Techniken finden sich in den Kapiteln 17 bis 19.

Die dritte Stufe ist weniger konzeptioneller Natur, aber sie spiegelt ein wichtiges Implementierungsproblem wider: wie Objekte erzeugt werden. Programmierer sollten sich nicht darum kümmern müssen, wie Speicherplatz wiedergewonnen werden kann, wenn die den Speicherplatz belegenden Objekte nutzlos geworden sind.

> **Ebene 3**
> *(Automatische Speicherplatzverwaltung):* Unbenutzte Objekte sollten ohne Programmierereingriff vom unterliegenden Sprachsystem freigegeben werden.

Hier verlassen uns die meisten unserer Sprachfreunde; obwohl dies streng genommen eine Eigenschaft von Sprachsystemen und nicht von Sprachen ist, kann der Sprachentwurf die Implementierung eines Speicherbereinigers befördern oder behindern. Pascal- und Modula2-Systeme enthalten normalerweise keine Speicherplatzbereinigung; bei Ada-Systemen ist so etwas optional. Andererseits haben alle Lisp-Systeme Speicherplatzbereinigung, was mit ein Grund dafür ist, daß Lisp oft zur Implementierung objektbasierter Sprachen verwendet wird (Kapitel 20).

Der nächste Schritt ist unseres Erachtens derjenige, der objektbasierte Sprachen klar und deutlich vom Rest der Welt unterscheidet. Man kann das verstehen, wenn man Sprachen wie Ada oder Modula-2 betrachtet, die nicht objektorientiert sind, obwohl sie die Möglichkeiten zu Datenabstraktion und Kapselung bieten. In solchen Sprachen ist der Modul eine ausschließlich syntaktische Konstruktion zur Gruppierung logisch miteinander in Beziehung stehender Programmelemente; aber ein Modul ist selbst kein bedeutungstragendes Programmelement so wie ein Typ, eine Variable oder eine Prozedur mit ihren semantischen Bedeutungen. Im Gegensatz dazu identifiziert die wahre objektorientierte Programmierung den Begriff des Moduls mit dem Begriff des **Typs**. Man könnte sagen, daß die solche Sprachen definierende Gleichung die Identität

Modul = Typ

ist.

Diese Vereinigung von zwei offenbar unterschiedlichen Begriffen gibt dem objektorientierten Entwurf seinen besonderen Flair, der für Programmierer, die klassischere Herangehensweisen gewohnt sind, so verwirrend wirkt. Dogmatisch benutzt hat dies einige Nachteile. Aber es verschafft der allgemeinen Herangehensweise eine wesentliche konzeptionelle Klarheit. Wir werden im folgenden Kapitel mehr zu den bemerkenswerten Folgen dieser Identifikation zu sagen haben.

> **Ebene 4**
> *(Klassen):* Jeder nicht-einfache Typ ist ein Modul, und jeder Modul höherer Ebene ist ein Typ.

Die Einschränkung „nicht-einfach" erlaubt die Benutzung vordefinierter Typen (wie *INTEGER* usw.), die dann nicht als Moduln angesehen werden; das Wort „höhere Ebene" erlaubt Programmstrukturierungseinheiten wie Prozeduren, die nicht Typen sind.

Ein Sprachkonstrukt, das die Aspekte Modul und Typ vereinigt, heißt **Klasse**.

Die nächste Stufe resultiert natürlicherweise aus der vorhergehenden: Wenn Typen mit Moduln identifiziert werden, dann liegt die Versuchung nahe, die von den beiden Konzepten gebotenen Wiederverwendbarkeitsmechanismen zu identifizieren:

- Einerseits die Fähigkeit eines Moduls, sich direkt auf Dinge zu beziehen, die in einem anderen Modul definiert sind.
- Andererseits das Untertyp-Konzept, bei dem ein neuer Typ durch die Hinzufügung neuer Eigenschaften zu einem vorhandenen Typ definiert werden kann (wie ein Integer-Range in Pascal, dessen Elemente gewissen Einschränkungen unterworfene Integers sind).

In objektbasierten Sprachen ist das als Vererbungsmechanismus bekannt, mit dem eine neue Klasse durch Erweiterung oder Einschränkung einer zuvor definierten Klasse erzeugt werden kann. Die Realisierung in Eiffel wird in den Kapiteln 10 und 11 beschrieben.

Ebene 5
(Vererbung): Eine Klasse kann als Einschränkung oder Erweiterung einer anderen definiert werden.

In einem solchen Fall sagt man, daß die neue Klasse *Erbe* der anderen ist.

Die oben beschriebene Technik eröffnet die Möglichkeit zu *Polymorphismus:* ein gegebenes Programm-Element kann sich zur Laufzeit auf Exemplare verschiedener Klassen beziehen, und zu *dynamischem Binden:* das Laufzeitsystem wählt automatisch die zum entsprechenden Exemplar passende Version einer Operation aus. Die Folgen dieser Technik - genauer dargelegt in Kapitel 10 - sind weitreichend in bezug auf die Entwicklung robuster, erweiterbarer Systeme.

Ebene 6
(Polymorphismus und dynamisches Binden): Programm-Elemente dürfen sich auf Objekte aus mehr als einer Klasse beziehen, und Operationen dürfen unterschiedliche Realisierungen in unterschiedlichen Klassen haben.

Dieses Konzept kann auf verschiedene Weisen implementiert werden. Im Entwurf von Eiffel ist es mit dem Konzept der statischen Typisierung versöhnt: Jedes Eiffel-Element hat einen statischen Typ (Klasse), und die dynamischen Typen, die es annehmen kann, sind auf die Nachkommen dieser Klasse eingeschränkt. Dynamisches Binden ist in Eiffel dadurch definiert, daß eine Klassenoperation in einem Nachfolger *redefiniert* werden darf, und durch die Möglichkeit *aufgeschobener* Operationen, deren Implementierung nur in den Nachkommen angegeben wird.

Die nächste und letzte Stufe erweitert das Konzept der Vererbung, um Wiederverwendung in mehr als einem Zusammenhang zu ermöglichen. Das ist das Konzept des Mehrfacherbens.

> **Ebene 7**
> *(Mehrfaches und wiederholtes Erben):* Man kann Klassen deklarieren, die Erben von mehr als einer Klasse sind und mehr als einmal von einer Klasse erben.

Wenn Sie die letzten paar Ebenen nicht vollständig verstanden haben sollten, beunruhigen Sie sich nicht: Diese Liste ist lediglich eine Vorschau auf die kommenden Dinge.

4.10 In diesem Kapitel eingeführte Schlüsselkonzepte

- Die Systemarchitektur kann von den Funktionen oder von den Daten abgeleitet werden.
- Daten bringen eine größere Stabilität über die Zeit.
- Top-down funktionaler Entwurf ist geeignet zur Erzeugung einer ersten Version eines Softwaresystems, aber nicht für die auf lange Sicht notwendigen Änderungen und Anpassungen.
- Objektorientierter Entwurf gründet die Struktur eines Systems auf die vom System manipulierten Objekte.
- Beim objektorientierten Entwurf ist die primäre Entwurfsfrage nicht: was tut das System, sondern: auf welche Objekte wirkt es. Der Entwurfsprozeß verschiebt die Entscheidung darüber, welches die Hauptfunktion des Systems ist (falls es eine solche überhaupt gibt), auf die letzten Schritte.
- Um die Anforderungen an Erweiterbarkeit und Wiederverwendbarkeit zu erfüllen, müssen die Datenbeschreibungen, auf denen objektorientierte Softwarestrukturen aufbauen, ausreichend abstrakt sein. Die Antwort wird von der Theorie der abstrakten Datentypen geliefert, bei der Vollständigkeit der Spezifikation und Vermeidung von Überspezifikation versöhnt sind.
- Abstrakte Datentypen können generisch sein und werden definiert durch Funktionen, Vorbedingungen und Axiome. Die Vorbedingungen und Axiome drücken die Semantik eines Typs aus und sind wesentlich für die vollständige und eindeutige Beschreibung.
- Die Spezifikation eines abstrakten Datentyps ist eine formale, mathematische Beschreibung. Sie ist Seiteneffekt-frei.
- Objektorientierte Systeme werden als Sammlungen von Klassen aufgebaut. Jede Klasse stellt eine bestimmte oder eine Gruppe von Implementierungen eines abstrakten Datentyps dar. Klassen sollten so allgemein und wiederverwendbar wie möglich entworfen werden; der Prozeß ihrer Zusammensetzung zu Systemen ist oft bottom-up.

- Eine Klasse bietet eine Anzahl von Diensten. Es gibt jedoch keine Einschränkungen in bezug auf die Reihenfolge, in der diese Dienste von den Kunden (Nutzern) dieser Klasse in Anspruch genommen werden können. Eine Klasse ist so etwas wie ein „Einkaufszettel" verfügbarer Dienste ohne zeitliche Abhängigkeiten.
- Klassen sind durch zwei wichtige Beziehungen verbunden: *Kunde* und *Nachkomme* (Vererbung).
- Mehrere Ebenen von Objektorientiertheit können definiert werden. Von besonderer Bedeutung sind Ebene 4, die Identifikation der Konzepte Modul und Typ, und Ebene 5, Vererbung.

4.11 Literaturhinweise

Auf verschiedene Weise für objektorientierte Zerlegung wird argumentiert in [Booch 1983, 1986], [Cox 1986] und [Meyer 1978, 1979, 1982, 1987].

Die Top-down-Methode wurde durch [Wirth 1971] eingeführt und wird in vielen Büchern und Aufsätzen vertreten.

Entwurfsmethoden, deren Begründungen mit zum Teil denselben Argumenten beginnen, die uns zur Darlegung der objektorientierten Konzepte geführt haben, nach einiger Zeit aber davon abweichen, finden sich in Jackson's „JSD" [Jackson 1983], einer Erweiterung von „JSP" [Jackson 1975] auf höhere Ebene; in Warniers datenbezogener Entwurfsmethode [Orr 1977]; im strukturierten Entwurf [Yourdon 1979]; in der strukturierten Analyse [DeMarco 1978], [McMenamin 1984], [Page-Jones 1980]; in Merise [Tardieu 1984], [Tabourier 1986].

Abstrakte Datentypen wurden eingeführt durch Liskov und Zilles [Liskov 1974]; einen algebraischeren Ansatz brachte [Guttag 1977]. Siehe auch [Meyer 1976].

Übungen

4.1 Boxer

Die Mitglieder der ADT Boxliga treffen regelmäßig in Kämpfen aufeinander, um ihre Rangfolge zu bestimmen. Ein Kampf wird zwischen zwei Boxern ausgetragen und endet mit einem Gewinner und einem Verlierer oder mit einem Unentschieden. Wenn es kein Unentschieden war, wird das Ergebnis des Kampfes zur Neufestlegung der Rangfolge in der Liga benutzt: Der Gewinner wird als besser erklärt als der Verlierer und als alle anderen Boxer, die zuvor schlechter als der Verlierer standen. Andere Rangfolgen bleiben unverändert.

Spezifizieren Sie dieses Problem als eine Menge abstrakter Datentypen: *ADT_LIGA, BOXER, KAMPF.* **(Hinweis:** Führen Sie keinen expliziten Begriff „Rangfolge" ein, sondern modellieren sie dieses Konzept durch eine Funktion *besser,* die ausdrückt, ob ein Kämpfer in der Liga besser steht als ein anderer.)

4.2 Bankkonten

Im Abschnitt 4.7.3 wurde auf einen abstrakten Datentyp „Bankkonto" bezug genommen. Schreiben Sie eine formale Spezifikation dieses Typs.

4.3 Weitere Kelleroperationen

Ändern Sie die Spezifikation des abstrakten Datentyps Keller durch Einführung der Operationen *anz_elemente* (liefert die Anzahl der Elemente im Keller), *ändere_top* (ersetzt das „top"-Element des Kellers durch ein anderes) und *lösche_aus* (entfernt alle Elemente). Fügen Sie geeignete Axiome ein.

4.4 Schlangen und Keller

Beschreiben Sie Schlangen (first-in, first-out) als einen abstrakten Datentyp in der Art des *STACK*. Untersuchen Sie genau die Ähnlichkeiten und Unterschiede. Können Sie sich einen allgemeineren abstrakten Datentyp vorstellen und diesen formal spezifizieren, der sowohl Keller- als auch Schlangenstrukturen abdeckt?

4.5 Text

Betrachten Sie das Konzept Text, wie es von einem Texteditor behandelt wird. Spezifizieren Sie dieses Konzept als abstrakten Datentyp.

TEIL 2

Techniken des objektorientierten Entwurfs und der objektorientierten Programmierung

5 Grundelemente der Eiffel-Programmierung

Bis jetzt haben wir gesehen, warum eine bessere Modulentwurfsmethode nötig ist: Wiederverwendbarkeit und Erweiterbarkeit. Wir haben die Grenzen der herkömmlichen Ansätze aufgezeigt: Mangel an Flexibilität, übermäßig zentralisierte Architekturen. Ihnen ist ein Teil der hinter dem objektorientierten Ansatz stehenden Theorie zugemutet worden: abstrakte Datentypen. Wir haben genug gehört von den Problemen. Jetzt zu den Lösungen!

In diesem Kapitel und im übrigen Teil 2 werden die Techniken objektorientierten Entwurfs und objektorientierter Programmierung eingeführt, wobei die Sprache Eiffel als Grundlage benutzt wird.

Wir beginnen damit, die Grundbestandteile einer objektorientierten Sprache zu untersuchen: Objekte, Klassen, Verweise, Größen. Das sind die Bausteine des objektorientierten Ansatzes. Im Gegensatz zu den bisherigen Erörterungen, bei denen Entwurfsprobleme auf hoher Ebene behandelt wurden, verweilen wir für eine gewisse Zeit auf der Implementierungsebene, weil wir eine klare, feste Grundlage für den Aufbau der fortgeschritteneren Konzepte der weiteren Kapitel benötigen.

5.1 Objekte

Objektorientierte Programmierung ist zunächst einmal das, was der Name sagt: Programme schreiben, die von Objekten handeln. Im gesamten übrigen Buch wird stets, wenn wir den Anforderungen an ein Softwaresystem gegenüberstehen, die erste Frage sein: „Mit welchen Objekten arbeitet es?"

Diese Frage hat tatsächlich zwei Seiten. Einerseits zielt sie auf die Objekte der physischen Wirklichkeit, mit denen unser System zu tun hat: in einem Graphiksystem zum Beispiel Punkte, Linien, Winkel, Oberflächen, Körper, usw.; in einem Lohnabrechnungssystem Beschäftigte, Lohnzahlungen, Lohnskalen, usw. Andererseits geht die Software nicht direkt mit diesen physischen Objekten um, sondern mit geeigneten Repräsentationen im Rechner, die man auch Objekte nennen kann. Wann immer dies unterschieden werden muß, kann man über *externe* und *interne* Objekte reden.

Der objektorientierte Ansatz benutzt Objekte in beiden Bedeutungen: Im Entwurfsstadium ist das Ziel, diejenigen Klassen externer Objekte herauszufinden, deren Verhalten das System zu modellieren versucht; im Implementierungsstadium gewährleisten objektorientierte Sprachen, daß das System als Sammlung von Beschreibungen interner Objekte und nicht von Prozeduren geschrieben wird.

In diesem Kapitel betrachten wir die internen Objekte. Wir behandeln sie zunächst als Verbunde, wie sie in klassischen Programmiersprachen vorkämen. Dann werden wir sehen, wie eine Menge von Objekten gleichen Verhaltens durch eine mächtige Abstraktion beschrieben werden kann - eine Klasse.

5.1.1 Verbunde

Auf elementarer Ebene sind interne Objekte einfach wie Verbunde, wie man sie bei der Ausführung von Pascal- oder C-Programmen finden kann. (Bei Pascal heißen sie „records", bei C „structures".) Wie ein Verbund ist ein Objekt eine Struktur, die zur Systemausführungszeit einen gewissen Speicherplatz einnimmt und aus einer bestimmten Menge von Bestandteilen, den **Komponenten,** aufgebaut ist. Das unten abgebildete Objekt hat drei Komponenten: zwei Ganzzahlen und eine Zeichenkette.

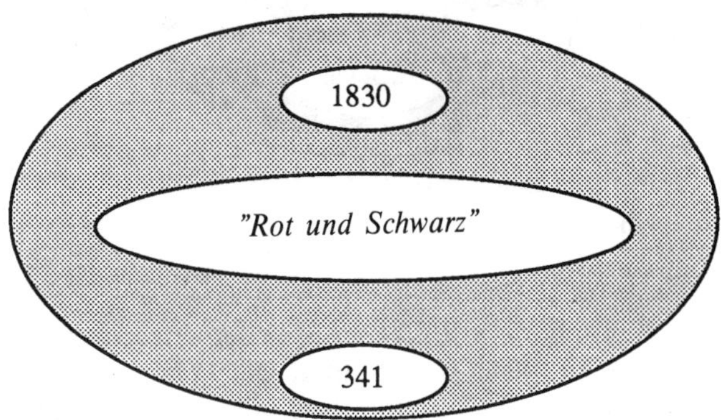

Bild 5.1 Einfaches Objekt

Das externe Objekt, von dem dies ein partielles Modell ist, könnte ein Buch sein mit Titel, Anzahl Seiten und Erscheinungsjahr.

5.1.2 Verweise

Oft ist es angebracht, interne Objekte (im folgenden einfach Objekte genannt) einzuführen, die neben den oben gezeigten einfachen Komponenten (Zahlen, Zeichen, usw.) solche Komponenten enthalten, die auf andere Objekte verweisen. So sollte zum Beispiel ein Objekt, das ein Buch repräsentiert, wahrscheinlich Informationen über den Autor enthalten. Der Autor selbst oder irgendeine andere Person wird ebenso durch ein Objekt repräsentiert, dessen Komponenten Vor- und Zuname, Geburts- und Todestag, usw. darstellen.

Eine Technik besteht darin, wie unten gezeigt, Objekte andere Objekte enthalten zu lassen.

Diese Technik ist bei Pascal- und C-Verbunden tatsächlich möglich, die andere Verbunde enthalten dürfen. **Gemeinsame Benutzung (sharing)** ist jedoch nicht erlaubt. Gemeinsame Benutzung ist notwendig, wenn Komponenten verschiedener Objekte auf das gleiche Objekt verweisen müssen – im Gegensatz zu verschiedenen, aber identischen Objekten. Im Falle von zwei vom selben Autor geschriebenen Büchern zum Beispiel sollten die Komponenten der entsprechenden Objekte wohl auf das gleiche Autor-Objekt

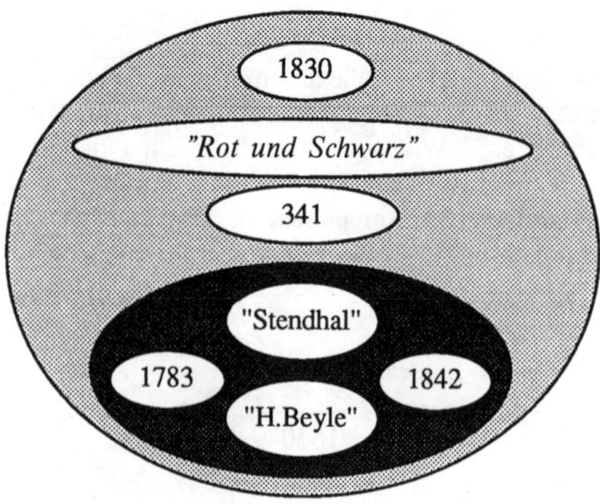

Bild 5.2 Ein Objekt in einem Objekt

verweisen. Der Grund besteht nicht nur in der Speicherplatzersparnis, sondern auch in der semantischen Sauberkeit: Wenn sich im Autor-Objekt irgendetwas ändert (zum Beispiel die Komponente Todestag, um den Tod eines Autors einzutragen), sollte sich diese Änderung gleichzeitig in allen entsprechenden Buch-Objekten niederschlagen.

Um gemeinsam genutzte Objekte zuzulassen, dürfen Komponenten **Verweise** auf andere Objekte enthalten. Ein Verweis kann als Wert ein Objekt haben; zwei oder mehr Verweise können gemeinsam dasselbe Objekt als Wert besitzen. Das folgende Bild zeigt ein Beispiel:

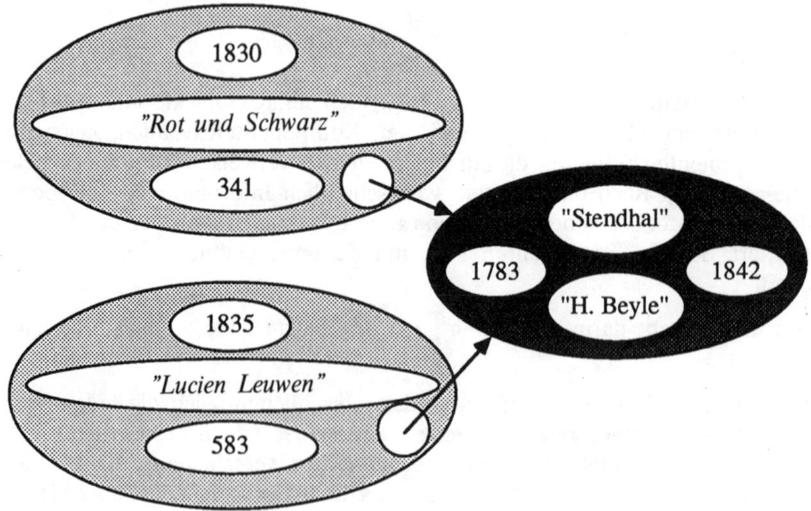

Bild 5.3 Verweise und gemeinsam genutzte Objekte

Diese Technik ist besonders nützlich für die Darstellung komplexer Datenstrukturen wie Listen, Bäume, Schlangen, usw. in „verketteter" Darstellung. In Eiffel sind alle Objektkomponenten entweder einfach (integer, boolean, character, real) oder Verweise. Damit kann ein Objekt auf andere Objekte verweisen (Bild 5.3), aber kann andere Objekte nicht enthalten (wie in Bild 5.2).

Oben wurde gesagt, daß ein Verweis ein Objekt als Wert haben „kann". Die andere Möglichkeit für einen Verweis besteht darin, keinem Objekt zugeordnet zu sein; in diesem Fall wird der Verweis als **void** (leer) bezeichnet.

Der Begriff des Verweises ist natürlich dem Pointer-Konzept sehr verwandt; ein leerer Verweis entspricht einem leeren Pointer. Die zwei Begriffe werden jedoch auseinandergehalten, um zu unterstreichen, daß Verweise mit Objekten verbunden sind, während Pointer oft direkt als Maschinenadressen aufgefaßt werden, obwohl getypte Sprachen wie Pascal die Möglichkeiten der Pointer-Veränderung sorgfältig einschränken.

Man beachte, daß „void" nicht ein besonderer *Wert* für Verweise ist, sondern einer der beiden möglichen *Zustände.* Ein Verweis ist entweder mit einem Objekt verbunden oder leer (void). Ein besonderer Wert void, wie er in manchen Sprachen existiert (**nil** in Pascal, *NULL* in C) ist ein merkwürdiger Wert, der zu allen Pointer-Typen gleichzeitig gehören muß.

5.1.3 Ausführungsmodell

Aus all dem bisherigen entsteht als erstes Bild das eines objektorientierten Systems während seiner Ausführung. Das System besteht aus einer bestimmten Anzahl von Objekten mit etlichen Komponenten, von denen einige Verweise sein können. Wenn diese Verweise nicht alle leer sind, verweisen die Objekte aufeinander.

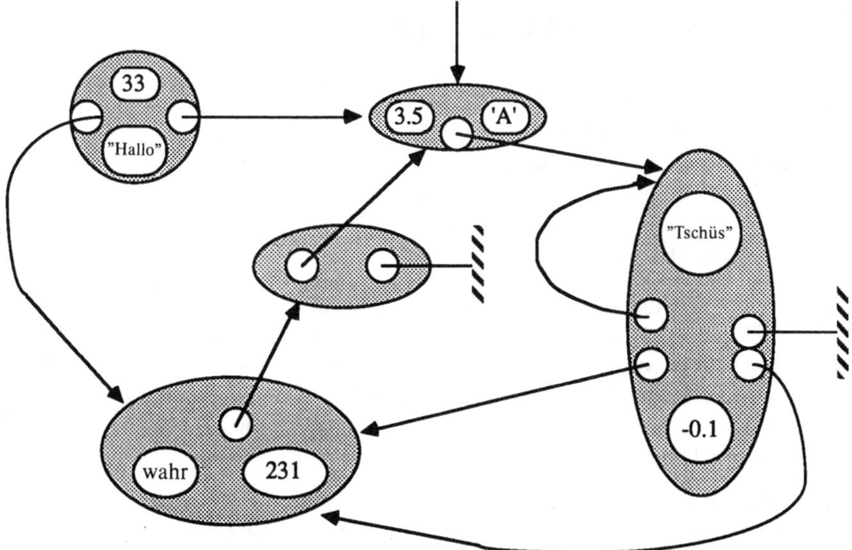

Bild 5.4 Ausführungsmodell

5.1.4 Dynamisches Erzeugen

In der obigen Diskussion wird eines nicht deutlich: die stark dynamische Natur eines wahrhaft objektorientierten Modells. Im Gegensatz zur Programmierung in statischen oder blockstrukturierten Sprachen (stellvertretend seien Fortran bzw. Algol genannt), besteht Programmierung in einer objektorientierten Sprache darin, eine Anzahl von Objekten nach einem Muster dynamisch zu erzeugen, das normalerweise unmöglich zur Übersetzungszeit vorausgesagt werden kann. Auf Objekte angewandte Operationen führen zu neu geschaffenen Objekten, Verweise, die auf andere Objekte verweisen oder leer werden, usw.

In Eiffel beginnt die Ausführung eines Systems mit der Erzeugung eines Anfangsobjekts, die **Wurzel (root)** des Systems genannt. Von da an kommen bei der Ausführung des Systems neue Objekte hinzu.

Während sich das System entwickelt, kann es vorkommen, daß Objekte von der Wurzel aus direkt und indirekt nicht mehr erreicht werden können. Nehmen wir zum Beispiel an, daß in Bild 5.4 das Objekt rechts oben (durch einen hereinkommenden Pfeil markiert) die Wurzel sei: Dann kann das Objekt mit der Zeichenkette *"Hallo"* nicht erreicht werden. Solche Objekte belegen nutzlos Speicherplatz. Bei der Implementierung objektorientierter Sprachen, bei denen Systeme große Mengen von Objekten erzeugen und dann möglicherweise aufhören, sie zu verwenden, besteht ein grundlegendes Problem in der Wiedergewinnung des Platzes, der sonst vergeudet würde. Dieses Problem und seine Lösung in der Eiffel-Implementierung sind Themen des Kapitels 16.

Man beachte, daß die Verallgemeinerung des objektorientierten Paradigmas durch Einbeziehung nebenläufiger Prozesse zu Systemen führt, die mehrere Wurzeln haben.

5.2 Ein erster Blick auf Klassen

Wir haben jetzt eine ungefähre Vorstellung davon, wie ein System zu einem beliebigen Ausführungszeitpunkt aussieht. Jetzt kommen wir zu den Programmtexten, die zu solchen Ausführungszeitmustern führen.

5.2.1 Klassen mit Attributen

Wie beschreibt man Objekte? Der Schlüssel dazu kommt vom Ansatz der abstrakten Datentypen. Man beschreibt nicht individuelle Objekte, sondern beschränkt sich auf die einer ganzen Klasse von Objekten gemeinsamen Muster – die Klasse der Bücher, der Autoren, der Punkte, der Körper, usw. Wie im vorigen Kapitel erwähnt, ist „Klasse" tatsächlich der anerkannte Begriff zur Beschreibung solcher Muster, welche die Basis für objektorientierte Programme sind.

Bei diesem Stand der Diskussion ist eine Klasse etwas ähnliches wie ein Verbundtyp in Pascal: Sie beschreibt die gemeinsame Struktur einer Gruppe von Objekten. Eine einfache Klassendefinition könnte so lauten:

```
class BUCH1 feature
        titel: STRING;
        erscheinungsdatum: INTEGER;
        anzahl_seiten: INTEGER
end -- class BUCH1
```

Diese Klasse beschreibt die Struktur einer (eventuell unendlichen) Menge von Objekten. Jedes dieser Objekte wird **Exemplar (instance)** dieser Klasse genannt. (Man beachte die Konvention für Kommentare, die von Ada geliehen ist: Ein Kommentar beginnt mit zwei Bindestrichen -- und reicht bis zum Zeilenende. Der Endkommentar, der den Namen der Klasse wiederholt, ist Standard-Codierstil.)

Es gibt keine anderen Objekte als Klassenexemplare: Jedes Objekt ist ein Exemplar irgendeiner Klasse *C*. *C* wird der **Typ (type)** des Objekts genannt.

> Es ist wichtig, die Unterscheidung zwischen Objekten und Klassen im Kopf zu behalten: Objekte sind Laufzeitelemente, die während der Ausführung eines Systems erzeugt werden; Klassen sind rein statische Beschreibungen einer Menge möglicher Objekte - der Exemplare dieser Klasse. Zur Laufzeit gibt es nur Objekte; im Programm sehen wir nur Klassen.

Die **feature**-Klausel führt die Merkmale einer Klasse ein. Alle Merkmale in diesem Beispiel sind **Attribute (attributes)**; ein Attribut ist ein Bestandteil einer Klasse, der in jedem Objekt der Klasse zu einer Komponente führt. (Wir werden bald auf andere Arten von Merkmalen treffen.)

Somit haben alle Exemplare der Klasse *BUCH1* genau drei Komponenten: eine Zeichenkettenkomponente und zwei Ganzzahlkomponenten. Auch hier sollten Attribut (in bezug auf die Klasse) und Komponente (in bezug auf ein Objekt) nicht verwechselt werden:

> Eine Komponente eines Objekts entspricht einem Attribut derjenigen Klasse, deren Exemplar das Objekt ist.

5.2.2 Typen und Verweise

Eiffel ist eine statisch getypte Sprache: Jedes Attribut muß mit einem eindeutigen Typ deklariert werden.

Die Attribute der Klasse *BUCH1* wurden alle mit vordefinierten Typen deklariert: *INTEGER* und *STRING*. (Die Zeichenketten (strings) sind ein besonderer Fall; siehe unten.) Im nächsten Schritt werden Attribute von Klassentypen hinzugefügt, die Verweise darstellen.

Nehmen wir einen einfachen Begriff von Person:

```
class PERSON1 feature
        vorname, zuname : STRING;
        geburtsjahr, todesjahr : INTEGER;
        verheiratet: BOOLEAN
end -- class PERSON1
```

(Man beachte, wie Attribute vom selben Typ in Deklarationen gruppiert werden können.) Dann könnten wir in ein Buchobjekt den Verweis auf seinen Autor aufnehmen wollen. Das geschieht einfach durch die Hinzufügung eines neuen Attributs, dessen Typ genau *PERSON1* ist:

```
class BUCH2 feature
        titel: STRING;
        erscheinungsdatum, anzahl_seiten: INTEGER;
        autor: PERSON1
end -- class BUCH2
```

Das Typsystem von Eiffel ist ziemlich einfach (obwohl die Vererbung es interessanter macht). Es gibt zwei Arten von Typen: die vier einfachen Typen, nämlich *INTEGER, BOOLEAN, CHARACTER* und *REAL;* jeder andere Typ muß durch eine Klassendeklaration definiert werden und wird dann Klassentyp genannt.

Betrachten wir ein Attribut, dessen Typ ein Klassentyp ist. Da wir keine Objekte in Objekten zulassen, enthalten die Objektelemente, die diesem Attribut entsprechen, Verweise. Das ist die Erklärung dafür, daß die Sprache kein Symbol der Bedeutung „Verweis auf" hat: Wenn man *autor* als vom Typ *PERSON1* deklariert, dann meint man „Verweis auf Objekte vom Typ *PERSON1*", aber das ist nicht mehrdeutig, weil *PERSON1* kein einfacher Typ ist.

> Man beachte, daß der obige Satz, alle Attribute von *BUCH1* seien von einfachem Typ, eine kleine Lüge ist: Im Gegensatz zu *CHARACTER,* dessen Elemente einzelne Zeichen sind, ist der Eiffel-Typ *STRING,* dessen Elemente Zeichenketten sind, in Wirklichkeit ein vordefinierter Klassentyp. Für manche Zwecke kann der Typ jedoch wie ein einfacher Typ behandelt werden. Genaueres in den Kapiteln 8 und 13.

5.3 Benutzung von Klassen

Bis jetzt haben wir gesehen, wie sehr einfache Klassen definiert werden. Wir kümmern uns nunmehr um die Benutzung dieser Klassen.

5.3.1 Kunden und Lieferanten

Es gibt zwei Wege, eine Klasse zu benutzen; der eine (Vererbung) wird in Kapitel 10 eingeführt werden; der andere ist bereits bei der Einfügung des Attributs *autor* angewandt worden und kann wie folgt definiert werden:

> **Definition:**
> *(Kunden und Lieferanten):* Eine Klasse A heißt **Kunde** der Klasse *B* und *B* heißt **Lieferant** der Klasse *A*, wenn *A* eine Größe-Deklaration der Form *e:B* enthält.

Man sagt auch *B* **verkauft an** *A* oder *A* **kauft von** *B* (man verzeihe die eher kaufmännische als übliche Terminologie).

Der Begriff „Größe (entity)" in dieser Definition ist das objektorientierte Pendant zum Begriff der Variable in klassischen Ansätzen. Bisher haben wir nur eine Art von Größen gesehen: Attribute. Andere werden unten eingeführt werden; eine vollständige Liste wird in 5.4.4 angegeben.

Ein Beispiel für die Kundenbeziehung: *BUCH2* aus dem vorigen Beispiel ist Kunde von *PERSON1*, weil *BUCH2* die folgende Attributdeklaration enthält:

autor: PERSON1

Eine Klasse kann ihr eigener Kunde sein; eine vereinfachte „Bankkunde"-Klasse kann zum Beispiel folgendermaßen aussehen:

```
class BANKKUNDE feature
        name: STRING;
        bürge: BANKKUNDE
end
```

Das Bild unten zeigt drei Exemplare dieser Klasse. Man beachte, daß einer der Bankkunden (eine Bankkundin) ihr eigener Bürge ist. Das Vorhandensein eines solchen Zyklus zwischen Exemplaren folgt nicht notwendigerweise aus dem Vorhandensein einer sich selbst beliefernden Klasse: Man denke an eine Klasse *PERSON2* mit einem Attribut *elternteil* vom Typ *PERSON2;* der Graph der *elternteil*-Verkettungen kann natürlich keinen Zyklus enthalten. (Allerdings ist richtig, daß ein Exemplar-Graph, der ein oder mehrere Objekte aus einer sich selbst beliefernden Klasse enthält, entweder einen Zyklus oder einen leeren Verweis haben muß.)

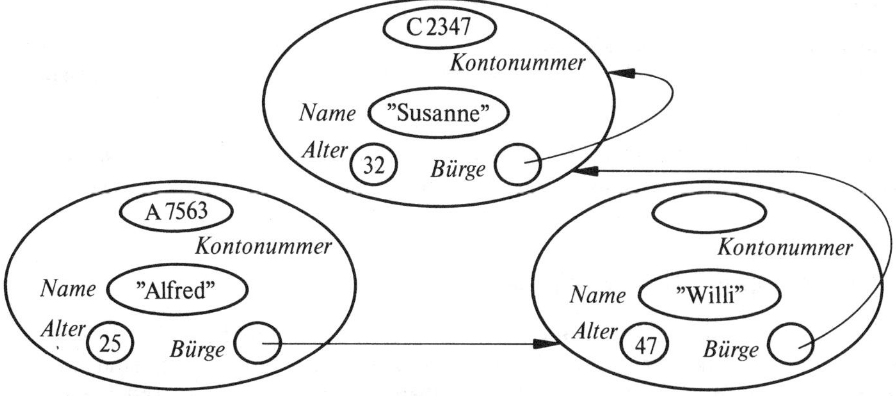

Bild 5.5 Eigenverweis

5.3.2 Erzeugung von Objekten

Sei *X* Kunde von *BUCH2*. *X* enthalte zum Beispiel ein Attribut *b* vom Typ *BUCH2*. Dann enthalten alle Exemplare von *X* eine *b* entsprechende Komponente; weil *b* als von einem Klassentyp definiert ist, enthalten diese Komponenten Verweise. Jeder dieser Verweise kann zu jedem beliebigen Zeitpunkt der Ausführung entweder leer sein oder auf ein Objekt vom Typ *BUCH2* verweisen.

Die allgemeine Regel heißt: Solange man mit einem Verweis nichts tut, bleibt er leer. Um das zu ändern, muß man ein neues Objekt vom geeigneten Klassentyp erzeugen und es mit dem Verweis verbinden. Diese Operation versetzt den Verweis aus dem leeren Zustand in den anderen möglichen Zustand, der **erzeugt (created)** genannt wird. Ein Verweis ist genau dann mit einem Objekt verbunden, wenn er im Zustand erzeugt ist.

Die einfachste Operation zur Erzeugung eines Objekts und zur Verbindung mit einem Verweis wird so geschrieben:

b.Create

Der Effekt (siehe Bild unten) besteht in der Erzeugung eines Objekts des entsprechenden Typs, hier angenommen als *BUCH2,* und in der Verbindung dieses Objekts mit dem Verweis, der *b* entspricht.

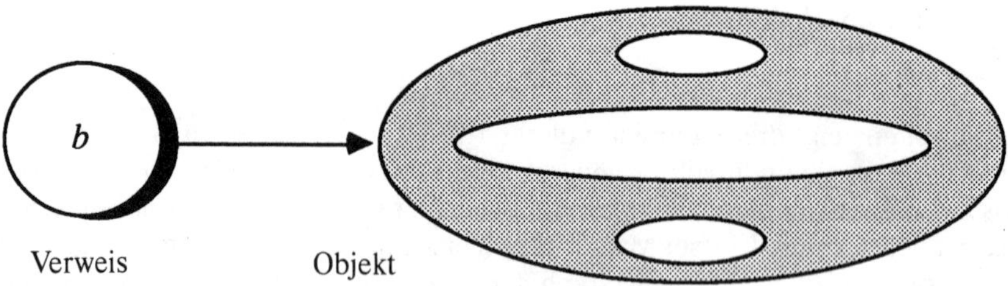

Bild 5.6 Erzeugung eines Objekts und Verbindung mit einem Verweis

5.3.3 Lösung eines Verweises von einem Objekt

Manchmal kann es notwendig sein, einen Verweis im Zustand erzeugt von seinem zugeordneten Objekt zu lösen. Das wird mit einer anderen Operation bewerkstelligt:

b.Forget

Forget versetzt den Verweis in den leeren Zustand zurück. Man kann sich die Operation so vorstellen, daß sie die Verbindung zwischen dem Verweis und irgendeinem zugeordneten Objekt kappt. (Mehr über *Forget* unten.)

5.3.4 Zustände eines Verweises

Aus der Vorstellung von *Create* und *Forget* entsteht das folgende Bild: Ein Verweis kann entweder im Zustand leer oder im Zustand erzeugt sein; *Create* und *Forget* sind zwei Operationen, die den Wechsel zwischen diesen beiden Zuständen erlauben. Andere Operationen folgen später.

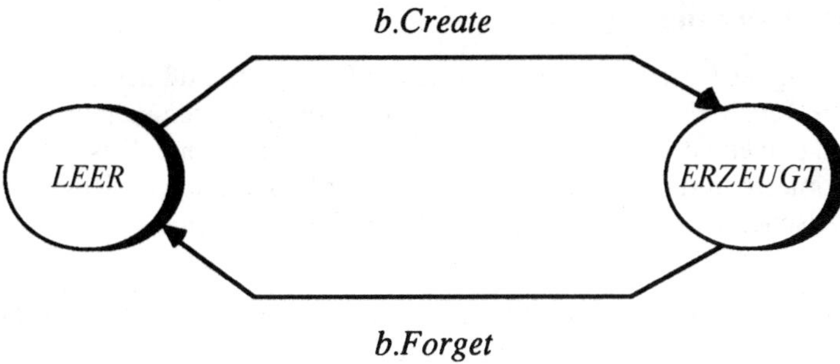

Bild 5.7 Zustände eines Verweises

Um den Zustand eines Verweises, der mit *b* verbunden ist, zu kennen, kann man den Test *b.Void* benutzen, der genau dann **true** liefert, wenn der Verweis leer ist.

Die Begriffe Objekt, Verweis und Größe sollten nicht verwechselt werden:

- „Objekt" ist ein Laufzeitbegriff; jedes Objekt ist ein Exemplar einer bestimmten Klasse, zur Ausführungszeit erzeugt und aus einer Anzahl Komponenten bestehend.
- „Verweis" ist auch ein Laufzeitbegriff: Ein Verweis ist ein Wert, der entweder leer ist oder ein Objekt bezeichnet.
- Im Gegensatz dazu hat eine Größe keine Laufzeit-Existenz: Eine Größe ist lediglich ein Name (ein Identifizierer), der im Text einer Klasse vorkommt und einen oder mehrere Verweise darstellt, die zur Ausführungszeit existieren können.

5.3.5 Forget und Speicherplatzverwaltung

Die *Forget*-Operation wird manchmal mißverstanden. Es handelt sich um eine Operation auf dem Verweis, **nicht** auf dem Objekt, mit dem der Verweis verbunden war; die Operation unterdrückt einfach die Verbindung, indem sie den Verweis wieder leer macht; zum Beispiel: Wenn *b* der Verweis aus Bild 5.6 ist, dann kappt *b.Forget* einfach die Verbindung zwischen *b* und dem Objekt. Eine *Forget*-Operation berührt nicht das Objekt selbst, das über andere Verweise weiterhin zugreifbar sein kann. (Wenn der Verweis vor der *Forget*-Operation leer war, hat die Operation keinen Effekt.)

Forget hat insbesondere nichts zu tun mit den Anweisungen, die zur Rückgabe von Speicherplatz ans Betriebssystem benutzt werden, wie die Prozedur *dispose* in Pascal oder *free* in C. Das Vorhandensein solcher Möglichkeiten ist einer der gefährlichsten Aspekte dieser Sprachen, weil es keine Garantie dafür gibt, daß eine Speicherzelle, die auf diese Weise vom System zurückgewonnen wurde, nicht weiterhin durch andere Objekte zugreifbar war. Nebenbei erwähnt, verkompliziert die Pflicht, innerhalb der Anwendungsprogramme für die Speicherplatzverwaltung zu sorgen, die Programmierung um einen beträchtlichen Faktor. In Eiffel und anderen ernsthaft objektorientierten Systemen geschieht die Speicherplatzverwaltung automatisch (allerdings können Programmierer ihre eigene Speicherplatzverwaltung in wiederverwendbaren Klassen darüberlegen). Diese Fragen werden genauer in Kapitel 16 angegangen.

5.3.6 Initialisierung

Das Erzeugen eines Objekts, wie es *b.Create* zur Folge hat, muß den Komponenten des Objekts Werte geben. Es wäre nicht vernünftig, die Komponenten Werte tragen zu lassen, die zufällig in den entsprechenden Speicherzellen vorhanden sind. Deshalb braucht man eine wohldefinierte Initialisierungskonvention. (Der Bedarf nach Initialisierung hat auch einen theoretischen Ursprung, nämlich den Begriff der Klasseninvariante, wie in Kapitel 7 gezeigt werden wird.)

Die Regel in Eiffel ist einfach: Komponenten werden gemäß dem Typ des entsprechenden Attributs initialisiert, und zwar wie folgt:

Type	**Initial value**
INTEGER	0
BOOLEAN	false
CHARACTER	null character
REAL	0.0
Class types	void reference

Bild 5.8 Typ-bestimmte Größe-Initialisierung

Anders als bei Initialisierungen, wie sie in manchen Sprachsystemen durchgeführt werden, sind diese Regeln von der Sprache vorgeschrieben und müssen von allen Implementierungen eingehalten werden; sie sind nicht implementierungsabhängig.

Im Abschnitt 5.4.7 unten wird erklärt werden, wie diese Standard-Initialisierungen überdefiniert werden können, wenn sie für eine bestimmte Klasse nicht für geeignet gehalten werden.

5.3.7 Warum Erzeugen?

Aus der vorherigen Diskussion geht hervor, daß in Eiffel die Objekterzeugung explizit geschieht. Die Deklaration einer Größe

b: BUCH2

führt nicht zur Erzeugung eines Objekts zur Laufzeit: Ein Objekt wird erst erzeugt, wenn irgendein Element des Systems die Operation

b.Create

ausführt.

Sie mögen sich gefragt haben, warum das so ist. Reichte denn die Deklaration nicht aus, um ein Objekt zur Laufzeit zu erzeugen? Wofür kann es denn gut sein, eine Größe zu deklarieren, wenn man kein Objekt erzeugt?

Eine kurze Überlegung sollte Sie jedoch überzeugen, daß die Unterscheidung zwischen Deklaration und Erzeugung die einzig vernünftige Lösung ist.

Als ein einfaches Argument denken Sie daran, daß wir es immer nur mit Objekten zu tun haben. Nehmen wir an, wir würden irgendwie mit der Abarbeitung der Deklaration von *b* beginnen und würden damit unmittelbar das entsprechende Buch-Objekt erzeugen. Aber dieses Objekt ist ein Exemplar einer Klasse, *BUCH2,* die ein Attribut *autor* vom Klassentyp *PERSON1* hat. Damit hat das Buch-Objekt selbst eine Verweis-Komponente, für das wir auch gleich ein Objekt erzeugen müssen. Nun kann dieses Objekt wiederum Verweis-Komponenten haben, die die gleiche Behandlung erfordern: Wir beginnen mit einer unendlichen Schleife, bevor wir überhaupt mit irgendeiner wirklichen Verarbeitung angefangen haben.

Die wirkliche Lösung besteht genau im Gegenteil. Objekte werden ausschließlich als Ergebnis der Ausführung einer *Create*-Anweisung erzeugt (oder einer *Clone*-Anweisung, siehe unten). Weiterhin werden die Verweis-Komponenten eines neu erzeugten Objekts ihrerseits mit leeren Verweisen initialisiert und werden wiederum nur durch explizite *Create*-Operationen mit Objekten verbunden.

5.3.8 Zugriff auf Komponenten; das aktuelle Exemplar

Eine der herausragenden Eigenschaften der objektorientierten Herangehensweise ist die, daß jedes Programmkonstrukt sich auf ein Objekt bezieht. Im Gegensatz zur klassischen Programmierung schreibt man nie ein Programmstück, das nur sagt: „Tu dies"; alles, was man schreibt, hat die Form: „Tu dies *an diesem Objekt*". Dieser Aspekt der objektorientierten Programmierung ist, obwohl anfangs manchmal schwierig zu verstehen, wesentlich für die Ausgewogenheit dieses Ansatzes.

Wie erkennt man das Objekt, auf das sich ein Stück Eiffel-Text bezieht? Um diese Frage zu beantworten, muß man erst festhalten, daß jeder Eiffel-Text Teil einer Klasse ist: es gibt in Eiffel kein anderes Konstrukt auf hoher Ebene als die Klasse, so daß alles, was geschrieben wird, in irgendeiner Klasse ist. Weiterhin ist es in genau **einer** Klasse: Klassen können nicht geschachtelt werden.

Nun beschreibt eine Klasse, wie wir gesehen haben, einen Datentyp. Exemplare dieses Datentyps werden zur Ausführungszeit Objekte. Der Klassentext zeigt die Merkmale, die all diesen Exemplaren gemeinsam sind. Das geschieht dadurch, daß ein typisches Exemplar der Klasse beschrieben wird, auch **aktuelles Exemplar** genannt.

Das gibt auf die vorherige Frage eine partielle Antwort: Alles Geschriebene in einer Klasse gilt für das aktuelle Exemplar. So bedeutet zum Beispiel jedes Vorkommen von *autor* in der Klasse *BUCH2,* wenn es nicht weiter qualifiziert ist, „die Komponente *autor* in bezug auf das aktuelle Buch-Objekt". Oder die Zuweisung

geburtsjahr := 1833

in der Klasse *PERSON1* bedeutet „gib der Komponente *geburtsjahr* des aktuellen Exemplars von *PERSON1* den Wert *1833*".

Oft ist es natürlich notwendig, auf andere Objekte zu verweisen. Die entsprechende Eiffel-Schreibweise ist die **Punktnotation.** Sei *A* eine Klasse und *e* eine Größe in *A*. (Man erinnere sich, daß im Augenblick Attribute die einzig uns bekannten Größen sind, obwohl in Kürze weitere Arten eingeführt werden.) *e* sei deklariert vom Klassentyp *B,* und *f* ist ein Attribut in der Klasse *B.* Dann bezeichnet in *A* der Ausdruck

e.f

die Komponente *f* des Objekts, das zur Laufzeit mit *e* verbunden ist; das wird **qualifiziertes Vorkommen** von *f* genannt. Man beachte, daß sogar qualifizierte Vorkommen das Konzept des aktuellen Exemplars benutzen, da *e* selbst eine Größe (zum Beispiel ein Attribut) in bezug auf das aktuelle Exemplar ist.

Zum Beispiel könnte in der Klasse *BUCH2* ein Ausdruck der Form

autor.geburtsjahr

vorkommen, wobei *autor* ein Attribut der Klasse *BUCH2,* deklariert vom Typ *PERSON1,* ist und *geburtsjahr* eines der in *PERSON1* deklarierten Attribute ist. Die vollständige Bedeutung dieses Ausdrucks ist: „die Komponente *geburtsjahr* des Objekts, das mit dem in der Komponente *autor* des aktuellen Exemplars von *BUCH2* enthaltenen Verweis verbunden ist".

Die Bedeutung des aktuellen Exemplars erklärt die dezentralisierte Natur objektorientierter Programmierung. Es gibt kein Pendant zum **Hauptprogramm** klassischer Sprachen, dem zentralen Prozeß, von dem alles andere herkommt; stattdessen haben wir zur Übersetzungszeit eine Menge von Klassen; und zur Laufzeit eine Menge von Objekten – Exemplare dieser Klassen –, die auf Attribute aus anderen Klassen zugreifen und (wie wir bald sehen werden) Operationen aufeinander ausführen können.

Natürlich muß man, um ein ausführbares System zu erhalten, eine Anzahl von Klassen zusammenstellen und entscheiden, wo der Ausführungsprozeß beginnen soll; aber dieser Zusammenstell-Prozeß geschieht spät und wird unabhängig von der Programmiersprache selbst beschrieben (siehe 5.6 unten).

In vielen Fällen bleibt das aktuelle Exemplar implizit: So entspricht zum Beispiel ein nicht qualifiziertes Vorkommen des Attributs *autor* im Text der Klasse *BUCH2* zur Laufzeit der Komponenten *autor* des aktuellen *BUCH2*-Exemplars. Manchmal benötigt der Programmierer jedoch eine Schreibweise, um das aktuelle Exemplar explizit zu kennzeichnen. Der vordefinierte Ausdruck *Current* ist für diesen Zweck reserviert: *Current* bedeutet „das aktuelle Exemplar der umschließenden Klasse". (Man erinnere sich, daß jeder Eiffel-Text Teil von genau einer Klasse ist.) So kann also ein nicht qualifiziertes Vorkommen wie *autor* auch *Current.autor* geschrieben werden.

Wichtig zu beachten ist, daß *Current* syntaktisch ein Ausdruck und keine Größe ist; *Current* kann also nicht Ziel einer Zuweisung sein, wie in

```
        -- UNGÜLTIGES EIFFEL
Current := x
```

5.4 Routinen

Die bisher definierten Klassen haben nur Attribute. Anders gesagt, sie entsprachen Sätzen oder Strukturen; wir haben nur gesehen, wie man auf ihre Komponenten zugreift.

Das ist nicht genug. Wir wollen eine Klasse haben, welche die Implementierung eines abstrakten Datentyps beschreibt. Das sollte nicht nur die Darstellung der Exemplare des Typs umfassen (wie es durch die Attribute geschieht), sondern auch die Operationen auf diesen Exemplaren. Dafür sind Routinen da.

5.4.1 Überblick

Routinen sind Implementierungen der Operationen auf den Exemplaren einer Klasse. Es gibt zwei Arten von Routinen:

- Eine Prozedur führt eine Aktion aus, das heißt, sie kann den Zustand des Objekts ändern.
- Eine Funktion errechnet einen Wert, der aus dem Zustand des Objekts abgeleitet wird.

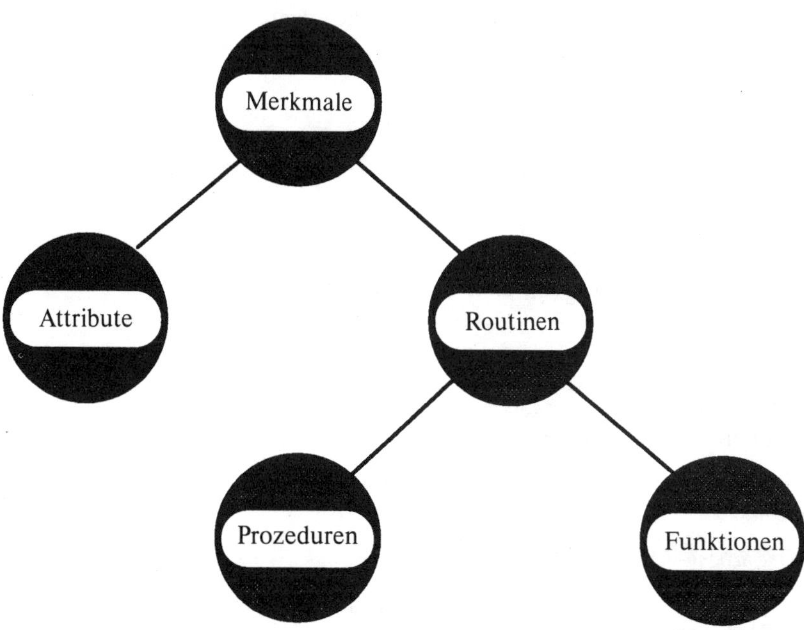

Bild 5.9 Klassifikation von Merkmalen

Der hier benutzte Begriff des Zustands ist einfach: Jedes Exemplar einer Klasse hat eine gewisse Anzahl von Komponenten, die den Attributen der Klasse entsprechen. Die Werte dieser Komponenten zu einem beliebigen Zeitpunkt während der Systemausführung bestimmen den Zustand des Objekts. Ein Prozeduraufruf kann diesen Zustand ändern, das heißt, er ändert die Werte von einem oder mehreren Komponenten; ein Funktionsaufruf liefert einen Wert, der aus dem Zustand errechnet wurde (das heißt, aus den Attributen). Ob Funktionen den Zustand ändern können, wird später diskutiert (7.7).

Bevor wir ein Beispiel geben, sei die Begrifflichkeit geklärt. Eine Klasse wird durch ihre Merkmale **(features)** charakterisiert. Wir kennen jetzt die beiden Arten von Merkmalen: *Attribute,* wie oben gesehen, und *Routinen,* wie sie jetzt eingeführt werden. Routinen werden weiterhin unterteilt in *Prozeduren* und *Funktionen.*

5.4.2 Ein Beispiel: Benutzung

Das folgende ist unser erstes ernsthaftes Beispiel einer Klasse, obwohl auch dies noch ziemlich begrenzt in der Anwendbarkeit bleibt. Es beschreibt ein Konzept Punkt, wie man es zum Beispiel in einem Graphiksystem nutzen könnte. Natürlich ist das nur eine grobe Skizze einer voll ausgestatteten, benutzbaren Klasse Punkt.

Wenn man eine neue Klasse einführt, ist es oft eine gute Idee, zuerst zu zeigen, wie die Klasse von ihren Kunden **benutzt** werden kann, und erst dann, wie sie implementiert ist. Die unten angegebene Klasse *PUNKT* kann auf die folgende Weise benutzt werden. Nehmen wir an, eine Kundenklasse enthalte die Deklarationen

p1, p2 : PUNKT;
r, s : REAL

Dann kann der Kunde Exemplare von *PUNKT* erzeugen:

p1.Create; ...; p2.Create; ...

Unter den Merkmalen, die ein Punkt hat, sind seine Koordinaten; ein Beispiel von Anweisungen zur Registrierung ihrer Werte lautet:

r := p1.x; s := p1.y

Hierbei ist := das Zuweisungssymbol. Die Merkmale *x* und *y* liefern die Koordinaten; der Kunde weiß nicht, ob diese Merkmale als Attribute oder Argument-lose Funktionen implementiert sind, und er braucht das auch nicht zu wissen.

Operationen, die auf einem Punkt ausgeführt werden könnten, sind Verschiebung und Skalierung:

p2.verschieben(-3.5,s);...;p2.skalieren(3.0)

Dieses Beispiel zeigt die allgemeine Syntax für die Ausführung von Operationen, nämlich die Punktnotation:

größe.operation(argumente)

was bedeutet: „Wende die *Operation* mit den *Argumenten* auf das zu *Größe* gehörende Objekt an". Die *Argumente* können fehlen. Man beachte noch einmal die besondere Eigenschaft der objektorientierten Programmierung: Jede Operation bezieht sich auf ein bestimmtes Objekt, das links vom Punkt steht (dargestellt durch den Programmnamen *Größe*). In der klassischen Programmierung wäre die Schreibweise symmetrischer:

Operation (Größe, Argumente)

das heißt, *Größe* wäre lediglich eines der Argumente der Operation. Objektorientierte Programmierung behandelt die Operationsargumente auf sehr undemokratische Weise: Eins davon wird stets zur besonderen Behandlung herausgehoben.

Hier führt die erste Operation im Beispiel auf *p2* eine Verschiebung horizontal um -3.5 und vertikal um den Wert von *s* aus; die zweite skaliert *p2* um den Faktor 3 vom Ursprung. Beide Operationen sind **Prozeduren,** die dasjenige Objekt ändern können, auf das der von ihnen benutzte Verweis zeigt. Zum Beispiel bezeichnet *p2* nach *p2.Create* einen Verweis, der auf ein Punktobjekt zeigt, das wegen der Initialisierungsregeln die Koordinaten (0,0) hat. Nach *p2.verschieben(-3.5,s)* hat das Objekt die Koordinaten -3.5 und *s*.

Schließlich könnte man auf einen Punkt auch die Funktion *abstand* anwenden, die seinen Abstand zu einem anderen Punkt liefert, wie in

r := p1.abstand(p2)

Im Gegensatz zu Prozeduren ändern Funktionen normalerweise die Objekte nicht, auf die ihre Verweise zeigen, sondern sie liefern Informationen über das Objekt (hier dessen Abstand zu einem anderen Punkt).

Jede Operation wird auf ein bestimmtes Objekt angewandt, indem über einen Verweis zugegriffen wird, der durch eine Größe bezeichnet wird. Damit die Operation eine Bedeutung hat, muß das Objekt existieren. Wenn also *größe.operation* (*argumente*) korrekt ausgeführt werden soll, dann ist es wesentlich, daß der mit zu *größe* gehörende Verweis nicht-leer ist. Das gilt nicht nur für Routinenausführungen, sondern auch für den Zugriff auf Attribute wie in *größe.attribut.* Der Versuch, auf ein Merkmal eines leeren Verweises zuzugreifen, ist der Haupttyp von Laufzeitfehlern, die bei der Eiffel-Programmierung vorkommen können; der Fehler wird vom unterliegenden Sprachsystem aufgefangen, das eine Ausnahme erzeugt (siehe Kapitel 7).

5.4.3 Ein Beispiel: Implementierung

Wir haben gesehen, wie die Klasse *PUNKT* von Kunden benutzt werden kann. Sehen wir uns jetzt an, wie die Klasse selbst geschrieben werden kann.

```
class PUNKT export
        x,y,verschieben,skalieren,abstand
feature
        x,y: REAL;
        skalieren(faktor: REAL) is
                        -- Skalieren um das Verhältnis faktor.
            do
                        x := faktor * x;
                        y := faktor * y
            end; -- skalieren
        verschieben(a,b: REAL) is
                        -- Bewege horizontal um a, vertikal um b.
            do
                        x := x + a;
                        y := y + b
            end; -- verschieben
        abstand(anderer: PUNKT): REAL is
                        -- Abstand zu anderer.
            do
                        Result := sqrt((x-other.x)^2 +(y-other(y))^2)
            end -- abstand
end -- class PUNKT
```

Diese Klasse zeigt viele grundlegende Eigenschaften von Klassen und ihren Merkmalen.

Die „export"-Klausel zählt die Merkmale auf, die für die Kunden verfügbar sind. Diese Klausel wird gebraucht, um eine klare Unterscheidung zwischen den internen Merkmalen, die nur für Darstellungszwecke benutzt werden, und den öffentlichen Merkmalen, die der Außenwelt angeboten werden, zu erzwingen; der Ursprung ist das Geheimnisprinzip. Das Vorkommen einer qualifizierten Merkmalbenutzung in einer Klasse *B* wie in

```
a1: A;
...
...a1.f...
```

ist nur legal, wenn *f* in der **export**-Klausel von *A* vorkommt. Das gilt sowohl für Attribute als auch für Routinen. In der einfachen Klasse *PUNKT* werden alle Merkmale exportiert, aber wir werden vielen Klassen begegnen, bei denen dies nicht der Fall ist. Export von Merkmalen und das Geheimnisprinzip werden genauer in Kapitel 9 behandelt.

Die Klasse *PUNKT* hat zwei Attribute: *x* und *y,* die den kartesischen Koordinaten eines Punktes entsprechen. Sie enthält außerdem drei Routinen: *skalieren, verschieben* und *abstand.* Eine Routine erkennt man an dem Vorhandensein einer Klausel **is...do...end,** die ihren Rumpf umfaßt. (Eine Variante, der aufgeschobene Rumpf, wird in Kapitel 10 eingeführt.) Eine Routine kann formale Argumente in Klammern haben wie die drei hier, aber das muß nicht sein.

Von diesen drei Routinen sind *skalieren* und *verschieben* Prozeduren; *abstand* ist eine Funktion, denn sie ist mit einem Ergebnistyp deklariert, der als *: REAL* hinter der Argumentliste auftritt. Eine Funktion ohne Argumente kann wie folgt deklariert werden (in der obigen Klasse):

```
abstand_zum_ursprung: REAL is
                -- Abstand zum Punkt (0,0)
        do
                Result := sqrt(x^2 + y^2)
        end -- abstand_zum_ursprung
```

Man beachte, daß eine solche Deklaration wie die Deklaration eines Attributs beginnt; nur durch das **is** und das darauf folgende wird *abstand_zum_ursprung* zur Funktion.

Der Rumpf der Routine ist eine Folge von Anweisungen, die durch Semikolon voneinander getrennt sind und eingeschlossen sind von den Schlüsselwörtern **do** und **end.** Es gibt nur wenige Anweisungsarten in Eiffel; in dieser Klasse benutzen wir nur eine, die Zuweisung, die uns schon oben begegnet war. Eine Zuweisung hat die Form

```
Größe := Ausdruck
```

Im Rumpf von Funktionen wie *abstand* oder *abstand_zum_ursprung* bezeichnet der besondere Größename *Result* das Ergebnis der Funktion.

Beim Eintritt in die Funktion wird *Result* entsprechend den Standard-Regeln von Eiffel initialisiert (siehe Bild 5.8). Damit wäre das folgende eine korrekte Implementierung einer (nicht besonders interessanten) Routine, die ermittelt, ob eine Ganzzahl positiv ist:

```
positiv (n: INTEGER): BOOLEAN is
                -- Ist n positiv?
        do
            if n > 0 then
                Result := true
            end
        end -- positiv
```

(Man bedenke, daß Boolesche Werte mit false initialisiert werden.)

Das Vorhandensein einer Funktion *sqrt* zur Berechnung der Quadratwurzel in der Klasse *PUNKT* setzt voraus, daß diese Funktion sauber auf die Klasse anwendbar gemacht wird. Sie kann entweder als externe Routine (8.3) deklariert oder von einer Vielzweck-Bibliotheksklasse (14.4.5) geerbt werden.

5.4.4 Lokale Variable

Die Implementierung von *abstand_zum_ursprung* hätte auch die allgemeinere Funktion *abstand* benutzen können:

```
abstand_zum_ursprung: REAL is
                    -- Abstand zum Punkt (0,0)
      local
            ursprung: PUNKT
      do
            ursprung.Create;
            Result := abstand(ursprung)
      end -- abstand_zum_ursprung
```

Man beachte, wie eine Routine der Klasse (hier *abstand_zum_ursprung*) sich für ihre Implementierung auf eine andere (hier *abstand*) beziehen kann; in diesem Fall ist der Aufruf nicht qualifiziert.

Diese Version der Funktion führt das Konzept der lokalen Variable ein: Die optionale Klausel **local** am Anfang des Routinenrumpfes enthält alle lokalen Größen, die für alle von der Routine durchzuführenden Verarbeitungen nützlich sein könnten. Man beachte, daß *ursprung.Create* ausreicht zur Erzeugung eines Objekts, das den Ursprung repräsentiert: Wegen der Initialisierungsregeln sind *ursprung.x* und *ursprung.y* nach *Create* beide Null.

Eine lokale Variable ist nur innerhalb derjenigen Routine verfügbar, zu der sie gehört. Sie wird am Anfang jeder Ausführung der Routine entsprechend den Standard-Initialisierungsregeln erneut initialisiert. Also wird *ursprung* jedesmal, wenn *abstand_zum_ursprung* aufgerufen wird, als leerer Verweis initialisiert; damit ist *Create* notwendig, um *ursprung* mit einem Exemplar von *PUNKT* zu verbinden, das (0,0) repräsentiert.

Diese Implementierung ist ziemlich ineffizient: Bei jedem Aufruf von *abstand_zum_ursprung* wird ein neues, den Ursprung repräsentierendes Objekt erzeugt. Was man wirklich braucht, um diese Version von *abstand_zum_ursprung* praktisch brauchbar zu machen, ist ein Weg zur Verbindung von *ursprung* mit einem einzigen Objekt, das von allen Aufrufen der Funktion gemeinsam genutzt wird. Im Kapitel 13 wird gezeigt werden, wie man das macht.

5.4.5 Eine präzise Definition von Größen

Das einzige bisherige Beispiel von Größen sind Attribute. Wir sind jetzt soweit, die vollständige Definition zu geben. Größen umfassen das folgende:

Definition

(Größen): Alles folgende sind Größen:

1. Ein Klassenattribut
2. Eine lokale Variable in einer Routine
3. Ein formales Argument einer Routine
4. Der das Ergebnis einer Funktion wiedergebende Bezeichner, ausgedrückt durch die vordefinierte Größe *Result*.

5.4.6 Vordefinierte Routinen

Zusätzlich zu den in einer Klasse definierten Routinen sind einige Routinen vordefiniert und können auf alle Klassen angewandt werden. Das bedeutet natürlich, daß die entsprechenden Namen reservierte Wörter sind und nicht für Programmierer-definierte Routinen verwendet werden dürfen. Es gibt fünf vordefinierte Routinen: *Create, Forget, Void, Clone* und *Equal.*

Create, Forget und *Void* wurden bereits erwähnt. Genaueres zu Create findet sich im nächsten Abschnitt.

Die Prozedur *Clone* dupliziert Objekte. Der Aufruf

a.Clone(b)

erzeugt ein Objekt, das mit dem *b* zugeordneten Objekt identisch ist, und ordnet es *a* zu, oder *a* wird leer, wenn *b* leer ist. Die Größen *a* und *b* müssen vom selben Klassentyp deklariert sein. Die Ausführung einer *Clone*-Operation ist der zweite Weg zur Erzeugung eines Objekts; der erste Weg ist die Ausführung eines *Create,* und weitere Wege gibt es nicht.

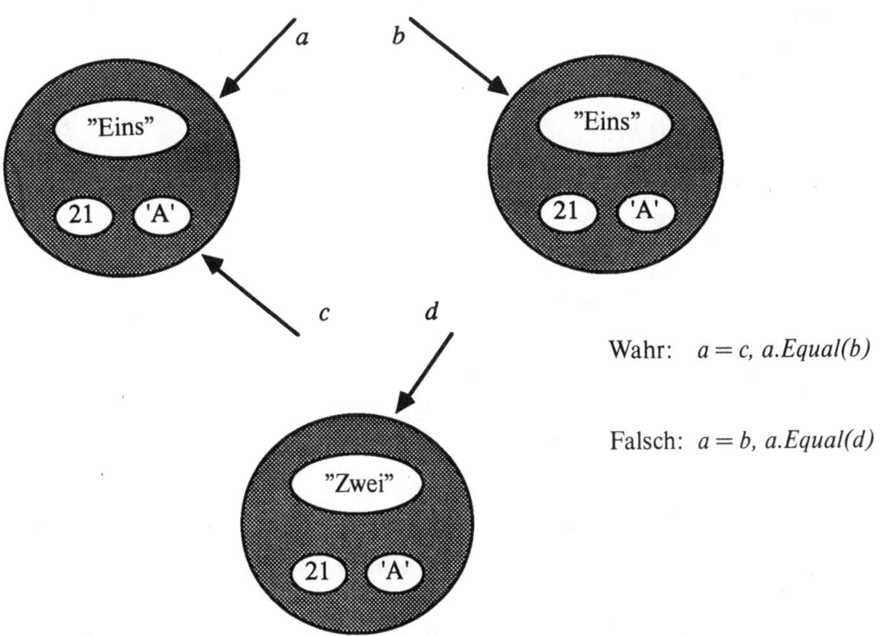

Abb. 5.10 Verweis- und Wertgleichheit

Equal vergleicht Objekte. Wenn *a* und *b* zwei Größen vom gleichen Typ sind, dann ist

a.Equal(b)

genau dann wahr, wenn die mit *a* und *b* verbundenen Verweise entweder beide leer sind oder auf Objekte verweisen, die Komponente für Komponente gleich sind. Man beachte, daß dies ein Gleichheitstest zwischen Objekten ist im Gegensatz zum Gleichheitstest zwischen Verweisen, der $a = b$ geschrieben wird. Wenn $a = b$ gilt, dann gilt auch *a.Equal(b),* aber das umgekehrte ist nicht notwendigerweise wahr, wie im vorseitigen Bild gezeigt.

5.4.7 Nicht-standardmäßiges Erzeugen

In den bisherigen Beispielen ergibt die Erzeugungsoperation jedesmal, wenn sie für irgendeine Größe einer gegebenen Klasse aufgerufen wird, ein identisches Objekt. Das wird durch die Initialisierungsregeln gewährleistet: *p.Create* zum Beispiel – wobei *p* vom Typ *PUNKT* deklariert ist – erzeugt stets einen Punkt mit den Koordinaten Null und Null.

In manchen Fällen könnte man eine flexiblere Initialisierung gebrauchen. So könnte es Kunden erlaubt werden, bei der Punkterzeugung Initialwerte für die Koordinaten zu spezifizieren. Als Klassenentwerfer kann man solche besonderen Initialisierungen dadurch ermöglichen, daß man für die Klasse eine *Create*-Prozedur definiert. Eine Prozedur des Namens *Create* wird als besonders erkannt und für die Objektinitialisierung benutzt. Man könnte zum Beispiel in der Klasse *PUNKT* eine solche Prozedur hinzufügen:

```
class PUNKT export
        x, y, verschieben, skalieren, abstand
feature
        x, y: REAL;
        Create(a,b:REAL) is
                        -- Initialisiere den Punkt mit den
                        -- Koordinaten a und b
                do
                        x := a; y := b
                end; -- Create
        ... Übrige Merkmale wie vorher...
end -- class PUNKT
```

Wenn in einer Klasse eine solche Prozedur deklariert ist, dann können Kunden sie mit den geeigneten aktuellen Parametern aufrufen, wie in

```
p:PUNKT;
...
p.Create(34.6,-65.1)
```

Der Effekt eines solchen Aufrufs besteht in der Hintereinanderausführung der folgenden drei Operationen:

- Erzeuge ein Objekt der entsprechenden Klasse, die durch den Typ gegeben ist, von dem die Größe (im Beispiel *p*) deklariert ist.

- Initialisiere alle Komponenten des Objekts nach den Regeln aus Bild 5.8 mit den Standard-Initialisierungswerten, die zu ihren deklarierten Typen gehören.
- Führe die *Create* genannte Prozedur der Klasse mit den gegebenen aktuellen Parametern aus.

Wenn die Klasse keine besondere *Create*-Prozedur enthält, werden nur die ersten beiden Schritte ausgeführt.

5.5 Verweis- und Wertsemantik

Ein wichtiges Konzept, das klargestellt werden muß, ist der Unterschied zwischen der „Verweissemantik" und der „Wertsemantik" solcher Operationen wie Zuweisung und Gleichheitstest.

Das Problem tritt tatsächlich in jeder Sprache auf, die Pointer-Größen enthält (wie Pascal, Ada, Modula-2, C, Lisp, usw.), aber es ist in besonderem Maße brennend in einer objektorientierten Sprache wie Eiffel, in der alle nicht-einfachen Typen Pointer-Typen sind; in Eiffel wird außerdem durch die Syntax nicht explizit angezeigt, daß es Pointer sind, so daß man besonders vorsichtig sein muß. (Die genauere Begründung für die Eiffel-Konventionen wird in 5.8.4 gegeben.)

5.5.1 Die Bedeutung von Basisoperationen

Das Problem erscheint sehr einfach und mag in der folgenden Bemerkung zusammengefaßt werden:

Regeln der Verweissemantik:
Eine Zuweisung der Form $a := b$ ist eine **Wert**zuweisung, wenn *a* und *b* von einfachem Typ sind (integer, real, character, boolean); sie ist eine **Verweis**zuweisung – nicht eine Objektzuweisung –, wenn *a* und *b* von einem Klassentyp sind.

Analog ist ein Gleichheits- bzw. Ungleichheitstest $a = b$ oder $a /= b$ ein Wertevergleich zwischen Größen einfacher Typen; es ist ein Vergleich zwischen Verweisen auf Objekte (nicht ein Vergleich zwischen Objekten), wenn es sich um Größen von Klassentypen handelt.

Zuweisung von Objekten bedeutet hier komponentenweise Kopie eines Objekts auf ein anderes, wie es bei *Clone* durchgeführt wird; und Vergleich von Objekten bedeutet komponentenweiser Vergleich von Objekten, wie es bei *Equal* geschieht, was genau dann wahr ergibt, wenn jede Komponente des ersten Objekts gleich der entsprechenden Komponenten des zweiten ist. In Bild 5.10 zum Beispiel ergibt der Test $a = b$ falsch als Test der Verweise, aber wahr als Test der Objekte (weil die durch *a* und *b* bezeichneten Objekte komponentenweise identisch sind).

Wegen dieser Eigenschaft muß das Diagramm, das anzeigt, wie Verweise ihren Zustand ändern können, (Bild 5.7) um die Veränderungen ergänzt werden, die aus einer Zuweisung folgen können. Das vollständige Diagramm, das auch die *Clone*-Operation miteinbezieht, ist das folgende:

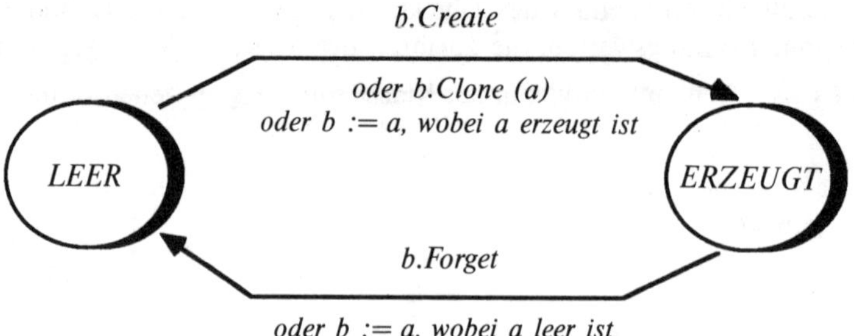

Bild 5.11 Zustände eines Verweises (verbessert)

5.5.2 Die Folgen gemeinsamer Nutzung

Der Unterschied zwischen den Interpretationen von :=, = und /= für einfache und Klassentypen ist wichtig, weil das zu verschiedenen semantischen Eigenschaften führt. Betrachten wir zum Beispiel das folgende Programmstück:

```
-- Hier gelte E(b)
a := b;
C(a)
-- Dann gilt auch hier noch E(b).
```

Wir nehmen hier an, daß *E(b)* eine bestimmte Eigenschaft von *b* ist und *C(a)* eine bestimmte Handlung auf *a*, von der *b* nicht betroffen ist. Ein Beispiel eines solchen Schemas unter ausschließlicher Benutzung von Ganzzahlen ist das folgende:

```
-- Hier gelte b >= 0
a := b;
a := -1
-- Dann gilt auch hier noch b >= 0
```

In einem solchen Fall, in dem nur Größen einfacher Typen beteiligt sind, ist die von den Kommentaren beschriebene Eigenschaft selbstverständlich erfüllt: Die Zuweisung *a :=b* bindet *b* nicht an *a*, sondern ändert einfach den Wert von *a* in denjenigen von *b;* weitere Operationen auf *a* betreffen *b* nicht.

Diese Eigenschaft verliert jedoch ihre Gültigkeit, wenn es sich um Größen von Klassentypen handelt. Seien *a* und *b* vom Klassentyp *C* deklariert, und *C* habe ein Boolesches Attribut *x*. *C* hat außerdem eine zugehörige Routine

mache_x_falsch **is do** *x* := **false end**

Dann verletzt das folgende Exemplar des obigen Schemas die allgemeine Eigenschaft:

```
-- Hier sei b nicht leer und b.x sei wahr
a := b;
a.mache_x_falsch
-- Dann ist hier b.x falsch
```

Das Problem besteht darin, daß in diesem Fall die Zuweisung *a* := *b* eine dauerhafte Bindung zwischen *a* und *b* bewirkt: Bis zu einer weiteren Zuweisung verweisen beide auf dasselbe Objekt. Die Situation kann wie folgt veranschaulicht werden:

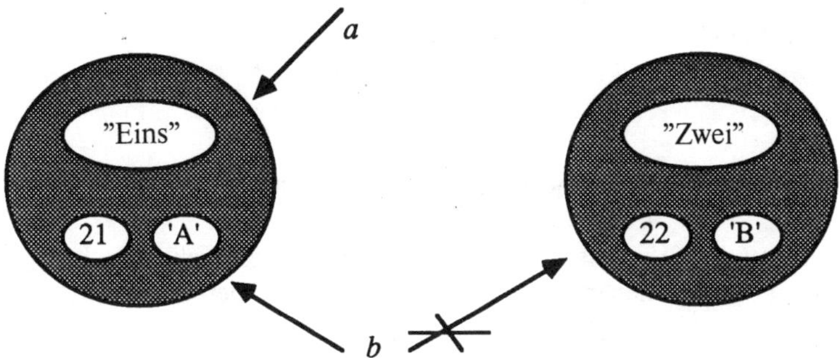

Bild 5.12 Effekt einer Verweiszuweisung

Die Eigenschaften von Zuweisung und Gleichheitstest sind also für einfache und Klassentypen verschieden:

- Die Interpretation für einfache Typen wird Wertsemantik genannt: Zuweisung und Vergleich beziehen sich auf Werte. Man könnte bei der Zuweisung auch von „Kopiersemantik" sprechen: Nach *a* := *b* enthält *a* eine Kopie des Wertes von *b*, die ihrerseits jede Verbindung zu *b* verloren hat.
- Die Interpretation für Klassentypen wird Verweissemantik genannt: Hier beziehen sich die Operationen auf Verweise und können deshalb zwei Größen binden. Weil zwei gleiche Verweise auf dasselbe Objekt zeigen, kann eine Operation auf einem der beiden Verweise über das gemeinsam genutzte Objekt die Eigenschaften der anderen berühren.

5.5.3 Mehrfachbenennung (Aliasing) und komplexe Datenstrukturen

Die Verweissemantik bringt etwas mit sich, was gewöhnlich **dynamische Mehrfachbenennung** genannt wird: Ein einziges Objekt kann über zwei verschiedene Namen angesprochen werden; „dynamisch" deshalb, weil die Mehrfachbenennung zur Laufzeit auftritt. (Ein Beispiel statischer Mehrfachbenennung ist die berüchtigte Fortran-*EQUIVALENCE*-Anweisung, die vorschreibt, daß zwei oder mehr Variablen sich den gleichen Speicherplatz teilen müssen.)

Dynamische Mehrfachbenennung ist aus den oben erwähnten Gründen eine gefährliche Einrichtung: Nachdem man *a* und *b* auf dasselbe Objekt verweisen ließ, kann eine Operation die Eigenschaften des mit *b* verbundenen Objekts ändern, obwohl *b* im Text der Operation nicht vorkommt (sondern nur *a*). Das ist eines der Probleme, die in jeder Sprache das Programmieren mit Verweisen knifflig machen.

Es geht aber nicht ohne Verweise, sobald nicht-triviale Datenstrukturen eine Rolle spielen. Verweise werden für verkettete Darstellungen gebraucht, insbesondere für viele der besten Repräsentationen von Listen, Schlangen, Bäumen, zyklischen Strukturen, usw.

Objektorientierte Sprachen, die in besonderem Maße zur Behandlung komplexer Datenstrukturen geeignet sind, müssen Verweise unterstützen. Die Entscheidung, die Verweissemantik als Basis für die Semantik nicht-einfacher Typen zu benutzen, wurde aus Gründen der Einfachheit und Einheitlichkeit gefällt.

5.5.4 Wertsemantik für nicht-einfache Typen

Obwohl :=, = und /= Verweisoperationen für Größen von nichteinfachem Typ bezeichnen, sind auch Operationen mit Wertsemantik für diese Typen verfügbar: Die Anweisung

a.Clone(b)

entspricht einer Wertezuweisung, die vom durch *b* referenzierten Objekt (falls vorhanden) eine komponentenweise Kopie anfertigt und diese mit *a* verbindet. Analog gibt es den (komponentenweisen) Vergleich von Objekten in der Form

a.Equal(b)

Diese Operationen implementieren eine sogenannte **flache Kopie** bzw. einen **flachen Gleichheitstest;** das bedeutet, daß die auf jeder Komponente der betroffenen Objekte ausgeführten Operationen Verweiszuweisungen oder -vergleiche sind und nicht rekursive *Clone*- oder *Equal*-Operationen.

Als Veranschaulichung betrachte man das Bild rechts. Wenn man mit der Situation (1) beginnt, in der nur die drei ersten Objekte von links existieren, ist der Effekt von *a.Clone(b)* (2). Eine andere Interpretation, die **tiefe Kopiersemantik** genannt werden könnte, würde zu (3) führen, was als für das Kopieren zwischen komplexen Datenstrukturen geeigneteres Konzept erscheinen mag.

Analog vergleicht *Equal* Objekte komponentenweise: Verweiskomponenten werden mit = verglichen ohne Versuch, *Equal* rekursiv anzuwenden. Deshalb liefert *a.Equal(b)* dann wahr, wenn *b* wie (2) aussieht, liefert aber falsch, wenn b wie (3) aussieht, obwohl die Datenstruktur von (3) konzeptionell eine bessere Kopie von (1) zu sein scheint.

Tiefe Zuweisungs- oder Vergleichsoperationen können für jede Klasse als (rekursive) Prozeduren definiert werden; solche Operationen sind nicht als Sprach-Primitiven definiert, weil es schwierig ist, eine einzige Interpretation zu geben, die auf alle Datenstrukturen, insbesondere die zyklischen, zutrifft.

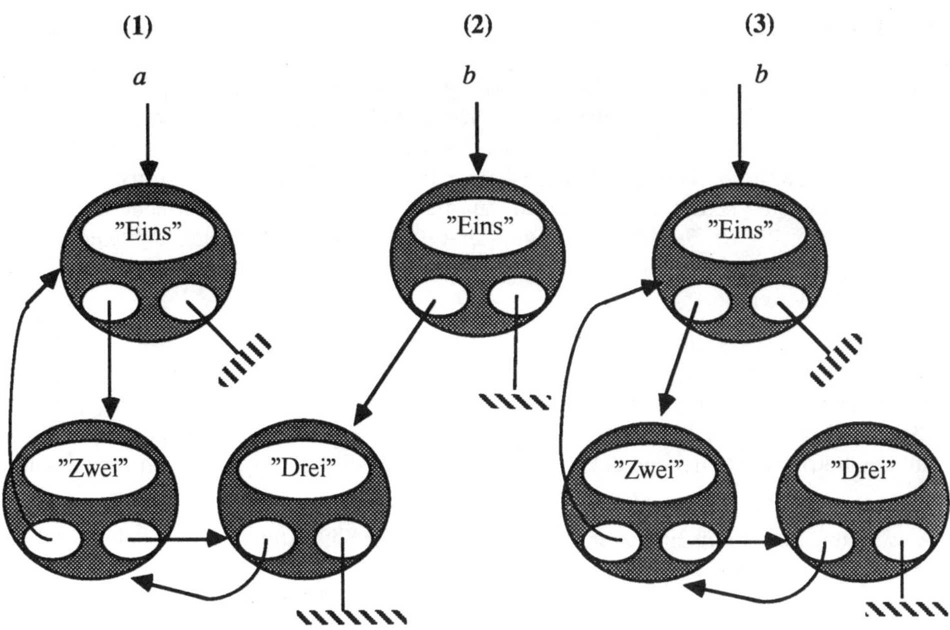

Bild 5.13 Tiefe und flache Kopie

5.6 Von Klassen zu Systemen

Der mit eher klassischen Programmiersprachen vertraute Leser mag bisher ein wenig verwirrt sein: Wir haben die Struktur einzelner Klassen dargelegt, haben aber noch nicht über ein „Hauptprogramm" im klassischen Sinn geredet. Darüberhinaus haben wir bisher keinen Anhaltspunkt dafür gegeben, wie das ganze zur Ausführungszeit eigentlich losgeht.

Jedes Objekt ist Exemplar einer Klasse; um existent zu werden, muß das Objekt mit einer Größe verbunden werden, zum Beispiel einem Attribut *a;* eine Anweisung

a.Create

muß ausgeführt werden. Aber auch *a* selbst muß in irgendeiner Klasse *C* deklariert werden; die *Create*-Anweisung muß von irgendeiner Routine *r* aus *C* ausgeführt werden. Jetzt repräsentiert *a* eine Komponente des aktuellen Exemplars von *C,* also muß **irgendjemand** ein Exemplar von *C* erzeugt und *r* darauf angewandt haben; aber „irgendjemand" ist selbst wieder eine Routine in bezug auf ein Objekt, also wer hat dann dieses Objekt zuerst erzeugt? Wie in dem alten Lied (das Kitz wurde von der Katze gefressen, die Katze wurde vom Hund gebissen, der Hund wurde vom Stock geschlagen, ...) können wir das Ende der Kette nicht sehen.

5.6.1 Systeme

Das Nichtvorhandensein des Begriffs Hauptprogramm und jedes Strukturierungsmechanismus auf einer Ebene oberhalb der Klasse ist ein wesentliches Element der Softwareentwurfsphilosophie von Eiffel. Wie in Kapitel 4 erörtert, ist es unter Berücksichtigung von Erweiterbarkeit und Wiederverwendbarkeit ein Fehler, den Entwurf eines Systems um seine Hauptfunktion herum zu organisieren, wie sich das in einem Hauptprogramm ausdrückt. Stattdessen betont der Eiffel-Ansatz die Entwicklung wiederverwendbarer Softwarebausteine, die als Implementierungen abstrakter Datentypen - Klassen - gebaut werden.

Der Prozeß des Zusammenfügens eines Bündels von Klassen unter dem Blickwinkel der Ausführung des Ergebnisses wird **Montage** genannt und ist der letzte Schritt im Softwareentwurfsprozeß. Das Ergebnis einer solchen Montage autonomer Klassen heißt **System.** Das Konzept System ist nicht eigentlich ein Sprachkonzept; Systeme sind nur auf der Betriebssystemebene bekannt und sind mit ausführbaren Prozessen verbunden.

Man beachte, daß man Eiffel benutzen kann, ohne Systeme zu bauen. Eine wichtige Anwendung besteht im Erzeugen von **Bibliotheken** für Softwarebausteine (siehe Kapitel 15). In einem solchen Fall braucht man keinen „Anfang"; das Programmieren besteht in der Entwicklung von Modulsammlungen. Ein System wird nur dann erzeugt, wenn man einen einzeln ausführbaren Prozeß braucht.

5.6.2 Montage eines Systems

Ein System ist durch eine **Wurzel** gekennzeichnet; Wurzel ist der Name einer Klasse. Die Ausführung des Systems besteht in der Erzeugung eines Exemplars der Wurzelklasse und der Ausführung ihrer *Create*-Prozedur; normalerweise erzeugt diese Prozedur direkt oder indirekt andere Objekte und führt andere Prozeduren aus. Die *Create*-Prozedur einer als Wurzel agierenden Klasse ist also ähnlich einem Test- oder Demonstrationsrahmen. Wie alle anderen Prozeduren kann *Create* formale Argumente haben; entsprechende aktuelle Werte müssen bei der Systemausführung bereitgestellt werden. Da das System von außerhalb von Eiffel aufgerufen wird (mithilfe der Kommandosprache des Betriebssystems), müssen alle Argumente des Wurzel-*Create* von einfachem oder Zeichenketten-Typ sein.

5.6.3 Die Systembeschreibungsdatei

Um den Systembegriff zu veranschaulichen, ist es nützlich zu erklären, wie ein System tatsächlich montiert und in der Unix-Implementierung von Eiffel ausgeführt wird. Das Montagekommando heißt **es** (Eiffel-System). Dieses Kommando braucht eine „Systembeschreibungsdatei" SDF (System Description File); diese Datei ist standardmäßig die Datei namens *.eiffel* im aktuellen Ordner. Wenn keine SDF vorhanden ist, generiert das Kommando ein SDF-Skelett, in dem der Programmierer lediglich diejenigen Werte zu ändern hat, die vom Standard abweichen.

Eine SDF beginnt mit:

ROOT: *Name der Wurzelklasse (Kleinbuchstaben)*
SOURCE: *Liste der Quellordner*
EXTERNAL: *Liste der externen Dateien*
... weitere Zeilen mit Compiler-Optionen ...

In der ersten Zeile steht der Name der Wurzelklasse. In der zweiten steht eine Liste derjenigen Ordner (ein Unix-Ordner ist ein Knoten im hierarchischen Dateisystem), in denen der Eiffel-Montageprozeß Klassen finden kann, die direkt oder indirekt von der Wurzelklasse benötigt werden (wie zum Beispiel seine direkten und indirekten Lieferanten, aber auch seine Vorfahren, wie wir in folgenden Kapiteln sehen werden). Analog werden in der dritten Zeile die Dateien externer (Nicht-Eiffel) Routinen und Bibliotheken aufgeführt.

Wenn das Kommando **es** ausgeführt wird, übersetzt es die Wurzel und alle benötigten Klassen. (Es werden in Wirklichkeit nur diejenigen Klassen übersetzt, die seit der letzten **es**-Ausführung wesentlich geändert wurden: siehe Kapitel 15.) Die Ergebnisse dieser Übersetzungen werden dann zu einem ausführbaren Programm unter dem Namen *wurzel* gebunden, wobei *wurzel* für den Namen der Wurzelklasse steht (in Kleinbuchstaben). Dieses Programm kann mit dem Kommando

$wurzel\ arg_1\ arg_2 \ldots arg_n$

ausgeführt werden, wobei die arg_i Werte sind, die in Anzahl und Typ den formalen Argumenten der *Create*-Prozedur aus der Wurzelklasse entsprechen.

Es ist wichtig zu erwähnen, daß Klassen völlig unabhängig bleiben von dem System oder - häufiger - den Systemen, in denen sie agieren.

5.6.4 Ihren Namen drucken

Wiederverwendbare Softwarebausteine sind etwas Großartiges, aber manchmal will man nur eine ganz einfache Aufgabe erledigen wie den Druck einer Zeichenkette. Sie mögen sich gefragt haben, wie man ein „Programm" dafür schreiben kann. Nachdem wir das Konzept des Systems eingeführt haben, können wir diese brennende Frage beantworten. (Ich habe bemerkt, daß manche Menschen über die ganze Vorgehensweise unruhig werden, bis sie gesehen haben, wie man das macht; deshalb diese kleine Abschweifung.) Betrachten wir die Klasse

```
class EINFACH feature
    Create is
        local
            io: STD_FILES
        do
            io.Create;
            io.output.putstring_nl("Hallo Susanne!")
        end
end -- class EINFACH
```

EINFACH benutzt die Bibliotheksklasse *STD_FILES*. Zu den in *STD_FILES* definierten Größen gehört *output* vom Typ *FILE*, der die Standardausgabedatei beschreibt; zu den auf einer Datei möglichen Operationen gehört *putstring_nl* (schreibe eine Zeichenkette, gefolgt von einer neuen Zeile). *FILE* und *STD_FILES* sind Bibliotheksklassen und werden in Anhang E beschrieben[1].

Um ein System zu erhalten, das die angegebene Zeichenkette ausgibt, muß folgendes getan werden:

1. • Schreibe den obigen Klassentext in eine Datei namens *einfach.e* in irgendeinem Ordner.
2. • Rufe in diesem Ordner **es** auf.
3. • Sie werden aufgefordert, eine Systembeschreibungsdatei zu edieren, die automatisch aus einer Schablone generiert wurde; füge die ROOT-Zeile mit dem Namen *einfach* ein (in Kleinbuchstaben) und prüfe, ob die SOURCE-Zeile den Ordner aufführt, der die Eiffel-Bibliothek enthält, damit *STD_FILES* und *FILE* gefunden werden. Das sollte eigentlich kein Problem sein, weil der Bibliotheksordner standardmäßig in der SDF-Schablone enthalten ist.
4. • Verlasse den Editor; **es** übersetzt das System und erzeugt eine ausführbare Datei namens *einfach*.
5. • Führe das Ergebnis aus, indem Du einfach *einfach* eingibst. Das wird dann auf Deinem Terminal die Meldung

   Hallo Susanne!

   ausgeben.

5.6.5 Das globale Bild

Mit der obigen Erörterung von Systemen haben wir jetzt ein vollständiges Bild. Insbesondere wissen wir genau, was eine Operation auf einer in einem Eiffel-Text vorkommenden Größe repräsentiert.

Nehmen wir an, die Operation *a.f* (eventuell mit Argumenten) wird ausgeführt. Dieser Aufruf steht in der Routine *r* der Klasse *C; a* ist ein Attribut dieser Klasse. Wie wird dieser Aufruf jemals ausgeführt? Spielen wir also den objektorientierten Sherlock Holmes und folgen wir der Spur dieses Aufrufs.

Die *Create*-Prozedur der Systemwurzel muß (entweder selbst oder durch eine direkt oder indirekt aufgerufene Routine) eine Operation *x.Create* (...) durchgeführt haben, wobei *x* eine Größe vom Typ *C* ist, und später eine Operation *x.r* (...) oder eventuell *y.r* (...) nach einer Zuweisung *y* :=*x*. Das *Create* hat ein Exemplar von *C* erzeugt; dann führt der Aufruf *a.f* – als Teil der Ausführung von *x.r* oder *y.r* – zur Anwendung der Operation *f* auf die Komponente *a* dieses Exemplars.

---

[1] Die übliche Weise, von *EINFACH* aus *STD_FILES* zu benutzen, wäre die, diese Klasse zu beerben. Dann wäre die lokale Variable *io* überflüssig; der Rumpf von *Create* hieße dann einfach *output.putstring_nl("Hallo Susanne!")*. Vererbung wird in Kapitel 10 behandelt.

Es gibt also eine Möglichkeit, die Kette der Ereignisse zu beginnen, die zur Ausführung einer bestimmten Operation führt. Andererseits kann man die Kette normalerweise nicht aus dem Text einer einzigen Klasse ableiten. Das ist typisch für die stark dezentralisierte Natur objektorientierten Programmierens. Das Hauptgewicht liegt nicht auf „der" Ausführung „des" Programms wie zum Beispiel bei der Pascal-Programmierung, sondern eher auf den Diensten, die von einer Klassenmenge geboten werden, was sich in den Klassenmerkmalen ausdrückt. Die *Reihenfolge,* in der während der Ausführung eines aus diesen Klassen gebauten bestimmten Systems Dienste verlangt werden, ist ein zweitrangiges Problem.

Hier sind wir am Herzen der objektorientierten Methode. *Selbst wenn man die Ausführungsreihenfolge kennt,* schreibt die Methode vor, daß keine ernsthafte Entwurfsentscheidung sich darauf gründen sollte. Der Hauptgrund - in Kapitel 4 erörtert - ist die Flexibilität: während die Hinzufügung oder Änderung einzelner Dienste in einer dezentralisierten Struktur verhältnismäßig einfach ist, leidet eine Systemzerlegung, die auf der Reihenfolge der Operationsausführungen basiert, ganz beträchtlich unter jeder Änderung der externen Spezifikationen.

Dieses Herunterspielen der Bedeutung von Reihenfolgen unterscheidet den objektorientierten Entwurf von einigen bekannten Softwareentwurfsmethoden wie Datenfluß-orientierte Techniken oder Jacksons JSD (siehe Literaturhinweise zu Kapitel 4). Im Gegensatz zu diesen verwirklicht der objektorientierte Entwurf das, was in Kapitel 4 der „Einkaufszettel"-Ansatz genannt wurde: Eine Klasse ist ein Bündel von Merkmalen, die alle darauf warten, von den Kunden gegriffen zu werden, ohne irgendwelche Einschränkungen in Hinblick auf die Benutzungsreihenfolge. Die stärker Reihenfolge-bezogenen Methoden mögen manchmal schneller zu einem funktionierenden Programm führen, weil der erste Entwurf weniger Freiheitsgrade läßt. Aber sie bringen das große Risiko mit sich, daß Änderungen in den Reihenfolgevorschriften zu umfangreichem Neuentwurf führen.

5.7 Klassen und Objekte

An diesem Punkt der Diskussion ist es wichtig, noch einmal eine Unterscheidung zu betonen, die erfahrungsgemäß vielen Neulingen Verwirrung bringt: die Unterscheidung zwischen Klassen und Objekten.

Tatsächlich ist die Frage ganz einfach: Eine Klasse ist ein Typ; ein Objekt ist ein Exemplar dieses Typs. Weiterhin ist Klasse ein **statisches** Konzept: Eine Klasse ist ein erkennbares Element eines Programmtextes. Im Gegensatz dazu ist Objekt ein gänzlich **dynamisches** Konzept, das nicht zum Programmtext, sondern zum Speicher des Rechners gehört, wo Objekte zur Laufzeit einen gewissen Platz einnehmen, sobald sie als Ergebnis der Operationen *Create* oder *Clone* erzeugt wurden.

Umgekehrt brauchen Klassen zur Laufzeit nicht zu existieren.

Natürlich *können* Klassen zur Laufzeit erhalten werden, zum Beispiel in einer interpretativen Implementierung. Aber das ist lediglich eine Implementierungs-Option. Konzeptionell werden Klassen während der Ausführung nicht benötigt.

Die Unterscheidung ist die gleiche wie die zwischen einem Programm und seinen möglichen Ausführungen, zwischen einem Typ und den Werten des Typs, oder allgemeiner zwischen einem Muster und seinen Exemplaren. Eigentlich sollte keine Verwechslungsgefahr bestehen. Das Problem kommt unter anderem daher, daß die Entwerfer von Smalltalk im Streben nach Allgemeingültigkeit darauf bestanden, alles, auch Klassen, als Objekte zu behandeln. Die beiden Herangehensweisen werden im folgenden weiter verglichen werden.

5.8 Erörterung

Zum Abschluß dieses Kapitels wollen wir (wie in den meisten folgenden Kapiteln, in denen die Eiffel-Begriffe verwendet werden) die Gründe untersuchen, die zu einigen Entscheidungen im Entwurf der Sprache geführt haben, und einige alternative Pfade untersuchen. (Dieser Abschnitt kann beim ersten Lesen übergangen werden.)

5.8.1 Form von Deklarationen

Zunächst untersuchen wir den eher äußerlichen Aspekt, die Syntax. Ein beachtenswerter Punkt ist die Schreibweise für Merkmal-Deklarationen. Bei Routinen gibt es keines der Schlüsselwörter **procedure** oder **function,** wie sie in anderen Sprachen vorkommen; die Form eines Merkmals bestimmt, ob es sich um ein Attribut, eine Prozedur oder eine Funktion handelt. Der Anfang einer Merkmal-Deklaration ist einfach der Merkmalsname, wie

f...

Hat man das gelesen, muß man weiterhin alle Möglichkeiten offenhalten. Wenn danach eine Argumenteliste folgt, wie in

f(a1:A;b1:B;...)...

dann weiß man, daß *f* eine Routine ist; immer noch kann es entweder eine Funktion oder eine Prozedur sein. Danach könnte ein Typ kommen:

f:T...
g(a1:A;b1:B;...):T...

Im ersten Beispiel kann *f* immer noch entweder ein Attribut oder eine Argument-lose Funktion sein; im zweiten Fall jedoch gibt es keinen Zweifel mehr, denn *g* kann nur eine Funktion sein. Zurück zu *f:* Die Mehrdeutigkeit wird aufgelöst durch das, was nach dem Typ *T* kommt: Wenn nichts folgt, ist *f* ein Attribut; in

```
f:T is
        --...
    do...end
```

ist *f* eine Funktion. In Kapitel 13 wird noch eine andere Variante eingeführt:

f:*T* **is** *value*

Dabei ist *f* ein Konstanten-Attribut.

Die Syntax ist daraufhin entworfen, daß die verschiedenen Merkmalsarten leicht erkannt werden, ohne überflüssige Unterschiede zu machen.

5.8.2 Attribute und Funktionen

Die Gruppierung von Attributen und Routinen unter der gleichen Kategorie „Merkmale" und die Ähnlichkeit ihrer Deklarationsformen sind Absicht. Sie sind eine unmittelbare Anwendung des Grundsatzes des einheitlichen Zugriffs (2.1.4). Der Grundsatz sagt, daß Kunden eines Moduls alle vom Modul bereitgestellten Dienste auf gleiche Weise benutzen können sollten, unabhängig davon, ob dieser Dienst durch einen Speicherplatz oder durch eine Berechnung implementiert ist. Hier sind die Dienste die Merkmale der Klasse; wichtig für Kunden ist die Verfügbarkeit bestimmter Merkmale und deren Eigenschaften. Ob ein gegebenes Merkmal durch das Abspeichern geeigneter Daten oder durch eine Ergebnisberechnung auf Anforderung implementiert ist, ist funktionell irrelevant. Wenn ich zum Beispiel schreibe:

Alfred.alter

dann ist die einzig wichtige Information die mit *alter* gelieferte Ganzzahl, das Alter, das mit der Repräsentation einer *PERSON1* verbunden ist, die über den Verweis *Alfred* zugreifbar ist. Intern kann *alter* entweder ein Attribut sein, das mit jedem Objekt gespeichert ist, oder eine Funktion, die berechnet wird, indem die Differenz zwischen dem aktuellen Jahr und dem Attribut *geburtsjahr* ermittelt wird. Aber der Kunde braucht nicht zu wissen, welche Lösung vom Entwerfer der Klasse *PERSON1* gewählt worden war.

Diese Schreibweise des *Zugriffs* auf ein Attribut ist die gleiche wie die des Zugriffs auf eine Routine, und die Schreibweisen zur *Deklaration* dieser beiden Merkmalsarten sind so ähnlich wie konzeptionell möglich. Wenn dann der Programmierer eine Implementierungsentscheidung verändert (Implementierung eines Merkmals, das anfangs ein Attribut war, als Funktion oder umgekehrt), sind Kunden nicht betroffen; ihre Texte müssen nicht verändert und in der Eiffel-Umgebung (Kapitel 15) auch nicht neu kompiliert werden.

In diesem Zusammenhang spiegelt die oben angegebene Merkmalsklassifikation (siehe Bild 5.9), die zwischen Attributen und Routinen und bei diesen zwischen Prozeduren und Funktionen unterscheidet, den Blickwinkel des Modulimplementierers wider, sie ist jedoch nicht die aus dem Blickwinkel des Kunden bestgeeignete. Die den Blickwinkel des Kunden widerspiegelnde funktionale Klassifikation ist die folgende:

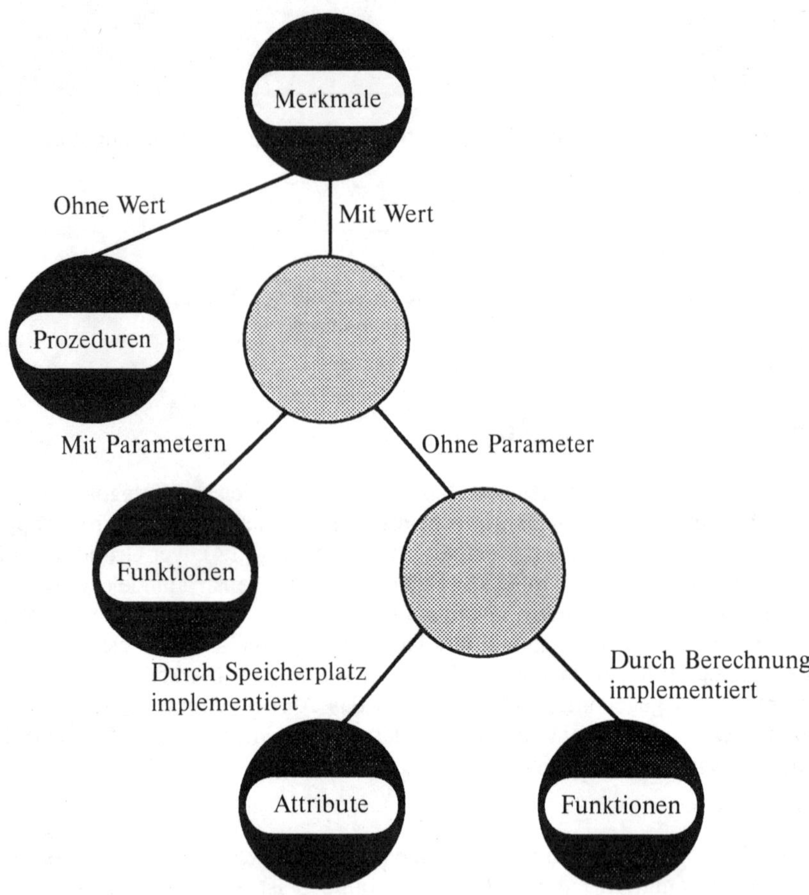

Bild 5.14 Merkmalsklassifikation (aus der Sicht von Kunden)

Wie wir in Kapitel 11 sehen werden, wird der Grundsatz des einheitlichen Zugriffs weiterhin dazu benutzt, beim Vererbungsmechanismus die **Redefinition** einer Argument-losen Funktion durch ein Attribut zu erlauben.

Dieser Zugang unterscheidet sich von den Konventionen in vielen anderen objektorientierten Sprachen. In Smalltalk werden zum Beispiel Routinen („methods" genannt) und Attribute („instance variables" genannt) unterschiedlich behandelt. Nur Routinen dürfen an Kunden exportiert werden; Attribute sind in bezug auf eine Klasse lokal. Das gleiche gilt für C++ und Objective-C.

Weitere Erörterungen dieser und anderer Probleme des Geheimnisprinzips finden sich in Kapitel 9, wo auch Genaueres über die Export-Klausel gesagt wird.

5.8.3 Verweise und einfache Werte

Ebenso syntaktisch ist das Problem, ob mit Verweis- und mit einfachen Werten unterschiedlich umgegangen werden soll. Wie oben erwähnt (5.5), haben Zuweisung und Gleichheitstest in diesen beiden Fällen unterschiedliche Bedeutungen. Und doch werden die gleichen Symbole benutzt: :=, =, /=, unabhängig davon, ob ihre Operanden von einfachem oder Klassentyp sind. Wäre es nicht vorzuziehen, unterschiedliche Symbolmengen zu benutzen, um den Programmleser daran zu erinnern, daß die Bedeutungen verschieden sind?

Das ist tatsächlich die in Simula 67 gewählte Lösung. Die Simula-Lösung für die Deklaration einer Größe vom Klassentyp C ist (wobei die Schreibweise und Begrifflichkeit dieser Sprache ein wenig Eiffel angepaßt wurde):

x: **ref** *C*

wobei das Schlüsselwort **ref** den Leser daran erinnert, daß Exemplare von *x* Verweise sein werden. Unter der Voraussetzung der Deklarationen

m,n: INTEGER
x,y: **ref** *C;*

werden für die Operationen auf einfachen und auf Klassentypen unterschiedliche Schreibweisen wie folgt verwendet:

Operation	Einfache Operanden	Verweisoperanden
Zuweisung	*m* := *n*	*x* :- *y*
Gleichheitstest	*m* = *n*	*x* == *y*
Ungleichheitstest	*m* /= *n*	*x* =/= *y*

(Man beachte bitte, daß diese Schreibweisen an Eiffel angepaßt sind; die genauen Simula-Schreibweisen werden in Kapitel 20 beschrieben.)

Die Entscheidung, eine solche doppelte Menge von Schreibweisen in Eiffel nicht vorzusehen, rührt von meinen ziemlich negativen Erfahrungen mit den - anscheinend lobenswerten - Konventionen von Simula her. Es stellt sich heraus, daß die Unterscheidung zwischen zwei Schreibweisen mehr Ärgernis als Hilfe ist. In der Praxis neigt man dazu, syntaktische Flüchtigkeitsfehler zu machen wie zum Beispiel := statt :- zu schreiben. Solche Fehler werden vom Compiler entdeckt. Aber obwohl Compiler-prüfbare Einschränkungen in Programmiersprachen als Hilfe für Programmierer gemeint sind, helfen die Prüfungen hier überhaupt nicht: Entweder kennt man den Unterschied zwischen Verweis- und Wertsemantik, dann ist die Pflicht, jedesmal, wenn man eine Zuweisung oder einen Vergleich schreibt, das erneut zu zeigen, ziemlich ärgerlich; oder man versteht den Unterschied nicht, dann hilft einem die Compilermeldung auch nicht viel.

Das Bemerkenswerte an der Simula-Konvention ist, daß man eigentlich gar keine Wahl hat: Für Verweise gibt es kein vordefiniertes Konstrukt zur Nutzung von Wertsemantik. Es hätte vernünftig erscheinen können, sowohl *a:-b* als auch *a:=b* für Verweise zu erlauben, wobei das erste eine Verweiszuweisung, das letztere eine feldweise Kopie ist. Analog hätte man zwei Gleichheitstests vorsehen können: Verweisvergleich und komponentenweisen Objektvergleich. Das ist nicht der Fall; nur Verweisoperationen sind verfügbar, und jeder Versuch, := oder = für Verweise zu benutzen, führte zu einem Syntaxfehler.[2] Wertoperationen (Zuweisung, Vergleich) müssen, wenn benötigt, einzeln für jeden Klassentyp handcodiert werden.

Man beachte im übrigen, daß die Idee, für jeden Typ sowohl :- als auch :=, sowohl = als auch == usw. zuzulassen, bei näherem Hinsehen nicht allzu klug zu sein scheint: Es würde bedeuten, daß ein trivialer Flüchtigkeitsfehler wie := für :- nun unbemerkt bliebe und zu einem Ergebnis führte, das sich erheblich von der Absicht des Programmierers unterschiede, zum Beispiel zu einem *Clone,* wenn eine Verweiszuweisung beabsichtigt war.

Als Ergebnis dieser Analyse benutzt Eiffel eine Konvention, die sich von der von Simula unterscheidet: Die gleichen Symbole werden für einfache und Klassentypen angewandt, mit unterschiedlicher Semantik (Wert und Verweis). Der Effekt der Wertsemantik für Objekte von Klassentypen wird durch vordefinierte Routinen erzielt:

s.Clone(b) für die Objektzuweisung
a.Equal(b) für den (komponentenweisen) Objektvergleich

Diese Schreibweisen unterscheiden sich ausreichend von ihren Verweis-Gegenstücken (:= bzw. =), um Verwechslungen zu vermeiden.

Dieses Problem ist über den rein syntaktischen Aspekt hinaus interessant, denn es zeigt in charakteristischer Weise einige der Widersprüche, die beim Sprachentwurf auftreten, wenn ein Gleichgewicht zwischen konfligierenden Kriterien gefunden werden muß. Ein Kriterium, das im Falle Simula gewonnen hat, könnte formuliert werden als „gewährleiste, daß verschiedene Konzepte durch verschiedene Symbole ausgedrückt werden". Die gegnerischen Truppen, die bei Eiffel obsiegten, sagen: „Ärgere den Programmierer nicht"; „wäge sorgfältig jede neue Einschränkung ab gegen die tatsächlichen Vorteile, die in bezug auf Sicherheit und andere Qualitätsfaktoren erzielt werden" (die Einschränkung hier ist das Verbot von := und ähnlichen Operatoren für Verweise); „um die Sprache klein und einfach zu halten, führe keine Schreibweisen ein, die nicht unbedingt notwendig sind" (insbesondere dann, wenn wie in diesem Beispiel vorhandene Schreibweisen den Zweck erfüllen und keine Verwechslungsgefahr besteht); „wenn Du weißt, daß eine ernsthafte Verwechslungsgefahr zwischen zwei Einrichtungen besteht, dann mache die zugehörigen Schreibweisen so unterschiedlich wie möglich".

---

[2] Für einen besonderen Typ bietet Simula beide Operationsmengen an: für den vordefinierten Typ *TEXT,* der Zeichenketten repräsentiert.

5.8.4 Ergebnis von Funktionen

Ein anderer syntaktischer Aspekt von Eiffel ist ziemlich unabhängig von der objektorientierten Entwurfsmethode, aber trotzdem wert, kurz diskutiert zu werden, weil darin sich einige wichtige Probleme des Programmiersprachenentwurfs zeigen. Es handelt sich um die Konvention, für die Berechnung des Ergebnisses einer Funktion die vordefinierte Variable *Result* zu benutzen. Das scheint (merkwürdig genug) eine Erfindung von Eiffel zu sein. Übliche Techniken sind:

1. • Verwendung expliziter Return-Anweisungen.

2. • Behandlung des Funktionsnamens als Variable.

Konvention 1 wird in C, Ada und anderen Sprachen benutzt. Eine Anweisung

return *e*

beendet die Funktionsausführung und liefert *e* als Funktionswert. Der Vorteil ist der, daß der gelieferte Wert deutlich aus dem Funktionstext hervorgeht. Die Technik krankt jedoch an verschiedenen Nachteilen:

A. • In der Praxis muß das Ergebnis oft durch Berechnungen ermittelt werden (Initialisierung und anschließend einige Operationen). Also muß, nur um die Zwischenergebnisse der Berechnung festzuhalten, eine Variable eingeführt werden.

B. • Die Technik fördert Moduln mit mehreren Ausgängen, was in Widerspruch zu guter Programmstrukturierung steht.

C. • Die Sprachdefinition muß festlegen, was passiert, wenn die letzte von der Funktion ausgeführte Anweisung kein **return** ist. Das Ada-Ergebnis in einem solchen Fall ist die Erzeugung ... einer Laufzeit-Ausnahme! (Das kann man als das Allerletzte im Schwarzen-Peter-Weitergeben sehen: Die Verantwortung für Fehler im Sprachentwurf wird vom Sprachentwerfer nicht nur an den Programmierer, sondern letztlich an den Programmbenutzer weitergereicht.)

Zur Lösung der beiden letzten Probleme scheint es vorzuziehen zu sein, **return** nicht als Anweisung, sondern als für alle Funktionsrümpfe obligatorische Klausel zu behandeln:

```
function name(argumente): typ is
    do
        ...
    return
        ausdruck
    end
```

Keine übliche Sprache verwendet aber eine solche Konvention, die im übrigen Problem A auch nicht lösen würde.

Die zweite verbreitete Technik (2) wird in solchen Sprachen wie Fortran, Algol 60, Simula 67 (eine Algol-Erweiterung), Algol 68 und Pascal verwendet. Innerhalb einer Funktion wird der Funktionsname als Variable behandelt; der durch einen Aufruf gelieferte Wert entspricht dem letzten Wert dieser Variablen.

Die drei obengenannten Probleme treten bei diesem Ansatz nicht auf. Es entstehen jedoch andere Schwierigkeiten, weil derselbe Name jetzt sowohl eine Funktion als auch eine Variable bezeichnet. Das führt zu ernsten Gefahren, insbesondere in einer Sprache mit Rekursion. Es muß Konventionen dafür geben, wann der Name die Variable und wann er den Funktionsaufruf bezeichnet. Normalerweise bezeichnet ein Vorkommen als Ziel (zum Beispiel links in einer Zuweisung) die Variable, und ein Vorkommen als Quelle (zum Beispiel in einem Ausdruck) bezeichnet einen Funktionsaufruf. Die Anweisung

```
f := f+1
```

wird dann entweder vom Compiler abgewiesen oder als rekursiver Aufruf verstanden, dessen Ergebnis *f* (der Variablen) zugewiesen wird. Der letzte Fall ist sehr wahrscheinlich nicht die beabsichtigte Deutung - offensichtlich meinte der Programmierer mit *f* in beiden Fällen die Variable - und führt üblicherweise zur Nichtterminierung. Die vollständige Zurückweisung ist besser, aber sie zwingt den Programmierer dazu, für *f* eine weitere Variable einzuführen, was den ganzen Ansatz des Sinnes beraubt.

Die Eiffel-Konvention vermeidet die Nachteile beider Techniken. Der vordefinierte Größe-Name *Result* dient dazu, eindeutig das Ergebnis der jeweiligen Funktion zu bezeichnen. Man beachte, daß diese Technik in einer Sprache, bei der Funktionen innerhalb von Funktionen deklariert werden können, nicht funktionieren würde, weil der Name *Result* dann mehrdeutig wäre.

Diese Konvention paßt gut zu den Initialisierungsregeln der Sprache: Jede Größe, auch *Result*, wird mit einem Standardwert initialisiert. Damit besteht nicht die Gefahr, daß eine Funktion einen undefinierten oder systemabhängigen Wert liefert. Eine Funktion, die einen Wert von irgendeinem Klassentyp liefert, kann zum Beispiel einen Rumpf der folgenden Form haben:

```
if irgendeine_bedingung then
        Result.Create(irgendwelche_argumente)
end
```

ohne eine **else**-Klausel; wenn *irgendeine_bedingung* nicht erfüllt ist, wird als Wert ein *leerer* Verweis geliefert, weil das der Vorbelegungswert für Größen von Klassentypen ist.

5.8.5 Die Unterscheidung zwischen Klassen und Objekten

Der Unterschied zwischen Klassen und Typen wurde wiederholt betont. Aus dem hier dargestellten Blickwinkel gehören diese Konzepte zu unterschiedlichen Welten: Nur der Programmtext enthält Klassen; zur Laufzeit existieren nur Objekte.

Das ist nicht die einzig mögliche Herangehensweise. Die von Lisp beeinflußte und durch Smalltalk exemplifizierte Subkultur der objektorientierten Programmierung betrachtet auch Klassen als Objekte, die auch zur Laufzeit weiterexistieren. Zwei Argumente sprechen für diese Herangehensweise:

- Wenn man Klassen auch während der Ausführung zur Hand hat, dann können sie leichter auf der Stelle geändert werden, um Fehler zu korrigieren, das System zu verbessern oder mit neuen Einrichtungen zu experimentieren; die Notwendigkeit, jedesmal den gesamten Edier-Kompilier-Montage-Ausführungs-Zyklus zu durchlaufen, entfällt. Das ist der traditionelle Vorteil interpretativer Systeme.
- Wenn man Klassen als Objekte behandelt, ist es möglich, *Klassenroutinen* zu definieren: Das sind Operationen, die auf alle oder eine große Menge von Klassen anwendbar sind und nicht nur auf alle Exemplare einer gegebenen Klasse. Ein Beispiel dafür ist *Create:* Das Standard-*Create* kann als für alle Klassen definierte Klassenprozedur aufgefaßt werden.

Beim Entwurf von Eiffel wurde der Standpunkt bezogen, daß die Unterscheidung zwischen Beschreibungen (von Prozessen oder Klassen von Objekten) und den zugehörigen Ausführungen grundlegend ist und daß jede Verwechslung vermieden werden sollte. Das ist der Tatsache vergleichbar, daß moderne Rechnersysteme selbstmodifizierende Programme nicht befördern, obwohl dies einst als pfiffige Idee galt.

Bis zu einem gewissen Grade hängt die Entscheidung davon ab, wofür man objektorientierte Programmierung benutzt. Wenn man wesentlich an schnellen Prototypen und am Experimentieren interessiert ist, mag der freie Ansatz - „alles sind Objekte" - besser geeignet sein. Wenn man andererseits auf Korrektheit, Robustheit und Effizienz sehen muß, dann braucht man offensichtlich einen kompilierten Ansatz (so erfordert zum Beispiel Korrektheit, daß man das System kennt, bevor es ausgeführt wird; wenn es während der Ausführung geändert werden kann, dann besteht kaum Hoffnung, daß irgendeine Eigenschaft garantiert werden kann).

Meine feste Überzeugung, daß Beschreibungen nicht mit Ausführungen durcheinandergebracht werden sollten, wird gestärkt durch meine Ansicht, daß die beiden obigen Argumente nicht unbeantwortet bleiben müssen:

- Das Problem der raschen Änderbarkeit kann gelöst werden, ohne Klassen und Objekte in einen Topf zu werfen, nämlich einfach durch Fortschritte in der Softwaretechnik: Mit den in Eiffel vorgesehenen Möglichkeiten der getrennten Übersetzung und des automatischen Konfigurationsmanagement (siehe Kapitel 15) ist es möglich, Änderungen zu implementieren und rasch ihre Folgen zu beobachten, ohne den ordnungsgemäßen Prozeß der Softwareentwicklung zu beeinträchtigen.
- Klassenroutinen, das Ziel des zweiten Arguments, sind vorhanden; *Create, Forget* und *Clone* sind Beispiele dafür. Nach meiner Erfahrung gibt es aber nur wenige solche Fälle, so daß es geschickter zu sein scheint, sie durch vordefinierte Sprachkonstrukte anzugehen, als die Sprache um eine Einrichtung (Klassenroutinen) zu erweitern, die ihre Gesamtkonzeption erheblich verändert, obwohl ihre Mächtigkeit von Programmierern normalerweise nicht gebraucht wird.

Der Smalltalk-Ansatz wird ausführlicher in Kapitel 20 dargestellt.

5.9 In diesem Kapitel eingeführte Schlüsselkonzepte

- In der objektorientierten Programmierung bezieht sich jedes Programmkonstrukt auf ein Objekt. Standardmäßig ist dieses Objekt das „aktuelle Exemplar", das heißt, ein prototypisches Exemplar der umschließenden Klasse.
- Man verwechsle nicht Objekte (dynamische Dinge) mit Klassen (die statische Beschreibung der Eigenschaften, die einer Menge von Laufzeit-Objekten gemeinsam sind); man verwechsle nicht Objekte, Verweise auf Objekte und Größen (Programmnamen, die Laufzeit-Verweise auf Objekte bezeichnen).
- In Eiffel haben alle Größen von nicht-einfachem Typ Verweiswerte. Ein Verweis ist entweder leer oder er zeigt auf ein Objekt.
- Bei der Wert- (oder Kopier-)semantik kopiert eine Zuweisung Werte, und ein Vergleich testet Werte. Bei der Verweissemantik wirken diese Operationen auf Verweisen, nicht auf den zugehörigen Objekten; das führt zu dynamischer Mehrfachbenennung und den damit verbundenen Gefahren (die Veränderung einer Größe durch eine Operation, die scheinbar auf irgendetwas anderem wirkt). In Eiffel werden := und = bei einfachen Typen als Wertoperationen und bei Klassentypen als Verweisoperationen interpretiert. Für Klassentypen ist die Wertsemantik über *Clone* und *Equal* verfügbar.
- Klassen werden durch Merkmale charakterisiert, das sind Attribute (die Komponenten der entsprechenden Objekte darstellen) und Routinen (die Operationen auf diesen Objekten darstellen). Größen, die von den zugehörigen Klassentypen deklariert sind, können mithilfe der exportierten Merkmale unter Nutzung der Punktschreibweise angesprochen und verändert werden. Ein exportiertes Attribut kann von außen nur im Nur-Lese-Modus benutzt werden.
- Objekte werden durch Benutzung der vordefinierten Merkmale *Create* und *Clone* erzeugt. Normalerweise weist *Create* allen Komponenten eines neu erzeugten Objekts Standardvorbelegungswerte zu; diese Werte können überschrieben werden, indem eine *Create* genannte Prozedur in der Klasse definiert wird.

5.10 Syntaktische Zusammenfassung

In diesem Abschnitt wird die Syntax der in diesem Kapitel eingeführten Konstrukte von Eiffel angegeben. Wie auch in allen ähnlichen Abschnitten der folgenden Kapitel wird die im Kapitel „Syntaktische Schreibweise” eingeführte Notation benutzt.

Class_declaration	=	Class_header
		[Formal_generics]
		[Exports]
		[Parents]
		[Features]
		[Class_invariant]
		end ["--" class Class_name]
Class_header	=	[Deferred_mark] **class** Class_name
Deferred_mark	=	(s. Kapitel 10)
Class_name	=	Identifier
Formal_generics	=	(s. Kapitel 6)
Eports	=	**export** Export_list
Export_list	=	{Export_item "," ...}
Export_item	=	Feature_name [Export_restriction]
Feature_name	=	Identifier
Export_restriction	=	(s. Kapitel 9)
Parents	=	(s. Kapitel 10)
Features	=	**feature** {Feature_declaration ";" ...}
Feature_declaration	=	Feature_name
		[Formal_arguments]
		[Type_mark]
		[Feature_value_mark]
Formal arguments	=	Entity_declaration_list
Entity_declaration_list	=	{Entity_declaration_group ";" ...}
Entity_declaration_group	=	{Identifier "," ...}+ Type_mark
Type_mark	=	":" Type
Type	=	*INTEGER* | *BOOLEAN* | *CHARACTER* | *REAL* |
		Class_type | Formal_generic | Association
Class_type	=	Class_name [Actual_generics]
Actual_generics	=	(s. Kapitel 6)
Formal_generics	=	(s. Kapitel 6)
Association	=	(s. Kapitel 11)
Feature_value_mark	=	**is** Feature_value
Feature_value	=	Constant | Routine

Constant	=	(s. Kapitel 13)
Routine	=	[Precondition] [Externals] [Local_variables] Body [Postcondition] [Rescue] **end** ["--" Feature_name]
Precondition	=	(s. Kapitel 7)
Externals	=	(s. Kapitel 8)
Postcondition	=	(s. Kapitel 7)
Rescue	=	(s. Kapitel 7)
Local_variables	=	Entity_declaration_list
Body	=	Full_body | Deferred_body
Deferred_body	=	(s. Kapitel 10)
Full_body	=	Normal_body | Once_body
Normal_body	=	**do** Compound
Once_body	=	(s. Kapitel 13)
Compound	=	{Instruction ";" ...}
Instruction	=	Call | Assignment | Conditional | Loop | Check | Retry | Debug
Call	=	Qualified_call | Unqualified_call
Qualified_call	=	Expression "." Unqualified_call
Expression	=	(s. Kapitel 8)
Unqualified_call	=	Feature_name [Actuals]
Actuals	=	"(" Expression_list ")"
Expression_list	=	{Expression Separator ...}
Separator	=	"," | ";"
Assignment	=	Entity ":=" Expression
Entity	=	Identifier | *Result*
Conditional	=	(s. Kapitel 8)
Loop	=	(s. Kapitel 8)
Check	=	(s. Kapitel 7)
Retry	=	(s. Kapitel 7)
Debug	=	(s. Kapitel 8)
Class_invariant	=	(s. Kapitel 7)

6 Generizität

In diesem Kapitel wird eine weitere Waffe aus unserem Arsenal von Techniken zur Verbesserung der Flexibilität und Wiederverwendbarkeit von Moduln eingeführt. Indem Klassen mit Parametern versehen werden, die beliebige Typen repräsentieren, vermeiden wir, viele fast identische Klassen schreiben zu müssen, ohne die durch das statische Typisieren gewährleistete Sicherheit zu opfern.

Eine knifflige Frage für Leute, die objektorientierte Sprachen lernen, ist die, wie Generizität mit einer anderen Schlüsselmethode zur Verbesserung der Allgemeinheit von Moduln, der Vererbung, zu vergleichen ist. Sollte man Vererbung und Generizität als Freunde oder als Rivalen betrachten beim Kampf um flexiblere Software? Das ist das Thema von Kapitel 19.

6.1 Parametrierung von Klassen

6.1.1 Das Problem

Generizität ist, wie wir vom Tabellensuch-Beispiel (3.6.2) wissen, die Möglichkeit, Moduln zu parametrieren. Der Bedarf für diese Einrichtung wird insbesondere deutlich bei Klassen, die allgemeine Datenstrukturen repräsentieren: Felder, Listen, Bäume, Matrizen, usw.

Nehmen wir zum Beispiel an, wir wollten eine Klasse definieren, die einen Keller von Ganzzahlen repräsentiert; diese sähe so aus:

```
class INTSTACK export
        nb_elements, empty, full, push, pop, top
feature
        ...
end -- class INTSTACK
```

Der Typ *INTEGER* wird in dieser Klasse häufig benutzt. Zum Beispiel ist es der Typ des von *top* gelieferten Wertes:

```
top: INTEGER is
            -- Spitze des Kellers
        do ... end
```

Bei diesem Ansatz muß man für jede Kellerart eine andere Klasse schreiben: *INTSTACK, REALSTACK, PUNKTSTACK,* usw. Das ergibt keinen Sinn, weil die Wahl der Datenrepräsentationen und der Algorithmen vom Typ der Kellerelemente nicht berührt wird. Stattdessen sollte man eine **generische** Klasse Keller deklarieren, die mit dem Typ der Kellerelemente parametriert ist. Die Eiffel-Syntax zur Deklaration einer generischen Klasse ähnelt der in 3.6.2 benutzten informellen Schreibweise:

```
        -- Keller von Elementen eines beliebigen Typs T
class STACK[T] export
        nb_elements, empty, full, push, pop, top
feature
        nb_elements: INTEGER;
        empty: BOOLEAN is
                -- Ist der Keller leer?
            do ... end;
        full: BOOLEAN is
                -- Ist der Keller voll?
            do ... end;
        push(x:T) is
                -- Füge x an der Spitze hinzu
            do ... end;
        pop is
                -- Entferne das oberste Element
            do ... end;
        top: T is
                -- Oberstes Element
            do ... end;
end -- class STACK
```

Die in eckigen Klammern angegebenen Namen, hier *T*, werden durch Kommata getrennt, wenn es mehrere sind; sie heißen **formale generische Parameter.**

Innerhalb der Klasse kann ein formaler generischer Parameter wie *T* in Deklarationen benutzt werden: nicht nur für Funktionsergebnisse (wie bei *top*) und Parameter von Routinen (wie bei *push*), sondern auch für Attribute und lokale Variable.

Ein Kunde kann eine generische Klasse benutzen, um eine Größe zu deklarieren. In diesem Fall muß die Deklaration Typen angeben, **aktuelle generische Parameter** genannt, die in der Anzahl den formalen generischen Parametern entsprechen, wie bei

sp: STACK[PUNKT]

Das folgende sind mögliche aktuelle generische Parameter:

1. Ein einfacher Typ *(INTEGER, REAL, CHARACTER, BOOLEAN).*
2. Ein Klassentyp.
3. Ein formaler generischer Parameter der Kundenklasse.[1]

Im Fall 2 bedeutet Klassentyp einen Klassennamen, eventuell gefolgt von aktuellen generischen Parametern, wenn die Klasse generisch ist. Das heißt, ein aktueller generischer Parameter kann seinerseits parametriert sein, wie bei

ssp: STACK[STACK[PUNKT]]

[1] Es gibt noch einen vierten Fall: Typen der Form **like** *irgendwas* (siehe Kapitel 11).

Als Beispiel für Fall 3 könnte die Klasse *STACK* eine Größe-Deklaration der Form *Implementierung: ARRAY[T]* enthalten, wobei *ARRAY* (siehe unten) eine weitere generische Klasse ist. Der formale Parameter der umschließenden Klasse *STACK, T,* wird in dieser Deklaration als aktueller generischer Parameter von *ARRAY* benutzt.

6.1.2 Typprüfung

Wenn man Generizität benutzt, ist gewährleistet, daß eine Datenstruktur nur Elemente eines einzigen Typs enthält. Nehmen wir zum Beispiel an, die Klasse *C* enthalte die Deklarationen

ps: STACK[PUNKT]; is: STACK[INTEGER]; p:PUNKT

dann sind alle folgenden Anweisungen in *C* gültig:

```
ps.push(p);     -- Lege einen Punkt auf einen Punktekeller
is.push(45);    -- Lege die Ganzzahl 45 auf einen
                -- Ganzzahlkeller
p := ps.top     -- Weise das oberste Element eines
                -- Punktekellers einer Punkt-Größe zu
```

aber alle folgenden Anweisungen würden vom Compiler abgewiesen werden:

```
ps.push(45);    -- Versuch, eine Ganzzahl auf einen
                -- Punktekeller zu legen
is.push(p);     -- Versuch, einen Punkt auf einen
                -- Ganzzahlkeller zu legen
p := is.top     -- Versuch, auf das oberste Element eines
                -- Ganzzahlkellers als Punkt zuzugreifen
```

Generizität hat tatsächlich nur in einer getypten Sprache eine Bedeutung, wo jede Größe als von einem bestimmten Typ deklariert ist, so daß es möglich ist zu bestimmen, ob eine Operation von den Typen her korrekt ist, entweder indem man einfach den Programmtext anschaut (*statische* Typisierung) oder indem das zur Laufzeit geprüft wird (*dynamische* Typisierung). Eiffel ist eine statisch getypte Sprache, bei der alle Typprüfungen vom Compiler durchgeführt werden. In einer typlosen Sprache gibt es keine Möglichkeit, die Typen der in eine Datenstruktur wie den Keller eingehenden Elemente einzuschränken, so daß generische Klassen keinerlei Zweck erfüllten.

6.1.3 Operationen auf Größen von generischem Typ

Seien *C[U,V]* eine Klasse und *x* vom Typ des formalen generischen Parameters *U* eine Größe. Wenn die Klasse von einem Kunden benutzt wird, um Größen zu deklarieren, kann *U* letztlich irgendeinen Typ repräsentieren - einen einfachen oder Klassentyp. Jede Operation von *x* muß also auf jeden beliebigen Typ anwendbar sein. Damit bleiben nur vier Arten von Operationen:

Regel für formale generische Parameter:

Die einzig erlaubten Benutzungen der Größe *x*, deren Typ *U* ein formaler generischer Parameter ist, sind die folgenden:

1. *x* als linke Seite einer Zuweisung, *x :=y*, wobei der Ausdruck auf der rechten Seite ebenfalls vom Typ *U* sein muß.
2. *x* als rechte Seite einer Zuweisung, *y :=x*, wobei die Größe *y* auf der linken Seite ebenfalls vom Typ *U* sein muß.
3. *x* als aktuelles Argument in einem Routinenaufruf *f(..., x, ...)*, das einem formalen Argument vom Typ *U* entspricht (woraus folgt, daß *f* in derselben Klasse wie *x* deklariert sein muß).
4. *x* in einem Booleschen Ausdruck der Form *x =y* oder *x/=y*, wobei *y* ebenfalls vom Typ *U* ist.

Insbesondere sind Operationen wie *x.Create*, *x.Forget* oder irgendwelche anderen Anwendungen von Merkmalen auf *x* nicht erlaubt, weil nicht gewährleistet ist, daß der für *U* eingesetzte aktuelle generische Parameter ein Klassentyp ist.[2]

Nehmen wir an, daß *f* in *C* als exportiertes Attribut vom Typ *U* oder als exportierte Funktion, die einen Wert vom Typ *U* liefert, deklariert ist, und ein Kunde habe deklariert:

h: C[A,B]

Dann wird der Ausdruck *h.f* (mit Parametern, falls nötig) im Kundenmodul als vom Typ *A* aufgefaßt, und der Compiler prüft, ob der Ausdruck entsprechend benutzt wird.

6.2 Felder (ARRAYS)

Viele Klassen aus der Eiffel-Basisbibliothek repräsentieren allgemeine Datenstrukturen und sind deshalb generisch: Keller, Schlangen, Listen, Bäume ... Eine wichtige Klasse ist *ARRAY*, die eindimensionale Felder repräsentiert. Es ist tatsächlich angemessener, Felder als eine Klasse und nicht als vordefiniertes Sprachkonstrukt aufzufassen. Eine Skizze der Klasse (deren vollständiger Text in Anhang A zu finden ist) lautet:

```
class ARRAY[T] export
        lower, upper, size, entry, enter
feature
        lower, upper, size: INTEGER;
                -- Minimal und maximal gültiger Index; Feldlänge.

        Create(minb,maxb: INTEGER) is
                -- Dimensioniere das Feld mit den Grenzen minb und
                -- maxb (leer, wenn minb > maxb)
                do ... end;
```

[2] Ada-Programmierer werden bemerken, daß ein formaler generischer Parameter wie ein „private"-Typ behandelt wird (siehe 18.2.4).

```
entry(i: INTEGER): T is
    -- Element mit dem Index i
    do ... end;

enter(i: INTEGER; value: T) is
    -- Weise value dem Element mit Index i zu
    do ... end
end -- class ARRAY
```

Die Funktion *entry* liefert den Wert eines Feldelements; die Prozedur *enter* ändert den Wert eines Elements. *Create* ermöglicht eine dynamische Felddimensionierung. Das folgende veranschaulicht, wie diese Klasse typischerweise genutzt wird:

```
pa: ARRAY[PUNKT]; p1: PUNKT; i,j: INTEGER
...
pa.Create(-32,101)  -- Dimensioniere das Feld mit den
                    -- gegebenen Grenzen
pa.enter(i,p1)  -- Weise p1 dem Element mit Index i zu
...
p1 := pa.entry(j)   -- Weise den Wert des Elements mit Index
                    -- j p1 zu
```

In herkömmlicher Schreibweise (sagen wir Pascal) würde man schreiben:

```
pa[i] := p1     für  pa.enter(i,p1)
p1 := pa[i]     für  p1 := pa.entry(i)
```

Vier Bemerkungen zu Feldern:

- Ähnliche Klassen gibt es auch für Felder mit mehreren Dimensionen: *ARRAY2* usw.
- Das Merkmal *size* kann entweder als Attribut oder als Funktion implementiert werden, denn es erfüllt *size = upper-lower+1.* Das wird in dieser Klasse hier durch eine Invariante ausgedrückt, was im nächsten Kapitel erläutert wird.
- Die im nächsten Kapitel eingeführten Zusicherungstechniken ermöglichen uns auch, Konsistenzbedingungen mit *enter* und *entry* zu verbinden, mit denen ausgedrückt wird, daß Aufrufe nur gültig sind, wenn der Index *i* zwischen *upper* und *lower* liegt.
- Schließlich erfordert eine effiziente Implementierung von Feldern direkten Zugriff auf den Speicher. Die Routinen *Create, enter* und *entry* sind durch externe Funktionen implementiert (in der Eiffel-Umgebung auf Unix sind sie in C geschrieben). Eiffel kooperiert auf sehr einfache Weise mit maschinennahen Routinen dieser Art; der Mechanismus (die **external**-Klausel) wird in Kapitel 8 beschrieben.

6.3 Erörterung

Wie schon erwähnt, hat Generizität nur in einer getypten Sprache eine Bedeutung. Die vorgeschlagenen Einschränkungen mögen als zu streng erscheinen, aber: Wie wäre es mit der Deklaration eines Kellers, der zum Beispiel Vektoren und Punkte enthalten können sollte? Mit den bisher betrachteten Techniken ist das nicht möglich, weil jede Benutzung einer generischen Klasse sich auf eindeutig definierte aktuelle generische Parameter beziehen muß, wie bei *STACK[PUNKT]* oder *STACK[VEKTOR]*.

Das Problem wird durch Vererbung gelöst. Grob gesagt, man kann eine Größe *s* vom Typ *STACK[ZWEI_KOORD]* deklarieren, wobei *ZWEI_KOORD* eine Klasse ist, die allgemein genug ist, *PUNKT* und *VEKTOR* zu umfassen. Die Typlage ist weiterhin sicher, denn nur Größen eines Typs, der mit *ZWEI_KOORD* verträglich ist, werden in Operationen auf *s* angenommen. Diese Techniken werden in den Kapiteln 10 und 11 erläutert.

6.4 In diesem Kapitel eingeführte Schlüsselkonzepte

- Klassen können formale generische Parameter haben, die Typen repräsentieren.
- Generische Klassen dienen dazu, allgemeine Datenstrukturen zu beschreiben, die unabhängig von ihren Elementen immer auf die gleiche Weise implementiert werden.
- Generizität wird nur in getypten Sprachen gebraucht, um in Datenstrukturen statisch die Typkonsistenz zu gewährleisten.
- Ein Kunde einer generischen Klasse muß die formalen generischen Parameter durch aktuelle Typen ersetzen.
- Die einzigen auf eine Größe anwendbaren Operationen, deren Typ ein formaler generischer Parameter ist, sind Operationen, die auf jeden Typ anwendbar sind. Die Größe kann als linke oder rechte Seite einer Zuweisung, als aktuelles Routinenargument und als Operand eines Gleichheits- oder Ungleichheitstests benutzt werden.

6.5 Syntaktische Zusammenfassung

			Benutzt in (Kapitel)
Formal_generics	=	"[" Formal_generic_list "]"	Class_header (5)
Formal_generic_list	=	{Formal_generic "," ...}	
Formal_generic	=	Identifier	
Actual_generics	=	"[" Type_list "]"	Class_type (5)
Type_list	=	{Type "," ...}	

6.6 Literaturhinweise

Eine Form von Generizität wurde ursprünglich in Algol 68 eingeführt [van Wijngaarden 1975]. Andere Formen findet man in Ada (siehe Kapitel 18 und 19) und in wenigen anderen Programmiersprachen wie CLU [Liskov 1981] und LPG [Bert 1983].

Generizität ist auch in formalen Spezifikationssprachen eingeführt worden: Z [Abrial 1980], Clear [Burstall 1981], OBJ2 [Futatsugi 1985] und M [Meyer 1987].

Weil so viele objektorientierte Sprachen ungetypt sind, bieten wenige Generizität. Eine Ausnahme ist Trellis/Owl [Schaffert 1986].

7 Systematische Programmentwicklung

Bisher können Sie Softwaremoduln schreiben, die Klassen von eventuell parametrierten Datenstrukturen implementieren. Herzlichen Glückwunsch. Das ist ein entscheidender Schritt auf dem Weg zu besseren Softwarearchitekturen.

Aber die bisher betrachteten Techniken reichen nicht aus, die in Kapitel 1 eingeführten umfassenden Qualitätsansprüche zu realisieren. Die vom objektorientierten Ansatz am stärksten propagierten Qualitätsfaktoren - Wiederverwendbarkeit, Erweiterbarkeit, Verträglichkeit - dürfen nicht auf Kosten von Korrektheit und Robustheit erfüllt werden. Natürlich wurde das Korrektheitsproblem bei der Betonung der streng statischen Typisierung angesprochen. Aber es ist mehr vonnöten.

Die Erwägungen, die zur allgemeinen Definition der Methode in Kapitel 4 führten, hoben hervor, daß Klassen Implementierungen von abstrakten Datentypen sein sollten. Tatsächlich sind die bisher behandelten Klassen Sammlungen von Attributen und Routinen, die als Repräsentanten der Funktionen einer Spezifikation abstrakter Datentypen dienen können. Aber ein abstrakter Datentyp ist mehr als nur eine Liste verfügbarer Operationen: Man erinnere sich an die grundlegende Rolle, welche die durch Axiome und Vorbedingungen ausgedrückten semantischen Eigenschaften spielen. Diese Eigenschaften sind wesentlich bei der Erfassung der grundlegenden Eigenschaften der Exemplare eines Typs.

Bei der Behandlung von Klassen haben wir diesen fundamentalen Aspekt des Konzepts der abstrakten Datentypen aus dem Auge verloren. Wir müssen diesen Aspekt in die objektorientierte Methode wiedereinbringen, wenn wir erreichen wollen, daß unsere Software nicht nur flexibel und wiederverwendbar, sondern auch korrekt ist.

Die in diesem Kapitel erklärten Zusicherungen und zugehörigen Konzepte geben eine Teilantwort darauf. Obwohl die im folgenden dargestellten Mechanismen nicht idiotensicher sind (beachte insbesondere die Bemerkungen in 7.11), geben sie dem Programmierer wichtige Werkzeuge an die Hand, mit denen er Korrektheitsargumente ausdrücken und überprüfen kann. Der Schlüsselbegriff hier ist das Konzept des **Programmierens durch Vertrag**: Die Beziehung zwischen einer Klasse und ihren Kunden wird als formale Vereinbarung aufgefaßt, in der die Rechte und Pflichten jeder Partei festgelegt sind. Nur durch eine solche präzise Definition der Bedürfnisse und Verantwortlichkeiten jedes Moduls können wir hoffen, ein hohes Maß an Vertrauen in große Softwaresysteme zu gewinnen.

Bei der Betrachtung dieser Konzepte werden wir uns auch einem Schlüsselproblem des Software Engineering widmen: dem Umgang mit Laufzeitfehlern. Eine disziplinierte Ausnahmebehandlungsmethode wird vorgestellt werden.

Wichtige Erweiterungen zum Begriff des Programmierens durch Vertrag werden in Kapitel 11 erörtert, wo Vererbung und dynamisches Binden als natürliche Folgen dieses Ansatzes vorgestellt werden: Die Idee des *Unterauftrags.*

7.1 Der Begriff der Zusicherung

Obwohl es kein Patentrezept für Korrektheit gibt, ist die grobe Richtung doch klar: Da Korrektheit die Übereinstimmung von Software-Implementierungen mit ihren Spezifikationen bedeutet, muß man versuchen, die Gefahr von Abweichungen zwischen diesen beiden zu vermindern. Ein Weg besteht darin, in die Implementierungen Spezifikationselemente einzuführen. Allgemeiner ausgedrückt: Man ordne einem Element ausführbaren Codes - einer Anweisung, Routine, Klasse - einen Ausdruck über den Zweck des Elements zu. Ein solcher Ausdruck (der angibt, was das Element tun muß, unabhängig davon, wie es das tut) wird **Zusicherung** genannt.

Eine Zusicherung ist eine Eigenschaft einiger Werte von Programm-Größen. Eine Zusicherung drückt zum Beispiel aus, daß eine bestimmte Ganzzahl positiv ist oder daß ein bestimmter Verweis leer ist.

Es handelt sich mathematisch gesehen um so etwas wie ein Prädikat, obwohl die von uns verwendete Zusicherungssprache nur einen Teil der Mächtigkeit des vollständigen Prädikatenkalküls besitzt.

Syntaktisch sind Zusicherungen einfach Boolesche Ausdrücke mit wenigen Erweiterungen. Die erste Erweiterung ist die Verwendung eines Semikolon, wie bei

n > 0 ; **not** *x.Void*

Das Semikolon bedeutet so viel wie **und**; das Semikolon erleichtert die Erkennung von einzelnen Bestandteilen einer Zusicherung. Diese Bestandteile können auch mit Namen gekennzeichnet sein, wie bei

Positiv: n > 0 ; Nicht_leer: **not** *x.Void*

Dieser Name wird, sofern vorhanden, vom Laufzeitsystem registriert, wenn irgendetwas schief geht, um Meldungen zu erzeugen oder eine Programmierer-gesteuerte Behandlung zu ermöglichen (siehe 7.10). Zwei weitere Erweiterungen Boolescher Ausdrücke sind in Zusicherungen möglich: die Schreibweisen **old** und *Nochange.* Sie werden später erklärt.

In der Eiffel-Umgebung werden Zusicherungen zur Laufzeit optional überwacht. Dadurch werden sie zu einem mächtigen Debugging-Werkzeug. Sie sind auch Grundlage für eine disziplinierte Ausnahmebehandlung, mit der Systeme nach Fehlern Wiederaufsetzversuche machen können. Im Augenblick liegt die Betonung jedoch auf der Anwendung von Zusicherungen als konzeptionelle Werkzeuge zur Erhöhung der Korrektheit und Robustheit von Software. Zusicherungen werden hier behandelt als Technik zur Konstruktion korrekter Systeme und zur Dokumentation, warum sie korrekt sind.

7.2 Vor- und Nachbedingungen

Die erste Anwendung von Zusicherungen ist die semantische Spezifikation von Routinen. Eine Routine ist nicht einfach nur ein Stück Code; als Implementierung einer Funktion der Spezifikation eines abstrakten Datentyps sollte sie irgendeine nützliche Aufgabe erfüllen. Es ist wesentlich, diese Aufgabe präzise auszudrücken, sowohl als Hilfe für den Entwurf (schließlich ist es unmöglich, die Korrektkeit einer Routine zu prüfen, wenn man nicht spezifiziert hat, was sie tun sollte) als auch, später, als Hilfe zum Verstehen des Textes.

Die von der Routine zu erfüllende Aufgabe kann mit zwei der Routine zugeordneten Zusicherungen spezifiziert werden: einer *Vorbedingung* und einer *Nachbedingung*. Die Vorbedingung drückt diejenigen Eigenschaften aus, die bei Aufruf der Routine immer gelten müssen; in der Nachbedingung werden die von der Routine bei ihrer Beendigung gewährleisteten Eigenschaften beschrieben.

7.2.1 Eine Klasse Keller

Im vorigen Kapitel skizzierten wir eine generische Klasse Keller in der folgenden Form:

```
class STACK[T] export
        nb_elements, empty, full, push, pop, top
feature
        ...Deklaration der Merkmale...
end -- class STACK
```

Unten werden wir eine Implementierung einführen. Bevor wir uns mit Implementierungsfragen befassen, soll jedoch bemerkt werden, daß die Routinen durch strenge semantische Eigenschaften charakterisiert werden, unabhängig von jeder bestimmten Repräsentation. Zum Beispiel:

- Die Routinen *pop* und *top* sind nur anwendbar, wenn die Anzahl der Elemente nicht Null ist.
- Nach *push* wird die Anzahl der Elemente um eins erhöht, nach *pop* um eins vermindert.

Routinenvor- und -nachbedingungen zielen genau darauf, diese Eigenschaften explizit zu machen. Sie werden innerhalb von Routinendeklarationen in Form von Klauseln angegeben, die mit den Schlüsselwörtern **require** bzw. **ensure** eingeleitet werden. Zum Beispiel:

```
class STACK1[T] export
        nb_elements, empty, full, push, pop, top
feature
        nb_elements: INTEGER;
        empty: BOOLEAN is
                        -- Ist der Keller leer?
                do ...
                end; -- empty
```

```
    full: BOOLEAN is
            -- Ist der Keller voll?
        do ...
        end; -- full
    push(x: T) is
            -- Füge x als oberstes Element zu
        require
            not full
        do ...
        ensure
            not empty;
            top = x;
            nb_elements = old nb_elements + 1
        end; -- push
    pop is
            -- Entferne oberstes Element
        require
            not empty
        do ...
        ensure
            not full;
            nb_elements = old nb_elements - 1
        end; -- pop
    top: T is
            -- Oberstes Element
        require
            not empty
        do ...
        end; -- top
end -- class STACK1
```

Sowohl die **require**- als auch die **ensure**-Klausel sind optional; wenn sie vorhanden sind, stehen sie an den gezeigten Stellen. Das **require** kommt vor der **local**-Klausel, falls vorhanden. Die Bedeutung von Vor- und Nachbedingung wird jetzt genauer untersucht.

7.2.2 Vorbedingungen

Eine Vorbedingung drückt die Einschränkungen aus, unter denen eine Routine ordnungsgemäß funktioniert. Im obigen Beispiel:

- kann *push* nicht aufgerufen werden, wenn die Kellerdarstellung voll ist;
- können *pop* und *top* nicht auf einen leeren Keller angewandt werden.

Eine Vorbedingung gilt für alle Routinenaufrufe, sowohl aus der eigenen Klasse heraus als auch von Kunden aus. In einem korrekten System werden Aufrufe in einem Zustand, in dem die Vorbedingung nicht erfüllt ist, nie ausgeführt.

7.2.3 Nachbedingungen

Eine Nachbedingung drückt die Eigenschaften aus, die im Ergebnis der Routinenausführung gelten. Hier:

- Nach einem *push* kann der Keller nicht leer sein, das oberste Element ist das gerade eingefügte, und die Anzahl der Elemente hat sich um eins erhöht.
- Nach einem *pop* kann der Keller nicht voll sein, und die Anzahl seiner Elemente wurde um eins vermindert.

Das Vorhandensein einer Nachbedingungsklausel in einer Routine drückt eine Garantie aus, die der Routinenimplementierer dafür übernimmt, daß die Routine Ergebnisse liefert, die bestimmte Bedingungen erfüllen, sofern sie so aufgerufen wurde, daß die Vorbedingung erfüllt war.

Zwei besondere Schreibweisen sind bei Nachbedingungen möglich. Die **old**-Schreibweise wurde oben benutzt, um die Änderungen bei *nb_elements* auszudrücken. Allgemein: Wenn *a* ein Attribut ist, dann bezeichnet **old** *a* den Wert der entsprechenden Objektkomponente beim Eintritt in die Routine. Jedes nicht von **old** angeführte Vorkommen von *a* in der Nachbedingung bezeichnet den Wert der Komponente bei Beendigung der Routine. So enthält die Nachbedingung von *push* zum Beispiel

```
nb_elements = old nb_elements + 1
```

womit ausgedrückt wird, daß ein auf ein Objekt angewandtes *push* den Wert der Komponente *nb_elements* dieses Objekts um Eins erhöhen muß.

Eine weitere nur in Nachbedingungen erlaubte Schreibweise ist der Boolesche Ausdruck *Nochange,* der genau dann wahr liefert, wenn kein Attribut des aktuellen Objekts seit dem Aufruf den Wert geändert hat. Dieser Ausdruck ist in längeren Nachbedingungen nützlich wie im folgenden Beispiel. Angenommen, wir ändern die Spezifikation von *pop* dahingehend, daß *pop* auch auf einen leeren Keller angewandt werden kann - ohne Effekt. Dann verschwindet die Vorbedingung von *pop,* und die Nachbedingung wird zu:

```
ensure
        ((not old empty) and
         (nb_elements = old nb_elements - 1) and
         not full
        )
        or
        ((old empty) and Nochange)
```

(Die Vorrangregeln für Operatoren, wie sie in Anhang C angegeben werden, machten hier alle Klammern überflüssig.)

7.3 Verträge für die Software-Zuverlässigkeit

Vorbedingungen und Nachbedingungen können eine entscheidende Rolle dabei spielen, daß Programmierer korrekte Programme schreiben - und daß sie wissen, daß die Programme korrekt sind.

Das Vorhandensein einer Vor- und Nachbedingung in einer Routine kann als **Vertrag** aufgefaßt werden, der die Routine und ihre Aufrufer bindet.

7.3.1 Rechte und Pflichten

Die zwei Parteien im Vertrag könnten auch allgemeiner als die Klasse und die Kunden bezeichnet werden. Durch die Zuordnung von Klauseln **require** *vor* und **ensure** *nach* zu einer Routine *r* teilt die Klasse ihren Kunden mit:

> „Wenn Du zusagst, *r* nur bei erfülltem *vor* aufzurufen, sage ich im Gegenzug zu, einen Endzustand zu liefern, in dem *nach* erfüllt ist."

Was ist ein Vertrag? Das vielleicht herausragendste Merkmal von Verträgen, wie sie zwischen Menschen geschlossen werden, ist das, daß ein guter Vertrag sowohl Pflichten als auch Vorteile für beide Parteien bringt. Das gilt auch für Verträge zwischen Klassen:

- Die Vorbedingung bindet Kunden: Mit ihr sind die Voraussetzungen definiert, unter denen ein Aufruf der Routine erlaubt ist.
- Die Nachbedingung bindet die Klasse: Mit ihr sind die Bedingungen definiert, die bei der Beendigung der Routine gewährleistet sein müssen.

Der Vorteil für den Kunden ist die Garantie, daß nach dem Aufruf gewisse Ergebnisse erzielt werden; der Vorteil für die Klasse ist die Garantie, daß bei jedem Aufruf der Routine gewisse Annahmen erfüllt sind.

	Pflichten	**Nutzen**
Kunden-programmierer	Rufe *push(x)* nur bei nicht-vollem Keller auf	*x* ist als neues oberstes Element des Kellers eingefügt (*top* liefert *x*, *nb_elements* ist um 1 erhöht)
Modul-implementierer	Stelle sicher, daß *x* zum obersten Element des Kellers wird	Wenn der Keller schon voll ist, braucht nichts gemacht zu werden

Bild 7.1 Ein Klassenvertrag: Routine *push* aus *STACK1*

7.3.2 Was geschieht, wenn die Vorbedingung nicht erfüllt ist?

Diese Frage entspricht dem Kasten rechts unten im Bild 7.1; es ist wert, darauf einzugehen. Wenn der Kundenteil des Vertrags nicht erfüllt ist, wenn also der Aufruf die Vorbedingung nicht erfüllt, dann ist die Klasse an die Nachbedingung nicht gebunden. In diesem Fall kann die Routine tun, was ihr beliebt: irgendeinen Wert liefern; in eine unendliche Schleife gehen, ohne einen Wert zu liefern; oder sogar die Ausführung auf irgendeine abenteuerliche Weise beenden.

Der Vorteil dieser Konvention liegt darin, daß dadurch der Programmierstil erheblich vereinfacht wird. Wenn Sie - als Programmierer der Klasse - die beim Aufruf einer Routine zu beachtenden Einschränkungen als Vorbedingung spezifiziert haben, können Sie bei der Realisierung des Routinenrumpfes davon ausgehen, daß die Einschränkungen erfüllt sind; Sie müssen sie im Routinenrumpf nicht überprüfen. Wenn also eine Wurzelfunktion beginnt mit

```
sqrt(x: REAL): REAL is
        -- Quadratwurzel von x
    require
        x >= 0
    do ...
```

dann können Sie den Algorithmus zur Berechnung der Quadratwurzel schreiben, ohne daß Sie den Fall, daß *x* negativ ist, berücksichtigen müssen; darauf wird mit der Vorbedingung geachtet, und deren Beachtung wird zur Pflicht Ihrer Kunden. (Auf den ersten Blick mag das gefährlich aussehen; aber lesen Sie weiter.)

Das Problem hier ist entscheidend in der Programmierung - und sehr praktisch. Einer der Hauptquellen für die Komplexität in Programmen ist die Tatsache, daß ständig geprüft werden muß, ob die einem Abarbeitungselement (einer Routine) übergebenen Daten die Anforderungen an korrekte Abarbeitbarkeit erfüllen. Wo sollten diese Prüfungen durchgeführt werden: in der Routine selbst oder in ihren Aufrufern? Solange Modulentwerfer sich nicht über eine exakte Verteilung von Verantwortlichkeiten formell einigen, führt das entweder dazu, daß gar nicht geprüft wird - eine sehr unsichere Situation - oder daß - ohne Nutzen für die Sicherheit - mehrere Male geprüft wird.

Mehrfache Prüfungen scheinen harmlos zu sein, sind es aber nicht. Natürlich behindern sie die Effizienz; schlimmer aber ist die konzeptionelle Verschmutzung, die dadurch in Softwaresystemen verursacht wird. Komplexität ist wahrscheinlich der größte Feind der Softwarequalität. Das Verstreuen von redundanten Prüfungen über das ganze Softwaresystem zerstört die konzeptionelle Einfachheit des Systems, erhöht die Gefahr von Fehlern und behindert Qualitäten wie Erweiterbarkeit, Verständlichkeit und Wartbarkeit.[1]

---

[1] Redundante Prüfungen sind bei Hardware Standardtechnik. Der Grund ist, daß ein Objekt, das zu einem bestimmten Zeitpunkt als korrekt erkannt wurde, später aufgrund äußerer Ereignisse seine Unversehrtheit verloren haben könnte. Die Korrektheit eines elektronischen Signals wird zum Beispiel sowohl durch den Sender als auch durch den Empfänger geprüft. In der Software gibt es ein solches Phänomen nicht: Wenn ich auf irgendeine Weise nachweisen oder prüfen kann, daß bei jedem Aufruf von *sqrt(a) a* nicht negativ ist, dann muß ich im Rumpf von *sqrt* keine Prüfung auf *x>=0* (wobei *x* das entsprechende formale Argument ist) einbauen - es sei denn selbstverständlich, daß es sich bei dem zu beurteilenden System um den Compiler oder Binder handelt.

Wir empfehlen, systematisch Vorbedingungen zu nutzen und den Modulautoren zu erlauben, beim Verfassen von Routinenrümpfen das Erfülltsein der Vorbedingung vorauszusetzen. Das Ziel ist, einen einfachen Programmierstil zu ermöglichen, mit dem Lesbarkeit, Wartbarkeit und andere zugehörige Qualitäten gefördert werden.

Nehmen wir als Beispiel an, wir möchten die Klasse *STACK* mit der üblichen Technik des zusammenhängenden Feldes implementieren: Ein Feld mit den Grenzen 1 und *max_size* und ein Ganzzahl-Zeiger auf die Spitze des Kellers, der nichts anderes ist als das Attribut *nb_elements*. Diese Darstellung ist unten veranschaulicht.

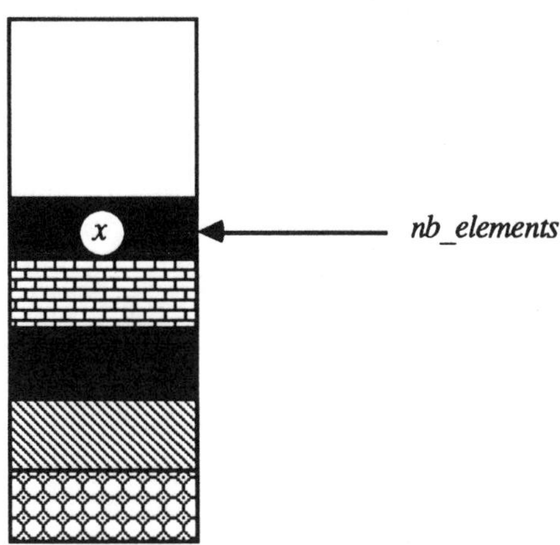

Bild 7.2 Kellerrepräsentation durch ein Feld

Die Klasse kann wie folgt geschrieben werden.[2]

```
class STACK2[T] export
        push, pop, top, empty, nb_elements, full
feature
        implementierung: ARRAY [T];
        max_size: INTEGER;
        nb_elements: INTEGER;
        Create(n: INTEGER) is
                        -- Lege Keller mit maximal n Elementen fest
                        -- (oder mit null Elementen, wenn n < 0)
                do
                        if n > 0 then max_size := n end;
                        implementierung.Create(1,max_size)
                end; -- Create
```

[2] Man erinnere sich, daß - wenn *a* ein Feld ist - *a.enter(i,x)* die Operation bezeichnet, die dem *i*-ten Element den Wert *x* zuweist, und daß der Wert des *i*-ten Elements durch *a.entry(i)* gegeben ist. Wenn, wie hier, die Grenzen des Feldes 1 und *max_size* sind, dann muß *i* in beiden Fällen zwischen diesen Grenzen liegen.

```
      empty: BOOLEAN is
                  -- Ist der Keller leer?
            do
                  Result := (nb_elements = 0)
            end; -- empty
      full: BOOLEAN is
                  -- Ist der Keller voll?
            do
                  Result := (nb_elements = max_size)
            end; -- full
      pop is
                  -- Entferne oberstes Element
            require
                  not empty -- d.h. nb_elements > 0
            do
                  nb_elements := nb_elements - 1
            ensure
                  not full;
                  nb_elements = old nb_elements - 1
            end; -- pop
      top: T is
                  -- Oberstes Element
            require
                  not empty -- d.h. nb_elements > 0
            do
                  Result := implementierung.entry(nb_elements)
            end; -- top
      push(x: T) is
                  -- Füge x als oberstes Element zu
            require
                  not full
                        -- d.h. nb_elements < max_size in
                        -- dieser Darstellung
            do
                  nb_elements := nb_elements + 1;
                  implementierung.enter(nb_elements,x)
            ensure
                  not empty;
                  top = x;
                  nb_elements = old nb_elements + 1
            end; -- push
end -- class STACK2
```

Der Code all dieser Routinen ist einfach, weil in den Rümpfen von *pop* und *top* nicht auf leeren Keller und im Rumpf von *push* nicht auf Überlauf geprüft werden muß. Auf diese Einschränkungen achten die Vorbedingungen.

Sie sollten jetzt davon überzeugt sein, daß die hier propagierte Herangehensweise nicht zu einer laxen Haltung Fehlern gegenüber führt. Tatsächlich ist das Gegenteil richtig: Indem die Methode eine klare Festlegung darüber erzwingt, **wer** für die Überprüfung aller für das korrekte Funktionieren notwendigen Bedingungen **verantwortlich** ist, betont sie einen systematischen, strengen Ansatz zur Entwicklung korrekter Programme.

Ein scheinbar überraschender Aspekt dieser Implementierung ist, daß *Create* keine Vorbedingung hat: Kunden, die einen Keller erzeugen, müssen für die maximale Länge *n* keinen positiven Wert benutzen! So sollte es auch sein. Ein nicht-positives *n* ist kein Fehler, sondern bedeutet einfach, daß dieser bestimmte Keller stets leer sein wird. Ein Fehler würde nur dann auftreten, wenn ein *push* auf diesen Keller versucht würde. Analog kann ein Feld mit *a.Create(untere, obere)* auch dann erzeugt werden, wenn *untere* > *obere;* das Ergebnis ist ein leerer Keller und kein Fehler. Wenn man eine allgemeine Datenstruktur wie einen Keller oder ein Feld definiert, dann ist es wichtig zu erkennen, daß Kunden öfter mal leere Exemplare erzeugen werden und dafür nicht gescholten werden sollten.[3]

7.3.3 Wie restriktiv?

Die Frage bleibt jedoch, wie sehr man anderen trauen kann. Nehmen wir die obigen Implementierungen von *push* und *pop*. Wenn ein Kunde die Vorbedingung nicht beachtet, passiert eine Katastrophe (Grenzwertverletzung). Man möchte nicht, daß das während der Ausführung eines Anwendungsprogramms passiert, das den Keller für seine Implementierung benutzt.

Die Antwort ist dieselbe wie im wirklichen Leben: Man traut den Kunden in dem Maße, wie man sie kennt. Es hängt alles davon ab, wer die Routinen aufruft. Wenn man direkte Kontrolle über die Kunden hat, dann kann man es sich leisten, strenge Vorbedingungen zu definieren, um den Code einfach zu halten: Man trägt selbst die Verantwortung dafür sicherzustellen, daß alle Aufrufe die Vorbedingungen erfüllen. Wenn nicht, sollte man eventuell die Vorbedingungen lockern und dafür explizit Fehler behandeln.

Man ist versucht zu sagen: „Warum sollten wir nicht zum Zwecke erhöhter Sicherheit die Vorbedingungen lockern und lieber sicherstellen, daß alle Fälle irgendwie behandelt werden?" Zum Beispiel könnte die Funktion *top* eine Fehlermeldung erzeugen, wenn sie auf einen leeren Keller angewandt wird:

[3] Ein System, das die umgekehrte Konvention benutzt, ist Algol W. Wenn ein dynamisch erzeugtes Feld eine leere Ausdehnung hat, dann bricht das Programm mit Fehler ab – auch dann, wenn das Feld vollkommen in Ordnung war und nur eben gerade bei diesem Durchlauf leer war. Das ist zu restriktiv: Null sollte eine gültige Feldlänge sein. Falsch ist nur der Versuch, auf Elemente eines Feldes der Länge Null *zuzugreifen.*

```
top: T is
        -- Oberstes Element
    require
        not empty -- d.h. nb_elements > 0
    do
        if empty then
            output_message("Fehler: top auf leerem Keller")
        else
            Result :=
            implementierung.entry(nb_elements)
    end; -- top
```

(Syntaktisch muß *top* immer einen Wert vom Typ *T* liefern; die Initialisierungskonventionen von Eiffel bewirken, daß in Fehlerfällen *Result* den Standardwert des Typs *T* hat.)

Dieser Versuchung sollte im Interesse von Einfachheit und Entwurfsklarheit widerstanden werden. Man kann nicht darauf vertrauen, daß ein großes System sauber funktionieren wird, wenn man nicht sichergestellt hat, daß jeder Bestandteil eine wohldefinierte Aufgabe hat, sie gut ausführt, sie vollständig ausführt und nur sie ausführt. Es ist nicht die Aufgabe eines Kellermoduls, sich mit Fehlermeldungen zu befassen; diese sind ein Problem der Benutzungsschnittstelle. Kellermoduln sollten sich mit der effizienten Implementierung von Kelleroperationen befassen. Um den Rumpf von *top* einfach und überzeugend zu lassen, muß die Gültigkeit der Vorbedingung **not** *empty* angenommen werden.

Das sind gute Gründe dafür, Routinen von Basismoduln mit geeigneten Vorbedingungen zu definieren und ohne unangemessene Rücksicht auf mögliche Benutzungsfehler.

7.3.4 Filtermoduln

Die einfachen, aber ungeschützten Basismoduln sind eventuell für die Benutzung durch beliebige Kunden nicht robust genug. Die obigen Bemerkungen schließen die Entwicklung weiterer Softwareschichten nicht aus, die als Filter zwischen eventuell nachlässigen Kunden und ungeschützten Klassen dienen. Eine geschützte Version von *STACK* kann zum Beispiel wie folgt zur Verfügung gestellt werden:

```
class STACK3[T]        -- Geschützt
export
        nb_elements, empty, full, push, pop, top, error
feature
        implementierung: STACK [T];

        error: INTEGER;
            -- Nach jeder Operation erhält error die folgenden
            -- Werte:
                -- error = 0: kein Fehler, Operation ausgeführt
                -- error > 0: nicht ausgeführt
                    -- 1: hätte zu Unterlauf geführt
                    -- 2: hätte zu Überlauf geführt
```

```
Create(n: INTEGER) is
        -- Lege Keller für n Elemente an
    do implementierung.Create(1,n) end; -- Create
nb_elements: INTEGER is
        -- Anzahl der Elemente im Keller
    do Result := implementierung.nb_elements
    end; -- nb_elements
    -- Beachte, daß hier nb_elements eine Funktion
    -- und kein Attribut ist
empty: BOOLEAN is
        -- Ist der Keller leer?
    do Result := implementierung.empty end; -- empty
full: BOOLEAN is
        -- Ist die Kellerrepräsentation voll?
    do Result := implementierung.full end; -- full
push(x: T) is
        -- Füge x als oberstes Element zu, wenn
        -- möglich; andernfalls setze den Fehlercode.
        -- Keine Vorbedingung!
    do
        if full then
            error := 2
        else
            implementierung.push(x); error := 0
        end
    ensure
        (old full and error = 2) or
            (not old full and not empty and top = x
            and nb_elements = old nb_elements + 1
                and error = 0)
    end; -- push
pop is
        -- Entferne oberstes Element, wenn möglich;
        -- sonst setze Fehlercode.
        -- keine Vorbedingung!
    do
        if empty then
            error := 1
        else
            implementierung.pop; error := 0
        end
    ensure
        (old empty and error = 1) or
            (not old empty and not full
             and nb_elements = old nb_elements - 1
                and error = 0)
    end; -- pop
```

```
top: T is
            -- Oberstes Element, falls vorhanden;
            -- andernfalls wird 0 geliefert und
            -- der Fehlercode gesetzt.
            -- Keine Vorbedingung!
      do
            if empty then
                  error := 1
                  -- in diesem Fall ist der
                  -- Standardwert das Ergebnis
            else
                  Result := implementierung.top;
                  error := 0
            end
      end -- top
end -- class STACK3
```

Die Operationen dieser Klasse haben keine Vorbedingungen (oder, genauer gesagt, ihre Vorbedingung ist jeweils **true**). Bei denjenigen, die in Ausnahmesituationen enden können, wurde die Nachbedingung soweit erweitert, daß zwischen korrekten und fehlerhaften Abarbeitungen unterschieden werden kann. Eine Operation wie *s.pop,* wobei *s* ein *STACK3* ist, setzt *s.error* auf 0 oder 1 und tut im letzteren Falle nichts weiter. Natürlich bleibt es in der Verantwortung des Aufrufers, nach dem Aufruf *s.error* zu prüfen. Ein allgemeingültiger Modul wie *STACK3* kann nicht entscheiden, was im Falle eines fehlerhaften pop-Versuchs getan werden sollte: Erzeugung einer Fehlermeldung, Ergreifen einer Verbesserungsmaßnahme ...

> Die Routinen der Filterklasse können wie Pförtner zum Beispiel in einem großen staatlichen Labor betrachtet werden. Um mit Experten aus dem Labor zusammentreffen und ihnen technische Fragen stellen zu dürfen, muß man sich Überprüfungsprozeduren unterziehen. Aber die Überprüfung Ihres Berechtigungsgrades und die Beantwortung Ihrer Fragen geschieht durch verschiedene Personen. Die Pförtner sind zur Beantwortung der Fragen nicht qualifiziert, während die Experten annehmen, daß Sie - sobald Sie offiziell in ihre Büros gebracht worden sind –, die „Vorbedingungen" erfüllen.

Solche Filtermoduln erreichen die benötigte Trennung zwischen den Angelegenheiten der algorithmischen Techniken zur Behandlung von Normalfällen und denjenigen der Fehlerbehandlungstechniken. Das ist die Unterscheidung zwischen Korrektheit und Robustheit, wie sie in Kapitel 1 erläutert wurde: Einen Modul zu schreiben, der in erlaubten Fällen korrekt funktioniert, ist eine Sache; sicherzustellen, daß auch andere Fälle ordentlich behandelt werden, ist eine ganz andere. Beide sind notwendig, aber sie sollten getrennt behandelt werden. Immer wenn das versäumt wird, führt das zu der oben erwähnten Verschmutzung.

Noch zwei Bemerkungen zu diesem Beispiel sind angebracht:

- Die oben benutzte Implementierung scheint ineffizient zu sein, weil *STACK3* kein Feld ist, sondern eine Struktur, die einen Zeiger *(implementierung)* auf ein *STACK*-Objekt enthält, das seinerseits einen Zeiger auf ein Feld enthält. Diese zusätzlichen

Verzeigerungen können jedoch durch Vererbung vermieden werden. Wir müssen für diese notwendige Vereinfachung bis Kapitel 10 warten; dies ist dann Thema der Übung 11.1.

- Eher als durch Literalwerte 0, 1, 2 sollten die Fehlercodes den Kunden durch symbolische Namen wie *Normal, Unterlauf, Überlauf* bekanntgegeben werden; siehe Kapitel 13.

7.4 Klasseninvarianten und Klassenkorrektheit

7.4.1 Definition und Beispiel

Vor- und Nachbedingungen beschreiben die Eigenschaften einzelner Routinen. Es besteht aber auch der Bedarf, globale Eigenschaften der Exemplare von Klassen zu beschreiben, die von allen Routinen eingehalten werden müssen.

Als Beispiel betrachten wir erneut die Implementierung von Kellern durch Felder, aber ohne die Schutzmaßnahmen *(STACK2)*:

```
class STACK2 [T] export ... (s. 7.3.2) ... feature
        implementierung: ARRAY[T];
        max_size: INTEGER;
        nb_elements: INTEGER;
        ...
        Create, empty, full, push, pop, top (s. 7.3.2)
        ...
end -- class STACK2
```

Die drei Attribute der Klasse - die Komponente *implementierung* und die Ganzzahlen *max_size* und *nb_elements* - bilden die Kellerrepräsentation. Die semantischen Eigenschaften von Kellern werden teilweise durch die Vor- und Nachbedingungen, wie oben angegeben, ausgedrückt. Mit diesen Vorbedingungen lassen sich jedoch einige wichtige Konsistenzbedingungen für die Repräsentation nicht ausdrücken; die Attribute sollten zum Beispiel stets folgendes erfüllen:

0 <= nb_elements; nb_elements <= max_size

Eine Klasseninvariante ist eine solche Liste von Zusicherungen, mit der allgemeine Konsistenzbedingungen formuliert werden, die für jedes Klassenexemplar als ganzes gelten; das ist anders als bei Vor- und Nachbedingungen, die einzelne Routinen charakterisieren.

Die obigen Zusicherungen enthalten nur Attribute. Invarianten können auch dazu benutzt werden, semantische Beziehungen zwischen Funktionen oder zwischen Funktionen und Attributen auszudrücken. Die Invariante für *STACK2* könnte zum Beispiel die folgende Eigenschaft enthalten, welche die Verbindung zwischen *empty* und *nb_elements* beschreibt:

empty = (nb_elements = 0)

In diesem Beispiel verknüpft die Invariante ein Attribut und eine Funktion; das ist nicht besonders interessant, weil damit lediglich eine Zusicherung wiederholt wird, die in der Nachbedingung der Funktion (hier *empty*) stehen sollte. Nützlicher sind solche Zusicherungen, die entweder nur Attribute enthalten, wie oben, oder mehr als eine Funktion.

7.4.2 Form und Eigenschaften von Klasseninvarianten

Syntaktisch ist eine Klasseninvariante eine Zusicherung, die in der **invariant**-Klausel einer Klasse steht, und zwar nach den Merkmalen und unmittelbar vor **end,** wie bei:

```
class STACK2 [T] export ... feature
        implementierung: ARRAY[T];
        max_size: INTEGER;
        nb_elements: INTEGER;
        ...Übrige Merkmale wie zuvor...
invariant
        0 <= nb_elements; nb_elements <= max_size;
        empty = (nb_elements = 0)
end -- class STACK2
```

Eine Invariante für eine Klasse *C* ist eine Menge von Zusicherungen, die von jedem Exemplar von *C* zu jedem „stabilen" Zeitpunkt erfüllt sein müssen. Stabile Zeitpunkte sind definiert als solche, zu denen ein Exemplar in einem stabilen Zustand ist, nämlich:

- Bei der Exemplarerzeugung, das heißt, nach Ausführung eines Aufrufs der Form *a.Create(...),* wobei *a* vom Typ *C* ist.
- Vor und nach jedem von außen kommenden Aufruf *a.r(...)* einer Routine der Klasse.

Die zeitweise Verletzung der Invariante während der Ausführung eines Aufrufs von außen ist kein Fehler, vorausgesetzt, die Routine restauriert die Invariante vor ihrer Beendigung. Insbesondere kann der Routinenrumpf lokale Aufrufe (der Form *r(...),* ohne Qualifizierung) enthalten, die nicht gehalten sind, die Invariante zu erhalten.

Folglich betrifft eine Klasseninvariante nur exportierte Routinen: Geheime (private) Routinen, die nicht direkt durch Kunden ausgeführt werden, sondern nur als Hilfswerkzeuge zur Ausführung der Aufgaben von exportierten Routinen dienen, müssen die Invariante nicht erhalten.

Aus dieser Erörterung folgt die Regel, mit der exakt definiert wird, wann eine Zusicherung eine korrekte Klasseninvariante ist:[4]

---

[4] Siehe 7.11.2 zu einer Einschränkung für die Benutzung dieser Regel in Eiffel.

Invariantenregel:
Eine Zusicherung *I* ist eine korrekte Klasseninvariante für eine Klasse *C* genau dann, wenn die beiden folgenden Bedingungen erfüllt sind:

1. Wenn die *Create*-Prozedur von *C* in einem Zustand, in dem die Attribute ihre Vorbelegungswerte haben, auf Argumente angewandt wird, die ihre Vorbedingung erfüllen, dann führt sie in einen Zustand, der *I* erfüllt.
2. Jede exportierte Routine der Klasse, die auf Argumente und einen Zustand angewandt wird, bei denen *I* und die Vorbedingung der Routine erfüllt sind, führt in einen Zustand, der *I* erfüllt.

Bei dieser Regel ist zu beachten:

- Für jede Klasse wird das Vorhandensein einer *Create*-Prozedur vorausgesetzt, die, wenn sie nicht explizit spezifiziert ist, als eine leere Operation definiert ist.
- Der Zustand eines Objekts wird definiert durch die Werte aller seiner Attributkomponenten.
- Die Vorbedingung einer Routine kann den Anfangszustand und die Argumente enthalten.
- Die Nachbedingung darf nur den Endzustand, den Anfangszustand (mithilfe der Schreibweisen **old** und *Nochange*) sowie, im Falle einer Funktion, den durch die vordefinierte Größe *Result* ausgedrückten gelieferten Wert enthalten.
- Die Invariante darf nur den Zustand enthalten.

Aus der obigen Definition folgt, daß die Klasseninvariante implizit zu den Vor- und Nachbedingungen aller exportierten Routinen hinzugefügt (ge-**and**-et) wird. Wir könnten also ohne Invarianten auskommen, indem wir einfach die Vor- und Nachbedingungen aller Routinen in der Klasse erweitern. Das würde die Routinentexte umständlicher machen; schlimmer aber ist, daß man die Bedeutung der Invariante verlieren würde, die über einzelne Routinen hinausgeht und die Klasse als ganzes betrifft. Man sollte auch daran denken, daß die Invariante sich nicht nur auf die augenblicklich verfaßten Routinen der Klasse bezieht, sondern ebenso auf jede andere, die später möglicherweise hinzukommt; die Invariante dient damit auch als Kontrolle über die zukünftige Weiterentwicklung der Klasse. Das wird sich in den Vererbungsregeln niederschlagen (11.1.1).

In der Analogie, die uns als Grundlage für diese Diskussion diente - der Vertrag -, hat die Invariante eine deutliche Entsprechung. Verträge zwischen Menschen enthalten oft Verweise auf allgemeine Klauseln oder Bestimmungen, die für alle Verträge einer bestimmten Art gelten sollen (zum Beispiel für alle Hausbauverträge). Invarianten spielen für Verträge zwischen Routinen eine ähnliche Rolle: Die Invariante einer Klasse trifft auf alle Verträge zwischen einer Routine der Klasse und einem Kunden zu.

Die Invariante bindet sowohl den Kundenprogrammierer als auch den Klassenimplementierer. Aus der Sicht des letzteren wird die Aufgabe der Realisierung einer Klasse damit gleichzeitig leichter und schwerer:

- Die Invariante kann zur Vorbedingung jeder Routine hinzugefügt werden (außer zu *Create*), was die Anzahl der Fälle, die im Rumpf beachtet werden müssen, einschränkt - die Aufgabe wird leichter.
- Gleichzeitig muß die Invariante aber auch zur Nachbedingung jeder Routine einschließlich *Create* hinzugefügt werden, was die Anzahl der Eigenschaften, die vom Rumpf sichergestellt werden müssen, vergrößert - die Aufgabe wird schwerer.

7.4.3 Korrektheit von Klassen

(Dieser Abschnitt kann beim ersten Lesen übergangen werden.)

Mit Vorbedingungen, Nachbedingungen und Invarianten können wir nun präzise definieren, was es heißt, eine Klasse sei korrekt.

Allgemein gesagt, ist Software-Korrektheit ein relativer Begriff: Ein Programm als korrekt oder als inkorrekt zu bezeichnen hat keine Bedeutung, wenn man nicht genau die Spezifikation angibt, gegenüber der man die Korrektheit beurteilen möchte. Mit der Zusicherungstechnik, wie sie in Eiffel zur Verfügung steht, kann man diese Spezifikation in den Programmtext selbst einfügen, und zwar in Form von Klasseninvarianten und Routinenvor- und -nachbedingungen. Die Klasse ist genau dann korrekt, wenn ihre durch die Routinenrümpfe gegebene Implementierung mit dieser Spezifikation konsistent ist.

Ein paar Bezeichnungen werden benötigt, um diesen Begriff präziser zu fassen. Zunächst bedeutet

$$\{P\}\ A\ \{Q\}$$

wobei P und Q Zusicherungen sind und A eine Anweisung oder eine Folge von Anweisungen ist:

> Wenn die Ausführung von A in einem Zustand beginnt, in dem P erfüllt ist, dann ist nach der Ausführung Q erfüllt.

Zum Beispiel:

$$\{x = 0\}\ x := x+5\ \{x >= 3\}$$

Seien C eine Klasse und INV ihre Klasseninvariante. Die Vor- und Nachbedingungen einer Routine r der Klasse werden mit $pre_r(x_r)$ bzw. $post_r$ bezeichnet; x_r bezeichnet in der Vorbedingung die eventuellen Argumente von r. (Wenn im Routinentext Vor- oder Nachbedingungen fehlen, dann ist pre_r oder $post_r$ einfach **true**.) Der Rumpf der Routine r wird mit B_r bezeichnet.

Wir nehmen an, daß die Klasse C eine *Create*-Prozedur enthält; falls nicht, betrachten wir B_{Create} als leere Anweisung.

Schließlich sei $Default_C$ die Zusicherung, daß die Attribute von C die Vorbelegungswerte ihrer jeweiligen Typen tragen. Für die obige Klasse ist $Default_{STACK2}$ die Zusicherung

implementierung.Void;
max_size = 0;
nb_elements = 0

Mit diesen Bezeichnungen kann Klassenkorrektheit wie folgt definiert werden:

Definition
(Klassenkorrektheit): Eine Klasse heißt korrekt in bezug auf ihre Zusicherungen genau dann, wenn:

1. Für jede exportierte Routine *r* außer *Create* und jede Menge gültiger Argumente x_r gilt:

$$\{\text{INV } \mathbf{and} \ pre_r(x_r)\} \ B_r \ \{\text{INV } \mathbf{and} \ post_r\}$$

2. Für jede gültige Menge von Argumenten x_{Create} für *Create* gilt:

$$\{Default_C \ \mathbf{and} \ pre_{Create}(x_{Create})\} \ B_{Create} \ \{\text{INV}\}$$

Bedingung 1 bedeutet, daß *r*, aufgerufen bei erfüllter Vorbedingung, die Invariante erhält und die Erfüllung der Nachbedingung sicherstellt. Bedingung 2 bedeutet, daß *Create,* aufgerufen bei erfüllter Vorbedingung, seine Nachbedingung sicherstellt und die Invariante erfüllt.

Zwei wichtige Bemerkungen:

- Wenn es keine besondere *Create*-Prozedur gibt, wenn also B_{Create} eine leere Anweisung ist, dann schrumpft die zweite Bedingung einfach zu der Aussage, daß $Default_C$ INV impliziert - anders gesagt: die Vorbelegungswerte erfüllen die Invariante.
- Eine Anforderung der Form $\{P\} \ A \ \{Q\}$ legt *A* in keiner Weise für Fälle fest, bei denen *P* nicht am Anfang erfüllt ist. Die Schreibweise stimmt also mit der oben (7.3.2) erklärten Eigenschaft überein: Der Vertrag ist für die Routine nicht bindend, wenn der Kunde seinen Teil des Handels nicht erfüllt. Die obige Definition von Korrektheit läßt den Routinen der Klasse freie Hand, zu tun, was ihnen beliebt, wenn ein Aufruf die Vorbedingung oder die Invariante verletzt.

Eben wurde beschrieben, wie die Korrektheit einer Klasse *definiert* wird. In der Praxis möchte man auch *prüfen,* ob eine gegebene Klasse tatsächlich korrekt ist. Diese Frage wird später erörtert werden (7.10).

7.4.4 Noch einmal Create

Die Behandlung von Klasseninvarianten versetzt uns in die Lage, die Rolle der *Create*-Prozedur im richtigen Licht zu sehen.

Eine Klasseninvariante drückt die Menge derjenigen Eigenschaften aus, die von Objekten (Exemplaren) der Klasse in den von uns so genannten stabilen Momenten ihrer Lebenszeit erfüllt sein müssen. Insbesondere müssen diese Eigenschaften bei der Exemplarerzeugung gelten.

Der Standardmechanismus der Objekterzeugung initialisiert Komponenten mit den Vorbelegungswerten der entsprechenden Attributtypen; diese Werte erfüllen die Invariante oder auch nicht. Wenn nicht, ist eine besondere *Create*-Prozedur vonnöten; diese sollte die Attributwerte so setzen, daß die Invariante erfüllt ist. *Create* kann also betrachtet werden als die Operation, die sicherstellt, daß alle Exemplare einer Klasse ihr Leben in korrektem Zustand beginnen - einem, in dem die Invariante erfüllt ist.

Natürlich dienen besondere *Create*-Prozeduren auch einem anderen Zweck: der Möglichkeit, parametrierte Exemplare einer Klasse zu erzeugen. Das theoretische Ziel jedoch - die Sicherstellung der anfänglichen Gültigkeit der Invariante, in anderen Worten: die anfängliche Konsistenz aller Exemplare - sollte nicht vergessen werden.

7.4.5 Noch einmal Felder

Die Bibliotheksklasse *ARRAY* wurde im vorigen Kapitel durchgesprochen. Ihre Definition kann jedoch nicht ohne die richtigen Zusicherungen angemessen angegeben werden. Es folgt hier eine bessere Skizze mit Vorbedingungen, Nachbedingungen und Invariante. Die Zusicherungen drücken insbesondere die Standardanforderung an Feldzu-

```
class ARRAY[T] export
        lower, upper, size, entry, enter
feature
        lower: INTEGER;
            -- Minimal erlaubter Index
        upper: INTEGER;
            -- Maximal erlaubter Index
        size: INTEGER;
            -- Feldlänge
        Create(minb,maxb: INTEGER) is
            -- Lege das Feld mit den Grenzen minb und maxb an
            -- (leer, wenn minb > maxb)
            do ... end;
        entry(i: INTEGER): T is
            -- Element mit dem Index i
            require
                lower <= i; i <= upper
            do ...
            end; -- entry
        enter(i: INTEGER; value: T) is
            -- Weise value dem Element mit Index i zu
            require
                lower <= i; i <= upper
            do ...
            ensure
                entry(i) = value
            end -- enter
invariant
        size = upper - lower + 1; size >= 0
end -- class ARRAY
```

griff und -veränderung aus: Indizes müssen im erlaubten Wertebereich liegen. Die Invariante zeigt die Beziehung zwischen *size, lower* und *upper;* damit könnte *size* auch als Funktion statt als Attribut implementiert werden.

7.5 Etwas Theorie

Die Rolle der bisher gesehenen Zusicherungen - Routinenvor- und nachbedingungen, Klasseninvarianten - kann nur unter dem Blickwinkel abstrakter Datentypen richtig verstanden werden. Eine Klasse ist eine Implementierung eines abstrakten Datentyps; die Zusicherungen dienen dazu, den abstrakten Datentyp in die Implementierung wiedereinzuführen.

7.5.1 Nicht nur eine Sammlung von Funktionen

Wie in Kapitel 4 beschrieben, werden abstrakte Datentypen durch vier Teile definiert: den Namen des Typs; die Signaturen der Funktionen; die Vorbedingungen, welche die Anwendbarkeit dieser Funktionen einschränkt; die Axiome, welche ihre Eigenschaften ausdrücken. Schlichte Anwendungen abstrakter Datentypen übersehen oft die beiden letzten Teile. Das nimmt dem Ansatz viel von seinem Charme, denn Vorbedingungen und Axiome drücken die semantischen Eigenschaften der Funktionen des Typs aus. Wenn man diese wegläßt und „stack" einfach als Kapsel um die (nicht weiter spezifizierten) Operationen *push, pop* usw. betrachtet, dann gewinnt man die Vorteile des Geheimnisprinzips, aber das ist alles. Es gibt keine festgehaltene Vorschrift, was diese Operationen tun sollten; „stack" wird eine leere Schale, die keine Semantik außer derjenigen hat, die durch die Operationsnamen suggeriert wird.

Diese Gefahr findet sich bei der Programmierung in einer objektorientierten Sprache wieder: Die Routinen, welche die Operationen des entsprechenden abstrakten Datentyps implementieren sollen, könnten im Prinzip irgendwelche Operationen ausführen. Zusicherungen sind dazu da, dieses Risiko zu vermeiden, indem die Semantik wiedereingeführt wird.

7.5.2 Klassifikation von Funktionen abstrakter Datentypen

Um dies zu veranschaulichen, rufen wir uns die drei Funktionsarten in Erinnerung zurück, die in der Spezifikation eines abstrakten Datentyps vorkommen können (Kapitel 4.7.7). Sei T der Typ und

$$f: A \times B \times \ldots \rightarrow X$$

eine Funktion seiner Spezifikation. Dann gilt:

- Wenn T nur links vom Pfeil erscheint, ist f eine Zugriffsfunktion, mit der auf Eigenschaften des Typexemplars zugegriffen werden kann. In der zugehörigen Klasse kann f entweder als Funktion oder als exportiertes Attribut repräsentiert werden.

- Wenn *T* rechts und links vom Pfeil vorkommt, ist *f* eine Veränderungsfunktion, mit der aus einem oder mehreren vorhandenen Objekten ein neues Objekt erzeugt wird. In der Implementierungsphase wird *f* häufig als Prozedur ausgedrückt, die ein Objekt durch einen Seiteneffekt verändert, und die nicht - wie eine Funktion - ein neues Objekt erzeugt.
- Wenn *T* nur rechts erscheint, ist *f* ein Konstruktor; in Eiffel entspricht das der *Create*-Prozedur der Klasse. Man beachte, daß es höchstens ein *Create* geben darf; mehrfache Konstruktoren können realisiert werden durch eine *Create*-Prozedur mit Argumenten (oder durch Einführung von Varianten der Klasse mithilfe von Vererbung; siehe Kapitel 10).

7.5.3 Darstellung der Axiome

In diesem Abschnitt wird gezeigt, wie die Axiome der Spezifikation des abstrakten Datentyps in eine Klasse überführt werden können:

- Die Vorbedingungen der Spezifikation tauchen als Vorbedingungen der Routinen wieder auf.
- Axiome über Veränderungsfunktionen finden sich als Nachbedingungen der entsprechenden Prozeduren wieder.
- Axiome, die ausschließlich Zugriffsfunktionen betreffen, erscheinen als Nachbedingungen der entsprechenden Funktionen oder (insbesondere wenn mehr als eine Funktion betroffen ist oder wenn mindestens eine der Zugriffsfunktionen durch ein Attribut implementiert wird) als Klauseln der Klasseninvariante wieder.
- Axiome, die Konstruktorfunktionen betreffen, finden sich in der Nachbedingung der *Create*-Prozedur wieder.

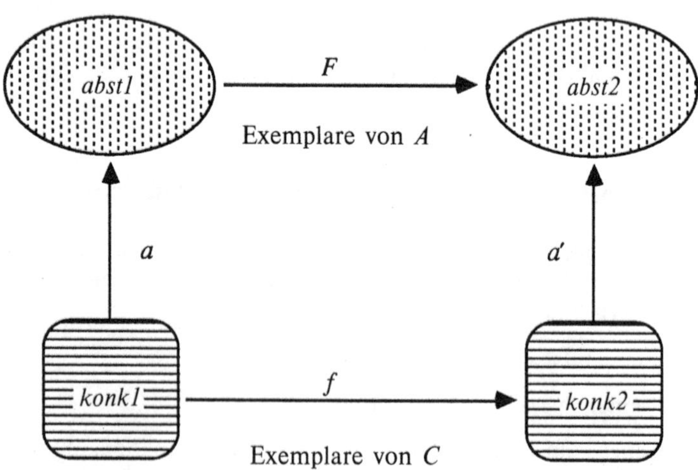

Bild 7.3 Korrektheit von Implementierungen

An dieser Stelle sollten Sie zu den Axiomen des abstrakten Datentyps *STACK* (4.7.4) zurückblättern und sie mit den Zusicherungen der Klasse *STACK* oben vergleichen.

Es ist aufschlußreich, die vorangegangenen Bemerkungen in Begriffen des obigen Bildes [Hoare 1972] zu überdenken, wo das Konzept „*C* ist eine korrekte Implementierung von *A*" dargestellt ist. Man kann *A* als abstrakten Datentyp und *C* als die ihn implementierende Klasse betrachten (obwohl abstrakte Datentypen auf rein funktionale Weise definiert sind, während Klassen Seiteneffekt-produzierende Prozeduren enthalten können). *F* ist eine Operation auf *A* und *f* die entsprechende Routine auf *C*. Die mit *a* bezeichneten Pfeile stellen die **Abstraktionsfunktion** dar, die für jedes Exemplar von *C*, also jedes „konkrete Objekt", das abstrakte Objekt (das Exemplar von *A*) liefert, das es repräsentiert.

Die Implementierung ist korrekt, wenn (für alle Funktionen *F* und deren Implementierungen *f*) das Diagramm kommutativ ist, das heißt:

$$a' \circ f = F \circ a$$

wobei ° der Kompositionsoperator ist. Anders gesagt: Für jedes konkrete Objekt *c* ist das abstrakte Objekt *a'(f(c))*, das aus der Anwendung der konkreten Operation *f* auf *c* und anschließender Abstraktion entsteht, dasselbe wie *F(a(c))*, das durch Anwendung der Abstraktionsfunktion und anschließender Ausführung der abstrakten Datentypoperation *F* auf das resultierende abstrakte Objekt entsteht.[5]

7.6 Darstellungsinvarianten

Gewisse Zusicherungen kommen in Invarianten vor, obwohl sie kein direktes Gegenstück in der Spezifikation des abstrakten Datentyps haben. Diese Zusicherungen bestehen nur aus Attributen einschließlich einiger geheimer Attribute, die im abstrakten Datentyp per definitionem bedeutungslos wären. Ein einfaches Beispiel ist die folgende Eigenschaft von *STACK2:*

0 <= nb_elements; nb_elements <= max_size

Solche Zusicherungen bilden denjenigen Teil der Klasseninvariante, der **Darstellungsinvariante** genannt wird. Sie dienen dazu, die Konsistenz der in der Klasse gewählten Darstellung (hier durch die Attribute *nb_elements, max_size* und *implementierung*) mit dem entsprechenden abstrakten Datentyp auszudrücken.

Darstellungsinvarianten sollten in den Begriffen des Korrektheitsdiagramms (Bild 7.3) und im Konzept der abstrakten Funktion betrachtet werden. Diese Funktion führt im Bild nach oben: von der Darstellung zum abstrakten Datentyp. Die inverse Relation - abwärts - ist **keine** Funktion; anders gesagt, es kann für ein gegebenes abstraktes Objekt mehr als ein konkretes Objekt geben.

---

[5] Noch einmal: In Sprachen wie Eiffel, in denen Seiteneffekte erlaubt sind, ist *f* nicht immer eine reine Funktion, so daß die Schreibweise nicht im strengen Sinne mathematisch korrekt ist. Die zugrundeliegende Idee bleibt jedoch gültig.

Sehen wir uns als Beispiel den abstrakten Datentyp *STACK* an im Verhältnis zu seiner Implementierung durch ein Feld *implementierung* mit den Grenzen *1 . . max_size* und ein Ganzzahlattribut *nb_elements*. Indem man sagt, daß die Abstraktionsfunktion *a* tatsächlich eine Funktion ist, drückt man aus, daß jedes konkrete Objekt, das durch das Paar *[implementierung, nb_elements]* gegeben ist, die Darstellung höchstens eines abstrakten Kellerobjekts ist. Das ist eine wesentliche Anforderung: Wenn man dasselbe Paar als Darstellung von mehr als einem Keller auffassen könnte, dann wäre die gewählte Darstellung mehrdeutig und damit ungeeignet.

Wenn nun die inverse Relation a^{-1} eine Funktion wäre, dann gäbe es für jeden abstrakten Keller höchstens ein Paar [Feld, Ganzzahl], das ihn darstellte. Das ist eine ungerechtfertigte Anforderung, die im Beispiel tatsächlich auch verletzt wird: Derselbe abstrakte Keller kann gleich gut von zwei oder mehr Implementierungen dargestellt werden, die sich nur in den Feldelementen außerhalb des Bereichs 1..*nb_elements* unterscheiden, wie im Bild unten gezeigt wird. Es gibt für Kunden keine Möglichkeit, das Verhalten dieser Kellerdarstellungen zu unterscheiden. Ein Grund dafür ist der, daß die Routine *pop*

nb_elements := nb_elements - 1

ausführt, ohne sich um die Bereinigung des zuvor obersten Elements zu kümmern.

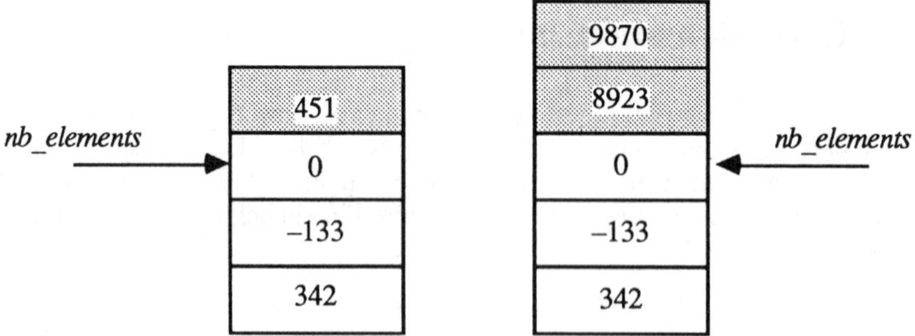

Bild 7.4 Zwei ununterscheidbare Keller

Es ist also korrekt, daß der mit mit *a* verbundene Pfeil in Bild 7.3 nach oben zeigt; es muß immer eine Abstraktionsfunktion geben, aber im allgemeinen gibt es keine Darstellungsfunktion.

Die Abstraktionsfunktion ist jedoch nicht notwendigerweise eine **vollständige** Funktion. Tatsächlich ist sie in interessanten Fällen fast immer partiell; das bedeutet, daß nicht alle möglichen Kombinationen von Komponentenwerten gültige Darstellungen abstrakter Objekte sind. Hier sind zum Beispiel nicht alle Paare von Werten [*implementierung, nb_elements*] gültige Darstellungen von Kellern; eine gültige Darstellung muß die Aussagen *nb_elements >= 0* und *nb_elements <= max_size* erfüllen, wobei *implementierung* die Grenzen 1 und *max_size* hat. Diese Eigenschaft ist die Darstellungsinvariante.

Die Darstellungsinvariante ist ein Teil der Klassenzusicherungen, die kein Gegenstück in der Spezifikation des abstrakten Datentyps hat. Sie bezieht sich nicht auf den abstrakten Datentyp, sondern auf seine Darstellung; formell definiert die Darstellungsinvariante den **Wertebereich** der Abstraktionsfunktion, wenn diese Funktion - was meist der Fall ist - partiell ist.

7.7 Seiteneffekte in Funktionen

In den vorhergehenden Kapiteln blieb eine wichtige Frage unbeantwortet: Dürfen Funktionen Seiteneffekte haben? Erst jetzt, nach der Erörterung von Abstraktionsfunktionen und Klasseninvarianten, können wir diese Frage sinnvoll beantworten. Die Antwort lautet, kurz gesagt: Seiteneffekte in Funktionen sind erlaubt, aber sie sollten nur den konkreten Zustand berühren und nicht den abstrakten. In diesem Abschnitt wird dieses Konzept erläutert.

7.7.1 Seiteneffekte in Eiffel

Ein Seiteneffekt auf ein Objekt ist eine Operation, die mindestens ein Attribut des Objekts verändert. Seiteneffekte sind in Eiffel leicht herauszufinden. Nur vier Arten von Operationen in einer Routine können Seiteneffekte auf diejenigen Objekte bewirken, auf die die Routine angewandt wird:

- Zuweisung an ein Attribut *x* in der Form *x* := *y*.
- Aufruf einer Routine von außen auf *x* in der Form *x.r,* eventuell mit Argumenten, wobei *x* ein Attribut vom Klassentyp ist und *r* einen Seiteneffekt bewirkt.
- Lokaler Aufruf einer Routine *s* aus derselben Klasse, wobei *s* einen Seiteneffekt bewirkt.
- Übergabe eines Attributs *x* als aktuelles Argument an einen Aufruf (mit oder ohne Qualifizierung), wobei die aufgerufene Routine am entsprechenden formalen Argument einen Seiteneffekt bewirkt.

Man beachte, daß die Definition rekursiv ist; der erste Fall ist der Basisfall, während die anderen rekursive Anwendungen enthalten. Im letzten Fall darf der Seiteneffekt auf *x* in der Routine nur von der durch den zweiten Fall gegebenen Form sein, weil - wie wir im nächsten Kapitel sehen werden - Zuweisungen an formale Argumente nicht erlaubt sind.

7.7.2 Kommandos und Anfragen

Im Prinzip sollten nur Prozeduren Seiteneffekte haben; Funktionen sollten dem entsprechen, was ihr Name in der Mathematik bedeutet, und sollten auf Seiteneffekte in den von ihnen benutzten Objekten verzichten.

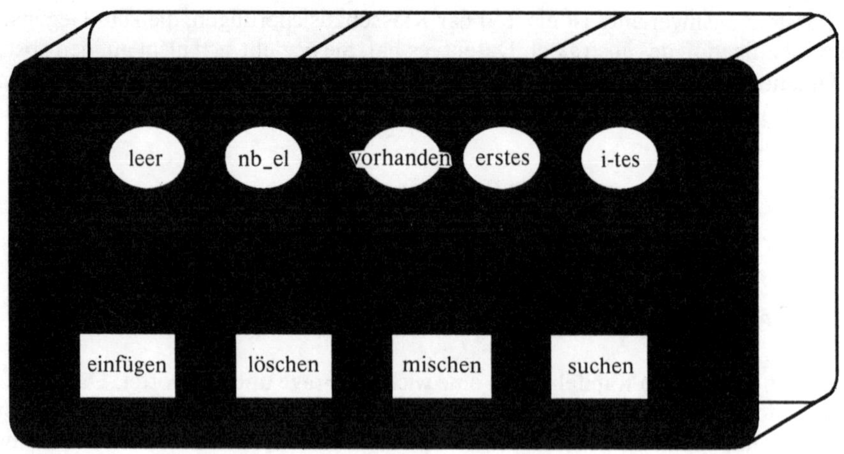

Bild 7.5 Ein Objekt als Maschine

Dieser Ansatz kann wie folgt veranschaulicht werden. Ein Objekt ist eine Maschine, auf die Operationen mithilfe von „Knöpfen" angewandt werden können (Bild 7.5). Es gibt zwei Knopfarten: „Kommandoknöpfe" und „Anfrageknöpfe". (Die im Bild gezeigte Maschine stellt ein Listenobjekt dar mit Kommandos wie Einfügung und Löschung und Anfragen wie nach der Anzahl der Elemente oder danach, ob ein bestimmtes Element in der Liste ist. Listenklassen, die solche Objekte beschreiben, werden genauer ab Kapitel 9 untersucht.)

Wenn man einen Anfrageknopf drückt, leuchtet auf dem Knopf eine Anzeige auf und gibt einem Informationen über den internen Zustand der Maschine. Das Drücken des Knopfes ändert jedoch diesen Zustand nicht; wenn man also denselben Knopf zehnmal hintereinander drückt, so bekommt man mit Gewißheit zehnmal das gleiche Ergebnis.

Drückt man andererseits einen Kommandoknopf, bekommt man keine Information geliefert, sondern die Maschine fängt an zu quietschen und zu klicken; wenn man dann, nachdem die Maschine angehalten hat, einen Anfrageknopf drückt, ist die dann erhaltene Antwort normalerweise eine andere als die vor dem Kommando, weil die Maschine ihren Zustand geändert hat.

Kommandoknöpfe entsprechen Prozeduren; Anfrageknöpfe sind Funktionen oder Attribute. Kommandos dürfen den Zustand ändern, liefern aber kein Ergebnis; Funktionen liefern ein Ergebnis, ändern aber nicht den Zustand.

Die saubere Trennung zwischen Prozeduren und Funktionen vermeidet viele Fallen der traditionellen Programmierung. Seiteneffektbewirkende Funktionen, die von einigen Sprachen zu einer festen Einrichtung erhoben wurden (das schärfste Beispiel liefert C), stehen in Widerspruch zum klassischen Begriff der Funktion in der Mathematik. Eine mathematische Funktion liefert, angewandt auf dieselben Argumente, immer das gleiche Ergebnis; im Gegensatz dazu liefern (zum Beispiel in C) die Ausdrücke

getint () + getint ()
und
*2 * getint()*

- wobei *getint()* eine Funktion ist, die eine Ganzzahl liest und sie liefert - nicht das gleiche Ergebnis.

Der empfehlenswerte Eiffel-Stil unterscheidet zwischen einer Prozedur, die den Eingabe-Zeiger auf das nächste Element vorschiebt, und der Funktion (oder dem Attribut), die das zuletzt gelesene Element liefert. Sei *input* vom Typ *FILE;* das Programmstück zum Lesen der nächsten Ganzzahl aus der Datei *input* könnte dann folgendermaßen lauten:

(IN)

input.advance;
n := input.lastint

Aufeinanderfolgende Benutzungen von *lastint* führen zum gleichen Ergebnis, wenn dazwischen keine Aufrufe von *advance* stehen. In der Praxis kann *lastint* eine Funktion oder ein Attribut sein.

Ein Beispiel, das manchmal zugunsten von Funktionen mit Seiteneffekt zitiert wird, sind Pseudozufallszahlengeneratoren, die aus einer geeignete statistische Eigenschaften aufweisenden Folge laufende Werte liefern. Die Folge wird in folgender Form initialisiert:

zufallskeim(keim)

wobei *keim* ein vom Kunden gegebener Anfangswert ist. Üblicherweise werden die folgenden Pseudozufallszahlen durch Aufruf einer Funktion erzeugt:

xx := nächster_zufall()

Aber auch hier gibt es keinen Grund, eine Ausnahme von der Kommando-/Anfrage-Dualität zu machen. In einer objektorientierten Sprache kann man einen Zufallszahlengenerator als ein Objekt mit drei öffentlichen Merkmalen auffassen: Einen neuen Generator *zufall* erhält man durch

zufall.Create(keim);

Die Folge wird fortgesetzt durch

zufall.nächster;

Den laufenden Wert bekommt man durch

xx := zufall.wert

Die Betrachtung von Funktionen als Seiteneffekt-freie Anfragen ist eine direkte Folge der oben angegebenen Interpretation: Funktionen auf der Eiffel-Ebene sind Implementierungen von Zugriffsfunktionen auf der Ebene des abstrakten Datentyps.

Die recht dogmatische Unterscheidung zwischen Kommandos und Anfragen und das Verbot von Seiteneffekten (außer solchen, die ausschließlich konkret sind) in Funktionen sind für die Entwicklung großer Softwaresysteme wesentlich, wo jeder Effekt intermodularer Interaktion unter strenger Kontrolle gehalten werden muß. Diese Regeln gehören zum empfohlenen Eiffel-Stil und werden in diesem Buch durchgehend beachtet.

7.7.3 Abstrakter Zustand, konkreter Zustand

Aus dieser Diskussion scheint zu folgen, daß Funktionen syntaktisch dagegen geschützt werden sollten, Seiteneffekte zu bewirken. Da diejenigen Operationen, die Seiteneffekte bewirken können, genau definiert worden sind, wäre es nicht schwierig, Sprachregeln hinzuzufügen, mit denen solche Operationen innerhalb von Funktionen verhindert würden.

Das ist aber nicht der Fall. Es gibt keine Sprach-definierten Einschränkungen für Funktionen. Warum nicht?

Der Grund ist der, daß einige Seiteneffekte harmlos sind und tatsächlich gebraucht werden. Das sind diejenigen Seiteneffekte, die nur den konkreten Zustand eines Objekts berühren.

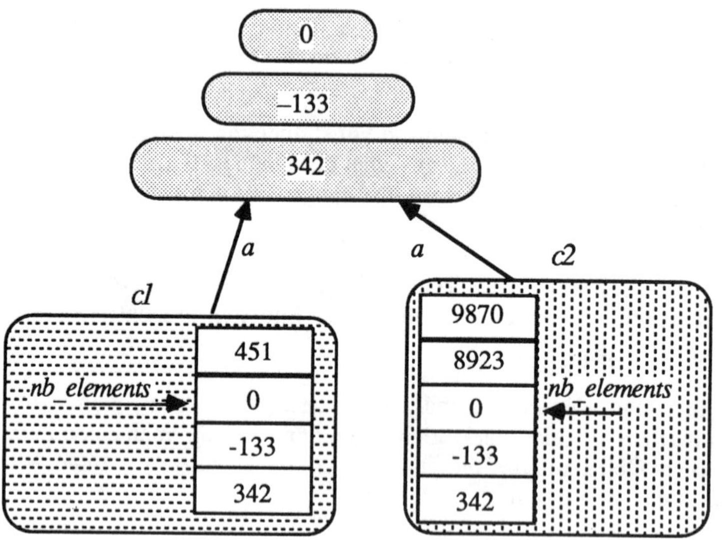

Bild 7.6 Zwei konkrete Zustände, ein abstrakter Zustand

Das Konzept der abstrakten und konkreten Zustände folgt aus der Diskussion über Abstraktionsfunktionen. Wie gesagt, ist die Inverse der Abstraktionsfunktion *a* nicht notwendigerweise eine Funktion; anders gesagt: Verschiedene konkrete Objekte c_1 und c_2 können demselben abstrakten Objekt enstprechen, $a(c_1) = a(c_2)$, wie im Bild gezeigt.

Jetzt kann es vorkommen, daß die effiziente Realisierung einer Zugriffsfunktion (des abstrakten Datentyps) durch eine Funktion der Klasse es erfordert, daß der Zustand des konkreten Objekts, auf das die Funktion angewandt wird, geändert wird (zum Beispiel von c_1 nach c_2), ohne den „abstrakten Zustand" des Objekts, das heißt, das Ergebnis von *a*, angewandt auf das Objekt, zu ändern. Seiteneffekte dieser Art sind legitim und sollten nicht verboten werden.

In der oben besprochenen Maschinenanalogie entsprechen solche Funktionen denjenigen Anfrageknöpfen, die eine solche Änderung des internen Zustands bewirken können, der überhaupt keine Auswirkung auf die durch den Anfrageknopf gegebenen Antworten hat. Zum Beispiel könnten die internen Schaltkreise, welche die Anfrageknöpfe steuern, automatisch ausgeschaltet werden, wenn für eine gewisse Zeit niemand einen Anfrageknopf drückt, und durch das Drücken eines Knopfes würden die Schaltkreise wieder angeschaltet werden. Diese Änderungen des internen Zustands sind von außen nicht sichtbar; also sind sie erlaubt.

Der objektorientierte Ansatz begünstigt insbesondere geschickte Implementierungen, in denen bei Berechnung einer Funktion der konkrete Zustand hinter dem Vorhang geändert wird, ohne einen Seiteneffekt mit funktionaler Bedeutung zu bewirken. Im nächsten Abschnitt wird die Idee veranschaulicht.

7.7.4 Legitime Seiteneffekte: ein Beispiel

Das Beispiel ist eine Implementierung komplexer Zahlen, die zwischen Darstellungen wechselt, um den Kundenforderungen jeweils am besten gerecht zu werden. Es gibt zwei gleich geeignete Darstellungen komplexer Zahlen: die kartesische (durch Achsenkoordinaten x und y) und die polare (durch den Abstand vom Ursprung ρ und den Winkel θ). Die kartesische Darstellung ist ideal für solche Operationen wie Addition oder Subtraktion, die polare für Multiplikation oder Division. (Man versuche einmal, die Division in kartesischen Koordinaten auszudrücken!)

Unsere Klasse zwingt ihre Kunden nicht, sich zwischen diesen Darstellungen zu entscheiden. Vielmehr wechselt sie still zwischen ihnen hin und her, abhängig von der verlangten Operation. Dabei kann eine Funktion einen Wechsel der Darstellung (des konkreten Zustandes) auslösen, der das entsprechende abstrakte Objekt (eine mathematische komplexe Zahl) unverändert läßt.

Nehmen wir an, es gebe neben anderen die folgenden öffentlichen Operationen:

```
class COMPLEX export
        add, subtract, multiply, divide, x, y, rho, theta, ...
feature
        ...
end
```

Man beachte, daß *x, y, rho* und *theta* öffentliche Funktionen sind (die alle einen Real-Wert liefern). Sie sind immer definiert: Ein Kunde kann die Abszisse einer komplexen Zahl auch dann anfordern, wenn die Zahl intern in polarer Form dargestellt ist, bzw. er kann den Winkel auch dann geliefert bekommen, wenn die Zahl in der kartesischen Form dargestellt wird.

Wir nehmen an, daß die ersten vier Operationen Prozeduren sind, die mit Seiteneffekten arbeiten; das heißt, wenn *z* und *z1* vom Typ *COMPLEX* sind, dann ändert *z.plus(z1) z*, indem *z1* dazu addiert wird. Stattdessen hätten es Funktionen sein können, die in der Form *z2 := z.plus(z1)* aufgerufen werden; diese Entscheidung berührt die Diskussion nicht.

Intern enthält die Klasse die folgenden geheimen Attribute für die Darstellung:

```
cartesian: BOOLEAN;
polar: BOOLEAN;
private_x, private_y, private_rho, private_theta: REAL;
```

Nicht alle vier Real-Attribute haben notwendigerweise zu jedem Zeitpunkt eine Bedeutung. Genauer ausgedrückt: Die folgende Darstellungsinvariante sollte in der Klasse enthalten sein:

```
invariant
        cartesian or polar;
        not polar or else (0 <= private_theta and private_theta <= Two_pi)
        -- not cartesian or else private_x und private_y haben eine Bedeutung;
        -- not polar or else private_rho und private_theta haben eine Bedeutung
```

Der Wert von *Two_pi* sei 2π. Die beiden letzten Klauseln werden nur informell, als Kommentare angegeben. Man beachte, wie eine Eigenschaft der Form „wenn *P*, dann *Q*" (oder „*P* impliziert *Q*") durch den Operator **or else** ausgedrückt wird:

not *P* **or else** *Q*

Der Gedanke dabei ist der, daß mindestens eine der Darstellungen gültig ist; es können auch beide gültig sein. Wenn eine Operation angefordert wird, dann wird sie in der Darstellung ausgeführt, die für sie am besten geeignet ist; wenn die Operation einen Seiteneffekt bewirkt, dann ist die andere Darstellung anschließend nicht mehr gültig.

Zwei geheime Prozeduren zur Durchführung der Darstellungswechsel stehen zur Verfügung:

```
make_cartesian is
                -- Mache die kartesische Darstellung verfügbar
        do
            if not cartesian then
                        -- Hier muß polar wahr sein
                private_x := private_rho * cos(private_theta);
                private_y := private_rho * sin(private_theta);
                cartesian := true
                        -- Hier sind cartesian und polar wahr:
                        -- Beide Darstellungen sind verfügbar
            end
        ensure
            cartesian
        end; -- make_cartesian
make_polar is
                -- Mache die polare Darstellung verfügbar
        do
            if not polar then
                        -- Hier muß cartesian wahr sein
                private_rho := sqrt(private_x ^2+private_y ^2);
                private_theta := atan2(private_y,private_x);
```

```
            polar := true
                    -- Hier sind cartesian und polar wahr:
                    -- Beide Darstellungen sind verfügbar
        end
    ensure
        polar
    end; -- make_polar
```

Wir nehmen an, daß die Funktionen *cos, sin, sqrt* und *atan2* aus einer mathematischen Standardbibliothek entnommen werden; *atan2(x,y)* soll tan *y/x* berechnen.

Mithilfe dieser internen Prozeduren sind die exportierten Prozeduren leicht zu schreiben; zum Beispiel:

```
add(z: COMPLEX) is
        -- Addiere x zum laufenden Wert
    do
        make_cartesian;
        private_x := private_x + z.x;
        private_y := private_y + z.y;
        polar := false
    ensure
        x = old x + z.x; y = old y + z.y;
        cartesian
    end; -- add
divide(z: COMPLEX) is
        -- Dividiere den laufenden Wert durch x
    require
        z.rho /= 0
            -- (sollte durch eine numerisch
            -- realistischere Vorbedingung ersetzt
            -- werden)
    do
        make_polar;
        private_rho := private_rho / z.rho;
        private_theta := mod(private_theta-z.theta,Two_pi);
        cartesian := false
    ensure
        rho = old rho / z.rho;
        theta = mod( old theta - z.theta, Two_pi);
        polar
    end; -- divide
```

Die Prozeduren *subtract* und *multiply* folgen demselben Muster und bleiben dem Leser überlassen.

Die für diese Seiteneffekt-bewirkenden Prozeduren verwendete Technik – Benutzung der jeweils für die letzte Kundenanforderung bestgeeigneten Darstellung – läßt sich auch auf Funktionen übertragen.

Zum Beispiel:

```
x: REAL is
        -- Abszisse
    do
        make_cartesian;
        Result := private_x
    end; -- x
theta: REAL is
        -- Winkel
    do
        make_polar;
        Result := private_theta
    end; -- theta
```

Die Funktionen *y* und *rho* sind ähnlich. Wie die Prozeduren können auch diese Funktionen einen Zustandswechsel auslösen (zum Beispiel, wenn *x* in einem Zustand aufgerufen wird, in dem *cartesian* falsch ist); im Gegensatz zu den Prozeduren machen sie jedoch die vorherige Darstellung nicht ungültig, wenn eine neue errechnet wird. Wenn zum Beispiel *x* in dem Zustand aufgerufen wird, in dem *cartesian* falsch ist, dann sind nach dem Aufruf beide Darstellungen (für alle vier Attribute) gültig.

Das kommt daher, daß die Funktionen nur auf den konkreten Objekten Seiteneffekte bewirken dürfen und nicht auf den entsprechenden abstrakten Objekten. Formal ausgedrückt: Während der Berechnung von *z.x* (oder einer der anderen Funktionen) kann das mit *z* verbundene konkrete Objekt geändert werden, sagen wir von c_1 nach c_2, aber nur unter der Einschränkung, daß

$$a(c_1) = a(c_2)$$

wobei *a* die Abstraktionsfunktion ist. Die Rechnerobjekte c_1 und c_2 können verschieden sein, aber sie repräsentieren dasselbe mathematische Objekt, eine komplexe Zahl.

Solche Seiteneffekte sind harmlos; man beachte insbesondere, daß sie ausschließlich geheime Attribute berühren und deshalb von Kunden nicht entdeckt werden können.

Der objektorientierte Ansatz fördert solche flexiblen, selbstanpassenden Darstellungen. Ein Beispiel kommt in Kapitel 9, wenn wir eine Implementierung von Listen untersuchen, die einen internen Zeiger auf eines der Elemente hält; die meisten Operationen benutzen die Position des Zeigers, der durch geeignete Prozeduren bewegt werden kann. Eine Operation der Form „liefere mir den Wert des *i*-ten Elements", die - abstrakt - eine reine, Seiteneffekt-freie Funktion ist, wird durch eine Folge von Seiteneffekten implementiert: Bewege den Zeiger auf die verlangte Position (um den verlangten Wert zu bekommen) und bewege ihn zurück zur Ausgangsposition. Die Funktion beläßt die Liste in ihrem vorgefundenen Zustand.

7.7.5 Die Eiffel-Strategie

Die Eiffel-Regel folgt aus dieser Diskussion. Seiteneffekte sind in Funktionen verboten, es sei denn, sie berührten nur den konkreten Zustand.

In der Praxis kann diese Einschränkung jedoch nicht leicht durch die Implementierung erzwungen werden. Der Grund liegt darin, daß der Compiler - ohne eine vollständig formale Spezifikationssprache und ohne Theorem-beweisende Werkzeuge - unmöglich entscheiden kann, ob ein Seiteneffekt den abstrakten Zustand ebenso berührt wie den konkreten. Man beachte insbesondere, daß es nicht ausreicht zu prüfen, ob nur geheime Attribute geändert werden können: Das System müßte ebenso prüfen, daß diese Änderung den abstrakten Zustand nicht betrifft, wozu es in der gegenwärtigen Form keinerlei Möglichkeit hat. (Trotzdem ist es sicher gut, eine Warnung auszugeben, wenn durch eine Funktion exportierte Attribute geändert werden.)

Die Regel ist ein **methodisches Gebot** und keine durch den Compiler erzwungene Beschränkung. Das schmälert jedoch nicht ihre Bedeutung.

7.8 Andere Konstrukte mit Zusicherungen

Zusicherungen können nicht nur, wie oben eingeführt, in Vorbedingungen, Nachbedingungen und Klasseninvarianten verwendet werden, sondern auch in Schleifen und in besonderen **check**-Anweisungen.

7.8.1 Schleifeninvarianten und -varianten

Die Eiffel-Syntax für Schleifen betont auch Korrektheitskonstrukte. Eine Schleife kann (und sollte oft auch) eine **Schleifeninvariante** und eine **Schleifenvariante** enthalten. Diese Konzepte sind zwar wichtig, aber unabhängig von den objektorientierten Konzepten und werden hier nur kurz behandelt. (Dieser Abschnitt kann beim ersten Lesen übergangen werden.)

Die allgemeine Form einer Eiffel-Schleife ist:

from *initialisierungsanweisungen*
invariant *invariante*
variant *variante*
until *abbruchbedingung*
loop *schleifenanweisungen*
end

Die **invariant**- und die **variant**-Klauseln sind optional. Die **from**-Klausel ist obligatorisch (kann aber leer sein); in ihr wird die Schleifeninitialisierung angegeben, die als Teil der Schleife betrachtet wird.

Ausführung einer solchen Schleife bedeutet: Ausführung der *initialisierungsanweisungen* und anschließend - keinmal, einmal oder mehrere Male - Ausführung der *schleifenanweisungen;* diese werden nur so lange ausgeführt, so lange *abbruchbedingung* falsch ist. Als einfaches Beispiel, noch ohne Varianten und Invarianten, betrachten wir eine Funktion zur Berechnung des größten gemeinsamen Teilers (ggt) von zwei positiven Ganzzahlen *a* und *b* mit dem Euklidischen Algorithmus, unter Nutzung einer Schleife:

```
ggt(a,b: INTEGER): INTEGER is
                -- Größter gemeinsamer Teiler von a und b
    require
        a > 0; b > 0
    local
        x,y: INTEGER
    do
        from
            x := a; y := b
        until
            x = y
        loop
            if x > y then x := x-y else y := y-x end
        end;
        Result := x
    ensure
        -- Result ist der ggT von a und b
    end; -- ggt
```

Man beachte, daß diese Schleife (in Pascal, C, usw.) einer „while"-Schleife entspricht, bei der der Schleifenrumpf keinmal oder mehrere Male durchlaufen wird, und nicht einer „repeat... until"-Schleife, bei der der Rumpf stets mindestens einmal ausgeführt wird. In der Eiffel-Form ist der Test jedoch eine Abbruchbedingung und keine Fortsetzungsbedingung, und die Schleifensyntax bietet Raum für eine Initialisierung. Die Entsprechung der obigen Schleife in Pascal lautet also:

```
x := a; y := b;
while x <> y do          {<> ist Pascalisch für "ungleich"}
    if x > y then x := x-y else y := y-x
```

Die Invariante und die Variante werden dazu benutzt, die Korrektheit einer Schleife in bezug auf ihre beabsichtigte Spezifikation auszudrücken und zu verifizieren. Woher wissen wir, daß die Funktion *ggt* ihre Nachbedingung erfüllt – daß sie tatsächlich den größten gemeinsamen Teiler von *a* und *b* berechnet? Ein Weg, dies zu überprüfen, ist der festzustellen, ob die folgende Eigenschaft nach der Schleifeninitialisierung gültig ist und bei jedem Schleifendurchlauf ihre Gültigkeit behält:

```
x > 0; y > 0;
-- (x,y) haben denselben ggT wie (a,b)
```

Nennen wir diese Eigenschaft INV. INV wird als Eiffel-Zusicherung geschrieben und ist nur teilweise formal. Selbstverständlich ist INV nach Ausführung der **from**-Klausel erfüllt. Außerdem: Wenn INV vor jeder Ausführung des Schleifenrumpfes

```
if x > y then x := x-y else y := y-x end
```

unter der Schleifenfortsetzungsbedingung $x /= y$ erfüllt ist, dann ist INV auch nach Ausführung dieser Anweisung erfüllt; das beruht darauf, daß durch die Ersetzung der größeren von zwei positiven Ganzzahlen durch ihre Differenz beide positiv bleiben und ihr ggT sich nicht ändert.

Wir haben also gezeigt, daß INV vor der ersten Iteration erfüllt ist und bei jeder Iteration erhalten bleibt. Daraus folgt, daß bei Schleifenbeendigung, wenn $x = y$ wahr wird, INV weiterhin gilt; anders gesagt:

$x = y$ **and** *"(x,y)* haben den gleichen ggT wie *(a,b)"*

woraus folgt, daß x der ggT ist.

Dieser Korrektheitsbeweis für die Funktion *ggt* in bezug auf ihre Spezifikation ist typisch dafür, wie Schleifen mithilfe einer **Schleifeninvariante,** hier INV, bewiesen werden können. Allgemeiner ausgedrückt: Eine korrekte Invariante für eine Schleife ist eine Zusicherung, die nach Schleifeninitialisierung erfüllt ist und deren Gültigkeit durch jede Iteration des Schleifenkörpers erhalten bleibt. Eine Invariante für die Schleife

from *init* **until** *exit* **loop** *body* **end**

ist eine Zusicherung *I,* welche die beiden folgenden Eigenschaften erfüllt (für die Schreibweise siehe 7.4.3):

- $\{P\}$ *init* $\{I\}$ (wobei *P* eine vor der Schleife gültige Zusicherung ist);
- $\{$**not** *exit* **and** $I\}$ *body* $\{I\}$

Die zweite Eigenschaft sagt folgendes: Wenn *body* in einem Zustand ausgeführt wird, in dem die Invariante *I* erfüllt ist und die Abbruchbedingung *exit* nicht erfüllt ist (so daß der Rumpf mindestens einmal ausgeführt wird), dann bewahrt der Rumpf die Invariante.

Wenn diese Bedingungen erfüllt sind, dann ist die Invariante selbstverständlich bei Schleifenende weiterhin gültig. Da die Bedingung *exit* per definitionem bei Schleifenende erfüllt ist, gewährleistet die Schleife die Erfüllung der Ausgangszusicherung:

exit **and** *I*

Diese Vorgehensweise ermöglicht das Schreiben von Schleifen, welche die Erfüllung einer Bedingung *C* sicherstellen müssen, und zwar in der folgenden Form:

```
from
        init
invariant
        C1
until
        exit
loop
        body
end
```

wobei die gewählte Invariante *C1* und die Abbruchbedingung *exit* folgendes erfüllen:

C1 **and** *exit* ==> *C*

Das Vorhandensein einer korrekten Invariante wie hier reicht jedoch nicht aus, eine Schleife korrekt zu machen: Man muß auch sicherstellen, daß die Schleife terminiert. Dies geschieht durch Ermittlung einer richtigen Schleifen**variante.** Eine Variante ist ein ganzzahliger Ausdruck, dessen Wert nach der Schleifeninitialisierung nicht-negativ ist und durch jede Schleifenrumpf-Ausführung (wenn die Abbruchbedingung nicht erfüllt ist) um mindestens eins vermindert wird, aber nie negativ wird. Es ist klar, daß mit einer solchen Variante die Terminierung der Schleife sichergestellt ist, weil der Prozeß ja nicht ewig fortfahren kann, einen nicht-negativen ganzzahligen Ausdruck zu vermindern.

In der obigen Schleife ist *max(x,y)* eine geeignete Variante. Wir können jetzt die Schleife mit allen Klauseln schreiben:

```
from
        x := a; y := b
invariant
        x > 0; y > 0;
        -- (x,y) haben denselben ggT wie (a,b)
variant
        max(x,y)
until
        x = y
loop
        if x > y then x := x-y
        else y := y-x end
end;
```

Wie schon gesagt, sind die **invariant**- und die **variant**-Klauseln in Schleifen optional. Wenn vorhanden, helfen sie dabei, den Zweck einer Schleife zu verstehen und ihre Korrektheit zu überprüfen. Vernünftigerweise sollte jede nicht-triviale Schleife durch eine interessante Invariante und eine Variante charakterisiert werden; viele Schleifenbeispiele in den folgenden Kapiteln und in den Bibliotheksklassen von Anhang A enthalten Varianten und Invarianten, die nützliche Einsichten in Natur und Zweck dieser Schleifen vermitteln.

7.8.2 Die check-Anweisung

Ein weiteres Konstrukt kann in Verbindung mit Zusicherungen verwendet werden. Die Schreibweise

```
check
        Zusicherung 1;
        Zusicherung 2;
        ...
        Zusicherung n
end
```

bedeutet: „Es wird erwartet, daß an dieser Stelle des Codes die angegebenen Zusicherungen stets erfüllt sind".

Die **check**-Anweisung dient dazu, sich selbst zu vergewissern, daß bestimmte Eigenschaften erfüllt sind, und (sogar noch wichtiger) dazu, für den Leser die Annahmen aufzudecken, auf die man baut.

Die wahrscheinlich nützlichste Anwendung dieser Anweisung kommt beim ungeschützten Aufruf einer Routine mit einer Vorbedingung auf. Sei *s* ein Keller, und man habe in seinem Code einen Aufruf

s.pop

an einer Stelle, an der man sicher ist, daß *s* nicht leer ist, zum Beispiel, weil vor dem Aufruf *n* „push"- und *m* „pop"-Operationen mit $n > m$ stattgefunden haben. Dann ist es unnötig, den Aufruf durch ein **„if not** *s.empty* **then...**" zu schützen. Wenn jedoch der Grund für die Korrektheit des Aufrufs nicht unmittelbar aus dem Zusammenhang hervorgeht, könnte man den Leser daran erinnern wollen, daß das Weglassen des Schutzes kein Versäumnis, sondern eine bewußte Entscheidung ist. Das erreicht man dadurch, daß man vor den Aufruf

check not *s.empty* **end**

schreibt.

Im Normalmodus hat diese Anweisung auf die Systemausführung nicht mehr Einfluß als ein Kommentar. Wie wir im nächsten Abschnitt sehen werden, gibt es auch einen Debugging-Modus (ALL_ASSERTIONS), in dem der Compiler aus dieser Anweisung eine geeignete Prüfung erzeugt, so daß - wenn man schließlich doch einen Fehler gemacht haben sollte - dies deutlich zur Laufzeit diagnostiziert würde.

7.9 Benutzung von Zusicherungen

Wozu schreibt man Zusicherungen? Dafür gibt es vier Hauptgründe:

- Unterstützung beim Schreiben korrekter Software.
- Dokumentationshilfe.
- Debugging-Werkzeug.
- Unterstützung von Softwarefehler-Toleranz.

Bei den ersten beiden werden Zusicherungen als methodische Werkzeuge benutzt; sie werden zuerst untersucht. Die anderen beiden haben mit dem Laufzeiteffekt von Zusicherungen zu tun; sie sind Thema des nächsten Abschnitts.

7.9.1 Zusicherungen als Werkzeug zum Schreiben korrekter Software

Die erste Benutzungsart ist vielleicht die wichtigste. Indem der Programmierer die genauen Anforderungen für jede Routine und die globalen Eigenschaften von Klassen und Schleifen herausfindet, ist er besser in der Lage, Software zu entwickeln, die gleich korrekt ist. Die Vorteile genauer Spezifikationen und einer systematischen Vorgehensweise bei der Programmentwicklung können gar nicht überbetont werden. In diesem ganzen Buch werden wir immer dann, wenn ein Programmelement bekanntgemacht wird, uns darum bemühen, die formalen Eigenschaften dieses Elements so präzise wie möglich auszudrücken.

Die Schlüsselidee wurde bereits betont: Sie ist das Prinzip des **Programmierens durch Vertrag.** Die Benutzung von Merkmalen eines bestimmten Moduls entspricht dem Vertragsabschluß für Dienstleistungen. Man kann nicht erwarten, daß irgendein Vertragswerk alle möglichen Fälle abdeckt; in guten Verträgen werden die Rechte und Pflichten jeder Partei und auch die *Grenzen* für diese Rechte und Pflichten exakt spezifiziert. Es ist überraschend, daß bei herkömmlichen Vorgehensweisen im Softwareentwurf, wo Korrektheit und Robustheit so wichtig sind, die meiste Zeit über man sich nicht darum kümmert, die Vertragsbedingungen auch nur herauszufinden. Zusicherungen bieten eine dringend benötigte Methode, exakt zu beschreiben, was von jeder Partei in diesen Vereinbarungen erwartet und gewährleistet wird.

7.9.2 Benutzung von Zusicherungen für die Dokumentation

Die zweite Nutzungsart ist wesentlich für die Herstellung wiederverwendbarer Softwareelemente und, allgemeiner, bei der Organisation der Modulschnittstellen in großen Softwaresystemen. Vorbedingungen, Nachbedingungen und Klasseninvarianten versorgen potentielle Kunden mit unverzichtbaren Informationen über die vom Modul gebotenen Dienste, dargebracht in abgerundeter und präziser Form. Kein Haufen geschwätziger Dokumentation kann eine Menge sorgfältig ausgedrückter Zusicherungen ersetzen.

Das automatische Dokumentationswerkzeug **short** von Eiffel, das in Kapitel 9 eingeführt wird, nutzt Zusicherungen als wichtigen Bestandteil beim Herausziehen der für die potentiellen Kunden relevanten Informationen aus einer Klasse.

7.10 Umgang mit Fehlern: Disziplinierte Ausnahmen

Zusicherungen sind bisher als konzeptionelle Hilfe für den Programmentwurf dargestellt worden. Sie werden sich jedoch wahrscheinlich gedacht haben, daß sie auch eine Wirkung auf die Programmausführung haben könnten – und sei es auch nur deshalb, weil es sonst nicht nötig gewesen wäre, ihnen eine mit der übrigen Sprache verträgliche genaue Syntax zu geben (erweiterte Boolesche Ausdrücke). Tatsächlich ist es möglich, Zusicherungen zur Laufzeit zu prüfen; damit steht sowohl ein **Debugging**-Mechanismus als auch ein Instrument für die **Fehlertoleranz** und das **Wiederaufsetzen** zur Verfügung.

In einer idealen Welt wären Laufzeitprüfungen nicht notwendig. Wir haben gesehen, was es bedeutet, daß eine Klasse korrekt ist; im Prinzip sollte man beweisen oder widerlegen können, daß ein gegebenes System korrekt ist (das heißt, daß alle seine Klassen korrekt sind und alle Aufrufe die Vorbedingungen erfüllen). Ein idealer Compiler enthielte einen Programmprüfer, der diese Aufgabe wahrnähme.

Leider sind wir von einem solchen Ziel sehr weit entfernt, das eine formale Definition der Semantik der Programmiersprache voraussetzte sowie praktische Werkzeuge, die über die heutige Programmbeweistechnik weit hinausgingen. Obwohl es sicher die Sache wert ist, in dieser Richtung Fortschritte zu versuchen, müssen wir im Moment mit erdnäheren Techniken vorliebnehmen. Also geht es um die Verfügbarkeit von Mechanismen, mit denen Zusicherungen während der Systemausführung überwacht werden können.

7.10.1 Laufzeitüberwachung von Zusicherungen

In der Eiffel-Umgebung gibt es Compiler-Optionen, welche die Überwachung von Zusicherungen zur Laufzeit ermöglichen. Man kann für jede Klasse und für jede Art von Klauseln, die Zusicherungen enthalten, getrennt festlegen, ob die Zusicherungen während der Ausführung tatsächlich geprüft werden sollen.

Konkret werden die Optionen gewählt, indem in die Systembeschreibungsdatei, die vom Übersetzungskommando **es** (5.6.3) benutzt wird, die entsprechenden Zeilen eingefügt werden. Die Zeilen haben die folgende Form:

NO_ASSERTION_CHECK (Y|N): *Liste von Klassen*
PRECONDITIONS (Y|N): *Liste von Klassen*
ALL_ASSERTIONS (Y|N): *Liste von Klassen*

Jede *Liste von Klassen* kann leer sein; sie kann auch einfach aus dem Schlüsselwort *ALL* bestehen, was anzeigt, daß die bezeichnete Prüfungsebene für alle Klassen im System eingeschaltet werden soll. Das Y oder N (Ja oder Nein) auf jeder Zeile erleichtert das Ändern von Optionen, ohne die ganze Klassenliste neu tippen zu müssen. Diese Zeilen weisen den Eiffel-Compiler an, Code einschließlich einer festgelegten Ebene von Laufzeitüberwachungen der Zusicherungen jeder Klasse zu erzeugen. Drei Ebenen sind vorgesehen:

- Überhaupt keine Prüfung von Zusicherungen.
- Prüfung nur der Vorbedingungen (Vorbelegung).
- Prüfung aller Zusicherungen.

Die vorbesetzte SDF, die vom Compiler generiert wird, wenn man zum erstenmal in einem Ordner **es** aufruft (siehe 5.6.3 und, genauer, 15.2.7), benutzt die folgenden Optionen:

NO_ASSERTION_CHECK (Y):
PRECONDITIONS (Y): ALL
ALL_ASSERTIONS (Y):

Anders gesagt, die Vorbelegungsoption ist die, Prüfungen für die Vorbedingungen zu erzeugen, aber für keine anderen Zusicherungen. Diese Konvention wird unten gerechtfertigt.

Die obigen Optionen versetzen einen in die Lage, das Laufzeitsystem prüfen zu lassen, ob die eigene Software die Zusicherungen auch nicht verletzt, die sie zu beachten hat. In der Analogie, die diesem Kapitel zugrundeliegt, überwacht der Zusicherungsprüfungsmechanismus die Vertrauenswürdigkeit von Kunden und Vertragspartnern.

Die Wahl der richtigen Optionen ist das Ergebnis einer Abwägung zwischen Sicherheit und Effizienz. Die Prüfungen kosten Ausführungszeit und auch ein wenig Speicher. Wenn Ihr System korrekt ist, besteht im Prinzip keine Notwendigkeit für irgendeine Prüfung, und Sie können für alle Klassen NO_ASSERTION_CHECK auswählen. Wenn aber schließlich doch ein oder mehrere Fehler übrigbleiben, dann könnte eine Ausführung des Systems auf irgendeine abenteuerliche Weise zuende gehen; äußerst unangenehme Umstände könnten daraus folgen (wie z.B. die Zerstörung der Integrität einer Datenbank) und Sie würden über das, was passiert ist, im Dunkeln tappen.

Die vorbelegte Option - nur Vorbedingungen werden geprüft - ist wegen des empfohlenen Programmierstils ein vernünftiger Kompromiß. Wie wir am Anfang des Kapitels gesehen haben, werden mit einer Vorbedingung die Forderungen der Routine an ihre Kunden ausgedrückt; der Routinenrumpf sollte diese Vorbedingung nicht überprüfen. So prüft eine Kellerroutine pop nicht auf „**not** *empty*", wenn diese Klausel Teil ihrer Vorbedingung ist. Das bedeutet, daß ein inkorrekter Aufruf Zerstörungen zur Folge haben kann, indem er z. B. zu einem Speicherzugriff außerhalb von Feldgrenzen oder zu fehlerhafter Beendigung führt. Oder eine Quadratwurzelroutine mit der Vorbedingung $x >= 0$ würde in eine Endlosschleife geraten, wenn das aktuelle Argument negativ ist. Es ist also guter Stil, Klassen mit der Option PRECONDITIONS zu übersetzen. Die Prüfung auf Vorbedingungen ist im allgemeinen nicht zu teuer (als guter Schätzwert können durchschnittlich 20% mehr Ausführungszeit gelten) und schützt vor den meisten Katastrophenfällen. Deshalb ist die Vorbelegung für die Optionen so gewählt.

7.10.2 Entdeckung von Verletzungen

Was passiert, wenn ein Prüfmodus eingeschaltet ist und eine Zusicherungsverletzung wird zur Laufzeit entdeckt?

Wenn man dafür in seinen Klassen keine besonderen Vorkehrungen getroffen hat, dann stoppt das Laufzeitsystem einfach die Ausführung und gibt eine Meldung der folgenden Form aus:

Klasse *X*, Routine *r*, Vorbedingung [oder Nachbedingung,
Invariante usw.] *i* wurde verletzt.

Damit wird die Umgebung der Verletzung genau festgehalten. Da eine Zusicherung aus mehr als aus einer Klausel bestehen kann, durch Kommata voneinander getrennt, dient *i* dazu, die einzelne Klausel festzustellen. Man erinnere sich, daß Klauseln benannt sein können, wie in

Positiv: n > 0; Nicht_leer: **not** *x.Void*

Wenn die verletzte Klausel benannt war, ist *i* der Name; sonst ist *i* der Index der Klausel in der Zusicherung.

Mit diesem Instrumentarium ist die Überwachung von Zusicherungen ein mächtiges Debugging-Werkzeug. Wenn man seine Software mit guten Zusicherungen versieht, können auf diese Weise beim Test viele Fehler aufgedeckt werden: Ein Routinenaufruf verletzt die Vorbedingung oder stellt die Nachbedingung nach Ausführung nicht sicher oder verletzt die Klasseninvariante.

Auch wenn man bei der Anreicherung der eigenen Klassen mit Zusicherungen nachlässig gewesen sein sollte, kann dieser Mechanismus wegen des natürlichen Stils der objektorientierten Programmierung, der auf wiederverwendbaren Basisklassen beruht, ein bemerkenswertes Debugging-Werkzeug sein. In Eiffel sind das die Klassen der Eiffel-Bibliothek (untersucht ab Kapitel 9), die Implementierungen von grundlegenden abstrakten Datentypen bieten: Felder, Listen, Keller, Schlangen, Bäume, Dateien, Zeichenketten, usw. Diese Klassen wurden sorgfältig geschrieben und sind mit sauberen Zusicherungen versehen. Wenn die Überwachungsoptionen eingeschaltet sind, dann werden diese Zusicherungen geprüft; viele Fehler in Anwendungsprogrammen führen zu Zusicherungsverletzungen in den Bibliotheksklassen. Ein typisches Beispiel ist der Aufruf einer Einfügeprozedur, der versucht, ein Element außerhalb des zulässigen Wertebereichs der Liste einzufügen. Man kann also aus dem Zusicherungsmechanismus Vorteile ziehen, auch wenn die eigene Software nicht viele Zusicherungen enthält.

7.10.3 Ausnahmen

In manchen Fällen ist es nicht ausreichend zu wissen, daß ein Fehler zum Programmabbruch und zu einer Meldung führt. Man möchte das steuern.

Ein solches Wiederaufsetzen nach Fehlern ist das Ziel von **Ausnahmemechanismen.** Ausnahmen wurden in einige Programmiersprachen eingebaut, vor allem in PL/I, Ada und CLU. Der Ada-Mechanismus wird in Kapitel 18 untersucht.

Wie in der Erörterung von Modulgeschütztheit (2.1.5) bemerkt, sind Ausnahmen eine potentiell gefährliche Technik, die zu viel Mißbrauch Anlaß gibt. Zu oft werden Ausnahmen einfach als eine Form von goto-Anweisung benutzt, die es ermöglichen, aus einer Routine herauszuspringen, wenn irgendeine andere als die Normalbedingung auftritt. In Kapitel 9 untersuchen wir sicherere Möglichkeiten der Behandlung von Ausnahmefällen.

Ausnahmemechanismen haben jedoch in zwei Fällen eine Berechtigung:

- Wenn der Programmierer die Möglichkeit berücksichtigen möchte, daß Fehler in der Software verbleiben, und deshalb Mechanismen einbauen möchte, die jeden daraus folgenden Laufzeitfehler behandeln, indem entweder sauber beendet wird oder ein Wiederaufsetzen versucht wird.
- Wenn ein Fehler aus einer von der Hardware oder vom Betriebssystem entdeckten abnormen Situation entsteht, zum Beispiel ein gescheiterter Eingabe- oder Ausgabeversuch.

Zusicherungsverletzungen entsprechen dem ersten Fall (der zweite wird im nächsten Abschnitt untersucht). Trotz aller Anstrengungen, die wir unternehmen, die Korrektheit unserer Systeme sicherzustellen, müssen wir menschliche Schwäche berücksichtigen und damit rechnen, daß weiter Fehler da sind. Selbstverständlich ist, wenn ein Fehler entdeckt wird, die einzig saubere Handlung seine Korrektur. Das ist aber keine Entschuldigung dafür, keinen Mechanismus vorzusehen, der entweder die Ausführung auf ordentliche Weise beendet oder versucht, das ursprüngliche Ziel mit anderen Mitteln zu erreichen. (Unten werden wir sehen, daß diese beiden Möglichkeiten tatsächlich die einzigen vernünftigen sind; diese Bemerkung ist die Grundlage sauberer Ausnahmebehandlung.)

Es ist wichtig, in der manchmal fusseligen Welt von Fehlern, Fehlverhalten und Ausnahmen Verwirrung zu vermeiden.

Wir benutzen die folgende Begrifflichkeit:

> **Definition**
> *(Fehler, Ausnahme, Fehlverhalten):* Eine **Ausnahme** ist das Auftreten einer abnormen Bedingung während der Ausführung eines Softwareelements.
> Ein **Fehlverhalten** ist die Unfähigkeit eines Softwareelements, seinen Zweck zu erfüllen.
> Ein **Fehler** ist die Anwesenheit eines Elements in der Software, das seiner Spezifikation nicht genügt.

Man beachte, daß Fehlverhalten Ausnahmen verursacht (das Fehlverhalten einer Routinenausführung sollte in der rufenden Routine eine Ausnahme auslösen) und im allgemeinen von Fehlern herrührt. In Eiffel tritt eine Ausnahme auch dann auf, wenn die zu einer Routine gehörige Zusicherung verletzt wird; das setzt voraus, daß die richtigen Compiler-Optionen gesetzt wurden, welche die Laufzeitüberwachung einiger oder aller Zusicherungen ermöglichen.

Im Licht der vorangegangenen Diskussion betrachtet, sind nur zwei Vorgehensweisen vernünftig, wenn eine Ausnahme entdeckt wurde:

- Die Umgebung säubern, abbrechen und dem Aufrufenden das Fehlverhalten melden. Das Säubern besteht darin, die Umgebung in einen stabilen Zustand zu versetzen; wenn zum Beispiel die gescheiterte Operation eine Datenbank-Transaktion war, dann sollten alle Wirkungen, welche die teilweise Ausführung der Operation hatte, rückgängig gemacht werden. Oder, wenn es sich bei der Operation um eine Prozeßausführung in einem Betriebssystem handelte, dann sollte die Operation aus der Betriebssystemtabelle der aktiven Prozesse entfernt werden. Das könnte man als die **organisiert-panische** Antwort auf Ausnahmen bezeichnen. In diesen Fällen ist es wesentlich, dem Aufrufenden das Fehlverhalten zu melden (oder - auf der höchsten Ebene - die Ausführung mit einer Fehlermeldung zu beenden).

- Die Bedingungen, die zur Ausnahme führten, zu ändern versuchen und die fehlgeschlagene Operation erneut versuchen. Diese Vorgehensweise könnte **Wiederversuch** genannt werden (manchmal wird der Begriff „Wiederaufnahme (resumption)" verwendet).

Den gleichen Gedanken kann man auch so ausdrücken: Eine Operation kann nur erfolgreich verlaufen oder fehlschlagen; es gibt keinen dritten Weg. (So trivial wie diese Bemerkung erscheinen mag, wird ihr jedoch von den Ausnahmemechanismen solcher Sprachen wie Ada, CLU oder PL/I nicht Rechnung getragen; dort ist es möglich, eine Routine zu beenden, ohne daß sie ihren Zweck erfüllt hat und ohne das Fehlverhalten dem Aufrufer anzuzeigen. Siehe 7.11.2 und 18.4 bezüglich des Ada-Mechanismus.)

Diese Herangehensweise paßt außerordentlich gut zu der in diesem Kapitel entwickelten Vertragsmetapher. Eine Ausnahme tritt auf, wenn ein Vertragspartner (eine Routine) entdeckt, daß sie nicht in der Lage ist, den Vertrag wie geplant zu erfüllen; das kann daher kommen, daß der Kunde seinen Teil nicht erfüllt hat (die Routinenvorbedingung wurde verletzt), daß ein Untervertragspartner (eine gerufene Routine) fehlgeschlagen ist oder daß der Vertragspartner selbst an der Einhaltung seiner Zusagen scheitert (die Nachbedingung der Routine ist am Ende verletzt). Aber der Vertrag mit dem Kunden verlangt ein bestimmtes Ergebnis. So gibt es also für den Vertragspartner nur zwei mögliche Auswege aus der Zwickmühle: entweder die Umgebung in einen sauberen Zustand zurückzuführen und dem Kunden demütig das Scheitern zu berichten, der seinerseits die für ihn geeignete saubere Vorgehensweise zu entscheiden hat, oder die verlangte Operation mithilfe eines anderen Zugangs erneut zu versuchen (oder mithilfe des gleichen Zugangs, nachdem versucht wurde, die Gründe für die Ausnahme zu beseitigen).

Eine **nicht** akzeptable Lösung ist die, nach der Entdeckung des Fehlverhaltens still und ohne besonderen Hinweis die Steuerung an den Rufenden zurückzugeben. Das würde jeden Versuch, korrekt und robust zu programmieren, vereiteln.

Der Ausnahmemechanismus in Eiffel beruht auf diesen Bemerkungen. Eine Routine kann erfolgreich verlaufen oder scheitern. Sie verläuft nur erfolgreich, wenn sie ihren Vertrag erfüllt.

Zwei syntaktische Erweiterungen sind nötig, um die Details dieses Mechanismus zu beschreiben. Die erste ist die optionale **rescue**-Klausel, die in einer Routine nach dem Rumpf und der Nachbedingung vorkommen kann:

```
routine is
        require ...
        local ...
        do
            Rumpf
        ensure ...
        rescue
            rescue_clause
        end
```

Die *rescue_clause* ist eine Folge von Anweisungen. Wann immer während der Ausführung des normalen *Rumpfes* eine Ausnahme auftritt, wird diese Ausführung angehalten und stattdessen wird die *rescue_clause* ausgeführt.

Das andere neue Konstrukt ist die Wiederversuchsanweisung, einfach **retry** geschrieben. Diese Anweisung darf nur als Teil einer **rescue**-Klausel ausgeführt werden. (Sie muß nicht syntaktisch Teil der **rescue**-Klausel sein, denn sie könnte auch in einer Routine vorkommen, die von einer rescue-Anweisung aufgerufen wird.) Ihre Ausführung besteht im Neustart des Routinenrumpfs vom Anfang.

Wenn die **rescue**-Klausel bis zum Ende ausgeführt ist, dann scheitert – anders als bei der Ausführung eines **retry** – stets die Routinenausführung; dem Aufrufer wird das Fehlverhalten mittels einer Ausnahme mitgeteilt. Eine Routine ohne **rescue**-Klausel wird wie eine Routine mit leerer **rescue**-Klausel aufgefaßt, so daß alle Ausnahmen unmittelbar das Scheitern der Routine bewirken. Eine **rescue**-Klausel kann jedoch auch auf der Klassenebene unmittelbar vor der Invarianten geschrieben werden und wird dann von jeder Routine der Klasse benutzt, die keine eigene **rescue**-Klausel hat.

Die oben gegebenen allgemeinen Definitionen von „Ausnahme" und „Fehlverhalten" sind in der Eiffel-Umgebung etwas präziser gefaßt. Hier die Definition für Ausnahmen:

Definition
(Ausnahmen in Eiffel): Eine Ausnahme kann während der Ausführung einer Routine *r* als Folge einer der folgenden Situationen auftreten:

1. Die Vorbedingung von *r* wird bei Beginn als verletzt erkannt.
2. Die Nachbedingung von *r* wird bei Beendigung als verletzt erkannt.
3. Die Klasseninvariante wird bei Beginn oder Beendigung als verletzt erkannt.
4. Eine andere Zusicherungsverletzung (**check** ist verletzt, Schleifeninvariante wird durch eine Schleifeniteration nicht erhalten, eine Variante nicht vermindert) während der Routinenausführung wird entdeckt.
5. Eine von *r* aufgerufene Routine scheitert.
6. *r* versucht die Anwendung eines Merkmals *a.f* in einem Zustand, in dem *a* ein leerer Verweis ist.
7. Eine durch *r* durchgeführte Operation führt zu einer abnormen Bedingung, die von der Hardware oder vom Betriebssystem entdeckt wurde.

Die Fälle 1 bis 4 treten nur dann auf, wenn die Klassen mit den geeigneten Überwachungsoptionen übersetzt wurden. Fall 6 entspricht einer impliziten Vorbedingung für alle Merkmalsanwendungen. Fall 7 entspricht externen Ausnahmen, die von solchen Ereignissen wie Überlauf in arithmetischen Operationen herrühren, und wird weiter unten diskutiert. Nun zu Fehlverhalten:

Definition
(Fehlverhalten in Eiffel): Eine Routinenausführung scheitert, wenn während der Ausführung eine Ausnahme auftritt und die Routine sich mit der Ausführung ihres rescue-Codes beendet.

Man beachte, daß die beiden Definitionen gegenseitig rekursiv sind.

Schauen wir einmal genauer darauf, was passiert, wenn während der Ausführung von *r* eine Ausnahme ausgelöst wird. Die normale Ausführung (der Rumpf) hält an; stattdessen wird die **rescue**-Klausel ausgeführt. Dann können zwei Fälle vorkommen:

- Im ersten Fall führt die **rescue**-Klausel ein **retry** aus, gewöhnlich nach einigen anderen Anweisungen. In diesem Fall beginnt die Routinenausführung von neuem. Dieser neue Versuch könnte erfolgreich verlaufen; in diesem Fall beendet sich die Routine normal und gibt die Steuerung an ihren Kunden zurück. Der Aufruf war erfolgreich; der Vertrag wurde erfüllt. Die Ausführung des Kunden wird nicht berührt, außer natürlich, daß es etwas länger als normal gedauert haben könnte. Andererseits könnte beim Wiederversuch erneut eine Ausnahme aufgetreten sein, so daß die Ausführung der **rescue**-Klausel erneut begänne. Man beachte insbesondere, daß – wenn die Vorbedingungsprüfung eingeschaltet ist und die Ausnahme wegen der Verletzung dieser

Vorbedingung entstanden war - beim Wiederversuch der Ausführung die Vorbedingung erneut geprüft wird; das könnte zu einer weiteren Ausnahme führen, wenn die Anweisungen vor **retry** die Ursache für die Verletzung nicht erfolgreich beseitigt haben.

- Wenn die **rescue**-Klausel kein **retry** ausführt, geht sie bis zum Ende durch. In diesem Fall scheitert die Routine: Sie gibt die Steuerung an den Aufrufer zurück und zeigt eine Ausnahme an. Der gleiche Vorgang wird auch beim Kunden angewandt.

Dieser Mechanismus gehorcht streng der oben gegebenen Regel: Entweder ist eine Routine erfolgreich, das heißt, ihr Rumpf wird bis zum Ende ausgeführt und erfüllt die Nachbedingung, oder sie scheitert. Wenn eine Ausnahme passiert ist, kann man entweder ein Fehlverhalten melden oder den normalen Rumpf nochmal probieren; es gibt aber keine Möglichkeit, die Routine über die **rescue**-Klausel zu verlassen und dem Aufrufer vorzuspiegeln, man sei erfolgreich gewesen.

Die einfachste Form der **rescue**-Klausel entspricht dem Modus der organisierten Panik. Eine *pop*-Prozedur für eine Kellerklasse kann zum Beispiel nicht viel tun, wenn sie für einen leeren Keller aufgerufen wird. Vielleicht gibt sie eine Meldung aus, obwohl dies, wie wir gesehen haben, nicht ganz der richtige Platz ist, sich mit Benutzungsschnittstellen zu befassen. Das wichtigste ist jedoch, daß sie einen „sauberen" Zustand hinterläßt. Nehmen wir zum Beispiel an, die Standardimplementierung laute folgendermaßen:

```
pop is
    require
        nb_elements >= 0;
    do
        nb_elements := nb_elements - 1;
        "Andere Operationen zur Vervollständigung von pop"
    ensure
        nb_elements = old nb_elements - 1; ...
    end -- pop
```

Hier beginnt die Operation damit, *nb_elements* zu dekrementieren. Wenn etwas schiefgeht, ist es wesentlich, daß der Keller in einem sinnvollen Zustand bleibt, insbesondere in einem, bei dem *nb_elements* nicht negativ ist. Die Routine mit ihrer **rescue**-Klausel sollte etwa so lauten:

```
pop is
    require
        nb_elements >= 0;
    do
        nb_elements := nb_elements - 1;
        "Andere Operationen zur Vervollständigung von pop"
    ensure
        nb_elements = old nb_elements - 1; ...
    rescue
        nb_elements := 0;
        ... Hier eventuell Code für die Ausgabe von
        ... Fehlermeldungen
    end -- pop
```

Die Wirkung der Anweisung *nb_elements := 0* besteht in der Restaurierung der Klasseninvarianten, von der wir annehmen, daß sie hier die Klausel *nb_elements* >= 0 enthält. Das beleuchtet die Anforderungen an **rescue**-Klauseln. Die **rescue**-Klausel ist nicht daran gebunden, die Nachbedingung der Routine zu erfüllen: Das ist die Aufgabe des Rumpfes (die **do**-Klausel). Wenn wir wüßten, wie wir im Fehlerfalle die Nachbedingung - den Vertrag - erfüllen könnten, dann gäbe es keinen Grund für Fehlverhalten. Aber die **rescue**-Klausel muß dann, wenn sie kein **retry** versucht, die Invariante der Klasse erhalten. Das ist genau die Bedeutung des oben gebrauchten Ausdrucks „die Umgebung in einem stabilen Zustand hinterlassen". In einer objektorientierten Umgebung sind die stabilen Zustände diejenigen, in denen jedes Objekt seine Invariante erfüllt.

Die **rescue**-Klausel kann also als ein Routinenrumpf betrachtet werden, dessen Nachbedingung die Klasseninvariante ist. Um das Bild zu vervollständigen, beachte man, daß der Programmierer keine Kontrolle über die Stelle hat, ab der die **rescue**-Klausel ausgeführt werden könnte: Eine Ausnahme kann an jedem Punkt des Routinenrumpfes auftreten. Das heißt, daß die **rescue**-Klausel zu ihrer korrekten Ausführung keine besonderen Bedingungen benötigen darf; anders gesagt: Sie sollte **true** (die durch alle Zustände erfüllte Zusicherung) als Vorbedingung akzeptieren. Hier nun die Regel:

Rescue-Regel:
Die **rescue**-Klausel einer Routine muß unter der Vorbedingung **true** und - mit Ausnahme derjenigen Zweige, die in einem **retry** enden - unter der durch die Klasseninvariante gegebenen Nachbedingung korrekt sein.

Diese Regel ist wichtig zum Verständnis dessen, was **rescue**-Klauseln bedeuten. Die **rescue**-Klausel dient nicht als Alternative zur durch den Rumpf gegebenen Implementierung; wenn das so wäre, wäre die **rescue**-Klausel durch dieselbe Nachbedingung gebunden. Vielmehr ist die **rescue**-Klausel dazu gedacht, zu „flicken", wenn die Routine ihr Ziel nicht erreichen kann; infolgedessen muß sie nur die Invariante sicherstellen. Das ist eine weniger strenge Anforderung als die Routinennachbedingung (zu der die Klasseninvariante stets implizit hinzugefügt wird).

Die Notwendigkeit, stets **true** als Vorbedingung zu akzeptieren, ist auch wesentlich. Die **rescue**-Klausel muß unter allen Umständen funktionieren. Aus praktischer Sicht wird die Ausnahmenprüfung während der Ausführung der **rescue**-Klausel ausgeschaltet: keine Zusicherungsüberwachung, kein Prüfen auf leere Referenzen in qualifizierten Aufrufen, usw. (Natürlich wird wieder geprüft, wenn ein **retry** ausgeführt wurde.) Es ist also absolut unabdingbar, daß die **rescue**-Klausel vollständig sicher ist. In der Praxis sollte die **rescue**-Klausel eine kurze Folge einfacher Anweisungen sein, dazu geschrieben, das Objekt in einen stabilen Zustand zurückzusetzen und dann entweder die Operation erneut zu versuchen oder mit Fehlverhalten zu beenden.

7.10.4 Softwarefehler-Toleranz mit Retry

Bis jetzt haben wir noch kein Beispiel von **retry** gesehen. Hier ist ein möglicher Fall. Sie haben einen Texteditor geschrieben, und (Schande über Sie) Sie sind sich nicht ganz sicher, daß er vollständig fehlerfrei ist. Sie möchten aber erste Rückkopplung von Benutzern haben. Ihre Versuchskaninchen sind bereit, ein System mit ein paar Restfehlern zu tolerieren, die zum Beispiel dazu führen, daß das System gelegentlich ein Kommando nicht ausführen kann, aber sie werden es nicht zur Eingabe ernsthafter Texte benutzen (was ja Sie genau von ihnen wollen, nämlich Ihren Editor unter realistischen Bedingungen zu testen), wenn sie befürchten müssen, daß ein Fehlverhalten in eine Katastrophe wie einen brutalen Absturz und Verlust der Arbeit der letzten halben Stunde führen könnte. Mit **retry** können Sie einen Schutz gegen solche Vorkommnisse aufbauen.

Nehmen wir an, der Editor enthalte eine grundlegende Kommandoausführungsschleife der Form

```
from ... until exit loop
        ein_kommando
end
```

wobei der Rumpf der Routine *ein_kommando* von folgender Form ist:

entschlüssele benutzerkommando;
führe die dem kommando entsprechenden operationen aus

Die *führe... aus*-Anweisung wählt aus einer Menge verfügbarer Routinen (zum Beispiel lösche eine Zeile, ändere ein Wort, usw.) aus. In 12.2 werden wir sehen, wie die Vererbungstechnik und die Technik des dynamischen Bindens einfache, elegante Strukturen für solche mehrarmigen Entscheidungen liefert.

Wir nehmen an, daß die verschiedenen Routinen nicht vollständig sicher sind; einige mögen zu unvorhergesehenen Zeiten scheitern. Sie können gegen ein solches Ereignis einen einfachen, aber sicheren Schutz bauen, indem Sie die Routine folgendermaßen schreiben:

```
ein_kommando is
            -- Empfange vom Benutzer ein Kommando und führe,
            -- wenn möglich, die entsprechende Operation aus
    do
            "Entschlüssele Benutzerkommando";
            "Führe die dem Kommando entsprechenden Operationen
             aus"
    rescue
        message ("Tut mir leid, Kommando ist gescheitert");
        message ("Benutzen Sie bitte ein anderes");
        message ("Berichten Sie den Fehler bitte dem Autor");
        "Anweisungen, um den Zustand des Editors zu
         reparieren"
        retry
    end
```

Man beachte, daß einige Routinen, die einzelne Operationen implementieren, ihre eigenen **rescue**-Klauseln haben könnten, die zu Fehlverhalten führen (so daß die obige **rescue**-Klausel von *ein_kommando* die Steuerung übernimmt), aber nur nachdem sie eine informativere, Kommando-spezifische Meldung ausgegeben haben.

Ein weiteres Beispiel für das Wiederversuchen ist eine Implementierung der Technik des „n Versionen Programmierens", wie sie von einigen Autoren als Werkzeug für die Softwarefehlertoleranz empfohlen wird. Die Idee ist die, zwei oder mehr Implementierungen einer gegebenen Aufgabe anzubieten, die von verschiedenen Teams in so unterschiedlichen Umgebungen wie irgend möglich entwickelt werden, in der Hoffnung, daß die Fehler, falls vorhanden, verschieden sind. Das ist eine umstrittene Idee, und man könnte argumentieren, daß das Geld eher zur Verbesserung der Korrektheit und Robustheit einer einzigen Version ausgegeben werden sollte als zur Finanzierung von zwei oder mehr unvollkommenen Implementierungen. Ohne uns auf diese Debatte einzulassen, schauen wir uns an, wie einfach der **retry**-Mechanismus dieses Problem angeht:

```
erledige_aufgabe is
        require
        local
                wie_oft_versucht: INTEGER
        do
                if wie_oft_versucht = 0 then
                        implementierung_1
                elsif wie_oft_versucht = 1 then
                        implementierung_2
                end
        ensure
                ...
        rescue
                wie_oft_versucht := wie_oft_versucht + 1;
                if Wie_oft_versucht < 2 then
                        "Vielleicht Anweisungen, um den stabilen
                         Zustand wiederzuerlangen";
                        retry
                end
end -- erledige_aufgabe
```

Die Verallgemeinerung auf mehr als zwei alternative Implementierungen ist offensichtlich.

Dieses Beispiel ist typisch für die Benutzung von **retry.** Die rescue-Klausel versucht nie, das ursprüngliche Ziel mithilfe einer alternativen Implementierung zu erreichen; das Erreichen dieses Ziels, wie es durch die Nachbedingung – falls vorhanden – ausgedrückt wird, bleibt das Privileg des normalen Rumpfes. Man beachte, daß nach zwei Versuchen (oder *n* im allgemeinen Fall) die Routine einfach ihre **rescue**-Klausel bis zum Ende ausführt und damit scheitert.

7.10.5 Hardware- und Betriebssystemausnahmen

Der disziplinierte Ausnahmemechanismus von Eiffel wurde bisher im Zusammenhang mit Ausnahmen beschrieben, die im Ergebnis von Zusicherungsverletzungen erzeugt werden. Aber auch wenn von der Hardware oder vom Betriebssystem generierte Signale abnorme Bedingungen bewirken, kann dieser Mechanismus angewandt werden, z.B. wenn eine arithmetische Operation scheitert (wegen Überlaufs, Unterlaufs, usw.), wenn die Erzeugung eines neuen Objekts (angefordert durch *Create* oder *Clone*) mangels Speicherplatz nicht möglich ist, wenn eine Ein-/Ausgabeoperation nicht ausgeführt werden kann, wenn ein Stromausfall entdeckt wird, usw.

Solche Bedingungen können formal tatsächlich auch als Zusicherungsverletzungen betrachtet werden. Wenn $a + b$ einen Überlauf bewirkt, dann bedeutet das, daß der Aufruf die implizite Vorbedingung von + nicht beachtet hat, nämlich daß die mathematische Summe zweier Argumente auf dem Rechner dargestellt werden können muß. Eine ähnliche implizite Vorbedingung bei der Erzeugung eines neuen Objekts *(Create* oder *Clone)* ist die, daß genug Speicherplatz vorhanden sein muß. Wenn eine Schreiboperation scheitert, dann liegt es daran, daß die Umgebung (Dateien, Geräte, Benutzer) nicht die Bedingungen für die Anwendbarkeit der Operation erfüllte. In diesen Fällen ist es aber unpraktisch oder gar unmöglich, die Zusicherungen zu formulieren, geschweige denn sie zu prüfen. Die einzige Lösung ist daher, die Operation zu versuchen und dann, wenn Hardware oder Betriebssystem eine abnorme Bedingung signalisieren, dies als eine Ausnahme zu behandeln.

In der Eiffel-Umgebung können Hardware- und Betriebssystemausnahmen vom Eiffel-Laufzeitsystem abgefangen und in der gleichen Weise wie Zusicherungsverletzungen behandelt werden. Wie die Zusicherungsprüfung kann diese Verarbeitung mit einer Compiler-Option an- und ausgeschaltet werden, welche durch eine Zeile in der Systembeschreibungsdatei an- oder ausgeschaltet wird, und zwar wie folgt:

EXTERNAL_EXCEPTIONS (Y|N)

Als Beispiel für die Benutzung dieses Mechanismus betrachten wir folgendes Problem. Sei x eine Real-Zahl; man verfasse eine Routine, welche das Inverse von x liefert, bzw., wenn das nicht möglich ist, weil x zu klein ist, Null.

Diese Art von Problemen kann unmöglich ohne einen Ausnahmemechanismus gelöst werden, weil der einzig gute Weg herauszubekommen, ob x ein darstellbares Inverses hat, der Versuch der Division $1/x$ ist; wenn das Überlauf erzeugt und man keine Ausnahmen behandeln kann, dann bricht das Programm zusammen, und es ist zu spät, 0 als Ergebnis zu liefern.

Mit dem **rescue/retry**-Mechanismus kann das Problem leicht gelöst werden:

```
quasi_inverse(x: REAL): REAL is
        -- 1/x wenn möglich; sonst 0
    local
        division_versucht: BOOLEAN
    do
        if not division_versucht then
            Result := 1/x
```

```
        else
            Result := 0
        end
    rescue
        division_versucht := true;
        retry
    end -- quasi_inverse
```

Man beachte, daß die Initialisierungsregeln sicherstellen, daß *division_versucht* mit falsch initialisiert ist. Die **else**-Klausel wird nicht gebraucht, weil dieselben Initialisierungsregeln sicherstellen, daß *Result* mit 0 vorbelegt ist (die Initialisierungen werden nach einem **retry** wiederholt), wurde aber wegen der Deutlichkeit eingefügt.

Dieses Beispiel zeigt, daß in einer **rescue**-Klausel Ausnahmen unterschieden werden müssen. Hier wollen wir das **retry** nur versuchen, wenn die Ausnahme ein Überlauf war. Andere Ausnahmen, wie zum Beispiel eine, die entsteht, wenn der Benutzer die BREAK-Taste drückt, sollten nicht zu einem **retry** führen. Eine bessere Form der **rescue**-Klausel wäre demnach

```
if exception = Numerical_error then
        division_versucht := true; retry
end
```

Es gibt keine **else**-Klausel: Andere Ausnahmen als *Numerical_error* führten zu einem Fehlverhalten, was die richtige Folge ist, denn die Routine hat keine Vorkehrungen für das Wiederaufsetzen in solchen Fällen. Es ist tatsächlich möglich, die **rescue**-Klausel in dieser Form zu schreiben; eine Bibliotheksklasse *EXCEPTIONS* definiert das Attribut *exception,* welches den (ganzzahligen) Code der zuletzt aufgetretenen Ausnahme liefert, sowie symbolische Namen für vordefinierte Ausnahmecodes, wie z. B. *Numerical_error.* Jede Klasse kann *EXCEPTIONS* beerben, um diese Einrichtungen zu nutzen (siehe 14.4.5 über den Zugriff auf eine Bibliothek allgemeinverwendbarer Einrichtungen).

7.11 Erörterung

7.11.1 Grenzen für Zusicherungen

Der in Eiffel gewählte Zugang zur Spezifikation ist partiell: Sie haben vielleicht bemerkt, daß zum Beispiel die für Kellerklassen gegebenen Zusicherungen die Axiome des entsprechenden abstrakten Datentyps (Kapitel 4) nicht vollständig abdecken. Zwar ist die Charakterisierung von *push* vollständig, aber es gibt keinen einfachen Weg, das Axiom für *pop*

$$pop(push(x,s)) = s$$

in eine Nachbedingung für die Routine *pop* umzusetzen.[6]

[6] Man erinnere sich, daß wir unterscheiden zwischen den mathematischen Funktionen *push* und *pop* der abstrakten Datentypspezifikation und ihren Gegenstücken im Eiffel-Text, die mit Seiteneffekten arbeitende Prozeduren im programmiersprachlichen Sinne sind.

Alles, was man in diesem Fall tun kann, ist die Hinzufügung einer informellen Eigenschaft zur Nachbedingung in Form eines Kommentars:

```
pop is
                -- Entferne das oberste Element
    require
        not empty
    do
        ...
    ensure
        not full;
        nb_elements = old nb_elements - 1
        -- top liefert jetzt das vorletzte ge-push-te Element
    end -- pop
```

Eine vollausgebaute Zusicherungssprache in Eiffel einzubringen wäre zwar theoretisch befriedigend, aber völlig inpraktikabel. Die Fähigkeit, Zusicherungen allgemeiner Art formal auszudrücken (mächtig genug, um realistische abstrakte Datentypen zu beschreiben) erfordert eine Zusicherungssprache, in der man Mengen, Folgen, Funktionen, Relationen und Prädikate der ersten Ordnung mit Quantoren („für alle" und „es gibt") direkt manipulieren kann. Die Hereinnahme solcher Konzepte hätte die Natur und den Anwendungsbereich der Sprache vollkommen geändert und sie schwieriger erlernbar gemacht – ganz abgesehen von den Problemen der Implementierbarkeit und Effizienz.

Ausführbare Sprachen mit vollausgestatteten Zusicherungs-Untersprachen gibt es, aber sie sind experimentell und für industrielle Programmierung nicht geeignet. Keine der bisher entworfenen Sprachen dieser Art basiert auf den Konzepten der objektorientierten Programmierung.

Der Eiffel-Ansatz ist gewissermaßen ein pragmatischer Kompromiß. Zusicherungen werden geboten, aber sie sind eingeschränkt auf Boolesche Ausdrücke mit wenigen Erweiterungen wie die **old**- und die *Nochange*-Schreibweise. Die Form der Zusicherungen ermöglicht die formale Notation vieler wichtiger Eigenschaften von Klassen, aber nicht aller möglicherweise interessanten. Diese formalen Zusicherungen können zur Laufzeit überwacht werden.

Wenn eine wichtige Eigenschaft einer Klasse oder einer ihrer Routinen nicht ganz formal ausgedrückt werden kann, wird dennoch empfohlen, sie informell als Kommentar zu notieren, wie wir das mit der Invariante bei *ggt* (INV, 7.8.1) getan haben. Von den vier oben erwähnten Nutzenarten von Zusicherungen verschwinden dabei offensichtlich die beiden ersten (Laufzeitüberwachung für das Debugging und Ausnahmebehandlung), eine ist noch zu einem großen Teil da (Unterstützung der Konstruktion korrekter Programme) und eine bleibt vorhanden (Dokumentationshilfe). Man beachte, daß das automatische Dokumentationswerkzeug **short** (Kapitel 9) Kommentarzusicherungen aufbewahrt.

Da Zusicherungen Boolesche Ausdrücke sind, können sie Funktionsaufrufe enthalten. Diese Möglichkeit kann zur Beschreibung von Bedingungen verwendet werden, die sonst nicht-formale Klauseln erforderten. Zum Beispiel kann man mithilfe einer geheimen Funktion *body* zur Spezifikation von *STACK* eine Menge von Zusicherungen formulieren, welche der abstrakten Datentypspezifikation sehr nahekommen. Das ist das Thema von Übung 7.2. Diese Lösung befriedigt jedoch nicht voll, weil Funktionen im Programmiersinne keine mathematischen Einrichtungen, sondern zur Laufzeit berechnete Routinen sind. Allgemein gesagt: Wenn eine Funktion *f* in der Vor- oder Nachbedingung einer Routine *r* verwendet wird, sollte *f* von „höherer Qualität" als *r* sein: abstrakter, weniger operational, ein mathematisch wohldefiniertes Ergebnis liefernd.

Insbesondere ist unter PRECONDITIONS oder ALL_ASSERTIONS der Zusicherungsprüfungsmechanismus zur Laufzeit für jeden Funktionsaufruf, der als Teil einer Zusicherungsprüfung ausgewertet wird, automatisch ausgeschaltet: Da die Funktion ihrerseits Vorbedingungen und ähnliches enthalten könnte, möchten wir vermeiden, daß der Überwachungsmechanismus in eine unendliche Schleife gerät.

7.11.2 Disziplinierte Ausnahmen

Der oben beschriebene Ausnahmemechanismus ist sowohl mächtig (wegen der **retry**-Operation) als auch restriktiver als die in vorhandene Sprachen eingebauten Mechanismen. Ausnahmen sind, wie sie hier dargestellt wurden, eine Technik des Umgangs mit fehlerhaften Bedingungen, die zur Laufzeit entdeckt werden: Zusicherungsverletzungen, Hardwaresignale, Versuche, auf leere Verweise zuzugreifen.

Der von uns erforschte Ansatz basiert auf der Vertragsmetapher: Eine Routine sollte unter keinen Umständen vorgeben, sie sei erfolgreich gewesen, wenn sie in Wirklichkeit ihr Ziel verfehlt hat. Eine Routine kann nur entweder erfolgreich sein (vielleicht nachdem sie Ausnahmen durchgemacht, aber mit einem oder mehreren **retry**-Operationen sich wiederaufgesetzt hat - alles unbemerkt vom Kunden) oder scheitern.

Ausnahmen in Ada, CLU oder PL/I folgen diesem Modell nicht. In Ada zum Beispiel, bricht eine Anweisung

raise *exc*

die Routine ab und gibt die Steuerung an ihren Aufrufer zurück, der die Ausnahme *exc* in einer besonderen Behandlungsklausel behandeln kann oder, wenn er keine solche Klausel hat, seinerseits die Steuerung an seinen Aufrufer zurückgibt (Details in 18.4). Aber es gibt keine Regel, was denn eine solche Ausnahmebehandlung tun soll. Also ist es absolut möglich, eine Ausnahme zu ignorieren oder ein anderes Ergebnis zurückzuliefern. Das ist die Erklärung dafür, warum der Ausnahmemechanismus oft einfach dazu benutzt wird, mit allen Fällen außer dem leichtesten Fall eines Algorithmus umzugehen. Eine solche Anwendung von Ausnahmen nutzt **raise** tatsächlich als goto-Anweisung, und zwar als eine ziemlich gefährliche, weil sie Routinengrenzen überschreitet. Meiner Meinung nach ist das ein Mißbrauch des Mechanismus.

Es gibt traditionell zwei Betrachtungsweisen für Ausnahmen: Viele praktizierende Programmierer, die wissen, wie wichtig es ist, bei der Entdeckung abnormer Bedingungen zur Laufzeit (sei es wegen eines Programmierfehlers, sei es wegen einer unvorhersehbaren Hardwarebedingung wie numerischer Überlauf oder Hardwarefehler) die Kontrolle zu behalten, betrachten sie als unverzichtbare Einrichtung. Informatik-Wissenschaftler dagegen, vorbelastet mit Korrektheit und systematischer Softwareentwicklung, betrachten Ausnahmen gewöhnlich mit Argwohn, als eine unsaubere Einrichtung, die dazu da ist, die Standardregeln für Steuerkonstrukte zu umgehen. Der oben entwickelte Mechanismus gefällt hoffentlich beiden Seiten.

7.11.3 Klasseninvarianten und Verweissemantik

Ein weiterer Punkt muß in diese Diskussion über Zusicherungen und ihre praktischen Anwendungen eingebracht werden. Das Problem hat mit Klasseninvarianten zu tun; dadurch wird die Prüfung auf Invarianten weniger geradlinig als bei Sprachen, die keine Verweise unterstützen.

Die Invariante einer Klasse beschreibt Eigenschaften, die von jedem Exemplar der Klasse zu allen stabilen Zeitpunkten seiner Existenz erfüllt werden sollten; die stabilen Zeitpunkte wurden definiert als der Zeitpunkt direkt nach der Exemplarerzeugung und die Zeitpunkte unmittelbar nach jedem Aufruf einer exportierten Routine. Die Invariantenregel (7.4.2) und ihre formalere Version, die Definition der Klassenkorrektheitsregel (7.4.3) implizieren, daß eine Zusicherung *I* für eine Klasse *C* genau dann invariant ist, wenn gilt:

1. Jeder erlaubte Aufruf von *Create* erzeugt ein Objekt, das *I* erfüllt.
2. Jeder erlaubte Aufruf jeder exportierten Routine *r* erhält *I*.

Erlaubte Aufrufe sind solche, welche die Vorbedingung, falls vorhanden, erfüllen.

Die zwei Bedingungen scheinen auszureichen, die Invarianz von *I* im definierten Sinne zu gewährleisten. Der Beweis ist scheinbar trivial: Da *I* anfangs erfüllt ist und von jedem Routinenaufruf erhalten wird, müßte *I* per Induktion zu allen stabilen Zeitpunkten erfüllt sein.

Dieser informelle Beweis ist jedoch nicht gültig, wenn Verweissemantik und dynamische Mehrfachbenennung ins Spiel kommen (5.5). Das Problem besteht darin, daß Attribute eines Objekts durch eine Operation auf einem anderen Objekt verändert werden können. Selbst wenn also alle Operationen *a.r* *I* im mit *a* verbundenen Objekt AO1 erhalten, kann es eine Operation *b.s* geben (wobei *b* auf ein anderes Objekt verweist), welche die Gültigkeit von *I* auf AO1 zerstört. Unabhängig davon, ob *a* und *b* vom gleichen Klassentyp sind oder nicht, können die obigen Bedingungen 1 und 2 sehr wohl gelten; aber *I* ist keine Invariante.

Das folgende einfache Beispiel zeigt das Problem. Seien *A* und *B* Klassen, jede mit einem Attribut, dessen Typ die jeweils andere Klasse ist:

class *A* ... **feature** *vorwärts: B* ... **end;**
class *B* ... **feature** *rückwärts: A* ... **end;**

Wir setzen folgendes voraus: Wenn man dem *vorwärts*-Verweis (falls definiert) von einem Exemplar von *A* aus folgt und anschließend dem *rückwärts*-Verweis vom entsprechenden *B*, dann kommt man wieder zum ursprünglichen *A*. Das kann als Invarianteneigenschaft von *A* formuliert werden:

INV
vorwärts.Void **or else** *(vorwärts.rückwärts = Current)*

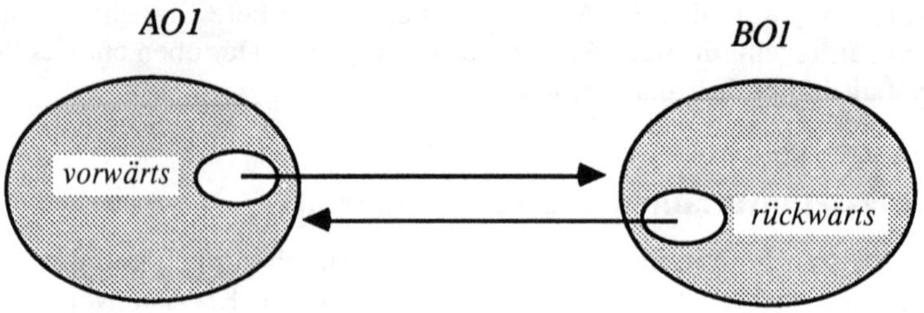

Bild 7.7 Konsistenz von „vorwärts"- und „rückwärts"-Verweisen

Keine solche Vorschrift wird jedoch für die bei *B* beginnenden Verweise festgelegt. Die folgende Version von *A* scheint konsistent mit der Invarianten zu sein:

```
class A export
        forward, attach
feature
        forward: B;
        attach(b1: B) is
                -- Verkette b1 an das laufende Exemplar
                do
                        forward := b1;
                                -- passe den backward-Verweis von b1
                                -- wegen der Konsistenz an:
                        if not b1.Void then
                                b1.attach(Current)
                        end
                end -- attach
invariant
        INV: forward.Void or else (forward.backward = Current)
end -- class A
```

Die entsprechende Implementierung für *B* ist:

```
class B export
        backward, attach
feature
        backward: A;
        attach(a1: A) is
                -- Verkette a1 an das laufende Exemplar
                do
                        backward := a1;
                end -- attach
end -- class B
```

Klasse *A* scheint korrekt zu sein: seine vorbelegte *Create*-Prozedur stellt die Invariante INV sicher (weil sie *forward* als leeren Verweis initialisiert), und ihre einzige Prozedur erhält immer INV.

Leider ist INV nicht notwendigerweise zu allen stabilen Zeiten erfüllt. Sehen wir uns diese Ausführungsfolge an:

a1,a2: A; b1: B;
...
a1.Create; a2.Create; b1.Create;
a1.attach(b1);
b1.attach(a2)

Nach der letzten Anweisung ist die Invariante auf dem mit *a1* verbundenen Objekt AO1 verletzt! AO1 ist verkettet mit BO1, und BO1 ist mit AO2, einem anderen *A*-Objekt, verkettet, und nicht mit AO1.

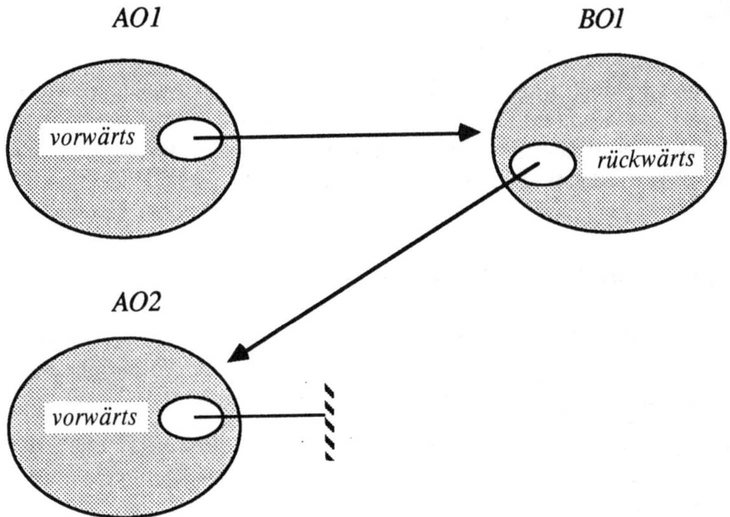

Bild 7.8 Verletzung der Invarianten

Was ist passiert? Das Problem ist die Möglichkeit der dynamischen Mehrfachbenennung. Jede Operation der Form *a1.r,* wobei *a1* ein Verweis auf das Objekt AO1 ist, erhält INV. All diese Operationen in der Klasse *A* (hier gibt es nur eine, *attach*) wurden entsprechend entworfen. Das reicht aber nicht aus, um die Konsistenz von AO1 zu erhalten, weil Eigenschaften von AO1 andere Objekte einbeziehen können (wie BO1), die ihrerseits von Operationen ohne direkten Bezug zu AO1 - hier *a1* - betroffen werden können.

Sobald dynamische Mehrfachbenennung erlaubt ist - und wir haben gesehen, wie wesentlich das ist, wenn nicht-triviale Datenstrukturen gebraucht werden - taucht das hier diskutierte Problem auf, weil eine Operation ein Objekt AO1 verändern kann, auch wenn sie explizit keine Größe enthält, die mit AO1 verbunden ist.

Das ist kein akademisches Problem. Invarianten wie die hier angegebene kommen in praktischen Fällen vor und spiegeln wichtige Eigenschaften von Datenstrukturen wider. In der verketteten Implementierung von Bäumen beispielsweise (A.7) enthalten die Attribute eines Baumknotens Verweise auf ihre erste Tochter und auf den Mutterknoten. Die folgende Eigenschaft - dieselbe wie INV - sollte invariant sein.

first_child.Void **or else** *(first_child.parent = Current)*

Es gibt keinen leichten theoretischen Weg, dieses Problem zu vermeiden. In der Praxis kann das Problem jedoch gelöst werden, indem man sicherstellt, daß - immer wenn die Invariantenüberwachung eingeschaltet ist (unter der Option ALL_ASSERTIONS) - die Prüfungen nicht nur unmittelbar nach *Create* und nach jedem Routinenaufruf, sondern auch **vor** jedem solchen Aufruf stattfinden. Damit werden Verletzungen der Invariante aufgrund externer Mehrfachbenennung entdeckt.

7.11.4 Es kommt noch mehr

Bevor wir dieses Kapitel schließen, sei angemerkt, daß Zusicherungen beim objektorientierten Zugang eine noch wichtigere Rolle als hier beschrieben spielen. Mit der Einführung der Vererbung (Kapitel 10 und 11) werden wir sehen, daß Zusicherungen wesentlich dafür sind, die semantische Unversehrtheit von Klassen und Routinen im Zusammenhang der mächtigen Mechanismen für Polymorphismus und Redefinition zu bewahren.

7.12 In diesem Kapitel eingeführte Schlüsselkonzepte

- Zusicherungen sind Boolesche Ausdrücke, die dazu dienen, die semantischen Eigenschaften von Klassen auszudrücken und die Axiome und Vorbedingungen der entsprechenden abstrakten Datentypen wiedereinzubringen.
- Zusicherungen werden benutzt in Vorbedingungen (Anforderungen, unter denen Routinen anwendbar sind), Nachbedingungen (bei Routinenbeendigung sichergestellte Eigenschaften) und Klasseninvarianten (Klassenexemplare über ihre gesamte Lebenszeit charakterisierende Eigenschaften). Andere Zusicherungen enthaltende Konstrukte sind Schleifeninvarianten und die **check**-Instruktion.
- Routinenvor- und -nachbedingungen enthalten implizit die Klasseninvariante.
- Mit einer Routine verbundene Vor- und Nachbedingungen beschreiben einen Vertrag zwischen der Klasse und ihren Kunden. Der Vertrag bindet die Routine nur insoweit, als Kunden die Vorbedingung beachten; dann gewährleistet die Routine bei Beendigung die Nachbedingung. Der Begriff des Vertrags ist eine mächtige Metapher bei der Entwicklung korrekter Software.
- Eine Klasse beschreibt eine mögliche Darstellung eines abstrakten Datentyps; der Zusammenhang zwischen beiden wird durch die Abstraktionsfunktion ausgedrückt, die gewöhnlich partiell ist. Die inverse Relation ist im allgemeinen keine Funktion.
- Die Darstellungsinvariante, die Teil der Klasseninvariante ist, drückt die Korrektheit der Darstellung gegenüber dem entsprechenden abstrakten Datentyp aus.

- Funktionen sollten keine Seiteneffekte bewirken, außer solchen, die eine Änderung der internen Darstellung bewirken und nur den konkreten Zustand betreffen.
- Schleifen sollten durch eine Schleifeninvariante und eine Schleifenvariante charakterisiert werden.
- Zusicherungen dienen vier Zwecken: Unterstützung bei der Entwicklung korrekter Programme; Dokumentationshilfe; Debugging-Hilfe; Grundlage für den Ausnahmemechanismus.
- Ausnahmen werden erzeugt, wenn zur Laufzeit die Verletzung einer Zusicherung festgestellt wird oder wenn die Hardware oder das Betriebssystem eine abnorme Bedingung anzeigen.
- Ausnahmen sollten nicht als Sprünge verwendet werden. Sie sind ein Mechanismus zum Umgang mit abnormen Situationen, indem sie die Umgebung bereinigen und entweder dem Aufrufer das Fehlverhalten berichten oder noch einmal versuchen, das Ziel der Operation zu erreichen.
- Der **rescue/retry**-Mechanismus implementiert diese Strategie, indem er gewährleistet, daß eine Routine nur entweder durch die Ausführung ihres Rumpfes normal terminieren oder ihrem Aufrufer Fehlverhalten signalisieren kann.

7.13 Syntaktische Zusammenfassung

			Benutzt in (Kapitel)
Precondition	=	**require** Assertion	Routine (5)
Postcondition	=	**ensure** Assertion	Routine (5)
Class_invariant	=	**invariant** Assertion	Class (5)
Assertion	=	{Assertion_component ";" ...}	
Assertion_component	=	[Label ":"] Boolean_expression	
Label	=	Identifier	
Boolean_expression	=	Expression	
Integer_expression	=	Expression	
Expression	=	(s. Kapitel 8)	
Old_value	=	**old** Expression	Expression (8)
Nochange	=	*Nochange*	Expression(8)
Loop	=	Initialization [Loop_invariant] [Loop_variant] Exit_clause Loop_body **end**	Instruction (5)

Initialization	=	**from** Compound	
Loop_invariant	=	**invariant** Assertion	
Loop_variant	=	**variant** Integer_expr	
Integer_expr	=	Expression	
Exit_clause	=	**until** Boolean_expr	
Loop_body	=	**loop** Compound	
Check_instruction	=	**check** Assertion	Instruction (5)
Rescue	=	**rescue** Compound	Routine (5)
Retry	=	**retry**	Instruction (5)

7.14 Literaturhinweise

Der Begriff der Zusicherung kommt aus der Arbeit über Programmkorrektheit, für die Floyd [Floyd 1967], Hoare [Hoare 1969] und Dijkstra [Dijkstra 1976] Pionierarbeit geleistet haben. Überraschenderweise sind in nur wenige Programmiersprachen syntaktische Vorkehrungen für Zusicherungen eingebaut worden; Beispiele dafür sind Alphard [Shaw 1981] und Euclid [Lampson 1977], die insbesondere dafür entworfen wurden, nachweisbar korrekte Programme zu schreiben. Anscheinend enthält keine objektorientierte Sprache vor Eiffel solche Sprachelemente.

Der Begriff der Klasseninvariante stammt aus Hoares Arbeit über Datentypinvarianten [Hoare 1972]. Siehe auch Anwendungen auf Programmentwurf [Jones 1980] und [Jones 1986]. Eine formale Theorie von Morphismen zwischen abstrakten Datentypen läßt sich in [Goguen 1978] finden.

Andere Blickwinkel zu Ausnahmen findet man in [Liskov 1979] und [Cristian 1985]. „N-Versionen-Programmierung" (7.10.4) wird dargestellt in [Avizienis 1985]. Viele Arbeiten zu Softwarefehler-Toleranz sind aus dem Begriff des „recovery block" [Randell 1975] abgeleitet; ein recovery block für einen Prozeß wird benutzt, wenn der ursprüngliche Algorithmus des Prozesses scheitert. Das unterscheidet sich von den **rescue**-Klauseln, die niemals selbst versuchen, das ursprüngliche Ziel zu erreichen, jedoch eventuell die Ausführung erneut anstoßen, nachdem die Umgebung repariert ist.

Übungen

7.1 Vervollständigung von COMPLEX

Schreiben Sie die abstrakte Datentypspezifikation für die Klasse *COMPLEX* (7.7.4) und die vollständige Klasse wie oben skizziert. Setzen Sie perfekte Arithmetik voraus.

7.2 Formale Spezifikation von Kellern

Zeigen Sie, daß durch Hinzufügung einer geheimen Funktion *body,* welche den Rumpf eines Kellers liefert, die Zusicherungen in der Klasse *STACK* so formuliert werden können, daß sie die vollständige abstrakte Datentypspezifikation widerspiegeln. Erörtern Sie den theoretischen und praktischen Wert dieser Technik.

7.3 Zufallszahlengeneratoren

Schreiben Sie eine Klasse, die Pseudozufallszahlengenerierung implementiert, basierend auf einer Folge $n_i = f(n_i\text{-}1)$, wobei *f* eine gegebene Funktion ist und der Keim n_0 durch die Kunden der Klasse angegeben wird. Funktionen sollten keine Seiteneffekte haben.

7.4 Seiteneffekt-freie Eingabefunktionen

Entwerfen Sie eine Klasse, die Eingabedateien mit Eingabeoperationen beschreibt, ohne Seiteneffekt-bewirkende Funktionen. Nur die Klassenschnittstelle (ohne die **do**... Klausel, welche die Routinenimplementierung beschreibt, aber mit den Routinenköpfen und geeigneten Zusicherungen) ist nötig.

7.5 Ein Schlangenmodul

Schreiben Sie eine Klasse, die Schlangen (first-in, first-out Disziplin) implementiert, mit den geeigneten Zusicherungen im Stil der *STACK*-Klassen dieses Kapitels.

7.6 Ein Mengenmodul

Schreiben Sie eine Klasse, die Mengen von Elementen beliebigen Typs implementiert, mit den Standardmengenoperationen (Elementabfrage, Zufügung eines neuen Elements, Vereinigung, Durchschnitt, usw.). Versichern Sie sich, die richtigen Zusicherungen einzufügen. Jede korrekte Implementierung, z. B. als verkettete Liste oder als Feld, ist akzeptabel. Effizienz ist bei dieser Übung kein Thema.

7.7 Umgang mit inkorrekter Benutzereingabe

Schreiben Sie eine Routine, die von einem Benutzer eine Ganzzahl einliest und den Benutzer um Wiederholung der Eingabe bittet, wenn es keine korrekte Ganzzahl war; nach fünf inkorrekten Versuchen durch den Benutzer sollte Ihre Routine sich jedoch beenden und scheitern. Das eigentliche Lesen geschieht durch die Funktion *get_next_integer: INTEGER,* die eine Ganzzahl von der Tastatur liest und eine Ausnahme erzeugt, wenn die Eingabe keine korrekte Ganzzahl ist. Diese Funktion gehorcht nicht den Prinzipien dieses Kapitels (sie nutzt Seiteneffekte), sie sei aber die einzig verfügbare in Ihrer Umgebung.

7.8 Größte Ganzzahl

Denken Sie sich eine Maschine, die eine Ausnahme erzeugt, wenn eine Ganzzahladdition überläuft. Schreiben Sie eine ausreichend effiziente Funktion, welche die größte auf der Maschine darstellbare positive Ganzzahl liefert.

8 Mehr von Eiffel

In diesem Kapitel werden einige Details von Eiffel eingeführt, die von den bisherigen Erörterungen nicht abgedeckt waren. Das sind Sprachaspekte, die für den objektorientierten Ansatz nicht wesentlich sind - obwohl sie natürlich so entworfen sind, daß sie gut zur übrigen Sprache passen. Und sie sind notwendig zum Schreiben wirklicher Eiffel-Programme.

Insbesondere werden die folgenden Themen angesprochen: empfohlener Stil; lexikalische Konventionen; Zugriff auf Code, der nicht in Eiffel geschrieben ist; Argumentübergaberegeln; Anweisungen; Ausdrücke; Umgang mit Zeichenketten; Ein- und Ausgabe.

Sie können dieses Kapitel beim ersten Lesen ruhig überschlagen, wenn Sie an den allgemeinen Eigenschaften der objektorientierten Herangehensweise interessiert sind und es Ihnen nichts ausmacht, wenn Sie einige feinere Details der Programmierbeispiele in den folgenden Kapiteln nicht verstehen.

8.1 Stilistische Standards

Es werden, obwohl das nicht Teil der eigentlichen Sprache ist, bestimmte einfache Stilkonventionen empfohlen und im ganzen Buch beachtet.

8.1.1 Kommentare in Köpfen

Die wichtigste Konvention bezieht sich auf Kommentare in Routinen. Der Kopfkommentar sollte - eingerückt wie unten - in keiner Routine fehlen; zum Beispiel:

```
abstand_zum_nullpunkt: REAL is
            -- Abstand zum Punkt (0,0)
      local
            nullpunkt: PUNKT
      do
            nullpunkt.Create;
            Result := abstand(nullpunkt)
      end -- abstand_zum_nullpunkt
```

Diese Kopfkommentare sollten informativ, klar und rund sein. Allgemein ist Kürze eine der wesentlichen Qualitäten von Kommentaren in Programmen; übermäßig lange Kommentare verwässern eher den Programmtext als daß sie dem Leser helfen. Die folgenden Prinzipien sollten beachtet werden.

- Setze voraus, daß der Leser ausreichend kompetent ist! Informationen, die eindeutig aus dem unmittelbar angrenzenden Programmtext hervorgehen, müssen im Kopfkommentar nicht wiederholt weden. Der Kopfkommentar zum Beispiel für eine Routine, die mit

  tangente_an (k: KREIS; p: PUNKT): GERADE

  beginnt, sollte nicht

  -- Tangente an Kreis *k* durch Punkt *p*

  lauten, sondern

  -- Tangente an *k* durch *p*

  weil aus dem Funktionskopf klar hervorgeht, daß *k* ein Kreis und *p* ein Punkt ist.

- Vermeide Füllwörter und -satzteile! Ein Beispiel dafür ist „Liefert den..." in der Erläuterung einer Funktion. Im obigen Fall brächte „Liefert den Abstand zu Punkt (0,0)" oder „Liefert die Tangente an..." keinerlei nützliche Information, weil der Leser weiß, daß eine Funktion irgendetwas liefern muß. Ein anderes Beispiel eines überflüssigen Satzteils ist: „Diese Routine berechnet..." oder „Diese Routine führt... aus". Anstelle von

```
-- Diese Routine erneuert die Anzeige entsprechend der
-- letzten Benutzereingabe
```

sollte man lieber schreiben:

```
-- Erneuert die Anzeige entsprechend der letzten
-- Eingabe
```

Wenn Ihre Leser literarische Neigungen haben, lesen sie ohnehin eher Henry James als Ihre Kommentare.

- Bleibe konsistent! Wenn die Funktion einer Klasse den Kommentar „Länge der Zeichenkette" hat, sollte eine Routine derselben Klasse nicht sagen „Verändere die Breite der Zeichenkette", wenn sie auf demselben Attribut arbeitet.

- Allgemein sollten Kommentare ein Abstraktionsniveau höher liegen als ihr Code. Im Falle der Kopfkommentare sollte der Kommentar sich auf das „was" der Routine beschränken und nicht das „wie" des verwendeten Algorithmus beschreiben.

- Schließlich ist wichtig zu beachten, daß viel semantische Information über die Wirkung einer Routine in Eiffel präzise mit den im vorigen Kapitel eingeführten **require**- und **ensure**-Klauseln erfaßt wird.

8.1.2 Layout

Das empfohlene Layout von Eiffel-Texten folgt aus der Bemerkung, daß die Syntax von Eiffel im wesentlichen eine sogenannte „Operatorengrammatik" ist, was bedeutet, daß ein Eiffel-Text eine alternierende Folge von „Operatoren" und „Operanden" ist. Ein Operator ist ein festes Sprachsymbol, zum Beispiel ein Schlüsselwort (**do** usw.) oder ein Trenner (Semikolon, Komma, usw.); ein Operand ist ein vom Programmierer gewähltes Symbol (Bezeichner oder Konstante).

Aufgrund dieser Eigenschaft entspricht das textuelle Layout von Eiffel der von Ada eingeführten „Kamm-artigen" Struktur; die Idee dabei ist, daß ein syntaktisch richtiger Teil einer Klasse - eine Anweisung, ein Ausdruck, usw. - entweder zusammen mit dem vorangehenden Operator auf eine Zeile passen oder selbst auf einer oder mehreren Zeilen eingerückt sein sollte. Das Bild ist das eines Kamms, dessen Zähne gewöhnlich mit Operatoren beginnen und enden:

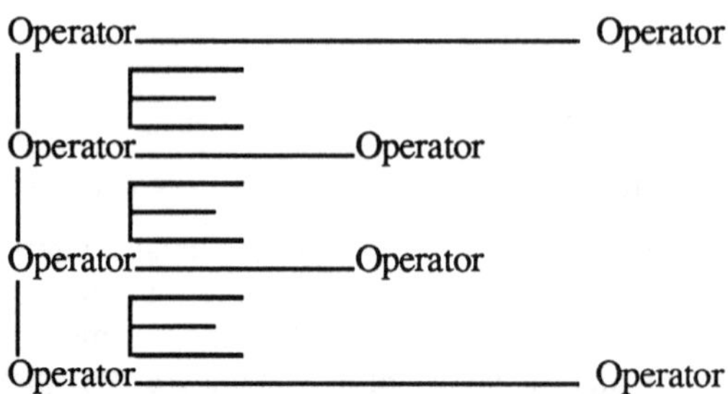

Bild 8.1 Kamm-artiges Layout

Eine bedingte Anweisung (siehe 8.5.3) sollte beispielsweise, abhängig von der Größe ihrer Bestandteile *a, b* und *c,* folgendermaßen geschrieben werden:

if *c* **then** *a* **else** *b* **end**

oder

if
    c
then
    a
else
    b
end

oder

if *c* **then**
    a
else *b* **end**

usw.

8.2 Lexikalische Konventionen

8.2.1 Bezeichner

Eiffel benutzt den Standard-ASCII-Zeichensatz. Bezeichner sind Folgen von Buchstaben, Ziffern und Unterstrichen (_); das erste Zeichen eines Bezeichners muß ein Buchstabe sein.

Es gibt keine sprachdefinierte Längenbegrenzung für Bezeichner. (Natürlich sind übermäßig lange Bezeichner wegen der Lesbarkeit ungünstig.) Es sind jedoch nur die ersten 12 Zeichen eines **Klassennamens** unterscheidungsrelevant. Das kommt daher, daß Klassen als Dateien abgelegt werden und viele Betriebssysteme die Länge von Dateinamen begrenzen. Längere Klassennamen werden (mit einer Compiler-Warnung) akzeptiert, aber man bekommt Probleme, wenn zwei Klassen desselben Systems mit den gleichen zwölf Zeichen beginnen.

8.2.2 Groß-/Kleinschreibung in Bezeichnern

In Bezeichnern sind Groß- und Kleinbuchstaben erlaubt. Jedoch ist die **Groß- und Kleinschreibung in Bezeichnern nicht unterscheidungsrelevant:** *Ha, ha, HA* und *hA* werden deshalb als derselbe Bezeichner betrachtet. Der Grund für diese Konvention ist der, daß es gefährlich ist, wenn sich zwei Bezeichner nur in einem einzigen Zeichen unterscheiden wie bei *Structure* und *structure* und damit unterschiedliche Programmelemente bezeichnet werden. Lieber wird der Programmierer zu ein bißchen Phantasie gezwungen, als daß man schwere Fehler riskiert.

Trotz dieser Regel werden einige Standard-Konventionen zur Verbesserung der Programmlesbarkeit empfohlen, obwohl diese nicht vom Compiler oder anderen Werkzeugen der Eiffel-Umgebung (Kapitel 15) erzwungen werden. Das sind die folgenden:

- Namen von Typen, z.B. einfacher Typen (*INTEGER* usw.), Klassennamen (wie in *PUNKT*) und formale generische Parameter von Klassen (wie *T* in *KELLER[T]*) werden in Großbuchstaben geschrieben.
- Namen vordefinierter Merkmale (*Create, Void, Clone, Forget,* usw.), vordefinierter Größen und Ausdrücke (*Result* und *Current*) und Programmierer-definierte symbolische Konstanten (wie *Pi,* siehe Kapitel 13) beginnen mit einem Großbuchstaben.
- Alle anderen Bezeichner werden in Kleinbuchstaben geschrieben: nicht-konstante Attribute, formale Routinenargumente, lokale Variable.

Diese Regeln werden in diesem Buch und in der Eiffel-Bibliothek durchgehend beachtet.

8.2.3 Namenswahl

Eiffel kennt eine Menge von der Sprachdefinition mit Beschlag belegter **reservierter Wörter** oder Bezeichner wie **class,** *Current* usw., die von anderen Sprachelementen (Klassen, Attributen, usw.) nicht benutzt werden dürfen. Die Liste der reservierten Wörter findet sich in Anhang D.

Die Namenswahl in einer Klasse wird durch die Namen in anderen Klassen nicht eingeschränkt (außer natürlich bei den Klassennamen selbst, weil ja die Klassen voneinander unterschieden werden können müssen). Übliche Merkmalsnamen wie *wert* können deshalb in beliebig vielen Klassen verwendet werden.

Innerhalb einer Klasse sind die Regeln so gemacht, daß Verwirrung vermieden wird:

Benennungsregel:
Sei die folgende Liste von Namen in einer gegebenen Klasse mit *n* Routinen unter ihren Merkmalen gegeben:

1. Die Liste *F* der Merkmalsnamen.
2. Die Liste *C* der in der Klasse verwendeten Klassennamen einschließlich dem Namen der Klasse selbst und anderen Klassennamen,die zur Deklaration von Größe-Typen benutzt werden.
3. Die Liste F_i für die *i*-te Routine $(i=1,2,\ldots, n)$, welche die Namen der formalen Argumente, externen Routinen und lokalen Variablen der Routine enthält.

Dann:

- dürfen weder *F* noch irgendein F_i gleichbenannte Elemente enthalten.
- muß *F* von jedem F_i disjunkt sein.

Jedoch muß F_i nicht von F_j disjunkt sein für $i \neq j$ (die gleichen lokalen Namen können in verschiedenen Routinen verwendet werden).

8.3 Externe Routinen

Jede Softwareentwurfsmethode, die Wiederverwendbarkeit betont, muß dem Bedarf nach Einbeziehung von in einer anderen Sprache geschriebenen Code Rechnung tragen. Es ist schwer, potentielle Nutzer zu überzeugen, daß Wiederverwendbarkeit heute beginnt und alle vorhandene Software weggeworfen werden muß.

Allgemein ist Offenheit gegenüber dem Rest der Welt eine wichtige Anforderung an neue Softwarewerkzeuge. Das kann man als das „Prinzip Bescheidenheit" bezeichnen: Verfasser neuer Werkzeuge sollten sicherstellen, daß die Benutzer bisher verfügbare Werkzeuge auch weiterhin benutzen können.

Bescheidenheit ist jedoch keine Entschuldigung für „Aufwärtskompatibilität", was bedeutet, alle Fehler vergangener Systeme zu übernehmen. Es ist wesentlich, die Konsistenz und Integrität der neuen Werkzeuge zu erhalten. Sie sollten deshalb zu bisherigen Errungenschaften *Schnittstellen* haben und nicht in sie eingebettet werden.

Diese Ideen wurden auf Eiffel angewendet: Es wurden Möglichkeiten vorgesehen, Routinen aus anderen Sprachen zu benutzen; diese Routinen bleiben jedoch für den Eiffel-Text extern. Damit ist die Grenze klar gezogen.

Ein Beispiel einer weitgehend durch externe Routinen implementierten Klasse ist *ARRAY,* die auf C-Routinen beruht: *Create* benutzt die C-Routine *allocate,* die dynamisch einen Speicherbereich zuweist; *entry* benutzt *dynget,* womit auf Elemente in einem dynamisch zugewiesenen Bereich zugegriffen wird; und *enter* benutzt *dynput,* womit Elemente geändert werden. Der Text der Klasse ist in Anhang A wiedergegeben.

Eine Eiffel-Routine, die eine oder mehrere in anderen Sprachen geschriebene Routinen benutzt, muß diese in der **external**-Klausel aufführen. Eine Eiffel-Funktion zur Berechnung von Quadratwurzeln könnte zum Beispiel sich auf eine, sagen wir, in C oder Fortran geschriebene Bibliotheksfunktion stützen. Die Eiffel-Funktion kann deklariert werden als

```
sqrt(x: REAL): REAL is
            -- Quadratwurzel von x
    require
        x >= 0
    external
        c_sqrt(x: REAL): REAL name "c_sqrt" language "C";
        abs(x: REAL): REAL name "abs" language "C";
    do
        Result := c_sqrt(x)
    ensure
        abs(Result^2 - x) <= 10^(-8)
    end -- sqrt
```

Für jede externe Routine führt die **external**-Klausel die Typen ihrer Argumente auf und, wenn die Routine eine Funktion ist, den Typ ihres Ergebnisses. Der Sprachname wird auch angegeben; die Menge der Eiffel bekannten Sprachen ist implementierungsabhängig. Die **name**-Unterklausel dient dazu, den Namen zu deklarieren, unter dem die Routine extern bekannt ist. Diese Klausel kann weggelassen werden, wenn (wie hier) der externe Name mit dem lokalen Namen übereinstimmt; die Klausel ist jedoch für solche Sprachen nützlich, deren Namenskonventionen anders sind als die von Eiffel (eine C-Funktion darf zum Beispiel mit einem Unterstrich _ beginnen, was in Eiffel nicht erlaubt ist).

Diese Technik gewährleistet eine saubere Schnittstelle zwischen der Eiffel-Welt und anderen Sprachen. Eine externe Routine wird in eine Eiffel-Routine eingeschlossen; Kundencode sieht die Eiffel-Version. Die C-Routine *c_sqrt* wurde zum Beispiel in den (würdevolleren) Status einer Eiffel-Routine erhoben, vollständig mit Vor- und Nachbedingung; anderer Eiffel-Code greift darauf über die Eiffel-Version *sqrt* zu.

Eine extreme, aber nicht völlig absurde Methode der Eiffel-Benutzung bestünde darin, sich für die eigentlichen Verarbeitungen ausschließlich auf externe Routinen zu stützen, die in irgendeiner anderen Sprache geschrieben sind. Eiffel wäre dann ein reines Verpackungswerkzeug, das den mächtigen Kapselungsmechanismus des objektorientierten Entwurfs benutzt: Klassen, Geheimnisprinzip, Kundenbeziehung und Vererbung.

8.4 Argumentübergabe

Das Problem der Argumentübergabe ist folgendes: Was passiert mit $a_1, a_2, \ldots, a_n$ in einem Routinenaufruf

$p(a_1, a_2, \ldots, a_n)$

der zu einer Routine

$p(x_1: T_1, x_2: T_2, \ldots, x_n: T_n)$ **is**

gehört, wobei die Routine ebenso eine Funktion wie eine Prozedur sein kann, und der Aufruf kann qualifiziert sein wie in *b.p (...)*. Die a_i werden aktuelle Argumente, die x_i formale Argumente genannt. (Obwohl oft „Parameter" als Synonym für „Argument" benutzt wird, reservieren wir den ersteren Begriff für generische Typparameter und für globale Systemparameter in Kapitel 13.)

Der wichtigste Aspekt der Argumentübergabe ist die Frage, welche Operationen auf formalen Argumenten erlaubt sind und welche Wirkungen sie auf die entsprechenden aktuellen Argumente haben.

Der Eiffel-Ansatz ist ziemlich einfach. Ein Routinenaufruf ist einfach die Ausführung des Routinenrumpfes, wobei formale Argumente anstelle der entsprechenden aktuellen Argumente im vorliegenden Aufruf stehen. Innerhalb des Routinenrumpfes sind formale Argumente „geschützt": sie dürfen nicht direkt verändert werden. Eine direkte Veränderung von *x* ist eine der folgenden Operationen:

- Eine Zuweisung mit *x* als Ziel, von der Form *x* := ...
- Wenn *x* von einem Klassentyp ist, dann jede Operation, welche die zu *x* gehörige Referenz verändern könnte: *x.Create(...)*, *x.Forget*, *x.Clone(y)* für irgendein *y*.

Die Menge der Operationen, die eine Routine auf ihren Argumenten ausführen darf, sind also stark eingeschränkt. Die Einschränkung ist härter als in dem als „call by value" bekannten Übergabemechanismus, bei dem formale durch aktuelle Argumente initialisiert werden, dann aber Objekt beliebiger Operationen sein dürfen. Hier sind direkte Veränderungen der Argumente schlicht verboten.

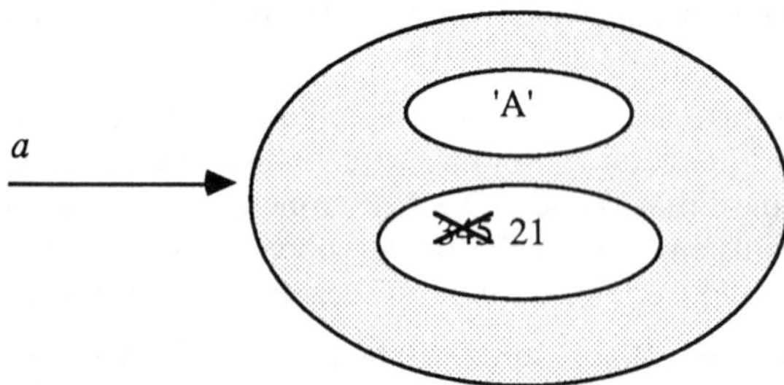

Bild 8.2 Änderung eines Objekts ohne Änderung des Verweises

Man beachte, daß das Verbot nur für direkte Veränderungen gilt. Für Argumente, die von einem Klassentyp sind, heißt das, daß die **Verweise** nicht verändert werden dürfen; die zugehörigen **Objekte** allerdings dürfen, wenn die Verweise nicht leer sind, durch geeignete Prozeduren verändert werden, wie im Bild gezeigt. Wenn zum Beispiel x_i ein formales Argument der Routine *p* ist, dann kann der Routinenrumpf einen Aufruf der Form

$x_i.r(...)$

enthalten, wobei *r* eine in der Klasse T_i (dem Typ von x_i) deklarierte Routine ist. Diese Routine kann die Komponenten des mit x_i verbundenen Objekts zur Ausführungszeit verändern, also des mit dem entsprechenden aktuellen Argument a_i verbundenen Objekts.

Ein Aufruf *q(a)* kann also nicht *a* selbst ändern; das heißt, er kann, wenn *a* von einfachem Typ ist, nicht den Wert von *a* ändern, und wenn *a* von einem Klassentyp ist, kann der Aufruf nicht *a* mit einem neuen Objekt verbinden oder *a* leer machen, wenn es nicht leer war. Andererseits kann der Aufruf Änderungen des mit *a* verbundenen Objekts, falls es das gibt, bewirken.

Da eine Routine an ihren formalen Argumenten keine direkten Veränderungen vornehmen kann, können die Argumente jeder Routine beliebige Ausdrücke sein. (Wenn direkte Modifikationen möglich wären und eine Wirkung auf die entsprechenden aktuellen Argumente hätten, hätte man die aktuellen Argumente auf solche Programmelemente einschränken müssen, die ihre Werte ändern können; anders gesagt, wären nur Größen erlaubt).

Wegen dieser Konvention ist die einzige Möglichkeit für eine Routine, ihrem Aufrufer einen Wert zu liefern, die über das Ergebnis, wenn die Routine eine Funktion ist. Daraus folgt insbesondere, daß höchstens ein Ergebnis geliefert werden kann. Die Wirkung verschiedener Ergebnisse kann dadurch erzielt werden, daß ein Ergebnis eines bestimmten Klassentyps geliefert wird, der mehr als ein Attribut hat. Eine Funktion kann zum Beispiel nicht zwei Werte zurückliefern, die dem Titel und dem Erscheinungsjahr eines Buchs entsprechen, aber sie kann einen einzelnen Wert vom Typ *BUCH* mit den Attributen *titel* und *erscheinungsjahr* liefern.

Wie wir gerade gesehen haben, können Routinen auf den durch ihre aktuellen Argumente verwiesenen Objekten Seiteneffekte erzeugen (wenn auch nicht auf den Verweisen selbst). Im Falle von Funktionen ist diese Möglichkeit beschränkt, wie im vorigen Kapitel beschrieben (7.7).

8.5 Anweisungen

Eiffel ist eine prozedurale Sprache, in der Verarbeitungen durch Kommandos oder Anweisungen ausgedrückt werden. (Das Wort „statement" wird häufig gebraucht, ist aber irreführend: Ein statement ist ein Ausdruck von Tatsachen, kein Kommando.) Eiffel-Anweisungen sind nicht besonders originell; nur Schleifen haben einige ungewöhnliche Einrichtungen. Anweisungen sind:

- Prozeduraufruf
- Zuweisung
- Bedingte Anweisung
- Schleife
- check
- debug

8.5.1 Prozeduraufruf

Eine Anweisung Prozeduraufruf ist entweder lokal oder entfernt. Sie enthält eine Routine, eventuell mit aktuellen Argumenten. In einer Aufrufanweisung muß die Routine eine Prozedur sein; wenn es eine Funktion ist, dann handelt es sich syntaktisch um einen Ausdruck. Die hier vorgestellten Regeln gelten für beide Fälle.

Ein lokaler Aufruf ist ein auf das laufende Exemplar angewandter Aufruf einer Routine und erscheint in der Form:

p (ohne Argumente) oder
p(x,y,...) (mit Argumenten)

Ein entfernter Aufruf wird auf ein durch einen Ausdruck dargestelltes Objekt angewandt: Wenn *a* ein Ausdruck vom Typ *C* ist - wobei *C* eine Klasse ist - und *q* eine Prozedur in der Klasse *C,* dann hat ein entfernter Aufruf die Form *a.q.* Auch hier kann *q* von einer Liste aktueller Argumente gefolgt sein; *a* kann auch ein lokaler Funktionsaufruf mit Argumenten sein, wie bei *a(m).q(n).*

Mehrpunktige entfernte Aufrufe der Form $a.q_1.q_2 .... q_n$ sind auch erlaubt. (Sowohl *a* als auch die q_i können von einer Liste aktueller Argumente gefolgt sein.)

Auf entfernte Aufrufe wird Exportkontrolle angewandt, und zwar wie folgt. Man sagt, ein in der Klasse *B* deklariertes Merkmal *f* sei **verfügbar** für eine Klasse *A*, wenn *f* in der Exportklausel von *B* aufgeführt ist. Wie wir im nächsten Kapitel sehen werden, kann der Export eines Merkmals auch auf eine Anzahl spezifizierter Klassen eingeschränkt werden; wenn das so ist, dann muß *A* dazugehören. Also:

Regel des entfernten Aufrufs:
Ein entfernter Aufruf der Form $b.q_1.q_2 .... q_n$, der in einer Klasse *C* vorkommt, ist dann und nur dann korrekt, wenn die folgenden Bedingungen erfüllt sind:

1. Das hinter dem ersten Punkt stehende Merkmal, q_1, muß verfügbar für *C* oder eins der vordefinierten Merkmale *Create, Clone, Forget, Equal, Void* sein.
2. In einem mehrpunktigen Aufruf muß jedes Merkmal nach dem zweiten Punkt, also jedes q_i für $i > 1$ verfügbar für *C* sein; das letzte Merkmal kann auch *Equal* oder *Void* sein. Es kann nicht *Create, Clone* oder *Forget* sein.

Die zweite Regel ist leicht zu verstehen, wenn man sich klarmacht, daß *u.v.w* eine Abkürzung ist für

x := u.v; x.w

und das ist nur gültig, wenn *w* für die Klasse *C,* in der dieser Code vorkommt, verfügbar ist. Ob *w* für *D,* den Klassentyp von *u,* verfügbar ist oder nicht, ist irrelevant.

Das schließt ebenso den Fall aus, in dem *w* eine Operation ist, die *u* direkt verändert, wie *Create, Clone* oder *Forget.* Wenn man schreiben könnte:

u:D;...
u.v.Create

wobei *v* ein exportiertes Attribut von *D* ist, dann bedeutete das, daß *D* seinen Kunden das Recht eingeräumt hätte, *v* zu allokieren oder zu deallokieren, ein ziemlich bedeutendes Privileg. Wenn das tatsächlich die Absicht des Entwerfers von *D* ist, dann sollte den Merkmalen von *D* eine besondere Prozedur, sagen wir *allocate_v,* hinzugefügt und exportiert werden. Dasselbe gilt für *Clone* und *Forget.*

8.5.2 Zuweisung

Die Zuweisungsanweisung wird folgendermaßen geschrieben:

$x := e$

wobei x eine Größe und e ein Ausdruck ist. Man erinnere sich, daß folgendes Größen sind:

- Klassenattribute
- Lokale Variablen von Routinen
- Formale Argumente
- Die vordefinierte Größe *Result,* die das Ergebnis der umschließenden Funktion darstellt.

Wie wir eben sahen, darf ein formales Argument nicht das Ziel einer Zuweisung sein. Eiffel-Ausdrücke werden unten untersucht.

8.5.3 Bedingte Anweisung

Die Grundform einer bedingten Anweisung wird so geschrieben:

```
if booleścher_ausdruck then
        anweisung; anweisung; ...
else
        anweisung; anweisung; ...
end
```

Die erste Folge von Anweisungen wird ausgeführt, wenn der *boolesche_ausdruck* wahr ergibt, die zweite im anderen Fall. Der **else**-Teil kann weggelassen werden, wenn die zweite Anweisungsliste leer ist:

```
if boolescher_ausdruck then
        anweisung; anweisung; ...
end
```

Wenn es mehr als zwei interessierende Fälle gibt, kann man die Schachtelung bedingter Anweisungen in **else**-Teilen dadurch vermeiden, daß man einen oder mehrere **elsif**-Zweige benutzt, wie in

```
if c1 then
        anweisung; anweisung; ...
elsif c2 then
        anweisung; anweisung; ...
elsif c3 then
        anweisung; anweisung; ...
...
else
        anweisung; anweisung; ...
end
```

was die unnütze Schachtelung des folgenden vermeidet:

```
if c1 then
        anweisung; anweisung; ...
else
        if c2 then
                anweisung; anweisung; ...
        else
                if c3 then
                        anweisung; anweisung; ...
                        ...
                else
                        anweisung; anweisung; ...
                end
        end
end
```

Der **else**-Teil bleibt optional, wenn ein oder mehrere **elsif**-Teile vorkommen.

8.5.4 Schleifen

Die Syntax von Schleifen wurde im vorigen Kapitel (7.8.1) eingeführt:

```
from initialisierungsanweisungen
invariant invariante
variant variante
until abbruchbedingung
loop schleifenanweisungen
end
```

Die **invariant**- und die **variant**-Klausel sind optional. Die **from**-Klausel ist obligatorisch (kann aber leer sein); in ihr wird die Schleifeninitialisierung angegeben, die als Teil der Schleife aufgefaßt wird.

Wenn wir die optionalen Klauseln außer acht lassen, dann besteht die Ausführung einer solchen Schleife aus der Ausführung der *initialisierungsanweisungen,* gefolgt vom Schleifenprozeß. Der Schleifenprozeß ist wie folgt definiert: Wenn die *abbruchbedingung* wahr ist, ist der Schleifenprozeß die leere Anweisung; wenn sie falsch ist, ist der Schleifenprozeß die Ausführung der *schleifenanweisungen,* gefolgt vom nächsten Schleifenprozeß.

8.5.5 Check

Die **check**-Anweisung wurde im vorigen Kapitel (7.8.2) eingeführt. Mit ihr wird ausgedrückt, daß bestimmte Zusicherungen an bestimmten Punkten erfüllt sein müssen:

```
check
        zusicherung; zusicherung;...;zusicherung
end
```

8.5.6 Debug

Die **debug**-Anweisung ist eine Einrichtung für die bedingte Übersetzung. Sie wird folgendermaßen geschrieben:

debug *anweisung; anweisung;...* **end**

Die Compiler-Option DEBUG kann für jede Klasse ein- oder ausgeschaltet sein. Wenn sie angeschaltet ist, entspricht jede Debug-Anweisung in der Klasse den in ihr enthaltenen Anweisungen; wenn sie aus ist, dann hat **debug** keine Auswirkungen auf die Ausführung der Routine, in der die Anweisung steht.

Diese Anweisung kann dazu benutzt werden, besondere Aktionen einzufügen, die ausschließlich im Debugging-Modus ausgeführt werden sollen, zum Beispiel Anweisungen dafür, die Werte von gewissen Größen auszugeben. Andere Einrichtungen zum Debuggen von Eiffel-Systemen werden in Kapitel 15 beschrieben.

8.5.7 Retry

Die letzte Anweisung ist **retry** (7.10.3). Sie kann als Teil einer **rescue**-Klausel ausgeführt werden, um eine Routine neu zu starten, die durch eine Ausnahme unterbrochen wurde. Jeder Versuch, diese Anweisung anders als während der Abarbeitung einer **rescue**-Klausel auszuführen, löst eine Ausnahme aus.

8.6 Ausdrücke

Zu Ausdrücken gehören die folgenden Dinge:

- Konstanten
- Größen (Attribute, lokale Variablen, formale Routinenargumente)
- Funktionsaufrufe
- *Current*
- Ausdrücke mit Operatoren.

8.6.1 Konstanten

Es gibt zwei Boolesche Konstanten, **true** und **false** geschrieben.

Ganzzahlkonstante sind von der üblichen Form und können von einem Vorzeichen angeführt werden. Beispiele sind

453 -678 +66623

Real-Konstanten benutzen einen Dezimalpunkt. Entweder der ganzzahlige Teil oder der Dezimalteil können fehlen. Ein Vorzeichen kann angegeben werden. Eine ganzzahlige Potenz von 10 wird dargestellt durch *e,* gefolgt vom Exponentenwert. Beispiele sind:

52.5 -54.44 +45.01 .983 -897. 999.e12

Zeichenkonstanten bestehen aus einem in Hochkommata eingeschlossenen einzelnen Zeichen, wie bei 'A'. Spezielle Zeichen werden wie unten gezeigt dargestellt. (Ein „Bitmuster" ist ein maschinenabhängiger Code, der durch drei oktale Ziffern *ddd* codiert wird.)

Name	Zeichen	Codiert als
newline	NL(LF)	\n
horizontal tab	HT	\t
backspace	BS	\b
carriage return	CR	\r
form feed	FF	\f
backslash	\	\ \
single quote	′	\′
null character	NULL	′\0′
bit pattern	*ddd*	*ddd*

Bild 8.3 Escapefolgen für spezielle Zeichen

Zeichenkonstanten beschreiben einzelne Zeichen. Zeichenketten von mehr als einem Zeichen werden durch die Bibliotheksklasse *STRING* behandelt (siehe unten).

8.6.2 Funktionsaufrufe

Funktionsaufrufe gehorchen derselben Syntax wie Prozeduraufrufe (8.5.1). Sie können lokal oder entfernt sein; im letzteren Fall ist die Mehrpunkt-Schreibweise möglich. Unter der Annahme geeigneter Klassen- und Funktionsdeklarationen sind folgendes gültige Beispiele:

b.f
b.g(x,y,...)
b. h(u,v).i.j (x,y,...)

Die Regel des entfernten Aufrufs für Prozeduren gilt ebenso für Funktionsaufrufe.

8.6.3 Der „Current"-Ausdruck

Das reservierte Wort *Current* bezeichnet das laufende Exemplar der Klasse und kann in einem Ausdruck verwendet werden. Man beachte, daß *Current* selbst ein Ausdruck ist und keine Größe; eine Zuweisung an *Current* in der Form

Current := wert

ist deshalb syntaktisch ungültig.

Wenn man sich auf ein Merkmal (Attribut oder Routine) des laufenden Exemplars bezieht, dann muß man nicht *Current.f* schreiben; einfach *f* genügt. Wegen dieser Regel wird *Current* in Eiffel weniger häufig benutzt als in objektorientierten Sprachen, in denen jedes Merkmal explizit qualifiziert werden muß. (In Smalltalk gibt es zum Beispiel keine solche Konvention; ein Merkmal ist immer qualifiziert, auch wenn es sich auf das laufende Exemplar bezieht; das wird dann *self* geschrieben.) Beispielhafte Benutzungen von *Current* sind:

- Erzeugung einer Kopie vom laufenden Exemplar, wie in *x.Clone(Current).*
- Prüfung, ob ein Verweis auf das laufende Exemplar verweist: $x = Current$
- Übergabe eines Verweises auf das laufende Exemplar als Argument einer Routine: *x.f(Current)*
- Benutzung von *Current* als „Anker" in einer „Deklaration durch Assoziation" in der Form **like** *Current* (siehe 11.4).

8.6.4 Ausdrücke mit Operatoren

Es gibt Operationen zur Bildung zusammengesetzter Ausdrücke.

Einstellige Operatoren sind + und -, die auf ganzzahlige und Real-Ausdrücke anwendbar sind, und **not,** anwendbar auf Boolesche Ausdrücke.

Zweistellige Operatoren, die genau zwei Operanden akzeptieren, sind der Exponentialoperator ^ (*a ^2* ist das Quadrat von *a*) und die Vergleichsoperatoren

= /= < > <= >=

wobei /= der Ungleich-Operator ist. Die Vergleichsoperatoren liefern Boolesche Ergebnisse. Ihre Operanden können vom Typ integer oder real sein; Vergleich von Zeichenwerten ist auch erlaubt, wobei die Ordnung des ASCII-Zeichensatzes benutzt wird.

Mehrstellige Ausdrücke enthalten einen oder mehrere Operanden, zusammengesetzt mit Operatoren. Numerische Operanden können mit folgenden Operatoren zusammengesetzt werden:

+ - * /

Boolesche Operanden können mit den Operatoren **and, or, and then** und **or else** zusammengesetzt werden. (Die beiden letzten werden im nächsten Abschnitt erläutert.)

Die Vorrangregeln für Operatoren werden in Anhang C angegeben.

8.6.5 Nicht-kommutative Boolesche Operatoren

Die nicht-kommutativen Booleschen Operatoren, nach dem Muster ihrer Ada-Gegenstücke gebildet, sind **and then** und **or else.** Sie haben die folgende Bedeutung: *a* **and then** *b* hat den Wert falsch, wenn *a* falsch ist, sonst hat es den Wert von *b; a* **or else** *b* hat den Wert wahr, wenn *a* den Wert wahr hat, sonst hat es den Wert von *b.*[1]

[1] Eine Bemerkung zu den Konventionen in diesem Buch: Die Booleschen Werte werden im normalen Zeichensatz geschrieben, als wahr (true) und falsch (false); Fettdruck ist den Spachschlüsselwörtern **true** und **false** vorbehalten.

Der Unterschied zu den Standardoperatoren **and** und **or** ist der, daß die obigen Operatoren definiert sein können, wenn der erste Operand genügend Information gibt, das Ergebnis zu bestimmen (falsch für **and,** wahr für **or**), der zweite aber undefiniert ist. Ein einfaches Beispiel dafür ist der Boolesche Ausdruck

i /= 0 **and then** *j/i = k*

der entsprechend der obigen Definition den Wert falsch liefert, wenn *i* gleich Null ist (weil der erste Operand falsch liefert). Wenn der Ausdruck unter Verwendung von **and** und nicht von **and then** geschrieben worden wäre, dann wäre sein zweiter Operand undefiniert, wenn *i* Null ist, so daß in diesem Falle der Zustand des gesamten Ausdrucks unklar wäre. Diese Unsicherheit spiegelt sich darin wider, was zur Laufzeit passieren könnte:

- Wenn der Compiler Code generierte, der beide Operanden auswertet und dann darauf das Boolesche „and" anwendet, dann würde zur Laufzeit eine Division durch Null passieren.
- Wenn andererseits der generierte Code den zweiten Operanden nur auswertet, wenn der erste wahr liefert, und im anderen Falle falsch als Ergebnis des Ausdrucks liefert, dann würde der Ausdruck tatsächlich falsch liefern.

Durch Nutzung von **and then** stellt der Programmierer den zweiten Fall sicher. Ebenso wird

i = 0 **or else** *j/i = k*

als wahr ausgewertet, wenn *i* Null ist, während die **or**-Form entweder wahr liefern würde oder in einem Laufzeitfehler enden.

Man beachte, daß ein Ausdruck, in dem **and then** verwendet wird, immer denselben Wert liefert wie der entsprechende Ausdruck mit **and,** sofern beide definiert sind. Aber die **and then** -Form kann ein Ergebnis (falsch) liefern in Fällen, bei denen die **and**-Form dies nicht tut. Dasselbe gilt für **or else** (wahr) im Verhältnis zu **or.** In diesem Sinne kann man von den nicht-kommutativen Operatoren sagen, daß sie „weiter oder gleichweit" wie ihre jeweiligen Gegenstücke definiert sind.

Man mag sich fragen, warum zwei neue Operatoren gebraucht werden; wäre es nicht einfacher und sicherer, die Standardoperatoren **and** und **or** beizubehalten und ihnen die Bedeutung von **and then** und **or else** zu geben? Das würde den Wert keines Booleschen Ausdrucks ändern, wenn beide Operanden definiert sind, würde aber die Menge der Fälle vergrößern, in denen Ausdrücke konsistente Werte haben. Diese Interpretation Boolescher Operatoren wird tatsächlich in manchen Programmiersprachen benutzt, vor allem in ALGOL W und in C. Es gibt jedoch theoretische und praktische Gründe dafür, zwei Mengen unterschiedlicher Operatoren zu haben:

- Auf der theoretischen Seite sind die mathematischen Booleschen Operatoren kommutativ: *a* **and** *b* hat immer denselben Wert wie *b* **and** *a,* während *a* **and then** *b* definiert sein kann, wenn *b* **and then** *a* nicht definiert ist.
- In der Praxis werden manche Compileroptimierungen unmöglich, wenn der Compiler die Operanden immer in einer vorgegebenen Reihenfolge wie bei den nicht-kommutativen Operatoren auswerten muß. Deshalb sind die Standardoperatoren vorzuziehen, wenn beide Operanden als definiert bekannt sind.

Man beachte, daß die nicht-kommutativen Operatoren in einer Sprache ohne solche Operatoren durch bedingte Ausdrücke simuliert werden können. So kann man zum Beispiel anstelle von

b := i /= 0 **and then** *j/i = k*

auch schreiben:

if *i = 0* **then** *b :=* **false else** *b := (j/i = k)* **end**

Die **and then** -Form ist natürlich einfacher.

Die nicht-kommutativen Operatoren sind besonders in Zusicherungen nützlich. Insbesondere hilft **or else** dabei, Eigenschaften der Form „*a* impliziert *b*" oder „Wenn *a,* dann *b*" auszudrücken. Bekanntlich kann „*a* impliziert *b*" auch als „not *a* or *b*" geschrieben werden. Oft ist die Eigenschaft *b* aber ohne Bedeutung, wenn *a* falsch ist, so daß die richtige Formulierung nicht **or,** sondern **or else** benutzt.

Nehmen wir zum Beispiel an, eine Zusicherung (zum Beispiel in einer Klasseninvariante) drücke aus, daß der erste Wert einer bestimmten Liste *l* von Ganzzahlen nichtnegativ ist - vorausgesetzt natürlich, die Liste ist nicht leer. Das kann man ausdrücken als

l.empty **or else** *l.first >= 0*

Hier **or** zu benutzen, wäre inkorrekt gewesen, denn *l.first* ist für eine leere Liste nicht definiert. Die Beispielklassen aus der Bibliothek in Anhang A enthalten viele solche Beispiele. (siehe zum Beispiel die Invariante der Klasse *LINKED_LIST.)*

8.7 Zeichenketten

Die Klasse *STRING* beschreibt Zeichenketten. Diese Klasse wird in gewisser Weise besonders behandelt: Der Bezeichner *STRING* wird als reserviertes Wort behandelt, und Zeichenkettenkonstanten sind auch Teil der vordefinierten Sprachsyntax.

Eine Zeichenkettenkonstante wird in Anführungszeichen eingeschlossen geschrieben, wie in

"ABcd Ef ⋆_01"

Das Anführungszeichen muß von einem Backslash \ angeführt werden, wenn es innerhalb der Zeichenkette vorkommt. Für nicht-druckbare Zeichen gelten die in Bild 8.3 (8.6.1) festgehaltenen Konventionen für Konstanten vom Typ *CHARACTER.*

Es ist möglich, Zeichenkettenkonstanten über mehr als eine Zeile hinaus zu schreiben; jede unvollständige Zeile muß mit einem Backslash enden, unmittelbar gefolgt vom Zeilenvorschub-Zeichen; die Zeichenkette wird fortgesetzt nach dem ersten Backslash auf der nächsten Zeile. Alle Zeichen vor dem ersten Backslash in der Folgezeile werden ignoriert. Zum Beispiel:

*"ABCDEFGHIJKLM *
\NOPQRSTUVWXYZ";

Weitere Einzelheiten zu Zeichenkettenkonstanten werden in Kapitel 13 vermittelt.

Nicht-konstante Zeichenketten sind ebenfalls Exemplare der Klasse *STRING,* deren *Create*-Prozedur die erwartete anfängliche Länge der Zeichenkette als Argument erwartet, so daß

text1, text2: STRING; n: INTEGER;
...
text1.Create(n)

dynamisch eine Zeichenkette *text1* allokiert, indem sie Platz für *n* Zeichen reserviert. Auf Objekten dieser Klasse sind zahlreiche Operationen verfügbar, wie zum Beispiel Verkettung, Zeichen- oder Teilketten-Extraktion, Vergleich, usw. (Solche Operationen können die Länge der Zeichenkette ändern, womit automatisch eine Neu-Allokation ausgelöst wird, wenn die Zeichenkette länger als das anfangs geschätzte *n* wird.) Anhang E, wo die durch **short** (Kapitel 9) erzeugte Kurzversion dieser Klasse gezeigt wird, mag als Referenz benutzt werden.

Man beachte, daß die Zuweisung eines *STRING* zu einem anderen zu gemeinsamer Nutzung führt: Nach *text2 := text1* berührt jede Veränderung des Inhalts von *text2* ebenso den Inhalt von *text1* und umgekehrt. Kopie im Gegensatz zur gemeinsamen Nutzung erhält man durch *text2 := text1.duplicate.*

8.8 Eingabe und Ausgabe

Zwei Klassen stellen die Basis-Einrichtungen für Ein- und Ausgabe in Eiffel zur Verfügung: *FILE* und *STD_FILES.*

Zu den auf einem Objekt *f* vom Typ *FILE* definierten Operationen gehören die folgenden:

f.Create("name") -- Verbinde *f* mit einer Datei namens *name*
f.open_write -- Öffne *f* zum Schreiben
f.open_read -- Öffne *f* zum Lesen
f.putstring_nl("A_STRING") -- Schreibe die gegebene Zeichenkette auf *f,* gefolgt von einer neuen Zeile

Anhang E zeigt die Kurzversion dieser Klasse und kann als Referenz dienen.

Für die Ein-/Ausgabeoperationen auf die Standardeingabe-, Standardausgabe- und Standardfehlerdatei reicht es aus, von *STD_FILES* zu erben, wo drei Attribute definiert sind: *input, output* und *error.* Die Kurzversion dieser Klasse ist ebenfalls in Anhang E zu finden.

8.9 In diesem Kapitel eingeführte Schlüsselkonzepte

- Die syntaktische Struktur von Eiffel ist Kamm-artig (Operator Operand Operator ... Operand Operator).
- Groß-/Kleinschreibung ist in Bezeichnern nicht unterscheidungsrelevant, jedoch werden Standardkonventionen empfohlen.
- Geeignete Routinenkopfkommentare, kompakt und auf den Punkt gebracht, sind ein wesentlicher Bestandteil gut dokumentierter Systeme.

- Auf externe Routinen kann über eine wohldefinierte Schnittstelle zugegriffen werden.
- Routinen können ihre Argumente nicht direkt verändern, jedoch können sie die mit den Argumenten verbundenen *Objekte* ändern.
- Eiffel enthält einen kleinen Satz von Anweisungen: Zuweisung, bedingte Anweisung, Schleife, Aufruf, debug, check.
- Ausdrücke sind dem üblichen Gebrauch in Programmiersprachen angepaßt. *Current* ist ein Ausdruck, der das laufende Exemplar bezeichnet. Weil *Current* keine Größe ist, kann es nicht das Ziel einer Zuweisung sein.
- Nicht-kommutative Boolesche Operatoren liefern die gleichen Werte wie die Booleschen Standardoperatoren, wenn beide Operanden definiert sind, sind aber darüberhinaus in manchen Fällen definiert, wenn die Standardoperatoren nicht definiert sind.
- Zeichenketten, Eingabe und Ausgabe werden mithilfe von Bibliotheksklassen behandelt.

8.10 Syntaktische Zusammenfassung

			Benutzt in (Kapitel)
Externals	=	**external** External_list	Routine (5)
External_list	=	{External ";" ...}	
External	=	Feature_name [Formal_arguments] [Type_mark] [External_name] Language	
Language	=	**language** String_constant	
External_name	=	**name** String_constant	
Expression	=	{Unqualified_expression "." ...}	Assignment, Call etc. (5)
Unqualified_expression	=	Constant | Entity | Unqualified_call | *Current* | Old_value | Nochange | Operator_expression	
Constant	=	(s. Kapitel 13)	
Entity	=	(s. Kapitel 5)	
Unqualified_call	=	(s. Kapitel 5)	
Old_value	=	(s. Kapitel 7)	
Nochange	=	(s. Kapitel 7)	
Operator_expression	=	Unary_expression | Binary_expression | Multiary_expression | Parenthesized	

Unary_expression	=	Unary Expression	
Unary	=	**not** | "+" | "-"	
Binary_expression	=	Expression Binary Expression	
Binary	=	^ | = | /= | < | > | <= | >=	
Multiary_expression	=	{Expression Multiary ...}$^+$	
Multiary	=	"+" | "-" | "*" | "/" | **and** | **and then** | **or** | **or else**	
Parenthesized	=	"(" Expression ")"	
Conditional	=	**if** Then_part_list [Else_part] **end**	Instruction (5)
Then_part_list	=	{Then_part **elsif** ...}$^+$	
Then_part	=	Boolean_expression **then** Compound	
Else_part	=	**else** Compound	
Loop	=	(s. Kapitel 7)	Instruction (5)
Check	=	(s. Kapitel 7)	Instruction (5)
Debug	=	**debug** Compound **end**	Instruction (5)

9 Entwurf von Klassenschnittstellen

Es gibt in der Softwareentwicklung wenige Themen, die wichtiger sind als der saubere Entwurf von Modulschnittstellen. Jeder, der schon mal an einem Mehrpersonen- oder auch nur mehrwöchigen Softwareprojekt beteiligt war, weiß, daß ab einer gewissen Stufe viele, wenn nicht die meisten Entscheidungen, Diskussionen, Auseinandersetzungen und Verwirrungen sich um Fragen der Festlegung von Modulschnittstellen drehen: „Wer sorgt dafür, daß sichergestellt wird...?", „Aber ich dachte, Du reichst mir nur normalisierte Benutzereingaben durch...", „Warum prüfst Du das nochmal, da paß ich doch schon drauf auf?" und so weiter.

Wenn es ein Thema gibt, bei dem von objektorientierten Methoden entscheidende Fortschritte zu erwarten sind, dann muß es dieses sein. Von Anfang an haben wir objektorientierten Entwurf als eine Bautechnik dargestellt, deren Ziel die Erstellung von zusammenpassenden Moduln mit sauberen Schnittstellen ist. Obwohl wir, bis wir Vererbung kennenlernen, nur einen beschränkten Blick auf die objektorientierte Herangehensweise haben, konnten wir doch bis jetzt genug Techniken anhäufen, welche uns den Einfluß objektorientierter Techniken auf den Entwurf nützlicher Modulschnittstellen zu erforschen erlauben.

Entwurf ist keine Wissenschaft, sondern eine Fertigkeit. Entwurf kann teilweise gelehrt werden, aber nicht mit festen Regeln oder Theoremen. Es gibt zwar allgemeine Grundsätze, die beste Anleitung geschieht jedoch häufig durch Beispiele. In diesem und den folgenden Kapiteln werden eine Anzahl von Beispielen durchgesprochen, die auf der **Eiffel-Bibliothek** basieren, einem Speicher von Klassen, die viele Basis-Datenstrukturen und -Algorithmen aus der alltäglichen Programmierung abdecken. Die Möglichkeit, Bibliotheken von „abgepackten" Softwarekomponenten wiederzuverwenden, ist eine der Hauptvorteile des objektorientierten Ansatzes. Weil die Qualitätsanforderungen an wiederverwendbare Moduln die höchsten sind (vielfache Benutzung deckt schnell und mitleidslos jeden Mangel in Entwurf oder Implementierung auf), verlangt ihr Entwurf äußerste Sorgfalt und Handwerkskunst und zeigt wie unter einer Lupe fast alle Probleme des Schnittstellenentwurfs.

Wir beginnen deshalb unsere Erörterung einiger wichtiger Schnittstellentechniken mit den Problemen, die bei der Implementierung einer zunächst recht einfach erscheinenden Bibliotheksklasse auftreten - einer Klasse, die verkettete Listen implementiert. Zuerst müssen wir uns einige technische Details der Listenimplementierung ansehen (im nächsten Abschnitt). Dann unternehmen wir einen ersten, primitiven Versuch und analysieren, warum das Ergebnis ungeeignet ist. Die Heilung wird einige allgemeine Entwurfsprinzipien erhellen. Danach untersuchen wir das wesentliche Problem, wie man mit abnormen Fällen umgeht, und verfeinern das Geheimnisprinzip durch Einführung des Begriffs des selektiven Exports (9.4). Zuletzt erklären wir in Abschnitt 9.6, wie man eine Klassenschnittstelle dokumentiert, und im letzten Abschnitt werden einige hier gebrauchte Sprachkonstrukte erörtert.

9.1 Listen und Listenelemente

9.1.1 Darstellung verketteter Listen

Ein gutes Beispiel für Schnittstellenprobleme sind verkettete Listen, eine oft benutzte Datenstruktur, die sicherlich als eine der ersten in eine Bibliothek allgemeinverwendbarer Moduln gehört.[1]

Verkettete Listen sind solche Darstellungen von Folgen, welche die Operationen *Einfügung* und *Löschung* erleichtern. Die Folgenelemente sind „Zellen", die wir hier „verkettbar" nennen; jede verkettbare Zelle enthält einen Wert und einen Zeiger auf ein weiteres Element, wie im folgenden Bild dargestellt:

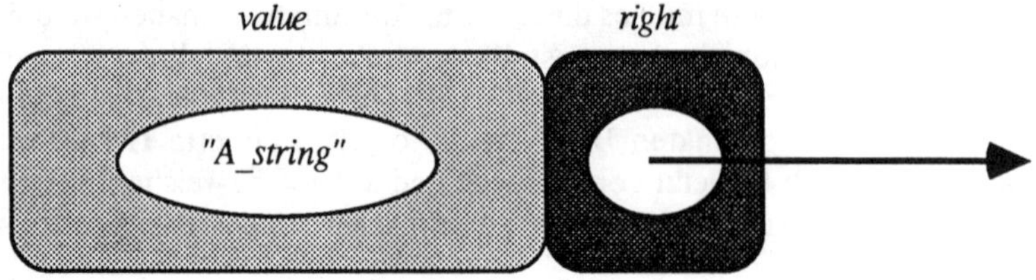

Bild 9.1 Verkettbare Zelle

Sei *T* der Typ der Werte. Weil wir natürlich eine Struktur haben wollen, die für alle *T* benutzt werden kann, sollten die betrachteten Klassen generisch sein mit *T* als generischem Parameter.

Die Liste selbst wird durch eine getrennte Zelle dargestellt, den Kopf. Eine Kopfzelle enthält mindestens einen Verweis auf die erste verkettbare Zelle (dieser Verweis ist leer, wenn die Liste leer ist); abhängig von der jeweiligen Implementierung ist es oft angebracht, den Kopf um andere Elemente zu ergänzen, zum Beispiel um einen Zähler für die Anzahl der Elemente. Bild 9.2 zeigt als Beispiel eine Zeichenliste.

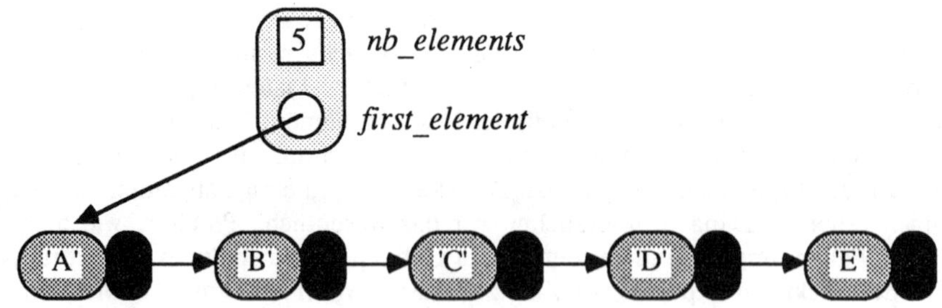

Bild 9.2 Verkettete Liste

[1] Da die Klassen der wirklichen Eiffel-Bibliothek auch erst später eingeführte Sprachelemente benutzen, sind die Beschreibungen in diesem Kapitel manchmal primitiver oder weniger elegant. In Anhang A sind einige Klassen so beschrieben, wie sie in der Bibliothek stehen.

Der Vorteil dieser Darstellung besteht darin, daß eine Einfügung oder Löschung sehr schnell geht, wenn man unmittelbar links vom Einfüge- bzw. Löschpunkt einen Verweis auf die verkettbare Zelle hat: Es reicht eine einfache Zeigerveränderung, wie unten für den Löschfall gezeigt.

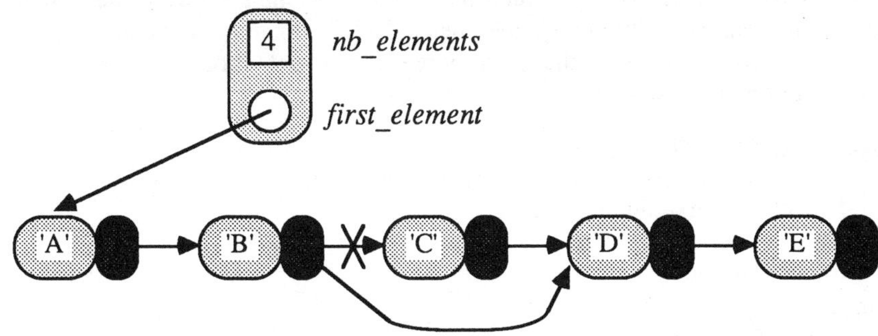

Bild 9.3 Löschen in einer verketteten Liste

Andererseits ist diese Darstellung nicht sehr gut dazu geeignet, ein durch seinen Wert oder seine Position bekanntes Element zu finden: Diese Operationen erfordern eine sequentielle Durchsuchung der Liste. Felddarstellungen sind im Gegensatz dazu gut für den Zugriff über Position geeignet, aber schlecht zum Einfügen und Löschen. Natürlich gibt es noch viele andere Darstellungen; die verkettete Liste ist eine wichtige Darstellung, die als Ausgangspunkt für viele andere dient. Im nächsten Kapitel werden wir sehen, wie man viele mögliche Listenimplementierungen (verkettet, zusammenhängend, usw.) als schrittweise Variationen desselben Grundthemas definiert und nicht als immer neue Ansätze.

9.1.2 Zwei einfache Klassen

Wir brauchen offensichtlich zwei Klassen: eine für Listen (Köpfe), die andere für Listenelemente (verkettbare Zellen). Wir nennen sie *LINKED_LIST* und *LINKABLE*. Beide sind generisch.

Man beachte, daß das Konzept der Klasse *LINKABLE* wesentlich für die Implementierung, aber ohne Bedeutung für die meisten Kunden ist. Wir sollten uns um eine Schnittstelle bemühen, die Kundenmoduln Listenmanipulationsprimitive bietet, sie aber nicht dazu zwingt, sich mit Implementierungsdetails wie dem Vorhandensein von verkettbaren Elementen zu befassen.

Die Attribute dieser Klasse können entsprechend Bild 9.1 wie folgt angegeben werden:

```
class LINKABLE1 [T]
        -- Verkettbare Zellen, benutzt in Verbindung
        -- mit verketteten Listen
export ... siehe unten ... feature
      value: T;
      right: LINKABLE1[T]
end
```

Um eine richtige Klasse und nicht nur eine Verbunddefinition zu erhalten, müssen Operationen hinzugefügt werden. Was sollte ein Kunde auf einer verketteten Liste machen dürfen? Zugriff auf die Komponenten *value* und *right* muß möglich sein, diese sind aber als Attribute verfügbar und müssen nur in die **export**-Klausel aufgenommen werden. Wenn Kunden diese Komponenten auch ändern können sollen, dann sind besondere Prozeduren vonnöten. Es ergibt auch keinen besonderen Sinn, ein Listenelement ohne Initialwert zu erzeugen, also sollte die Klasse ihre eigene *Create*-Prozedur haben. Das führt zu einer benutzbaren Version:

```
class LINKABLE [T]
            -- Verkettbare Zellen, benutzt in Verbindung
            -- mit verketteten Listen
export
    ... siehe unten ...
feature
    value: T;
    right: LINKABLE[T];
    Create(initial: T) is
                    -- Initialisiere mit dem Wert initial
        do value := initial end;
    change_value(new: T) is
                    -- Ersetze den Wert durch new
        do value := new end;
    change_right(other: LINKABLE[T]) is
                    -- Füge other rechts von der laufenden
                    -- Zelle ein
        do right := other end
end -- class LINKABLE
```

Sehen wir uns jetzt die verkettete Liste selbst an, auf die intern über ihre eigenen Köpfe zugegriffen werden soll. Es scheint sinnvoll zu sein, neben anderen die folgenden Merkmale zu definieren:

- Die Anzahl der Elemente.
- Eine Prüfung, ob die Liste leer ist.
- Ein Verweis auf das erste Element (leer, wenn die Liste leer ist).
- Der Wert des *i*-ten Elements, für jeden gültigen Index *i*.
- Eine Routine zur Änderung des Werts des *i*-ten Elements.
- Routinen zum Einfügen und Löschen eines Elements an Position *i*.
- Eine Routine zum Suchen eines Elements mit einem bestimmten Wert.

usw.

Hier folgt die Skizze einer ersten Version; vollständige Routinenrümpfe sind nur für *value* und *insert* angegeben:

```
class LINKED_LIST1[T]
            -- Einfach verkettete Liste
export
      nb_elements, empty, value, change_value, insert,
      delete, search, ...
feature
    first_element: LINKABLE[T];
      nb_elements: T;
      empty: BOOLEAN is
                  -- Ist die Liste leer?
         do Result := (nb_elements = 0) end; -- empty

      value(i: INTEGER): T is
                  -- Wert des i-ten Listenelements
         require
               1 <= i; i <= nb_elements
         local
               elem: LINKABLE[T]
         do
               from
                     j := 1; elem := first_element
               invariant j <= i variant i - j
               until
                     j = i
               loop
                     j := j + 1; elem := elem.right
               end;
               Result:= elem.value
         end; -- value

      change_value (i: INTEGER; v: T) is
                  -- Ersetze den Wert des i-ten Elements
                  -- durch v
         require
               1 <= i; i <= nb_elements
         do
               ...
         ensure
               value(i) = v
         end; -- change_value
```

```
insert(i: INTEGER; v: T) is
            -- Füge als i-tes Element ein neues
            -- Element vom Wert v ein
    require
        1 <= i; i <= nb_elements + 1
    local
        previous, new: LINKABLE[T]
    do
            -- Erzeuge neue Zelle
        new.Create(v);
        if i = 1 then
                -- Füge am Listenkopf ein
            new.change_right(first_element);
            first_element := new
        else
            from
                j := 1; previous := first_element
            invariant
                j >= 1; j <= i-1; not previous.Void
                -- previous ist das j-te Element
            variant
                i - j - 1
            until j = i - 1 loop
            j := j + 1; previous := previous.right
            end;

                -- Hinter previous einfügen
            previous.change_right(new);
            new.change_right(previous.right)
        end;
        nb_elements := nb_elements + 1
    ensure
        nb_elements = old nb_elements + 1; not empty
    end; -- insert

delete(i: INTEGER) is
            -- Lösche i-tes Element
    require
        1 <= i; i <= nb_elements
    do
        ...
    ensure
        nb_elements = old nb_elements - 1
    end; -- delete

search (v: T) is
            -- Position des ersten Elements mit dem
            -- Wert v in der Liste (0, wenn keins
            -- vorhanden)
    do ... end
```

```
        ... andere Merkmale ...
invariant
        empty = (nb_elements = 0);
        empty = first.element.Void
end -- class LINKED_LIST1
```

Es wäre schön, wenn Sie versuchten, selbst die Routinen *change_value, delete* und *search* in dieser ersten Version zu vervollständigen (achten Sie darauf, daß die Klasseninvariante erhalten bleibt).

9.1.3 Kapselung und Zusicherungen

Bevor wir uns besseren Versionen zuwenden, sind zunächst einige Bemerkungen zum ersten Versuch angebracht.

Die Klasse *LINKED_LIST1* zeigt, daß sogar in ziemlich einfachen Strukturen Zeigermanipulationen verzwickt sind, besonders in Verbindung mit Schleifen. Zusicherungen helfen dabei, sie richtig hinzukriegen (siehe Prozedur *insert* und die Invariante); aber die bloße Schwierigkeit dieser Art des Programmierens ist ein starkes Argument dafür, solche Operationen ein für allemal in wiederverwendbare Moduln zu kapseln, wie das vom objektorientierten Ansatz gefördert wird.

Man beachte auch die Anwendung des Prinzips des einheitlichen Zugriffs (2.1.4): Zwar ist *nb_elements* ein Attribut und *empty* eine Funktion, aber Kunden müssen dieses Detail nicht wissen. Sie sind gegen jede spätere Revision dieser Implementierungsentscheidung geschützt.

Schließlich hätte man die Semantik mit Zusicherungen präziser ausdrücken können. Die Prozedur *insert* sollte zum Beispiel lauten:

```
insert(i: INTEGER; v: T) is
                    -- Füge als i-tes Element ein neues
                    -- Element vom Wert v ein
    require
        1 <= i; i <= nb_elements + 1
    local
        previous, new: LINKABLE[T]
    do
        ... wie oben ...
    ensure
        nb_elements = old nb_elements + 1;
        not empty
        -- Das Element mit Index i hat den Wert v
        -- Für 1 < j < = nb_elements
            -- hat das j-te Element denjenigen Wert,
            -- den das j-1-te Element vor dem
            -- Aufruf hatte
    end; -- insert
```

Man beachte, daß diese Zusicherungen nur teilweise formal sind. Die Vor- und Nachbedingungen anderer Routinen sollten auf ähnliche Weise vervollständigt werden.

9.1.4 Eine Kritik der Klassenschnittstelle

Wie benutzbar sind diese einfachen Klassen? Wir wollen ihren Entwurf bewerten.

Ein ärgerlicher Aspekt von *LINKED_LIST1* sind die wesentlichen Redundanzen: *value* und *insert* enthalten fast identische Schleifen, und ähnliche Schleifen bräuchte man auch in den dem Leser überlassenen Routinen *(change_value, search, delete)*. Es scheint aber dennoch nicht möglich zu sein, den gemeinsamen Teil herauszuziehen. Für einen Ansatz, der Wiederverwendbarkeit betont, ist das kein vielversprechender Start.

Es handelt sich hierbei um ein internes Implementierungsproblem der Klasse: mangelnde Wiederverwendung von internem Code. Tatsächlich aber steht es für ein umfassenderes Problem - eine schlecht entworfene Schnittstelle.

Nehmen wir die Routine *search*. So wie sie dasteht, liefert sie den Index, bei dem ein gegebenes Element in der Liste gefunden wurde, oder *nb_elements + 1*, wenn das Element nicht in der Liste ist. Wie benutzt ein Kunde dieses Ergebnis? Typischerweise möchte der Kunde an der gefundenen Stelle eine Einfügung oder Löschung vornehmen. Aber sowohl die Einfügung als auch die Löschung erfordern ein erneutes Durchsuchen der Liste! Zum Beispiel läuft *insert(i,v)* über die ersten *i* Elemente, auch wenn *i* das Ergebnis von *search* war - ermittelt mithilfe des gleichen Durchsuchungsaktes.

Beim Entwurf eines allgemein verwendbaren Moduls, der immer und immer wieder benutzt wird, kann man solche Ineffizienzen nicht auf die leichte Schulter nehmen. Zwar mögen Programmierer bereit sein, für ein hohes Maß an Wiederverwendbarkeit einen kleinen Preis an Effizienz zu bezahlen, aber dieser Preis muß vernachlässigbar sein. Hier ist er inakzeptabel.

9.1.5 Primitive Lösungen

Wie können wir diese eklatante Ineffizienz beseitigen? Zwei Lösungen springen ins Auge:

- Man kann *search* so umschreiben, daß es nicht eine Ganzzahl liefert, sondern einen *LINKABLE*-Verweis auf diejenige Zelle, in welcher der fragliche Wert gefunden wurde (oder einen leeren Verweis, wenn die Suche erfolglos war). Dann hat der Kunde einen direkten Griff an der aktuellen verkettbaren Zelle und kann die notwendigen Operationen (einfügen, löschen, usw.) ohne nochmalige Durchsuchung durchführen.
- Man könnte versuchen, ausreichend viele Primitiven zur Verfügung zu stellen, so daß mit diversen Kombinationen von Operationen gearbeitet werden kann (suchen und dann einfügen, suchen und dann löschen, usw.).

Die erste Lösung zerstört jedoch die ganze Idee der Kapselung von Datenstrukturen in Klassen: Kunden würden direkt die Darstellungen manipulieren mit all den damit verbundenen Gefahren. Wie schon erwähnt, ist das Konzept der verkettbaren Zelle intern; wir möchten, daß Kundenprogrammierer in Begriffen von Listen und Listenwerten denken, nicht in Listenzellen und -zeigern. Sonst ergäbe es keinen Sinn, Klassen zur Datenabstraktion zu benutzen.

Die zweite Lösung wurde in einer frühen Version der Eiffel-Bibliothek versucht. Man versuchte, Routinen bereitzustellen, welche die üblichen Kombinationen von Operationen abdecken. Eine Einfügung vor dem Vorkommen eines bekannten Wertes würde zum Beispiel nicht durch einen Aufruf von *search* und anschließendem *insert* realisiert, sondern durch einen einzigen Aufruf von

```
insert_before_by_value(v: T; v1: T) is
            -- Füge neues Element mit Wert v vor dem ersten
            -- Vorkommen von v1 in der Liste ein bzw. am Ende
            -- der Liste, wenn v1 nicht vorkommt
    do ... end
```

Diese Lösung hielt tatsächlich die interne Darstellung vor Kunden versteckt und vermied die Ineffizienz der ursprünglichen Version.

Aber bald wurde uns klar, daß wir uns eine lange Reise vorgenommen hatten. Überlegen wir mal, wieviele Varianten vorgesehen werden müßten:

```
insert_before_by_value
insert_after_by_value
insert_before_by_position
insert_after_by_position
delete_before_by_value
...
insert_at_end_if_absent
...
```

Allgemein verwendbare wiederverwendbare Softwarekomponenten zu schreiben, ist eine schwierige Aufgabe, und man kann absolut nicht sicher sein, jeden Modul gleich auf Anhieb richtig hinzukriegen. Man sollte also darauf gefaßt sein, daß die Komponenten verbessert werden müssen, je breiter sie benutzt werden. Allerdings muß der Prozeß konvergieren: Nachdem anfangs hier und da noch an der Komponente geschliffen wird, sollte sie sich stabilisieren. Wenn das nicht so ist - das heißt, wenn fast jede neue Benutzung Erweiterungen und Modifikationen nötig macht -, dann ist Ihr Herangehen an Wiederverwendbarkeit offenbar fehlerhaft. Es stellte sich heraus, daß bei der Listenklasse, die wir zu jenem Zeitpunkt hatten, genau das der Fall war: Es sah so aus, als ob jeder neue Kunde eine besondere Variante der Basisoperationen benötigte, was die Einführung einer neuen Primitiven rechtfertigte.

Es wird aber noch schlimmer dadurch, daß alle grundlegenden Listenroutinen ziemlich kompliziert sind, mit Schleifen wie die in *insert;* sie haben vieles gemeinsam, aber unterscheiden sich alle in winzigen Details. Die Vorstellung einer robusten, wiederverwendbaren Klasse für verkettete Listen scheint sich nicht fassen zu lassen.

9.2 Objekte als Maschinen

Glücklicherweise gibt es einen Ausweg aus dieser mißlichen Lage. Die Lösung besteht in einer anderen Sichtweise des zugrundeliegenden abstrakten Datentyps.

9.2.1 Einführung eines Zustands

Der Fehler der bisherigen Betrachtungsweise ist der, eine Liste als passiven Informationsspeicher zu behandeln. Um Kunden bessere Dienstleistungen bieten zu können, sollte die Liste aktiver werden, indem sie „sich erinnert", wo die letzte Operation stattgefunden hat.

Die Idee wurde schon in der Diskussion von Seiteneffekten in Funktionen aufgebracht (7.7.2, „Kommandos und Anfragen"; siehe Bild 7.5). Wir müssen nicht zögern, Objekte als Maschinen mit einem internen Zustand zu sehen und sowohl Prozeduren oder Kommandos einzuführen, die den Zustand ändern, als auch Funktionen oder Anfragen nach dem Zustand. Dieser Ansatz führt zu einer Schnittstelle, die sowohl einfacher als auch effizienter ist als die oben betrachtete.

Eine Liste ist dann eine Maschine mit einem Zustand, der explizit verändert werden kann. Der Zustand einer Liste sollte nicht nur aus ihrem Inhalt bestehen, sondern auch aus einer laufenden Position, einem **Cursor,** wie unten veranschaulicht. Wir sollten uns nicht davor scheuen, Kunden Kommandos zur Verfügung zu stellen, die den Cursor offiziell bewegen.

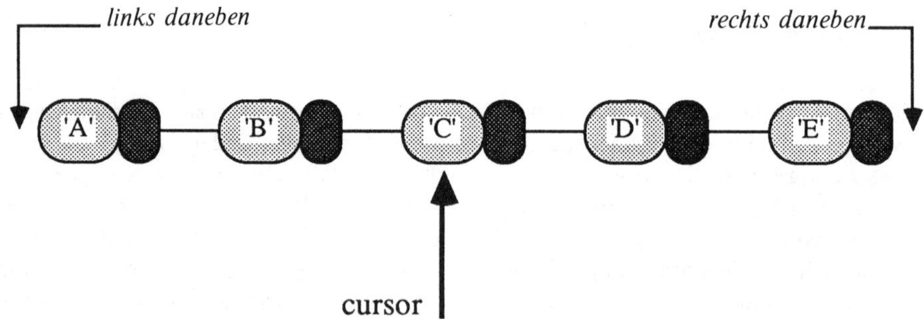

Bild 9.4 Liste mit Cursor

Zu den Kommandos, die den Cursor bewegen, gehören Traversierungsoperationen wie *search,* das nun keine Funktion mehr ist, sondern eine Prozedur. Diese Prozedur liefert kein Ergebnis (das ist einer Anfragefunktion vorbehalten), sondern bewegt einfach nur den Cursor auf eine Position, wo das gesuchte Element vorkommt. Genauer: *l.search(x,i)* bewegt den Cursor zum *i*-ten Vorkommen von *x* in der Liste *l.* Unten wird für den Fall, daß *x* weniger als *i*-mal in der Liste vorkommt, eine Vereinbarung getroffen.

Weitere Kommandos, die den Cursor betreffen, können definiert werden:

- Die Prozedur *start* bewegt den Cursor zur ersten Position; Vorbedingung ist, daß die Liste nicht leer ist.
- Die Prozedur *finish* bewegt den Cursor unter der gleichen Vorbedingung zur letzten Position.

- Die Prozeduren *back* und *forth* bewegen den Cursor zur vorhergehenden bzw. nächsten Position.
- *go(i)* bewegt den Cursor zu einer bestimmten Position.

Die Cursor-Position wird geliefert durch eine Anfragefunktion *position,* die in der Praxis als Attribut implementiert werden kann. Weitere nützliche Anfragefunktionen zum Cursor sind *isfirst* und *islast,* die Boolesche Werte von offensichtlicher Bedeutung liefern.

Die Prozeduren, die eine Liste aufbauen und verändern - einfügen, löschen, einen Wert ändern -, können vereinfacht werden, weil sie sich nicht mehr um Positionen kümmern müssen: Sie arbeiten einfach auf den Elementen an der laufenden Cursor-Position. So wird zum Beispiel *delete* nicht mehr als *l.delete(i)* aufgerufen, sondern einfach als *l.delete,* womit das Element an der laufenden Cursor-Position gelöscht wird. In jedem Fall müssen wir genaue Festlegungen darüber treffen, was mit dem Cursor nach Ausführung einer Operation geschieht. Es folgt ein Satz konsistenter Festlegungen:

- Die Argument-lose Prozedur *delete* löscht das Element an der Cursor-Position und stellt den Cursor auf dessen linken Nachbarn (so daß das Attribut *position* um 1 vermindert wird).
- Die Prozedur *insert_right(v: T)* fügt rechts vom Cursor ein Element mit dem Wert *v* ein und bewegt den Cursor nicht (*position* bleibt unverändert).
- Die Prozedur *insert_left(v: T)* fügt links vom Cursor ein Element mit dem Wert *v* ein und bewegt den Cursor nicht (so daß der Wert von *position* um 1 erhöht werden muß).
- Die Prozedur *change_value(v: T)* ändert den Wert des Elements an der Cursor-Position. Der Wert dieses Elements wird von der Anfragefunktion *value* geliefert, die jetzt kein Argument mehr hat und als Attribut implementiert werden kann.

9.2.2 Erhaltung der Konsistenz: die Darstellungsinvariante

Wenn man solche Schnittstellen entwirft, die sich auf einen strengen Zustandsbegriff abstützen, dann müssen unbedingt die geeigneten Annahmen getroffen werden, die sicherstellen, daß der Zustand stets wohldefiniert ist. Was geschieht zum Beispiel mit dem Cursor, wenn er auf dem ersten Listenelement stand und ein *delete* ausgeführt wird? Die allgemeine Festlegung lautet, daß der Cursor auf den linken Nachbarn gestellt wird; hier gibt es aber keinen. Wenn man kurze Zeit darüber und über andere Fälle nachdenkt, kommt man zu einer konsistenten Festlegung: Der Cursor darf um höchstens eine Position links und rechts über die Listengrenzen hinausgehen. Dann ist die Wirkung aller Listenoperationen immer eindeutig definiert.

Diese Eigenschaft ist eine typische **Darstellungsinvariante.** Man erinnere sich (7.6), daß eine Darstellungsinvariante die Konsistenz einer durch eine Klasse gegebenen Darstellung gegenüber dem zugrundeliegenden abstrakten Datentyp ausdrückt, auch wenn dieser abstrakte Datentyp nicht explizit definiert ist. Hier gehört zur Klasseninvariante die Eigenschaft

0 <= position; position <= nb_elements + 1

Die Boolesche Werte liefernden Anfragefunktionen *offleft* und *offright* ermöglichen dem Kunden festzustellen, ob der Cursor außerhalb der Grenzen liegt.

Was ist mit einer leeren Liste? Die Konsistenz legt hier nahe, daß sie als *sowohl* offleft *als auch* offright angesehen werden sollte und daß dies der einzige Fall sein sollte, in dem beide Funktionen wahr liefern. Das bringt uns eine weitere schöne Klausel für die Klasseninvariante:

empty = (*offleft* **and** *offright*)

Da dies eine Gleichheit Boolescher Werte ist, kann das Zeichen = als „dann und nur dann wenn" gelesen werden. Das ist eine wichtige Art von Klauseln für Invarianten, in der Funktionen und nicht Attribute vorkommen, mit der eine Konsistenzbedingung für diejenigen Ergebnisse ausgedrückt wird, die von den diversen möglichen Anfragen zum Zustand eines Objekts geliefert werden. Man beachte, daß solche Klauseln für Seiteneffekt-bewirkende Prozeduren ohne Bedeutung wären.

Man beachte, daß die Funktionen *offleft* und *offright* anfangs überflüssig schienen, da die Anfragen *position* = *0* und *position* = *nb_elements* + *1* dem Kunden das Gewünschte bieten. Wenn man diesen Anfragen aber einen eigenständigen Status gibt, dann kommt man in natürlicher Weise zur obigen Konvention über leere Listen, und man wird sich klar darüber, daß *offright* geeigneter definiert ist als

empty **and** *position* = *nb_elements* + *1*

Weitere Invariantenklauseln werden im unten dargestellten Klassentext angegeben.

9.2.3 Die Sicht des Kunden

Damit ist die Grundlage für eine einfache und elegante Schnittstelle der verketteten Listenimplementierung gelegt. Operationen wie „suchen und dann einfügen" werden durch zwei aufeinanderfolgende Aufrufe, aber ohne relevanten Effizienzverlust ausgeführt. Wenn *LINKED_LIST* der Name der überarbeiteten Klasse ist, dann kann ein Kunde zum Beispiel ein suchen-und-einfügen ausführen:

```
l: LINKED_LIST[INTEGER]; m, n: INTEGER;
...
l.search(m,1);
if not offright then l.insert_right(n) end
```

Man erinnere sich, daß *search(x,i)* den Cursor zum *i*-ten Vorkommen von *x* in der Liste bewegt, falls das existiert. Im Einklang mit den obigen Konventionen scheint als Spezifikation angebracht, daß – wenn *x* weniger als *i*-mal vorkommt – die Liste in den Zustand *offright* versetzt wird; man bemerke, daß diese Entscheidung nicht gänzlich befriedigt, denn *offleft* wäre genausogut möglich. Das ist ein Beispiel für Überspezifikation, die allerdings tolerierbar ist.

Um das dritte Vorkommen eines bestimmten Wertes zu löschen, würde ein Kunde folgendes ausführen:

```
l.search(m,3);
if not offright then delete end
```

Einfügen eines Wertes an Position *i:*

l.go(i); l.insert_left(n)

und so weiter. Dadurch, daß wir den internen Zustand explizit gemacht und Kunden die geeigneten Kommandos und Anfragen zu diesem Zustand zur Verfügung gestellt haben, haben wir jetzt eine klare und leicht zu benutzende Schnittstelle erhalten.

9.2.4 Die Interna

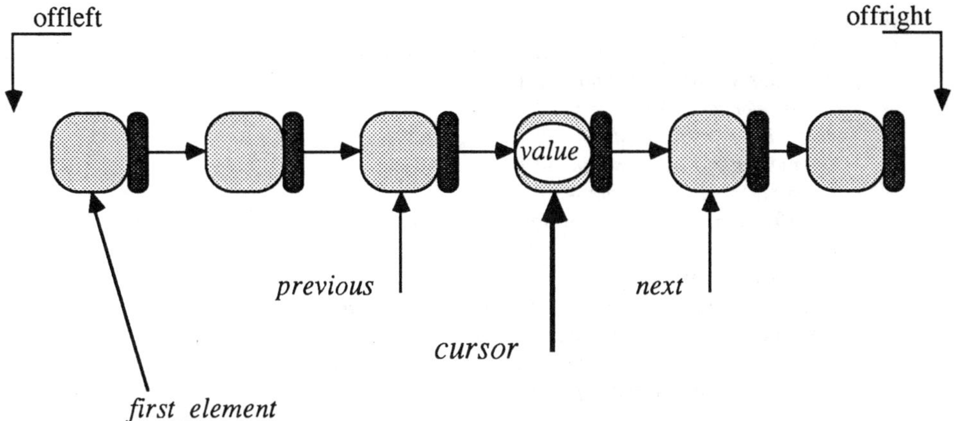

Bild 9.5 Aktive verkettete Liste mit Cursor

Die neue Lösung liefert nicht nur eine gute Schnittstelle, sie vereinfacht auch die Implementierung erheblich. Die nutzlosen Redundanzen zwischen den diversen Routinen sind entfernt; das kommt daher, daß jede Routine jetzt eine eingeschränktere Spezifikation hat, die sich auf eine einzige Aufgabe konzentriert. So müssen zum Beispiel die Einfüge- und die Lösch-Prozedur nicht mehr die Liste traversieren; sie führen lediglich eine lokale Änderung durch. Andere Routinen *(back, forth, go, search)* sind damit beauftragt, den Cursor an die richtige Stelle zu setzen. Die redundanten Suchschleifen, mit denen die erste Version belastet war, werden nicht benötigt.

Es folgen Beispiele der entsprechend entworfenen Klasseninterna. Bild 9.5 zeigt einen Listenzustand als Schnappschuß.

Die Klasse *LINKED_LIST* enthält die folgenden geheimen Attribute:

first_element, active, previous, next: LINKABLE[T]

Das Attribut *first_element* ist ein Verweis auf das erste Element (bzw. leer, wenn die Liste leer ist). Die Attribute *previous, active* und *next* zeigen auf die Elemente vor, auf und nach dem Cursor; um Einfügungen und Löschungen effizient durchführen zu können, ist es nötig, daß sowohl das vorhergehende als auch das nächste Element festgehalten werden.

Kunden können den Zustand der Liste ermitteln, indem sie auf die öffentlichen Attribute

nb_elements, position: INTEGER

sowie die Boolesche Werte liefernden Funktionen *empty, isfirst, islast, offleft* und *offright* zugreifen. Die Funktion *isfirst* liefert zum Beispiel genau dann wahr, wenn der Cursor auf das erste Element zeigt (was impliziert, daß die Liste nicht-leer ist). In bezug auf die beiden letzten Funktionen erinnere man sich, daß der Cursor höchstens eine Position über den linken und den rechten Rand der Liste hinaus bewegt werden darf.

Die zulässigen Zustände und die Eigenschaften dieser Merkmale werden durch die folgende Klasseninvariante charakterisiert:

```
invariant
        -- Die erste Gruppe von Zusicherungen ist unabhängig
        -- von der verketteten Darstellung
            nb_elements >= 0;
            position >= 0; position <= nb_elements + 1;
            (not empty) or (position = 0);
            empty = (nb_elements = 0);
            offright = (empty or (position = nb_elements + 1));
            offleft = (position = 0);
            isfirst = (position = 1);
            islast = (not empty and (position = nb_elements));
        -- Die beiden nächsten Zusicherungen sind Theoreme
        -- (ableitbar aus den vorigen Zusicherungen)
            empty = (offleft and offright);
            not empty or (not isfirst or not islast);
        -- Die nächsten Zusicherungen beschreiben die
        -- Darstellung als verkettete Liste
            empty = first_element.Void;
            empty or else (first_element.value = first);
            active.Void = (offleft or offright);
            previous.Void = (offleft or isfirst);
            next.Void = (offright or islast);
            (offleft or isfirst) or else (previous.right = active);
            (offleft or offright) or else (active.right = next);
```

Diese Invariante zeigt einmal mehr die Mächtigkeit von Zusicherungen, insbesondere von Klasseninvarianten, bei der Formulierung der wichtigsten Eigenschaften von Datenstrukturen.

Die Funktionen selbst sind leicht zu schreiben. Zum Beispiel:

```
offright: BOOLEAN is
                -- Steht der Cursor rechts neben dem Rand?
        do
            Result := empty or (position = nb_elements + 1)
        end; -- offright
```

Der Wert des Elements an der Cursor-Position wird durch die Funktion *value* geliefert, die wie folgt implementiert werden kann:

```
value: T is
            -- Wert des Elements an der Cursor-Position
    require
        not offleft;
        not offright
    do
        Result := active.value
    end; -- value
```

In dieser Funktionsdefinition ist *T* der generische Typparameter der Klasse. Die Vorbedingung heißt, daß *value* nur definiert ist, wenn der Cursor auf ein gültiges Listenelement zeigt; wenn man sich die Invariante anschaut, sieht man, daß diese Vorbedingung den Fall der leeren Liste ausschließt. Schließlich bezieht sich *value* in *active.value* nicht auf die Funktion *value* in der Klasse *LINKED_LIST,* sondern auf das Merkmal *value* der Klasse *LINKABLE[T]* (auch eine Funktion), weil *active* vom Typ *LINKABLE[T]* ist. Verschiedene Klassen können natürlich gleiche Merkmalsnamen benutzen, weil das nie zu Mehrdeutigkeiten führen kann.

Eine andere Gruppe von Merkmalen der Klasse *LINKED_LIST* besteht aus Prozeduren zum Bewegen in der Liste: *start, finish, forth, back, go, search.* Hier zum Beispiel *go:*

```
go(i: INTEGER) is
            -- Bewege den Cursor zu Position i
    require
        i >= 0; i <= nb_elements + 1;
        not empty or i = 0;
    do
        if i = 0 then
            go_offleft
        else
            check not empty end;
            from
                if (offleft or i < position) then
                    start end
            invariant
                position <= i
            variant
                i - position
            until
                position = i
            loop
                if position = 1 then
                    previous := active
                else previous := previous.right
                end;
```

```
                position := position + 1;
                      check not previous.Void end
          end; -- loop
          if position > 1 then
                active := previous.right end;
          if position > nb_elements then
                next.Forget
          else next:= active.right end
     end -- if
ensure
     position = i
end; -- go
```

Die Prozedur *go_offleft* (geheim, weil Kunden einfach *go(0)* benutzen werden), muß getrennt geschrieben werden. Die Prozedur *go* ist so geschrieben worden, daß sie in allen Fällen die optimale Durchsuchung ausführt; in stark wiederverwendbaren Bausteinen zahlt es sich aus, jede Operation zu optimieren. Solche Bausteine sind es wert, sorgfältig individuell handgearbeitet zu werden.

Die Prozedur *search* bleibt dem Leser überlassen (Übung 9.2). Man beachte, daß da auch eine Schleife vorkommt; diese Schleife unterscheidet sich aber wesentlich von der Schleife aus *go*. Im Gegensatz zur ersten Lösung sind das die beiden einzigen Schleifen in den Basisroutinen von *LINKED_LIST*.

Weil *go* so geschrieben wurde, können die Rümpfe der Prozeduren *forth* und *back* einfach geschrieben werden als *go(position + 1)* bzw. *go(position - 1)*.

Manchmal möchte man sich eine Position merken und später dorthin zurückkehren. Die Prozeduren *mark* und *return* (dem Leser überlassen) können dafür benutzt werden. Wenn zwei oder mehr aufeinanderfolgende *mark*-Operationen ausgeführt werden, sollen die entsprechenden *return*-Kommandos die markierten Operationen in last-in-first-out-Reihenfolge liefern.

Die Prozeduren *go, mark* und *return* können dazu benutzt werden, die Funktion *i_th(i: INTEGER)* zu implementieren, die für gültige *i* den Wert des *i*-ten Listenelements liefert. Der Rumpf dieser Funktion mag lauten:

```
mark; go(i); Result := value; return
```

Obwohl eine Funktion, bewirkt *i_th* Seiteneffekte durch den Aufruf Cursor-bewegender Prozeduren. Diese Seiteneffekte sind aber hinnehmbar, weil sie nur temporär sind: *i_th* beläßt die Liste genau im vorgefundenen Zustand, aber kein Compiler kann dies vermutlich feststellen. Das ist ein akzeptabler Fall von Seiteneffekten in Funktionen, wie in 7.7.4 erörtert: Der abstrakte Zustand ist nicht berührt; nur ein konkreter (und in diesem Fall temporärer) Seiteneffekt wird bewirkt. Solche Seiteneffekte sind harmlos und recht bequem.

Die letzte Merkmalsgruppe enthält Prozeduren zum Einfügen und Löschen. Die grundlegende Löschoperation (unten veranschaulicht) kann zum Beispiel folgendermaßen geschrieben werden:

```
delete is
            -- Lösche Element an der Cursor-Position
            -- und bewege den Cursor zu seiner
            -- rechten Nachbarposition. (Wenn kein
            -- rechter Nachbar, wird die Liste
            -- offright.)
    require
        not offleft; not offright;
    do
        active := next;
        if not previous.Void then
            previous.change_right(active)
        end;
        if not active.Void then
            next := active.right
        end;
        nb_elements := nb_elements - 1;
            -- Erneuere first_element, falls nötig
        if nb_elements = 0 then
            first_element.Forget;
            position := 0
        elsif position = 1 then
            first_element := active
        end
    end; -- delete
```

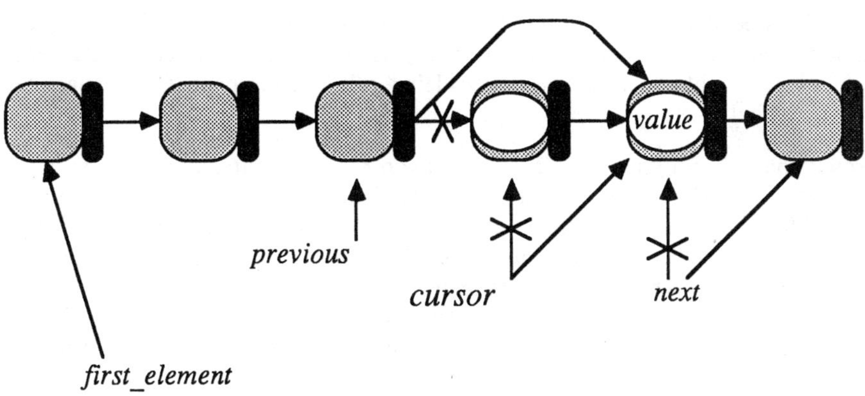

Bild 9.6 Löschen in einer verketteten Liste mit Cursor

Diese Routine zeigt erneut, wie verzwickt Datenstrukturoperationen sogar für solche grundlegenden Strukturen wie verkettete Listen sind und wie hilfreich ihre Kapselung in sorgfältig verifizierten wiederverwendbaren Moduln ist - sobald einmal die Schnittstelle gut ist.

Andere Operationen bleiben dem Leser überlassen.

9.2.5 Datenstrukturen als Maschinen

Das Konzept der aktiven Datenstruktur ist breit anwendbar. Wenn man Datenstrukturen einen expliziten Zustand gibt, dann erhält man oft einfache, gut zu dokumentierende Schnittstellen. Die in 7.7.2 skizzierten Beispiele haben gezeigt, daß auch Abstraktionen wie Dateien oder Zufallszahlengeneratoren ähnlich behandelt werden können. Die meisten üblichen Datenstrukturen kann man durch einen internen Zustand und eine laufende Position charakterisieren.

Dieser Zugang scheint auf den ersten Blick im Widerspruch zur „Abstraktheit" des Konzepts der abstrakten Datentypen zu stehen, auf dem die objektorientierte Programmierung ja aufbaut. Das ist aber nicht der Fall. Die Theorie der abstrakten Datentypen schlägt vor, Datenstrukturen als abstrakte Beschreibung anwendbarer Operationen und deren formaler Eigenschaften zu definieren. Das heißt keineswegs, daß Datenstrukturen passive Datenspeicher sein müssen. Tatsächlich ist eher das Gegenteil richtig: Indem wir einen Zustand und Operationen darauf einführen, machen wir die abstrakte Datentypspezifikation reicher, weil sie mehr Funktionen und mehr Eigenschaften hat. (Nebenbei bemerkt ist der Zustand eine reine Abstraktion, auf den niemals direkt zugegriffen wird, sondern der nur mithilfe von Kommandos und Anfragen manipuliert wird.) Letztlich spiegelt die Auffassung von Objekten als Zustandsmaschinen *operationalere* abstrakte Datentypen wider, was diese aber in keiner Weise weniger abstrakt macht.

9.3 Umgang mit außergewöhnlichen Fällen

Sonderfälle sind die Geißel des Programmierers. Die Notwendigkeit, alle möglichen Situationen, fehlerhafte Benutzereingaben, Fehler der Hardware oder des Betriebssystems zu berücksichtigen, ist ein gewaltiges Hindernis im dauernden Kampf gegen Softwarekomplexität.

Dieses Problem beeinflußt stark den Entwurf von Modulschnittstellen, denn es ist sehr viel schwerer, mit abnormen Situationen umzugehen, die auf Verarbeitungen in einem anderen Modul zurückgehen können. So mancher Softwareentwerfer wünscht sich, daß das Problem einfach verschwinden möge; es wäre so schön, klare, elegante Algorithmen für normale Fälle zu schreiben und sich wegen der anderen Fälle auf externe Mechanismen verlassen zu können. Viele der in Ausnahmemechanismen eingebauten Hoffnungen kommen von diesem Traum. In Ada kann man zum Beispiel einen abnormen Fall behandeln, indem man folgendes schreibt:

```
if abnorme_situation_entdeckt then
        raise eine_ausnahme;
end;
"Weiter mit der normalen Verarbeitung"
```

wobei die Ausführung der **raise**-Anweisung die Ausführung der laufenden Routine oder des laufenden Blocks beendet und die Steuerung an den „Ausnahmebehandler" weitergibt, der in einem der direkten oder indirekten Aufrufer geschrieben ist. Das ist aber ein Steuerkonstrukt und nicht eine Methode des Umgangs mit abnormen Situationen. Letztlich muß man doch entscheiden, was in diesen Fällen getan werden soll: Kann die Situation korrigiert werden? Wenn ja, wie kann man das erreichen, und was muß als nächstes getan werden? Wenn nein, wie schnell und würdevoll kann man die Ausführung beenden?

Es gibt schon Raum für disziplinierte Ausnahmemechanismen, wie wir in Kapitel 7 gesehen haben. Aber in den meisten Fällen helfen Ausnahmen den Programmierern nicht bei der Lösung der Grundprobleme, die beim Umgang mit abnormen Fällen auftreten. In diesem Abschnitt sehen wir uns einige einfache, aber wirkungsvolle Methoden an, die bei einer breiten Vielfalt von Fällen anwendbar sind. Dann untersuchen wir die übrigen Fälle, bei denen Ausnahmen, zumindest in der in Kapitel 7 untersuchten eingeschränkten Form, unverzichtbar sind.

9.3.1 Das A-priori-Schema

Das wohl wichtigste Kriterium im Umgang mit abnormen Fällen auf der Ebene der Modulschnittstellen ist die Spezifikation. Wenn man genau weiß, welche Eingaben jedes Softwareelement verarbeiten kann und was es zu liefern gewährleistet, dann ist die Schlacht schon halb gewonnen.

Zusicherungstechniken sind hier besonders nützlich. Insbesondere Vorbedingungen sind entscheidend dafür, die Anwendbarkeit einer Operation auszudrücken. Idealerweise sollte jede extern verfügbare Operation mit einer Vorbedingung versehen sein, welche die Bedingungen, unter denen sie gültig ist, vollständig beschreibt:

```
operation(x: ...) is
    require
        vorbedingung(x)
    do
        ...Code, der nur funktioniert, wenn
           vorbedingung erfüllt ist ...
    end
```

Ist diese Vorbedingung in dem Sinne vollständig, daß die erfolgreiche Bearbeitung jedes Aufrufs, der sie erfüllt, gewährleistet wird, dann kann der Kundencode einfach so geschrieben werden:

```
if vorbedingung(y) then
    operation(y)
else
    ... geeignete alternative Aktion ...
end
```

Das könnte man als das A-priori-Schema bezeichnen: Die Anwendbarkeit wird vor der Benutzung geprüft.

Man beachte, daß in manchen Fällen aus dem Zusammenhang des Aufrufs folgt, daß die Vorbedingung erfüllt ist, und deshalb die **if... then... else**-Struktur nicht gebraucht wird. In diesen Fällen ist es guter Stil, den Aufruf mit folgender Anweisung einzuleiten:

```
check (vorbedingung(y))
```

um den Leser daran zu erinnern, daß die Verifikation nicht versehentlich weggelassen wurde. Im Debugging-Modus (ALL_ASSERTIONS, siehe 7.10.1) löst die **check**-Anweisung eine Laufzeitprüfung aus.

In einer solchen Idealumgebung können Ausführungszeitverletzungen der Regeln nur aus Entwurfsfehlern entstehen: ein Kunde, der sich nicht an die Regeln hält. Die einzig langfristige Lösung ist in diesem Fall die Verbesserung des Fehlers. Wir haben jedoch gesehen, wie auf Ausnahmen beruhende Fehlertoleranz-Techniken (wobei die Ausnahmen von Zusicherungsverletzungen oder anderen Ereignissen ausgelöst werden) in einem gewissen Maße mithilfe des **retry**-Mechanismus teilweises Wiederaufsetzen ermöglichen; ein interaktives System läßt zum Beispiel seine Benutzer ein neues Kommando versuchen, wenn das zuerst eingegebene nicht korrekt ausgeführt wurde.

9.3.2 Hindernisse für das A-priori-Schema

Es gibt drei Einschränkungen für das A-priori-Schema:

- Manchmal ist es aus Effizienzgründen nicht praktisch, die Vorbedingung vor dem Aufruf zu prüfen.
- Wegen der Beschränktheit von Zusicherungssprachen (wie der in Eiffel) passen bestimmte Zusicherungen nicht in den verfügbaren Formalismus.
- Schließlich hängen manche Anwendbarkeitsbedingungen von externen Ereignissen ab und sind überhaupt keine Zusicherungen.

Ein Beispiel für den ersten Fall ist ein Programm zur Lösung linearer Gleichungssysteme. Eine Funktion zur Lösung einer Gleichung der Form $ax = b$, wobei a eine Matrix und x (die Unbekannte) und b Vektoren sind, könnte in einer geeignet entworfenen Klasse *MATRIX* wie folgt aussehen:

inverse(b: VECTOR): VECTOR

so daß eine bestimmte Gleichung durch *x := a.inverse(b)* gelöst würde.

Eine eindeutige Lösung existiert jedoch nur, wenn die Matrix nicht „singulär" ist (eine singuläre Matrix hat eine Null-Determinante oder, äquivalent dazu, sie hat eine Zeile, welche eine lineare Kombination der anderen ist). Wir können diese Anforderung als Vorbedingung bei *inverse* hinzufügen und die Verantwortung an die Kunden weitergeben, wo dann Aufrufe folgender Form stünden:

```
if a.singular then
            ... geeignete Fehlerbehandlung ...
else
      x := a.inverse(b)
end
```

Diese Technik funktioniert, ist aber höchst ineffizient: Die Feststellung, ob eine Matrix singulär ist, ist im wesentlichen dieselbe Operation wie die Lösung der zugehörigen linearen Gleichung. Standardalgorithmen zur Lösung der Gleichung (Gauss) berechnen bei jedem Schritt einen Divisor, Pivot genannt; wenn der Pivot bei einem Schritt Null wird oder einen bestimmten Schwellwert unterschreitet, dann ist damit gezeigt, daß die Matrix singulär ist. Dieses Ergebnis wird als Abfallprodukt beim Versuch, die Gleichung zu lösen, erzielt; es getrennt davon zu ermitteln, kostet nur unwesentlich weniger. Die Aufgabe in zwei Schritten zu lösen - erst herausfinden, ob die Matrix singulär ist, und dann, wenn nicht, die Gleichung lösen - ist eine Verschwendung von Mühe.

Beispiele für den zweiten obengenannten Fall sind da zu finden, wo die Vorbedingung eine globale Eigenschaft der Datenstruktur ist und eigentlich mit Quantoren ausgedrückt werden müßte: zum Beispiel die Tatsache, daß ein Graph nicht zyklisch ist oder eine Liste sortiert. Man beachte, daß man in der Praxis solche Zusicherungen meist mithilfe von Funktionen ausdrücken könnte; dann aber geraten wir wieder in den ersten Fall, weil die Überprüfung der Vorbedingung vor jedem Aufruf zu kostspielig wäre.

Die dritte Beschränkung tritt in Fällen auf, wo die Prüfung der Anwendbarkeit einer Operation unmöglich ist, ohne daß man sie auszuführen versucht, weil hier Interaktion mit der Außenwelt - ein menschlicher Benutzer, eine Kommunikationsverbindung, ein Dateisystem - ins Spiel kommt.

9.3.3 Das A-posteriori-Schema

In einigen Fällen, in denen das A-priori-Schema nicht funktioniert, gibt es immer noch eine primitive Lösung. Die Idee ist die, statt vorher im nachhinein zu prüfen. Dieses **A-posteriori-**Schema funktioniert dann, wenn ein gescheiterter Versuch keine irreversiblen Folgen hat. In diesem Fall kann man die Operation probieren und dann feststellen, ob sie erfolgreich war.

Das Problem der Matrizengleichung gibt dafür ein gutes Beispiel. Mit einem A-posteriori-Schema kann der Kundencode jetzt folgende Form haben:

```
a.löse(b);
if a.lösung_gefunden then
        x := a.lösung
else
        ... geeignete Fehlerbehandlung ...
end
```

In anderen Worten: Die Funktion *inverse* wurde ersetzt durch eine Prozedur *löse,* die passender eigentlich *versuche_zu_lösen* genannt werden sollte. Ein Aufruf dieser Prozedur setzt das Attribut *lösung_gefunden* auf wahr oder falsch, je nachdem, ob eine Lösung gefunden wurde oder nicht; wenn ja, dann stellt die Prozedur die Lösung selbst als Attribut *lösung* zur Verfügung.

Bei dieser Methode wird jede Funktion, die eventuell eine Fehlerbedingung erzeugt, in eine Prozedur umgeformt, und das Ergebnis wird, wenn es existiert, über ein durch die Prozedur versorgtes Attribut zur Verfügung gestellt.

Das funktioniert auch bei Ein- und Ausgabeoperationen. Eine Lesefunktion, die schief gehen kann, wird zum Beispiel besser durch eine Prozedur ausgedrückt, die zu lesen versucht, und zwei Attribute, von denen das eine (Boolesche) mitteilt, ob die Operation erfolgreich war, und das andere im Erfolgsfall den gelesenen Wert liefert.

Man beachte, daß diese Technik eine weitere Variation über das Kommando-/Anfrage-Thema ist. Eine Funktion, die bei der Berechnung eines bestimmten Wertes eine Ausnahmebedingung herbeiführen kann, ist nicht Seiteneffekt-frei und sollte eher zerlegt werden in eine Prozedur, die den Wert zu berechnen versucht, und zwei Anfragen (Funktionen oder Attribute), deren eine den Erfolg feststellt und deren andere im Erfolgsfall den Wert liefert.

Besonders interessant in diesem Zusammenhang ist das Lese-Beispiel (Übung 9.5). Sehr oft wird der Kunde bei Lesefunktionen, wie sie in Programmiersprachen oder den zugehörigen Bibliotheken bereitgestellt werden, gezwungen, den Typ des zu lesenden Elements im vorhinein zu bestimmen: Die Primitiven sind von der Art „Lies Ganzzahl", „Lies Zeichenkette", usw. Es treten dann unvermeidlich Ausnahmen auf, wenn die tatsächliche Eingabe dieser Form nicht entspricht. Eine gute Leseprozedur sollte das nächste Eingabeelement zu lesen versuchen ohne irgendwelche Vorurteile darüber, was es wohl sein wird, und sodann die Information über den Typ des Elements **liefern,** und zwar in der Form eines den Kunden über Anfragen zur Verfügung stehenden Attributs.

Dieses Beispiel beleuchtet einen wichtigen Grundsatz des Umgangs mit Fehlern: Wann immer anwendbar, sind Methoden zur **konstruktiven Vermeidung** von Fehlern solchen Methoden vorzuziehen, die Fehler dann behandeln, wenn sie aufgetreten sind.

9.3.4 Die Rolle eines Ausnahmemechanismus

Die vorangegangene Diskussion hat gezeigt, daß in den meisten Fällen auf Standard-Steuerkonstrukten - insbesondere bedingten Anweisungen - beruhende Methoden ausreichen, mit abnormen Fällen umzugehen. Zwar ist das A-priori-Schema nicht immer praktikabel, aber oft ist es möglich, nach einer Operation ihren Erfolg zu prüfen. Der operationale (Zustandsmaschinen-) Zugang zu Objekten bietet den geeigneten Hintergrund.

Es bleiben jedoch Fälle, bei denen weder eine A-priori- noch eine A-posteriori-Technik geeignet sind. Die obige Diskussion läßt drei Kategorien solcher Fälle übrig:

- Manchmal führen abnorme Ereignisse wie Numerikfehler oder Speicherüberlauf zu Unterbrechungsaktionen durch die Hardware oder das Betriebssystem, z. B. zur Auslösung von Ausnahmen und, wenn die Ausnahme nicht abgefangen wird, zu plötzlichem Abbruch der Ausführung. Das ist oft nicht hinnehmbar, besonders in Systemen mit Dauerbetriebsanforderungen wie Telephonsystemen.
- Es gibt auch Fälle, in denen abnorme Situationen zwar durch eine Vorbedingung nicht entdeckbar sind, aber dennoch zum frühestmöglichen Zeitpunkt festgestellt werden müssen; die Operation darf nicht bis zu ihrem Ende weiterlaufen können (für die A-posteriori-Prüfung), weil das katastrophale Folgen haben könnte, zum Beispiel die Zerstörung der Integrität einer Datenbank oder gar die Gefährdung menschlichen Lebens (wie in einem Roboter-Steuerungssystem).
- Schließlich möchte der Programmierer vielleicht einen gewissen Schutz gegen die katastrophalsten Folgen von Fehlern in der Software aufbauen; das ist die Nutzung von Ausnahmen für die Softwarefehler-Toleranz, wie in 7.10.4 beschrieben.

In solchen Fällen scheinen auf Ausnahmen basierende Techniken notwendig zu sein. Der in 7.10 dargestellte geordnete Ausnahmemechanismus stellt die geeigneten Werkzeuge bereit.

9.4 Selektive Exporte

Das Geheimnisprinzip (2.2.5) spielt in der Entwicklung von Moduln mit geeigneten Schnittstellen eine zentrale Rolle. Die grundlegende Anwendung dieses Mechanismus in objektorientierten Sprachen ist das Vorhandensein eines Exportbeschränkungsmechanismus, wie er in Eiffel mit der **export**-Klausel geboten wird.

Ein Aspekt des Exportmechanismus wurde bisher nicht dargestellt: Die Möglichkeit, ein Merkmal nur in manche Klassen zu exportieren, und der Nutzen davon in manchen Fällen.

Ein typisches Beispiel dafür bietet die Klasse *LINKABLE,* deren Exportklausel absichtlich leer gelassen worden war (9.1.2). Die Merkmale dieser Klasse, nämlich *value, right, Create, change_value* und *change_right,* werden von *LINKED_LIST* gebraucht. Das Geheimnisprinzip schreibt jedoch vor, daß man die Benutzung dieser Merkmale nicht beliebigen Klassen erlauben sollte; das Konzept der verkettbaren Zelle wird nur zur Implementierung verketteter Listen benutzt, und es wäre gefährlich zuzulassen, daß beliebige Moduln verkettbare Zellen direkt manipulieren. Die Merkmale von *LINKABLE* sollten für *LINKED_LIST* verfügbar sein und für keine andere Klasse.

Um auszudrücken, daß ein Merkmal nur an ausgewählte Klassen exportiert wird, zählt der Klassenimplementierer diese Klassen auf, eingeschlossen in geschweifte Klammern und getrennt durch Kommata, und zwar hinter dem Namen des Merkmals in der **export**-Klausel. Zum Beispiel:

```
class LINKABLE [T]
            -- Verkettbare Zellen, benutzt in Verbindung
            -- mit verketteten Listen
export
      value {LINKABLE}, right {LINKABLE},
      change_value {LINKABLE}, change_right {LINKABLE}
feature
      ... wie oben ...
end -- class LINKABLE
```

Wenn eine Klasse *C* Elemente der Form

```
a: C;
...
...a.f
```

enthält, dann muß als Sonderfall *f* für *C* selbst zur Verfügung stehen. Das impliziert, daß *f* in der Exportklausel der Klasse vorkommt: Entweder wird *f* ohne Einschränkung exportiert oder *C* ist eine der für *f* ausgewählten Klassen. Die wirkliche Bibliotheksversion von *LINKABLE* (siehe Anhang A) benutzt zum Beispiel einen Ausdruck der Form

```
before.right
```

wobei *before* vom Typ *LINKABLE[T]* ist. Um das zu ermöglichen, muß in der Exportklausel von *LINKABLE* die Unterklausel für *right* so lauten:

right {*LINKED_LIST, LINKABLE*}

Selektive Exportklauseln sind dann von Nutzen, wenn eine Gruppe verwandter Klassen wie hier *LINKABLE* und *LINKED_*LIST Merkmale der jeweils anderen für ihre Implementierung brauchen, diese Merkmale aber privat in bezug auf die Gruppe bleiben und anderen Klassen nicht zugänglich gemacht werden sollten.

9.5 Dokumentation einer Klasse

Nehmen wir an, Sie haben eine Klasse mit einer wohlentworfenen Schnittstelle implementiert. Sie möchten anderen Klassen - Kunden - die Benutzung ermöglichen. Wie erfahren deren Implementierer, welche Dienste geboten werden?

9.5.1 Die Schnittstelle zeigen: short

Nach dem Geheimnisprinzip sind nicht alle in einer Klasse enthaltenen Informationen für ihre Kunden wichtig. Die Struktur von Eiffel macht deutlich, welche Informationen geheim sind:

- Jedes nicht-exportierte Merkmal und alles, was damit zu tun hat (zum Beispiel eine Zusicherungsklausel, die darauf bezug nimmt).
- Jede Routinenimplementierung, durch die **do**...-Klausel gegeben.

Gegenwärtige und voraussichtliche Kundenprogrammierer müssen die Klasse über eine abstrakte Beschreibung nutzen können, in der all diese geheimen Informationen fehlen.

> Es ist wichtig, daran zu erinnern (siehe 2.2.5), daß der Zweck des Geheimnisprinzips Abstraktion ist und nicht Schutz. Wir möchten nicht notwendigerweise Kundenprogrammierer daran hindern, geheime Klassenelemente zu benutzen, sondern wir wollen sie davon *entlasten*. In einem Softwareprojekt stehen Programmierer vor einem Berg von Informationen und brauchen Abstraktionsmittel, um sich auf das Wesentliche konzentrieren zu können. Das Geheimnisprinzip ermöglicht das, indem Funktionalität von Implementierung getrennt wird, und sollte deshalb von Kundenprogrammierern als Hilfe und nicht als Behinderung begriffen werden.

Wie machen wir die öffentliche Information für den Kundenprogrammierer verfügbar? Eine Herangehensweise ist die zu verlangen, daß der Klassenimplementierer eine getrennte Beschreibung der Klasse erstellt, die nur die Schnittstelleninformation enthält. (So wird es im wesentlichen in Ada und Modula-2 gemacht.) Hier wäre das aber dumm, denn diese Information ist eine Teilmenge der Klasse, so wie sie geschrieben ist. Warum benutzen wir nicht einfach ein Rechnerwerkzeug, um die Information zu extrahieren?

In der Eiffel-Umgebung wird diese Arbeit von einem Kommando namens **short** erledigt. Wenn *C* der Name einer Eiffel-Klasse ist, dann erzeugt die Ausführung von

short *C*

eine verkürzte Version von *C*, die ausschließlich die öffentlichen Informationen enthält. Die Ausgabe besteht aus genau dem, was der Kunde über die Klasse wissen muß, nicht mehr und nicht weniger.

Dieses Kommando ist ein ausgezeichnetes Dokumentationswerkzeug. Die Qualität der Dokumentation hängt zum Teil vom Vorhandensein von Zusicherungen ab, die vom Kommando wiedergegeben werden (außer den Klauseln, die geheime Merkmale enthalten). Insbesondere vernünftig gewählte Vor- und Nachbedingungen erklären den Zweck einer Routine viel besser als langatmige Kommentare. Als typisches Beispiel wird die Prozedur *forth* in *LINKED_LIST* durch die folgende, von **short** wiedergegebene Zusicherung charakterisiert:

```
require
        not offright
ensure
        position = old position + 1
```

Das sagt einfach und präzise, was die Routine tut. In schwierigeren Fällen drücken die Zusicherungen nur einige Eigenschaften der Routine aus; sie sind aber eine nützliche Ergänzung zu Routinenkopf und Kopfkommentar, die beide von **short** wiedergegeben werden.

9.5.2 Die Bedeutung von short

Diesem Werkzeug liegt ein Software-Engineering-Prinzip zugrunde: **Vermeide Dokumentation.** Zwar empfehlen sämtliche Software-Engineering-Lehrbücher, gute Dokumentation zu schreiben, aber jedes Vorgehen, das Code und Dokumentation als getrennte Produkte behandelt, leidet am Konsistenzproblem. Falsche Dokumentation ist oft schlechter als gar keine. Wie können wir sicher sein, daß die Software und ihre Dokumentation übereinstimmen? Mit einiger Mühe kann man das anfangs erreichen; es ist aber ungeheuer schwer, ein ganzes Softwareprojekt lang sicherzustellen, daß jede Codeänderung sich in der Dokumentation niederschlägt, und umgekehrt. Da Dokumentation gewöhnlich nicht-formal ist, ist es darüberhinaus unmöglich, Softwarewerkzeuge zur Verifikation der Konsistenz zu schreiben.

Idealerweise müßten wir in der Lage sein, das Problem vollständig zu umgehen, indem wir selbst-dokumentierende Software machen: Die Dokumentation würde dann als Teilmenge des Codes aufgefaßt werden, und geeignete Werkzeuge würden auf verschiedenen Abstraktionsniveaus die relevanten Informationen extrahieren. Das Kommando **short** ist ein Schritt in diese Richtung.

Der obige Grundsatz ist beim heutigen Stand der Softwaretechnik nicht voll umsetzbar. Insbesondere auf der globalen Systemebene verbleibt ein Bedarf an Dokumentation hohen Niveaus mit Informationen über Systemarchitektur und grundlegende Entwurfsentscheidungen, die aus dem Code nicht leicht ermittelt werden können. (Diese Dokumentation wird oft am besten graphisch dargestellt.) Aber das Ziel, Dokumentation zu einem Produkt zu machen, das mit einem Rechnerwerkzeug *extrahiert* und nicht getrennt von Menschen hergestellt wird, ist ein Ideal, das wert ist, verfolgt zu werden. Das Kommando **short** erreicht es im Eiffel-Zusammenhang teilweise.

9.5.3 Eine vollständige Klassenschnittstelle

Ein Beispiel einer **short**-Ausgabe wird unten wiedergegeben. Es handelt sich um die Schnittstelle der Klasse *LINKED_LIST* aus der Eiffel-Basisbibliothek. Um dem Leser einen gewissen Eindruck zu vermitteln, was alles in einem realistischen, voll ausgestatteten wiederverwendbaren Softwarebaustein enthalten ist, wurde das Kommando auf die gesamte Klasse angewandt, wie sie in der Bibliothek steht, einschließlich einiger Merkmale, die bisher nicht vorkamen. Die einzigen Vereinfachungen beziehen sich auf Vererbung und verwandte Sprachkonstrukte, die bisher nicht untersucht worden sind.

Die in der Ausgabe verwandten Schlüsselwörter (**class interface, exported features,** usw.) unterscheiden sich von ihren Eiffel-Gegenstücken, um jede Verwechslung mit einer wirklichen Eiffel-Klasse zu vermeiden. Optional kann **short** auch eine korrekte „aufgeschobene (deferred)" Eiffel-Klasse erzeugen (10.3).[2]

```
class interface LINKED_LIST [T]
exported features

    nb_elements, empty, position,
    offright, offleft, islast,
    isfirst, value, i_th, first,
    last, change_value, change_i_th,
    swap, start, finish, forth, back,
    go, search, mark, return,
    index_of, present, duplicate,
    wipe_out, delete,
    delete_all_occurrences, delete_right,
    delete_left, insert_right,
    insert_left, merge_right, merge_left,
    sublist, split


feature specification

    nb_elements: INTEGER

    empty: BOOLEAN
            -- Ist die Liste leer?

    position: INTEGER

    offright: BOOLEAN
            -- Steht der Cursor rechts vom Rand?

    offleft: BOOLEAN
            -- Steht der Cursor links vom Rand?

    isfirst: BOOLEAN
            -- Steht der Cursor auf dem
            -- ersten Element?
        ensure
            not Result
            or else not empty

    islast: BOOLEAN
            -- Steht der Cursor auf dem
            -- letzten Element?
        ensure
            not Result
            or else not empty

    value: T
            -- Wert des Elements
            -- an der Cursor-Position
        require
            not offleft;
            not offright

    i_th (i: INTEGER): T
            -- Wert des i-ten Elements
        require
            i >= 1;
            i <= nb_elements;

    first: T
            -- Wert des ersten Elements
        require
            not empty
```

[2] Als Option erzeugt **short** Ausgaben, die zum Druck geeignet sind (mithilfe des troff-Formatierers von Unix). Diese Option wurde hier benutzt.

```
last: T
        -- Wert des letzten Elements
    require
        not empty

change_i_th (i: INTEGER; v: T)
        -- Weise v dem i-ten
        -- Element als Wert zu
    require
        i >= 1;
        i <= nb_elements;
    ensure
        i_th (i) = v

swap (i: INTEGER)
        -- Vertausche den Wert des i-ten
        -- Elements mit dem des Elements
        -- an der Cursor-Position
    require
        not offleft;
        not offright;
        i >= 1;
        i <= nb_elements
    ensure
        i_th (i) = old value;
        value = old (i_th (i))

start
        -- Bewege den Cursor
        -- an die erste Position
    ensure
        (old empty and nochange)
          or else isfirst

finish
        -- Bewege den Cursor
        -- an die letzte Position
    ensure
        (old empty and nochange)
          or else islast

forth
        -- Bewege den Cursor
        -- zur nächsten Position
    require
        not offright
    ensure
        position = old position + 1

back
        -- Bewege den Cursor zur
        -- vorangegangenen Position
    require
        not offleft
    ensure
        position = old position - 1

go (i: INTEGER)
        -- Bewege den Cursor zur
        -- i-ten Position
    require
        i >= 0;
        i <= nb_elements + 1
    ensure
        position = i

search (v: T; i: INTEGER)
        -- Bewege den Cursor zum i-ten
        -- Vorkommen des Wertes v;
        -- gibt es das nicht, setze ihn
        -- rechts vom rechten Rand
    require
        i > 0
    ensure
        offright
        or else (value = v)

mark
        -- Merke die Cursor-Position

return
        -- Bewege den Cursor zur
        -- zuletzt gemerkten Position

index_of (v: T; i: INTEGER):
                INTEGER
        -- Index des i-ten Vorkommens
        -- von v; 0, falls es das nicht gibt
    require
        i > 0
    ensure
        Result >= 0;
        Result <= nb_elements
        -- Wenn Result = 0, gibt es
        -- weniger als i Vorkommen des
        -- Wertes v; wenn Result > 0,
        -- dann ist Result die Position
        -- des i-ten Vorkommens des
        -- Wertes v
```

```
present (v: T): BOOLEAN
        -- Kommt v in der Liste vor?

duplicate (n: INTEGER):
    LINKED_LIST [T]
        -- Erstelle Kopie der Teilliste,
        -- die an der Cursor-Position
        -- beginnt und
        -- min (n, nb_elements - position)
        -- Elemente enthält
    require
        not offleft;
        not offright;
        n >= 0

wipe_out
        -- Mache die Liste leer
    ensure
        empty

insert_right (v: like first)
        -- Füge links vom Cursor ein
        -- Element mit Wert v ein.
        -- Bewege den Cursor nicht
    require
        empty or not offright
    ensure
        nb_elements = old nb_elements + 1;
        position = old position

insert_left (v: like first)
        -- Füge rechts vom Cursor ein
        -- Element mit Wert v ein.
        -- Bewege den Cursor nicht
    require
        empty or not offleft
    ensure
        nb_elements = old nb_elements + 1;
        position = 2
            or else position = old position + 1

delete
        -- Lösche das Cursor-Element;
        -- bewege den Cursor zum
        -- rechten Nachbarn (Gibt es
        -- diesen nicht, so gehe nach
        -- rechts vom rechten Rand)
    require
        not offleft;
        not offright;

delete_right (n: INTEGER)
        -- Lösche
        -- min (n, nb_elements - position)
        -- Elemente rechts von der
        -- Cursor-Position.
        -- Bewege den Cursor nicht
    require
        not offright;
        n >= 0

delete_left (n: INTEGER)
        -- Lösche
        -- min (n, position-1)
        -- Elemente links von der
        -- Cursor-Position
        -- Bewege den Cursor nicht
    require
        not offleft;
        n >= 0

delete_all_occurrences (v: like first)
        -- Lösche alle Vorkommen von
        -- Wert v; gehe nach rechts vom
        -- rechten Rand
    ensure
        offright

merge_right (l: LINKED_LIST [T])
        -- Füge l nach dem Cursor in
        -- die Liste ein.
        -- Bewege den Cursor nicht
    require
        empty or not offright;
        not l.Void
    ensure
        nb_elements >= old nb_elements;
        l.empty
```

```
merge_left (l: LINKED_LIST [T])
        -- Füge l vor dem Cursor in
        -- die Liste ein.
        -- Bewege den Cursor nicht
    require
        empty or not offleft;
        not l.Void
    ensure
        nb_elements >= old nb_elements;
        l.empty

sublist: LINKED_LIST [T]

split (n: INTEGER)
        -- Entferne aus der Liste
        -- min (n, position-nb_elements)
        -- Elemente, beginnend an der Cursor-Position.
        -- Mache die herausgelöste Teilliste über das Attribut sublist verfügbar
    require
        not offleft;
        not offright;
        n >= 0;

    ensure
        -- nb_elements = old nb_elements - min (n, nb_elements - old position + 1)


invariant

    empty = (nb_elements = 0);
    offright = (empty or (position = nb_elements + 1));
    offleft = (position = 0);
    isfirst = (position = 1);
    islast = (not empty and (position = nb_elements));
    nb_elements >= 0;
    position >= 0;
    position <= nb_elements + 1;
    (not empty) or (position = 0);
    (offleft or offright) or else (value = i_th (position));


end interface -- class LINKED _LIST
```

9.6 Erörterung

Einige Probleme im Zusammenhang mit dem Geheimnisprinzip und mit Schnittstellen hätten auch anders gelöst werden können. Die folgenden Abschnitte untersuchen die Möglichkeiten und erläutern die Eiffel-Lösungen.

9.6.1 Export- oder hidden-Klausel

Man hat zunächst die Wahl zwischen der Aufzählung der öffentlichen (exportierten) Merkmale und der geheimen. In Simula 67 zum Beispiel werden einige Merkmale ausdrücklich als „hidden" deklariert. Genauso hätte die Eiffel-Exportklausel durch eine, sagen wir mal, **secret**-Klausel ersetzt werden können. Es scheint aber ein bißchen verrückt zu sein, die Aufmerksamkeit des Kundenprogrammierers ausgerechnet auf diejenigen Merkmale zu lenken, die er nicht direkt benutzen kann.

9.6.2 Auflistung vollständiger Schnittstellen

Die Exportklausel führt nur Merkmalsnamen auf. Das versorgt die Kunden nicht mit ausreichenden Informationen zur Benutzung der Klasse; vollständige Information würde die gesamte Klassenschnittstelle beschreiben, also die Köpfe aller exportierten Routinen, ergänzt durch die Routinenvor- und -nachbedingungen. In Ausführung dieser Idee haben die Entwerfer von Ada für jeden Modul der Sprache, package genannt, eine doppelte Deklaration eingeführt. Der sogenannte „specification"-Teil führt nur Routinenköpfe auf; der „body" enthält die Köpfe plus die Routinenrümpfe.

Der Hauptnachteil dieser Technik ist der, daß Programmierer dazu gezwungen werden, Dinge zweimal zu schreiben. In Eiffel wird die Aufgabe der Trennung von Schnittstelle und Implementierung von einem Werkzeug, **short**, wahrgenommen, wie oben beschrieben; der Programmierer erstellt die Information nur einmal. Im Gegensatz zu einem Ada-package-Spezifikationsteil enthält die Exportklausel keine redundante Information, weil das Vorhandensein eines Merkmals in dieser Liste selbst eine nützliche Information ist („das in der feature-Klausel deklarierte Merkmal dieses Namens ist öffentlich"), während die Wiederholung des Routinenkopfes redundant wäre. Programmiersprachenentwerfer sollten Programmierer nicht dadurch schikanieren, daß sie sie zum Schreiben von Elementen zwingen, die keine neuen Informationen bringen und ohne weiteres durch ein Softwarewerkzeug erzeugt werden können.

Wir wollen drei Entgegnungen zu diesem Argument anführen (und widerlegen!):

- Erstens könnte das Argument dahingehend mißbraucht werden, daß nun *sämtliche* Redundanzen aus Programmiersprachen zu entfernen sind. Viele Typdeklarationen könnten zum Beispiel optional gemacht werden; ein einigermaßen geschickter Compiler kann herausfinden, daß eine Größe, die nur an Ganzzahl-Operationen beteiligt ist, vom Typ integer sein muß. Trotzdem zwingen getypte Sprachen Programmierer dazu, die Typen sämtlicher Größen zu deklarieren; dadurch können Compiler Konsistenzprüfungen durchführen, wodurch oft Fehler entdeckt werden. Die obige Diskussion wendet sich nicht gegen jegliche Redundanz, sondern nur gegen Sprachen, die langweilige Wiederholungen oft großer Programmelemente erzwingen.

- Eine weitere Entgegnung lautet, daß ein Teil der Weitschweifigkeit durch die Benutzung von Programmkonstruktionswerkzeugen (Struktureditoren) beseitigt werden könne. Wenn aber die Aufgabe von Werkzeugen erledigt werden kann, warum sie dann in die Sprache hineinzwängen? Man überlasse das doch der Programmierumgebung, wie in Eiffel mit **short.**
- Die ernsthafteste Entgegnung ist methodischer Natur: In manchen Fällen mag es empfehlenswert sein, zuerst die Schnittstelle zu deklarieren und diese der Außenwelt zur Verfügung zu stellen, auch wenn die Implementierung noch gar nicht geschrieben ist. Eine Ada-package-Spezifikation kann tatsächlich getrennt vom entsprechenden Rumpf übersetzt werden, und andere packages können unter Bezugnahme auf die Spezifikation auch übersetzt werden (obwohl sie offensichtlich nicht ausgeführt werden können, bis nicht eine Implementierung zur Verfügung steht). Das ist in manchen Fällen eine sinnvolle Arbeitsweise; aber Eiffel bietet einen sehr viel allgemeineren Mechanismus, **aufgeschobene Routinen** (siehe Kapitel 11), der über den Ada-Mechanismus hinausgeht, indem ein gegebener Spezifikationsteil nicht nur eine, sondern viele Implementierungen im selben Eiffel-System haben kann. Dieser Mechanismus ist jedoch unabhängig von der Exportkontrolle, die eine viel einfachere Rolle spielt: einen Kundenprogrammierer zu informieren, was verfügbar ist und was nicht.

9.6.3 Auflisten von Importen

Die Exportklausel jeder Klasse führt die anderen Klassen zur Verfügung gestellten Merkmale auf. Warum, mag man sich fragen, gibt es nicht auch eine „Import"-Klausel, welche die aus anderen Klassen erhaltenen Merkmale aufführt?

In der Modul-orientierten Sprache Modula-2 gibt es in der Tat eine Importklausel. In einer getypten objektorientierten Sprache wie Eiffel würde das lediglich Dokumentationszwecken dienen. Um ein Merkmal *f* aus einer anderen Klasse *C* benutzen zu können, muß man Kunde oder „Nachkomme" dieser Klasse sein. Im ersten Fall (nur den haben wir bisher gesehen) bedeutet das, daß jede Benutzung von *f* von der Form

a.f

ist, wobei - weil Eiffel getypt ist - *a* folgendermaßen deklariert sein muß:

a: C

Es kann also keine Mehrdeutigkeit in der Frage geben, woher *f* kommt. Das gleiche gilt für den Fall des „Nachkommens".

Wenn man verlangte, Importe explizit zu deklarieren, dann hieße das erneut, den Programmierer zum Schreiben redundanter Informationen zu zwingen. Stattdessen sehen wir die Auflistung von Importen als Dokumentationsmittel und überlassen diese Aufgabe geeigneten Softwarewerkzeugen in der Programmierumgebung.

9.6.4 Selektive Exporte

Selektive Exportklauseln (wie beim Export der Merkmale von *LINKABLE* nur nach *LINKED_LIST)* sind nützlich zur gemeinsamen Nutzung von Merkmalen in einer Gruppe verwandter Klassen. Der Bedarf nach diesem Mittel kann genau auf einen Grund zurückgeführt werden: Es gibt keinen Strukturierungsmodul auf einem Niveau oberhalb der Klasse.

Der einzige Strukturierungsmechanismus oberhalb der Klasse ist das System (5.6.1). Ein System ist einfach eine Menge von Klassen, einzig zu dem Zweck zusammengestellt, ein ausführbares Programm zu erhalten; es ist kein Modul. Eine Klasse bleibt unabhängig von jedem System, zu dem es eventuell gehört.

Wenn Klassen zu Moduln höherer Ebene gruppiert werden könnten, dann könnten *LINKED_LIST* und *LINKABLE* zusammen deklariert werden, womit einige Merkmale von *LINKABLE* nur für *LINKED_LIST* verfügbar gemacht werden könnten. Man kann sich dabei entweder Ada-artige packages von Klassen vorstellen (ein rein syntaktischer Gruppierungsmechanismus) oder die Möglichkeit, daß Klassen andere Klassen enthalten können (unter Nutzung der Blockstruktur-Konventionen, um den Zugriff von außen auf die inneren Klassen zu verhindern). Die zweite Lösung gibt es in Simula.

Beide Lösungen bedeuten, daß Programmeinheiten geschachtelt werden können. Das führt sofort zu Problemen des Gültigkeitsbereichs, der Schachtelungskonventionen und Sichtbarkeitsregeln, wie sie in blockstrukturierten Sprachen existieren (Algol, Pascal, Ada, Simula). Für geringen praktischen Gewinn würde viel Komplexität hinzukommen. Außerdem ist Schachtelung teils redundant, teils unverträglich mit Vererbung (Kapitel 10 und 11), einem sehr viel grundlegenderen Bestandteil der objektorientierten Methode und einem sehr viel wirksameren Mittel zur Strukturierung großer Softwaresysteme.

Im Gegensatz dazu sind selektive Exporte nur eine geringfügige Erweiterung des grundlegenden Exportmechanismus. Sie tragen dem Bedarf an besonderen Beziehungen zwischen bestimmten Klassen Rechnung, aber berühren nicht den Status von Klassen als freistehende Softwarebausteine.

9.6.5 Export von Attributen

In Eiffel kann jedes Merkmal exportiert werden: Routinen und Attribute. Der Export einer Routine berechtigt den Kunden, diese auszuführen; der Export eines Attributs berechtigt den Kunden, auf seinen Wert zuzugreifen (im Lese-Modus), aber nicht ihn zu verändern (auf ihm zu schreiben). Das wird durch die Syntax der Sprache ganz deutlich gemacht, wo eine qualifizierte Attribut-Anwendung der Form

x.attrib

(mit eventuell mehr Qualifizierungsebenen) ein Ausdruck und keine Größe ist. Die Schreibweise

x.attrib := a

ist also syntaktisch falsch. Um auf *attrib* im Veränderungsmodus zugreifen zu können, muß man eine geeignete Prozedur der folgenden Form schreiben und exportieren:

```
set_attrib(v: T) is
                -- Gib attrib den Wert v
    do
        attrib := v
    end -- set_attrib
```

Man kann sich eine Syntax vorstellen, die in der Exportliste Zugriffsrechte spezifiziert, zum Beispiel so:

```
class C export
    attrib1 [L], attrib2 [LS], ...
```

wobei *L* Lesen und *S* Schreiben bedeutet. (Die Spezifikation von *L* könnte optional sein: Wenn man etwas exportiert, dann muß man Kunden zumindest das Lese-Recht geben.) Damit könnte man vermeiden, solche Prozeduren wie *set_attrib* schreiben zu müssen, die in Eiffel-Anwendungen ziemlich häufig vorkommen.

Der Nutzen ist aber die zusätzliche Komplikation nicht wert, die in die Sprache hineingebracht wird. Nebenbei erwähnt, ist diese Lösung nicht flexibel genug: In vielen Fällen möchte man ganz bestimmte Arten der Veränderung von Attributen exportieren. Die folgende Klasse exportiert zum Beispiel einen Zähler und das Recht, diesen nicht beliebig, sondern nur um Inkremente von +1 oder -1 zu ändern:

```
class COUNTING export
    counter, increment, decrement
feature
    counter: INTEGER;
    increment is
                -- Inkrementiert den Zähler
        do
            count := count + 1
        end; -- increment
    decrement is
                -- Dekrementiert den Zähler
        do
            count := count - 1
        end -- decrement
end -- class COUNTING
```

Ein ähnlicher Fall kommt in der in diesem Kapitel entwickelten Klasse *LINKED_LIST* vor: Kunden können auf das Attribut *position* zugreifen; was seine Veränderung betrifft, so gibt es keine Prozedur *set_position(p),* die einfach *position* :=*p* setzte, aber das Attribut ist für kontrollierte Veränderungen über die Suchroutinen *start, finish, go, back, forth, search* usw. zugänglich.

Zusammengefaßt gibt es wirklich vier Arten von Rechten, die man einem Kunden auf einem Attribut gewähren können möchte:

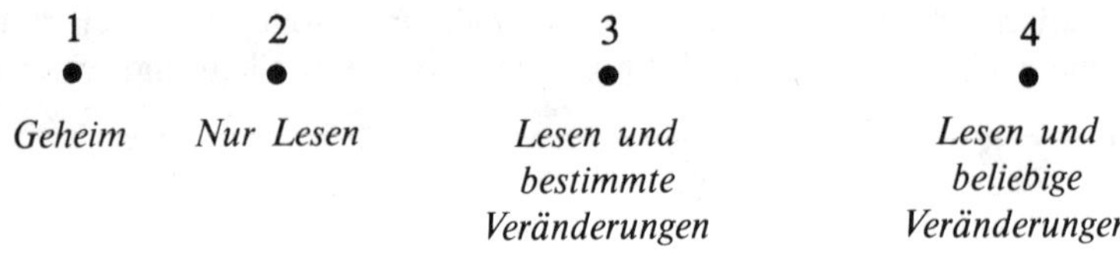

Bild 9.7 Mögliche Kundenrechte bei einem Attribut

Die gewählte Lösung folgt aus dieser Diskussion. Der Export eines Attributs gibt Kunden nur das Zugriffsrecht (Fall 2); die Erlaubnis zum Ändern wird durch das Schreiben und Exportieren geeigneter Prozeduren exportiert, die Kunden entweder volle Rechte in der Art von *set_attrib* (4) oder eingeschränkte Rechte (3) gewähren.

In vielen objektorientierten Sprachen wie Smalltalk, C++ und Objective-C können Attribute überhaupt nicht exportiert werden; die Schnittstelle enthält nur Routinen. Das bedeutet, daß man zum Exportieren eines Attributs zum Lesen (Fälle 2,3 und 4) eine Funktion der folgenden Form schreiben muß:

```
get_attrib: T is
        -- Wert des Attributs attrib
    do
        Result := attrib
    end -- get_attrib
```

Solche Funktionen scheinen nicht sehr nützlich zu sein. Sie führen zu überflüssigem Laufzeitverbrauch (ein Problem, das man eventuell vermeiden kann, indem man dafür sorgt, daß der Compiler besondere Fälle entdecken kann) und blähen den Code auf. Es scheint besser zu sein, die Attribute selbst im Lesemodus zu exportieren.

Diese Diskussion über ein ziemlich spezielles Sprachmerkmal ist typisch für die Prinzipien und Erwägungen beim Sprachentwurf: Belästige nicht nutzlos den Programmierer; gründe Entscheidungen nicht auf die oft unsichere Aussicht auf einen optimierenden Compiler; sei Dir bewußt, wann Du aufhören mußt, weitere Sprachkonstrukte einzuführen, nämlich an dem Punkt, wo die Erträge immer geringer werden.

9.7 In diesem Kapitel eingeführte Schlüsselkonzepte

- Eine Klasse sollte durch ihre Schnittstelle bekannt sein, welche, unabhängig von der Implementierung, die gebotenen Dienste spezifiziert.
- Klassenentwerfer sollten sich um einfache, in sich geschlossene Schnittstellen bemühen.
- Eine der Schlüsselfragen beim Entwurf von Moduln ist die, welche Merkmale exportiert werden und welche geheim bleiben sollten.
- Der Entwurf wiederverwendbarer Moduln gelingt nicht unbedingt auf Anhieb, aber die Schnittstelle sollte sich nach gewissem Gebrauch stabilisieren. Wenn das nicht so ist, wurde die Schnittstelle schlecht entworfen.

- Gute Schnittstellen bekommt man häufig, indem man Datenstrukturen auffaßt als aktive Maschinen mit einem internen Zustand, der von einem zum nächsten Merkmalsaufruf gemerkt wird.
- Abnorme Situationen werden am besten mit Standard-Steuerkonstrukten behandelt, entweder nach dem A-priori-Schema, das vor dem Aufruf einer Operation ihre Anwendbarkeit prüft, oder nach dem A-posteriori-Schema, bei dem erst die Operation versucht und dann festgestellt wird, ob sie erfolgreich war. Ein disziplinierter Ausnahmemechanismus ist jedoch in den Fällen notwendig, wo abnorme Operationen sofort abgebrochen werden müssen oder durch die Umgebung unterbrochen würden.
- Um Gruppen verwandter Klassen zu implementieren, werden selektive Exporte benötigt.
- Softwaredokumentation sollte soweit wie möglich Teil der Software selbst sein und nicht ein getrenntes Produkt. Geeignete Werkzeuge zur automatischen Extraktion der Dokumentation sollten zur Verfügung stehen. Das Kommando **short** ist ein Werkzeug, das in der Eiffel-Umgebung für diesen Zweck vorhanden ist.
- Sauberer Gebrauch von Zusicherungen (Vorbedingungen, Nachbedingungen, Invarianten) ist wesentlich zur Dokumentation von Schnittstellen.
- Ein exportiertes Merkmal steht Kunden zur Ausführung - bei Routinen - bzw. zum Lesezugriff - bei Attributen - zur Verfügung. Bei letzteren ist es nicht notwendig, eine besondere Funktion vorzusehen. Um Kunden die Veränderung von Attributen zu ermöglichen, müssen allerdings geeignete Prozeduren verfaßt und exportiert werden.

9.8 Syntaktische Zusammenfassung

			Benutzt in (Kapitel)
Export_restriction	=	"{" *Class_list* "}"	*Export_list (5)*
Class_list	=	{ *Class_name* "," ...}	

9.9 Literaturhinweise

Die Arbeit von Parnas [Parnas 1972] brachte viele fruchtbare Ideen in den Entwurf von Schnittstellen.

Das Konzept der „aktiven Datenstruktur" (9.2.1) wird in einigen Programmiersprachen unterstützt durch Steuerabstraktionen, Iteratoren genannt. Ein Iterator ist ein zusammen mit einer Datenstruktur definierter Mechanismus, der beschreibt, wie eine beliebige Operation auf jedes Element eines Exemplars der Datenstruktur angewandt wird. Ein mit einer Liste verbundener Iterator beschreibt zum Beispiel einen Schleifenmechanismus zum Durchsuchen der Liste, indem auf jedes Listenelement eine gegebene Operation angewandt wird; ein Baumiterator spezifiziert eine Baumtraversierungsstrategie. Iteratoren gibt es in der Programmiersprache CLU [Liskov 1981]; [Liskov 1986] enthält eine detaillierte Erörterung dieses Konzepts.

Die Idee der selbstdokumentierenden Software (9.5.2) wird abweichend (und tiefergehend) behandelt in [Knuth 1984]; siehe Übung 9.7.

Übungen

9.1 Anzahl von Elementen als Funktion

Passen Sie die Definition der Klasse *LINKED_LIST[T]* so an, daß *nb_elements* eine Funktion und kein Attribut ist, wobei die Schnittstelle der Klasse unverändert bleiben soll.

9.2 Suchen in einer verketteten Liste

Schreiben Sie die Prozedur *search(x,i)* (Suchen des *i*-ten Vorkommens von *x*) für *LINKED_LIST.*

9.3 Doppelt verkettete Liste

Schreiben Sie eine Klasse für doppelt verkettete Listen mit der gleichen Schnittstelle wie *LINKED_LIST,* aber effizienteren Implementierungen von Operationen wie *back, go* und *finish.*

9.4 Zyklische Listen

Erklären Sie, warum die Klasse *LINKED_LIST* nicht für zyklische Listen benutzt werden kann. (Hinweis: Schauen Sie nach, welche Zusicherungen verletzt würden.) Schreiben Sie eine Klasse *CIRCULAR_LIST,* die zyklische Listen implementiert.

9.5 Eingabedateien

Definieren Sie die Schnittstelle für eine Klasse *FILE,* welche Eingabeoperationen im Stil wie in Abschnitt 9.3.3 empfohlen implementiert. (Siehe auch 7.7.2)

9.6 Dokumentation

Das (recht extreme) Prinzip aus Abschnitt 9.5.2 sagt: „Vermeide Dokumentation!" Erweitern und verfeinern Sie dieses Prinzip, indem Sie diverse Arten von Dokumentation in der Software betrachten, und erörtern Sie, welcher Dokumentationsstil unter verschiedenen Umständen und auf verschiedenen Abstraktionsniveaus jeweils geeignet ist.

9.7 Selbstdokumentierende Software

Das in diesem Kapitel befürwortete Herangehen an selbstdokumentierende Software betont Knappheit und unterstützt nicht ohne weiteres lange Erklärungen von Entwurfsentscheidungen. „Literarische Programmierung" ist ein in [Knuth 1984] beschriebener Programmentwurfsstil, der auf elegante Weise Techniken aus der Programmierung, dem Schreiben und der Textverarbeitung miteinander verbindet, um ein Programm, seine vollständige Entwurfsdokumentation und seine Entwurfsgeschichte in einem einzigen Dokument zu integrieren. Knuths Methode beruht auf einem klassischen Paradigma: der Top-down-Entwicklung eines einzelnen Programms. Diskutieren Sie, ausgehend von Knuths Papier, die Übertragung dieser Methode auf die objektorientierte Entwicklung wiederverwendbarer Softwarekomponenten.

10 Einführung in die Vererbung

Systeme werden nicht in eine leere Welt hineingeboren.

Fast immer baut neue Software auf vorherigen Entwicklungen auf; es wäre also naheliegend, sie durch Imitieren, Verfeinern und Zusammensetzen zu erzeugen. Die meisten Entwurfsmethoden ignorieren jedoch diesen Aspekt der Softwareentwicklung. Beim objektorientierten Ansatz ist das ein wesentliches Thema.

Klassen, wie wir sie bisher kennengelernt haben, reichen nicht aus. Sie bieten eine gute Modulzerlegungstechnik. Sie besitzen auch viele Qualitäten, die man von wiederverwendbaren Softwarebausteinen erwartet: Klassen sind homogene, in sich geschlossene Moduln, ihre Schnittstelle läßt sich entsprechend dem Geheimnisprinzip klar von ihrer Implementierung trennen, und sie können dank der Zusicherungen exakt spezifiziert werden. Um die Ziele Wiederverwendbarkeit und Erweiterbarkeit zu erreichen, ist aber noch mehr nötig.

Was die Wiederverwendbarkeit anbetrifft, so muß jeder umfassende Ansatz das in Kapitel 3 analysierte Problem von Wiederholung und Varianten angehen. Um zu vermeiden, daß wir den gleichen Code immer und immer wieder neu schreiben müssen und dabei Zeit vergeuden, uns Inkonsistenzen einhandeln und Fehler riskieren, müssen wir Techniken finden, mit denen wir die ins Auge fallenden Gemeinsamkeiten in Gruppen ähnlicher Strukturen - alle Listenimplementierungen, alle Texteditoren, alle Dateiverwaltungssysteme, und so weiter - erfassen und dabei allen Unterschieden in den einzelnen Fällen Rechnung tragen können.

Was die Erweiterbarkeit anbetrifft, so hat das bisher beschriebene Typsystem den Vorteil, die Typkonsistenz zur Übersetzungszeit zu gewährleisten, aber es verbietet die Kombination von Elementen verschiedener Formen sogar in berechtigten Fällen. Wir können zum Beispiel noch kein Feld von geometrischen Objekten verschiedener Typen definieren: *PUNKT, VEKTOR, SEGMENT,* usw.

Ein Vorankommen bei Wiederverwendbarkeit oder Erweiterbarkeit verlangt, daß wir aus den starken konzeptionellen Beziehungen zwischen Klassen Nutzen ziehen: Eine Klasse kann eine Erweiterung, eine Spezialisierung oder eine Kombination von anderen Klassen sein. Um diese Beziehungen festzuhalten und zu nutzen, brauchen wir Unterstützung von der Methode und von der Sprache. Die Vererbung bietet diese Unterstützung.

10.1 Polygone und Rechtecke

Wir stellen Vererbung zunächst an einem einfachen Beispiel dar. Das Beispiel wird nur skizziert und nicht vollständig ausgeführt, aber die wesentlichen Ideen werden damit deutlich.

10.1.1 Polygone

Nehmen wir an, wir möchten eine Graphikbibliothek aufbauen. Die Klassen in dieser Bibliothek beschreiben geometrische Abstraktionen: Punkte, Segmente, Vektoren, Kreise, Ellipsen, allgemeine Polygone, Dreiecke, Rechtecke, Quadrate und so weiter.

Sehen wir uns die Klasse der allgemeinen Polygone an. Operationen sind unter anderen die Berechnung des Umfangs, Verschiebung, Drehung, usw. Die Klasse sieht etwa so aus:

```
class POLYGON export
        vertices, translate, rotate, perimeter, ...
feature
        ...
        vertices: LINKED_LIST[POINT];
                        -- Eine verkettete Liste ist nur eine von
                        -- mehreren Implementierungsmöglichkeiten
        translate(a,b: REAL) is
                        -- Verschiebe horizontal um a, vertikal um b
                do ... end;
        rotate(center: POINT; angle: REAL) is
                        -- Drehe um angle um center herum
                do ... end;
        display is
                        -- Zeige das Polygon auf dem Bildschirm
                do ... end;
        perimeter: REAL is
                        -- Umfang
                do ... end;
invariant
        vertices.nb_elements >= 3
                -- Ein Polygon hat mindestens drei Ecken
                -- (Siehe Übung 10.2)
end -- class POLYGON
```

Das Attribut *vertices* zeigt auf eine Liste der Polygonecken. Eine typische Prozedur ist *translate:* Um ein Polygon zu verschieben, reicht es aus, alle seine Ecken zu verschieben.

```
        translate(a,b: REAL) is
                        -- Verschiebe horizontal um a, vertikal um b
                do
                        from
                                vertices.start
                        until
                                vertices.offright
                        loop
                                vertices.value.translate(a,b);
                                vertices.forth
                        end
                end -- translate
```

Um diese Prozedur zu verstehen, muß man sich erinnern, daß in der Klasse *LINKED_LIST* das Merkmal *value* den Wert des gerade aktiven Listenelements liefert (wo der Cursor steht). Da *vertices* vom Typ *LINKED_LIST[POINT]* ist, ist *vertices.value* ein Punkt, auf den wir die auf Objekten vom Typ *POINT* definierte Prozedur *translate* anwenden können (5.4.3). Es ist kein Problem, Routinen in verschiedenen Klassen denselben Namen, *translate,* zu geben, weil das Ziel jeder Routine stets einen eindeutig definierten Typ hat (das ist die Eiffel-Form des Überlagerns).

Eine andere, für die weitere Diskussion wichtigere Routine ist die Funktion zur Berechnung des Umfangs eines Polygons. Da unsere Polygone keine besonderen Eigenschaften haben, gibt es nur den Weg, in einer Schleife über alle Ecken die Summe der Kantenlängen zu bilden. Hier eine Implementierung von *perimeter:*

```
perimeter: REAL is
        -- Umfang
    local
        this, previous: POINT
    do
        from
            vertices.start; this := vertices.value
        until
            vertices.islast
        loop
            previous := this;
            vertices.forth;
            this := vertices.value;
            Result := Result+this.distance(previous)
        end;
        Result := Result +
                    this.distance(vertices.first)
    end -- perimeter
```

Die Schleife summiert einfach die aufeinanderfolgenden Abstände zwischen benachbarten Punkten. Die Funktion *distance* wurde in der Klasse *POINT* (5.4.3) definiert. Die Größe *Result,* die den von der Funktion gelieferten Wert darstellt, ist bei Routinenanfang automatisch auf 0 initialisiert. Schließlich erinnere man sich, daß das Merkmal *first* in der Klasse *LINKED_LIST* den Wert des ersten Listenelements liefert.

10.1.2 Rechtecke

Nehmen wir nun an, wir bräuchten eine Klasse zur Darstellung von Rechtecken. Wir können natürlich bei Null beginnen. Rechtecke sind aber eine besondere Klasse von Polygonen; viele Merkmale sind gleich. Ein Rechteck wird zum Beispiel wahrscheinlich genau wie ein allgemeines Polygon verschoben, gedreht oder angezeigt. Andererseits hat ein Rechteck besondere Merkmale (wie eine Diagonale), besondere Eigenschaften (die Zahl der Ecken ist vier, die Winkel sind rechte Winkel) und besondere Versionen mancher Operationen (zum Beispiel eine geschicktere Methode, den Umfang zu berechnen, als dies beim obigen allgemeinen Algorithmus geschieht).

Wir können aus dieser Gemeinsamkeit Nutzen ziehen, indem wir die Klasse *RECTANGLE* als **Erben** der Klasse *POLYGON* definieren. Das bedeutet, daß alle Merkmale von *POLYGON* - **Elternteil** von *RECTANGLE* genannt - auch in der Erbenklasse anwendbar sind. Diese Wirkung wird dadurch erzielt, daß *RECTANGLE* eine **Erbklausel** bekommt, wie folgt:

```
class RECTANGLE export
        vertices, translate, rotate, perimeter, diagonal,
        side1, side2, ...
inherit
        POLYGON
feature
        ... für Rechtecke spezifische Merkmale ...
end
```

Die **feature**-Klausel der Erbenklasse wiederholt gewöhnlich die Merkmale des Elternteils nicht: Diese sind wegen der Erbklausel automatisch verfügbar. Lediglich die für den Erben spezifischen Merkmale werden hier angegeben.

Es gibt jedoch eine Ausnahme: Manche Merkmale des Elternteils können redefiniert werden, um eine andere Implementierung zu benutzen. Ein Beispiel hierfür ist *perimeter*, das eine für Rechtecke geeignetere Implementierung hat: Es müssen nicht vier Seiten berechnet werden - das Ergebnis ist einfach zweimal die Summe der beiden Seitenlängen. Ein Erbe, der ein Merkmal des Elternteils redefiniert, muß das in der Erbklausel anzeigen, wie folgt:

```
class RECTANGLE export
        ...
inherit
        POLYGON redefine perimeter
feature
        ...
end
```

Dadurch kann in der **feature**-Klausel von *RECTANGLE* eine neue Version von *perimeter* enthalten sein, welche die *POLYGON*-Version von *perimeter* überdeckt. Fehlte die **redefine**-Klausel, dann wäre eine neue Deklaration von *perimeter* bei den Merkmalen von *RECTANGLE* ein Fehler: Da *RECTANGLE* bereits ein Merkmal *perimeter* hat, das von *POLYGON* geerbt ist, wäre damit ein Merkmal doppelt definiert.

Die redefinierte Version einer Routine hat Argumente, die denen der ursprünglichen Version in Zahl und - normalerweise - Typ entsprechen (die genaue Regel ist allerdings allgemeiner, siehe 11.3.2).

Die Klasse *RECTANGLE* sieht nun wie folgt aus:

```
class RECTANGLE export
        vertices, translate, rotate, perimeter, diagonal,
        side1, side2, ...
inherit
        POLYGON redefine perimeter
feature
        side1,side2: REAL;      -- Die beiden Seitenlängen
        diagonal: REAL;         -- Länge der Diagonalen
        Create(center: POINT; s1,s2,angle: REAL) is
                    -- Erzeugt ein Rechteck um center herum mit
                    -- den Seitenlängen s1 und s2 und der
                    -- Ausrichtung angle
            do ... end; -- Create
        perimeter: REAL is
                    -- Umfang;
                    -- Redefinition der POLYGON-Version
            do
                    Result := 2 * (side1 + side2)
            end; -- perimeter
invariant
        vertices.nb_elements = 4; -- Ein Rechteck hat 4 Seiten
        vertices.i_th(1).distance(vertices.i_th(2)) = side1;
        vertices.i_th(2).distance(vertices.i_th(3)) = side2;
        vertices.i_th(3).distance(vertices.i_th(4)) = side1;
        vertices.i_th(4).distance(vertices.i_th(1)) = side2;
            -- Zusicherungen über die Tatsache, daß die Winkel
            -- rechte Winkel sind, bleiben dem Leser
            -- überlassen
end -- class RECTANGLE
```

Weil *RECTANGLE* ein Erbe von *POLYGON* ist, sind alle Merkmale der Elternklasse in der neuen Klasse weiterhin anwendbar: *vertices, rotate, translate, perimeter* (in redefinierter Form) und viele andere. Sie brauchen in der neuen Klasse nicht wiederholt zu werden.

Dieser Vorgang ist transitiv: Jede Klasse, die *RECTANGLE* beerbt, sagen wir *SQUARE,* hat damit auch die *POLYGON*-Merkmale. Die folgende Begrifflichkeit ist dafür geeignet:

> **Definition**
> *(Nachkomme):* Eine Klasse, die direkt oder indirekt eine Klasse *A* beerbt, heißt **Nachkomme** von *A*. Eine Klasse wird als ihr eigener Nachkomme betrachtet. Alle Nachkommen von *A* außer *A* selbst heißen **echte Nachkommen.**

> **Definition 2:**
> Wenn *B* ein Nachkomme (echter Nachkomme) von *A* ist, dann heißt *A* **Vorfahre (echter Vorfahre)** von *B*.

Zeichnerisch werden wir Vererbung stets durch einen aufwärts zeigenden Pfeil darstellen; die Vereinbarung lautet, daß der Pfeil stets die Relation „beerbt" darstellt:

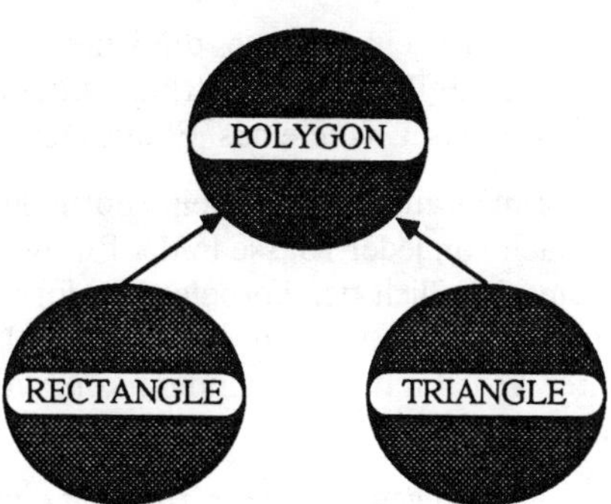

Bild 10.1 *RECTANGLE* und *TRIANGLE* beerben *POLYGON*

10.1.3 Die Sache mit Create

Es gibt eine Ausnahme von der Regel, daß jedes Merkmal des Elternteils automatisch den Nachkommen zur Verfügung steht: *Create.*

> **Create-Regel:**
>
> Die Prozedur *Create* wird nie direkt geerbt. Sie ist das einzige Merkmal mit dieser Eigenschaft.

Hinter dieser Regel steckt ein klares Motiv: Da Erben gewöhnlich mehr Merkmale und mehr besondere Eigenschaften als ihre Eltern haben, benötigt die Exemplarerzeugung oft andere Argumente. Eine vernünftige Methode zum Erzeugen eines Rechtecks wird zum Beispiel in der obigen *Create*-Prozedur vorgeschlagen: Man gebe einen Punkt als Mittelpunkt an, die beiden Seitenlängen und eine Ausrichtung. Für allgemeine Polygone wäre diese Technik aber ungeeignet. Das *Create* von *POLYGON,* oben weggelassen, muß eine Liste von Punkten als Argumente bekommen:

```
Create(lp: LINKED_LIST[POINT]) is
        -- Erzeuge ein Polygon mit den durch lp
        -- gegebenen Ecken
    do ... end
```

Diese Methode wiederum wäre für Rechtecke ungeschickt, weil nur Listen aus vier Elementen, welche die Invariante der Klasse *RECTANGLE* erfüllen, akzeptiert werden könnten.

Man beachte, daß das Merkmal *vertices* noch auf Rechtecke anwendbar ist. Daraus folgt, daß die *Create*-Prozedur von *RECTANGLE* die Liste *vertices* mit den geeigneten Punktwerten (die vier Ecken, berechnet aus den Argumenten Mittelpunkt, Seitenlängen und Ausrichtung) aufbauen sollte.

Die Create-Regel bedeutet, daß für eine Klasse, die keine eigens definierte Prozedur *Create* besitzt, das Standard-*Create* gilt, was alle Attribute mit ihren Vorbelegungswerten initialisiert; die Klasse erbt nie das *Create* eines Elternteils.

Da *Create* nie vererbt wird, kann es auch nicht wie eine normale Routine *perimeter* „redefiniert" werden. Es muß einfach von jeder Klasse in der für diese Klasse bestgeeigneten Form definiert werden – einschließlich der Vorbelegungsform, wenn keine besondere *Create*-Prozedur deklariert ist. Das *Create* einer Klasse hat keine irgendwie geartete Beziehung zum *Create* ihrer Vorfahren; insbesondere können ihre Argumente sich in Anzahl und Typ unterscheiden.

Die Create-Regel sagt „... nie *direkt* geerbt". Der Grund für diese Einschränkung ist der recht häufige Fall, bei dem das *Create* einer Klasse sich intern auf den Algorithmus des elterlichen *Create* beziehen muß. Um diesen Vorgang zu erleichtern, kann man die ursprüngliche Prozedur von den Eltern unter einem anderen Namen bekommen. Diese Umbenennungstechnik wird unten erläutert (10.4.8).

10.1.4 Typkonsistenz

Vererbung ist mit dem Eiffel-Typsystem konsistent. Die im nächsten Kapitel formal angegebenen Regeln können leicht am obigen Beispiel erklärt werden. Nehmen wir die folgenden Deklarationen an:

p: POLYGON;
r: RECTANGLE

Dann ist alles folgende erlaubt:

- *p.perimeter:* kein Problem, da *perimeter* auf Polygonen definiert ist.
- *p.vertices, p.translate(...), p.rotate(...)* mit korrekten Argumenten.
- *r.diagonal, r.side1, r.side2:* diese drei Merkmale sind auf der *RECTANGLE*-Ebene deklariert.
- *r.vertices, r.translate(...),r.rotate(...):* Diese Merkmale sind auf der *POLYGON*-Ebene deklariert und sind also auf Rechtecke anwendbar, denn *RECTANGLE* erbt alle Polygon-Merkmale außer *Create.*
- *r.perimeter:* der gleiche Fall wie oben. Die hier aufgerufene Version der Funktion ist die in *RECTANGLE* angegebene Redefinition und nicht das Original in *POLYGON.*

Die folgenden Merkmalsanwendungen sind dagegen nicht erlaubt: *p.side1, p.side2, p.diagonal.* Diese Merkmale sind auf der Polygonebene nicht verfügbar.

Allgemeiner kann diese Eigenschaft als die erste grundsätzliche Typregel beschrieben werden:

> **Regel zur Merkmalsanwendung:**
> Bei einer Merkmalsanwendung *x.f,* wo der Typ von *x* von einer Klasse *A* abstammt, muß *f* in einem Vorfahren von *A* definiert sein.

Man erinnere sich, daß *A* selbst zu den Vorfahren von *A* gehört. Die Formulierung „wo der Typ von *x* von einer Klasse *A* abstammt" soll daran erinnern, daß ein Klassentyp mehr als nur einen Klassennamen beinhaltet, wenn die Klasse generisch ist: *LINKED_LIST[INTEGER]* ist ein Klassentyp, der von dem Klassennamen *LINKED_LIST* abstammt. Die generischen Parameter spielen in der obigen Regel jedoch keine Rolle.

In Eiffel sind alle Typregeln einschließlich der Regel zur Merkmalsanwendung statisch; das bedeutet, daß alle Prüfungen ausschließlich auf der Basis des Systemtextes durchgeführt werden können, ohne daß irgendeine Laufzeitkontrolle nötig wäre. Der Compiler weist alle Klassen zurück, die inkorrekte Merkmalanwendungen enthalten. Sobald ein System übersetzt ist, besteht keine Gefahr, daß zur Laufzeit ein Merkmal jemals auf ein Objekt angewandt wird, das nicht in der Lage ist, damit umzugehen.

10.1.5 Polymorphismus

Die bisher angesprochenen Eigenschaften der Vererbung betreffen die Wiederverwendbarkeit: Moduln erstellen als Erweiterungen vorhandener Moduln. Es gibt noch einen anderen, ebenso wichtigen Aspekt, der mehr auf Erweiterbarkeit zielt: das Konzept des Polymorphismus und seiner natürlichen Ergänzung, des dynamischen Bindens.

„Polymorphismus" wird die Fähigkeit genannt, verschiedene Formen anzunehmen. In der objektorientierten Programmierung bezieht sich das auf die Fähigkeit einer Größe, zur Laufzeit auf Exemplare verschiedener Klassen zu verweisen. In einer getypten Umgebung wie Eiffel wird dies durch die Vererbung begrenzt: Wir möchten zum Beispiel einer Größe vom Typ *POLYGON* erlauben, auf ein *RECTANGLE*-Objekt zu verweisen; aber eine Größe vom Typ *RECTANGLE* darf nicht auf ein *POLYGON*-Objekt verweisen.

Unter der Voraussetzung der obigen Deklarationen (*p* vom Typ *POLYGON, r* vom Typ *RECTANGLE*) ist die folgende Zuweisung korrekt:

$p := r$

Vergessen Sie bitte nicht, daß Größen von Klassentypen Verweise auf Objekte bezeichnen und nicht die Objekte selbst. Die obige Zuweisung ist eine bloße Verweiszuweisung. Wenn *r* vor der Zuweisung nicht leer war, dann verwies *r* auf ein *RECTANGLE*-Objekt; nach der Zuweisung verweist *p* auf dasselbe Objekt. Diese Art von Polymorphismus hat nichts zu tun mit Objekten, die ihre Form zur Laufzeit ändern oder von einer Form in eine andere gebracht werden; es bedeutet einfach, daß eine gegebene Größe auf Objekte verschiedener Art verweisen kann.

Das *RECTANGLE*-Objekt ist im folgendem Bild absichtlich größer gezeichnet worden: Da ein echter Nachkomme alle Merkmale seiner Vorfahren erbt, hat er zumindest genauso viele Attribute, und Exemplare haben folglich mindestens genauso viele Komponenten (wenn auch nicht notwendigerweise mehr).

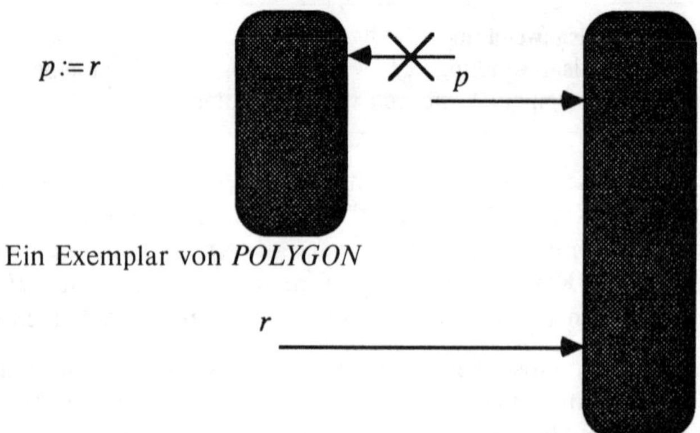

Bild 10.2 Polymorphe Zuweisung

Polymorphismus ist der Schlüssel dazu, das Typsystem flexibler zu gestalten. Er liefert zum Beispiel die Antwort auf die Frage, die in der Einführung dieses Kapitels gestellt wurde: Wie kann man im selben Feld Verweise auf Objekte unterschiedlicher Typen sammeln, zum Beispiel Punkte, Vektoren und komplexe Zahlen. Wenn all diese Typen als Erben der Klasse *TWO_COORD* dargestellt würden, dann könnte das Feld wie folgt deklariert werden:

a: ARRAY[TWO_COORD]

so daß die in *a* eingetragenen Elemente Verweise auf Exemplare aller Erbenklassen sein können, wie im folgenden Bild gezeigt (Übung 10.3).

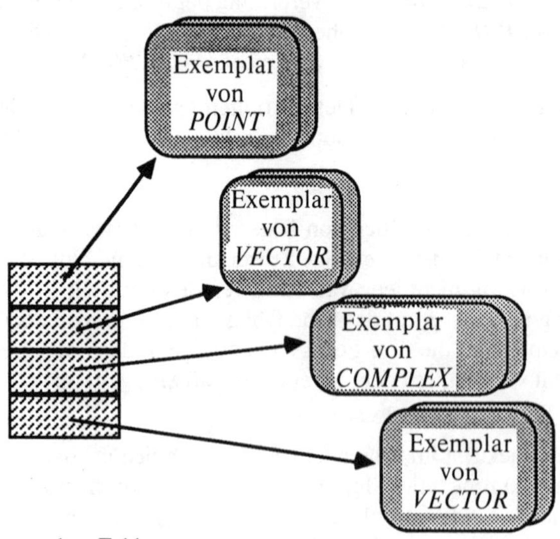

Bild 10.3 Ein polymorphes Feld

10.1.6 Grenzen des Polymorphismus

Unbeschränkter Polymorphismus wäre mit dem Konzept des Typs nicht verträglich. Im Eiffel-Typsystem wird Polymorphismus durch Vererbung kontrolliert. Das Prinzip wird vom Beispiel über Polygone und Rechtecke veranschaulicht: Im Gegensatz zu *p* := *r* ist die Zuweisung

r := *p*

nicht erlaubt. Das ist die zweite grundsätzliche Typregel:

> **Typverträglichkeitsregel:**
> Die Zuweisung *x* := *y*, wobei der Typ von *x* durch eine Klasse *A* und der Typ von *y* durch eine Klasse *B* gegeben ist, ist nur erlaubt, wenn *B* ein Nachkomme von *A* ist. Die gleiche Regel gilt, wenn x ein formales Routinenargument und *y* das entsprechende aktuelle Argument eines Routinenaufrufs ist.

Man erinnere sich wieder, daß eine Klasse ihr eigener Nachkomme ist. Die so angegebene Regel sagt nichts über den Fall aus, daß *A* oder *B* generische Parameter haben; die vollständige Regel wird im nächsten Kapitel gegeben. Grob gesagt, gilt die gleiche Einschränkung auch bei aktuellen generischen Parametern: Die im Typ von *y* benutzten müssen Nachkommen ihrer Entsprechungen in *x* sein.

Wie die vorangegangene Regel auch ist die Typverträglichkeitsregel rein statisch und kann ohne Bedarf an Laufzeitprüfungen zur Übersetzungszeit geprüft werden. Keine die Regel verletzende Klasse wird vom Compiler akzeptiert.

Die Regel kann wie folgt veranschaulicht werden. Nehmen wir an, ich sei so zerstreut, daß ich in die Bestellung an die Firma Haustierversand nur „Tier" hineinschreibe. Egal, ob ich dann einen Hund, einen Marienkäfer oder einen Grauwal bekomme, ich kann mich nicht beschweren. (Die Hypothese ist die, daß *HUND* usw. alles Nachkommen von *TIER* sind.) Wenn ich andererseits ausdrücklich einen Hund bestelle und der Postbote bringt mir eines Morgens ein Paket mit der Aufschrift *TIER* oder vielleicht *SÄUGETIER* (einem dazwischenliegenden Vorfahren), dann habe ich das Recht, das Paket dem Absender zurückzuschicken - auch wenn aus dem Paket unverkennbare Jaul- und Bellgeräusche dringen. Da meine Bestellung nicht ordnungsgemäß ausgeführt wurde, schulde ich dem Haustierversand nichts.

10.1.7 Statischer und dynamischer Typ

Manchmal ist es nützlich, die Begriffe „statischer Typ" oder „dynamischer Typ" eines Verweises zu benutzen. Der Typ, von dem die Größe deklariert wurde, wird der statische Typ des entsprechenden Verweises genannt. Wenn dann zur Laufzeit der Verweis mit einem Objekt von einem bestimmten Typ verbunden wird, dann wird dieser Typ zum dynamischen Typ des Verweises. Die Typverträglichkeitsregel sagt, daß der dynamische Typ stets ein Nachkomme des statischen Typs ist.

Man beachte, daß diese Unterscheidung nur auf Verweise anwendbar ist und für Größen oder Objekte ohne Bedeutung wäre. (Man erinnere sich an die drei in 5.3.4 definierten Ebenen: Eine Größe ist ein Bezeichner in einem Klassentext; zur Laufzeit ist ihr Wert ein Verweis; der Verweis kann mit einem Objekt verbunden sein.) Eine Größe wird von einem bestimmten Typ deklariert. Ein Objekt wird zur Laufzeit als Exemplar einer bestimmten Klasse erzeugt. In beiden Fällen gibt es keine Möglichkeit, daß der Typ der Größe oder des Objekts jemals sich ändert. Nur ein Verweis kann polymorph sein: Er ist die Laufzeitdarstellung einer Größe, die seinen statischen Typ bestimmt, und kann auf Objekte verweisen, die seine dynamischen Typen bestimmen.

10.1.8 Sind die Einschränkungen gerechtfertigt?

Die beiden Typregeln mögen manchmal als zu restriktiv erscheinen. Zum Beispiel würde folgendes statisch zurückgewiesen werden:

1. *p := r; r:= p*
2. *p := r; x := p.diagonal*

Bei 1 weisen wir die Zuweisung eines Polygons zu einem Rechteck zurück, obwohl das Polygon zur Laufzeit ein Rechteck sein kann (wie wir den Hund nicht annehmen, weil er in einem mit „Tier" bezeichneten Paket kommt). Bei 2 stellen wir fest, daß *diagonal* auf *p* nicht anwendbar ist, auch dann, wenn dies - wie hier - zur Laufzeit durchaus anwendbar wäre.

Ein sorgfältiger Blick auf das Problem enthüllt jedoch, daß die gewählte Lösung die vernünftigste ist. Wenn man einen Verweis an ein Objekt bindet, dann sollte man spätere Probleme möglichst vermeiden, indem man sicherstellt, daß diese von verträglichem Typ sind. Und wenn man eine Rechtecksoperation anwenden will, warum deklariert man dann das Ziel nicht als Rechteck?

In der Praxis sind solche Fälle wie 1 und 2 höchst unwahrscheinlich. Zuweisungen von der Art *p :=r* werden als Teil irgendeiner Kontrollstruktur ausgeführt, die von Laufzeitbedingungen abhängt, zum Beispiel von Benutzereingaben. Eine realistische Anwendung von Polymorphismus ist das folgende:

```
r.Create(...);...
screen.display_icons;   -- Zeige Symbole, die verschiedene Polygone darstellen
screen.wait_for_mouse_click;  -- Warte darauf, daß der
                              -- Benutzer den Mausfinger drückt
x := screen.mouse_position;  -- Stelle die Position fest,
                              -- an der die Maus gedrückt wurde
chosen_icon := screen.icon_where_is(x);
                         -- Stelle fest, welches Sinnbild zur Mausposition gehört
if chosen_icon = rectangle_icon then
    p := r
elsif ...
    p := "irgendein anderer Polygontyp" ...
...
end;
... Benutzungen von p, zum Beispiel p.display, p.rotate, ...
```

In solchen Situationen werden polymorphe Größen wie *p* gebraucht. Natürlich sollten Operationen, die nur für Rechtecke gültig sind, wie *diagonal,* nur auf *r* angewandt werden (zum Beispiel in der ersten Klausel von **if**). Wo *p* als solches genutzt wird, nämlich in den auf die **if**-Anweisung folgenden Anweisungen, können nur Operationen auf *p* angewandt werden, die für alle Polygonvarianten definiert sind.

10.1.9 Dynamisches Binden

Operationen, die für alle Polygonvarianten definiert sind, müssen nicht für alle Varianten gleich *implementiert* sein. Zum Beispiel hat *perimeter* verschiedene Versionen für allgemeine Polygone und für Rechtecke; nennen wir sie $perimeter_{POL}$ und $perimeter_{RECT}$. Man kann sich weitere Varianten für andere besondere Arten von Polygonen vorstellen. Das führt sofort zu einer grundsätzlichen Frage: Was geschieht mit einer polymorphen Größe, wenn eine Routine mit mehr als einer Version auf sie angewandt wird?

In einem Ausschnitt wie

p.Create(...); x := p.perimeter

ist klar, daß $perimeter_{POL}$ angewandt wird. Ebenso klar ist, daß bei

r.Create(...); x := r.perimeter

$perimeter_{RECT}$ angewandt wird. Aber was ist, wenn die polymorphe Größe *p,* statisch als Polygon deklariert, dynamisch auf ein Rechteck verweist? Nehmen wir an, daß die folgenden Anweisungen ausgeführt seien:

r.Create(...);
p := r;
x := p.perimeter

Die als **dynamisches Binden** bekannte Regel schreibt vor, daß die **dynamische Form des Objekts** darüber bestimmt, welche Version der Operation angewandt wird. Hier wird also $perimeter_{RECT}$ angewandt.

Diese Fähigkeit von Operationen, sich automatisch den Objekten anzupassen, auf die sie angewandt werden, ist eine der wichtigsten Eigenschaften objektorientierter Systeme. Wir werden ihre Folgen unten in 10.2.2 untersuchen.

10.1.10 Redefinition und Zusicherungen

Dynamisches Binden ist ein mächtiges Mittel, aber es birgt offensichtlich Risiken. Wenn ein Kunde von *POLYGON p.perimeter* aufruft, dann erwartet er den Wert des Umfangs von *p* zu erhalten. Nunmehr kann der Kunde aber wegen des dynamischen Bindens auch eine andere Routine aufrufen, wie sie in einem Nachkommen redefiniert ist. In *RECTANGLE* diente die Redefinition der Effizienzverbesserung; im Prinzip könnte man *perimeter* aber auch redefinieren, um - sagen wir mal - die Fläche zu berechnen.

Das steht im Widerspruch zum Geist der Redefinition. Redefinition sollte die Implementierung einer Routine ändern, nicht ihre Semantik. Glücklicherweise haben wir in Eiffel eine Methode, die Semantik einer Routine zu bestimmen - Zusicherungen. Die Grundregel zur Kontrolle der Mächtigkeit von Redefinition und dynamischem Binden ist einfach: Vor- und Nachbedingung einer Routine gelten auch für jede Redefinitin in einer Nachkommenklasse. Darüberhinaus gilt auch die Invariante einer Klasse bei ihren Nachkommen.

Die genaue Formulierung dieser Regeln findet sich im nächsten Kapitel. Aber beachten Sie bitte von jetzt an, daß Redefinition nicht vollständig frei ist: Nur Semantik-erhaltende Redefinitionen sind erlaubt. Es ist Sache des Routinenschreibers, die Semantik ausreichend präzise zu beschreiben. Folgende Redefinitionen sind durch diese Spezifikation gebunden.

10.1.11 Implementierung von Redefinitionen

Eine weitere Bemerkung zu Redefinition ist hier im Vorgriff auf das Kapitel 15 über Implementierungsfragen angebracht. Man könnte fürchten, daß dynamisches Binden ein übermäßig kostspieliger Mechanismus ist; man braucht anscheinend eine Durchsuchung des Vererbungsgraphen zur Laufzeit, woraus folgt, daß der Zusatzbedarf mit der Tiefe des Vererbungsgraphen wächst und schließlich mit mehrfachem Erben (siehe unten) völlig inakzeptabel wird.

Glücklicherweise ist das in Eiffel nicht so. Es gibt keine ernsthafte Bestrafung für dieses Mittel, denn die Zeit, die zum Auffinden der geeigneten Operationsvariante während der Ausführung gebraucht wird, ist konstant (unabhängig von der Struktur des Vererbungsgraphen und der Anzahl der Redefinitionen) und klein. Mehr zu dieser Frage in 15.4.2.

10.2 Die Bedeutung von Vererbung

Die folgenden Abschnitte befassen sich mit natürlichen Erweiterungen der bisher betrachteten Grundkonzepte: aufgeschobene Klassen, die teilweise definierte Routinen enthalten, und Mehrfacherben, bei dem Klassen mehr als ein Elternteil beerben können. Bevor diese Techniken eingeführt werden, ist es wichtig zu erklären, warum Vererbung eine solche Revolution für den mit Wiederverwendbarkeit und Erweiterbarkeit beschäftigten Softwareentwerfer ist.

Klassen sind, wie gesagt, sowohl Moduln als auch Typen. Das Vererbungskonzept läßt beide Blickwinkel in einem neuen Licht erscheinen, das wir jetzt betrachten wollen.

10.2.1 Die Modulperspektive

Vom Blickwinkel des Moduls ist Vererbung eine Schlüsseltechnik für die Wiederverwendbarkeit.

Ein Modul ist eine Menge von Diensten, die der Außenwelt angeboten werden. Ohne Vererbung muß jeder neue Modul alle von ihm gebotenen Dienste selbst definieren. Natürlich kann sich die *Implementierung* dieser Dienste auf Dienste aus anderen Moduln beziehen: das ist der Zweck der Kundenrelation. Es gibt aber keine Möglichkeit, einen neuen Modul zu definieren, indem einfach neue Dienste zuvor definierten Moduln hinzugefügt werden.

Vererbung bietet genau diese Möglichkeit. Wenn *B* *A* beerbt, dann sind automatisch alle Dienste (Merkmale) von *A* in *B* verfügbar, ohne daß sie nochmal definiert werden müßten. *B* darf für eigene besondere Zwecke neue Merkmale hinzufügen. Ein zusätzliches Maß an Flexibilität wird durch Redefinition geboten, wodurch *B* unter den von *A* gebotenen Implementierungen seine Auswahl treffen kann: einige werden so genommen, wie sie sind, andere können durch lokal geeignetere überdeckt werden.

Das begünstigt einen Softwareentwicklungsstil, der sich vollständig von herkömmlichen Vorgehensweisen unterscheidet. Statt jedes Problem ganz von neuem zu lösen zu versuchen, ist die Idee hier, auf früheren Ausführungen aufzubauen und ihre Ergebnisse zu erweitern. Es ist ein Geist von Ökonomie - warum alles nochmal machen, was schon getan wurde? - und Bescheidenheit, der Newtons berühmter Bemerkung entspricht, daß er nur so hoch reichen könne, weil er auf den Schultern von Giganten stehe.

Der volle Nutzen dieser Herangehensweise wird am besten verständlich in den Begriffen des **Offen-geschlossen-Grundsatzes** aus Abschnitt 2.3. (Vielleicht möchten Sie jetzt im Lichte der hier eingeführten Konzepte diesen Abschnitt noch einmal lesen.) Der Grundsatz lautete, daß eine gute Modulstruktur sowohl offen als auch geschlossen sein sollte:

- Geschlossen, weil die Kunden die Dienste des Moduls brauchen, um mit ihrer eigenen Entwicklung voranzukommen, und weil sie, wenn sie sich einmal auf eine Version des Moduls eingelassen haben, nicht durch die Einführung neuer Dienste, die sie nicht brauchen, betroffen werden sollten.
- Offen, weil es keine Gewähr dafür gibt, daß wir sofort von Anfang an alle für irgendeinen Kunden möglicherweise nützlichen Dienste vorgesehen haben.

Diese doppelte Anforderung sieht wie ein Dilemma aus, und klassische Modulstrukturen bieten keinen Anhaltspunkt. Aber Vererbung löst das Problem. Eine Klasse ist geschlossen, denn sie kann übersetzt, in einer Bibliothek gespeichert, freigegeben und von Kundenklassen benutzt werden. Sie ist aber auch offen, denn jede neue Klasse kann sie als Elternteil benutzen und neue Merkmale hinzufügen. Wenn eine Nachkommenklasse definiert ist, besteht keine Notwendigkeit, das Original zu ändern oder seine Kunden zu stören. Diese Eigenschaft ist grundlegend bei der Anwendung von Vererbung auf die Entwicklung wiederverwendbarer Software.

Wenn man die Idee auf die Spitze treibt, dann fügte jede Klasse genau ein Merkmal zu denen ihrer Eltern hinzu! Das ist selbstverständlich nicht empfehlenswert. Die Entscheidung, eine Klasse zu schließen, sollte nicht leichtfertig getroffen werden; sie sollte auf einer bewußten Beurteilung bestehen, ob die Klasse, so wie sie jetzt ist, schon einen in sich geschlossenen Satz von Diensten für potentielle Kunden bietet.

Man beachte auch, daß der Offen-geschlossen-Grundsatz für neue Dienste gilt und nicht für Änderungen in der Spezifikation vorher schon definierter Dienste. Wenn eine falsche Entscheidung zu einem schlecht entworfenen Merkmal führt, dann gibt es keine Möglichkeit, die Klasse zu verbessern, ohne die Kunden zu berühren. Dank der Redefinition bleibt jedoch der Offen-geschlossen-Grundsatz dann anwendbar, wenn die Änderung nur die *Implementierung* des Dienstes betrifft und seine Spezifikation nicht betrifft.

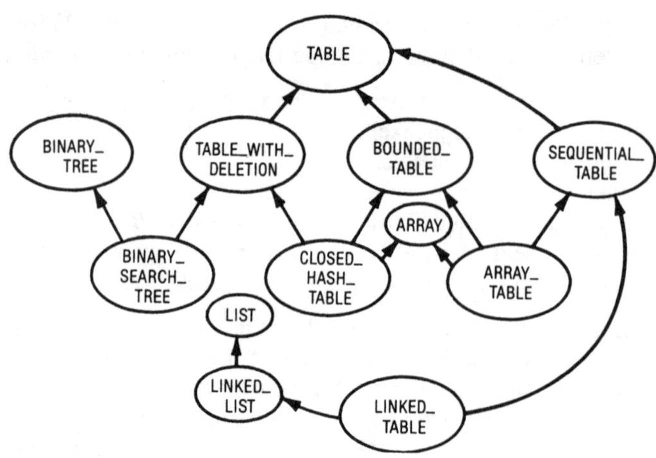

Bild 10.4 Tabellenklassen

Eines der unangenehmsten Probleme beim Entwurf wiederverwendbarer Modulstrukturen (3.3.5) war die Notwendigkeit, mögliche Gemeinsamkeiten zwischen Gruppen verwandter Datenabstraktionen - alle Hashtabellen, alle sequentiellen Tabellen, usw. - zu berücksichtigen. Hier haben wir endlich eine Möglichkeit dafür gefunden: Durch die Nutzung von Netzwerken aus Klassen, die durch Vererbung miteinander verbunden sind, können wir die logischen Beziehungen zwischen diesen Implementierungen nutzen. Das obige Diagramm ist eine grobe und unvollständige Skizze einer möglichen Struktur für eine Tabellenverwaltungsbibliothek (siehe Übung 10.10). Pfeile stellen Vererbung dar. Das Schema nutzt auf natürliche Weise Mehrfacherben, was später genauer erörtert werden wird.

In diesem Zusammenhang kann die Wiederverwendbarkeitsforderung ganz konkret ausgedrückt werden: Die Idee besteht darin, die Definition jedes Merkmals im Diagramm so **hoch wie möglich** zu schieben, so daß es - ohne daß die Definition wiederholt werden muß - von der größtmöglichen Anzahl von Nachkommenklassen gemeinsam genutzt werden kann.

10.2.2 Die Typperspektive

Aus der Typperspektive betrifft Vererbung sowohl Wiederverwendbarkeit als auch Erweiterbarkeit. Der Schlüssel ist hier das dynamische Binden.

Ein Typ ist eine Menge von Werten, die durch bestimmte Operationen gekennzeichnet sind (wie wir aus der Theorie der abstrakten Datentypen wissen). *INTEGER* beschreibt eine Menge von Zahlen mit arithmetischen Operationen; *POLYGON* beschreibt eine Menge von Objekten mit den Operationen *vertices, perimeter* usw.

Aus diesem Blickwinkel stellt Vererbung das dar, was oft die „*ist-ein/e*"-Relation genannt wird, wie bei „jeder Hund ist ein Säugetier", „jedes Säugetier ist ein Tier" und so weiter. Genauso gilt: Jedes Rechteck *ist-ein* Polygon.

Was bedeutet diese Relation?

- Wenn wir die Werte jedes Typs betrachten, dann ist diese Relation einfach die Teilmengenbeziehung: Hunde sind eine Teilmenge von Tieren; ähnlich: Zwar sind Exemplare von *RECTANGLE* keine Teilmenge von *POLYGON*-Exemplaren, aber Objekte, auf die von Größen vom Typ *RECTANGLE* verwiesen werden kann, sind eine Teilmenge derjenigen Objekte, auf die von Größen vom Typ *POLYGON* verwiesen werden kann. (Das erstere sind Exemplare von *RECTANGLE* und dessen Nachkommen; das letztere Exemplare von *POLYGON* und dessen Nachkommen.)
- Wenn wir die auf den jeweiligen Typ anwendbaren Operationen betrachten, dann bedeutet „jedes *B* ist ein *A*", daß jede auf Exemplare von *A* anwendbare Operation auch auf Exemplare von *B* anwendbar ist. (Durch Redefinition kann jedoch *B* seine eigene Implementierung bereitstellen, die für Exemplare von *B* die durch A gebotene Implementierung überdeckt.)

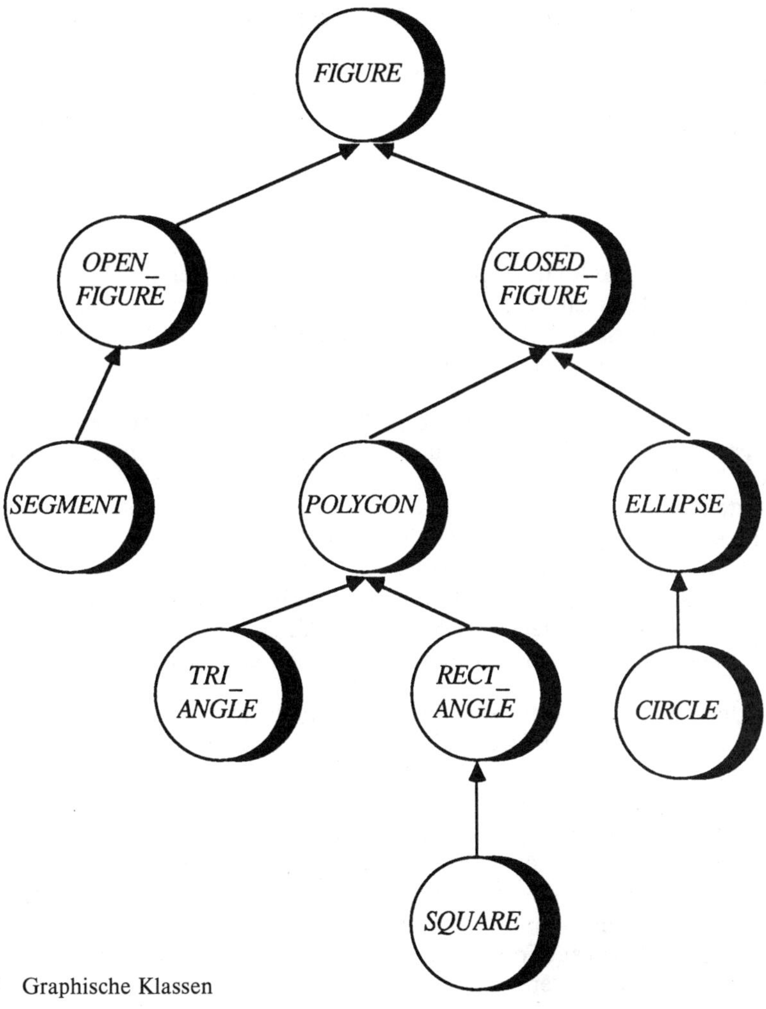

Bild 10.5 Graphische Klassen

Redefinition und dynamisches Binden spielen hier eine grundlegende Rolle. Mit Vererbung kann man *ist-ein/e*-Hierarchien beschreiben, die viele mögliche Typvarianten darstellen. Ein Beispiel ist die obige Hierarchie von Klassen geometrischer Figuren; gerade mal zwei davon sind unsere Klassen *POLYGON* und *RECTANGLE*. Jede neue Version einer Routine wie *translate, rotate, display* usw. wird in dem Modul definiert, der die entsprechende Datenstrukturvariante beschreibt. Das gleiche gilt für den Vererbungsgraphen der Tabellen (10.2.1): Jede Klasse in diesem Graphen bietet ihre eigene Implementierung von *search, insert, delete* usw., wenn die Implementierung nicht geerbt ist.

Entscheidend ist die durch diese Herangehensweise ermöglichte **dezentrale Softwarearchitektur.** Jede Operationsvariante wird in demjenigen Modul definiert, der die entsprechende Typvariante definiert. Stellen Sie das herkömmlichen Ansätzen gegenüber. In Pascal oder Ada können Sie einen Typ *FIGURE* mit Varianten benutzen, um die verschiedenen Formen von Figuren zu definieren. Aber das bedeutet, daß jede Routine, die etwas mit Figuren macht (*translate* und ähnliches) zwischen den Möglichkeiten unterscheiden muß:

```
case f.figuretype of
        polygon: (...);
        circle: (...);
        ...
end
```

Das gleiche gilt für die Routinen *search* und andere im Fall der Tabellen. Der Ärger ist der, daß all diese Routinen viel zu viel **Kenntnis** über das Gesamtsystem haben: Jede von ihnen muß genau wissen, welche Figurentypen im System erlaubt sind. Jede Hinzufügung eines neuen Typs oder Änderung eines vorhandenen betrifft jede Routine.

Ne sutor ultra crepidam, Schuster, bleib bei deinem Leisten, ist ein Softwareentwurfsprinzip: Es ist nicht Sache einer Drehroutine, alle möglichen Figurenklassen zu kennen.

Diese Verteilung von Kenntnis über zu viele Routinen ist eine Hauptquelle für Inflexibilität in herkömmlichen Herangehensweisen beim Softwareentwurf. Viele Schwierigkeiten mit dem Ändern von Software lassen sich darauf zurückführen; es erklärt teilweise auch, warum Softwareprojekte so schwer unter Kontrolle zu halten sind, weil offensichtlich geringfügige Änderungen viele Moduln berühren und Entwickler dazu zwingen, Moduln wiederzueröffnen, die für gut befunden und geschlossen worden waren.

Mit objektorientiertem Entwurf kann man dieses Problem beseitigen. Eine Änderung in einer bestimmten Implementierung einer Operation betrifft nur die Klasse, auf die sich die Implementierung bezieht. Hinzufügung einer neuen Typvariante läßt in vielen Fällen die anderen vollständig unberührt. Wieder ist die Dezentralisierung der Schlüssel: Klassen verwalten ihre eigenen Implementierungen und mischen sich nicht in die Angelegenheiten anderer ein. Angewandt auf Menschen, hört sich das nach einer sehr egoistischen Philosophie an, nach Voltaires *Cultivez votre jardin,* Pflegen Sie Ihren eigenen Garten. Angewandt auf Moduln ist es eine wesentliche Anforderung zur Erlangung dezentraler Strukturen, die gelassen auf Forderungen nach Erweiterung, Änderung, Verbindung und Wiederverwendung reagieren.

Man beachte schließlich die Rolle des dynamischen Bindens in bezug auf das letzte Wiederverwendbarkeitsproblem, das wir noch nicht angegangen sind. Es handelt sich um die Forderung nach „Darstellungsunabhängigkeit" (3.3.4): die Möglichkeit, eine Operation mit mehr als einer Variante anzufordern, ohne wissen zu müssen, welche Variante angewandt werden wird. Das in Kapitel 3 benutzte Beispiel war ein Aufruf

present := search(x,t)

Hier würde, abhängig von der Laufzeitform von *t*, der geeignete Suchalgorithmus benutzt werden. Das dynamische Binden bietet genau das: Wenn *t* als Tabelle deklariert ist, aber erzeugt werden kann als binärer Suchbaum, geschlossene Hashtabelle, usw. (wobei angenommen wird, daß alle benötigten Klassen verfügbar sind), dann fände der Aufruf

present := t.search(x)

zur Laufzeit die geeignete Version von *search*. Wir erhalten hier, was - wie in Kapitel 3 gezeigt - mit Überlagern und Generizität unmöglich ist: Ein Kunde kann eine Operation anfordern und es dem unterliegenden Sprachsystem überlassen, automatisch die geeignete Implementierung zu finden.

Klassen, Vererbung, Redefinition, Polymorphismus und dynamisches Binden bilden also zusammen einen bemerkenswerten Satz von Antworten auf die Menge der in Kapitel 3 erhobenen Wiederverwendbarkeitsforderungen und genügen allen Kriterien und Prinzipien von Modularität, wie sie in Kapitel 2 aufgestellt wurden.

10.2.3 Erweiterung und Spezialisierung

Vererbung wird manchmal als Erweiterung und manchmal als Spezialisierung aufgefaßt. Obwohl diese beiden Interpretationen widersprüchlich erscheinen, steckt in beiden Wahrheit - wenn auch nicht aus dem gleichen Blickwinkel.

Wieder hängt alles davon ab, ob man eine Klasse als Typ oder als Modul betrachtet. Im ersten Fall ist Vererbung oder *ist-eine/r* ganz klar eine Spezialisierung; „Hund" ist ein speziellerer Begriff als „Tier", „Rechteck" spezieller als „Polygon". Das paßt zu der schon erwähnten Teilmengenbeziehung: Wenn *B* Erbe von *A* ist, dann bilden die mit einer Größe vom Typ *B* eventuell zur Laufzeit verbundenen Objekte (Exemplare von *B* und ihrer Nachkommen) eine Teilmenge derjenigen Objekte, die mit einer Größe vom Typ *A* verbunden sein können (Exemplare von *A* und ihrer Nachkommen).

Aus der Modulperspektive jedoch, da Klassen als Anbieter von Diensten betrachtet werden, implementiert *B* die Dienste (Merkmale) von *A* und ihre eigenen. In bezug auf die implementierten Merkmale ist die Teilmengenbeziehung jetzt also andersherum: Die auf Exemplare von *A* anwendbaren Merkmale sind eine Teilmenge der auf Exemplare von *B* anwendbaren Merkmale.[1]

---

[1] Wir sagen, *implementierte* Dienste und nicht (Kunden) angebotene Dienste wegen der Art, wie das Geheimnisprinzip mit Vererbung zusammenspielt: Wie in 11.5 erklärt werden wird, kann *B* von *A* exportierte Merkmale vor den eigenen Kunden verbergen.

Vererbung ist also aus dem Typblickwinkel Spezialisierung und aus der Modulperspektive Erweiterung.

Diese Doppelinterpretation erklärt, warum diese Darstellung den Begriff „Teilklasse" vermeidet und „Erbe" und „Nachkomme" bevorzugt (und genauso Elternteil und Vorfahre statt „Oberklasse"). „Teilklasse" assoziiert in natürlicher Weise „Teilmenge", doch dieser Begriff könnte, wie wie gerade gesehen haben, Verwirrung stiften.

10.3 Aufgeschobene Klassen

Wir kommen jetzt zur Untersuchung weiterer mit Vererbung verbundener Techniken.

Wie schon erwähnt, können Routinen in Nachkommenklassen redefiniert werden. In manchen Fällen mag man Redefinition erzwingen wollen. Das ist der Grund für aufgeschobene Routinen und Klassen.

10.3.1 Verschiebung beliebiger Figuren

Um zu erkennen, warum diese Konzepte nützlich sind, betrachten wir noch einmal die *FIGURE*-Hierarchie (10.2.2).

Der allgemeinste Begriff ist der der *FIGURE.* Unter Anwendung von Polymorphismus und dynamischem Binden könnte man wie folgt Code schreiben wollen:

(AA)

```
f: FIGURE; c: CIRCLE; r: RECTANGLE;
...
c.Create(...); r.Create(...);
...
"Der Benutzer soll ein Sinnbild aussuchen" (siehe 10.1.8)
if chosen_icon = circle_icon then
        f := c
elsif chosen_icon = rectangle_icon then
        f := r
elsif ...
        ...
end;
f.translate(a,b)
```

Anders gesagt: Man möchte *translate* auf die Figur *f* anwenden und es dem unterliegenden Mechanismus des dynamischen Bindens überlassen, die geeignete Version herauszusuchen, abhängig von der aktuellen Form von *f,* die nur zur Laufzeit bekannt ist (um das zu betonen, haben wir angenommen, daß es von der Wahl des Benutzers abhängt). Die Hypothese ist die, daß beide Klassen *RECTANGLE* und *CIRCLE* ihre jeweils eigene Version von *translate* haben; die Version für *RECTANGLE* kommt von *POLYGON,* und die für *CIRCLE* ist leicht zu schreiben.

Mit dem Redefinitionsmechanismus funktionierte das ganz prima. Aber das ist der Haken: Es gibt nichts zu redefinieren! *FIGURE* ist ein sehr allgemeiner Begriff, der alle Arten zweidimensionaler Figuren umfaßt. Es gibt keinen Weg, eine allgemeinverwendbare Version von *translate* ohne mehr Information über die betroffene Figur zu schreiben.

Wir haben hier also eine Situation, wo der Code (AA) dank dynamischen Bindens korrekt ausgeführt würde, syntaktisch aber inkorrekt ist, weil *translate* kein gültiges Merkmal von *FIGURE* ist. Der Typüberprüfungsmechanismus würde *f.translate* als ungültige Operation abfangen.

Man könnte natürlich auf der *FIGURE*-Ebene eine Prozedur *translate* einführen, die nichts tut. Das ist aber ein gefährlicher Weg; *translate(a,b)* hat eine wohldefinierte intuitive Semantik, und „tue nichts" ist keine gültige Implementierung dafür.

10.3.2 Eine Routine aufschieben

Was man ausdrücken können muß, ist, daß *translate* auf der *FIGURE*-Ebene spezifiziert, aber nicht implementiert ist; es obliegt den Nachkommen, Implementierungen bereitzustellen. Das wird in Eiffel erreicht, indem die Routine als **aufgeschoben (deferred)** deklariert wird. In einer aufgeschobenen Routine wird der Anweisungsteil des Rumpfes (**do** *Anweisungen*) durch das Schlüsselwort **deferred** ersetzt. In *FIGURE* kann man zum Beispiel deklarieren:

```
translate(a,b: REAL) is
                -- Horizontal um a, vertikal um b verschieben
    deferred
    end -- translate
```

Das bedeutet, daß die Routine in der Klasse, in der sie definiert ist, bekannt ist, implementiert aber nur in Nachkommen. Auf diese Weise ist der Klassenauszug (AA) typbezogen korrekt und kann korrekt ausgeführt werden.

FIGURE selbst wird „aufgeschobene" Klasse genannt; sie definiert eine Gruppe verwandter Datentypimplementierungen und nicht eine einzige. Die genaue Definition lautet folgendermaßen:

> **Definition:**
> Eine Klasse *C* heißt aufgeschobene Klasse, wenn sie eine aufgeschobene Routine enthält. Die aufgeschobene Klasse kann entweder in *C* als aufgeschoben eingeführt oder von einem Elternteil geerbt und in *C* nicht wirksam redefiniert werden.

Eine Routinendefinition ist wirksam, bedeutet in dieser Definition, daß sie nicht aufgeschoben ist. Eine nicht-aufgeschobene Klasse wird auch als wirksame Klasse bezeichnet.

FIGURE ist ein Beispiel für den ersten Fall in der Definition. Als Beispiel für den zweiten Fall nehmen wir an, daß die Klasse *OPEN_FIGURE* aus Bild 10.5 keine wirksame Definition von *translate* vorsieht; damit ist *OPEN_FIGURE* eine aufgeschobene Klasse, obwohl sie selbst keine aufgeschobene Routine eingeführt hat.

Eine aufgeschobene Klasse muß mit den beiden Schlüsselwörtern **deferred class** beginnen und nicht einfach mit **class,** um den Leser daran zu erinnern, daß eine oder mehrere Routinen aufgeschoben sind.

Ein Nachkomme einer aufgeschobenen Klasse ist eine wirksame Klasse, wenn er wirksame Definitionen für alle von seinen Vorfahren aufgeschobenen Routinen bereitstellt und wenn er selbst keine aufgeschobenen Routinen einführt. In unserem Beispiel müssen wirksame Klassen wie *POLYGON* und *ELLIPSE* Implementierungen von *translate, rotate* und jeder anderen von ihren Vorfahren aufgeschobenen Routine vorsehen. Sie müssen die Routinen nicht in ihrer **redefine**...Unterklausel aufführen, da sie zunächst nicht wirksam definiert wurden.

10.3.3 Was macht man mit aufgeschobenen Klassen?

Die Frage liegt nahe: „Was passiert mit einer aufgeschobenen Routine, die auf ein Exemplar einer aufgeschobenen Klasse angewandt wird?" Die Eiffel-Antwort ist drastisch: Es gibt so etwas wie ein Exemplar einer aufgeschobenen Klasse nicht.

> **Regel zur Nicht-Erzeugung aufgeschobener Klassen:**
> *Create* darf auf eine Größe, deren Typ durch eine aufgeschobene Klasse gegeben ist, nicht angewandt werden.

Diese Regel beseitigt die Gefahr, bedeutungslose Merkmalsanwendungen zu schreiben. Jedoch mag es so scheinen, als ob damit die Nützlichkeit aufgeschobener Klassen auf wenig mehr schrumpfe als auf ein syntaktisches Mittel zur Überlistung des Typüberprüfungssystems.

Das wäre tatsächlich so, gäbe es nicht Polymorphismus und dynamisches Binden. Man kann zwar keine **Objekte** vom Typ *FIGURE* erzeugen, aber man kann polymorphe **Größen** dieses Typs wie oben *f* bilden, die in der objektorientierten Programmierung eine wesentliche Rolle spielen.

10.3.4 Spezifikation der Semantik aufgeschobener Routinen

Aufgeschobene Routinen werden durch den Zusicherungsmechanismus sogar noch nützlicher. Wie gesagt, ersetzt syntaktisch das Schlüsselwort **deferred** den Teil **do** *Anweisungen.* Die anderen Bestandteile bleiben dabei erhalten: der Routinenkopf, die Vor- und Nachbedingung. Die Aufgabe einer aufgeschobenen Routine kann also genau spezifiziert werden, obwohl ihre Implementierung den Nachkommen anvertraut ist.

Nehmen wir das Listenbeispiel aus dem vorigen Kapitel. Tatsächlich ging es in Kapitel 9 nur um eine bestimmte Implementierung, *LINKED_LIST.* Eine allgemeinere, aufgeschobene Klasse *LIST* ist ebenso in der Bibliothek verfügbar; sie beschreibt sequentielle Listen unabhängig von jeder bestimmten Implementierung und dient als Elternteil sowohl für *LINKED_LIST* als auch für andere Implementierungen wie *FIXED_LIST* (durch Felder implementierte Listen). Eine der Routinen von *LIST* ist *back* (setze den Cursor um eine Position zurück), folgendermaßen geschrieben:

```
back is
        -- Bewege den Cursor um eine Position nach links
    require
        not offleft;
    deferred
    ensure
        position = old position - 1
    end -- back
```

Man erinnere sich, daß **old** in Nachbedingungen den Wert des darauf folgenden Elements zum Zeitpunkt des Routinenaufrufs bezeichnet. Ein anderes Beispiel, ebenfalls aus der Basisbibliothek, ist die Klasse *STACK[T],* die Keller unabhängig von ihrer bestimmten Darstellung beschreibt; sie hat *FIXED_STACK, LINKED_STACK* usw. als Nachkommen. Eine der Routinen ist *push,* die auf der *STACK*-Ebene nur aufgeschoben werden kann:

```
push(x: T) is
        -- Füge x an der Spitze des Kellers ein
    require
        not full
    deferred
    ensure
        not empty;
        top = x
    end -- push
```

Die Booleschen Funktionen *empty* und *full* (auf der allgemeinen *STACK*-Ebene ebenfalls aufgeschoben) drücken aus, ob der Keller leer bzw. ob seine Darstellung voll ist.

Nur mit Zusicherungen entfalten aufgeschobene Klassen ihre volle Mächtigkeit. Man erinnere sich, daß Vor- und Nachbedingungen für alle Redefinitionen einer Routine gelten. Das ist insbesondere wichtig für eine aufgeschobene Routine: Ihre Vor- und Nachbedingung, falls vorhanden, gelten für alle wirksamen Definitionen der Routine in den Nachkommen. Zum Beispiel sind alle Varianten von *push* in Nachkommen von *STACK* durch die obige Spezifikation gebunden. Wegen dieser Eigenschaft kann eine zurückgestellte Definition tatsächlich recht informativ sein, obwohl sie keine bestimmte Implementierung vorschreibt.

10.3.5 Zurück zu abstrakten Datentypen

Ausgestattet mit Zusicherungen kommen aufgeschobene Klassen der Darstellung abstrakter Datentypen sehr nahe. Ein typisches Beispiel bietet die Klasse *STACK,* unten vollständig wiedergegeben. Man beachte, wie Routinen, die selbst nicht-aufgeschoben sind, in Begriffen aufgeschobener Routinen ausgedrückt werden können: Zum Beispiel kann *change_top* implementiert werden durch *pop,* gefolgt von einem *push.* (Diese Implementierung kann in einigen Darstellungen ineffizient sein, zum Beispiel bei Feldern, aber wirksame Nachkommen von *STACK* können die Routine redefinieren.)

Die Klasse *STACK* sollte mit der abstrakten Datentypspezifikation aus 4.7.5 verglichen werden. Die Ähnlichkeiten sind verblüffend. Man beachte insbesondere, wie die Funktionen der abstrakten Datentypspezifikation sich auf die Merkmale der Klasse und der Abschnitt VORBEDINGUNGEN sich auf die Routinenvorbedingungen abbilden lassen. Axiome finden sich wieder in den Routinennachbedingungen und in der Klasseninvariante.

```
deferred class STACK[T] export
        nb_elements, empty, full, top, push, pop,
        change_top, wipe_out
feature
        nb_elements: INTEGER is
                    -- Anzahl der eingetragenen Elemente
            deferred
            end; -- nb_elements
        empty: BOOLEAN is
                    -- Ist der Keller leer?
            do
                    Result := (nb_elements = 0)
            ensure
                    Result = (nb_elements = 0)
            end; -- empty
        full: BOOLEAN is
                    -- Ist der Keller voll?
            deferred
            end; -- full
        top: T is
                    -- Oberstes Element
            require
                    not empty
            deferred
            end; -- top
        push(x: T) is
                    -- Lege x auf dem Keller ab
            require
                    not full
            deferred
            ensure
                    not empty; top = x;
                    nb_elements = old nb_elements + 1
            end; -- push
        pop is
                    -- Entferne oberstes Element
            require
                    not empty
            deferred
            ensure
                    not full;
                    nb_elements = old nb_elements - 1
            end; -- pop
```

```
change_top(x: T) is
        -- Ersetze oberstes Element durch x
    require
        not empty
    do
        pop; push(x)
    ensure
        not empty; top = x;
        nb_elements = old nb_elements
    end; -- change_top
wipe_out is
        -- Entferne alle Elemente
    deferred
    ensure
        empty
    end; -- wipe_out
invariant
    nb_elements >= 0
end -- class STACK
```

Die Hinzufügung der Operationen *change_top, nb_elements* und *wipe_out* ist kein wichtiger Unterschied, denn sie könnten auch als Teil des abstrakten Datentyps definiert werden (Übung 4.3). Eine weitere geringe Abweichung ist das Fehlen einer expliziten Entsprechung zur abstrakten Datentypfunktion *new,* da in Eiffel das vordefinierte *Create* für die Objekterzeugung sorgt. Es bleiben drei wesentliche Unterschiede.

Der erste ist das Vorhandensein einer Funktion *full* in der Klasse, mit der solchen Implementierungen Rechnung getragen werden muß, die nur eine begrenzte Anzahl aufeinanderfolgender Einträge ermöglichen, wie zum Beispiel Feldimplementierungen. Das ist typisch für Einschränkungen, die auf der Spezifikationsebene nicht wichtig sind, beim Entwurf wirklicher Systeme aber berücksichtigt werden müssen. Man beachte jedoch, daß dies kein eigentlicher Unterschied zwischen abstrakten Datentypen und aufgeschobenen Klassen ist, denn die Funktion könnte auch zur formalen Spezifikation hinzugefügt werden, wodurch man einen „weniger abstrakten" abstrakten Datentyp erhielte. Es geht auch keine Allgemeinheit verloren, denn wir können uns eine Implementierung vorstellen, bei der *full* stets falsch liefert.

Der zweite Unterschied ist der, daß eine abstrakte Datentypspezifikation rein funktional im mathematischen Sinne ist: Sie enthält ausschließlich Funktionen ohne Seiteneffekte. Eine aufgeschobene Klasse ist andererseits prozedural trotz ihrer Abstraktheit; *push* ist zum Beispiel als eine Prozedur spezifiziert, die einen Keller verändert, nicht als Funktion, die einen Keller nimmt und einen neuen Keller liefert.

Schließlich ist der Zusicherungsmechanismus von Eiffel nur teilweise formal, was bedeutet, daß einige abstrakte Datentypaxiome nicht vollständig ausgedrückt werden können. Von den vier Kelleraxiomen:

1. *empty(new())*
2. **not** *empty(push(x,s))*
3. *top(push(x,s)) = x*
4. *pop(push(x,s) = s*

haben alle bis auf das letzte eine direkte Entsprechung in den Zusicherungen der Klasse. Es mögen Wege gefunden werden zu „betrügen" und auch 4 in der Klasse auszudrücken, aber das geht über das Thema dieser Diskussion hinaus.

10.3.6 Aufgeschobene Klassen als partielle Implementierungen

Nicht alle aufgeschobenen Klassen liegen so nahe an einem abstrakten Datentyp wie *STACK*. Tatsächlich decken aufgeschobene Klassen das gesamte Spektrum zwischen einer vollständig abstrakten Klasse wie *STACK*, bei der alle grundlegenden Merkmale aufgeschoben sind, und einer wirksamen Klasse wie *FIXED_STACK* ab, die nur eine Implementierung eines abstrakten Datentyps beschreibt. Dazwischenliegende aufgeschobene Klassen beschreiben partiell implementierte abstrakte Datentypen oder, anders gesagt, Gruppen möglicher Implementierungen.

Typische Beispiele sind in den Vererbungsdiagrammen für Tabellen (10.2.1) und Figuren (10.2.2) zu finden. Solche Zwischenklassen wie *SEQUENTIAL_TABLE* oder *OPEN_FIGURE* sind aufgeschobene Klassen, die Gruppen verwandter Implementierungen beschreiben.

Bis jetzt haben wir eine Klasse als die Beschreibung einer Implementierung eines abstrakten Datentyps aufgefaßt. Diese Sicht muß jetzt erweitert werden: Eine Klasse beschreibt eine Implementierung oder (im Falle der aufgeschobenen Klasse) eine Gruppe verwandter Implementierungen eines abstrakten Datentyps.

10.3.7 Aufgeschobene Klassen für den Entwurf auf hoher Ebene

Aufgeschobene Klassen sind wesentlich, wenn man objektorientierte Methoden nicht nur für die Implementierung, sondern beginnend mit dem Gesamtentwurf anwenden möchte. In dieser Phase ist das Ziel, eine Systemarchitektur zu entwerfen und jeden Modul funktional zu beschreiben, während Implementierungsdetails späteren Verfeinerungen überlassen bleiben.

Der gewöhnlich gegebene Rat lautet: Benutze für den Entwurf einen Formalismus einer höheren als der Programmiersprachenebene, eine PDL (Program Design Language, Programmentwurfssprache). Aber dieser Ansatz hat diverse Mängel.

- Durch die Erzeugung einer Lücke zwischen Entwurf und Implementierung wird die Softwarequalität schwerwiegend bedroht. Die Notwendigkeit, vom einen Formalismus in den anderen zu übersetzen, bringt Fehler ins System und gefährdet die Integrität des Systems.
- Der zweispurige Ansatz ist insbesondere für Pflege und Weiterentwicklung schädlich. Es ist sehr schwer, wenn nicht unmöglich, die Übereinstimmung von Entwurf und Implementierung den gesamten Systementwicklungsprozeß hinweg zu gewährleisten.
- Schließlich bieten die meisten vorhandenen PDLs keine Unterstützung für die formale Spezifikation der funktionalen Eigenschaften von Moduln unabhängig von ihrer Implementierung in Form von Zusicherungen oder ähnlichen Formalismen.

Im Gegensatz dazu bedeutet die Benutzung aufgeschobener Klassen, daß dieselbe Sprache in der Entwurfs-, der Implementierungs- und der Weiterentwicklungsphase eingesetzt wird. Die konzeptionelle Lücke verschwindet, weil der Übergang von Modulbeschreibungen auf hoher Ebene zu Implementierungen nun weich und innerhalb eines Formalismus vonstatten geht. Auch unimplementierte Operationen von Entwurfsmoduln, die jetzt als aufgeschobene Routinen dargestellt sind, können recht präzise durch Vor- und Nachbedingungen charakterisiert werden.

Eiffel ist sowohl eine Entwurfs- als auch eine Implementierungssprache. In beiden Phasen werden dieselben Konzepte und Konstrukte angewandt; sie unterscheiden sich lediglich im Niveau der Abstraktion und Detaillierung.

10.4 Mehrfacherben

In den bisherigen Beispielen hatten Erben nur ein Elternteil. Das nennt man **Einfacherben.** Mehrfacherben ist ebenfalls enorm nützlich.

10.4.1 Die Vernunftehe

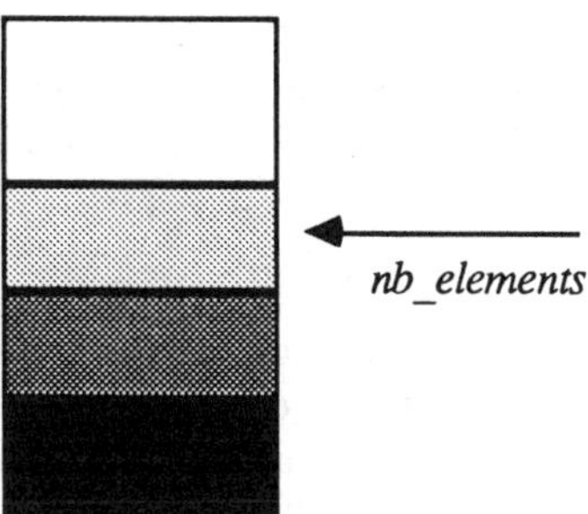

Bild 10.6 Beschränkter Keller

Eine wichtige Anwendung von Mehrfacherben ist die Implementierung einer durch eine aufgeschobene Klasse definierten Abstraktion unter Nutzung von Merkmalen einer wirksamen Klasse. Zum Beispiel können Keller durch Felder implementiert werden. Da sowohl Keller als auch Felder durch Klassen beschrieben werden (im ersteren Fall abstrakt), ist der günstigste Weg, eine Klasse *FIXED_STACK,* die als Felder implementierte Keller beschreibt, zu implementieren, sie als Erbe von *STACK* und *ARRAY* zu definieren. Die allgemeine Form sieht folgendermaßen aus:

```
            -- Durch Felder implementierte Keller
class FIXED_STACK[T] export
      ... Die gleichen exportierten Merkmale wie bei STACK ...
inherit
      STACK[T];
      ARRAY[T]
feature
      ... Implementierung der aufgeschobenen Routinen
      ... von STACK in Begriffen von ARRAY-Operationen ...
end -- class FIXED_STACK
```

FIXED_STACK bietet denselben Funktionsumfang wie *STACK*. Es stellt in Begriffen von *ARRAY*-Operationen implementierte wirksame Versionen der in *STACK* aufgeschobenen Routinen bereit. Wir zeigen drei Beispiele: *full, nb_elements* und *push.*

Die Bedingung, unter der ein Keller voll ist, lautet:

```
full: BOOLEAN is
            -- Ist die Kellerdarstellung voll?
      do
            Result = (nb_elements = size)
      end -- full
```

wobei *size* ein von *ARRAY* geerbtes Attribut ist.

Der Fall von *nb_elements* ist interessant, weil damit gezeigt wird, wie eine Funktion als Attribut redefiniert werden kann. In der Klasse *STACK* ist *nb_elements* eine aufgeschobene Funktion. Bei festen Kellern wird *nb_elements* aber am günstigsten durch ein Ganzzahl-Attribut implementiert, das den Zeiger auf die aktuelle Spitze darstellt (siehe der Pfeil in Bild 10.6). Tatsächlich ist es erlaubt, als Implementierung einer aufgeschobenen Routine ein Attribut anstelle einer wirksamen Routine zu benutzen. In diesem Fall sieht die wirksame Definition des Merkmals in *FIXED_STACK* einfach so aus:

```
nb_elements: INTEGER
```

Diese Möglichkeit, eine Argument-lose Funktion (aufgeschoben oder nicht) als Attribut zu redefinieren, ist eine unmittelbare Anwendung des Prinzips des **einheitlichen Zugriffs** (2.1.4): Wenn eine Dienstleistung entweder durch Berechnung oder durch Speicherung geboten werden kann, dann soll der Kunde nicht wissen müssen, welche Lösung gewählt wurde. Wir haben die Anwendung dieses Prinzips auf Basis-Eiffel gesehen: Die Schreibweise *a.service* ist in beiden Fällen gleich. Mit der Vererbung geht diese Eigenschaft noch weiter: Es bedeutet, daß der Nachkomme sich entscheiden kann, eine Argument-lose Funktion als Attribut zu reimplementieren.

Das letzte Merkmal von *FIXED_STACK,* das wir zeigen wollen, ist die wirksame Definition von *push* unter Nutzung der Eigenschaften von Feldern. Der Rumpf dieser Prozedur lautet:

```
nb_elements := nb_elements + 1;
enter(nb_elements,x)
```

Man erinnere sich, daß *enter* die Primitive zur Änderung von Feldelementen ist: *enter(i,v)* weist dem *i*-ten Element den Wert *v* zu.

Außer für aufgeschobene Routinen von *STACK* wirksame Implementierungen bereitzustellen, kann *FIXED_STACK* auch nichtaufgeschobene Routinen redefinieren. Insbesondere *change_top(x: T)* kann in einer Felddarstellung effizienter implementiert werden als durch ein *pop,* gefolgt von einem *push.* Es genügt, einfach

enter(nb_elements,x)

auszuführen.

Wenn diese Redefinition korrekt sein soll, dann versäume man nicht, sie in der Erbklausel anzuzeigen:

```
class FIXED_STACK[T] export ... inherit
        STACK[T]
            redefine change_top;
        ARRAY[T]
feature ... end
```

(Man beachte, daß es für jedes aufgeführte Elternteil eine eigene redefine-Unterklausel geben kann.)

Das *FIXED_STACK*-Beispiel ist typisch für eine verbreitete Art von Mehrfacherben, die man als **Vernunftehe** bezeichnen könnte. Es ist wie bei einer Heirat, mit der eine reiche mit einer vornehmen Familie verbunden wird. Die Braut, eine aufgeschobene Klasse, gehört zur aristokratischen Familie der Keller: Sie bringt angesehenen Funktionsumfang, aber keine praktischen Reichtümer - keine Implementierung. Der Bräutigam stammt aus einer wohlsituierten bürgerlichen Familie, Felder, benötigt aber einigen Glanz, der zur Effizienz seiner Implementierung paßt. Die beiden sind ein Traumpaar.

Es ist interessant, das hier skizzierte *FIXED_STACK* mit der Klasse *STACK2* aus 7.3.2 zu vergleichen, die eine Feldimplementierung von Kellern ohne Vererbung bot. Man beachte insbesondere, wie die Schreibweise sich dadurch vereinfacht, daß die Klasse nicht mehr Kunde von *ARRAY* sein muß (die vorige Version mußte *implementation.enter* benutzen, wo die neue einfach *enter* schreibt).

10.4.2 Formen von Mehrfacherben

Vernunftehen sind nicht die einzig interessanten Anwendungen von Mehrfacherben. Oft ist die Beziehung zwischen Eltern ausgeglichener; beide bringen ein wenig Funktionsumfang und ein wenig Implementierung. Manchmal ist keine eine aufgeschobene Klasse. Ein typisches Beispiel dafür ist eine Klasse für Fenster in einem Mehrfenstersystem, das hierarchische Schachtelung unterstützt: Ein Fenster kann Unterfenster enthalten, die ihrerseits Unterfenster enthalten können, usw. Dieses Konzept wird am besten dadurch beschrieben, daß *WINDOW* von drei Elternteilen erbt:

- Das erste Elternteil, sagen wir *SCREEN_OBJECT,* vielleicht ein Nachkomme von *FIGURE,* verkörpert die geometrischen Eigenschaften von Fenstern durch Merkmale wie Höhe, Breite, Prozeduren zur Verschiebung von Objekten auf dem Bildschirm, usw.

- Das zweite Elternteil, sagen wir *TEXT*, enthält die textuellen Eigenschaften von Fenstern, als Folgen von Zeichen oder Zeilen aufgefaßt, mit Primitiven zur Veränderung der textuellen Inhalte.
- Das letzte Elternteil sollte die Bibliotheksklasse *TREE* sein, die für die hierarchische Struktur zuständig ist: Unterfenster, Geschwisterfenster, Elternfenster, Prozeduren zur Hinzufügung von Unterfenstern, Löschung, usw.

Dieses Beispiel zeigt, wie wesentlich Mehrfacherben dafür ist, die volle Leistungsfähigkeit der objektorientierten Methode zu erschließen. Ohne das *TREE*-Elternteil müßte der Entwickler von *WINDOW* besondere Routinen zur Manipulation der hierarchischen Fensterstruktur schreiben, und das wäre eine dumme Vergeudung von Arbeit. Bäume sind eine so allgemeine Struktur, daß wir von einer allgemeinen Bibliotheksklasse *TREE* erwarten können, daß sie alle notwendigen Merkmale enthält: *right_sibling, insert_child, is_leaf, parent* usw. Ohne das Elternteil *SCREEN_OBJECT* müßte *WINDOW* seine eigenen Bildschirmbehandlungsprimitiven enthalten. Zwischen ihnen wählen zu müssen, ist das gleiche, wie sich zwischen Vater und Mutter entscheiden zu müssen.

10.4.3 Bäume sind Listen und Listenelemente

Die Klasse *TREE*, so wie sie in der Eiffel-Bibliothek definiert ist, liefert selbst ein besonders schlagendes Beispiel für die Mächtigkeit des Mehrfacherbens. Ein Baum ist eine hierarchische Strukur aus Informations-enthaltenden Knoten. Tatsächlich gibt es keinen wesentlichen Unterschied zwischen dem Begriff des Baums und dem des Knotens, da ein Knoten mit dem Teilbaum identifiziert werden kann, dessen Wurzel er ist. Wir hätten also gerne eine Klasse *TREE[T]*, die sowohl Bäume als auch Knoten beschreibt. Der formale generische Parameter *T* stellt den Typ der zu jedem Knoten gehörenden Information dar; der Baum unten ist zum Beispiel ein Exemplar von *TREE[CHARACTER]*.

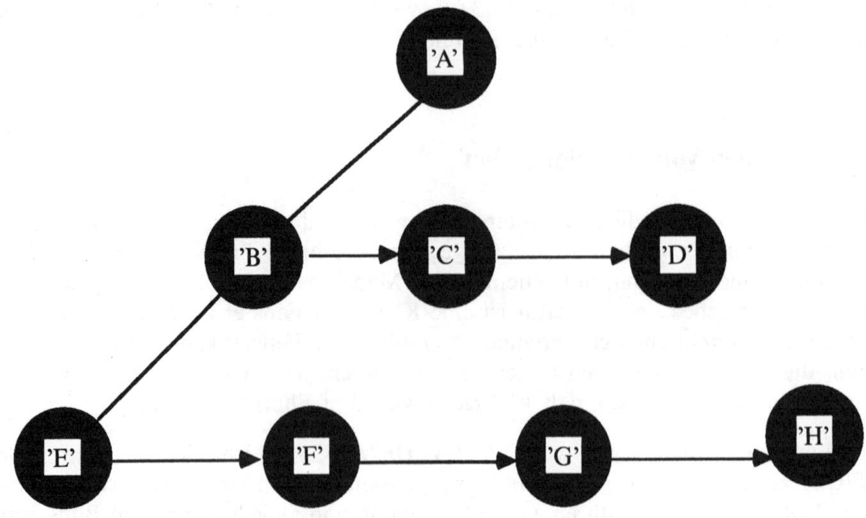

Bild 10.7 Baum als Liste

Welches sind die Operationen auf einem Baum oder einem Knoten? Ein Knoten hat eine Menge von Kindern, andere Knoten. Wir müssen auf diese Kinder zugreifen können; wir brauchen auch Routinen zur Änderung eines Kindes, zur Einfügung eines Kindes, zur Löschung eines Kindes, usw. Das sieht alles dem verdächtig ähnlich, was wir im vorigen Kapitel über Listen herausgefunden haben; wir kamen zu einer Implementierung, *LINKED_LIST,* die genau diese Merkmale bot.

Anstatt Routinen zum Eintrag, zum Löschen, usw. zu schreiben, womit überflüssigerweise die bei Listen schon geleistete Arbeit wiederholt würde, erben wir lieber von *LINKED_LIST.* Wir haben das Recht dazu, weil es sich hier um eine *ist-ein/e*-Relation handelt: Ein Baum kann als Liste von Unterbäumen aufgefaßt werden. (Indem wir *LINKED_LIST* beerben und nicht ein abstrakteres Listenkonzept, legen wir uns auf eine verkettete Darstellung fest; das ist nicht die einzige Möglichkeit, genügt aber für diese Betrachtung.)

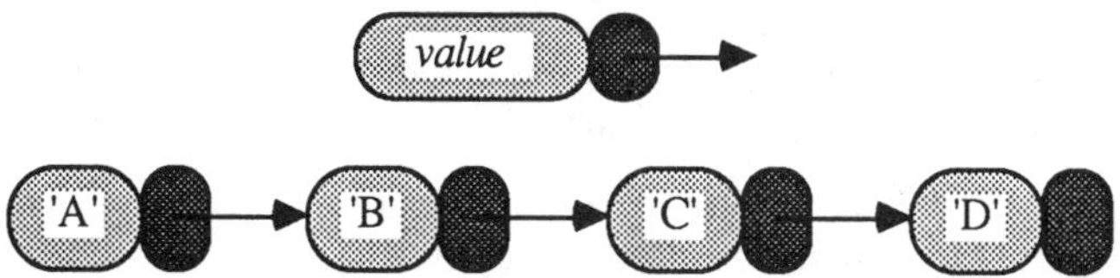

Bild 10.8 Liste und Listenelemente

Nur ein bißchen Kosmetik ist nötig, um die Listenoperationen für Bäume nutzen zu können: Sie sollten jetzt auf Knoten (Teilbäume) angewandt werden können anstatt auf Listenelemente. Das führt zu einer weiteren Schlüsselbemerkung: Ein Knoten ist nicht nur eine Liste, sondern auch selbst ein Listenelement, denn er kann Geschwister haben. Listenelemente wurden in Kapitel 9 in einer besonderen Klasse beschrieben, *LINKABLE.* Die Lösung lautet also: Mache *TREE* nicht nur zum Erben von *LINKED_LIST,* sondern auch von *LINKABLE*!

Die allgemeine Struktur ist

```
class TREE[T] export ... inherit
        LINKED_LIST[T];
        LINKABLE[T]
feature ... end
```

Natürlich reicht das nicht ganz aus: Man muß noch die besonderen Merkmale von Bäumen hinzufügen und die kleinen gegenseitigen Kompromisse, die in jeder Ehe nötig sind, um ein harmonisches und fruchtbares Zusammenleben sicherzustellen. (Bäume kennen zum Beispiel den Begriff des „Elternteils" eines Knotens, und die entsprechenden Merkmale können weder aus der Liste noch aus den Listenelementen gewonnen werden.) Es ist aber bezeichnend, daß die spezifischen Merkmale der Klasse *TREE* auf wenig mehr als eine Seite passen (siehe A.7 in Anhang A, wo die vollständige Klasse wiedergegeben ist). Dennoch ist diese *TREE*-Klasse recht mächtig (ich habe sie für Anwendungen wie ein hierarchisches Fenstersystem und einen sprachunabhängigen Struktureditor benutzt); bemerkenswert ist dabei, daß sie zum größten Teil als die legitime Frucht der Vereinigung zwischen Listen und Listenelementen hervorgebracht wurde.

Dieser Prozeß entspricht genau der Kombination von Theorien in der Mathematik: Ein *topologischer Vektorraum* zum Beispiel ist ein *Vektorrraum,* der auch ein *topologischer Raum* ist; auch hier sind noch einige verbindende Axiome nötig, um die Verschmelzung zu vollenden.

10.4.4 Andere Anwendungen

Das folgende sind weitere verbreitete Anwendungen von Mehrfacherben:

- Wenn eine Klasse getestet wird, dann braucht man allgemeine Mechanismen zum Einlesen und Abspeichern von Benutzereingaben, Ausgeben von Ergebnissen, usw. Diese Mechanismen können in einer Klasse *TEST* gekapselt werden. Eine Methode, eine Klasse *X* zu testen, ist die, eine neue Klasse *X_TEST* als Erbe von *X* und *TEST* zu definieren. Ohne Mehrfachvererbung wäre das nicht möglich, denn *X_TEST* müßte sich entscheiden, ob es *TEST* beerbt oder einen Vorfahren von *X,* wenn es einen gibt.
- Ein Grundproblem bei der Programmierung mit komplexen Datenstrukturen ist das, wie solche Strukturen in Dauerspeichern (Dateien) abgelegt werden sollen. In der objektorientierten Programmierung wird das als das Problem der dauerhaften (persistent) Objekte bezeichnet. In der Eiffel-Umgebung ist eine Klasse *STORABLE* mit den Routinen *store* und *retrieve* definiert; mithilfe dieser Routinen kann eine ganze Datenstruktur gespeichert und wiedergeholt werden, wenn die Wurzel der Struktur ein Objekt ist, dessen Typ ein Nachkomme von *STORABLE* ist.
- Mehrfacherben ist auch bequem, wenn eine Menge von Merkmalen, zum Beispiel Routinen aus einer mathematischen Bibliothek, von diversen Klassen gebraucht werden. Man kann eine Gruppe verwandter Routinen in einer Klasse *R* kapseln und *R* zur Elternliste jeder Klasse, welche die Merkmale braucht, hinzufügen. Hier werden Klassen auf eine leicht abweichende Weise gegenüber den bisherigen gebraucht (*R* ist nicht wirklich eine abstrakte Datentypimplementierung), aber das ist in der Praxis recht nützlich. In Kapitel 13 wird eine verwandte Technik eingeführt: Kapselung einer Konstantenmenge in einer Klasse zum Gebrauch als Elternteil für jede Klasse, welche die Konstanten braucht.

10.4.5 Mehrfacherben in der Basisbibliothek

Unten ist der Vererbungsgraph für einige Klassen der Eiffel-Bibliothek wiedergegeben:

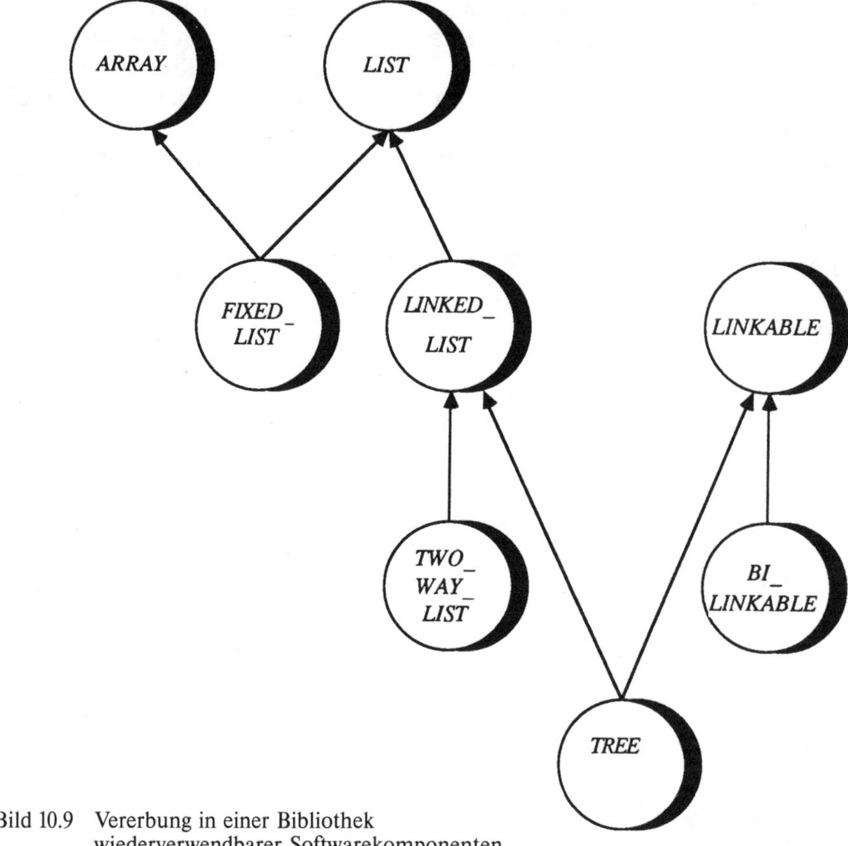

Bild 10.9 Vererbung in einer Bibliothek wiederverwendbarer Softwarekomponenten

10.4.6 Namenskonflikte und Umbenennung

Erben von mehr als einer Klasse haben direkten Zugriff auf die Merkmale aller Eltern, ohne daß qualifiziert werden muß. Das bringt das Problem von Namenskonflikten mit sich: Was geschieht in

```
class C export ... inherit
        A;
        B
feature ... end
```

wenn sowohl *A* als auch *B* ein Merkmal haben, das, sagen wir, *f* heißt?

Die Eiffel-Regel ist einfach: Solche Konflikte sind verboten. Klasse *C*, so wie sie da steht, ist inkorrekt und muß vom Compiler abgewiesen werden.[2]

[2] Die vollständige Regel zum Verbot von Namenskonflikten enthält die Möglichkeit des „wiederholten Erbens" und wird im nächsten Kapitel angegeben (11.6.5).

Die Regel ist ziemlich rüde für Programmierer, wenn es keine anderen Mechanismen gibt. Bei einem Vorgehen, das die baukastenartige Kombination von Moduln aus verschiedenen Quellen betont, sind Versuche, getrennt entwickelte Klassen mit gleich benannten Merkmalen zu kombinieren, doch ziemlich wahrscheinlich. In diese Klassen zurückzugehen, um dort die Konflikte zu beseitigen, wäre eine Katastrophe - das genaue Gegenteil des Offen-geschlossen-Grundsatzes, der aussagt, daß Moduln bei der Wiederverwendung für Erweiterungen ungestört bleiben sollten.

Wenn man noch einmal zu den Definitionen von *LINKED_LIST* und *LINKABLE* in Kapitel 9 zurückgeht, dann entdeckt man, daß die obige Konstruktion von *TREE* zu einem Namenskonflikt führt: Beide Klassen haben ein Merkmal namens *value*. Bei Listen ist *value* der mit dem Element an der Cursor-Position verbundene Wert; bei Listenelementen ist es der im Element gespeicherte Wert. (Beide Klassen haben auch eine zugehörige Prozedur *change_value*.) In beiden Fällen scheint die Namenswahl vernünftig zu sein, und es wäre sehr unschön, zurückgehen und die Namen ändern zu müssen, nur weil irgendwer die gute Idee hatte, Bäume als Kombination dieser beiden Klassen zu definieren.

Es ist ein Fehler, die Eltern dafür zu schelten, daß beim Erben ein Namenskonflikt auftritt: Das Problem liegt beim Erben. Dort sollte es auch gelöst werden. Namenskonflikte können dadurch gelöst werden, daß in die Erbklausel eine oder mehrere **rename**-Unterklauseln eingefügt werden.

Für jedes aufgeführte Elternteil zeigt diese optionale Unterklausel, die vor der redefine-Klausel - falls vorhanden - kommt, an, welche Merkmale des Elternteils in der neuen Klasse unter einem anderen Namen bekannt sein sollten. Umbenennung kann dazu benutzt werden, Namenskonflikte in Erben zu lösen. Wenn zum Beispiel *A* und *B* ein Merkmal *f* enthalten, dann kann *C* trotzdem beide wie folgt beerben:

```
class C export ... inherit
        A rename f as A_f;
        B
feature
        ...
end
```

Sowohl in *C* als auch in Kunden von *C* wird das Merkmal *f* aus *A* als *A_f* bezeichnet, und das *f* aus *B* als *f*.

Selbstverständlich hätten wir auch das *B*-Merkmal umbenennen können oder beide.

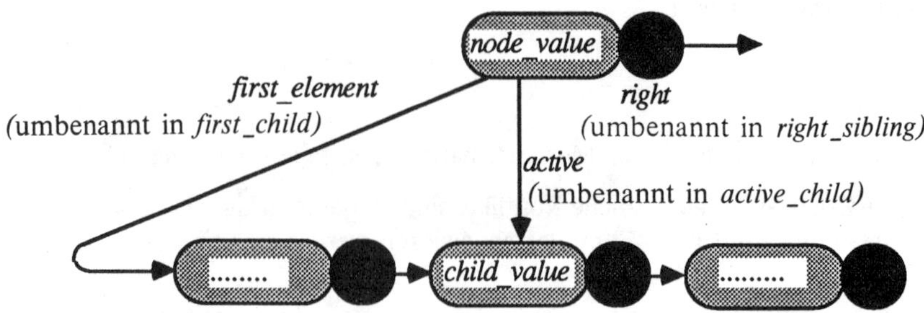

Bild 10.10 Knotenwert und Kindwert

TREE benennt zum Beispiel das Merkmal *value* von *LINKABLE* in *node_value* um, denn dieses Merkmal bezeichnet den Wert, der dem aktuellen Knoten zugewiesen ist. Der Namenskonflikt verschwindet; das Merkmal *value* aus *LINKED_LIST,* das den Knotenwert des Kindes an der Cursor-Position bezeichnet, mag seinen Namen behalten.

10.4.7 Weitere Anwendungen von Umbenennung

Es gibt noch andere Anwendungen für das Umbenennen als die Lösung von Namenskonflikten. Der Name, unter dem eine Klasse von ihren Vorfahren ein Merkmal erbt, ist nicht unbedingt der aussagekräftigste für die Kunden. In den meisten Fällen sollten ja die Kunden einer Klasse die zu ihrer Implementierung führende Vererbungsstruktur nicht kennen müssen. Es zählen nur die gebotenen Dienste, und diese sollten so aussagekräftig benannt sein wie möglich. Ein Kunde von *TREE* braucht zum Beispiel Baummanipulationsdienste und kümmert sich gewöhnlich nicht darum, wie geschickt *TREE* aus *LINKED_LIST* und *LINKABLE* abgeleitet sein mag. Mihilfe von Umbenennungen kann eine Klasse ihren Kunden einen konsistenten Satz von Namen für die angebotenen Dienste bieten, unabhängig davon, wie diese Dienste aus Merkmalen von Vorfahren aufgebaut wurden.

Im Fall von *TREE* gehören zu den Merkmalen von *LINKED_LIST* die Boolesche Funktion *empty* und *nb_elements.* Wenn man sagt, ein Knoten, aufgefaßt als Liste von Unterbäumen, ist „empty", dann heißt das, daß er ein Blatt ist; und die Anzahl der Unterbäume eines Knotens wird gewöhnlich seine „Stelligkeit (arity)" genannt. Mit der Umbenennung kann den Kunden von *TREE* die richtige Baumterminologie geboten werden: *empty* wird zu *is_leaf* und *nb_elements* zu *arity* umbenannt.

Im folgenden wird die vollständige Erbklausel von *TREE* wiedergegeben, um diese wichtige Technik zu veranschaulichen.

```
class TREE[T] export ... inherit
        LINKABLE[T]
            rename
                value as node_value,
                change_value as change_node_value,
                right as right_sibling,
                left as left_sibling,
                put_between as bi_linkable_put_between
            redefine
                put_between, right_sibling, left_sibling;
        LINKED_LIST[T]
            rename
                first_element as first_child, last_element as last_child,
                active as child, insert_linkable_right as insert_child_right,
                insert_linkable_left as insert_child_left,
                delete as delete_child, delete_right as delete_child_right,
                delete_left as delete_child_left, nb_elements as arity, empty as is_leaf
            redefine
                first_child, duplicate
    ...
```

10.4.8 Zugriff auf das Create eines Elternteils

Eine weitere Anwendung von Umbenennung hat mit der Create-Regel zu tun (10.1.3). Wie erwähnt, wird *Create* niemals vererbt; es kann aber nützlich sein, den in einer Elternklasse benutzten *Create*-Algorithmus wiederzuverwenden. Das geschieht, indem man *Create* umbenennt, wie bei

```
inherit
        C rename Create as C_Create
```

womit die *Create*-Prozedur von C unter ihrem neuen Namen in der neuen Klasse verfügbar gemacht wird.

> Man erinnere sich, daß die Anweisung *x.Create(...)*, wobei *x* vom Typ *C* ist, drei Operationen ausführt: Zuordnung von Speicherplatz für ein neues, mit *x* zu verbindendes Objekt; Durchführung der Vorbelegungsinitialisierungen der Komponenten dieses Objekts; Anwendung des Rumpfes der *Create*-Prozedur von *C*, wenn sie existiert. Wenn *Create* unter einem neuen Namen geerbt wurde, dann bezieht sich selbstverständlich der Name *C_Create* nur auf die Prozedur selbst, nicht auf die beiden ersten Operationen. *C_Create* ist eine normale Prozedur, die in der neuen Klasse benutzt und, falls geeignet, exportiert werden kann.

Ein typisches Beispiel dafür findet sich in der Klasse *FIXED_STACK*, die wir oben durch Vererbung aus *STACK* und *ARRAY* gewonnen haben. Um einen Keller zu erzeugen, muß man das geeignete Feld allokieren. Die *Create*-Prozedur von *ARRAY* allokiert ein Feld mit gegebenen Grenzen:

```
Create(minb, maxb: INTEGER) is
                -- Allokiere Feld mit den Grenzen minb und
                -- maxb (leer, wenn minb > maxb)
    do ... end;
```

Diese Prozedur wird für das *Create* von *FIXED_STACK* gebraucht, das einen Keller als Feld gegebener Länge implementiert:

```
class FIXED_STACK[T] export ... siehe oben ... inherit
    ARRAY[T]
        rename
            Create as array_Create, size as max_size;
    STACK[T]
        redefine change_top
feature
    Create(n: INTEGER) is
                -- Allokiere Keller für höchstens n
                -- Elemente
        do
            array_Create(1,n)
        ensure
            max_size = n
        end; -- Create
        ... andere Merkmale ...
invariant
        nb_elements >= 0; nb_elements < max_size;
end -- class FIXED_STACK
```

Dieser Auszug zeigt, daß die Klasse auch *size* aus *ARRAY* in *max_size* umbenennt; das geschieht, um jede Verwechslung auf seiten der Programmierer zu vermeiden, da die „size" eines Kellers irrtümlich als Bezeichnung für seine aktuelle dynamische Länge (durch *nb_elements* gegeben) aufgefaßt werden könnte.

Bemerkenswert ist auch der Unterschied zwischen den beiden Klauseln der Invariante. Die erste Klausel stand schon in der Elternklasse *STACK* und drückt eine Eigenschaft des abstrakten Datentyps aus. (Wie wir im nächsten Kapitel sehen werden, werden Elterninvarianten automatisch vererbt, so daß es unnötig war, dies in *FIXED_STACK* explizit hinzuschreiben.) Im Gegensatz dazu ist in der zweiten Klausel *max_size* beteiligt, also die Felddarstellung: Es ist also eine **Darstellungsinvariante.**

10.5 Erörterung

In diesem Kapitel wurden die Grundkonzepte der Vererbung vorgestellt. Jetzt erörtern wir kurz einige der hier eingeführten Konventionen. Weitere Einzelheiten finden sich im folgenden Kapitel.

10.5.1 Umbenennung

Jede Sprache mit Mehrfacherben muß sich mit dem Problem der Namenskonflikte befassen. Neben den oben beschriebenen Lösungen gibt es zwei mögliche Konventionen:

- Fordere von den Kunden, alle Mehrdeutigkeiten zu beseitigen.
- Wähle eine Standardinterpretation.

Bei der ersten Konvention würde eine Klasse *C*, die zwei Merkmale namens *f* erbt, eine von *A* und eine von *B*, vom Compiler akzeptiert, eventuell mit einer Warnung. Es würde solange nichts schlimmes passieren, bis bei einem Kunden von *C* Zeilen der Art

```
x: C;
...
... x.f ...
```

vorkämen, was verboten wäre. Vom Kunden würde gefordert, den Bezug zu *f* zu qualifizieren, eventuell mit einer Schreibweise wie *x.f|A* oder *x.f|B*, um anzuzeigen, welche Variante verlangt ist.

Diese Lösung läuft aber einer der oben herausgehobenen Prinzipien zuwider, nämlich daß die zu einer Klasse führende Vererbungsstruktur eine private Angelegenheit zwischen der Klasse und ihren Vorfahren ist und in den meisten Fällen für die Kunden unwichtig ist. Wenn ich die Dienstleistung *f* von *C* benutze, möchte ich nicht wissen, ob *C* diese Dienstleistung selbst erbringt oder sie von *A* oder *B* bezieht.

Bei der zweiten Konvention wäre *x.f* erlaubt, und der unterliegende Sprachmechanismus wählte aufgrund irgendeines Kriteriums eine Variante aus, zum Beispiel aufgrund der Reihenfolge, in der die Eltern von *C* aufgeführt sind. Das könnte mit der ersten Konvention verbunden sein, um dem Benutzer die explizite Wahl einer anderen Variante zu ermöglichen. Dieser Ansatz wurde in verschiedenen Sprachen implementiert, die Mehrfacherben unterstützen (zum Beispiel Loops und Flavors, siehe Kapitel 20). Es scheint aber gefährlich zu sein, ein unterliegendes System für den Programmierer entscheiden zu lassen. Außerdem ist dieser Ansatz mit der Typprüfung unverträglich: Es gibt keinen Grund, warum zwei Merkmale gleichen Namens in verschiedenen Eltern typverträglich sein sollten.

Die Eiffel-Herangehensweise löst diese Probleme; sie bringt auch einige positive Nebeneffekte wie die Möglichkeit, geerbte Merkmale so umzubenennen, daß sie für Kunden aussagekräftig sind.

10.5.2 Explizite Redefinition

Die **redefine**-Klausel war in die Sprache aufgenommen worden, um Lesbarkeit und Sicherheit zu verbessern. Der Compiler braucht diese Unterklausel nicht: Da ein Merkmal nur einmal in einer Klasse definiert werden kann, kann ein Merkmal mit einem Namen, den schon ein Merkmal in einer Vorfahrenklasse hat, nur eine Redefinition dieses Merkmals sein - oder ein Fehler. Die Möglichkeit eines Fehlers kann nicht einfach abgetan werden, denn ein Programmierer könnte ohne genaue Kenntnis der Vorfahren-Merkmale einer Klasse diese beerben. Um diese Gefahr zu vermeiden, muß jede Redefinition ausdrücklich angegeben werden. Das ist der Zweck der **redefine**-Unterklausel, die auch für einen Leser der Klasse hilfreich ist. Diese Unterklausel wird in der Ausgabe von **short,** dem Kommando zur Extraktion von Klassenschnittstellen, wiedergegeben.

10.5.3 Selektives Erben

Wenn man eine Klasse beerbt, dann erbt man alle Merkmale. Man fragt sich vielleicht, ob in manchen Fällen Teile des Erbes ausgeschlagen werden können. Die Antwort in Eiffel wie in den meisten objektorientierten Sprachen, die auf reale Softwareentwicklung zielen, lautet nein.

Beispiele von Situationen, in denen selektives Erben gebraucht werden könnte, kann man sich leicht vorstellen, wenn man zum Beispiel nicht an Softwareentwicklung, sondern an künstliche Intelligenz denkt, insbesondere an das Gebiet der Wissensrepräsentation, in dem Vererbungskonzepte ebenfalls fruchtbar eingesetzt werden können. Wenn es um die Darstellung von Wissen über Modelle der physischen Welt geht, dann ist eine gewisse Flexibilität erforderlich. Zum Beispiel soll *fliegen* ein Merkmal der Klasse *VOGEL* sein; ebenso soll *STRAUSS* ein Nachkomme von *VOGEL* sein, obwohl ein Merkmal nicht anwendbar ist - Strauße können nicht fliegen.

Wir haben hier die Wahl zwischen zusätzlicher Flexibilität, auf die nach meiner Erfahrung in der normalen Softwareentwicklung verzichtet werden kann, und Sicherheit, die notwendig *ist.* Die strenge Interpretation von *ist-ein/e,* nach der jedes Merkmal der Elternklasse auch im Erben anwendbar ist, ist einfach, leicht zu erklären und sicher.

Man bedenke dabei, daß diese Lösung dank Redefinition dennoch ein erhebliches Maß an Flexibilität bietet: Auch wenn ein Erbe Merkmale seiner Eltern nicht abweisen kann, kann er doch Redefinition benutzen, um die Implementierung zu überdecken oder, wie wir im folgenden Kapitel sehen werden, den Typ zu ändern.

10.6 In diesem Kapitel eingeführte Schlüsselkonzepte

- Mit Vererbung können neue Klassen durch Erweiterung, Spezialisierung und Kombination zuvor definierter Klassen definiert werden.
- Eine Klasse, die eine andere beerbt, wird ihr Erbe genannt; das Original ist das Elternteil. Diese Relation führt, über beliebig viele Stufen (einschließlich Null) angewandt, zu den Begriffen des Nachkommen und des Vorfahren.
- Vererbung ist eine Schlüsseltechnik für Wiederverwendbarkeit und Erweiterbarkeit.
- Der volle Gebrauch von Vererbung erfordert Redefinition (die Möglichkeit einer Klasse, die Implementierung von Merkmalen seiner echten Vorfahren zu überdekken), Polymorphismus (die Fähigkeit eines Verweises, zur Laufzeit mit Exemplaren verschiedener Klassen verbunden zu werden), dynamischem Binden (die dynamische Auswahl der geeigneten Variante eines redefinierten Merkmals), Typkonsistenz (die Forderung, daß eine Größe von einem Klassentyp nur mit Exemplaren von Nachkommen dieser Klasse verbunden werden darf), Mehrfacherben (die Möglichkeit, Klassen mit zwei oder mehr Elternteilen zu definieren) und Umbenennung (die Möglichkeit, den Namen eines geerbten Merkmals zu ändern, um zum einen Namenskonflikte zu vermeiden und um zum anderen lokal bessere Bezeichnungen zu verwenden).
- Aus der Modulperspektive erweitert ein Erbe die Dienste seiner Eltern. Das dient der Wiederverwendbarkeit.
- Aus der Typperspektive ist die Relation zwischen einem Erben und einem Elternteil die *ist-ein/e*-Relation. Zusammen mit dem dynamischen Binden dient das der Wiederverwendbarkeit und der Flexibilität.
- Vererbungstechniken, insbesondere dynamisches Binden, ermöglichen stark dezentralisierte Softwarearchitekturen, wo jede Variante einer polymorphen Operation in demjenigen Modul deklariert ist, der die entsprechende Datenstrukturvariante beschreibt.
- Dynamisches Binden hat in Eiffel nur eine geringfügige Laufzeiterhöhung zur Folge.
- Aufgeschobene Klassen enthalten eine oder mehrere aufgeschobene (nicht implementierte) Routinen. Die Klassen beschreiben partielle oder Gruppen von Implementierungen abstrakter Datentypen.
- Aufgeschobene Klassen sind bei der Anwendung objektorientierter Methoden im Entwurfsstadium wesentlich.
- Auf aufgeschobene Routinen können Zusicherungen angewandt werden, so daß aufgeschobene Klassen exakt spezifiziert werden können.
- Selektives Erben wird in Eiffel nicht unterstützt: Man erbt alles oder nichts.

10.7 Syntaktische Zusammenfassung

			Benutzt in (Kapitel)
Parents	=	**inherit** Parent_list	Class_declaration (5)
Parent_list	=	{Parent ";" ...}	
Parent	=	Class_type [Rename_clause] [Redefine_clause]	
Class_type	=	(s. Kapitel 5)	
Rename_clause	=	**rename** Rename_list	
Rename_list	=	{Rename_pair "," ...}	
Rename_pair	=	Feature_name **as** Feature_name	
Redefine_clause	=	**redefine** Feature_list	
Feature_list	=	{Feature_name "," ...}	
Deferred_body	=	**deferred**	Body (5)

10.8 Literaturhinweise

Die Konzepte des (Einfach-)Erbens und des dynamischen Bindens stammen aus Simula 67, worüber in Kapitel 20 etwas mehr zu finden ist. Aufgeschobene Routinen sind ebenfalls eine Simula-Erfindung, wenn auch unter anderem Namen (virtuelle Prozeduren) und mit anderen Konventionen.

Die *ist-ein/e*-Relation wird mehr unter dem Blickwinkel der künstlichen Intelligenz in [Brachman 1983] untersucht.

Eine formale Untersuchung der Vererbung und ihrer Semantik findet sich in [Cardelli 1984].

Übungen

10.1 Polygone und Rechtecke

Vervollständigen Sie die eingangs des Kapitels skizzierten Versionen von *POLYGON* und *RECTANGLE*. Fügen Sie auch die geeigneten *Create*-Prozeduren ein.

10.2 Wie wenige Kanten für ein Polygon?

Polygone sind mit mindestens drei Kanten definiert (siehe Invariante 10.1.1); man beachte, daß die Funktion *perimeter* (10.1.1) bei einem leeren Polygon nicht funktionierte. Verbessern Sie die Definition der Klasse so, daß sie auch auf degenerierte Polygone mit weniger als drei Kanten angewandt werden kann.

10.3 Geometrische Objekte mit zwei Koordinaten

Schreiben Sie die in Abschnitt 10.1.5 erwähnte Klasse *TWO_COORD* und ihre Erben *POINT, COMPLEX* und *VECTOR*. Achten Sie darauf, jedes Merkmal auf der richtigen Hierarchieebene anzusiedeln.

10.4 Vererbung ohne Klassen

In 10.2 wurden zwei Interpretationen von Vererbung gegeben: Als Modul bietet eine Erbenklasse die Dienste ihrer Eltern an und zusätzlich weitere; als Typ verkörpert die Vererbung die *ist-ein/e*-Relation (jedes Exemplar des Erben ist auch ein Exemplar jedes seiner Elternteile). Die „packages" von Modul-, aber nicht objektorientierten Sprachen wie Ada oder Modula-2 sind Moduln, aber nicht Typen; Vererbung in der ersten Interpretation kann auf diese angewandt werden. Erörtern Sie, wie eine solche Vererbungsform in eine Modul-orientierte Sprache eingeführt werden könnte. Beachten Sie, daß das „Offen-geschlossen-Prinzip" in Ihrer Erörterung berücksichtigt wird.

10.5 Zyklische Listen und Ketten

Erklären Sie, warum die Klasse *LIST* nicht für zyklische Listen benutzt werden kann. (Hinweis: Zeigen Sie, welche Zusicherungen verletzt würden; eine ähnliche Frage wurde schon in Übung 9.4 gestellt). Definieren Sie eine Klasse *CHAIN,* die als Elternteil sowohl für *LIST* als auch für eine neue Klasse *CIRCULAR* zur Beschreibung zyklischer Listen benutzt werden kann. Verbessern Sie *LIST* und, falls nötig, ihre Nachkommen entsprechend. Vervollständigen Sie das Klassen-Netzwerk um verschiedene Implementierungen zyklischer Listen.

10.6 Aufgeschobene Klassen und rasches Prototyping

Von aufgeschobenen Klassen können aus den in 10.3 erläuterten Gründen keine Exemplare gebildet werden. Andererseits wurde argumentiert, daß die erste Version eines Klassenentwurfs ausschließlich aus aufgeschobenen Routinen bestehen könnte. Die Versuchung liegt nahe, einen solchen Entwurf „ausführen" zu wollen: In der Softwareentwicklung möchte man oft zum Zwecke des raschen Prototyping unvollständige Implementierungen ausführen können; die Idee ist die, frühzeitig zu handhabbaren Erfahrungen mit gewissen Aspekten des Systems zu kommen, ohne daß alles schon fertiggestellt ist. Erörtern Sie die Vor- und Nachteile einer „prototype"-Option im Eiffel-Compiler, mit der die Exemplarbildung aufgeschobener Klassen und die Ausführung aufgeschobener Routinen (also der Null-Operation) ermöglicht würde. Erörtern Sie die Details einer solchen Option.

10.7 Verkettete Keller

Schreiben Sie die Klasse *LINKED_STACK,* die eine Implementierung von Kellern mit verketteten Listen als Erbe von *STACK* und von *LINKED_LIST* beschreibt. Die Beschreibung von *LINKED_LIST* ist in Anhang A zu finden.

10.8 Bäume

Ein Baum kann unter anderem als rekursive Struktur betrachtet werden: als Liste von Bäumen. Eine vielversprechende Lösung anstelle der in 10.4.3 entwickelten Technik, wo *TREE* als Erbe von *LINKED_LIST* und *LINKABLE* definiert wurde, scheint zu sein:

```
        class TREE[T] export ... inherit
        LINKED_LIST[TREE[T]]
    feature ... end
```

Können Sie diese Definition zu einer benutzbaren Klasse erweitern? Vergleichen Sie das mit der im Text verwendeten Methode.

10.9 Komplexe Zahlen

Das in 7.7.4 erörterte Beispiel benutzte komplexe Zahlen mit zwei möglichen Darstellungen: kartesisch und polar; Wechsel der Darstellung wurden in Reaktion auf Benutzerveranlaßte Operationen hinter den Kulissen durchgeführt. Untersuchen Sie, ob man ähnliche Ergebnisse mithilfe von Vererbung erzielte, indem man eine Klasse *COMPLEX* und deren Erben *CARTESIAN_COMPLEX* und *POLAR_COMPLEX* schreibt.

10.10 Tabellensuchbibliothek

Entwerfen Sie unter Nutzung von Bild 10.4 und der Erörterung in Kapitel 3 (siehe insbesondere 3.3.5) eine Bibliothek von Tabellenverwaltungsroutinen, die zwei oder mehr breite Kategorien von Tabellendarstellungen abdecken, zum Beispiel Hashtabellen, sequentielle Tabellen, Baumtabellen, usw. Sie können sich auf die Basisbibliotheksklassen in Anhang A stützen.

11 Mehr über Vererbung

Im vorigen Kapitel wurde Vererbung als grundlegender Bestandteil des objektorientierten Zugangs zu Wiederverwendbarkeit und Erweiterbarkeit eingeführt. Zum Zwecke der Einfachheit wurden einige technische Details weggelassen. In diesem Kapitel wird auf die schwierigeren, aber ebenso wichtigen Aspekte der Vererbung ein genauerer Blick geworfen, indem wir untersuchen, wie Vererbung sich mit den in vorherigen Kapiteln eingeführten anderen Konzepten verträgt: mit Zusicherungen, mit dem Typsystem und mit dem Geheimnisprinzip. Außerdem wird das Problem der gemeinsamen Vorfahren diskutiert, das durch das Mehrfacherben entsteht, und die Lösung wird dargestellt: wiederholtes Erben.

11.1 Vererbung und Zusicherungen

Im vorigen Kapitel wurde darauf hingewiesen, daß der Vererbungsmechanismus zwar enorm mächtig, aber bei Mißbrauch auch gefährlich ist. Gäbe es nicht den Zusicherungsmechanismus, könnten Redefinition und dynamisches Binden dazu benutzt werden, heimtückisch und fast ohne Kontrollmöglichkeit durch den Kunden die Semantik von Operationen zu verändern.

Die Grundregel dafür, dies zu vermeiden, wurde schon skizziert: In einer Nachkommenklasse gelten die Zusicherungen (Routinenvor-und -nachbedingungen, Klasseninvarianten) aller Vorfahren weiterhin. In diesem Abschnitt werden dieses Problem genauer behandelt, die Regel präziser formuliert und die Ergebnisse dazu benutzt, Vererbung unter einem neuen Blickwinkel, dem des Unterauftrags, zu sehen.

11.1.1 Invarianten

Die Regel für Klasseninvarianten ist einfach:

> **Elterninvariantenregel:**
> Die Invarianten aller Elternteile einer Klasse gelten für die Klasse selbst.

Die Elterninvarianten werden der Klassen-eigenen Invarianten hinzugefügt, wobei „Hinzufügung" hier als logisches **and** verstanden wird. (Wenn in einer Klasse keine Invariante angegeben ist, dann wird **true** als Invariante angenommen.) Man beachte, daß per Induktion die Invarianten aller echten Vorfahren direkt oder indirekt gelten.

Es ist nicht notwendig, die Invarianten der Elternteile in der Invariantenklausel einer Klasse zu wiederholen; sie gelten als automatisch gegeben.

11.1.2 Vor- und Nachbedingungen

Der Fall der Routinenvor- und -nachbedingungen ist ein bißchen schwieriger. Die Idee ist die, daß diese Zusicherungen für jede Redefinition der Routine gelten sollen, aber im Sinne einer einschränkenderen Spezifikation geändert werden können.

Genauer gesagt bezeichnen wir eine Zusicherung als **stärker** als eine andere, wenn sie diese logisch impliziert und verschieden von ihr ist; zum Beispiel ist $x >= 5$ stärker als $x >= 0$. Wenn *A* stärker als *B* ist, wird *B* erwartungsgemäß als **schwächer** als *A* bezeichnet. Die Schreibweisen pre_r bzw. $post_r$ bezeichnen die Vor- bzw. die Nachbedingung einer Routine *r*. Dann gilt:

> **Zusicherungsredefinitionsregel:**
> Sei *r* eine Routine in der Klasse *A* und *s* eine Redefinition von *r* in einem Nachkommen von *A* oder eine wirksame Definition von *r*, wenn *r* aufgeschoben war. Dann muß pre_s schwächer als oder gleich pre_r und $post_s$ muß stärker als oder gleich $post_r$ sein.

Anders gesagt: Wenn man eine Routine redefiniert, dann darf man ihre Vorbedingung nur durch eine schwächere und ihre Nachbedingung durch eine stärkere ersetzen.

Wegen dieser Regel können Routinenvor- und -nachbedingungen aus den Vor- und Nachbedingungen der vorhergehenden Routinen-Verwirklichungen in Vorfahren nicht rekonstruiert werden; man kann nicht wie im Falle der Klasseninvarianten einfach eine Menge von Zusicherungen mit „and" verknüpfen. Deshalb müssen die **require**- und die **ensure**-Klausel für eine Routine stets angegeben werden, auch wenn es sich nur um eine Redefinition handelt und auch wenn diese Klauseln mit denen ihrer Vorgänger im Original identisch sind. Der Grund ist der, daß sie - im Rahmen der Bedingungen der Zusicherungsredefinitionsregel - verschieden sein könnten.

Die Regel, daß Vorbedingungen schwächer gemacht werden können, mag auf den ersten Blick merkwürdig erscheinen. Sie muß im Zusammenhang mit Redefinition und dynamischem Binden verstanden werden.

Folgendes ist wichtig zu erinnern: Wenn *s r* redefiniert, dann kann wegen des Mechanismus des dynamischen Bindens ein Kunde von *A* einen Aufruf von *r* absetzen, der in Wirklichkeit von *s* behandelt wird. (Wenn zum Beispiel *p.perimeter* aufgerufen wird, wobei *p* vom Typ *POLYGON* ist, wird in Wirklichkeit die in *RECTANGLE* redefinierte Version ausgeführt, wenn *p* dynamisch sich auf ein Rechteck-Objekt bezieht.) Das bedeutet, daß jede Bedingung, an die sich *r* halten muß, auch für *s* gilt. Das bedeutet, daß *s*:

- alle Aufrufe akzeptieren muß, die auch *r* akzeptiert: Ihre Vorbedingung darf also nicht stärker sein (kann jedoch schwächer sein);
- die Ausgangsbedingung gewährleisten muß, die *r* gewährleistet: Ihre Nachbedingung darf also nicht schwächer sein (kann jedoch stärker sein).

Man betrachte das folgende Beispiel. Ich schreibe eine Klasse *MATRIX,* die Operationen der linearen Algebra implementiert. Zu den meinen Kunden gebotenen Merkmalen gehört eine Matrixinversionsroutine. Entsprechend den Regeln des vorigen Kapitels handelt es sich in Wirklichkeit um die Kombination einer Prozedur und eines Attributs: Die Prozedur *invert* invertiert die Matrix und gibt dem Attribut *inverse* den Wert der inversen Matrix. Wie wir im letzten Kapitel gesehen haben, sollte *invert* auch ein Boolesches Attribut *inverse_valid* setzen, so daß *inverse* nur dann eine Bedeutung hat, wenn *inverse_valid* den Wert wahr hat; andernfalls scheiterte die Inversion, weil die Matrix singulär war. Für diese Erörterung vernachlässigen wir jedoch den Fall der Singularität.

Natürlich kann ich nur eine Näherung der Inversen einer Matrix berechnen. Ich bin in der Lage, eine gewisse Genauigkeit des Ergebnisses zu gewährleisten, aber weil ich in numerischer Analysis nicht sehr gut bin, werde ich nur Genauigkeitsanforderungen bis zu - sagen wir - 10^{-6} akzeptieren. Die Routine wird schließlich folgendermaßen aussehen:

```
invert(epsilon: REAL) is
        -- Inverse der aktuellen Matrix mit Genauigkeit
        -- epsilon
    require
        epsilon >= 10^(-6)
    do
        ... Berechnung der Inverse ...
    ensure
        product(inverse).distance(identity) <= epsilon
    end -- invert
```

Die Nachbedingung ist unter der Annahme geschrieben worden, daß die Klasse eine Funktion *distance* enthält, so daß *m1.distance(m2)* die Norm $|m1 - m2|$ der Matrizendifferenz von *m1* und *m2* ist, sowie eine Funktion *product* (hier auf die aktuelle Matrix angewandt), die das Produkt zweier Matrizen liefert; *identity* bezeichne die Einheitsmatrix.

Jetzt wurde für den Sommer ein glänzender junger Programmierer-Numeriker angestellt, der meine Routine *invert* unter Verwendung eines viel besseren Algorithmus neu schreibt, die das Ergebnis besser nähert und also ein kleineres *epsilon* akzeptiert:

```
require
    epsilon >= 10^(-20)
...
ensure
    product(inverse).distance(identity) <= epsilon / 2
```

Der Verfasser dieser Routine ist viel zu geschickt, eine ganze Klasse *MATRIX* neu zu schreiben; nur ein paar Routinen müssen angepaßt werden. Sie werden in einen Nachkommen von *MATRIX* gesteckt, sagen wir *NEW_MATRIX*.

Die obige Veränderung von Zusicherungen entspricht der Zusicherungsredefinitionsregel, denn die neue Vorbedingung ist schwächer als das Original ($\varepsilon >= 10^{-20}$ wird von $\varepsilon >= 10^{-6}$ impliziert), und die neue Nachbedingung ist stärker als das Original.

So sollte es sein. Ein Kunde der Originalklasse *MATRIX* mag eine Inversion aufrufen, ruft in Wirklichkeit wegen des dynamischen Bindens aber die in *NEW_MATRIX* definierte Version auf:

```
m1: MATRIX; m2:= NEW_MATRIX; x: REAL;
m1.Create(...); m2.Create(...);
...
if condition then m1 := m2 end;
m1.invert(precision)
        -- Kann entweder die MATRIX- oder die NEW_MATRIX-
        -- Version benutzen
```

Entscheidend ist, daß jeder Aufruf, der vom Standpunkt von *MATRIX* akzeptabel ist und von *MATRIX* korrekt behandelt würde, auch von *NEW_MATRIX* akzeptiert und korrekt behandelt wird. Zum Beispiel wäre es ein schwerer Fehler, die Vorbedingung des neuen *invert* stärker als das Original (wie in *epsilon* >= 10^{-5}) oder seine Nachbedingung schwächer zu machen. Im ersten Fall würden Aufrufe, die vom *MATRIX*-Standpunkt her korrekt sind, abgewiesen werden; im zweiten Fall wäre das Ergebnis nicht so gut, wie es von *MATRIX* gewährleistet wird.

Es gibt andererseits keinen Grund, warum *NEW_MATRIX* nicht Aufrufe mit schwächeren Vorbedingungen akzeptieren oder stärkere Nachbedingungen bieten sollte. Nur die direkten Kunden von *NEW_MATRIX* sind wirklich in der Lage, aus dieser mächtigeren Spezifikation Nutzen zu ziehen; Kunden von *MATRIX* können sich lediglich auf diejenigen Eigenschaften von *invert* verlassen, die in MATRIX spezifiziert sind.

11.1.3 Implementierung der Regeln

Man erinnere sich, daß Eiffel keine vollständig formale Sprache ist und ihre Umgebung keine Mechanismen zur Überprüfung der Gültigkeit von Klassen bezüglich ihrer Zusicherungen enthält. Die angegebenen Regeln sind deshalb als methodischer Hinweis zu verstehen, deren Einhaltung nicht statisch erzwungen wird.

Wenn die Laufzeitüberprüfung von Zusicherungen aufgerufen wird (Option ALL_ASSERTIONS), dann wird die Elterninvariantenregel angewandt: Nach jeder Ausführung von *Create* oder irgendeiner exportierten Routine prüft das Laufzeitsystem nicht nur die Invariante der aktuellen Klasse, sondern ebenso die Invarianten aller Vorfahren. Dieses Vorgehen ist jedoch bei Routinen nicht möglich, zumindest nicht in bezug auf Vorbedingungen: Da Vorbedingungen in einem Nachkommen abgeschwächt werden können, muß die Vorbedingung der ursprünglichen Routine beim Eintritt in die redefinierte Version nicht notwendigerweise gelten. Deshalb werden jeweils die zur aktuell aufgerufenen Version gehörenden Zusicherungen geprüft. (Man beachte, daß die *Nachbedingungen* der Vorfahren weiterhin gelten müssen, da sie ja nur verstärkt werden können. Es erscheint jedoch ungeschickt, Vor- und Nachbedingungen unterschiedlich zu behandeln.)

11.1.4 Unteraufträge

Die Zusicherungsredefinitionsregel sollte unter dem Blickwinkel der in Kapitel 7 eingeführten „Vertrags"-Metapher betrachtet werden. Man erinnere sich, daß ein Routinenaufruf als Vertrag dargestellt wurde: Der Kunde ist an die Vorbedingung gebunden und hat Anspruch auf die Nachbedingung, das Umgekehrte gilt für den Klassenimplementierer.

Damit wird klar, was Vererbung zusammen mit Redefinition und dynamischem Binden eigentlich ist: Unterauftragsvergabe. Wenn man einen Auftrag angenommen hat, dann möchte man ihn nicht notwendigerweise selbst ausführen. Manchmal kennt man jemanden anderen, der den Auftrag billiger und vielleicht besser ausführen kann. Genau das passiert, wenn ein Kunde eine Routine aus *MATRIX* aufruft, zur Laufzeit jedoch über das dynamische Binden eine Version aufruft, die in einem Nachkommen von *MATRIX* redefiniert ist. „Billiger" bedeutet hier, daß eine Routine zum Zwecke höherer Effizienz redefiniert ist, wie im Beispiel des Rechteckumfangs aus dem vorigen Kapitel, und „besser" meint verbesserte Zusicherungen im eben gesehenen Sinn.

In diesem Zusammenhang heißt die Zusicherungsredefinitionsregel einfach, daß, wenn man ein ehrlicher Unterauftragnehmer ist und einen Auftrag akzeptiert, man willens ist, die ursprünglich verlangte Aufgabe oder mehr auszuführen, aber nicht weniger. Es gibt zwei Wege, weniger zu tun:

- Durch Verlangen einer stärkeren Vorbedingung.
- Durch Zusicherung einer schwächeren Nachbedingung.

Umgekehrt, tut man mehr als erwartet, indem man

- schwächere Vorbedingungen akzeptiert oder
- stärkere Nachbedingungen gewährleistet.

Man erinnere sich, daß gilt: Je stärker die Vorbedingung, desto leichter die Arbeit des Auftragnehmers: Die bestmögliche Vorbedingung für einen Auftragnehmer ist „falsch", bei der jeder Routinenrumpf ausreicht, denn kein Kunde wäre jemals in der Lage, seinen Teil der Anforderungen zu erfüllen. Das ist natürlich auch die schlechtestmögliche Vorbedingung für einen Kunden: Sie bedeutet, daß die Routine nicht in der Lage ist, irgendetwas nützliches für ihn zu tun, auch wenn die Nachbedingung prima aussieht. Umgekehrt ist falsch die schwerstmögliche Nachbedingung für einen Auftragnehmer - kein Auftragnehmer kann sie jemals zusichern - und die bestmögliche für Kunden, denn alles andere kann daraus abgeleitet werden. Wirkliche Situationen liegen natürlich irgendwo zwischen diesen Extremen.

In diesem Paradigma des *„Programmierens durch Vertrag"* sind Klasseninvarianten allgemeine Einschränkungen, die für Auftragnehmer und für Kunden gleichermaßen gelten. Die Elterninvariantenregel drückt aus, daß all diese Einschränkungen an die Unterauftragnehmer weitergegeben werden.

Nur mit Zusicherungen und den beiden Regeln aus diesem Abschnitt bekommt Vererbung seine volle Bedeutung für objektorientierten Entwurf. Die Auftrags-/Unterauftrags-Metapher als mächtige Analogie dient als Richtschnur für die Entwicklung korrekter objektorientierter Software.

11.2 Redefinition und Umbenennung

Jede von Elternteilen, die in der Erbklausel einer Klasse aufgeführt sind, geerbte Routine kann umbenannt, redefiniert oder gar beides werden. Es ist wichtig, diese beiden Möglichkeiten nicht zu verwechseln. Die folgende Erörterung sollte alle Mißverständnisse beseitigen.

Redefinition wird angewandt, um zu gewährleisten, daß *derselbe* Merkmalsname sich auf *verschiedene* aktuelle Merkmale bezieht, abhängig vom Typ desjenigen Objekts, auf das es angewandt wird (also abhängig vom dynamischen Typ der zugehörigen Größe). Redefinition ist also ein wichtiger **semantischer** Mechanismus zur Ermöglichung der objektorientierten Form von Polymorphismus.

Umbenennung ist andererseits eher ein syntaktischer Mechanismus, mit dessen Hilfe auf *dasselbe* Merkmal mit *unterschiedlichen* Namen in verschiedenen Klassen Bezug genommen werden kann.

Auf ein Merkmal von *A*, sagen wir *f*, kann (in einem Nachkommen *B* von *A*) eine der beiden Techniken oder können beide angewandt werden. Damit werden unterschiedliche Fragen angegangen:

- Bei der Redefinition: „Kann ich eine andere Implementierung für *f* haben, wenn es auf Größen des dynamischen Typs *B* angewandt wird?";
- Bei der Umbenennung: „Kann ich den Namen ändern, unter dem die ursprüngliche (*A*) Implementierung von *f* auf Größen des statischen Typs *B* angewandt wird?".

Die Wirkungen der verschiedenen Kombinationen dieser beiden Mechanismen sind in der Tabelle unten zusammengefaßt. Wir nahmen an, daß die Größen *a1* und *b1* vom Typ *A* bzw. *B* deklariert sind. Es ist wichtig, zwischen dem Namen eines Merkmals - in unserem Beispiel *f* - und dem Merkmal selbst (zum Beispiel durch den Rumpf einer Routine verkörpert), das wir ϕ nennen, zu unterscheiden. Durch Umbenennung des Merkmals in *B* verbinden wir ϕ mit einem neuen Namen *f'*; durch Redefinition verbinden wir *f* mit einem neuen Merkmal ϕ'.

Wenn *a1* vom dynamischen Typ *A* ist, dann bezieht sich *a1.f* immer auf das Merkmal *f*, und der Ausdruck *a1.f'* ist stets ungültig. Die einzig interessanten Fälle sind damit die Interpretationen von *a1.f*, wenn der dynamische Typ von *a1 B* ist, von *b1.f* und von *b1.f'*. Die Tabelle zeigt, welches aktuelle Merkmal mit jedem dieser Ausdrücke in jedem gültigen Fall verbunden ist. Man beachte, daß „ungültige" Kombinationen schon statisch ungültig sind und deshalb vom Compiler abgefangen werden müssen.

#		*a1.f*	*b1.f*	*b1.f'*
1	*f* nicht redefiniert *f* nicht umbenannt	ϕ	ϕ	illegal
2	*f* nicht redefiniert *f* umbenannt in *f'*	ϕ	illegal	ϕ
3	*f* redefiniert in ϕ' *f* nicht umbenannt	ϕ'	ϕ'	illegal
4	*f* redefiniert in ϕ' *f* umbenannt in *f'*	ϕ'	ϕ'	ϕ
5	*f* nicht redefiniert *f* umbenannt in *f'* *f'* redefiniert in ϕ''	ϕ''	illegal	ϕ''
6	*f* redefiniert in ϕ' *f* umbenannt in *f'* *f'* redefiniert in ϕ''	ϕ''	ϕ'	ϕ''

Bild 11.1 Kombinationen von Redefinition und Umbenennung

Alle Fälle bis auf Fall 6 kommen in den in Anhang A wiedergegebenen Bibliotheksauszügen vor.

Fall 2 ist die Standardumbenennung: Wir nennen das Merkmal lieber *f'* als *f*, wenn es auf Größen vom Typ *B* angewandt wird. Der Grund kann darin bestehen, Namenskonflikte bei der Mehrfachvererbung zu vermeiden oder auch einfach eine dem *B*-Kontext angemessenere Bezeichung zu verwenden. Die wirkliche Implementierung ist jedoch in beiden Klassen dieselbe: *b1.f'* für *b1* vom Typ *B* bezeichnet dasselbe Merkmal wie *a1.f* für *a1* vom Typ *A*.

Fall 3 ist die Standardredefinition: Es gibt eine besondere Implementierung von *f* für Objekte vom Typ *B*, nämlich ϕ'; diese Implementierung überdeckt für jede Größe vom Typ *B* vollständig das Original ϕ, egal ob es der statische Typ (wie bei *b1*) ist oder der dynamische Typ (wie bei *a1*).

Fall 4 ist wie Fall 3; nur wird hier die in *A* definierte ursprüngliche Implementierung ϕ in B weiterhin gebraucht. Das kommt oft vor, denn der Algorithmus von ϕ' ruft intern den Algorithmus von ϕ auf. Ohne Umbenennung gäbe es keine Möglichkeit, innerhalb von *B* sich auf ϕ zu beziehen, denn der Name *f* bezeichnet jetzt ϕ'. Die Umbenennung erlaubt es, die alte Version unter einem anderen Namen verfügbar zu halten.

Im Fall 5 ist es angemessen, sowohl *f* in *B* einen neuen Namen zu geben als auch die Implementierung zu ändern. Die ursprüngliche Implementierung wird nicht gebraucht. Dieser Fall ist eine Kombination der Fälle 2 und 3.

In Fall 6 schließlich ist alles kombiniert: Wir brauchen eine besondere *B*-Implementierung des Merkmals, wir möchten lokal darauf unter einem neuen Namen Bezug nehmen und wir brauchen weiterhin die Zugriffsmöglichkeit auf die ursprüngliche Version.

11.3 Das Typ-System von Eiffel

Mit der Vererbung ist das Typsystem einer Sprache wie Eiffel sicher in der Algol-Pascal-Ada-Tradition, aber auch flexibler, da man Größen diverser Typen in einer Datenstruktur mischen kann (ein Feld vom Typ *FIGURE* kann zum Beispiel Elemente der Typen *POLYGON, CIRCLE* usw. enthalten). Die grundlegende Typregel wurde im letzten Kapitel angegeben; hier werden wir jetzt genauer darauf eingehen und wichtige Regeln zur Redefinition hinzufügen. Diese Erörterung führt uns zu einem neuen und interessanten Konzept: Deklaration durch Assoziation.

11.3.1 Typverträglichkeitsregel; der Begriff des Passens

Die Typverträglichkeitsregel von 10.1.6 berücksichtigte nicht alle möglichen Fälle; insbesondere wurde nicht klar auf Generizität eingegangen. Typen dienen dazu, Größen zu definieren; man erinnere sich (5.10), wie Typen gebaut sind:

Definition
(Typen in Eiffel): Folgendes sind Eiffel-Typen:

1. Einfache Typen *(INTEGER, BOOLEAN, REAL, CHARACTER).*
2. Formale generische Parameter der umschließenden Klasse.
3. Klassentypen, also Klassennamen, eventuell gefolgt von aktuellen generischen Parametern in eckigen Klammern, wie bei *TREE[REAL].*
4. **like** *anchor,* eine unten (11.4) erläuterte Form.

Im Fall 3 sind aktuelle generische Parameter selbst Typen von einer der vier angegebenen Formen.

Die vollständige Typverträglichkeitsregel lautet:

Typverträglichkeitsregel:
Eine Zuweisung $x := y$ ist genau dann typverträglich, wenn eine der folgenden Bedingungen für die Typen X und Y von x bzw. y gilt:

1. X und Y sind identisch.
2. X ist *REAL,* Y ist *INTEGER.*
3. Y paßt zu X (Definition folgt).

Fall 3 benutzt den Begriff des **Passens** eines Typs zu einem anderen. Im vorigen Kapitel benutzten wir den Begriff „Y ist ein Nachkomme von X" statt „Y paßt zu X". Das war jedoch eine Vereinfachung, weil sich der Begriff des Nachkommens auf Klassen bezieht, während wir hier von Klassen*typen* sprechen, und das sind Klassen, die eventuell mit aktuellen generischen Parametern qualifiziert sind. (*TREE* ist eine Klasse; *TREE[POINT]* ist ein Klassentyp.) Klassentypen umfassen auch die noch nicht eingeführte Form **like** *anchor.* Der Begriff des Passens wird für die korrekte Definition benötigt.

Definition
(Passen): Man sagt von einem Typ Y, daß er zu einem Typ X passe, genau dann, wenn eine der folgenden Bedingungen gilt:

1. X und Y sind identisch.
2. X und Y sind Klassentypen, X hat keinen generischen Parameter, und Y führt X in ihrer Erbklausel auf.
3. X und Y sind Klassentypen, X ist von der Form $P[U_1, U_2, \ldots, U_n]$, und die Erbklausel von Y nennt $P[V_1, V_2, \ldots, V_n]$ als Elternteil, wobei jedes V_i zum entsprechenden U_i paßt.
4. Y ist von der Form **like** *anchor,* und der Typ von anchor paßt zu X.
5. Es gibt einen Typen Z, so daß Y zu Z und Z zu X paßt.

Durch Fall 5 wird das indirekte Passen erlaubt. Fall 4 wird unten (11.4.3) erläutert werden.

Wenn zum Beispiel die Klasse *TREE* ein Nachkomme von *LIST* ist (wobei beide generische Parameter haben) und *POINT* ein Nachkomme von *FIGURE*, dann gilt:

- *TREE[INTEGER]* paßt zu *LIST[INTEGER]*.
- *TREE[POINT]* paßt zu *LIST[POINT]*.
- *TREE[POINT]* paßt zu *LIST[FIGURE]*.

Alle Fälle entsprechen dem, daß ein Ausdruck vom ersten Typ einer Größe vom zweiten Typ zuweisbar ist - eine tatsächlich wünschenswerte Eigenschaft.

Die angegebene Regel ist vollständig rekursiv, so daß zum Beispiel *TREE[TREE[POINT]]* zu *LIST[LIST[FIGURE]]* paßt, obwohl solche geschachtelten Beispiele selten vorkommen.

11.3.2 Die Redefinitionsregel

Wir haben die Redefinition kennengelernt als Mechanismus zur Ersetzung eines Algorithmus durch einen anderen - oder, im Falle der wirksamen Definitionen zuvor aufgeschobener Routinen, zur Festlegung eines Algorithmus, für den zuvor nur eine Spezifikation angegeben worden war. Redefinition hat aber auch einen wichtigen Typaspekt, den wir bisher nicht beachtet haben.

Man betrachte irgendein Element, deklariert von einem Typ. Außer bei lokalen Routinenvariablen kann das Element ein Attribut, ein formales Routinenargument oder ein Funktionsergebnis sein. Redefinition kann dann dazu benutzt werden, den Typ zu ändern, und zwar wie folgt:

Typredefinitionsregel:
Ein in einer Klasse deklariertes Attribut, Funktionsergebnis oder formales Routinenargument kann in einer Nachkommensklasse von einem neuen Typ redeklariert werden, wenn der neue Typ zum ursprünglichen paßt.

Das Attribut, die Funktion oder die Routine wird als redefiniert betrachtet. Wenn das Element nicht ursprünglich zurückgestellt war, dann muß es in der **redefine**-Unterklausel der Nachkommensklasse aufgeführt werden.

In dieser Definition bezieht sich „paßt zu" auf das oben definierte Typ-Passen. Man beachte, daß im Falle eines Routinenarguments die gesamte Routine als redefiniert betrachtet wird.

Die dahinterstehende Idee ist hier die, daß eine Klasse eine speziellere Version eines in einem Vorfahren deklarierten Elements bietet. Man betrachte zum Beispiel die Klasse *LINKABLE* aus der Eiffel-Bibliothek, die in Kapitel 9 eingeführt wurde, um die in *LINKED_LIST* - eine Listenimplementierung - verwendeten verketteten Listenelemente zu beschreiben. Ein Ausschnitt aus dieser Klasse ist:

```
class LINKABLE[T] export
        ...
feature
        value: T;
        right: LINKABLE[T];
        change_right(other: LINKABLE[T]) is
                        -- Füge other rechts von der aktuellen Zelle ein
                do right := other end
        ... Andere Merkmale ...
end -- class LINKABLE
```

Im nächsten Abschnitt wird eine Variante *TWO_WAY_LIST* von *LINKED_LIST* eingeführt, deren Elemente sowohl mit ihren Vorgängern als auch mit ihren Nachfolgern verkettet sind. Die Implementierung dieser Klasse muß sich auf Zwei-Richtungs-Listenelemente, sagen wir „Doppelt-Verkettbare" (Bi-Linkables) stützen, die wie „Verkettbare" sind, aber mit einer zusätzlichen Komponente *left*. Die Klasse *BI_LINKABLE* sollte ein Erbe von *LINKABLE* sein. Wir müssen jedoch vorsichtig sein: Wir möchten Verkettbare und Doppelt-Verkettbare sicher nicht in einer doppelt verketteten Liste vermischen (während es unschädlich wäre, Doppelt-Verkettbare in einer einfach verketteten Liste einzuführen: Das ist Polymorphismus). Wir müssen also *right* und *change_right* redefinieren, um zu gewährleisten, daß doppelt verkettete Listen homogen bleiben.

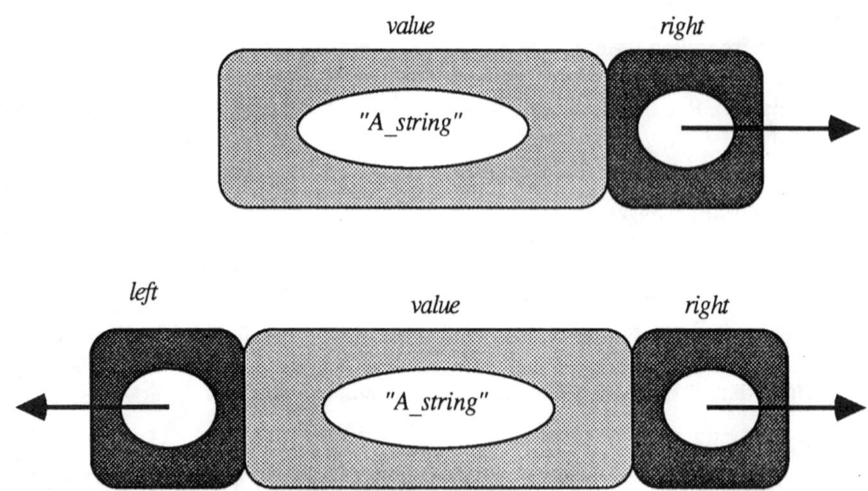

Bild 11.2 Verkettbares und Doppelt-Verkettbares

```
class BI_LINKABLE[T] export
    ...
inherit
        LINKABLE[T]
            redefine right, change_right
feature
        left, right: BI_LINKABLE[T];
        change_right(other: BI_LINKABLE[T]) is
                -- Füge other rechts von der aktuellen Zelle ein
            do
                right := other;
                if not other.Void then
                    other.change_left(Current)
                end
            end; -- change_right
        change_left(other: BI_LINKABLE[T]) is
                -- Füge other links von der aktuellen Zelle ein
            ... dem Leser überlassen ...
        ... Andere Merkmale ...
invariant
        right.Void or else right.left = Current;
        left.Void or else left.right = Current;
end -- class BI_LINKABLE
```

(Hinweis: Man versuche, *change_left* zu schreiben. Es gibt da einen Haken! Lösung in Anhang A.)

11.3.3 Mehr zu Redefinition

Eine weitere Benutzung von Redefinition wurde in 10.4.1 erwähnt und bedarf der weiteren Behandlung: die Redefinition einer argumentlosen Funktion als Attribut. Wir haben gesehen, daß diese Möglichkeit auf eine aufgeschobene Funktion, *nb_elements* aus *STACK*, angewandt wurde, die in *FIXED_STACK* als Attribut redefiniert wurde. Hier folgt ein Beispiel einer wirksamen Routine, wobei wieder verkettete Listen benutzt werden.

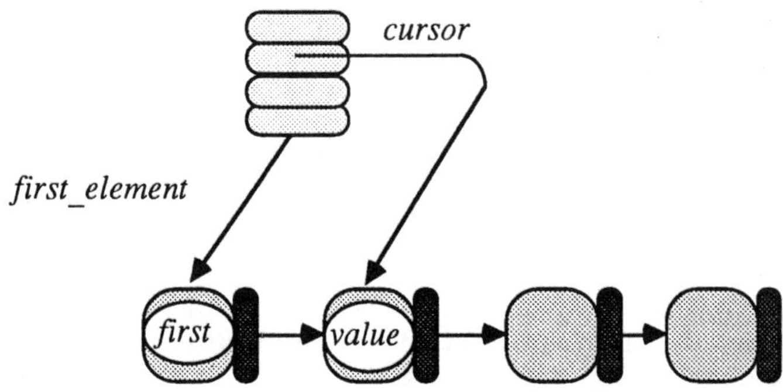

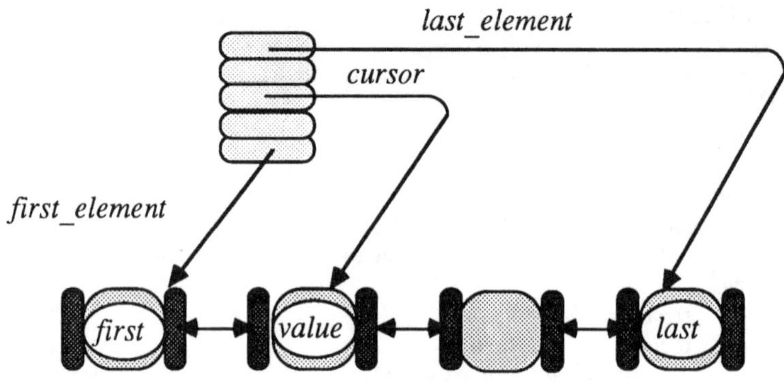

Bild 11.3 Einfach und doppelt verkettete Listen

Die Klasse *LINKED_LIST* beschreibt einfach verkettete Listen. Ihr Merkmal *last,* welches das letzte Element der Liste liefert, ist in natürlicher Weise als Funktion implementiert; für eine einfach verkettete Liste gibt es keinen einfacheren Weg, den Wert des letzten Elements zu ermitteln, als die Liste zu durchlaufen und das Element zu finden. Eine mögliche Implementierung ist:

mark; go(nb_elements); Result:= value; return

(Man erinnere sich, daß *mark* und *return* es erlauben, die aktuelle Cursorposition festzuhalten und zu ihr zurückzukehren. Das ist nötig, um unerwünschte Seiteneffekte der Funktion zu vermeiden.)

Ein Erbe von *LINKED_LIST* in der Bibliothek (Anhang A) ist *TWO_WAY_LIST,* welche, wie der Name sagt, Verkettungen in beiden Richtungen führt. Eine zweiwegige Listenstruktur ist vollständig symmetrisch bezüglich links und rechts und enthält einen Verweis auf das letzte Element, während eine einwegige Liste nur einen Verweis auf das erste Element enthält. Deshalb ist im Fall der doppelt verketteten Liste keine Berechnung nötig, um das letzte Element zu erhalten; *last* kann als Attribut redefiniert werden.

Man könnte erwarten, daß das Umgekehrte ebenso akzeptabel wäre, nämlich ein Attribut als argumentlose Funktion zu redefinieren. Leider ist das nicht möglich, weil die auf Attribute anwendbare Operation Zuweisung für Funktionen keinen Sinn ergibt. Nehmen wir an, eine Routine *r* aus einer Klasse *A* enthalte die Anweisung

a := expression

wobei *a* ein Attribut ist. Würde *a* in einem Nachkommen von *A* als Funktion redefiniert, dann wäre *r* (unter der Annahme, daß *r* nicht seinerseits redefiniert ist) auf Exemplare des Nachkommens nicht anwendbar; man kann einer Funktion nichts zuweisen.

Im zulässigen Fall, also der Redefinition einer Funktion als Attribut, stellt sich eine interessante Frage: Was geschieht mit den Zusicherungen? Die ursprüngliche Funktion könnte durch eine Vor- und eine Nachbedingung charakterisiert worden sein. Die Regel folgt aus der Erörterung am Anfang dieses Kapitels:

- Ein Attribut ist immer definiert, so daß man als seine Vorbedingung **true** betrachten kann. Das gibt jedoch kein Problem, denn eine Vorbedingung kann in einer Redefinition abgeschwächt werden.
- Im Falle der Nachbedingung ist nichts dafür vorgesehen, eine Zusicherung syntaktisch einem Attribut zuzuordnen. Jede von der ursprünglichen Funktion gewährleistete Eigenschaft sollte jedoch vom Attribut erfüllt werden. Eine solche Eigenschaft sollte der Klasseninvarianten zugefügt werden, das ist nämlich der geeignete Platz für Bedingungen zum Attribut. Man beachte, daß in Übereinstimmung mit den oben angegebenen Regeln diese Bedingung stärker sein darf als die ursprüngliche Nachbedingung.

Wie schon zuvor sind auch diese Regeln methodische Richtlinien, deren Einhaltung von der augenblicklichen Eiffel-Implementierung nicht erzwungen werden.

11.4 Deklaration durch Assoziation

Die Typredefinitionsregel kann einem in manchen Fällen das Leben ganz schön schwer machen und sogar manche Vorteile der Vererbung beseitigen. Sehen wir uns an, wie das geschieht und wie die Lösung aussieht - Deklaration durch Assoziation.

11.4.1 Typinkonsistenzen

Als Beispiel der Probleme, die aus der Typredefinitionsregel entstehen können, betrachten wir das folgende Beispiel aus *LINKED_LIST*. Die Prozedur zur Einfügung eines neuen Elements mit einem gegebenen Wert rechts von der aktuellen Cursorposition lautet:

```
insert_right(v: T) is
        -- Füge ein Element vom Wert v rechts von der
        -- aktuellen Cursorposition ein.
        -- Bewege nicht den Cursor.
    require
        empty or not offright
    local
        new: LINKABLE[T]
    do
        new.Create(v);
        insert_linkable_right(new)
    ensure
        ... (Nachbedingung siehe Anhang A, A.6) ...
    end; -- insert_right
```

Um ein neues Element mit dem Wert *v* einzufügen, müssen wir das Element vom Typ *LINKABLE[T]* erzeugen; die eigentliche Einfügung wird von der geheimen Prozedur *insert_linkable_right* ausgeführt, die ein Argument vom Typ *LINKABLE* hat. Diese Prozedur führt die notwendigen Zeigerveränderungen durch.

In den Nachkommen von *LINKED_LIST,* zum Beispiel *TWO_WAY_LIST* oder *TREE,* sollte die Prozedur *insert_right* weiterhin anwendbar sein. Leider funktioniert sie aber nicht einfach so: Obwohl der Algorithmus weiterhin korrekt ist, müßte die lokale Variable *new* als *BI_LINKABLE* bzw. *TREE* und nicht als *LINKABLE* deklariert und erzeugt werden. Also muß die gesamte Prozedur für doppelt verkettete Listen redefiniert und neu geschrieben werden - eine besonders überflüssige Arbeit, weil der neue Rumpf mit dem von einfach verketteten Listen übereinstimmen würde mit Ausnahme einer einzigen Deklaration (*new*). Für eine Herangehensweise, die vorgibt, das Wiederverwendbarkeitsproblem zu lösen, ist das wahrlich kein Ruhmesblatt!

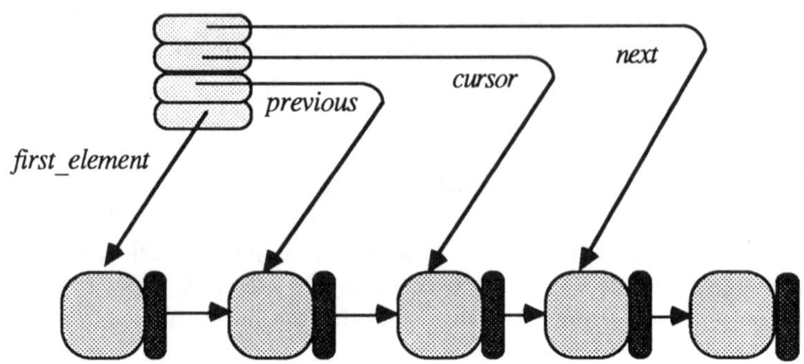

Bild 11.4 Darstellung von verketteten Listen

11.4.2 Ein ernstes Problem

Wenn man die Klasse näher betrachtet, dann erkennt man, daß das Problem sogar noch von größerem Ausmaß ist. *LINKED_LIST* enthält mehr als ein paar Deklarationen, die sich auf *LINKABLE[T]* beziehen, und die meisten davon müssen für doppelt verkettete Listen redefiniert werden. Man erinnere sich zum Beispiel, daß die Darstellung einer Liste vier Verweise auf verkettbare Elemente führt:

first_element, previous, active, next: LINKABLE [T]

In *TWO_WAY_LIST* müssen all diese als *BI_LINKABLE[T]* redefiniert werden. Interne Prozeduren wie das oben erwähnte *insert_linkable_right* haben verkettbare Elemente als Argumente und müssen auch redefiniert werden. Es scheint darauf hinauszulaufen, daß nur zum Zwecke der Deklaration fast der gesamte Code von *LINKED_LIST* in *TWO_WAY_LIST* wiederholt werden muß.

11.4.3 Einführung eines Ankers

Deklaration durch Assoziation rückt diesen traurigen Stand der Dinge wieder zurecht. Ein durch Assoziation definierter Typ hat die Form

like *anchor*

wobei *anchor* (die Quelle oder der „Anker" der Assoziation) ein Merkmal der aktuellen Klasse oder der vordefinierte Ausdruck *Current* ist.

Eine Deklaration der Form *elem:* **like** *anchor* in einer Klasse *A* hat die folgende Bedeutung. Sei *anchor* vom Typ *X* deklariert; *X* muß ein Klassentyp sein und darf nicht selbst von der Form **like** *other_anchor* sein. Dann wird *elem* innerhalb der Klasse *A* behandelt, als ob es selbst vom Typ *X* deklariert worden sei; es ist kein Unterschied zwischen den beiden Deklarationen

- *elem:* **like** *anchor*
- *elem: X*

Der Unterschied zeigt sich nur in Nachkommensklassen von *A*. Da *elem* „wie" *anchor* definiert ist, folgt *elem* automatisch jeder Redefinition des Typs von *anchor,* ohne daß der Programmierer explizit redefinieren müßte.

Der Vorteil dieser Technik besteht darin, daß man bei einem Bündel von Klassenelementen (Attribute, Funktionsergebnisse, formale Routinenargumente, lokale Variable), deren Typen in Nachkommensklassen gleichermaßen redefiniert werden müssen, auf alle bis auf eine Redefinition verzichten kann: Es genügt, alle Elemente als **like** das erste zu deklarieren und nur das erste zu redefinieren. Alle anderen folgen automatisch nach. Dieser Mechanismus wird Deklaration durch Assoziation genannt; das Element, welches dazu dient, die anderen zu deklarieren, wird der Anker der Assoziation genannt.

Wenden wir diese Technik auf *LINKED_LIST* an. Wir können ein Attribut vom Typ *LINKABLE[T]* als Anker wählen, zum Beispiel *first_element.* Die Attributdeklarationen werden zu:

```
first_element: LINKABLE[T];
previous, active, next: like first_element
```

Die Prozedur *insert_right* kann jetzt (und sollte auch) wie folgt geschrieben werden:

```
insert_right(v: T) is
            -- Füge ein Element vom Wert v rechts von der
            -- aktuellen Cursorposition ein.
            -- Bewege nicht den Cursor.
    require
            empty or not offright
    local
            new: like first_element
    do
            new.Create(v);
            insert_linkable_right(new)
    ensure
            ...
    end; -- insert_right
```

Bei dieser Form genügt es, *first_element* als ein *BI_LINKABLE* in der Klasse *TWO_WAY_LIST* zu redefinieren, in der Klasse *TREE* als ein *TREE,* usw.; alle „wie" (like) *first_element* deklarierten Größen folgen automatisch und müssen nicht in der Redefinitionsklausel aufgeführt werden. Auch eine Redefinition für die Funktion *insert_right* ist nicht mehr notwendig.

Deklaration durch Assoziation ist wesentlich dafür, das Typsystem objektorientierter Programmierung mit Wiederverwendbarkeit zu versöhnen. Ein flüchtiger Blick in Anhang A zeigt, daß **like**...-Deklarationen häufig benutzt werden.

11.4.4 Current als Anker

Wie oben erwähnt, kann die Bezeichnung des aktuellen Exemplars, *Current,* der Anker sein. Eine **like** *Current* deklarierte Größe in der Klasse *A* wird innerhalb der Klasse als vom Typ *A* behandelt und in jedem Nachkommen *B* von *A* als vom Typ *B* - ohne daß redefiniert werden müßte.

Diese Einrichtung ist besonders nützlich für Funktionen, die einen Wert vom Argumenttyp zurückliefern. Nehmen wir zum Beispiel an, wir fügten der Klasse *POINT* eine Funktion hinzu, welche die Konjugierte eines Punktes liefert, also sein Spiegelbild bezüglich der horizontalen Achse:

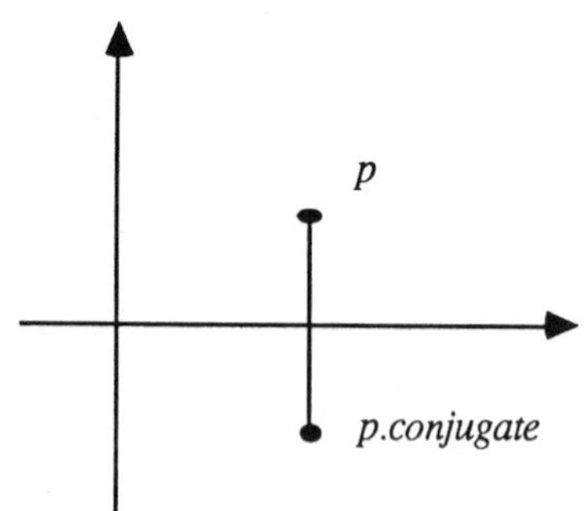

Bild 11.5 Konjugierte eines Punktes

Die Funktion kann in *POINT* wie folgt geschrieben werden:

```
conjugate: POINT is
        -- Konjugierte des aktuellen Punktes
    do
        Result.Clone(Current);  -- Liefere Kopie des aktuellen Punktes
        Result.translate(0,-2*y)  -- Verschiebe das Ergebnis vertikal
    end -- conjugate
```

Betrachten wir nun einen Nachkommen von *POINT,* vielleicht *PARTICLE,* wobei Teilchen (particles) außer *x* und *y* weitere Attribute haben: vielleicht eine Masse und eine Geschwindigkeit. Konzeptionell ist *conjugate* noch auf Teilchen anwendbar; es sollte, angewandt auf ein Teilchen-Argument, ein Teilchen-Ergebnis liefern. Die Konjugierte eines Teilchens ist mit dem Teilchen identisch außer in bezug auf die *y*-Koordinate. Wenn wir aber die Funktion so lassen, wie sie ist, funktioniert sie für Teilchen nicht, weil Code der folgenden Form die grundlegende Typverträglichkeitsregel verletzt:

p1, p2: PARTICLE; p1.Create(...); ...
p2 := p1.conjugate

In der unterstrichenen Zuweisung ist die rechte Seite vom Typ *POINT,* aber die linke Seite vom Typ *PARTICLE;* die Typverträglichkeitsregel verlangt das Umgekehrte.

Um das Problem zu beheben, ohne *conjugate* in *PARTICLE* und jedem anderen Nachkommen von *POINT* redefinieren zu müssen, genügt es, die Deklaration der Funktion zu ergänzen, so daß sie folgendermaßen lautet:

conjugate: **like** *Current* **is**
... Im übrigen genau wie zuvor ...

Dann wird der Ergebnistyp von *conjugate* in jedem Nachkommen automatisch redefiniert.

Ein weiteres Beispiel dieser Einrichtung kommt in der Klasse *LINKABLE* vor. Jetzt können Sie sich vermutlich denken, daß in den bisherigen Deklarationen

right: LINKABLE[T];
change_right(other: LINKABLE[T]) **is** ...

LINKABLE[T] durch **like** *Current* ersetzt werden sollte. Analog sollte *left* in *BI_LINKABLE* als **like** *Current* deklariert werden.

11.4.5 Wann sollte Deklaration durch Assoziation nicht benutzt werden?

Nicht jede Deklaration der Form *x: A* in der Klasse *A* sollte durch *x:* **like** *Current* ersetzt werden.

Betrachten wir zum Beispiel das Merkmal *first_child* von Bäumen, welches das erste Kind eines gegebenen Baumknotens beschreibt. Dieses Merkmal ist in Wirklichkeit eine Umbenennung des Merkmals *first_element* von *LINKED_LIST;* in *LINKED_LIST* wurde dieses Merkmal vom Typ *LINKABLE[T]* deklariert. In *TREE* müssen wir es redefinieren, so daß es jetzt einen Baum bezeichnet, und nicht ein allgemeines verkettbares Element. Es scheint angebracht zu sein, für die Redefinition eine Assoziation zu benutzen:

first_child: **like** *Current*

Das ist nicht inkorrekt, könnte aber in der Praxis zu einschränkend sein. Die Klasse *TREE* kann ihrerseits Nachkommen haben, die verschiedene Baumarten (oder Baumknotenarten) darstellen. Beispiele sind *UNARY* (Knoten mit nur einem Kind), *BINARY* (Knoten mit zwei Kindern), *BOUNDED_ARITY* (Knoten mit einer begrenzten Anzahl von Kindern), usw. Wenn *first_child* bei *Current* verankert ist, dann muß jeder Knoten Kinder desselben Typs haben: unäre, wenn er unär ist, und so weiter.

Das kann der gewünschte Effekt sein. Oft wird man jedoch flexiblere Strukturen haben wollen, so daß zum Beispiel ein binärer Knoten ein unäres Kind haben darf. Das erhält man, wenn das Merkmal nicht durch Assoziation redefiniert wird, sondern einfach als

first_child: TREE[T]

Diese Lösung ist nicht einschränkend: Wenn man seine Meinung ändert und entscheidet, daß man Bäume mit Knoten desselben Typs braucht, dann kann man *TREE* so lassen, wie es ist, und eine kleine Klasse, sagen wir *HOMOGENEOUS_TREE,* schreiben, die *TREE* beerbt und *first_child* redefiniert als

first_child: **like** *Current*

womit die Konsistenz aller Knoten in einem Baum gewährleistet ist. Um solch eine Redefinition zu erleichtern, werden die anderen Knoten darstellenden Merkmale von *TREE* wie *parent* oder einige Funktionsergebnisse als **like** *first_child* deklariert; aber *first_child* selbst wird in *TREE* nicht durch Assoziation deklariert.

11.4.6 Die Typverträglichkeitsregel für durch Assoziation deklarierte Größen

Man erinnere sich, daß in einer Zuweisung *y :=x,* wenn *x* vom Typ *X* und *y* vom Typ *Y* ist, und wenn eine ursprünglich vom Typ *X* deklarierte Größe vom Typ *Y* redefiniert wird, *Y* zu *X* passen muß.

Wenn mindestens einer der beiden Typen *X* und *Y* durch Assoziation definiert ist, dann wurde die Angepaßtheit von *Y* zu *X* oben als Teil der Definition für Angepaßtheit (11.3.1) ausgedrückt, aber verstehen können wir das erst jetzt. Zwei Fälle dieser Definition treffen zu: Fall 1, bei dem *Y* und *X* identisch sind (beide von der Form **like** *anchor* für denselben *anchor*); und Fall 4, ausgedrückt wie folgt:

Y ist von der Form **like** *anchor,* und der Typ von *anchor* paßt zu *X.*

Betrachten wir beim Fall 4 die Zuweisung *x :=y* mit *x* vom Typ *X* und *y* vom Typ **like** *anchor.* In jeder Nachkommensklasse hat *y* denselben Typ wie *anchor.* Wenn der ursprüngliche Typ von *anchor U* ist, dann können Nachkommen *anchor* nur zu Typen redefinieren, die zu *U* passen. Dafür, daß all solche Zuweisungen korrekt sind, genügt es also, daß *U* zu *X* paßt.

Wenn *X* selbst von der Form **like** *left_anchor* ist, dann trifft nur Fall 1 zu: *Y* muß identisch zu *X* sein. Daß *Y* nur zu *U,* dem Typ von *anchor,* paßt, würde nicht ausreichen: *left_anchor* kann in einem Nachkommen zu jedem beliebigen Typ, der zu *U* paßt, redefiniert werden, auch zu einem, der nicht zu *Y* paßt.

11.4.7 Ein statischer Mechanismus

Eine letzte Bemerkung zur Deklaration durch Assoziation, um jedes mögliche Mißverständnis, das über diesen Mechanismus bestehen geblieben sein mag, auszuräumen: Es handelt sich um eine rein statische Regel; es wird kein Wechsel der Objektformen zur Laufzeit bewirkt. Die Bedingungen können zur Übersetzungszeit geprüft werden.

Deklaration durch Assoziation kann als syntaktische Möglichkeit gesehen werden, mit der viele fehleranfällige Redeklarationen vermieden werden, die auch der Compiler einfügen kann. Diese Einrichtung ist ein wesentliches Sprachwerkzeug für die Versöhnung von Wiederverwendbarkeit und Typüberprüfung in einer objektorientierten Sprache.

11.5 Vererbung und Geheimnisprinzip

Eine weitere wichtige Frage im Zusammenhang mit Vererbung ist die, wie dieser Mechanismus mit einem anderen grundlegenden Konzept zusammenspielt, nämlich dem Geheimnisprinzip bzw. der **export**-Klausel in Eiffel.

Die Eiffel-Antwort ist recht einfach: Abgesehen von einer Regel zu selektiven Exporten (siehe unten) sind die beiden Mechanismen vollständig orthogonal. Eine Klasse *B* kann völlig beliebig jedes Merkmal *f,* das sie von einem Vorfahren *A* geerbt hat, exportieren oder auch nicht. Alle vier Möglichkeiten bestehen:

- *f* wird sowohl in *A* als auch in *B* exportiert
- *f* ist sowohl in *A* als auch in *B* geheim
- *f* ist in *A* geheim und wird in *B* exportiert
- *f* wird in *A* exportiert und ist in *B* geheim

Diese Lösung hat eine Reihe interessanter Anwendungen. Bei der einen wird Vererbung benutzt, um verschiedene Sichten einer Datenstruktur zu ermöglichen. Man denke sich eine Klasse *BANKKONTO,* die alle für die Behandlung von Bankkonten notwendigen Werkzeuge enthält, mit Prozeduren wie *eröffnen, abheben, einzahlen, geheimzahl* (zum Abheben an einem Geldautomaten), *geheimzahl_ändern* usw.; diese Klasse ist aber nicht dafür gedacht, direkt von Kunden benutzt zu werden, und hat keine Exportklausel. Diverse Erben von *BANKKONTO* bieten verschiedene Sichten: Sie fügen keine weiteren Merkmale hinzu, sondern unterscheiden sich einfach nur in ihren Exportklauseln. Einer exportiert nur *eröffnen* und *einzahlen,* ein weiterer enthält auch *abheben* und *geheimzahl,* und so weiter.

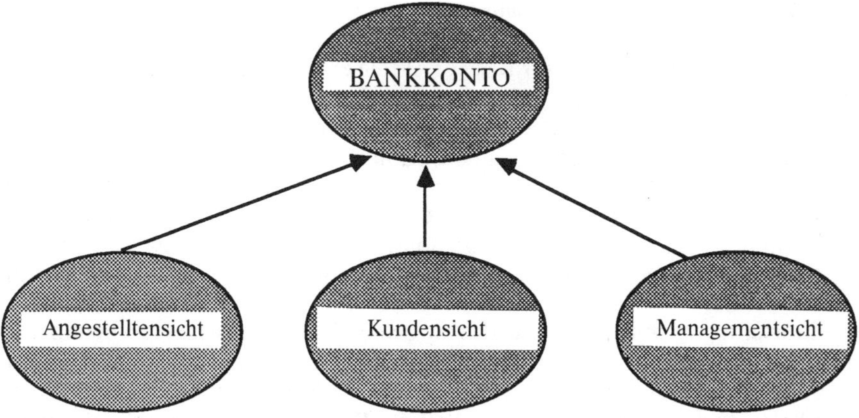

Bild 11.6 Hierarchie von Kontenklassen

Bei Datenbanken ist „Sicht" ein klassischer Begriff; dort ist es oft notwendig, verschiedenen Benutzern unterschiedliche abstrakte Darstellungen der zugrundeliegenden Datenmenge anzubieten.

Eine weitere Anwendung kommt in der Eiffel-Bibliothek vor. Das Merkmal *right* der Klasse *LINKABLE* ist geheim in dieser Klasse oder, genauer gesagt, wird nur an *LINKED_LIST* exportiert; das gilt sogar für alle Merkmale von *LINKABLE,* da diese Klasse von Anfang an ausschließlich zum Zwecke der internen Implementierung verketteter Listen entwickelt wurde. In der Klasse *TREE* jedoch, die als Erbe sowohl von *LINKABLE* als auch von *LINKED_LIST* implementiert wurde, bezeichnet *right* den Zugriff auf das rechte Geschwister eines Knotens, ein ziemlich bedeutendes öffentliches Merkmal, das exportiert werden sollte.

Neben der in den obigen Beispielen verdeutlichten Flexibilität ist der Hauptgrund dafür, die Mechanismen der Vererbung und des Geheimnisprinzips unabhängig voneinander zu halten, die Einfachheit. Die Konvention ist so, wie sie ist, einfach zu erklären. Angenommen, sie würde dahingehend erweitert, daß das Verbergen von Merkmalen vor Nachkommen erlaubt würde. Aus den Beispielen wird deutlich, daß Exportrestriktionen in einer Klasse nicht immer für die Nachkommen gelten sollten. Man bräuchte also für Nachkommen einen Mechanismus, der sich von Exportrestriktionen unterscheidet: Jedes Merkmal müßte als verfügbar oder nicht verfügbar für Kunden (Export) und als verfügbar oder nicht verfügbar für Nachkommen gekennzeichnet werden. Simula bietet eine solche Möglichkeit (Kapitel 20). Aber die Vorteile der letzteren Einrichtung sind die zusätzliche Komplexität nicht wert; tatsächlich scheinen nur wenige Simula-Programmierer sich jemals mit beiden Mechanismen zu befassen.

Ein weiteres Argument für den hier gewählten Zugang ist, daß jede Beschränkung für Nachkommen direkt das Offen-geschlossen-Prinzip verletzte, das wir als eines der wichtigsten hinter der Vererbung stehenden Konzepte behandelt haben. Der Vorteil der Vererbung besteht darin, daß man damit jede vorhandene Klasse nehmen kann, ob sie von einem selbst oder jemand anderem geschrieben wurde, gestern oder vor zwanzig Jahren, und sie in Richtungen erweitern kann, die von ihrem ursprünglichen Entwickler nicht notwendigerweise vorausgesehen wurde.

LINKABLE und *TREE* sind hierfür Belege: Als die erstere Klasse in Kapitel 9 entworfen wurde, hatten wir keinen Grund, ihre Merkmale für irgendeine Klasse außer *LINKED_LIST* öffentlich zu machen. Später jedoch haben wir eine neue, öffentliche Anwendung dieser Merkmale in einem Nachkommen, nämlich *TREE.*

Ohne diese Offenheit verlöre Vererbung viel von ihrem Charme. Es ist also unklar, ob man einem Klassenentwickler erlauben sollte, Nachkommen darin einzuschränken, welche Merkmale diese an ihre eigenen Kunden exportieren dürfen und welche nicht.

Diese Erörterung vermittelt ein Bild, das die beiden Wege, eine Klasse zu benutzen - als Kunde und als Nachkomme - als ganz verschieden darstellt. Eine Klasse *A* ist die Implementierung eines abstrakten Datentyps (eine partielle Implementierung im Falle der aufgeschobenen Klasse); das bedeutet, daß die Klasse intern sowohl die Schnittstelle enthält, wie sie in der Spezifikation eines abstrakten Datentyps ausgedrückt wird (die

Spitze des Eisbergs), als auch den Implementierungsteil. Die obigen Konventionen sind am einfachsten: Sie bedeuten, daß man auf eine Klasse, deren Kunde man ist, nur über deren Schnittstelle zugreift; und wenn man Nachkomme ist, Zugriff auf ihre Implementierung hat.

Gegenargumente gegen diese Festlegung beruhen auf der Voraussetzung, daß die Wiederverwendung von Implementierungen schlecht ist. Das ist aber nicht der Fall: Beide Arten von Wiederverwendung - Wiederverwendung einer implementierten Abstraktion über ihre Spezifikation, Wiederverwendung einer Implementierung - sind legitim. An der Wiederverwendung einer Implementierung ist nichts falsch, wenn man genau das braucht - eine gute Implementierung für eine bestimmte Abstraktion. In solchen Fällen ist das Geheimnisprinzip einfach nicht wichtig. Mit der Wiederverwendung einer Implementierung bindet man sich natürlich stärker als wenn man nur eine Schnittstelle wiederverwendet: Man kann vernünftigerweise nicht erwarten, daß man wie im anderen Fall gegen Änderungen der Implementierung geschützt ist! Ganz allgemein ist Erben eine verbindlichere Entscheidung als nur Kunde zu sein. In manchen Fällen ist es aber die richtige Entscheidung.

Weitere Erörterungen der Frage, wann „gekauft" und wann geerbt werden soll, sind in 14.5 zu finden.

Um in dieser Beziehung ganz ehrlich zu sein, müssen wir eine Regel bezüglich selektiver Exporte einführen. Wenn *A* *f* nur an *B* exportiert, wie in

class *A* **export**
    $\ldots, f\{B\}, \ldots$
...

dann ist *f* in *B* für die Implementierung der Merkmale von *B* verfügbar. Mit dem obigen Verständnis von Vererbung haben die Nachkommen von *B* Zugriff auf die Implementierung von *B;* damit sollten sie also auf alles zugreifen können, was auch für *B* zugreifbar ist - so wie *f.* Das ist weniger ein theoretisches Prinzip als vielmehr eine praktische Beobachtung: Was von einer Klasse gebraucht wird, wird im allgemeinen auch von ihren Nachkommen gebraucht. Wir wollen aber eigentlich nicht jedesmal zu *A* zurückkommen müssen, um *A* zu ändern (die Exportklausel erweitern), wenn bei *B* ein weiterer Nachkomme hinzukommt.

Hier sollte das Geheimnisprinzip mit dem Offen-geschlossen-Prinzip verknüpft werden. Dem Entwickler von *A* obliegt es zu entscheiden, ob *f* für *B* verfügbar gemacht werden soll oder nicht; er hat aber nicht das Recht, die Freiheit der Entwickler der Klassen in der *B*-Linie bei der Realisierung von Erweiterungen oder von Implementierungsvarianten einzuschränken. Welche Nachkommen *B* hat, ist nicht seine Angelegenheit.

Diese Erörterung ist die Erklärung für die folgende Regel:

Regel für selektiven Export und Vererbung:
Ein an eine Klasse selektiv exportiertes Merkmal steht allen Nachkommen dieser Klasse zur Verfügung.

11.6 Wiederholtes Erben

11.6.1 Gemeinsame Nutzung von Vorfahren

Das Vorhandensein von Mehrfacherben wirft ein kitzliges Problem auf: Was passiert, wenn eine Klasse mehrmals Nachkomme einer anderen ist. Wenn man Mehrfacherben in einer Sprache zuläßt, dann kommt früher oder später jemand, der eine Klasse *D* mit zwei Elternteilen *B* und *C* schreibt, die beide eine Klasse *A* als Elternteil haben - oder irgendeine andere Konstellation, bei der *D A* zweifach (oder mehrfach) beerbt. Diese Konstellation wird wiederholtes Erben genannt und muß sehr sauber behandelt werden.

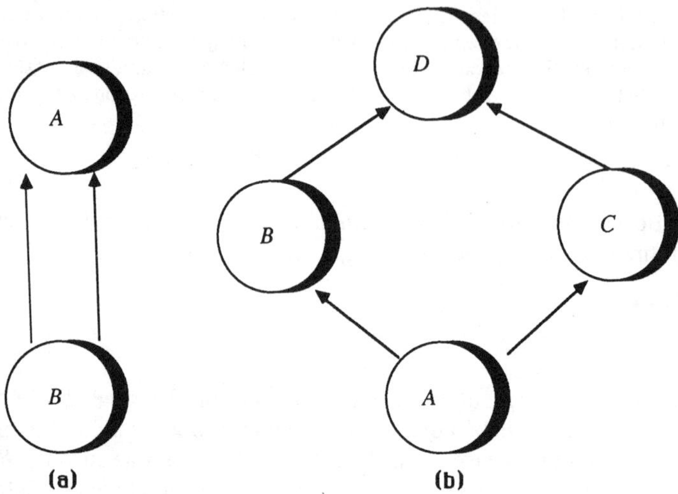

Bild 11.7 Wiederholtes Erben - direkt (a) und indirekt (b)

In Eiffel gibt es keine Beschränkung für wiederholtes Erben; das gilt sogar für das direkte wiederholte Erben, bei dem eine Klasse eine andere mehr als einmal in ihrer Elternliste aufführt, wie bei

```
class B export ... inherit
        A rename ... redefine ...;
        A rename ... redefine ...;
  ...
```

11.6.2 Internationale Fahrer

Wiederholtes Erben ist keine Absonderheit, sondern kommt wirklich vor und kann nützlich sein. Das folgende Beispiel versinnbildlicht das. Angenommen, es gibt eine Klasse *FAHRER* mit Attributen wie:

```
alter: INTEGER:
adresse: STRING;
anzahl_von_verkehrsvergehen: INTEGER;
```

und Routinen wie

geburtstag **is do** *alter := alter + 1* **end;**
zahle_jährliche_gebühr **is** *...;*

usw.

Ein Erbe von *FAHRER* könnte unter Berücksichtigung der besonderen Bestimmungen der bundesdeutschen Steuergesetze *DEUTSCHER_FAHRER* sein. Ein weiterer sei zum Beispiel *FRANZÖSISCHER_FAHRER* (in bezug auf die Gegenden, wo gefahren wird, nicht bezüglich Staatsangehörigkeit).

Sie können sich denken, daß wir uns mit Leuten befassen möchten, die sowohl in der Bundesrepublik Deutschland als auch in Frankreich fahren, vielleicht weil sie sich in jedem Land für eine gewisse Zeit im Jahr aufhalten. Der natürliche Weg, diesen Sachverhalt auszudrücken, ist das Mehrfacherben: Die Klasse *FRANZÖSISCH_DEUTSCHER_FAHRER* wird als Erbe sowohl von *DEUTSCHER_FAHRER* als auch von *FRANZÖSISCHER_FAHRER* deklariert.

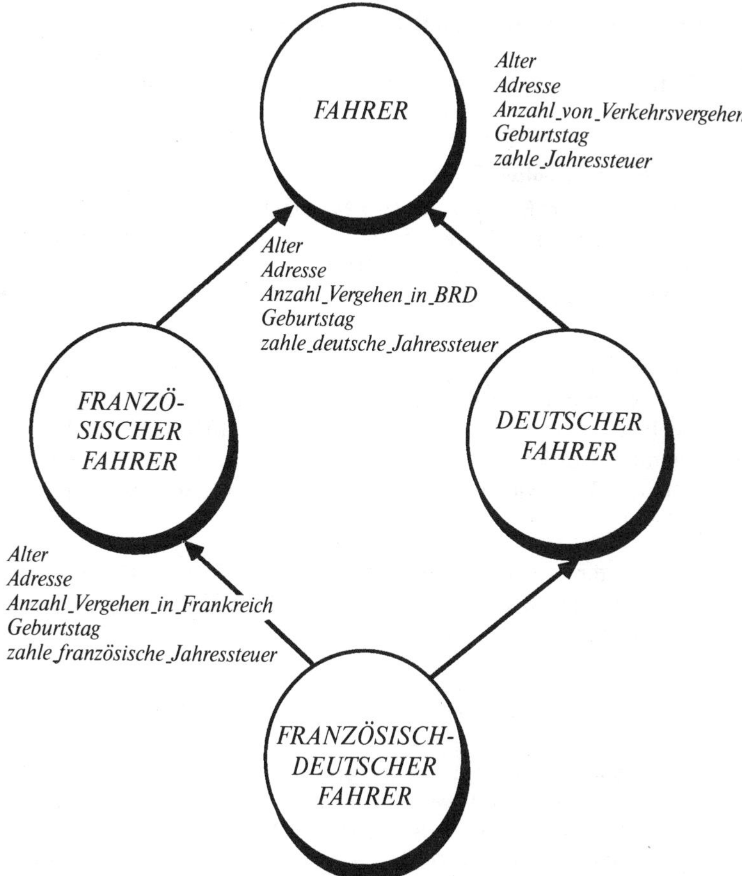

Bild 11.8 Fahrzeuge in zwei Ländern benutzen

Was geschieht mit den Merkmalen, die vom gemeinsamen Vorfahren *FAHRER* zweifach geerbt werden, wie *adresse, alter, anzahl_von_verkehrsvergehen* usw.? Streng genommen, müßte hier das Verbot von Namenskonflikten (10.4.6) zu Umbenennungen führen.

Diese Lösung erscheint hier aber zu radikal, da die Namenskonflikte hier ganz offensichtlich sind: Die konfligierenden Merkmale sind ja tatsächlich dieselben Merkmale, wie sie vom gemeinsamen Vorfahren *FAHRER* kommen. Die beiden Versionen von *alter* sind zum Beispiel in Wirklichkeit gleich (außer, man hat etwas zu verbergen, ist es doch angebracht, den französischen und deutschen Behörden denselben Namen anzugeben). Andererseits sollten die Attribute *anzahl_von_verkehrsvergehen,* die von beiden Elternteilen geerbt wurden, verschieden bleiben. Das wird einfach dadurch erreicht, daß sie am Erbpunkt umbenannt werden, nämlich in *anzahl_vergehen_in_brd* und in *anzahl_vergehen_in_frankreich.*

11.6.3 Die Regel des wiederholten Erbens

Die Eiffel-Konvention für das wiederholte Erben folgt aus dieser Diskussion:

> **Regel des wiederholten Erebens:**
> Bei wiederholtem Erben wird jedes Merkmal des gemeinsamen Elternteils als gemeinsam genutztes betrachtet, wenn es auf dem gesamten Vererbungspfad nicht umbenannt worden ist. Jedes Merkmal, das mindestens einmal auf irgendeinem Vererbungspfad umbenannt wurde, wird als vervielfältigt angesehen.

Diese Regel gilt sowohl für Attribute als auch für Routinen; daraus folgt unter anderem, daß es ein Fehler ist, wenn der Rumpf einer nicht umbenannten Routine (die also gemeinsam genutzt würde) Verweise auf ein oder mehrere umbenannte Attribute oder Routinen enthält (die vervielfältigt würden, so daß die gemeinsam genutzte Routine mehrdeutig wäre).

Diese Regel bringt die erwünschte Flexibilität bei der Kombination von Klassen. Zum Beispiel könnte die **inherit**-Klausel der Klasse *FRANZÖSISCH_DEUTSCHER_FAHRER* wie folgt aussehen:

```
inherit
    FRANZÖSISCHER_FAHRER
        rename
            adresse as französische_adresse,
            anzahl_von_verkehrsvergehen as
                anzahl_vergehen_in_frankreich,
            bezahle_jahressteuer as
                bezahle_französische_jahressteuer,
            ...
```

```
DEUTSCHER_FAHRER
    rename
        adresse as deutsche_adresse,
        anzahl_von_verkehrsvergehen as
            anzahl_vergehen_in_brd,
        bezahle_jahressteuer as
          bezahle_deutsche_jahressteuer,
        ...
```

Man beachte, daß die Merkmale *alter* und *geburtstag,* die auf keinem Vererbungspfad umbenannt wurden, gemeinsam genutzt werden, und das ist genau das, was wir wollten.

Die Eiffel-Implementierung (Kapitel 15) bewirkt die gemeinsame Nutzung bzw. die Vervielfältigung von Attributen entsprechend der obigen Regel; kein Speicherplatz geht verloren (das heißt, in Klassenexemplaren muß kein Platz für nicht zugreifbare Attribute bereitgestellt werden). Dieselbe Wirkung wird bei Routinen erzielt. Für gemeinsam genutzte Routinen wird kein Code vervielfältigt; bei Routinen, die nach den obigen Regeln vervielfältigt werden müssen, wird der Code stets dupliziert.

11.6.4 Wiederholtes Erben und Generizität

So, wie es dasteht, wirft das wiederholte Erben ein Problem auf für Merkmale, die formale generische Parameter enthalten. Man betrachte die folgende Anordnung (die ebenso bei indirektem wiederholtem Erben vorkommen kann):

```
class A[T] feature
    f: T; ...;
end
class B inherit
    A[INTEGER]; A[REAL]
end
```

In der Klasse *B* würde aus der Regel des wiederholten Erbens folgen, daß *f* gemeinsam genutzt wird. Das führt aber zu einer Mehrdeutigkeit bezüglich des Typs von *f*: Wird eine Ganzzahl oder ein Real geliefert? Das gleiche Problem tauchte auf, wenn *f* eine Routine mit einem Argument vom Typ *T* wäre.

Eine solche Mehrdeutigkeit ist nicht hinnehmbar. Deshalb die Regel:

> **Regel der Generizität bei wiederholtem Erben:**
> Der Typ eines Merkmals, das nach der Regel des wiederholten Erbens gemeinsam genutzt würde, sowie der Typ all seiner Argumente (wenn es eine Routine ist) darf kein generischer Parameter derjenigen Klasse sein, von der das Merkmal erbt.

Die Mehrdeutigkeit wird beseitigt durch Umbenennung des verletzenden Merkmals am Punkt des Erbens, was zu Vervielfältigung und nicht zu Umbenennung führt.

11.6.5 Noch einmal die Umbenennungsregel

Unter Berücksichtigung des wiederholten Erbens muß die Regel über das Verbot von Namenskonflikten (10.4.6) wie folgt exakt ausgedrückt werden:

> **Umbenennungsregel:**
> Man sagt, daß in einer Klasse *D* ein Namenskonflikt auftritt, wenn zwei Elternteile *B* und *C* von *D* beide ein Merkmal mit demselben Namen *f* enthalten.
>
> Solch ein Namenskonflikt ist nur erlaubt, wenn *f* in einem Vorfahren *A* sowohl von *B* als auch von *C* definiert wurde, auf keinem Vererbungspfad von *A* nach *B* und nach *C* umbenannt wurde und keine generischen Parameter von *A* als seinen Typ oder als Typ eines seiner Argumente (wenn es sich um eine Routine handelt) hat. Jeder andere Namenskonflikt muß durch Umbenennung gelöst werden.

11.6.6 Wiederholtes Erben in der Praxis

Fälle wiederholten Erbens wie der des „internationalen Fahrers", sowohl mit vervielfältigten als auch mit gemeinsam genutzten Merkmalen, kommen in der Praxis vor, aber nicht häufig. Man muß schon eine gewisse Stufe an Erfahrung in objektorientierter Programmierung erklommen haben, bevor man diese Einrichtung braucht. Wenn man eine unkomplizierte Anwendung schreibt und dabei wiederholtes Erben benutzt, dann ist es ziemlich wahrscheinlich, daß man komplizierter als nötig vorgegangen ist.

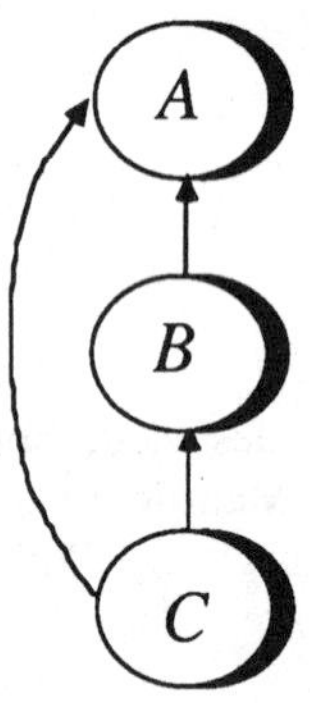

Bild 11.9 Überflüssiges wiederholtes Erben

Ein typischer Anfängerfehler wird in diesem Diagramm dargestellt: *C* beerbt *B* und braucht auch Merkmale von *A;* aber *B* beerbt seinerseits *A*. Weil er vergessen hat, daß Vererbung transitiv ist, hat der Programmierer geschrieben:

```
class C ... inherit
        B;
        A
...
```

Das passiert insbesondere dann, wenn die Klasse *A* allgemein verwendete Einrichtungen wie Eingabe und Ausgabe implementiert (wie die Klasse *STD_FILES* aus der Eiffel-Basisbibliothek), die von *B* und von *C* gebraucht werden. Für *C* reicht es aber, *B* zu beerben: Dadurch wird *C* zum Nachkommen von *A*.

Dank der obigen Regel passiert auch ohne Umbenennung nichts: Geerbte Merkmale werden gemeinsam genutzt. Die Regel ist auch wesentlich dafür zu gewährleisten, daß andere, legitime Fälle wiederholten Erbens korrekt behandelt werden.

11.7 In diesem Kapitel eingeführte Schlüsselkonzepte

- Die Invarianten von Elternteilen werden automatisch zur Klasseninvariante hinzugefügt.
- In einer Routinenredefinition oder, wenn sie aufgeschoben war, wirksamen Definition darf die Vorbedingung beibehalten oder abgeschwächt werden, und die Nachbedingung darf beibehalten oder verstärkt werden. Beide müssen explizit angegeben werden.
- Vererbung und dynamisches Binden führen zu einem Stil des Programmierens durch Vertrag.
- Redefinition und Umbenennung können für dasselbe Merkmal kombiniert werden. Ersteres gewährleistet, daß derselbe Merkmalsname sich auf verschiedene Implementierungen eines Merkmals bezieht oder auf Merkmale verschiedener Typen; letzteres, eine syntaktische Einrichtung, ändert den Namen, unter dem die Kunden einer Klasse auf das Merkmal verweisen.
- Typangepaßtheit bestimmt die Zuweisung, die Argumentübergabe und die Typredefinition. Allgemein gesprochen, paßt ein Klassentyp zu einem anderen, wenn seine Klasse ein Nachkomme der anderen Klasse ist und jeder generische Parameter zu den entsprechenden generischen Parametern der anderen Klasse paßt.
- Eine argumentlose Funktion kann als Attribut redefiniert werden, aber nicht umgekehrt.
- Deklaration durch Assoziation ist ein wichtiger Teil des Typsystems; damit werden viele überflüssigen Redefinitionen vermieden.
- Die Mechanismen der Vererbung und des Geheimnisprinzips sind orthogonal. Nachkommen können Merkmale verbergen, die von ihren Vorfahren exportiert wurden, und können Merkmale exportieren, die geheim waren.
- Wiederholtes Erben kommt vor, wann immer eine Klasse Nachkomme einer anderen auf mehrere Arten ist. Nichtumbenannte Merkmale werden gemeinsam genutzt; umbenannte Merkmale werden vervielfältigt.

11.8 Syntaktische Zusammenfassung

			Benutzt in (Kapitel)
Association	=	**like** Anchor	Type (5)
Anchor	=	Feature_name | *Current*	

11.9 Literaturhinweise

In [Snyder 1986] wird eine andere Sicht des Verhältnisses von Vererbung und Geheimnisprinzip dargestellt.

Übungen

11.1 Erben zum Zwecke von Einfachheit und Effizienz

Schreiben Sie neu und vereinfachen Sie das Beispiel des geschützten Kellers aus 7.3.4, indem Sie *STACK3* zu einem Nachkommen und nicht zu einem Kunden von *STACK* machen, um überflüssige Umwege zu vermeiden. (Benutzen Sie die Regel, die das Verhältnis von Vererbung und Geheimnisprinzip bestimmt.)

11.2 Extract?

Die Zuweisung *y1 :=x1* ist nicht erlaubt, wenn *x1* vom Klassentyp *X, y1* vom Klassentyp *Y* und *X* ein echter Vorfahre von *Y* ist. Es mag jedoch als nützlich erscheinen, eine vordefinierte Primitive *Extract* zu erfinden, so daß die Anweisung *y1.Extract(x1)* die Komponentenwerte des mit *x1* verbundenen Objekts in die entsprechenden Komponenten des mit *y1* verbundenen Objekts kopiert, vorausgesetzt, beide Verweise sind nicht leer. Erklären Sie, warum die Primitive *Extract* **nicht** Teil von Eiffel ist, obwohl einmal darüber nachgedacht wurde, sie in die Sprache aufzunehmen. (*Hinweis:* Prüfen Sie die Korrektheitsprobleme, insbesondere den Begriff der Invarianten.)

12 Objektorientierter Entwurf: Fallstudien

Bis jetzt haben wir viele einzelne Softwarebestandteile gesehen, teils detailliert, teils skizziert. In diesem Kapitel wird die Anwendung der objektorientierten Methode auf vollständigere Beispiele erörtert.

12.1 Skizze eines Fenster-Systems

Das erste Beispiel wird nur skizziert. Es zeigt, wie der objektorientierte Zugang die Architektur eines Routinenpaketes beeinflußt.

Angenommen, wir möchten diversen Anwendungsprogrammen Leistungen für die Arbeit mit mehreren Fenstern zur Verfügung stellen. Ein objektorientierter Entwurf für ein Fensterpaket sollte sich auf die Typen der beteiligten Objekte beschränken. Es ist nicht schwer, die grundlegenden Klassen zu finden, da diese die physikalischen Objekte des Problems direkt widerspiegeln: Bildschirm, Fenster, Maus, Tastatur ...

> In 4.6 wurde in bezug auf die oft gehörte Frage „Wie findet man die Objekte?" (deren saubere Formulierung sich natürlich auf Klassen und nicht auf Objekte beziehen sollte) gesagt, daß die wichtigsten Klassen eines Systems in vielen Fällen einfach dadurch ermittelt werden, daß man nach den Klassen der vom System betroffenen physikalischen Objekte in der externen Wirklichkeit schaut. Der vorliegende Fall ist ein typisches Beispiel dafür.

Das Fensterpaket sollte eine Menge von Leistungen für die Verfasser interaktiver Anwendungen bieten. Um Verwechslungen auszuschließen, nennen wir die Verfasser aller interaktiven Systeme, die das Paket benutzen, (zum Beispiel den Autor eines Bildschirm-orientierten Editors) „Anwendungsprogrammierer" und reservieren die Bezeichnung „Benutzer" für die Person, die mit einem solchen interaktiven System arbeitet (zum Beispiel eine Person, die mit dem Texteditor ein Dokument zusammenstellt).

12.1.1 Eigenschaften von Fenstern

Wir betrachten die Klasse *WINDOW*. Der Entwurf einer solchen Klasse sollte den Eigenschaften von Fenstern Rechnung tragen, indem diese als Attribute und Prozeduren zur Veränderung dieser Attribute beschrieben werden. Ein Fenster hat zum Beispiel eine Höhe und eine Breite, was zu folgenden Merkmalen führt:

```
height, width: INTEGER; -- Ausgedrückt in Anzahl Zeilen, Spalten
set_height (h: INTEGER) is
                -- Bestimme Höhe zu h
    do
        height := h
    end; -- set_height
set_width (w:INTEGER) is ...
```

Zu einem bestimmten Ausführungszeitpunkt kann ein Fenster im normalen oder inversen Darstellungsmodus sein; deshalb die folgenden Klassenmerkmale:

inverse: BOOLEAN;
set_inverse **is do** *inverse* := **true end;**
set_direct **is do** *inverse* := **false end;**

Dem Benutzer wird erlaubt bzw. nicht erlaubt, die Tastatur zu benutzen, wenn der Cursor im Fenster steht:

write_ignored: BOOLEAN;
enable_write **is do** *write_ignored* := **false end;**
disable_write **is do** *write_ignored* := **true end;**

Das Schreiben zu sperren (disable_write) bedeutet, daß jedes im Fenster eingegebene Zeichen ignoriert wird.

Es gibt zwei Möglichkeiten, ein Boolesches Attribut zu definieren: Hier hätte man auch *direct* und *write_enabled* statt *inverse* und *write_ignored* wählen können. Die Standardvereinbarung lautet, stets diejenige Form zu benutzen, die eine vom Normalfall abweichende Situation beschreibt, so daß das Standard-*Create,* das die Booleschen Attribute mit **false** initialisiert, die Objekte in den geeigneten Anfangszustand versetzt.

Ein weiteres Attribut, das bestimmt, was mit der Benutzereingabe im Fenster geschieht, ist *echo,* das ausdrückt, ob die Eingabe am Bildschirm wiedergegeben wird:

no_echo: BOOLEAN;
set_echo **is do** *no_echo* := **false end;**
set_no_echo **is do** *no_echo* := **true end;**

Die Benutzung von echo ist nicht redundant bezüglich *write_ignored;* tatsächlich ergeben alle vier Kombinationen von Werten dieser Attribute Sinn. Wenn zum Beispiel ein Paßwort eingegeben wird, ist das Schreiben entsperrt, aber die Eingabe wird nicht wiedergegeben (das gleiche geschieht bei manchen Editoren wie Vi unter Unix, die Kommandos in der Form von Zeichen annehmen, die am Bildschirm nicht angezeigt werden). Wenn das Schreiben gesperrt ist, wird die Eingabe ignoriert, und der Programmierer kann entscheiden, ob die Eingabe angezeigt wird oder nicht.

Weitere Eigenschaften lassen sich durch ähnliche Beschreibungen ausdrücken: Helligkeit, Farbe, usw. Einer der hübschesten Aspekte des objektorientierten Entwurfs besteht darin, daß man sich nicht sofort um das vollständige Bild bemühen muß: Wenn man einige Attribute und die zugehörigen Routinen vergessen hat, dann kann man sie später ohne viel Aufhebens hinzufügen. Das ist der Einkaufszettel-Ansatz (4.3.2).

12.1.2 Zugeordneter Text, Eingabe, Ausgabe

Ein Fenster wird dazu benutzt, irgendwelchen zugeordneten Text (oder Graphik, aber wir beschränken uns für diese Erörterung auf Text) anzuzeigen. Anstatt den Fenstern Textmanipulationsleistungen hinzuzufügen, wird besser ein Attribut deklariert

text: STRING

das den zugeordneten Text beschreibt.

Die entsprechenden Routinen lauten

associate_text (s: STRING) **is do** *text := t* **end;**
dissociate_text **is do** *text.Forget* **end**

Alle Zeichenkettenoperationen werden auf *text* ausgeführt und nicht direkt auf dem Fenster. Der in einem Fenster angezeigte Text kann auf zwei Arten verändert werden:

- Ausgabe: Die Anwendung kann das Feld *text* ändern; das Ergebnis wird im Bereich des Fensters auf dem Bildschirm widergespiegelt.
- Eingabe: Zeichen, die vom Benutzer im Modus Schreiben entsperrt und Echo eingegeben werden, verändern die entsprechenden Zeichen im Feld *text.*

Beide Operationen sollten durch die Anwendung gesteuert werden. Wir können eine interaktive Sitzung so sehen, daß zwei Abbilder des Schirms verwaltet werden: das **interne Abbild,** die Sicht der durch die Anwendung verwalteten Fenster; und das **externe Abbild** oder die Sicht, die der Benutzer sieht.

Die beiden Sichten sind nicht notwendigerweise immer identisch: Die obigen Operationen, welche die Fensterattribute und die Zeichen in *text* verändern, betreffen nur das interne Abbild; Benutzereingaben werden nur auf dem externen Abbild ausgeführt. Die beiden Abbilder werden durch eine der beiden folgenden Routinen wieder in Übereinstimmung gebracht:

- *write* verändert das externe Abbild (den Bildschirm) so, daß die durch die Anwendung vorgenommenen Änderungen am internen Abbild widergespiegelt werden;
- *read* beobachtet alle seit der letzten Lese- oder Schreiboperation getätigten Benutzereingaben und paßt das interne Abbild dem externen Abbild an.

Der im Fenster angezeigte Text gibt den Wert des Attributs *text* wieder; *text,* das auch „newline"-Zeichen enthalten kann, wird für die Anzeige als zweidimensionaler Text (als Folge von Zeilen) aufgefaßt. Alle Teile dieser zweidimensionalen Struktur, die außerhalb der Fenstergrenzen liegen, werden in der Fensteranzeige abgeschnitten. Dargestellt werden diejenigen Zeichen, die am Index *cursor* in *text* beginnen; *cursor* ist ein Attribut der Klasse mit 1 als Vorbelegungswert (beim ersten Zeichen beginnen), das durch die Routine

move_text (n: INTEGER) **is** ...

geändert werden kann.

Man kann *text* im Fenster auch anders wiedergeben. Anstatt den Text an den Grenzen abzuschneiden, möchte man zum Beispiel vielleicht den Text kontinuierlich oder bei Wortgrenzen am Zeilenende umbrechen. Diese Möglichkeiten werden durch Attribute beschrieben und durch geeignete Routinen geändert; ihre Spezifikation bleibt dem Leser überlassen. Man möchte vielleicht auch, daß der Text im Fenster im Blocksatz angezeigt wird:

justified: BOOLEAN;
justify_text **is do ... end;**
dont_justify_text **is do ... end;**

12.1.3 Fensterhierarchien

Erneut ermöglicht uns der Einkaufszettel-Ansatz, weitere Leistungen bei Bedarf hinzuzufügen. Bisher ist *WINDOW* eine Art Verbundtyp (Pascal, Ada) oder Strukturtyp (C), dem nicht nur die Beschreibung der Komponenten in den Typexemplaren, sondern auch die Routinen zur Änderung dieser Komponenten zugeordnet sind. Eine wichtige Eigenschaft von Fenstern kann jedoch in diesem ersten Schritt nicht ausgedrückt werden, nämlich die Fähigkeit, geschachtelt zu sein: Fenster sollten Unterfenster enthalten dürfen. Um dem Rechnung zu tragen, könnten wir eine Klasse *SUBWINDOW* einführen. Es ist jedoch besser, sich um größere Allgemeinheit zu bemühen und Unterschiede zwischen Fenstern und Unterfenstern zu beseitigen. Damit könnten dann Fenster beliebig tief geschachtelt werden.

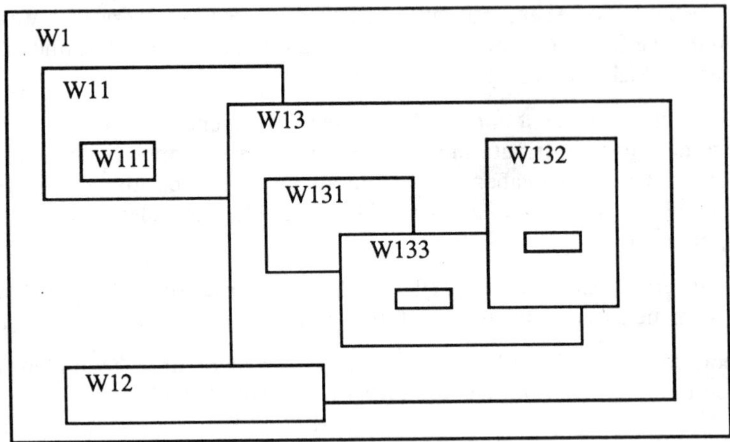

Bild 12.1 Geschachtelte Fenster

Unterfenster eines Fensters können durch ein Attribut

subwindows: LIST[WINDOW]

und die zugehörigen Routinen beschrieben werden. Das machte jedoch unnötig Arbeit. Wenn man Fenstern eine vollständig hierarchische Struktur gibt, dann bedeutet das, sie als Bäume zu organisieren. Zur Behandlung dieses Aspektes von Fenstern genügt es, *WINDOW* zu einem Erben von *TREE* (10.4.3) zu machen: Dann besteht kein Bedarf dafür, besondere Routinen zum Einfügen und Löschen von Unterfenstern, zum Ändern eines Unterfensters, zum Zugriff auf das Elternfenster, usw. zu schreiben. All diese Operationen erhält man „gratis" durch die Benutzung der Vererbung. Um eine saubere Bezeichnungsweise zu gewährleisten, sollten wir uns der Umbenennung bedienen:

```
class WINDOW export ... inherit
    TREE
        rename
            child as subwindow,
            parent as superwindow,
            insert_child as insert_subwindow, usw.
...
```

Es kommt manchmal vor, daß eine gute Implementierungstechnik Verbesserungen der Schnittstelle nahelegt. Bisher wurden Attribute eines Fensters wie Helligkeit, Farbe, usw. auf einen Standardvorbelegungswert gesetzt, solange sie nicht explizit durch die Anwendung verändert wurden. Bei hierarchischen Unterfenstern ist es besser festzulegen, daß alle Attribute eines Unterfensters mit den entsprechenden Werten des Oberfensters vorbelegt werden; die Standardvorbelegungswerte werden nur für Fenster ohne Oberfenster benutzt.

Das gilt auch für das Attribut *text:* In diesem Fall erhält ein Unterfenster vom Text seines Oberfensters denjenigen Teiltext, welcher der relativen Position des Unterfensters im Oberfenster entspricht.[1]

Diese Ideen können verallgemeinert werden, wodurch Unterfenster sehr allgemein verwendbar werden. Wenn alle Attributwerte vom Oberfenster übernommen werden, dann können Aktualisierungen des Bildschirmbildes einfach dadurch erzeugt werden, daß ein geeignetes Unterfenster erzeugt wird und nur diejenigen Charakteristiken geändert werden, die gegenüber dem Elternteil abweichen. Zum Beispiel:

- Wenn in einem Fenster *w* ein Wort oder gar nur ein Zeichen, sagen wir mal, invers dargestellt werden soll, dann erzeugen wir ein neues Fenster *w',* machen es zum Unterfenster des ersten (*w'.attach(w)*), geben ihm die geeignete Größe (*w'.set_height(1), w'.set_width(...)*), bewegen es zur geeigneten Position (*w'.move(..., ...)*) und ändern sein Attribut (*w'.set_invers*).
- Wenn andererseits der an einer bestimmten Stelle von *w* erscheinende Text zeitweise durch einen anderen Text überdeckt werden muß, dann erzeugen wir *w',* machen es zum Unterfenster von *w,* ordnen ihm einen Text *t* zu, der anders ist als der standardmäßig von *w* übernommene Text (*w'.associate_text(t)*), ändern aber kein anderes Attribut.

An dieser Stelle verlassen wir den Entwurf. Natürlich bleiben eine Reihe noch zu lösender Probleme; insbesondere werden gute Algorithmen benötigt, um eine schnelle Bilderneuerung zu gewährleisten, wenn nur ein Teil der hierarchischen Fensterstruktur sich geändert hat. Außerdem muß eine saubere Schnittstelle zum unterliegenden Terminalverwaltungssystem gefunden werden.

Dieses Beispiel zeigt, wie ein objektorientierter Entwurf zu einer einfachen Struktur führt, die um die zentralen Objektklassen herum organisiert ist. Die Klassen müssen nicht unbedingt beim erstenmal vollständig sein, sondern können schrittweise erweitert werden. Vererbung macht es möglich, daß fertige Implementierungen grundlegender Softwarekonzepte (hier Bäume) in diversen Zusammenhängen (hier Fenster) wiederverwendet werden. Die Einfachheit der Implementierung legt interessante Ideen für die Modulspezifikation nahe.

---

[1] Man ist versucht zu sagen, das Unterfenster „erbt" seine Attributwerte von seinem Oberfenster. Es ist jedoch besser, von jeder möglichen Verwechslung mit der Vererbung bei Klassen Abstand zu nehmen.

12.2 Rückgängigmachen und wiederholen

Unser zweites Beispiel befaßt sich mit einem Problem, dem sich die Entwickler aller interaktiven Systeme wie Texteditoren stellen müssen: Rückgängigmachen (undo) und Wiederholen (redo). Es zeigt, wie Vererbung und dynamisches Binden eine völlig allgemeine und saubere Lösung für ein offensichtlich kniffliges und vielschichtiges Problem bieten.

12.2.1 Die Wichtigkeit des Rückgängigmachens

Abgesehen von jeder anderen Funktion muß jedes gute interaktive System seinen Benutzern ermöglichen, die Wirkung eines Kommandos ungeschehen zu machen. Das Hauptziel dabei ist, daß Benutzer sich aus einer Situation befreien können, wo sie eventuell schädliche Fehleingaben getätigt haben. Eine gute Undo-Einrichtung geht jedoch weit darüberhinaus. Sie befreit Benutzer davon, sich ängstlich auf jede Taste, die sie drücken, konzentrieren zu müssen. Darüberhinaus befördert sie einen „Was passiert, wenn... ?"-Stil der Interaktion, bei dem Benutzer diverse Eingaben ausprobieren und dabei wissen, daß sie leicht zurück können, wenn das Ergebnis nicht ihren Erwartungen entspricht.

Um diese Ideen voll zur Entfaltung kommen zu lassen, sollte die Undo-Einrichtung es ermöglichen, durch die Ausführung aufeinander folgender UNDO-Kommandos mehr als eine Ebene zurückzugehen. Die maximale Anzahl der Ebenen sollte nur durch den Speicherplatz begrenzt sein. Das hat eine begleitende „redo"-Einrichtung zur Folge, die ein rückgängiggemachtes Kommando noch einmal ausführt. (In Systemen mit einem Undo über nur eine Ebene ist REDO nichts anderes als ein UNDO, das unmittelbar nach einem anderen UNDO ausgeführt wird.)

Wenn es sowohl UNDO als auch REDO gibt, kann eine Einrichtung „Überspringen" (skip) nützlich sein, so daß der Benutzer nach n UNDO-Kommandos m Kommandos überspringen kann, bevor er p Kommandos erneut ausführt ($0 <= p + m <= n$). Wenn wir jedoch wissen, wie UNDO und REDO implementiert werden, dann bringt SKIP nur Benutzungsschnittstellenprobleme, die den Rahmen dieser Diskussion sprengen würden.

12.2.2 Anforderungen

Ein guter Undo-Redo-Mechanismus muß die folgenden Eigenschaften haben.

- Der Mechanismus darf nicht so sein, daß bei jedem neuen Kommando der Entwurf umgestoßen werden muß.
- Der Speicher sollte vernünftig genutzt werden.
- Er sollte sowohl auf einstufige als auch auf beliebigstufige UNDO anwendbar sein.

Die erste Anforderung schließt aus, daß UNDO und REDO wie jedes andere Kommando im System (in unserem Beispiel im Editor) behandelt werden. Wäre UNDO ein Kommando, so wäre eine Struktur der folgenden Form nötig:

```
if "das letzte Kommando war INSERT" then
        "mache die Wirkung von INSERT rückgängig"
elsif "das letzte Kommando war DELETE" then
        "mache die Wirkung von DELETE rückgängig"
usw.
```

Wir wissen, wie schlecht solche Strukturen für die Erweiterbarkeit sind. Sie müssen bei jedem neuen Kommando geändert werden; weiterhin spiegelt der Code in jedem Zweig den Code des entsprechenden Kommandos (der erste Zweig muß zum Beispiel viel darüber wissen, was INSERT macht), was auf einen mangelhaften Entwurf hinweist.

Die zweite Anforderung schließt die offensichtliche Lösung aus, vor jeder Kommandoausführung den gesamten Systemzustand zu speichern; UNDO würde einfach das gespeicherte Abbild wiederherstellen. Das würde zwar funktionieren, aber es geht entsetzlich verschwenderisch mit Speicherplatz um und ist in der Praxis mit der dritten Anforderung unverträglich. Natürlich muß man sich irgendetwas merken, wenn man das nachträgliche Ungeschehenmachen eines Kommandos ermöglichen will; wir können zum Beispiel keine Zeilenlöschoperation rückgängigmachen, wenn wir nicht irgendwo den Index der gelöschten Zeile und ihren Text gespeichert haben. Wir möchten aber eine Lösung haben, bei der die vor jeder Kommandoausführung gespeicherte Informationsmenge nur wenig mehr ausmacht als das logischerweise für das Rückgängigmachen des Kommandos nötige absolute Minimum, zum Beispiel der Zeilenindex und der Text im Löschbeispiel.

Bevor wir uns die folgende Lösung ansehen, wird dem Leser nahegelegt, über das Problem nachzugrübeln und zu versuchen, eine Lösung zu finden.

12.2.3 Kommando als Klasse

Die vorgeschlagene Lösung ist in ihrer Einfachheit fast befremdlich. Die Schlüsselbemerkung ist die, daß das Problem durch eine grundlegende Datenabstraktion charakterisiert ist: *COMMAND,* die alle Editor-Kommandos außer UNDO und REDO repräsentiert. Man kommt auf diese Lösung nur dann nicht, wenn man vergißt, daß Ausführung nur eine der auf ein Kommando anwendbaren Operationen ist: Das Kommando kann gespeichert werden, getestet - oder rückgängiggemacht. Wir müssen also eine Klasse der folgenden Form einführen:

```
deferred class COMMAND export
        execute, undo
feature
        execute is deferred end; -- "do" ist in Eiffel ein
                                 -- reserviertes Wort
        undo is deferred end;
end -- class COMMAND
```

Die Klasse *COMMAND,* welche den abstrakten Begriff des Kommandos beschreibt, ist natürlicherweise eine aufgeschobene Klasse. Jeder Kommandotyp wird durch einen Nachkommen dieser Klasse dargestellt; zum Beispiel:

zum Beispiel:

```
class LINE_DELETION export
        execute, undo
feature
        index_of_deleted_line: INTEGER;
        last_deleted_line: STRING;
        set_deleted_line (n: INTEGER) is
                    -- Gib der nächsten zu löschenden Zeilennummer den Wert n
            do
                    index_of_deleted_line := n
            end; -- set_deleted_line

        execute is
                    -- Lösche Zeile
            do
                    "Lösche Zeile mit der Nummer index_of_deleted_line";
                    "Speichere den Text der gelöschten Zeile in last_deleted_line"
            end; -- execute

        undo is
                    -- Stelle die zuletzt gelöschte Zeile wiederher
            do
                    "Füge die durch last_deleted_line gegebene
                     Zeile bei Zeilennummer index_of_deleted_line wieder ein"
            end; -- undo
end -- class LINE_DELETION
```

Und genauso bei jeder Kommandoklasse. Kommandos werden als ausgewachsene Klassen betrachtet, die (in Attributen wie *index_of_deleted_line* und *last_deleted_line)* die zur Ausführung und zum Rückgängigmachen notwendige Information mit sich tragen.

Für die Hauptausführungsschleife des Editors ergibt das eine einfache Struktur:

```
current_command: COMMAND
from
        ...
until
        over
loop
        "Entschlüssele den Benutzerwunsch";
        if "Wunsch ist QUIT" then
            over := true
        elsif "Wunsch ist normales Kommando (nicht UNDO)" then
            "Erzeuge geeignetes Kommandoobjekt current_command";
                -- current_command wird als Exemplar eines
                -- Nachkommen von COMMAND wie zum Beispiel
                -- LINE_DELETION erzeugt
            current_command.execute
```

```
        elsif "Wunsch ist UNDO" then
            if not current_command.Void then
                current_command.undo
            else
                message ("Nichts rückgängig zu machen")
            end
        end
    end -- loop
```

Man beachte, daß die vor der Kommandoausführung gespeicherte Information ein Exemplar eines Nachkommen von *COMMAND* wie zum Beispiel *LINE_DELETION* ist. Die zweite obige Anforderung ist erfüllt, da diese Informationen nur den Unterschied zwischen jedem Zustand und dem vorherigen, aber nicht den Zustand selbst beschreibt.

12.2.4 Mehrstufiges Rückgängigmachen

Das vorhergehende Schema geht von einer einzigen Undo-Stufe aus. Die Verallgemeinerung zu einem beliebig-stufigen Undo-Redo folgt unmittelbar: Man ersetze das Attribut *current_command* durch eine zyklische Liste

```
last_commands: CIRCULAR_LIST[COMMAND]
```

die Verweise auf die letzten *n* Kommandos hält. Zyklische Listen können zum Beispiel durch Felder dargestellt werden (Übung 10.5). Der Zweig für UNDO sieht dann so aus:

```
if not last_commands.empty then
    last_commands.value.undo;
    last_commands.back
else
    message ("Nichts rückgängig zu machen")
end
```

und der Zweig für REDO:

```
if not last_commands.full then
    last_commands.forth;
    last_commands.value.execute
else
    message ("Nichts wiederauszuführen")
end
```

Die geeigneten Primitiven seien in der Klasse *CIRCULAR_LIST* definiert (Übung 10.5).

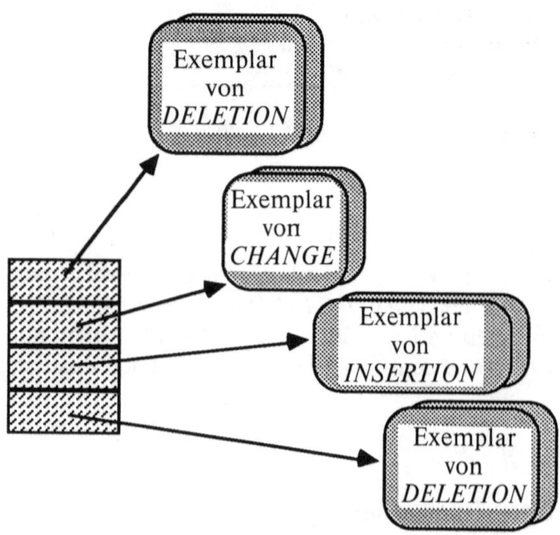

Bild 12.2 Ein polymorphes Feld „rückgängigmachbarer" Kommandos

Man beachte die grundlegende Rolle von Polymorphismus und dynamischem Binden bei dieser Lösung. Die Größe *current_command* in der einstufigen Version und die zyklische Liste *last_commands* in der Undo-Redo-Version enthalten Verweise auf Objekte, die Exemplare beliebiger Nachkommen von *COMMAND* sind. Die Einfachheit und Allgemeinheit der obigen Lösung rührt vom Gebrauch von Aufrufen der Form

current_command.execute
current_command.undo
last_commands.value.execute
last_commands.value.undo

wo die Prozeduren auf Größen vom Typ *COMMAND* angewandt werden und automatische Laufzeitmechanismen (dynamisches Binden) für das Auffinden der in jedem Fall anzuwendenden richtigen Version verantwortlich sind.

12.2.5 Vorberechnung von Kommandoobjekten

Eine interessante Frage lautet: Wie implementiert man die Operation, die in der Hauptschleife des obigen Editors wie folgt umschrieben wurde:

„Erzeuge ein geeignetes Kommandoobjekt *current_command"*

Die nächstliegende Lösung hat die Form:

if "Wunsch ist LINE DELETION" **then**
    ld.Create; current_command := ld
elsif "Wunsch ist LINE INSERTION" **then**
    li.Create; current_command := li
usw.

wobei *ld* vom Typ *LINE_DELETION* ist, *li* vom Typ *LINE_INSERTION* und so weiter. Diese bedingte Anweisung unterscheidet zwischen allen möglichen Benutzerkommandos. Die Nachteile solcher mehrzweigigen Entscheidungsstrukturen wurden in vorangegangenen Erörterungen wiederholt betont. Hier könnte man jedoch argumentieren, daß die bedingte Anweisung die einzige ihrer Art ist, die in der gesamten Editorstruktur verbleibt; irgendein Teil des Editors muß sicher die Benutzerkommandos unterscheiden.

Dennoch kann man auch hier die mehrzweigige Bedingung durch das folgende Schema loswerden, das auf viele ähnliche Situationen anwendbar ist. Wir ordnen einmal jedem möglichen Kommando einen ganzzahligen Code zwischen 1 und *n* zu. Während der Editor-Initialisierung erzeugen wir dann ein Feld

command_template: ARRAY[COMMAND]

und initialisieren seine Elemente so, daß das *i*-te Element ($1 <= i <= n$) auf ein Exemplar derjenigen Erbenklasse von *COMMAND* verweist, die *i* entspricht; wir erzeugen zum Beispiel ein Exemplar von *LINE_DELETION* und ordnen ihm das erste Element des Feldes zu (unter der Annahme, daß Zeilen löschen den Code 1 hat), und so weiter. Anders gesagt: Wir berechnen *n* Kommandoobjekte vor, eines für jeden Kommandotyp, und machen sie durch das Feld *command_template* verfügbar, und zwar jedes über den Index des entsprechenden Kommandocodes.

Dann wird die bedingte Anweisung nicht mehr gebraucht. Die Operation „Erzeuge ein geeignetes Kommandoobjekt *current_command*" wird einfach geschrieben als

current_command.Clone(command_template.entry(code))

wobei *code* der Code des aktuellen Benutzerkommandos ist. Damit bekommt man aus dem Feld ein Kommandoobjekt, das dem aktuellen Kommando entspricht, macht mithilfe von *Clone* daraus eine frische Kopie und ordnet diese *current_command* zu. Man beachte, daß im Falle des mehrstufigen Rückgängigmachens das *Clone* wesentlich ist, denn das Feld *last_commands* kann mehr als ein Exemplar einer gegebenen Kommandoklasse enthalten; in Bild 12.2 zum Beispiel enthält das Feld zwei Exemplare von *DELETION*.

Das Feld *command_template* ist ein weiteres Beispiel einer Datenstruktur, die polymorph sein muß.

12.3 Ganzbildschirm-Eingabesysteme

Unser letztes Beispiel dient dazu, den objektorientierten Ansatz der klassischen funktionalen Zerlegung gegenüberzustellen.

Das Problem - ein Masken-gesteuertes Eingabesystem - ist in der Datenverarbeitung weit verbreitet. Es muß eine interaktive Anwendung verfaßt werden, deren Benutzer an jedem Punkt der Sitzung von ganzseitigen Bildschirmmasken geführt werden.

Interaktive Sitzungen bei dieser Art von Systemen verlaufen nach einem wohldefinierten allgemeinen Muster. Eine Sitzung durchläuft eine bestimmte Anzahl von *Zuständen*. In jedem Zustand wird eine bestimmte Maske mit Fragen für den Benutzer angezeigt. Der Benutzer füllt die verlangten Antworten aus; diese Antwort wird auf Konsistenz geprüft (und die Fragen werden erneut gestellt, solange bis eine annehmbare Antwort gegeben wurde); dann wird die Antwort auf irgendeine Weise verarbeitet (zum Beispiel aktualisiert das System eine Datenbank). Ein Teil der Benutzerantwort ist die Auswahl des nächsten durchzuführenden Schritts, den das System in den Übergang in einen anderen Zustand übersetzt, wo anschließend der Vorgang wiederholt wird.

Unten wird - ohne Anspruch auf Wirklichkeitsnähe oder guten ergonomischen Entwurf - eine Beispiel-Eingabemaske für ein fiktives Flugreservierungssystem angegeben. Der Bildschirminhalt gibt den Zustand am Ende eines Schritts wieder; die kursiven Einträge sind die Benutzereingaben.

- Fluganfrage -

Flug gesucht von: *Berlin* nach: *Paris*

Abflug am oder nach dem: *Nov 21* am oder vor dem: *Nov 21*

Gewünschte Fluggesellschaft(en):

Sonderwünsche:

MÖGLICHE FLÜGE: 1

Flugnr. AF 345 Abflug: 8:30 Ankunft: 11:00 über Düsseldorf

Bitte wählen Sie den nächsten Schritt:

0 - Ende

1 - Hilfe

2 - Weitere Anfrage

3 - Reservierung

Bild 12.3 Eine Maske in einer interaktiven Anwendung

Der Prozeß beginnt in einem Anfangszustand und endet, wenn ein Endzustand erreicht ist. Die Grobstruktur einer Sitzung kann sehr gut durch einen Zustands-Übergangs-Graphen dargestellt werden, der die möglichen Zustände und die Übergänge zwischen diesen enthält. Die Kanten des Graphen werden mit Ganzzahlen beschriftet, die den möglichen Benutzerentscheidungen über den nächsten durchzuführenden Schritt bei Verlassen eines Zustands entsprechen. Unten sehen Sie einen Graphen, der eine einfache Flugreservierungsanwendung darstellt.

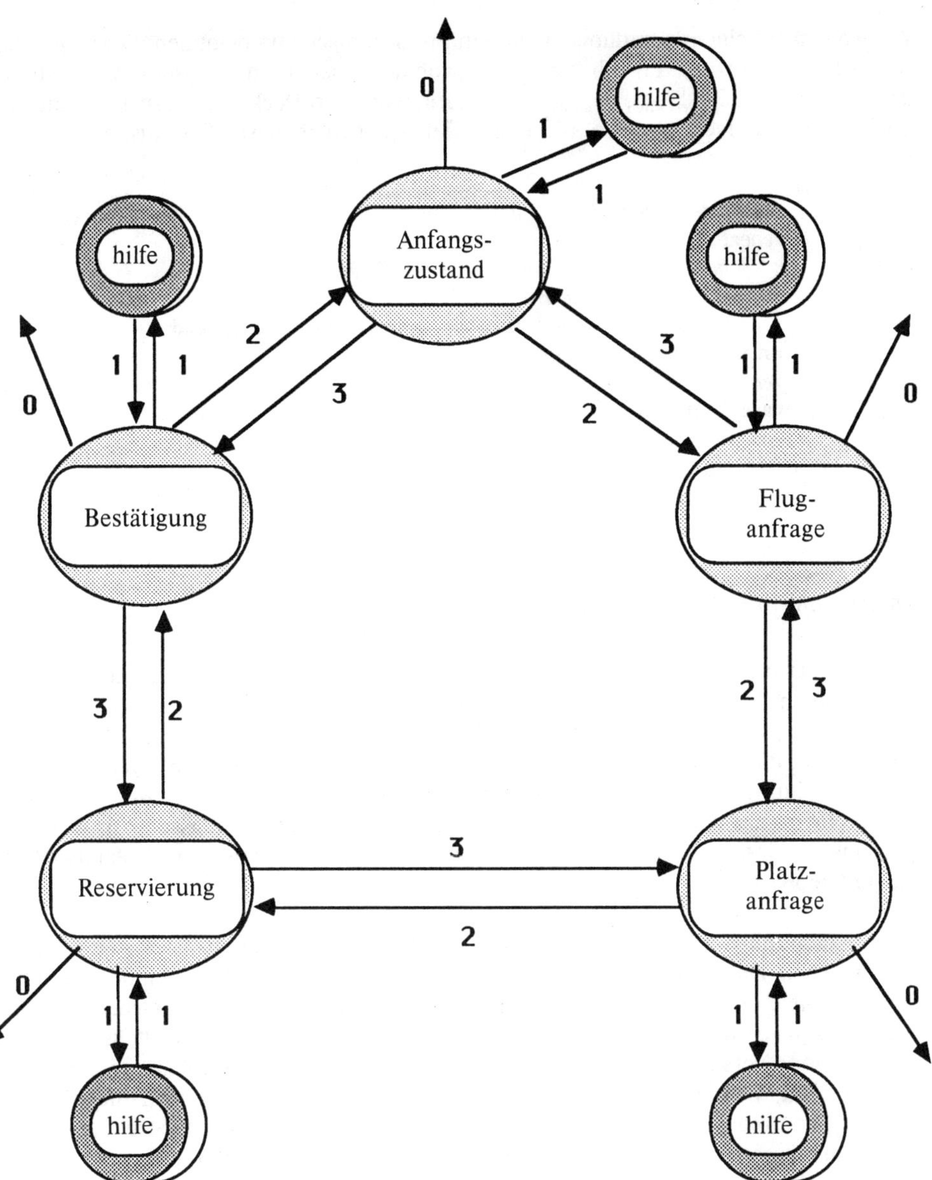

Bild 12.4 Zustands-Übergangs-Graph für eine interaktive Anwendung

Das Problem besteht darin, für solche Anwendungen einen Entwurf und eine Implementierung zu finden, die so allgemein und so flexibel wie irgend möglich sind.

12.3.1 Ein naiver Versuch

Wir wollen mit einem geradlinigen, groben Programmschema beginnen. Diese Version wird aus einer Anzahl von Blöcken erstellt, von denen jeder einen Zustand des Systems darstellt: $B_{Enquiry}$, $B_{Reservation}$, $B_{Cancellation}$, usw. Ein typischer Block (ausgedrückt in einer ad hoc Programmierschreibweise, nicht in Eiffel) sieht folgendermaßen aus:

```
B_Enquiry:
        gib Maske "Fluganfrage" aus;
        repeat
                lies Benutzerantworten und Wahl W für den
                        nächsten Schritt;
                if Antwort fehlerhaft then gib geeignete Meldung aus end
        until not Antwort fehlerhaft end;
        verarbeite Antwort;
        case W in
                W_0: goto Exit,
                W_1: goto B_Help,
                W_2: goto B_Reservation,
                ...
        end
```

und so ähnlich für jeden Zustand.

Diese Struktur hat einiges für sich: Sie wird die Aufgabe erledigen. Aber es gibt auch viel zu kritisieren. Man zeigt vielleicht sofort auf die zahlreichen **goto**-Anweisungen, die dieser Struktur jenes berühmte „Spaghetti-Schüssel"-Aussehen verleihen. Es handelt sich jedoch nicht einfach um ein Problem des Steuerkonstrukts. Abgesehen von den expliziten Verzweigungsanweisungen hat das obige Schema Mängel, weil die physische Form des Problems im Algorithmus fest verdrahtet ist. Die Verzweigungsstruktur des Programms ist eine genaue Widerspiegelung der Übergangsstruktur des Zustands-Übergangs-Graphen.

Vom Standpunkt der Wiederverwendbarkeit und Erweiterbarkeit aus ist das entsetzlich. In wirklichen Dateneingabesystemen kann der Graph aus Bild 12.4 ziemlich komplex sein. Beispiele mit 300 Zuständen sind nicht ungewöhnlich. Es ist unwahrscheinlich, daß die Übergangsstruktur eines solchen Systems gleich auf Anhieb richtig ist; selbst nachdem die erste Version des Systems in Betrieb genommen wurde, werden unvermeidlich Benutzer mit Wünschen nach neuen Übergängen, Abkürzungen, neuen „Hilfe"-Zuständen, usw. kommen. Die Aussicht, für jede solche Änderung die gesamte Struktur modifizieren zu müssen (nicht einfach nur Programmelemente, sondern die gesamte Organisation), ist nicht verlockend.

Um die Lösung zu verbessern, müssen wir die Graphstruktur vom Traversierungsalgorithmus trennen; das scheint möglich zu sein, denn die Struktur hängt von der Anwendung ab (wie zum Beispiel die Flugreservierung), während der Durchlauf generisch beschrieben werden könnte. Die unten entstehende funktionale Zerlegung beseitigt auch die ketzerischen gotos.

12.3.2 Eine prozedurale Top-down-Lösung

Die Struktur des Graphen sollte in einer Funktion mit zwei Argumenten gekapselt werden, sagen wir *übergang,* so daß *übergang(z,w)* derjenige Zustand ist, der beim Verlassen von *z* erreicht wird, wenn der Benutzer *w* ausgewählt hat. Das Wort „Funktion" wird im mathematischen Sinn gebraucht; *übergang* kann entweder durch eine Funktion im Programmiersinn dargestellt werden, also durch eine Wert-liefernde Routine, oder durch eine Datenstruktur, zum Beispiel ein Feld. Wir können es uns leisten, die Entscheidung zwischen diesen beiden Lösungen zu verschieben und uns nur auf *übergang* zu beziehen, ohne uns festzulegen, wie es implementiert ist.

Die Funktion *übergang* reicht nicht aus, den Übergangsgraphen zu beschreiben: Wir müssen auch den Zustand, zum Beispiel *anfangszustand,* definieren, der als Beginn des Durchlaufs dient, sowie eine Boolesche Funktion *ist_endzustand(z),* die bestimmt, ob ein Zustand ein Endzustand ist. (Der Anfangszustand wird als eindeutig angenommen, während es mehr als einen Endzustand geben kann.)

Mit dieser Darstellung kann die folgende orthodox wirkende funktionale Architektur vorgeschlagen werden. Bei der Top-down-Methode muß jedes System ein „top" oder ein Hauptprogramm haben; hier muß das ganz klar diejenige Routine sein, welche die Ausführung einer vollständigen interaktiven Sitzung beschreibt.

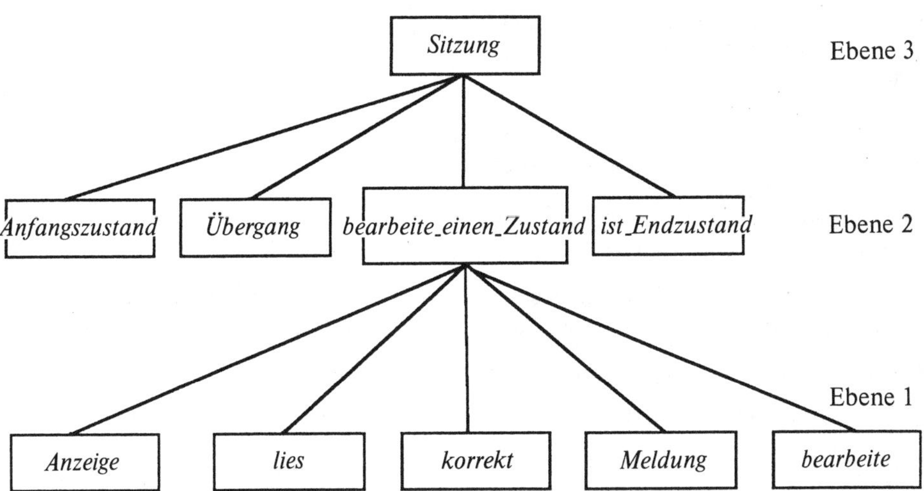

Bild 12.5 Funktionale Zerlegung

Diese Routine kann so geschrieben werden, daß ihre Anwendungsunabhängigkeit betont wird. (Die bei der Darstellung der funktionalen Top-down-Lösung verwendete Sprache ist wieder eine ad hoc Programmierschreibweise und hat keinerlei Bezug zu Eiffel.) Wir gehen davon aus, daß eine geeignete Darstellung für Zustände (Typ *ZUSTAND*) und für die Auswahl des Benutzers nach jedem Zustand (Typ *WAHL*) gefunden wird.

```
sitzung is -- Führe eine vollständige Sitzung eines interaktiven Systems aus
        aktueller: ZUSTAND; nächster: WAHL
begin
        aktueller := anfangszustand;
        repeat
            bearbeite_einen_zustand(aktueller,nächster);
                -- Der Wert von nächster wird durch die
                -- Routine bearbeite_einen_zustand geliefert
            aktueller := übergang(aktueller,nächster)
        until ist_endzustand(aktueller) end
end -- sitzung
```

Die Prozedur *sitzung* zeigt keine direkten Abhängigkeiten von irgendeiner interaktiven Anwendung. Um eine solche Anwendung zu beschreiben, muß man drei Elemente aus Ebene 2 in Bild 12.5 bereitstellen: Funktion *übergang* (Routine oder Datenstruktur); Zustand *anfangszustand;* Prädikat *ist_endzustand.*

Um den Entwurf zu vervollständigen, müssen wir die Routine *bearbeite_einen_zustand* verfeinern, welche die in jedem Zustand durchzuführenden Aktionen beschreibt. Der Rumpf dieser Routine ist im wesentlichen eine abstrahierte Form der Inhalte der aufeinanderfolgenden Blöcke aus unserer anfänglichen Spaghetti-Version:

```
bearbeite_einen_zustand (in z: ZUSTAND; out w: WAHL) is
            -- Führe die zum Zustand z gehörenden Aktionen
            -- aus und liefere in w die Benutzerentscheidung
            -- für den nächsten Zustand
        a: ANTWORT; ok: BOOLEAN;
begin
        repeat
            anzeige(z); lies(z,a); ok := korrekt(z,a);
            if not ok then meldung(z,a) end
        until ok end;
        verarbeite(z,a); w := nächste_wahl(a)
end -- bearbeite_einen_zustand
```

Die übrigen Routinen vollständig niederzuschreiben, würde erfordern, in die Details der Anwendung einzudringen; an dieser Stelle sollen nur Spezifikationen gegeben werden:

- *anzeige(z)* gibt die zum Zustand *z* gehörende Maske aus.
- *lies(z,a)* liest in *a* die Benutzerantwort aus der Maske des Zustands *z* ein.
- *korrekt(z,a)* liefert wahr genau dann, wenn *a* eine annehmbare Antwort auf die im Zustand *z* gestellte Frage ist; in diesem Fall verarbeitet *verarbeite(z,a)* die Anwort *a*; wenn nicht, gibt *meldung(z,a)* die entsprechende Fehlermeldung aus.

Man beachte, daß der Typ *ANTWORT* unspezifiziert gelassen wurde. Ein Wert von diesem Typ, sagen wir *a,* stellt global die Eingabe dar, die der Benutzer in einem gegebenen Zustand eingibt; dabei wird vorausgesetzt, daß darin die Wahl des Benutzers für den nächsten Schritt enthalten ist, *nächste_wahl(a)* geschrieben. (*ANTWORT* ist tatsächlich schon fast so etwas wie eine Klasse, auch wenn der Rest der Systemarchitektur überhaupt nicht objektorientiert ist.)

12.3.3 Datenübermittlung

Haben wir nunmehr eine zufriedenstellende Lösung? Nicht vom Standpunkt der Wiederverwendbarkeit aus gesehen.

Richtig: Wir haben eine gewisse Trennung erreicht zwischen den generischen Teilen und den anwendungsspezifischen. Aber das bringt nicht viel in bezug auf Flexibilität. Das Hauptproblem ist die Datenübermittlungsstruktur des Systems. Betrachten wir die Signaturen (Argument- und Ergebnistypen) der Routinen:

bearbeite_einen_zustand	(**in** *z: ZUSTAND;* **out** *w: WAHL)*
anzeige	(**in** *z: ZUSTAND)*
lies	(**in** *z: ZUSTAND;* **out** *a: ANTWORT)*
korrekt	(**in** *z: ZUSTAND; a: ANTWORT): BOOLEAN*
meldung	(**in** *z: ZUSTAND; a: ANTWORT)*
verarbeite	(**in** *z: ZUSTAND; a: ANTWORT)*

All diese Routinen haben einen gemeinsamen Parameter, nämlich den Zustand *z*, der vom Modul an der Spitze, *sitzung,* geliefert wird (wo er als *aktueller* bekannt ist). Der Datenfluß zeigt, wie unten dargestellt, daß der Zustand an viel zu vielen Stellen bekannt ist. Das hat zur Folge, daß alle obigen Routinen auf irgendeine Weise Fallunterscheidungen bezüglich *z* durchführen müssen, wie bei

case *z* **of**
    Zustand$_1$*: ...,*
    ...,
    Zustand$_n$*: ...,*
end

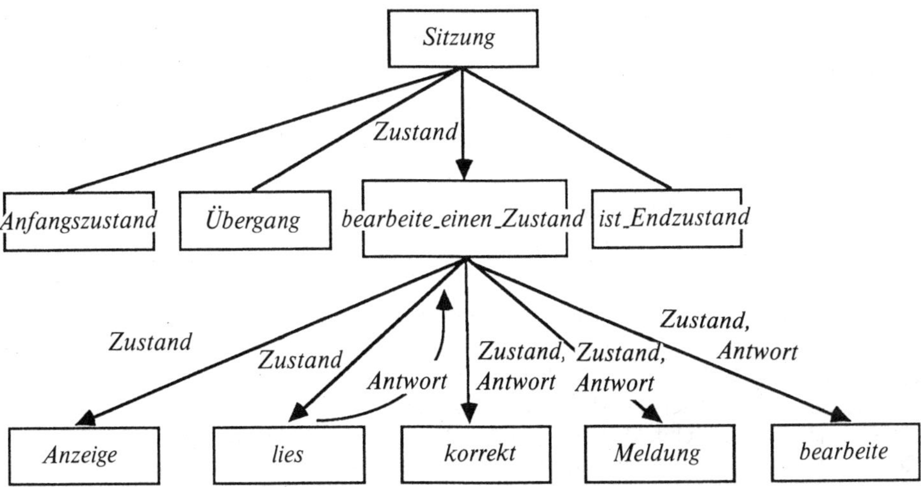

Bild 12.6 Datenübermittlung in der Funktionalen Zerlegung

Auch hier haben wir also wieder eine lange und komplexe Kontrollstruktur mit viel zu viel Wissensverbreitung über das gesamte System. Jede Routine kennt alle Zustände der Anwendung. Das macht es sehr schwer, Erweiterungen zu implementieren, weil zum Beispiel das Hinzufügen eines neuen Zustandes Änderungen in der gesamten Software erforderlich machte.

Die Lage ist in Wirklichkeit noch schlimmer als sie scheint. Es wäre doch wünschenswert, aus der Ähnlichkeit zwischen allen interaktiven Anwendungen der hier betrachteten allgemeinen Klasse Nutzen zu ziehen, indem die gemeinsamen Teile als Routinen in einer Bibliothek gespeichert werden. Das ist in der Praxis aber nicht möglich: Alle obigen Routinen hängen von der jeweiligen Anwendung ab (wie zum Beispiel Flugreservierung), die als expliziter Parameter angefügt werden muß, wenn die Routinen vollständig allgemeingültig gemacht werden sollen. Das bedeutet, daß eine allgemeingültige Version von zum Beispiel *anzeige* alle Zustände aller möglichen Anwendungen in einer bestimmten Umgebung kennen müßte! Die Funktion *übergang* müßte den Übergangsgraphen für alle Anwendungen enthalten. Das ist unmöglich zu beherrschen.

12.3.4 Das Gesetz der Umkehrung

Was ist schief gegangen? Ganz allgemein ist zu viel Datenübermittlung in einer Softwarearchitektur, wie es in Bild 12.6 deutlich wird, ein Hinweis auf einen Entwurfsfehler. Das Gegenmittel, das unmittelbar zum objektorientierten Entwurf führt, kann in folgende Regel gefaßt werden:

> **Das Gesetz der Umkehrung:**
> Wenn zwischen den Routinen zu viel Datenübermittlung stattfindet, dann packe man die Routinen in die Daten.

Anstatt Moduln um Operationen herum zu bauen (wie *sitzung, bearbeite_einen_zustand,* usw.) und – mit dem oben gezeigten Effekt – die Datenstrukturen zwischen den daraus sich ergebenden Routinen auszutauschen, geht man beim objektorientierten Entwurf genau umgekehrt vor: Man benutzt die wichtigste Datenstruktur als Grundlage für die Modularisierung und ordnet jede Routine derjenigen Datenstruktur zu, zu der sie am engsten gehört.

Dieses Gesetz dient als Schlüssel dazu, aus einer klassischen funktionalen (prozeduralen) Zerlegung einen objektorientierten Entwurf zu erhalten: Man kehre den Blickwinkel um und ordne die Routinen den Datenstrukturen zu.

Natürlich ist es am besten, gleich von Anfang an auf objektorientierte Art zu entwerfen; dann braucht man keine „Umkehrung". Der Prozeß, wie man von einer funktionalen Zerlegung zu einer objektorientierten Struktur kommt, ist jedoch an sich interessant, und sei es auch nur, weil die meisten Menschen ursprünglich funktionalen Methoden ausgesetzt waren und oft mit Architekturen beginnen, die zu funktional sind. Nach einem solchen falschen Start muß man die wichtigsten Datenabstraktionen herausfiltern, die als Grundlage für die Moduln in einer objektorientierten Architektur dienen. Wie kann man diese finden?

Die Datenübermittlung bietet einen guten Hinweis zur Beantwortung dieser Frage. Diejenigen Datenstrukturen, die ständig zwischen Routinen hin und her übermittelt werden, sind offensichtlich wichtig. Der erste Kandidat ist hier offensichtlich: der Zustand *(aktueller, z)*. Unsere objektorientierte Lösung wird deshalb eine Klasse *ZUSTAND* enthalten, die den entsprechenden abstrakten Datentyp implementiert. Zu den Merkmalen eines Zustandes gehören die fünf Routinen aus Ebene 1 in Bild 12.5, welche die in einem Zustand ausführbaren Operationen beschreiben *(anzeige, lies, meldung, korrekt* und *verarbeite)*, sowie die Routine *bearbeite_einen_zustand* ohne den Zustandsparameter. In Eiffel-Schreibweise hat die Klasse folgende allgemeine Form:

```
class ZUSTAND export
        nächste_wahl, anzeige, lies, korrekt,
        meldung, verarbeite, bearbeite_einen_zustand
feature
        benutzer_antwort: ANTWORT;
        nächste_wahl: INTEGER;
        bearbeite_einen_zustand is
            do
                ... Routinenrumpf ...
            end;
        anzeige is ...;
        lies is ...;
        korrekt: BOOLEAN is ...;
        meldung is ...;
        verarbeite is ...;
end -- class ZUSTAND
```

Unter den Merkmalen der Klasse sind zwei Attribute: *nächste_wahl* und *benutzer_antwort,* die übrigen sechs sind Routinen. Jede Routine hat im Vergleich zu ihrem Gegenstück in der funktionalen Zerlegung ihren expliziten Parameter *ZUSTAND* verloren, der natürlich in den Kundenaufrufen wieder auftaucht:

```
z: ZUSTAND; b: BOOLEAN; auswahlcode: INTEGER; ...
z.bearbeite_einen_zustand; z.lies;
b := z.korrekt; auswahlcode := z.nächste_wahl;
usw.
```

Beim vorigen Ansatz lieferte *bearbeite_einen_zustand* die Wahl des nächsten Schritts durch den Benutzer als Ergebnis. Das entspricht jedoch nicht dem Grundsatz der Trennung von Kommandos und Anfragen (7.7.2). Es ist besser, *bearbeite_einen_zustand* als Kommando zu behandeln, dessen Ausführung die Antwort auf die Frage „Welche Wahl hat der Benutzer im letzten Zustand getroffen?" ändern kann, während die Antwort selbst durch das Attribut *nächste_wahl* verfügbar wird.

Analog wird der Parameter *ANTWORT* der Routinen von Ebene 1 durch das geheime Attribut *benutzer_antwort* ersetzt. Der Grund ist das Geheimnisprinzip: Kundencode muß die Antworten nicht sehen können außer über die Schnittstelle der exportierten Merkmale.

12.3.5 Vererbung und aufgeschobene Merkmale

Nicht alle Routinen von *ZUSTAND* können vollständig ausgeführt werden. Die Routine *bearbeite_einen_zustand* und das Attribut *nächste_wahl* sind für alle Zustände gemeinsam; aber die anderen sind Zustands-spezifisch.

Vererbung und aufgeschobene Klassen bieten die Lösung. Auf der Ebene von *ZUSTAND* kennen wir folgendes: die Routine *bearbeite_einen_zustand* vollständig; das Attribut *nächste_wahl;* das Vorhandensein der Routinen von Ebene 1 (*anzeigen* usw.) und deren Spezifikationen, aber nicht ihre Implementierungen. Diese Routinen sollten aufgeschoben werden; die Klasse *ZUSTAND,* welche eine Menge von Abstraktionen, nämlich die Menge der möglichen Zustände, beschreibt und nicht eine einzelne Abstraktion, ist eine aufgeschobene Klasse.

Das ergibt folgendes:

```
deferred class ZUSTAND export
        nächste_wahl, anzeige, lies, korrekt,
        meldung, verarbeite, bearbeite_einen_zustand
feature

        benutzer_antwort: ANTWORT; -- Geheimes Attribut

        nächste_wahl: INTEGER;

        bearbeite_einen_zustand is
                    -- Führe die dem aktuellen Zustand zugeordneten Aktionen aus
                    -- und weise die
                    -- Wahl des Benutzers für den nächsten Zustand dem Attribut
                    -- nächste_wahl zu
            local
                    ok: BOOLEAN
            do
                    from
                        ok := false
                    until
                        ok
                    loop
                        anzeige; lies; ok := korrekt;
                        if not ok then
                            meldung
                        end
                    end; -- loop
                    verarbeite;
            end -- bearbeite_einen_zustand

        anzeige is
                    -- Zeige das zum aktuellen Zustand gehörende
                    -- Auswahlmenü an
            deferred
            end; -- anzeige
```

```
        lies is
                -- Speichere die Benutzerantwort in
                -- benutzer_antwort und die nächste Wahl des
                -- Benutzers in nächste_wahl
            deferred
            end; -- lies

        korrekt: BOOLEAN is
                -- Liefere wahr genau dann, wenn
                -- benutzer_antwort eine korrekte Antwort ist
            deferred
            end; -- korrekt

        meldung is
                -- Gib die zu benutzer_antwort gehörende
                -- Meldung aus
            require
                not korrekt
            deferred
            end; -- meldung

        verarbeite is
                -- Verarbeite die Benutzerantwort
            require
                korrekt
            deferred
            end; -- verarbeite
    end -- class ZUSTAND
```

Bestimmte Zustände werden durch die Nachkommen von *ZUSTAND* definiert, die dann auch Implementierungen der aufgeschobenen Routinen bereitstellen. Ein Beispiel würde wie folgt aussehen:

```
    class ANFRAGE_NACH_FLÜGEN export
    inherit
        ZUSTAND
    feature
        anzeige is
            do
                ... spezifische Anzeigeprozedur ...
            end;
        ... und analog für lies, korrekt, meldung und verarbeite ...
    end -- class ANFRAGE_NACH_FLÜGEN
```

Diese Architektur trennt die allen Zuständen gemeinsamen Elemente von den für individuelle Zustände spezifischen im genau erforderlichen Detaillierungsgrad. Gemeinsame Elemente sind in *ZUSTAND* zusammengefaßt und müssen in den Nachkommen von *ZUSTAND* wie zum Beispiel *ANFRAGE_NACH_FLÜGEN* nicht erneut deklariert werden. Das Offen-geschlossen-Prinzip ist erfüllt: *ZUSTAND* ist dahingehend geschlossen, daß es sich um eine wohldefinierte, übersetzbare Einheit handelt; aber sie ist auch offen, weil zu jedem beliebigen Zeitpunkt beliebig viele Nachkommen hinzugefügt werden können.

ZUSTAND ist typisch für Klassen, welche das gemeinsame Verhalten einer großen Anzahl möglicher Objekte verkörpern. Vererbung und der Mechanismus des Zurückstellens sind wesentlich dafür, ein solches Verhalten in einem eigenständigen wiederverwendbaren Baustein zu erfassen. Andere typische Beispiele sind: eine Klasse mit allen zum Test von Klassen notwendigen Mitteln (Übung 12.6) und eine Klasse mit einer allgemeinen „Geschichtseinrichtung" und anderen Mitteln, die von allen interaktiven Systemen gebraucht werden (Übung 12.5).

12.3.6 Beschreibung eines vollständigen Systems

Um das Beispiel zu vervollständigen, müssen wir auch diejenige Routine anpassen, welche die Spitze (das Hauptprogramm) der funktionalen Zerlegung darstellt: *sitzung*. Wir wissen es jetzt aber besser. Wie in Kapitel 4 erörtert, ist das „Top" der Top-down-Methode ein Mythos: Die meisten wirklichen Systeme haben so etwas nicht - zumindest, wenn es so verstanden wird, daß das Top eine Routine sei („*die* Funktion des Systems"). Mit geringen Ausnahmen haben große Softwaresysteme eine ganze Reihe von Funktionen, die alle gleich wichtig sind. Auch hier ist der Ansatz der abstrakten Datentypen geeigneter; ein System als Ganzes wird dabei als eine abstrakte Einheit verstanden, welche eine bestimmte Menge von Dienstleistungen bietet.

Der offensichtliche Kandidat hierfür ist der Begriff der **Anwendung,** der ein bestimmtes interaktives System wie ein Flugreservierungssystem beschreibt. Es ist sinnvoll, diesem Konzept einen voll ausgerüsteten abstrakten Datentyp zuzuordnen, der in den Phasen Entwurf und Implementierung zu einer Klasse *ANWENDUNG* führt. Natürlich dürfte *ANWENDUNG* als ein Merkmal die Routine *sitzung* haben, welche die Durchführung einer Anwendung beschreibt, aber da sind noch eine Menge mehr Dinge, die man mit einer Anwendung machen können möchte - jede wird zu einem Merkmal der Klasse gemacht. Beispiele dafür fallen einem sofort ein:

- Füge einen neuen Zustand hinzu.
- Füge einen neuen Übergang hinzu.
- Konstruiere eine Anwendung (durch wiederholte Anwendung der beiden vorangegangenen Operationen).
- Entferne einen Zustand, einen Übergang.
- Speichere die gesamte Anwendung, ihre Zustände und Übergänge, in einer Datenbank.
- Simuliere die Anwendung (zum Beispiel auf einem zeilenorientierten Bildschirm oder mit Stümpfen, welche die Routinen der Klasse *ZUSTAND* ersetzen, um nur die Übergänge zu testen).
- Überwache den Gebrauch der Anwendung.

und so weiter.

Wenn man auf den Begriff des „Hauptprogramms" verzichtet und *sitzung* nur als irgendein Merkmal der Klasse *ANWENDUNG* betrachtet, dann gewinnt man erheblich an Flexibilität.

Zu den Merkmalen der Klasse gehören auch die übrigen Elemente auf den Ebene 2 und 3 aus Bild 12.5. Die folgenden Implementierungsentscheidungen scheinen geeignet zu sein.

- Die Übergangsfunktion wird durch ein zweidimensionales Feld *übergang* der Größe $n \times$ m dargestellt, wobei n die Anzahl der Zustände und m die Anzahl der Ausgangswahlmöglichkeiten ist.
- Zustände werden von 1 bis n durchnumeriert. Ein eindimensionales Feld *zugeordneter_zustand* liefert zu jeder Ganzzahl im Intervall 1..n den entsprechenden Zustand. Man beachte jedoch, daß die Zahlen den Zuständen nur in bezug auf eine bestimmte Anwendung zugeordnet sind; es gibt kein Attribut „Zustandsnummer", das dauerhaft einem Zustand zugeordnet ist.
- Die Nummer des Anfangszustandes wird im Attribut *anfangszustand* festgehalten und durch die Routine *wähle_anfang* gesetzt. Bezüglich Endzuständen gilt die Vereinbarung, daß ein Übergang in den Pseudozustand Nummer 0 die Sitzung beendet; normale Zustände haben positive Nummern.
- Die *Create*-Prozedur von *ANWENDUNG* benutzt die *Create*-Prozeduren der Bibliotheksklassen *ARRAY* und *ARRAY2*. Die letztere beschreibt zweidimensionale Felder und ist nach dem Vorbild von *ARRAY* gebaut; ihr *Create* hat vier Parameter, zum Beispiel *a.Create(1,25,1,10)*, und ihre Routinen *entry* und *enter* benutzen zwei Indizes, zum Beispiel *a.enter(1,2,x)*. Die Grenzen eines zweidimensionalen Feldes *a* sind *a.lower1*, usw.

Es folgt die Klasse für Anwendungen:

```
class ANWENDUNG export
        sitzung, anfangsnummer, füge_zustand_ein, wähle_anfang, füge_übergang_ein, ...
feature
        übergang: ARRAY2[ZUSTAND];
        zugeordneter_zustand: ARRAY[ZUSTAND];
                        -- (Geheime Attribute)
        anfangsnummer: INTEGER;
        Create(n,m: INTEGER) is
                        -- Erzeuge eine Anwendung mit n Zuständen und
                        -- m Wahlmöglichkeiten
            do
                übergang.Create(1,n,1,m);
                zugeordneter_zustand.Create(1,n)
            end; -- Create
        sitzung is -- Führe Anwendung durch
            local
                zu: ZUSTAND; zu_nummer: INTEGER;
            do
                from
                    zu_nummer := anfangsnummer;
                invariant
                    0 <= zu_nummer; zu_nummer <= n;
                until zu_nummer = 0 loop
                 zu := zugeordneter_zustand.entry(zu_nummer);
                 zu.bearbeite_einen_zustand;
                 zu_nummer :=
                    übergang.entry(zu_nummer,zu.nächste_wahl)
                end -- loop
            end; -- sitzung
```

```
füge_zustand_ein (zu: ZUSTAND; nummer: INTEGER) is
        -- Füge Zustand zu mit Index nummer ein
    require
        1 <= nummer;
        nummer <= zugeordneter_zustand.upper
    do
        zugeordneter_zustand.enter(nummer,zu)
    end; -- füge_zustand_ein

wähle_anfang (nummer: INTEGER) is
        -- Definiere die Zustandsnummer nummer als
        -- Anfangszustand
    require
        1 <= nummer;
        nummer <= zugeordneter_zustand.upper
    do
        anfangsnummer := nummer
    end; -- wähle_anfang

füge_übergang_ein (quelle,ziel,kennzeichen: INTEGER) is
        -- Füge einen mit kennzeichen beschrifteten
        -- Übergang vom Zustand mit Nummer quelle
        -- zum Zustand mit Nummer ziel ein
    require
        1 <= quelle;
        quelle <= zugeordneter_zustand.upper;
        0 <= ziel;
        ziel <= zugeordneter_zustand.upper;
        1 <= kennzeichen;
        kennzeichen <= übergang.upper2;
    do
        übergang.enter(quelle,ziel,kennzeichen)
    end; -- füge_übergang_ein

... Andere Merkmale ...

invariant
    übergang.upper1 = zugeordneter_zustand.upper
end -- class ANWENDUNG
```

Eine interaktive Anwendung wird durch eine Größe vom Typ *ANWENDUNG* dargestellt, zum Beispiel *flugreservierung,* und wie folgt angewandt. Die Anwendung wird erzeugt durch

flugreservierung.Create(anzahl_zustände,anzahl_wahlmöglichkeiten)

Die Zustände der Anwendung müssen getrennt als Größen von Nachkommenstypen von *ZUSTAND* definiert und erzeugt werden. Jedem Zustand *z* wird eine Nummer *i* in bezug auf die Anwendung zugeordnet:

flugreservierung.füge_zustand_ein(z,i).

Ein Zustand, sagen wir der Zustand mit Nummer i_0, wird als Anfangszustand ausgewählt:

flugreservierung.wähle_anfang(i_0).

Jeder Übergang (von Zustand Nummer *zn* zu Zustand Nummer *yn* mit Kennzeichen *l*) wird zugefügt durch

flugreservierung.füge_übergang_ein(zn,yn,l).

Dazu gehören auch Endübergänge, bei denen *yn* 0 ist.

Die Anwendung kann jetzt durchgeführt werden mit

flugreservierung.sitzung.

In der Weiterentwicklung des Systems können jederzeit dieselben Routinen benutzt werden, um neue Zustände, neue Übergänge, usw. hinzuzufügen. Die Klasse kann natürlich erweitert werden, entweder selbst oder durch Hinzufügen von Nachkommen, um weitere Merkmale wie die oben erwähnten anbieten zu können: Löschen, Simulation, usw.

Übungen

12.1 Fenster als Bäume

Die Klasse *WINDOW* (12.1) beerbt *TREE[WINDOW].* Erklären Sie den generischen Parameter. Zeigen Sie, daß das zu einer interessanten Klausel in der Klasseninvarianten führt.

12.2 Ist ein Fenster eine Zeichenkette?

Ein Fenster hat einen zugeordneten Text, der durch ein Attribut *text* vom Typ *STRING* beschrieben wird (12.1.2). Sollte nicht *WINDOW,* anstatt dieses Attribut zu haben, eher als Erbe von STRING deklariert werden?

12.3 Vervollständigung von WINDOW

Vervollständigen Sie den Entwurf der Klasse *WINDOW,* indem Sie genau aufzeichnen, was vom zugrundeliegenden Terminalverwaltungsmechanismus gebraucht wird.

12.4 Undo und Redo in Pascal

Beschreiben Sie, wie eine die Undo-redo-Technik aus 12.2 nachvollziehende Lösung in Pascal, Ada (unter Benutzung von Verbundtypen mit Varianten) oder C (unter Benutzung von Structure- und Union-Typen) implementiert werden könnte. Vergleichen Sie diese mit der objektorientierten Lösung.

12.5 Ein Geschichtsmechanismus

Eine nützliche Einrichtung für ein Kommando-orientiertes interaktives Werkzeug ist ein Geschichtsmechanismus, welcher die zuletzt ausgeführten Kommandos aufhebt und es dem Benutzer ermöglicht, mithilfe einfacher Codes ein vorhergehendes Kommando eventuell geändert erneut auszuführen. Unter Unix kann man zum Beispiel die C-Shell (eine Kommandosprache) anweisen, sich die letzten paar Kommandos zu merken; dann kann man !-2 tippen, was „führe das vorletzte Kommando nochmal aus" bedeutet, oder *^yes ^no ^*, was so viel bedeutet wie: „Führe das letzte Kommando nochmal aus, wobei die Zeichen *yes* im Kommandotext durch *no* ersetzt werden sollen".

Geschichtsmechanismen werden, sofern vorhanden, auf pragmatische Weise eingebaut. Bei Unix beispielsweise könnten viele interaktive Werkzeuge unter der C-Shell wie zum Beispiel der Editor Vi oder der Debugger dbx aus einem solchen Mechanismus großen Nutzen ziehen, aber es gibt ihn dort nicht. Das ist umso bedauerlicher, als dasselbe Konzept der Kommandogeschichte und dieselben zugehörigen Einrichtungen für jedes interaktive Werkzeug nützlich sind, unabhängig von seinen Funktionen - Kommandosprache, Editor, Debugger.

Entwerfen Sie eine Klasse, die einen allgemeingültigen Geschichtsmechanismus implementiert, und zwar so, daß jedes interaktive Werkzeug, das einen solchen Mechanismus braucht, diesen einfach durch Beerben dieser Klasse bekommt. (Beachten Sie, daß hier Mehrfacherben wesentlich ist.)

Erörtern Sie die Erweiterung dieses Mechanismus zu einer allgemeinen Klasse *BENUTZUNGSSCHNITTSTELLE,* die dazu da ist, interaktive Werkzeuge schnell herstellen zu können.

12.6 Testumgebung

Das saubere Testen eines Stückes Software, zum Beispiel einer Klasse, erfordert eine Reihe von Mitteln zur Vorbereitung des Tests, zur Eingabe von Testdaten, zur Durchführung des Tests, zur Speicherung der Ergebnisse, zum Vergleich dieser Ergebnisse mit den erwarteten Ergebnissen, usw. Definieren Sie eine allgemeine Klasse TEST, die eine geeignete Testumgebung definiert und von jeder zu testenden Klasse beerbt werden kann. (Beachten Sie auch hier die Bedeutung des Mehrfacherbens.)

13 Konstanten und gemeinsame Objekte

Oft müssen die Teile eines Softwaresystems auf konstante oder gemeinsame Informationen zugreifen.

Ein Beispiel für konstante Informationen ist der bei der Initialisierung ermittelte Wert eines globalen Systemparameters (wie zum Beispiel die Größe des verfügbaren Hauptspeichers), der dann von vielen Moduln benutzt wird. Ein Beispiel für gemeinsame Informationen ist in einem interaktiven System ein Objekt, das ein Meldungsfenster auf dem Bildschirm darstellt: Diverse Moduln des Systems müssen eventuell Ausgaben an dieses Fenster senden und müssen deshalb Zugriff auf dasselbe zugeordnete Objekt haben.

Eine Lösung besteht darin, den gemeinsamen Wert oder das gemeinsame Objekt als Routinenargument zu übergeben; aber das wird rasch umständlich, wenn zu viele Teile diese Information benötigen. Nebenbei bemerkt geht man bei der Argumentübergabe davon aus, daß ein Modul den Wert besitzt und ihn dann an andere übergibt; im Fall echt gemeinsamer Werte ist das nicht angebracht.

In der klassischen Programmierung ist es nicht schwer, gemeinsame Objekte vorzusehen: Man deklariert sie einfach als globale Variable, die dem Hauptprogramm gehören. Beim dezentralisierten Entwurfsstil, wie er durch objektorientierte Techniken ermöglicht wird, gibt es jedoch weder ein Hauptprogramm noch globale Variablen. Wie ermöglicht man Teilen, Daten auf einfache Weise gemeinsam zu nutzen, ohne ihre Autonomie, Flexibilität und Wiederverwendbarkeit aufs Spiel zu setzen?

In diesem Kapitel werden eine Reihe von Lösungen vorgestellt. Es fängt mit dem unkomplizierten Fall der symbolischen Konstanten einfachen Typs an und fährt fort mit gemeinsam genutzten Exemplaren von Klassentypen. Das zur Behandlung des letzteren Falls eingeführte Mittel der „Einmalfunktionen" wird sich als darüberhinaus anwendbar erweisen, insbesondere für Zeichenketten. Das Kapitel schließt mit einer Erörterung der Entscheidungen, die zum Entwurf der dargestellten Sprachmittel geführt haben.

13.1 Konstanten einfachen Typs

Symbolische Konstanten einfachen Typs (integer, boolean, character, real) werden in Eiffel als Klassenattribute behandelt, die einfach feste Werte für alle Exemplare dieser Klasse haben. Die einfache Syntax wird durch die folgenden Beispiele deutlich:

Null: INTEGER **is** *0;*
Ok: BOOLEAN **is true;**
Pi: REAL **is** *3.1415926524;*
Prozent: CHARACTER **is** *'%';*

Wie diese Beispiele zeigen, wird empfohlen, Namen konstanter Attribute mit einem Großbuchstaben beginnen zu lassen.

Der Wert eines konstanten Attributs darf in einer Nachkommensklasse nicht redefiniert werden.

Wie andere Attribute sind auch konstante Attribute entweder exportiert oder geheim; wenn sie exportiert sind, können sie von Klassenkunden mithilfe der Punktnotation benutzt werden. Wenn *C* die Klasse mit den obigen Deklarationen ist und *x* ist vom Typ *C*, dann bezeichnet *x.Prozent* das Prozentzeichen (wenn *x* nicht *Void* ist).

Im Gegensatz zu anderen Attributen belegen konstante Attribute in Exemplaren der Klasse zur Laufzeit keinen Speicherplatz. Es wird also kein Laufzeitpreis dafür bezahlt, so viele konstante Attribute wie nötig zu vereinbaren. In dieser Hinsicht sind konstante Attribute so etwas wie Makros.

Man erinnere sich, daß Werte vom Typ *CHARACTER* einzelne Zeichen sind. Konstanten vom Zeichenketten-Typ, die Zeichenketten beliebiger Länge bezeichnen, werden unten diskutiert.

13.2 Benutzung von Konstanten

In einer Klasse definierte Konstanten können in Kundenklassen wie oben vorgeschlagen verwendet werden. Ein Beispiel ist die Benutzung von Konstanten als Fehlercodes wie im folgenden Auszug aus einer Klasse, die Dateien beschreibt:

```
class FILE export
        open, ... (andere E/A-Primitiven) ...
        error_code,
        Ok, Open_error, ... (andere E/A-Fehlercodes) ...

feature
        error_code: INTEGER;  -- Normales (nicht konstantes) Attribut
        Ok: INTEGER is 0;
        Open_error: INTEGER is 1;
        ...;

        open (file_name: STRING) is
                -- Öffne die Datei namens file_name und ordne
                -- ihr das aktuelle Dateiobjekt zu
            do
                error_code := Ok;
                ...
                if "irgendwas schiefgegangen" then
                    error_code := Open_error
                end
            end; -- open
        ...
end -- class FILE
```

Ein Kunde kann *open* aufrufen und den resultierenden Fehlercode mit allen Konstanten vergleichen, um zu prüfen, wie die Operation verlaufen ist:

```
f: FILE; ...
f.open;
if f.error_code = f.Open_error then
        "Geeignete Aktion"
else
    ...
```

Oft wird jedoch eine Gruppe von Konstanten gebraucht, die zu keinem bestimmten Objekt gehört. Ein System, das physikalische Berechnungen durchführt, benutzt zum Beispiel einige numerische Konstanten; ein Texteditor braucht Zeichenkonstanten, welche die mit diversen Kommandos verbundenen Zeichentasten beschreiben. In solchen Fällen werden Konstanten weiterhin in einer Klasse gruppiert (wo könnten sie auch sonst sein?), es gibt aber keine Exemplare dieser Klasse; sie wird einfach nur als Elternteil für diejenigen Klassen benutzt, die Zugriff auf die Konstanten brauchen. Das Schema ist das folgende:

```
class EDITOR_KONSTANTEN feature -- Keine Exportklausel nötig
    Insert: CHARACTER is 'i';
    Delete: CHARACTER is 'd'; -- usw.
    ...
end -- class EDITOR_KONSTANTEN

class EINE_KLASSE_FÜR_DEN_EDITOR export ... inherit
    EDITOR_KONSTANTEN;
    ... Andere mögliche Elternteile ...

feature ...
    ... Routinen dieser Klasse haben Zugriff auf die in
    ... EDITOR_KONSTANTEN deklarierten Konstanten ...
end -- class EINE_KLASSE_FÜR_DEN_EDITOR
```

Eine Klasse dieser Art wird nur dazu benutzt, Konstanten einzuführen, die andere Klassen durch Vererbung benutzen, und erscheint auf den ersten Blick nicht als „Implementierung eines abstrakten Datentyps" (unsere Arbeitsdefinition des Klassenbegriffs). Es dient aber auf jeden Fall einem nützlichen Zweck.

Man beachte, daß in der Praxis eine Klasse wie *EINE_KLASSE_FÜR_DEN_EDITOR* Vererbung auch auf die Standardweise nutzen kann, was ein oder mehrere „echte" Elternteile erfordert. Die hier zur Einführung von Konstanten benutzte Technik würde also ohne Mehrfacherben nicht funktionieren; in einer Umgebung mit Einfacherben würden Konstantendefinitionsklassen wie *EDITOR_KONSTANTEN* mit dem „echten" Hauptelternteil um Elternrechte kämpfen.

13.3 Konstanten von Klassentypen

Das Bedürfnis, sich über Bezeichner auf feste Werte zu beziehen, entsteht nicht nur für Werte einfacher Typen, sondern ebenso für Objekte von Klassentypen. Der Fall der Konstanten von Klassentypen ist jedoch ein wenig komplizierter.

13.3.1 Literalkonstanten sind für Klassentypen nicht geeignet

Wir nehmen als typisches Beispiel eine Klasse zur Beschreibung komplexer Zahlen:

```
class COMPLEX export ... feature
        x, y: REAL; -- Realer und imaginärer Teil
        Create (a,b: REAL) is
            do
                x := a; y := b
            end; -- Create
        ... andere Merkmale ...
end -- class COMPLEX
```

Dann braucht die Klasse *COMPLEX* oder ein Kunde oder Nachkomme vielleicht die komplexe Zahl *i* mit dem realen Teil 0 und dem imaginären Teil 1.

Es mag notwendig erscheinen, eine ähnliche Schreibweise zu haben wie oben bei den einfachen Typen: eine Deklaration der Form

i: COMPLEX **is** „Ausdruck, der die komplexe Zahl (0,1) beschreibt"

Es ist aber unklar, wie der Ausdruck hinter dem **is** geschrieben werden sollte. Konstanten einfachen Typs nutzen sogenannte **Literalkonstanten:** eine Schreibweise, die einen Wert von einem Typ aus dem Zusammenhang heraus eindeutig bezeichnet. *345* ist zum Beispiel eine Literalkonstante vom Typ integer, *'A'* ist eine Literalkonstante vom Typ character, usw. Für Klassentypen gibt es aber keine Literalkonstanten.

Wir könnten eine Schreibweise für Literalkonstanten von Klassentypen erfinden; vielleicht so was wie *COMPLEX(0,1)*. Eine solche Möglichkeit zerstörte jedoch die Grundsätze der Modularität, die der gesamten objektorientierten Methodik zugrunde liegen. Gäbe es das, dann müßten die Kunden von *COMPLEX,* die Konstanten dieses Typs brauchen, genau wissen, welches die Attribute von *COMPLEX* sind. Dann könnte der Entwickler von *COMPLEX* kein geheimes Attribut hinzufügen oder ein Attribut wie *x* als Funktion reimplementieren (eine reale Möglichkeit, wenn man entscheidet, intern zu einer polaren Darstellung zu wechseln), ohne all diejenigen Kunden ungültig zu machen, die solche Konstanten deklariert haben. Das läuft allen Grundsätzen, die wir gesehen haben, zuwider.

Nebenbei gesagt, wie können wir sichern, daß solche Literalkonstanten die Klasseninvariante erfüllen, falls es eine solche gibt?

Diese letzte Bemerkung zeigt den Weg zu einer korrekten Lösung. Wie in Kapitel 7 ausgeführt, gehört es zur Rolle der Prozedur *Create,* sicherzustellen, daß Objekte zur Klasseninvarianten passen, wenn sie erzeugt werden. Es wäre deshalb unvernünftig, die Erzeugung von Objekten anders als durch *Create* zu erlauben (oder durch die andere sichere Primitive, *Clone*). Das bringt uns dazu, die ganze Idee der Literalkonstanten von Klassentypen abzulehnen und Konstanten von Klassentypen mehr als Funktionen einer besonderen Form zu behandeln.

13.3.2 Einmalfunktionen

Konstanten von Klassentypen kann man tatsächlich als Funktionen auffassen. Zum Beispiel könnte *i* innerhalb der Klasse *COMPLEX* definiert werden als

```
i: COMPLEX is
        -- Komplexe Zahl mit Realteil 0 und Imaginärteil 1
    do
        Result.Create(0,1);
    end -- i
```

Das funktioniert, weil die Funktion stets einen Verweis auf ein passendes Objekt liefert. Es ist aber Zeit- und Platzverschwendung: Jede Benutzung von *i* im Kunden hat die Erzeugung eines neuen Objekts zur Folge, obwohl diese Objekte identisch sind.

Zum Umgang mit solchen Fällen stellt Eiffel den Begriff der **Einmalfunktion (once function)** zur Verfügung. Eine Einmalfunktion ist das gleiche wie eine gewöhnliche Funktion mit einer Ausnahme: Ihr Rumpf wird nur ausgeführt, wenn die Funktion im System zum erstenmal aufgerufen wird (also höchstens einmal, daher der Name); weitere Aufrufe führen nicht zu erneuter Ausführung, sondern liefern einfach denselben Wert wie der erste Aufruf.

Eine Einmalfunktion wird genauso deklariert wie eine gewöhnliche Funktion, nur ist das den Rumpf einleitende Schlüsselwort **do** durch **once** ersetzt. Damit kann *i* deklariert werden als

```
i: COMPLEX is
        -- Komplexe Zahl mit Realteil 0 und Imaginärteil 1
    once
        Result.Create(0,1);
    end -- i
```

Diese Deklaration hat den gewünschten Effekt. Wird die Funktion *i* zum erstenmal während einer Systemausführung aufgerufen, dann wird ihr Rumpf ausgeführt: Ein geeignetes Objekt wird erzeugt, und die Funktion liefert einen Verweis auf dieses Objekt. Diesen Verweis merkt sich das Eiffel-Laufzeitsystem, so daß weitere Aufrufe denselben Verweis liefern, ohne ein neues Objekt anzulegen.

Unter Effizienzgesichtspunkten ist der Zugriff auf *i,* vom ersten abgesehen, nur geringfügig langsamer als der Zugriff auf ein Attribut.

13.3.3 Gemeinsame Objekte

Der Leser hat vielleicht bemerkt, daß der „Einmal"-Mechanismus für Klassentypen konstante *Verweise* liefert, nicht notwendigerweise konstante *Objekte*. Der Mechanismus gewährleistet, daß der Rumpf der Funktion nur einmalig ausgeführt wird und daß das beim ersten Aufruf ermittelte Ergebnis bei weiteren Aufrufen ohne erneute Ausführung des Rumpfes immer wieder geliefert wird.

Liefert die Funktion einen Wert von einem Klassentyp, so enthält ihr Rumpf gewöhnlich ein *Create,* wie im Beispiel mit *i*. Alle Aufrufe liefern einen Verweis auf das vom ersten Aufruf erzeugte Objekt. Obwohl das *Create* nicht mehr ausgeführt wird, werden Aufrufer durch nichts davon abgehalten, das Objekt über den Verweis zu ändern. Der Mechanismus bietet also **gemeinsame** Objekte und nicht konstante Objekte.

Ein Beispiel für ein gemeinsames Objekt ist ein Fenster zum Anzeigen von Fehlermeldungen in einem interaktiven System. Das interaktive System enthalte eine Klasse *WINDOW* der folgenden Form, mit der Bildschirmbereiche verändert werden sollen:

```
class WINDOW export
        set_text, ...
feature
        Create(...) is
                ... Die Argumente von Create beschreiben Größe
                    und Position des Fensters auf dem Bildschirm ...
                do ... end; -- Create
        text: STRING;   -- Im Fenster anzuzeigender Text
        put_text (s: STRING) is
                    -- Schreibe Text s ins Fenster
                do
                    ...;
                    text := s
                end; -- put_text
        ...
```

Wenn ein Systemteil einen Benutzungsfehler entdeckt, dann gibt es in einem bestimmten, für diesen Zweck reservierten Fenster eine Meldung aus. Das geschieht durch

```
message_window.put_text(„Geeignete Fehlermeldung")
```

Dasselbe *message_window* wird von allen Systemteilen benutzt. Es wird geeigneterweise durch eine Einmalfunktion beschrieben:

```
message_window: WINDOW is
            -- Fenster zur Ausgabe von Fehlermeldungen
        once
            Result.Create("Argumente für Größe und Position")
        end; -- message_window
```

Das Meldungsfensterobjekt muß hier von allen seinen Benutzern gemeinsam benutzt werden, aber es ist kein konstantes Objekt: Jeder Aufruf von *put_text* ändert das Objekt, indem es in diesen seinen eigenen Text einträgt. (Übung 13.1 erörtert, wo das Attribut *message_window* deklariert werden sollte.)

Einmalfunktionen bieten also einen Mechanismus für konstante Verweise und gemeinsame Objekte.

13.3.4 Einmalfunktionen, die Ergebnisse einfachen Typs liefern

Einmalfunktionen haben noch weitere Anwendungsmöglichkeiten. Eine Anwendung ist die Darstellung globaler Systemparameter, die von einigen Klassen im System benutzt werden. Diese Parameter sind gewöhnlich konstant für eine bestimmte Systemausführung; sie werden anfangs aus Benutzereingaben oder aus gewissen anderen Parametern der Umgebung ermittelt. Zum Beispiel:

- Die Bestandteile eines rechnernahen Systems müssen den verfügbaren Speicherplatz kennen, der zum Initialisierungszeitpunkt aus der Umgebung ermittelt wird.
- Ein Terminalverwaltungsprogramm beginnt eventuell damit, die Umgebung nach der Anzahl der Terminalausgänge abzufragen: Diese einmalig ermittelten Datenelemente werden dann von diversen Moduln in der Anwendung benutzt.

Solche globalen Parameter ähneln den oben betrachteten gemeinsamen Objekten; im allgemeinen handelt es sich jedoch um Werte einfachen Typs und nicht um Klassenexemplare. Sie können durch Einmalfunktionen dargestellt werden, die Ergebnisse einfachen Typs liefern. Das funktioniert nach folgendem Schema:

```
const_param: T is
        -- Ein einmalig berechneter Parameter
    local
        envir_param: T' -- Beliebiger Typ (T oder anderer)
    once
        "Ermittle den Wert von envir_param aus der Umgebung";
        Result := "ein aus envir_param berechneter Wert"
    end -- const_param
```

Wie im Fall der Klassentypen wird auch der Rumpf einer Einmalfunktion, die ein Ergebnis einfachen Typs liefert, nur beim ersten Funktionsaufruf ausgeführt. Weitere Aufrufe liefern stets denselben Wert ohne weitere Berechnung. Einmalfunktionen einfachen Typs beschreiben also dynamisch berechnete Konstanten.

Nehmen wir an, der obige Code sei in einer Klasse *ENVIRONMENT* enthalten. Jede Klasse, die auf den Wert von *const_param* zugreifen muß, kann das erreichen, indem sie einfach *ENVIRONMENT* als Elternteil aufführt. Man braucht hier keine Initialisierungsroutine, wie sie vielleicht in klassischen Zugängen zur Berechnung von *const_param* und allen anderen globalen Parametern am Anfang der Systemausführung gebraucht wird. Wie wir in Kapitel 2 gesehen haben, müßte eine solche Routine auf die internen Details vieler anderer Moduln zugreifen und verletzte deshalb die Kriterien und Grundsätze der Modularität: Zerlegbarkeit, geringe Schnittstellen, Geheimnisprinzip, usw. Im Gegensatz dazu können Klassen wie *ENVIRONMENT* als in sich geschlossene Moduln entworfen werden, die jeweils eine Menge logisch zusammengehöriger globaler Parameter beschreiben. Der erste Systemteil, der zur Laufzeit den Wert eines globalen Parameters wie *const_param* verlangt, löst dessen Berechnung aus den Umgebungsdaten aus.

In der Einführung zu diesem Kapitel wurde erwähnt, daß Argumentübergabe ungeeignet ist für einen wirklich gemeinsamen Wert, weil keiner der diesen Wert nutzenden Moduln mehr Anrecht auf seinen Besitz hat als ein anderer. Das ist insbesondere im oben beschriebenen Fall richtig: Wenn in Abhängigkeit von der Reihenfolge der Ereignisse in jeder Systemausführung jeder beliebige Modul die Berechnung des Wertes auslösen kann, dann wäre es unsauber, irgendeinen Modul zum Besitzer zu erklären.

13.3.5 Einmalprozeduren

Der „Einmal"-Mechanismus ist nicht nur bei Funktionen, sondern auch bei Prozeduren nützlich.

Eine Einmalprozedur kann sinnvoll sein, wenn irgendeine systemweit benutzte Einrichtung initialisiert werden muß, es aber nicht von vornherein bekannt ist, welcher Systemteil als erster die Einrichtung benutzen wird. Es ist wie eine Regel, die lautet, daß der erste, der morgens kommt, die Heizung andrehen muß.

Ein einfaches Beispiel ist eine Graphikbibliothek, die eine bestimmte Menge von Anzeigeroutinen enthält. Diejenige Anzeigeroutine, die als erste in einer bestimmten Systemausführung aufgerufen wird, muß das Terminal bereit machen. Das kann natürlich dadurch erzwungen werden, daß man von den Kunden der Bibliothek verlangt, vor dem ersten Anzeigeaufruf einen Initialisierungsaufruf durchzuführen. Das ist jedoch für Kunden ein Ärgernis und löst trotzdem nicht das Problem: Jede Routine müßte im Sinne einer sauberen Fehlerbehandlung in der Lage sein festzustellen, daß sie ohne anständige Initialisierung aufgerufen wurde; wenn die Routine aber schon geschickt genug ist, diesen Fall zu entdecken, dann kann sie auch genauso gut die Initialisierung durchführen und vermeidet dabei, den Kunden mit der Notwendigkeit, darauf aufzupassen, zu belästigen! Dies läßt sich auf einfache Weise mithilfe einer Einmalprozedur lösen:

```
check_setup is
        -- Mache das Terminal bereit, falls nicht schon geschehen
    once
        terminal_setup -- Eigentliches Bereitmachen
    end -- check_setup
```

Jede Anzeigeroutine in der Bibliothek sollte dann mit einem Aufruf von *check_setup* beginnen.

13.3.6 Argumente

Einmalroutinen – Prozeduren und Funktionen – sind syntaktisch identisch mit normalen Routinen, außer daß das Schlüsselwort **once do** ersetzt. Insbesondere können sie Argumente haben. Aber wegen der Definition des Mechanismus sind diese Argumente nur für den zuerst ausgeführten Aufruf nützlich; weil weitere Aufrufe keine Auswirkung haben, sind ihre Argumente nutzlos.

In Begriffen der obigen Analogie stelle man sich einen Thermostaten vor, den jedermann, der ins Gebäude kommt, verstellen kann, jedoch nur die Einstellung, welche die erste Person vornimmt, bestimmt die Temperatur: alle weiteren Versuche sind wirkungslos.

13.3.7 Einmalfunktionen und Redefinition

Einmalfunktionen von Klassentypen bergen in einer streng getypten Sprache mit Vererbung wie Eiffel ein ernsthaftes Risiko in sich. Wenn man nicht sorgfältig damit umgeht, kann es zu Verletzungen des Typsystems kommen. Das Problem entsteht in Zusammenhang mit Redefinition und Deklaration durch Assoziation.

Seien *A* eine Klasse mit einem einzigen Attribut und *B* ein Nachkomme, der ein Attribut ergänzt:

```
class A feature
        x: INTEGER
end
class B inherit A feature
        y: CHARACTER
end
```

Nehmen wir weiter an, daß *A* auch eine Einmalfunktion *f* enthält, die ein Ergebnis vom Typ *A* liefert:

```
f: A is do Result.Create end;
```

und daß *B f* so redefiniert, daß ein Wert vom Typ *B* geliefert wird:

```
f: B is do Result.Create end;
```

Das ist durch die grundlegende Typisierungsregel erlaubt, denn *B* ist ein Nachkomme von *A*.

Sehen wir uns an, was zur Laufzeit passieren kann. Angenommen, die erste Auswertung von *f* erscheine in

```
a1.Create;
a2 := a1.f;
```

wobei *a1* und *a2* vom Typ *A* deklariert sind. Die Auswertung von *f* erzeugt ein Objekt vom Typ *A* und verknüpft es mit der Größe *a2*, ebenso vom Typ *A*. Gut. Aber angenommen, ein folgender Gebrauch von *f* sei

```
b2 := b1.f;
```

wobei *b1* und *b2* vom Typ *B* sind.

Wäre *f* eine gewöhnliche Funktion, dann wäre das entsprechend den Standard-Typisierungsregeln vollständig legal: Da der Ergebnistyp von *f* in der Klasse *B* als *B* redefiniert ist, ist *b1.f* vom Typ *B* und kann *b2* zugewiesen werden. Das funktioniert aber nicht mit Einmalfunktionen! Das Ergebnis von *f* ist schon ausgewertet worden, so daß dieser neue Aufruf einen Verweis auf das vom ersten Aufruf erzeugte Objekt liefert – ein Objekt vom Typ *A* und nicht vom Typ *B*, wie es der Kunde eigentlich erwarten dürfte.

Ein Verweis auf ein Objekt vom Typ *A* wurde einer Größe vom Typ *B* zugewiesen, einem echten Nachkommen von *A*. Das ist genau falsch herum! Jeder weitere Versuch, auf *b2.y* zuzugreifen, wird Schiffbruch erleiden, selbst wenn *y* ein gültiges Attribut der Klasse *B* ist. Wir haben die goldene Regel des Eiffel-Typsystems verletzt: Eine Menge von Klassen, die vom Compiler akzeptiert wurden, wird zur Laufzeit nie versuchen, ein Merkmal auf ein Objekt anzuwenden, für welches das Merkmal nicht definiert ist.

Das Problem läßt sich leicht auf den Punkt bringen: Eine Einmalfunktion in einer Klasse ist konzeptionell wie ein Attribut, dessen Wert in allen Exemplaren der Klasse und ihren Nachkommen ein Verweis auf ein einziges, gemeinsam genutztes Objekt ist. Die Klasse und ihre Nachkommen müssen deshalb eine miteinander verträgliche Sicht des Attributtyps haben. Das verbietet jede Redefinition des Typs.

Ist das Problem erst einmal erkannt, ist die Lösung ganz unkompliziert: Die Redefinition von Ergebnistypen einer Einmalfunktion wird verboten. Das bedeutet auch, daß das Ergebnis einer Einmalfunktion nicht durch Assoziation deklariert werden darf (**like** *anchor,* siehe 11.4), was automatische Redefinition in jedem Nachkommen bedeutete. Tatsächlich hätte *f* im obigen Beispiel durch Assoziation in *A* deklariert werden können:

f: **like** *Current* **is do** *Result.Create* **end;**

womit die explizite Redefinition in *B* vermieden worden wäre, aber mit demselben Risiko der Inkonsistenz zur Laufzeit.

Das ist ein Anlaß dafür, die Benutzung von Einmalfunktionen zu beschränken. Außer daß die Redefinition verboten wird, wird auch eine andere Gefahr berücksichtigt, die bestünde, wenn ein Ergebnistyp auf einen formalen generischen Parameter derjenigen Klasse verweisen dürfte, in der die Einmalfunktion deklariert ist. In

```
class C[T] ... feature
        f: T is once ... end
end
```

können die Exemplare von *C* beliebige aktuelle Typen für *T* enthalten; daraus kann dieselbe Inkonsistenz entstehen wie bei der Redefinition. Das Problem tritt ebenso auf, wenn der Typ von *f* nicht unmittelbar *T* ist, aber auf *T* verweist, wie in *D[T]*.

Die Regel für Einmalfunktionen ergibt sich aus diesen Bemerkungen:

> **Einmalfunktion-Regel:**
> Der Ergebnistyp einer Einmalfunktion darf in einer Nachkommensklasse nicht redefiniert werden; der Ergebnistyp darf nicht die Form **like** *irgendwas* haben; er darf nicht auf einen formalen generischen Parameter verweisen.

Im Eiffel-System führt die Verletzung des dritten Teils dieser Regel (generische Parameter) zu einer Warnung, verhindert aber nicht die Übersetzung der Klasse, weil gewisse Verstöße harmlos sein können. Ein Beispiel zu Speicherverwaltung wird in 16.5.3 erörtert (siehe Übung 16.5). Die Verletzung des ersten oder zweiten Teils führt zu einem schweren Übersetzungsfehler.

Man beachte, daß das erste Verbot in der Regel sich auf die Redefinition des *Typs* einer Funktion und nicht ihres Rumpfes bezieht. Eine Einmalfunktion darf in Nachkommen redefiniert werden, solange ihr Typ derselbe bleibt. Diejenige Version wird benutzt, die zuerst ausgewertet wurde. Obwohl man eine geeignete Konvention zur Redefinition einer Einmalfunktion durch eine gewöhnliche Funktion und umgekehrt angeben könnte, erscheinen solche Manipulationen eher verwirrend als nützlich und sind daher verboten.

13.4 Konstanten von Zeichenkettentypen

Am Anfang dieses Kapitels sind Zeichenkonstanten mit einzelnen Zeichen als Wert eingeführt worden. Die Syntax wurde veranschaulicht durch:

Prozent: CHARACTER **is** *'%';*

Klassen brauchen oft auch symbolische Konstanten, die mehrzeichige Ketten darstellen. Wie in 8.7 dargelegt, gibt es eine Schreibweise für Literal-Zeichenkettenkonstanten mit Anführungsstrichen. Zum Beispiel:

(S1)

```
Meldung: STRING is "Syntaxfehler"
```

Man erinnere sich, daß *STRING* eine Klasse aus der Eiffel-Bibliothek ist und kein einfacher Typ. Damit ist der mit einer Größe wie *Meldung* zur Laufzeit verbundene Wert ein Objekt (ein Exemplar von *STRING*). Wie Sie vielleicht erraten haben, ist die obige Deklaration eine Abkürzung für die Deklaration einer Einmalfunktion der Form:

(S2)

```
Meldung: STRING is
            -- Zeichenkette der Länge 12 mit den Zeichen
            -- 'S', 'y', 'n', 't', 'a', 'x', 'f', 'e', 'h', 'l', 'e', 'r'
      once
            Result.Create(12);
            Result.enter(1, 'S');
            Result.enter(2, 'y');
            ...
            Result.enter(12, 'r');
      end
```

(Die *Create*-Prozedur für Zeichenketten hat als Argument die erwartete Länge der Zeichenkette; *enter(i,c)* ersetzt das *i*-te Zeichen durch *c*.)

Solche Zeichenketten-Größen sind deshalb keine Konstanten, sondern Verweise auf gemeinsame Objekte. Jeder Systemteil, der Zugriff auf *Meldung* hat, kann den Wert eines oder mehrerer Zeichen ändern.

Im Prinzip ist die Schreibweise für Literal-Zeichenkettenkonstanten "..." syntaktisch kein Ausdruck, sondern eine Abkürzung für einen **once...end**-Funktionsrumpf wie in (S2). Das würde bedeuten, daß eine Literalkonstante nicht als aktuelles Argument einer Routine übergeben werden kann; statt

(S3)

meldungsfenster.anzeige
("DRÜCKE DEN LINKEN KNOPF, UM DAS BEENDEN ZU BESTÄTIGEN");

wäre die korrekte Form

(S4)

Meldung: STRING **is**
"DRÜCKE DEN LINKEN KNOPF, UM DAS BEENDEN ZU BESTÄTIGEN";
...
meldungsfenster.anzeige (Meldung)

Aus offensichtlichen Gründen der Bequemlichkeit ist jedoch die Form (S3) erlaubt und wird wie (S4) interpretiert. Analog wird das folgende akzeptiert und korrekt verarbeitet:

gruss := "Hallo!"

Eine Literal-Zeichenkettenkonstante wird also tatsächlich wie ein Ausdruck verwendet; ihre Auswertung erzeugt dasselbe Ergebnis, als wenn sie als Einmalfunktion definiert worden wäre.

13.5 Erörterung

In dieser Erörterung bezieht sich der Begriff „globaler Parameter" sowohl auf globale Konstanten als auch auf gemeinsame Objekte; „Initialisierung" einer dynamischen Konstanten heißt im letzteren Fall auch Objekterzeugung.

13.5.1 Initialisierung globaler und gemeinsamer Objekte: Sprachansätze

Ein in diesem Kapitel angesprochenes Problem steht stellvertretend für ein recht allgemeines Programmierproblem: Wie soll man mit globalen konstanten und gemeinsamen Objekten umgehen, insbesondere bezüglich ihrer Initialisierung in Bibliotheken für Softwareelemente.

Da die Initialisierung eines globalen Parameters nur einmal durchgeführt werden sollte, lautet die allgemeinere Frage, wie denn ein Bibliothekselement in die Lage versetzt werden kann zu bestimmen, ob es das erste ist, das einen bestimmten Dienst anfordert.

Das Problem kann auf ein offensichtlich einfaches reduziert werden: Wie nutzt man eine Boolesche Variable gemeinsam und initialisiert sie konsistent? Wir können mit einem globalen Parameter *p* oder mit irgendeiner Gruppe globaler Parameter, die zugleich initialisiert werden müssen, einen Booleschen Merker, sagen wir *fertig,* verbinden, der genau dann den Wert wahr hat, wenn die Initialisierung durchgeführt worden ist. Dann wird jeder Zugriff auf *p* in der Bibliothek eingeleitet durch:

```
if not fertig then
        "erzeuge oder berechne p";
        fertig := true
end
```

Das verschiebt aber natürlich das Problem nur, denn *fertig* ist seinerseits ein globaler Parameter, der irgendwie mit falsch initialisiert werden muß, bevor zum erstenmal auf ihn zugegriffen wird.

Eine in Block-strukturierten Sprachen wie Algol oder Pascal übliche Lösung ist die Benutzung einer globalen Variable für *fertig,* also einer Variable, die auf der obersten syntaktischen Ebene deklariert werden muß. Das Hauptprogramm führt die Initialisierung durch. Das funktioniert aber nicht im Falle einer Bibliothek selbständiger Moduln, die per definitionem nicht an irgendein bestimmtes Hauptprogramm gebunden sind.

In Fortran, einer Sprache, die im Hinblick auf die getrennte Übersetzung von Routinen entworfen wurde (die sich somit einer gewissen Selbständigkeit erfreuen können), ist die entsprechende Lösung die, alle globalen Parameter und insbesondere *fertig*-Merker in einen gemeinsamen Datenbereich zu packen, common block genannt; jedes Unterprogramm, das auf einen common block zugreift, muß eine Direktive der Form

COMMON /common_block_name/ datenelementnamen

enthalten.

Mit diesem Ansatz gibt es aber zwei Probleme:

- Erstens: Die Namen der von Entwicklern zweier Routinenmengen benutzten common-Blöcke können in Konflikt geraten, wenn die Routinen verknüpft werden. Den einen Namen zu ändern, kann gefährlich sein, weil common-Blöcke naturgemäß von mehreren Routinen gemeinsam benutzt werden, auf die die Änderung ausgedehnt werden muß; Fehler aufgrund mangelnder Weitergabe der Änderung können schwer auffindbar sein.
- Das andere Problem ist die Initialisierung von Größen in common-Blöcken wie unser *fertig*-Merker. Weil es keine allgemeine Initialisierungsregel gibt, muß jedes Datum in einem common-Block in einem Sondermodul namens „block data" initialisiert werden. Vor Fortran 77 gab es nur eine „block data"-Einheit, so daß die Verknüpfung von Routinen, die von globalen Daten abhingen, sehr schwierig war. In Fortran 77 können „block data"-Einheiten benannt werden; das bedeutet, daß Routinen, die globale Daten benutzen, in verschiedenen Zusammenhängen kombiniert werden können - vorausgesetzt, die Programmierer vergessen nicht, alle notwendigen „block data"-Einheiten anzugeben. Das Risiko, zufällig inkonsistent zu werden, ist groß.

Die C-Lösung ist konzeptionell fast mit der Fortran 77-Technik identisch. Der *fertig*-Merker würde in C als „externe" Variable deklariert, die für mehrere „Dateien" (die Übersetzungseinheit in C) gemeinsam wäre. Nur eine Datei dürfte die tatsächliche Definition und den Initialwert der Variablen (in unserem Falle falsch) enthalten; daß sie diese Variable benötigen, würde in den anderen Dateien durch eine **extern**-Deklaration angegeben, was der COMMON-Direktive von Fortran entspricht. Die übliche Praxis ist die, solche Definitionen in besonderen „header"-Dateien unterzubringen, deren Namen unter Unix per Konvention mit **.h** enden sollten; diese entsprechen genau den „block data"-Einheiten in Fortran. Es überrascht nicht, daß dieselben Probleme auftreten. Unter Unix wird jedoch das zweite Problem (Erhaltung der Konsistenz, indem das Einfügen der notwendigen Definitionen in einem Modul nicht vergessen wird) durch das Vorhandensein des „Make"-Werkzeugs abgemildert, das die Programmierer bei der Verfolgung der Dateiabhängigkeiten unterstützt.

In modularen Sprachen wie Ada oder Modula 2 (Kapitel 18) scheint eine Lösung auf der Hand zu liegen, indem Routinen zu einem Modul auf höherer Ebene oder einem „package" in Ada zusammengefaßt werden: Wenn alle von einer Gruppe verwandter globaler Parameter benutzten Variablen, Konstanten und Routinen im selben Paket liegen, dann können die zugehörigen *fertig*-Merker als Boolesche Variablen im selben Paket deklariert werden, in dem auch die Initialisierung stattfindet. Diese Lösung ist auch in den beiden zuletzt betrachteten Sprachen, Fortran 77 und C, anwendbar, wenn man im ersteren Fall Unterprogramme mit mehreren Eingängen oder im letzteren Fall Dateien benutzt, die mehr als eine Routine enthalten (siehe Kapitel 17).

Aber diese Technik löst nicht das Problem der Initialisierung in autonomen Bibliotheksteilen. Ihre Entsprechung in Eiffel ist einfach: Wenn verschiedene Routinen derselben Klasse einen Parameter gemeinsam benutzen müssen, dann kann er als Attribut der Klasse dargestellt und mit *Create* initialisiert werden. Die ernsthafte Frage in diesem Kapitel lautet: Was ist zu tun, wenn Objekte oder Parameter von Routinen in **verschiedenen** Moduln gemeinsam benutzt werden müssen. Ada, Modula, C und Fortran geben darauf keine neue Antwort. In C und Fortran werden die oben gezeigten Techniken (common-Blöcke, Dateien gemeinsamer Definitionen) angewandt werden; in Ada können Pakete in größere geschachtelt werden, wodurch Eigenständigkeit und Wiederverwendbarkeit von Komponenten behindert werden.

Im Gegensatz dazu erhält der „Einmal"-Mechanismus die Unabhängigkeit der Klassen und erlaubt kontextabhängige Initialisierungen.

13.5.2 Literale Zeichenkettenkonstanten

Eiffel erlaubt, Zeichenkettenkonstanten (oder genauer gesagt, wie wir gesehen haben, gemeinsame Objekte) in literaler Form zu deklarieren, indem Anführungszeichen benutzt werden: "..." (S1). Eine Folge dieser Festlegung ist die, daß sich die Eiffel-Sprachdefinition und jeder Eiffel-Compiler auf das Vorhandensein der Klasse *STRING* in der Eiffel-Bibliothek verlassen muß. Das ist ein wenig ärgerlich, denn es ist wünschenswert, die Sprache und ihren Übersetzer von der Verfügbarkeit einer bestimmten Bibliotheksklasse unabhängig zu machen. Die gewählte Technik ist aber ein Kompromiß zwischen zwei extremen Lösungen:

- *STRING* hätte auch ein einfacher Typ sein können. Das hätte jedoch bedeutet, daß sämtliche Zeichenkettenoperationen (Verkettung, Teilkettenentfernung, Vergleich, usw.) als Sprachkonstrukte hätten aufgenommen werden müssen, wodurch die Sprache erheblich komplexer geworden wäre, auch wenn nur wenige Anwendungen all diese Operationen verlangt hätten. Manche Anwendungen brauchen überhaupt keine Zeichenketten. Darüberhinaus wäre es möglich, daß Anwendungen Operationen bräuchten, die der Eiffel-Entwickler trotz seiner großen Weisheit übersehen haben könnte; oder sie könnten einige verfügbare Operationen durch besondere Implementierungen ersetzen wollen. All das legt nahe, *STRING* zu einer Klasse mit allen zugehörigen Mechanismen zu machen. Insbesondere sollten beliebige Klassen *STRING* beerben dürfen.

- Andererseits verbietet die Behandlung von *STRING* als irgendeine Klasse Literalkonstanten: Das heißt, daß die "...“-Schreibweise (S1) nicht verfügbar ist und daß die Zeichen stets eins nach dem anderen durch wiederholte Anwendung von *enter,* wie in (S2) gezeigt, eingefügt werden. Das wäre ziemlich hart gegenüber dem armen Programmierer und nicht sehr elegant.

Im Ergebnis wird *STRING* also als Klasse behandelt - die einzige Klasse mit Literalkonstanten. Der Übersetzer muß diese Klasse kennen, um solche Konstanten korrekt behandeln zu können.

In der derzeitigen Eiffel-Implementierung gibt es nur eine weitere Klasse, die dem Übersetzer bekannt ist: *ARRAY.* In diesem Fall ist das keine konzeptionelle Erfordernis, sondern einfach eine Effizienzfrage: Obwohl *enter* und *entry* konzeptionell Routinen sind, sollte der Zugriff auf und die Manipulation von Feldelementen nicht zum Zusatzaufwand eines Routinenaufrufs führen.

13.5.3 Aufzählungstypen

Im ersten Beispiel dieses Kapitels, in dem die Verwendung von Ganzzahlkonstanten gezeigt wurde, haben Sie vielleicht Aufzählungstypen im Pascal-Stil vermißt. Pascal erlaubt die Deklaration einer Variablen

code: ERROR

mit einer Typdefinition der Form

type *ERROR = (Normal, Open_error, Read_error)*

Da vom Typ *ERROR,* kann *code* nur Werte dieses Typs annehmen: die drei angegebenen Codes.

Das gleiche erreicht man in Eiffel dadurch, daß man symbolische Codes als Ganzzahlkonstanten und *code* als ganzzahliges Attribut definiert:

(A)

Normal: INTEGER **is** *0;*
Open_error: INTEGER **is** *1;*
Read_error: INTEGER **is** *2;*
code: INTEGER

Es ist angebracht, hier den Wert von *code* durch eine Klasseninvariante einzuschränken:

(A')

Normal <= code; code <= Read_error

Normal, Open_error und *Read_error* sind Standard-Ganzzahlkonstanten. Da Invarianten in Nachkommen nur verschärft werden dürfen, können die möglichen Werte von *code* in einer Nachkommensklasse weiter eingeschränkt werden (zum Beispiel auf nur zwei mögliche Werte), aber nicht erweitert werden.

Trotz Vererbung ist der Laufzeiteffekt der obigen Konstruktion derselbe wie in der Pascal-Version; jeder vernünftige Pascal-Compiler stellt die Werte von Aufzählungstypen als Ganzzahlen dar. (Ein guter Übersetzer macht sich die kleine Zahl möglicher Werte zunutze und stellt solche Größen wie *code* als short integers dar.) Der einzige wesentliche Unterschied besteht darin, daß der Eiffel-Programmierer die Ganzzahlwerte (hier 0, 1, 2) beisteuern muß, während in Pascal der Übersetzer sie sich selbst ausdenkt.

Eine weitere Technik zur Darstellung von Aufzählungstypen in Eiffel unter Benutzung von Einmalfunktionen ist Thema von Übung 13.2. Diese Technik erfordert keine explizite Wahl von Ganzzahlwerten.

Die Einführung Pascal-ähnlicher Aufzählungstypen in Eiffel wäre eine konzeptionelle Katastrophe: Sie paßten nicht zum Typsystem der Sprache, das ansonsten sehr einfach ist (einerseits die vier einfachen Typen, andererseits die Klassentypen). Anscheinend ist es nicht sinnvoll möglich, dieses Konzept auf elegante Weise mit Vererbung zu kombinieren.

Man beachte, daß Aufzählungstypen sogar in nicht-objektorientierten Sprachen zu semantischen Problemen führen. Insbesondere ist der Status der symbolischen Namen nicht klar. Muß man sie als reservierte Wörter auffassen? Können zwei Aufzählungstypen symbolische Namen gemeinsam nutzen (wie *Orange* im Typ *FRUCHT* und im Typ *FARBE*)? Sind sie exportierbar, und gelten für sie dieselben Sichtbarkeitsregeln wie für Variablen?

Ein weiteres Argument gegen Aufzählungstypen ist die Schwierigkeit, sie an in anderen Sprachen (C, Fortran) geschriebene Routinen zu übergeben bzw. sie von diesen zu übernehmen, was die Offenheit der Eiffel-Umgebung beeinträchtigte.

Man könnte zulassen, daß *Größen,* nicht Typen, durch Aufzählung deklariert werden. Das bedeutete,

(B)

code: (Normal, Open_error, Read_error)

einfach als Abkürzung für (A) und (A') zuzulassen. Da die drei symbolischen Codes jetzt einfach als normale Konstanten aufgefaßt werden, unterliegen sie den gewöhnlichen Sprachregeln in bezug auf Export, Vererbung und andere Themen.

Eine solche Festlegung wäre einfach eine syntaktische Angelegenheit und nicht schwer zu implementieren. Weil aber der Nutzen – Programmierer müßten möglichen symbolischen Codes keine Ganzzahlwerte zuweisen – das Hinzufügen eines neuen, nur in Sonderfällen nützlichen Sprachkonstrukts nicht rechtfertigte, wurde diese Möglichkeit nicht in die Sprache eingefügt.

Ganz allgemein ist Eiffel eine recht asketische Sprache. Beim Entwurf lag das Schwergewicht auf der Bereitstellung mächtiger Schreibweisen für die fortgeschrittensten und verbreitetsten Konstrukte und nicht auf der Lieferung von Abkürzungen für alle möglichen Fälle. Das Ziel war, Eiffel zum Mitglied derjenigen Klasse von Sprachen zu machen, die wie Pascal und – vor dem 1977-Standard – Fortran von ernsthaften Programmierern vollständig beherrscht werden können, im Gegensatz zu denjenigen, von denen die meisten Programmierer immer nur eine Teilmenge kennen (PL/I und Ada fallen einem dabei als Beispiele sofort ein). Von der Größe her ist Eiffel, gemessen nach Kriterien wie der Anzahl von Schlüsselwörtern oder der Anzahl syntaktischer Konstrukte, mit Pascal vergleichbar. Die Vorteile einer solch sparsamen Entwicklung, wie sie sich in der leichten Erlernbarkeit, der leichten Benutzbarkeit, der leichten Fehlersuche, geringeren Fehlerraten und, allgemeiner, größerem Selbstvertrauen des Programmierers ausdrücken, sollten eigentlich höher zu bewerten sein als solche Ärgerlichkeiten wie die Notwendigkeit, ganz selten einmal Ganzzahlwerte wählen zu müssen.

Woher kommt die Ansicht, daß Aufzählungskonstanten, die in Eiffel wie in (A) und (A') kodiert werden, nur gelegentlich gebraucht würden? Zugegeben, Aufzählungstypen sind in Pascal oder Ada weit verbreitet. Schaut man sich jedoch ihre berechtigte Benutzung in diesen Sprachen an, dann bemerkt man, daß dies meist in der Form

```
type FIGURENART = (Kreis, Rechteck, Quadrat, ...)
```

geschieht, was zur Fallunterscheidung in einem Verbundtyp mit Varianten dient:

```
FIGUR =
    record
        umfang: INTEGER;
        ... Weitere, Figuren jeden Typs gemeinsame Attribute ...
    case fa: FIGURENART of
        Kreis: (radius: REAL; mittelpunkt: POINT);
        Rechteck:
          ... für Rechtecke spezifische Attribute ...;
        Quadrat: ...
        ...
    end
end
```

Größen von Verbundtypen werden gewöhnlich mithilfe von case-Anweisungen verarbeitet, die zwischen den verschiedenen Varianten unterscheiden, wie in

```
var f: FIGUR;
...
procedure drehe(f);
    ...
begin
    case f of
        Kreis: ... Aktionen zum Drehen eines Kreises ...;
        Rechteck: ...;
        Quadrat: ...
        ...
```

Aber natürlich wissen wir es besser. In einer objektorientierten Sprache ist das nicht die Art, wie man solche Probleme angehen sollte. Anstelle eines Typs mit einer festen Menge von Alternativen müßten wir eine aufgeschobene Klasse *FIGUR* definieren mit einer aufgeschobenen Version von Prozeduren wie *drehe* sowie Nachkommensklassen, welche spezialisierte Versionen dieser Prozeduren deklarieren. Die Vorteile dieser Technik in bezug auf Flexibilität und Wiederverwendbarkeit haben wir gesehen.

Da die wichtigste Verwendung von Aufzählungstypen (in Sprachen wie Pascal oder Ada) in der objektorientierten Programmierung durch den vernünftigen Gebrauch von Vererbung und dynamischem Binden ersetzt wird, ist es doch wohl sinnvoll, für die wenigen verbleibenden Fälle von Deklaration durch Aufzählung den Programmierern die kleine Last der Zuweisung von Ganzzahlwerten zu den Aufzählungselementen aufzubürden.

13.6 In diesem Kapitel eingeführte Schlüsselkonzepte

- In jeder Programmiersprache besteht ein spannendes Problem darin, wie Parameter oder Objekte von diversen Moduln gemeinsam genutzt und zur Laufzeit von jedem Modul, der sie zufällig zuerst braucht, initialisiert werden können.
- Literalkonstanten einfacher Typen werden in Eiffel als Attribute deklariert, die in Objekten keinen Platz belegen.
- Eiffel hat weder Aufzählungstypen noch case-Anweisungen.
- Mit Ausnahme der Zeichenketten gibt es keine Literalkonstanten von Klassentypen.
- Eine Einmalroutine, die sich von einer gewöhnlichen Routine durch das Schlüsselwort **once** anstelle von **do** unterscheidet, wird während einer Systemausführung nur einmal ausgewertet: wenn sie das erste Mal von irgendeinem Systemteil aufgerufen wird. Im Falle einer Funktion liefern weitere Aufrufe stets denselben Wert wie der erste Aufruf (einen einfachen Wert oder einen Verweis auf ein Objekt); im Falle einer Prozedur haben weitere Aufrufe keine Auswirkung.
- Konstanten von Klassentypen und gemeinsame Objekte können als Einmalfunktionen implementiert werden. Die beiden Fälle sind in Wirklichkeit identisch: Nur Verweise sind konstant; die Objekte, auf die sie zeigen, werden gemeinsam genutzt.
- Einmalprozeduren werden für Operationen genutzt, die im Verlauf einer Systemausführung nur einmal durchgeführt werden sollen.
- Der Typ einer Einmalfunktion darf nicht redefiniert werden; die Einmalfunktion darf nicht durch Assoziation deklariert werden.
- Konstanten von Zeichenkettentypen werden intern wie Einmalfunktionen behandelt, obwohl sie für den Benutzer wie in Anführungszeichen eingeschlossene Literalkonstanten erscheinen.

13.7 Syntaktische Zusammenfassung

			Benutzt in (Kapitel)
Constant	=	Integer_constant | Character_constant | Boolean_constant | Real_constant | String_constant	Feature_value (5) Expression (8)
Integer_constant	=	[Sign] Integer	
Sign	=	'+' | '-'	
Character_constant	=	"'" Character "'"	
Boolean_constant	=	**true** | **false**	
Real_constant	=	[Sign] Real	
String_constant	=	'"' String '"'	
Once_body	=	**once** Compound	Full_body (8)

13.8 Literaturhinweise

Die Schwierigkeiten, die von Aufzählungstypen in Programmiersprachen herrühren (13.5.3), werden in [Welsh 1977] und [Moffat 1981] behandelt.

Übungen

13.1 Gemeinsame Nutzung eines Meldungsfensters

Im Beispiel des Meldungsfensters (13.3.3) nutzen diverse Teile eines interaktiven Systems gemeinsam ein Objekt, das ein Fenster darstellt. Auf das Objekt wird durch das Merkmal *meldungsfenster* zugegriffen, das als Einmalfunktion implementiert ist. In welcher Klasse sollte *meldungsfenster* deklariert werden?

13.2 Nachbildung von Aufzählungstypen durch Einmalfunktionen

Zeigen Sie, daß ein Pascal-Aufzählungstyp der Form

type *ERROR = (Normal, Open_error, Read_error)*

durch eine Klasse dargestellt werden kann, die für jeden Wert des Typs eine Einmalfunktion enthält. Dadurch würde die Notwendigkeit entfallen, explizite Ganzzahlcodes zu erfinden.

13.3 Einmalfunktionen in generischen Klassen

Geben Sie ein Beispiel einer Einmalfunktion an, deren Ergebnis einen generischen Parameter betrifft (13.3.7) und - unkorrigiert - zu einem Laufzeitfehler führen würde.

14 Techniken des objektorientierten Entwurfs

Der objektorientierte Entwurfsstil wird durch eine Reihe bestimmter Techniken charakterisiert. Viele dieser Techniken sind schon beiläufig erwähnt worden, das in diesem Kapitel gebotene Gruppenbild soll Ihnen jedoch dabei helfen, die Beherrschung der Methode abzusichern.

14.1 Die Grundideen des Entwurfs

Wir wollen zunächst noch einmal einige Grundmerkmale der objektorientierten Vorgehensweise beim Systementwurf betrachten.

14.1.1 Die Struktur von Systemen

Bei einem reinen objektorientierten Vorgehen sind Klassen der einzige Systemstrukturierungsmechanismus. Klassen werden als selbständige Einheiten betrachtet; obwohl sie durch enge Beziehungen - Kunde und Vererbung - verbunden sein können, sind sie aus Sicht der Sprache alle auf derselben Ebene. Im Gegensatz zu Prozeduren (in Algol 60, Pascal, usw.) oder Paketen (in Ada) dürfen Klassen nicht geschachtelt werden. (Das gilt für Eiffel. Manche Sprachen, vor allem Simula 67, erlauben die Schachtelung von Klassen; die Erfahrung zeigt jedoch, daß diese Möglichkeit kaum genutzt wird, weil das zu übermäßig komplexen Strukturen führt. Insbesondere gerät Schachtelung entweder in Konflikt mit Vererbung oder sie ist redundant.)

Diese Eigenständigkeit von Softwareteilen ist wesentlich für Wiederverwendbarkeit. Mit der in blockstrukturierten Sprachen gegebenen Möglichkeit des textuellen Schachtelns ist es schwierig, Bibliotheken von Softwareteilen herzustellen, die frei wiederverwendbar und zusammensetzbar sind.

14.1.2 Der Einkaufszettel-Ansatz

Eine Klasse ist ein Lager von Dienstleistungen (exportierten Merkmalen), welche auf den Exemplaren eines abstrakten Datentyps verfügbar sind. Der sogenannte Einkaufszettel-Ansatz (4.3.2) ist ein Schlüsselaspekt der Methode; er besagt, daß diese Dienste allen Kunden gleichermaßen zur Verfügung gestellt werden:

- Es gibt keinen Begriff für relative Bedeutung oder Wert.
- Es gibt auch keine Vorschrift über Reihenfolgen, in denen Dienste gerufen werden können.

Die erste Eigenschaft wurde in der Erörterung der Klassen *WINDOW* und *ANWENDUNG* in Kapitel 12 betont: Was man in einem funktionalen Top-down-Ansatz als „die" Hauptoperation eines Systems ansähe, wird in der objektorientierten Architektur auf den Status einer Funktion unter gleichen degradiert.

Der zweite Aspekt ist ebenso wichtig. In der eigentlichen Ausführung eines Systems kann die Reihenfolge, in der die verschiedenen Dienste eines bestimmten Teilsystems aufgerufen werden, durchaus wichtig sein. Es ist jedoch häufig ein Fehler, diese Reihenfolge zu früh einzufrieren, da die Reihenfolgebildung von Aktionen einer derjenigen Aspekte der Systemarchitektur ist, die sich während Entwicklung und Weiterentwicklung mit am häufigsten ändern. Beim objektorientierten Entwurf sind die Dienste eines Moduls einfach dafür vorhanden, von anderen Moduln in der von diesen gewünschten Reihenfolge benutzt zu werden.

Diese Weigerung, sich zu früh auf Reihenfolgevorschriften einzulassen, ist in meinen Augen einer der wesentlichen Unterschiede zwischen objektorientiertem Entwurf und Techniken wie dem Datengesteuerten Entwurf oder JSD, Jackson's System Design Methode (siehe die Literaturhinweise zu Kapitel 4). Bei diesen Methoden wird die Reihenfolge, in der Umformungen auf Datenelemente angewandt werden, als wichtiger Faktor im Systementwurf betrachtet. Die Gefahr dabei ist, daß jede Änderung in den Reihenfolgeanforderungen einen mühseligen Neuentwurf zur Folge hat, wenn diese als Hauptkriterium für die Architektur benutzt wurden.

Man beachte, daß Vorschriften über die Reihenfolge beim Gebrauch von Diensten eines Moduls oft auch abstrakter als Zusicherungen beschrieben werden können. Eine Reihenfolgevorschrift kann in einem Kellermodul zum Beispiel spezifizieren, daß jeder Folge von *pop*-Aufrufen eine Folge von mindestens ebenso vielen *push*-Aufrufen vorangegangen sein muß. Die aus den Axiomen des abstrakten Datentyps Keller abgeleiteten Zusicherungen über *pop* und *push* drücken jedoch dieselbe Eigenschaft abstrakter, ohne Bezug zur Aufrufreihenfolge, aus.

14.1.3 Hinzufügung so vieler Dienste wie nötig

Eine Folge des Einkaufszettel-Prinzips ist, daß es keinen theoretischen Grund zur Beschränkung der Anzahl von Merkmalen einer Klasse gibt. Wenn eine Operation eine wohldefinierte Semantik hat und in logischem Bezug zu einer Datenabstraktion steht, dann bedarf es keiner langen Untersuchungen: Man kann diese Operation zur entsprechenden Klasse hinzufügen, auch wenn man nicht sicher ist, daß viele Kunden sie benötigen. (In der Eiffel-Implementierung ist der zusätzliche Aufwand für Kunden, die diese Operation nicht nutzen, vernachlässigbar; siehe 15.4.4.)

Die einzige mögliche Begrenzung rührt von der Komplexität her: Jede Klasse sollte von bewältigbarer Größe bleiben. Die Begrenzung ist jedoch nicht so streng wie bei klassischen Ansätzen. Software-Engineering-Lehrbücher schreiben oft vor, daß die Größe einer Programmeinheit ein bis zwei Seiten nicht überschreiten sollte, so daß ein Leser sie schnell begreifen kann. Das gilt für traditionelle Entwurfsmethoden, deren Programmeinheiten Routinen sind. Eine Routine ist eine Einheit algorithmischer Zerlegung; im allgemeinen muß man die gesamte Routine überblicken, um irgendetwas zu verstehen. Bei Klassen ist die Lage anders: Wenn eine Klasse als Einkaufsliste von Merkmalen aufgefaßt wird, dann muß ein Kundenprogrammierer nur diejenigen Informationen lesen, die zum von ihm aktuell benutzten Merkmal gehören plus einige allgemeine Eigenschaften der Klasse wie die Klasseninvariante. Im allgemeinen können Merkmale, von denen man nichts weiß, einen nicht stören.

Die Merkmale selbst, insbesondere die Routinen, müssen für sich leicht verständlich und deshalb kurz bleiben. In einem guten objektorientierten Entwurf führen die meisten Routinen genau eine, wohldefinierte Aufgabe aus. Gewöhnlich sind sie kürzer als Routinen in einem funktionalen Entwurf. Nur wenige Routinen müssen jemals länger als eine Seite sein.

Obwohl eine Klasse viel länger als eine Programmeinheit in traditionellen Zerlegungen sein kann, muß sich ihre Größe doch in vernünftigen Grenzen bewegen. Diese Grenzen werden in Anzahl von Merkmalen und nicht in Textlänge angegeben.

Absolute Zahlen sind hier kaum sinnvoll. Man kann jedoch sicher sagen, daß 20 Merkmale (Attribute und Routinen) eine gute Klassengröße sind; bei ungefähr doppelt so vielen Merkmalen sollte der für die Klasse verantwortliche Programmierer sich fragen, ob all diese Merkmale wirklich zur gleichen konzeptionellen Ebene gehören. Wenn, wie meist, zwei oder mehr Abstraktionsebenen festgestellt werden, sollte man die Vererbung benutzen, damit jede Klasse bewältigbar bleibt. Die grundlegenden Merkmale werden in einer ersten Klasse beschrieben; der nächste logische Satz von Merkmalen wird von einem Erben dieser Klasse behandelt; und so weiter.

14.1.4 Bottom-up-Entwurf

Obwohl man sich Top-down objektorientierte Entwurfstechniken vorstellen kann, scheint der Bottom-up-Entwurf viel besser zu diesem Vorgehen zu passen.

„Top-down" und „Bottom-up" sind natürlich extreme Bezeichnungen. Man fängt nie an, ein System zu bauen, ohne sich um die verfügbare Menge der implementierten Dienste zu kümmern; umgekehrt baut man niemals Softwareteile ohne irgendeine vorgedachte Idee der künftigen Nutzung. Der Unterschied ist aber der, daß der Top-down-Entwickler sich auf das bestimmte vorliegende Problem konzentriert, während der Bottom-up-Entwickler versucht, so viel wie möglich von den vorhandenen Teilen auszugehen und, wenn trotz allem ein neuer Teil hergestellt werden muß, diesen so allgemein zu machen, daß zukünftige Entwicklungen ihn nutzen können.

Klassen eignen sich natürlich für Bottom-up-Wiederverwendung, Erweiterung und Zusammensetzung. Je mehr Software man auf diese Art entwickelt, desto leichter wird es, neue Produkte zu entwickeln, da man auf seinen vorhergehenden Bausteinen aufbauen kann. Vererbung ist hier grundlegend.

> „Top-down" und „Bottom-up" sind hier in ihrer allgemeinen Bedeutung für Softwareentwurf benutzt worden, wie es in Kapitel 4 erörtert wurde. Man fragt sich vielleicht, wie diese Begriffe auf Vererbung angewandt werden können. Ist der Vorgang des Hinzufügens neuer Nachkommen zu vorhandenen Klassen top-down oder bottom-up? Tatsächlich würden beide Bezeichnungen zutreffen: Top-down, weil eine Klasse abstrakter als ihre Nachkommen ist; bottom-up, denn eine Klasse baut auf der Grundlage ihrer Vorfahren auf. Wir sind dieser Dualität bereits begegnet, als wir feststellten, daß Vererbung aus der Typperspektive Spezialisierung und aus der Modulperspektive Erweiterung ist.

14.1.5 Einfluß auf den Softwareentwurfsprozeß

Die verschiedenen bisher betrachteten Aspekte des objektorientierten Entwurfs beeinflussen, wenn sie sauber angewandt werden, entscheidend den Softwareprozeß. Traditionelle Herangehensweisen sind durch die extreme Schwierigkeit der ersten Entwurfsschritte charakterisiert: Die da gefällten Entscheidungen sind kritisch; jeder Fehler hat weitreichende Folgen.

Unter diesem Blickwinkel erscheint Top-down-Entwicklung als ein fast unmögliches Rezept. Da die Softwarearchitektur hierarchisch ist und von der Spitze aus gebaut wird, müssen die Entwickler die wichtigsten Entscheidungen ganz zu Anfang treffen - also zu einer Zeit, da sie die wenigsten Informationen zur Vermeidung von Entwurfsfehlern zur Verfügung haben! Der Beginn der Entwicklung ist dadurch gekennzeichnet, daß das Bild noch vage ist; viele Elemente fehlen. Der Eindruck, von Komplexität erschlagen zu werden, Wesentliches von Details nicht unterscheiden zu können, ist für dieses Stadium charakteristisch. Und gerade jetzt muß man beim Top-down-Entwurf die Schlüsselentscheidungen treffen, mit dem Wissen, daß jeder Fehler zur Katastrophe führt! Nur ein Genie könnte das.

Im Gegensatz dazu werden beim objektorientierten Entwurf die Entscheidungen gleichmäßig über den Entwicklungszyklus verteilt. Am Anfang wird verlangt zu entscheiden, welches die wichtigsten Datenabstraktionen sind. Natürlich ist es besser, keine Fehler zu machen, wenn man aber (zum Beispiel) eine wichtige Abstraktion vergißt, dann ist das nicht irreparabel: Man kann die fehlende Klasse später hinzufügen, wenn man den Fehler entdeckt hat. Wegen der stark dezentralisierten Beschaffenheit objektorientierter Architekturen erreicht man dies häufig, ohne daß in der Zwischenzeit entwickelte andere Klassen allzusehr betroffen sind. Wenn man zur Verfeinerung einzelner Klassen kommt, dann bietet der Einkaufszettel-Ansatz einen sanften Entwurfsprozeß, bei dem Merkmale schrittweise fortschreitend hinzugefügt werden.

Diese Bemerkungen sollten nicht so gedeutet werden, als ob das Verschwinden der Softwareentwurfsprobleme durch die Benutzung objektorientierter Methoden behauptet würde. Qualitätssoftware zu entwickeln war stets eine schwierige Aufgabe und wird es immer bleiben. Weil die schwierigen Entscheidungen nicht auf den Anfang konzentriert sind, gibt es beim objektorientierten Entwurf weniger von dieser gespannten Atmosphäre in Entwurfskonferenzen, weniger von diesem Gefühl der Hilflosigkeit gegenüber unbewältigter Komplexität und Furcht, verheerende Fehler zu machen, was alles so charakteristisch für die ersten Stadien eines traditionellen Projekts ist. Auch weiterhin muß man schwer arbeiten und für seine Fehler bezahlen; man kann aber das Problem dezentraler, ausgeglichener, ruhiger angehen.

14.2 Aufspüren der Klassen

Als wir den objektorientierten Ansatz einführten, erörterten wir kurz die Frage: „Wie findet man die Objekte?" (4.6). Wie wir wissen, bezieht sich die Frage korrekter auf Klassen, nicht auf Objekte. Einzelne Objekte sind nicht so interessant wie Mengen von Objekten mit gemeinsamem Verhalten.

Natürlich gibt es dazu keine allgemeine Antwort. Eine solche Antwort würde ja zu einer unfehlbaren Technik des Softwareentwurfs führen - deren Vorhandensein auch nicht wahrscheinlicher ist als eine unfehlbare Methode zum Beweis von Sätzen oder zum Häuserbauen. Talent und Erfahrung sind unabdingbar für den Erfolg beim Entwurf. Einige allgemeine Einsichten können jedoch vermittelt werden.

14.2.1 Bewertung von Zerlegungen

Die erste Bemerkung lautet: Kritik ist leichter als Kunst; wir können lernen, vorhandene Entwürfe zu analysieren, um daraus für den Entwurf zu lernen. Wenn insbesondere eine bestimmte Menge von Klassen zur Lösung eines bestimmten Problems vorgeschlagen wurde, dann können wir sie ausgehend von den Kriterien und Prinzipien der Modularität (Kapitel 2) untersuchen: Bilden sie eigenständige, in sich geschlossene Moduln mit streng kontrollierten Kommunikationskanälen? Oft weist die Entdeckung, daß zwei Moduln zu eng gekoppelt sind, daß ein Modul mit zuvielen anderen kommuniziert, daß eine Argumentliste zu lang ist, auf Entwurfsfehler hin und führt zu einer besseren Lösung.

Auf ähnliche Weise beleuchtete das Beispiel des Ganzbildschirm-Eingabesystems (12.3) einen häufigen Fehler: einen komplizierten Datenfluß in einem System, was fast immer auf eine unterlassene Datenabstraktion hinweist, die zu einer Klasse gemacht werden sollte (*ZUSTAND* in diesem Beispiel). Das passiert insbesondere in objektorientierten Systemen, deren Entwerfer - wie die meisten Menschen - ursprünglich in klassischen Methoden ausgebildet wurden, wodurch oft eine Dosis funktionsorientierten Entwurfs in den Systemarchitekturen verbleibt.

Die Regel „vorhandene Entwürfe kritisieren und verbessern" ist nicht an sich schon eine Lösung des Entwurfsproblems. Guter objektorientierter Entwurf muß aber wie guter Entwurf in jeder Disziplin teils durch Lernen, teils durch Erfahrung gelehrt werden.

14.2.2 Wiederverwendbare Klassen

Ein naiver, aber dennoch fruchtbarer Weg zum Auffinden von Klassen besteht darin, einfach zu schauen, was da ist. Wie oben schon in Erinnerung gerufen, bevorzugt der objektorientierte Ansatz den Bottom-up-Entwurf. Eine gute objektorientierte Umgebung stellt eine Anzahl vordefinierter Klassen zur Verfügung, die wichtige Abstraktionen implementieren. Entwickler schauen dann selbstverständlich nach, ob es etwas gibt, was sie nutzen können. Die von der Eiffel-Bibliothek zur Verfügung gestellten Klassen decken zum Beispiel viel Routine der Softwareentwicklung ab - Listen, Bäume, Keller, Schlangen, Dateien, Zeichenketten, Hash-Tabellen, Binärbäume, usw. - und werden ständig wiederverwendet.

Neue, sauber konstruierte Anwendungen erzeugen spezialisiertere wiederverwendbare Klassen. Mit der Ausbreitung objektorientierter Techniken wachsen Anzahl und Abstraktionsebenen der verfügbaren Softwareteile.

14.2.3 Externe Objekte

Eine Technik zum Auffinden wichtiger Klassen wurde in 4.6 vorgestellt: Viele Klassen beschreiben einfach das Verhalten externer Objekte aus der modellierten abstrakten oder konkreten Wirklichkeit - Raketen und Radar, Bücher und Autoren, Figuren und Polygone, Fenster und Mäuse, Fahrzeuge und Fahrer.

Diese Idee liefert oft die grundlegenden Klassen eines Systems, direkt aus den externen Gegenstücken abgeleitet. Das ist eine der Schlüsselideen des objektorientierten Entwurfs: Man betrachte die Softwareentwicklung als operationale Modellierung und benutze die Objektklassen der modellierten Welt als Grundlage für die Klassen des Softwaresystems.

14.2.4 Was ist keine Klasse?

Manche Autoren haben als guten Weg zum Auffinden von Klassen für den objektorientierten Entwurf vorgeschlagen, vom Pflichtenheft auszugehen und die Substantive zu unterstreichen - während eine funktionale Methode sich aus der Konzentration auf die Verben ergebe. Ein Abschnitt aus dem Pflichtenheft der Form „das Radar muß die Position und die Geschwindigkeit ankommender Flugzeuge verfolgen" würde dazu führen, daß ein funktionsorientierter Entwerfer eine Verfolgungsfunktion als notwendig erkennen würde, während der objektorientierte Entwerfer zwei Klassen, Radar und Flugzeug, sähe.

Dennoch ist das eine eher primitive Technik, die nur recht grobe erste Ergebnisse liefern kann. Buchstabengetreu durchgeführt gibt das wahrscheinlich **zu viele** Kandidatenklassen. Es ist zum Beispiel unklar, ob zwei Substantive aus dem obigen Satz, „Position" und „Geschwindigkeit" Klassen werden sollten.

Unnötige Klassen zu bilden ist ein typischer Anfängerfehler. Aber wiederum gibt es keine sichere Methode, solche Fehler zu vermeiden. Schließlich ergaben sich viele erfolgreiche, in den vorigen Kapiteln erörterte Entwürfe daraus, daß scheinbar unwichtige Begriffe in den Status einer Klasse erhoben wurden: Man denke an die Beispiele „Zustand", „interaktive Anwendung" und „Kommando" in Kapitel 12. Die allgemeine Richtlinie bildet die Theorie der abstrakten Datentypen: Ein Begriff sollte nur dann zu einer Klasse gemacht werden, wenn er eine Menge von Objekten beschreibt, die von interessanten Operationen (den Funktionen des unterliegenden abstrakten Datentyps) mit bedeutsamen Eigenschaften (den Axiomen) charakterisiert werden.

Sollte also die „Position" von Flugzeugen zu einer Klasse werden? Es kommt darauf an. Wenn es keine besonderen Operationen auf Positionen gibt, dann gebe man der Klasse *FLUGZEUG* einfach drei Real-Attribute zur Darstellung der Flugzeugposition. Wenn andererseits eine Position eine bedeutsame Größe mit zugehörigen Operationen ist (Abstand zu einer anderen Position, Meßfehler, Umwandlung in ein anderes Koordinatensystem, usw.), dann ist es sinnvoll, eine Klasse *POSITION* zu definieren und in *FLUGZEUG* ein Attribut dieses Typs zu haben. Dasselbe gilt für Geschwindigkeit: Wenn die Flugzeuggeschwindigkeit nur eine Real-Zahl oder ein Vektor ist, dann benutze man einen dieser Typen; wenn die Geschwindigkeit an sich nützliche Operationen hat, dann definiere man eine besondere Klasse (eventuell einen Nachkommen der Klasse *VECTOR)*.

14.3 Schnittstellentechniken

Modulschnittstellen sind ebenso wichtig wie das, was die Moduln tun. Wir wollen einige Techniken des Entwurfs guter Modulschnittstellen behandeln.

14.3.1 Zustandsmaschinen und aktive Datenstrukturen

Wie in Kapitel 9 ausgeführt, ist es beim Schreiben von Klassen, die Datenabstraktionen implementieren, oft nützlich, sich „aktiven" Versionen dieser Abstraktionen zuzuwenden: Exemplare werden nicht einfach als passive Sammlungen von Informationen betrachtet, sondern als Maschinen mit einem internen Zustand und einem lokalen Speicher. Die Listen in der Eiffel-Bibliothek, die einen „Cursor" oder einen Merker für die Zielposition der letzten Operation enthalten, sind typische Beispiele.

14.3.2 Anfragen und Kommandos

Die strenge Unterscheidung zwischen Prozeduren und Funktionen wurde als gesundes Entwurfsprinzip anempfohlen (7.7.2).

14.3.3 Eine Schnittstelle, mehrere Implementierungen

Eine weitere Schnittstellentechnik wird durch Vererbung ermöglicht. Wenn ein bestimmter Begriff mehr als eine Implementierung erlaubt, dann ist es angebracht, zwei oder mehr Ebenen von Klassen zu definieren: eine allgemeine Klasse, welche die Schnittstelle beschreibt, und Nachkommensklassen, die verschiedene Implementierungen bieten, alle mit der gleichen **export**-Klausel. Beispiele gibt es in der Eiffel-Bibliothek zuhauf: Listen mit der Klasse *LIST* und ihren zahlreichen Nachkommen *(FIXED_LIST, LINKED_LIST, TWO_WAY_LIST);* Keller und die zahlreichen Implementierungen; Schlangen; usw.

Oft ist die oberste Klasse eine aufgeschobene Klasse, wie in den erwähnten Beispielen. Das ist jedoch nicht immer so, denn die abstrakteste Ebene kann eventuell eine Standard-Implementierung der vielfältigen benötigten Routinen bieten. Ein Beispiel war die Klasse *POLYGON* (10.1), die nicht aufgeschoben war, auch wenn diverse speziellere Versionen (*RECTANGLE* usw.) verfügbar waren.

Die Vorteile der Vererbung für die Beschreibung von Implementierungsvarianten bestehen insbesondere darin, daß zwei oder mehr Varianten im selben System gleichzeitig vorhanden sein können, daß eine bestimmte Größe zur Laufzeit ihre Darstellung wechseln kann (dank Polymorphismus und dynamischem Binden) und daß der Mechanismus fortführbar ist, da Varianten als vielstufige Vererbungshierarchie organisiert werden können (wie im Fall der verschiedenen Tabellenimplementierungen).

14.3.4 Eine Implementierung, mehrere Schnittstellen

Vererbung dient auch der Erreichung des umgekehrten Ziels: mehrere Schnittstellen für einen unterliegenden Begriff. Das wird durch die Orthogonalität zwischen Vererbung und Exportmechanismus ermöglicht. Allgemein kann das durch eine Klasse beschrieben werden, die nichts exportiert; Nachkommen dieser Klasse unterscheiden sich durch ihre Exportklauseln. Wir haben das Beispiel einer Klasse für Bankkonten gesehen (11.5), die Erben zur Beschreibung verschiedener Schnittstellen zu diesem Begriff hatte.

14.4 Vererbungstechniken

Vererbung ist zweifellos ein entscheidender Vorteil des objektorientierten Entwurfs und sollte richtig benutzt werden.

14.4.1 Redefinition zum Zwecke höherer Effizienz

Eine herausragende Technik ist Redefinition. Redefinition sollte insbesondere dann angewandt werden, wenn eine effizientere Implementierung einer allgemeinen Technik in einem besonderen Fall gefunden wurde. Die Funktion *perimeter* (10.1) ist dafür ein typisches Beispiel. In Anhang A sind viele andere enthalten wie zum Beispiel *back,* eine bei einfach verketteten Listen kostspielige Operation, die bei doppelt verketteten Listen effizienter implementiert werden kann.

14.4.2 Redefinition von Funktionen als Attribute

Ein besonderer Fall von Redefinition tritt dann auf, wenn ein durch eine Funktion in einer Klasse gebotener Dienst in einem Nachkommen als Attribut verfügbar ist. Ein typisches Beispiel dafür ist *last* bei verketteten Listen, das in doppelt verketteten Listen als Attribut implementiert werden kann (da eine doppelt verkettete Liste nicht nur einen Verweis auf das erste, sondern auch auf das letzte Element enthält). In diesem Fall kann die Funktion durch ein Attribut redefiniert werden (11.3.3). Man denke daran, daß das Umgekehrte nicht erlaubt ist.

14.4.3 Erhaltung der Semantik

Redefinition von Routinen ist eine Semantik-erhaltende Umformung: Die redefinierte Implementierung muß dieselbe Spezifikation erfüllen wie das Original. Wo immer möglich, wird die Spezifikation mit Zusicherungen ausgedrückt; mit den Regeln über „Unteraufträge" (11.1) wird ausgedrückt, wie die Semantik in solchen Fällen erhalten wird.

Analog ist jede Klasse durch die Invarianten ihrer Eltern gebunden. Das ist eine andere Beschreibung desselben Prinzips: Jedes Exemplar des Erben muß die Vorschriften einhalten, die für die Exemplare der Eltern gelten.

Manchmal liegt die Versuchung nahe, diese Regeln zu übergehen - insbesondere weil in der derzeitigen Eiffel-Implementierung Zusicherungen nur auf ausdrückliches Verlangen und nur zur Laufzeit geprüft werden. Wenn man zum Beispiel eine Klasse zur Beschreibung zyklischer Listen braucht, dann ist man versucht, sie als Erbe von *LINKED_LIST* zu bauen, wie diese in der Bibliothek vorhanden ist (A.5). Tatsächlich bietet *LINKED_LIST* die grundlegenden Implementierungsmechanismen.

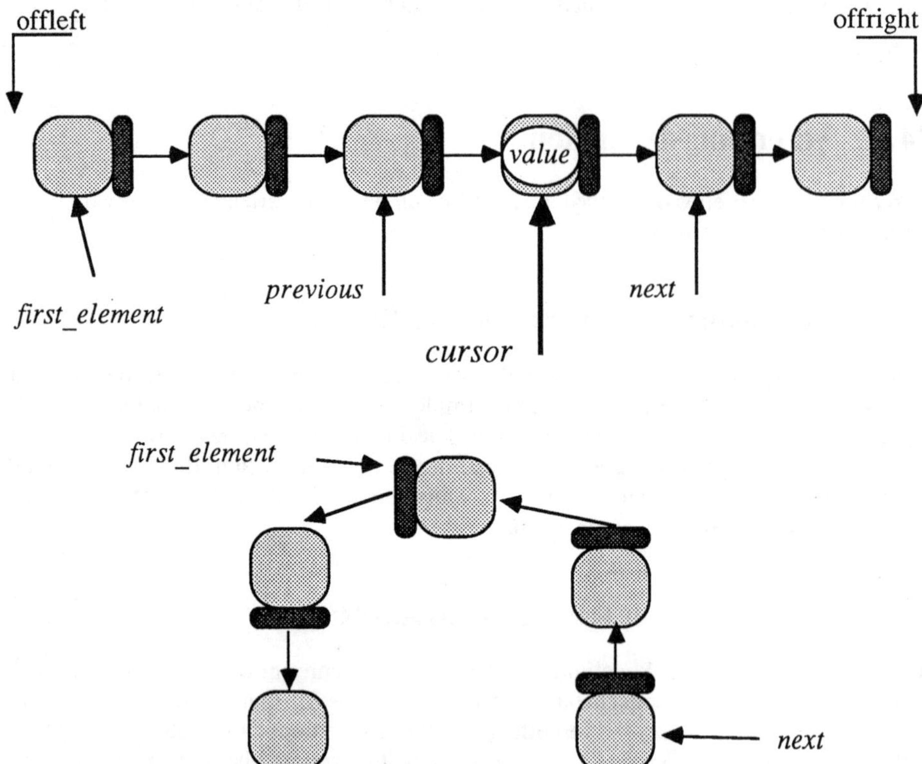

Bild 14.1 Sequentielle Liste, zyklische Liste

Gewisse Eigenschaften von *LINKED_LIST* würden von zyklischen Listen jedoch verletzt werden: Eine Klausel in der Invarianten von *LINKED_LIST* ist zum Beispiel

previous.Void = (offleft **or** *isfirst);*

was bedeutet, daß *previous.Void* immer erfüllt sein muß, wenn *isfirst* wahr ist, oder anders gesagt, wenn der aktuelle Index *position* den Wert 1 hat. Das gilt für sequentielle verkettete Listen, aber nicht für zyklische Listen, wie oben veranschaulicht.

Der Versuchung, eine Klasse nur wegen ihrer Implementierung wiederzuverwenden, dabei aber semantische Vorschriften zu verletzen, muß stets widerstanden werden. Wiederverwendbarkeit sollte nicht auf Kosten der Korrektheit gewonnen werden; Vererbung verlöre ihre Bedeutung, dürften Klassen beliebige Teile der Eigenschaften ihrer Vorfahren abweisen.

In der künstlichen Intelligenz ist die Lage möglicherweise anders; dort wird Vererbung zur Wissensdarstellung verwendet. In einer archäologischen Wissensbasis möchte man zum Beispiel vielleicht mit der Klasse der Amphoren die Eigenschaft verbinden, daß jede Amphore entweder einen Griff oder zwei Griffe hat. Wird eines Tages eine neue Art mit drei Griffen entdeckt, dann mag es weiterhin wünschenswert sein, diese als einen besonderen Erben der Originalklasse zu behandeln. In der Softwaretechnik stehen jedoch Korrektheit und Robustheit an erster Stelle; eine Ausnahme von der Regel über die Erhaltung der Semantik darf es nicht geben.

14.4.4 Spezialisierung und Verallgemeinerung

Aus der Typperspektive wurde die Vererbung als die *ist-ein/e*-Relation eingeführt, also als Spezialisierung. Manchmal geht die Entwicklung jedoch andersherum: Wir denken uns nicht notwendigerweise die allgemeinste Abstraktion zuerst aus. Vielleicht entdecken wir nach gewisser Zeit, daß eine bestimmte Klasse zu speziell ist. Das eben erwähnte Beispiel ist typisch: Der in *LINKED_LIST* und *TWO_WAY_LIST* benutzte Begriff von Liste ist zu eingeschränkt, um auf ähnliche Strukturen wie zum Beispiel zyklische Listen anwendbar zu sein.

Hat der Programmierer dies einmal erkannt, dann möchte er gewöhnlich den Fehler dadurch korrigieren, daß er eine neue, allgemeinere Klasse entwirft. Im Beispiel führen wir eventuell *CHAIN* ein, womit ein abstrakterer Listenbegriff beschrieben wird, eine Verallgemeinerung von *LINKED_LIST* und *CIRCULAR_LIST* (Übung 10.5).

Was man in solchen Fällen braucht, ist ein Weg, eine Klasse als Verallgemeinerung einer anderen Klasse zu beschreiben. Man könnte sich als Sprachmechanismus die Umkehrung der Vererbung vorstellen: eine **generalize**-Klausel als Spiegelung von **inherit.**

Einen solchen Mechanismus gibt es nicht in Eiffel; das erforderte Techniken zur Spezifikation, was in einer Verallgemeinerung erhalten bleiben und was entfernt werden sollte. Es wird aber Hilfe von den Werkzeugen der Umgebung geboten. Eine Option des Klassenabstrahierers **short** (9.5) ist die Option **-e** (für „Eiffel-Ausgabe"), womit eine Klassenschnittstelle in der Form einer korrekten aufgeschobenen Eiffel-Klasse, deren Routinen alle aufgeschoben sind, erzeugt wird. Das Ergebnis kann dann ediert werden, um unerwünschte Eigenschaften zu entfernen.

Hat man einmal die allgemeinere Klasse, dann sollte man die ursprüngliche, zu spezielle Klasse dahingehend redefinieren, daß sie zum Erben der neuen Klasse wird. Das geschieht ganz einfach durch das Hinzufügen eines Elements zu ihrer Erbklausel, zum Beispiel durch das Hinzufügen von *CHAIN* zu den Eltern von *LINKED_LIST.* Aber im Gegensatz zu den Vorgängen bei der Vererbung, welche das „Offen-geschlossen"-Prinzip erfüllen, müssen wir bei der Verallgemeinerung die Klasse ändern, auch wenn die Änderung nur minimal ist.

Dem liegt die Annahme zugrunde, daß Spezialisierung ein normaler Entwurfsprozeß ist, der sauber ablaufen und die zu spezialisierenden Klassen nicht berühren sollte, während Verallgemeinerung eher die Korrektur von Entwurfslücken ist: Die Erkenntnis, daß ein bestimmter Begriff anfangs auf eine zu eingeschränkte Weise begriffen wurde oder zu sehr von einer von vielen möglichen Implementierungen abhing. So gesehen, ist ein gewisser Aufwand für oberflächliche Änderungen akzeptabel, wenn eine vorhandene Klasse als spezielle Version eines neuen, abstrakteren Begriffs redefiniert wird.

14.4.5 Erben allgemeingültiger Eigenschaften

Obwohl die folgende Nutzung der Vererbung elementarer als die oben erwähnten Techniken ist, lohnt es, sich damit erneut zu befassen. Braucht man allgemeingültige Eigenschaften, dann können diese in eine Klasse verpackt und von jeder Klasse, die etwas davon nötig hat, geerbt werden. Die infrage kommenden Eigenschaften sind entweder Routinen (wie die Routinen einer mathematischen Bibliothek) oder Konstanten (wie eine Gruppe miteinander in Beziehung stehender physikalischer Konstanten).

In Eiffel wird diese Technik für Ein- und Ausgabe genutzt. Die Klasse *STD_FILES* (siehe Anhang E) bietet Grundeinrichtungen für die vordefinierten Dateien *input, output* und *error.* Eine einfache Klasse, die diese Einrichtungen braucht, beerbt einfach *STD_FILES,* wie in

```
class EINFACH inherit
        STD_FILES
feature
        Create is
            do
                    output.putstring_nl ("Hallo Susanne!")
            end
end -- class EINFACH
```

(Man erinnere sich, daß in 5.6.4 eine entsprechende Klasse angegeben wurde, wo *EINFACH* ein Kunde von *STD_FILES* war und kein Erbe. Empfohlen wird die hier angegebene Form.)

In einem solchen Fall kommt Redefinition und Polymorphismus nicht vor; tatsächlich ist die Elternklasse nicht notwendigerweise die Implementierung eines abstrakten Datentyps. Hier werden Klassen einfach als Verpackungsmechanismus benutzt.

Diese Technik ist nur wegen des Mehrfacherbens möglich: Beim Einfacherben würde *STD_FILES* mit den „wahren" Eltern in Konflikt geraten.

14.5 Würden Sie lieber kaufen oder erben?

Wenn eine Klasse *B* etwas von einer Klasse *A* braucht, dann treten manchmal Zweifel auf, welche Beziehungsart benutzt werden sollte: Soll *B* Erbe oder Kunde von *A* sein?

Allgemein lautet die Antwort, daß die Vererbungs- und die Kundenbeziehung unterschiedlichen Bedürfnissen entsprechen. Einfach gesagt, bedeutet Erben „ist" und Kunde „hat". Erben ist dann angebracht, wenn jedes Exemplar von *B* einfach ein oder mehrere Attribute von *A* besitzt.

Dieses einfache Kriterium reicht in Fällen aus, in denen eine einzige Antwort genügt. Anfänger benutzen zum Beispiel Vererbung manchmal unsauber. Ein typischer Fehler ist beispielsweise, *HAUS* als Erbe von *TÜR* und *FUSSBODEN* zu deklarieren. Das ist natürlich falsch, weil auch mit noch so viel Phantasie niemand überzeugt werden kann, daß ein Haus eine Tür oder ein Fußboden *ist*. Ein Haus **hat** einfach diese Bestandteile.

Es gibt Fälle, bei denen die Antwort nicht so glasklar ist. Die beiden folgenden Beispiele sind typisch dafür:

- Als die Klasse *STACK2,* die durch Felder implementierte Keller beschreibt, vor der Einführung der Vererbung definiert wurde (7.3.2), da wurde ein Attribut *implementation: ARRAY[T]* benutzt. Später haben wir eine Klasse *FIXED_STACK* neu geschrieben, die unter Verwendung des Mehrfacherbens *ARRAY* beerbt.
- Nehmen wir an, man möchte einen Fenster-orientierten Texteditor schreiben, der auf einem Fenster arbeitet. Sollte diese Klasse ein Attribut *aktuelles_fenster* vom Typ *WINDOW* haben oder sollte *WINDOW_EDITOR WINDOW* beerben?

Das zweite Beispiel scheint hier die Kundenbeziehung zu bevorzugen, weil ein Editor ein Fenster „hat" (auf ihm arbeitet) und nicht ein Fenster „ist". Eine geringfügige Perspektivänderung kehrt jedoch das Bild um: Anstatt die Klasse *WINDOW_EDITOR* aufzurufen, nenne man die Klasse *EDITABLE_WINDOW,* womit Fenster dargestellt werden, die von Edieroperationen (Einfügen und Löschen von Zeilen, Wörtern, Zeichen, usw.) benutzt werden können.

In solchen Fällen gibt es für beide Herangehensweisen Argumente. Vererbung bringt einen effizienteren und einfacheren Zugriff auf Merkmale der ursprünglichen Klasse; die Klasse *STACK2* muß zum Beispiel auf alle Feldmerkmale über das Attribut *implementation* zugreifen, wie in der Implementierung von *top:*

Result := implementation.entry(nb_elements)

Im Gegensatz dazu benutzt die auf Vererbung beruhende Version einfach

Result := entry(nb_elements)

was sowohl in bezug auf Schreibersparnis als auch in bezug auf Effizienz besser ist. Ein weiterer Vorteil der Vererbung ist die Flexibilität des Mechanismus: Dank Redefinition kann man Operationen der Eltern benutzen, ohne unbedingt ihre Implementierungen beizubehalten; man behält diejenigen Implementierungen bei, die einem passen, und überdefiniert die anderen durch lokal geeignetere. Solche Möglichkeiten gibt es nicht, wenn man auf eine Klasse über ihre Schnittstelle zugreift. Mit Vererbung kann man darüberhinaus den Typ von Größen redefinieren, die man von Eltern übernommen hat.

Andererseits ist die Vererbung eine bindendere Entscheidung als das „Kaufen" (Kunde werden). Wenn man in der Eiffel-Umgebung von *A* kauft, dann sieht man nur die Schnittstelle von *A;* man ist also gegen zukünftige Implementierungsänderungen geschützt. Wenn man *A* beerbt, dann bekommt man Zugriff auf die Implementierung, wodurch man größere Stärke gewinnt, aber keinen solchen Schutz. (Die Begründung für diesen Zugang findet sich in 11.5.)

Die Entscheidung in jedem Einzelfall sollte auf der Bewertung der jeweiligen Bedeutung dieser Kriterien beruhen. Im Gegensatz zu vielen Leuten, die Vererbung argwöhnisch betrachten (insbesondere Mehrfacherben), benutze ich sie eher verwegen und habe das selten bereut. Im Kellerbeispiel scheint Vererbung auf jeden Fall besser zu sein; ich habe Vererbung auch in einer verfeinerten Version des Editorbeispiels benutzt.

14.6 Literaturhinweise

Die Literatur zu objektorientiertem Entwurf (im Gegensatz zu objektorientierter Programmierung) ist spärlich. Einige Erörterungen, insbesondere zum sauberen Gebrauch der Vererbung, finden sich in [Halbert 1987]. [Meyer 1986] beschreibt eine objektorientierte formale Spezifikationsmethode.

Die Anleitung, in Pflichtenheften nach Substantiven zu suchen, findet sich in [Booch 1983].

Übungen

14.1 Verallgemeinerung: Bäume

Die Klasse *TREE* aus 10.4.3 (siehe auch A.7, Anhang A) ist lediglich eine mögliche Implementierung von Bäumen (verkettete Bäume). Entwickeln Sie entlang denselben Grundsätzen einen allgemeineren Begriff von Bäumen, in dem *LINKED_TREE* lediglich ein Nachkomme ist. Sie benötigen dafür vielleicht einen abstrakteren Begriff von „verkettbar" als den bisherigen. Prüfen Sie die Allgemeinheit der Baumklasse, die Sie durch Definition von mindestens einer weiteren Implementierung durch Vererbung erhalten haben (zum Beispiel *FIXED_TREE).*

14.2 Sind Polygone Listen?

In der Skizze der Klasse *POLYGON* (10.1) wurden Polygone mit einem Attribut *vertices* vom Typ *LINKED_LIST[POINT]* definiert. Sollte *POLYGON* stattdessen als Erbe von *LINKED_LIST* deklariert werden?

15 Implementierung: die Eiffel-Programmierumgebung

Für einen praktizierenden Softwareentwickler sind Methoden und Sprachen nur so gut wie ihre Implementierungen. In diesem Kapitel wird beschrieben, wie die in den vorigen Kapiteln eingeführten Konzepte in der gegenwärtigen Eiffel-Umgebung praktisch angewandt werden können. Dargestellt werden der Eiffel-Übersetzer, dessen praktische Nutzung und die zugehörigen Werkzeuge; auch Fragen der Leistung und in Arbeit befindliche Entwicklungen werden erörtert.

15.1 Die Implementierung

15.1.1 Übersetzen

Eiffel ist durch einen Übersetzer implementiert. Die Entscheidung, einen Übersetzer und nicht einen Interpreter zu nehmen, ist wesentlich. Interpretierte Systeme wie Smalltalk (Kapitel 20) sind geeignet für schnelle Programmänderung und Fehlerbeseitigung. Übersetzer bringen Sicherheit (bei einer getypten Sprache) und Effizienz. Wir werden unten sehen, wie diese Ziele mit manchen Vorteilen interpretierter Systeme wieder versöhnt werden können.

15.1.2 Zwischencode

Der Eiffel-Übersetzer benutzt C als Zwischensprache, wodurch Eiffel in jede C unterstützende Umgebung portiert werden kann. Die ersten Implementierungen laufen unter Unix-Systemen (System V, BSD, Xenix); ungefähr zwanzig verschiedene Maschinenarchitekturen werden derzeit unterstützt.

C wurde wegen ihrer Portabilität und ihrer relativen Maschinennähe als Zwischensprache gewählt; C ist wahrscheinlich die derzeit beste Annäherung an eine portable Assembler-Sprache. Sie spielt für den Eiffel-Übersetzer eine Rolle, die mit der Rolle des P-Code (eines maschinennahen Code) für Pascal-Übersetzer oder auch mit anderen, traditionell von Übersetzern genutzten Zwischendarstellungen vergleichbar ist, wie zum Beispiel Quadrupel oder attributierte abstrakte Syntaxbäume. Die Leser sind sicher schon durch das bisherige davon überzeugt, daß Eiffel selbst als Sprache nicht von C verschmutzt ist.

Obwohl die Form des generierten C-Codes dank einfacher Benennungskonventionen und automatisch erzeugter Kommentare leicht auf den ursprünglichen Eiffel-Text zurückverfolgt werden kann, ist er nicht dazu gedacht, direkt darauf weiterzuarbeiten. (Wenn das so gedacht wäre, dann gäbe es keinen Bedarf für Sprachen auf einer höheren Ebene als C!)

Eine Option des Eiffel-Übersetzers erlaubt die Generierung eines in sich abgeschlossenen C-Paketes aus einem Eiffel-System; das ist wichtig für Entwicklungen mit anderer Zielumgebung. Diese Möglichkeit wird in 15.3 beschrieben.

15.1.3 Laufzeitstruktur

Zur Laufzeit wird die Eiffel-Objektstruktur auf C-Datenstrukturen abgebildet. Dabei sind die folgenden Dinge bemerkenswert:

- Neben normalen Komponenten, die Klassenattribute darstellen, müssen Objekte gewisse zusätzliche Informationen halten. Insbesondere muß jedes Objekt seinen **dynamischen Typ** tragen, der für die Implementierung des dynamischen Bindens gebraucht wird (siehe unten). Weitere Komponenten werden für die Speicherbereinigung gebraucht, was im nächsten Kapitel behandelt wird.
- Man beachte, daß dieser **selbstbezogene** Aspekt eines Objekts (jedes Objekt enthält Informationen über seinen eigenen Typ) nicht nur eine mögliche Implementierungstechnik ist; in jeder Implementierung objektorientierter Konzepte muß das so sein, wenn das dynamische Binden richtig funktionieren soll. Die Idee erinnert an „etikettierte Architekturen (tagged architectures)" bei Hardware.
- Eine Datenstruktur, die Informationen über Klassen bietet, muß auch zur Laufzeit zur Verfügung stehen: **Klassendeskriptoren** (siehe unten).
- Schließlich wird das Eiffel-Laufzeitsystem mit einem ausführbaren Maschinenprogramm geladen, das aus einer Systemübersetzung entsteht; das Laufzeitsystem sorgt für die Speicherverwaltung einschließlich Speicherbereinigung, falls verlangt.

Die Auswirkungen dieser verschiedenen Anforderungen an Systemleistungen werden unten untersucht.

15.2 Übersetzung und Konfigurationsverwaltung

15.2.1 Getrennte Übersetzung

Für jede Eiffel-Klasse generiert der Übersetzer eine C-Datei, die eine Menge von Deklarationen und Funktionen enthält. Die Funktionen entsprechen den Eiffel-Routinen. Die C-Dateien können mit dem auf der Maschine verfügbaren C-Übersetzer durch automatischen Aufruf des Eiffel-Übersetzers getrennt in Maschinencode übersetzt werden.

15.2.2 Verbindung mit dem Dateisystem

Die Verbindung zwischen Klassen und Dateien ist einfach: Für jede Klasse gibt es genau eine Datei. Heißt die Klasse *C*, dann muß der Dateiname *c.e* lauten, wobei *c* der Kleinbuchstabe von *C* ist (bei Betriebssystemen, die bei Dateinamen zwischen Klein- und Großbuchstaben unterscheiden). Man erinnere sich, daß die Unterscheidung zwischen Klein- und Großbuchstaben für Eiffel nicht unterscheidungsrelevant ist, Klassennamen jedoch standardmäßig groß geschrieben werden.

Der Übersetzer erzeugt für jede Klasse einige Dateien: den generierten C-Code; den generierten Maschinencode; außerdem einige kleine Dateien, die der Übersetzer selbst braucht. Diese Dateien werden in einem durch den Übersetzer verwalteten Ordner geführt (für eine Klasse *C* standardmäßig *c.E* genannt). Wenn die Option für die C-Paket-Erzeugung benutzt wird (siehe unten), dann erzeugt der Übersetzer zusätzlich eine Menge von C-Dateien und ein „Make-File" im jeweiligen Ordner.

15.2.3 Übersetzungskommandos

Für die Übersetzung von Klassen gibt es zwei Kommandos. Das erste, **ec** (für „Eiffel Class") hat als Argument eine einzige Klasse:

ec *c*

Damit wird die Klasse in der Datei *c.e* übersetzt. (Der Dateiname kann auch selbst als Argument benutzt werden.) Das allgemeinere Kommando heißt **es** („Eiffel System"), womit ein ganzes System übersetzt wird, also eine Menge von Klassen. In seiner Grundform wird **es** ohne Argumente aufgerufen und bezieht sich auf die **Systembeschreibungsdatei** im aktuellen Ordner (siehe unten).

15.2.4 Konfigurationsverwaltung

Sowohl **es** als auch **ec** übersetzen in Abhängigkeit vom Zusammenhang, in dem sie abgesetzt werden, keine, eine oder mehrere Klassen. Das liegt daran, daß beide Kommandos eine Einrichtung für die Konfigurationsverwaltung haben; genauer gesagt, analysieren sie Klassenabhängigkeiten und Zeitstempel, um zu entscheiden, welche Klassen neu übersetzt werden sollen.

Die Konfigurationsverwaltung beruht auf den beiden folgenden Definitionen:

Definition
(Direkte Abhängigkeit): Die Klasse *B* hängt direkt von der Klasse *A* ab, wenn *B* entweder ein Kunde oder ein echter Nachkomme von *A* ist.

Definition
(Abhängigkeit): Die Klasse *B* hängt von der Klasse *A* ab, wenn es eine Klasse *C* gibt, so daß *B* direkt von *C* abhängt und *C* entweder *A* ist oder von *A* abhängt.

Anders gesagt: „Abhängen" heißt „direkt oder indirekt abhängen". „*B* braucht *A*" wird als Synonym benutzt für „*B* hängt von *A* ab". Der Begriff der Abhängigkeit führt zur Definition einer Klasse auf dem neuesten Stand:

Definition
(Klasse auf dem neuesten Stand): Man sagt, eine Klasse *A* sei auf dem neuesten Stand, genau dann, wenn die drei folgenden Bedingungen erfüllt sind:

1. Eine übersetzte Version von *A* existiert, und *A* wurde seit der Herstellung dieser Version durch den Übersetzer nicht verändert.
2. Alle von *A* gebrauchten Klassen sind auf dem neuesten Stand.
3. Keine der von *A* gebrauchten Klassen wurde seit der letzten Änderung von *A* verändert.

Mit dieser Definition können wir das Ziel der Übersetzungskommandos exakt ausdrücken: **ec** gewährleistet, daß eine Klasse auf dem neuesten Stand ist (dabei werden eventuell andere Klassen neu übersetzt); **es** sorgt dafür, daß ein ganzes System auf dem neuesten Stand ist. Die übrigen durch **es** erzeugten Ergebnisse sind ein ausführbares Maschinenprogramm und, falls verlangt, ein C-Paket (siehe unten).

Um diese Ziele zu erreichen, analysieren die Kommandos Abhängigkeiten und bestimmen, ob die betrachteten Klassen und diejenigen, von denen sie abhängen, auf dem neuesten Stand sind. Das letztere wird dadurch erreicht, daß die vom Betriebssystem geführten **Zeitstempel** betrachtet werden, die anzeigen, wann die Datei zuletzt verändert wurde.

Um diejenigen Klassen zu finden, die von einer Klasse direkt gebraucht werden, reicht es aus, den Klassentext anzusehen: Dort findet man in der Erbklausel die Eltern und in Größedeklarationen wie *x: C,* die darauf hinweisen, daß die Klasse ein Kunde von *C* ist, die Lieferanten. Um alle direkt oder indirekt benötigten Klassen zu finden, muß dieser Vorgang wiederholt auf die daraus sich ergebenden Klassen angewandt werden. Damit das funktioniert, muß der Übersetzer wissen, wo er nach der Datei suchen soll, die eine Klasse eines bestimmten Namens enthält. Bei **ec** wird die Liste mit der Option **-n** angegeben:

ec -n *dir1* **-n** *dir2* **-n** *dir3* ...

Bei **es** wird dieselbe Information im Eintrag SOURCE der Systembeschreibungsdatei (siehe unten) angegeben.

15.2.5 Mehr als Make

Die oben beschriebenen Leistungen scheinen dem unter Unix angebotenen Make-Werkzeug ähnlich zu sein (beziehungsweise dessen Entsprechung in anderen Systemen). Make ist ein Systemkonfigurierungswerkzeug, welches ein System auf der Grundlage eines „Make-Files" neu zusammenbaut; das Make-File beschreibt die Abhängigkeiten zwischen Moduln und für jede Abhängigkeit ein Kommando, das dann ausgeführt werden soll, wenn ein Modul später als die von ihm abhängigen Moduln geändert wurde. Ein Make-File ist eine Liste von Einträgen der Form

x : a b c ...
    kommando option1 option2 ... a b c x ...

was bedeutet, daß *x* von *a, b, c,* ... abhängt und neu zusammengebaut werden muß, indem das angegebene Kommando benutzt wird, falls eines der *a, b, c* später geändert wurde als *x*. Ausgehend von einem solchen Make-File sieht Make auf Zeitstempel und baut das System automatisch neu zusammen, indem es nur diejenigen Kommandos ausführt, für die *x* nicht auf dem neuesten Stand ist.

Die Kommandos **es** und **ec** wenden dasselbe Prinzip an, aber auf viel bessere Weise, denn sie sind der Eiffel-Umgebung besonders angepaßt.

Im einzelnen:

- Man braucht keine Make-Dateien zu schreiben, was ein langweiliger und fehleranfälliger Vorgang ist. (Bei Make und Make-Dateien besteht immer die Gefahr, Abhängigkeiten zu vergessen, insbesondere wenn die Software verändert wurde.) Die entsprechenden Informationen werden automatisch aus der Software selbst abgeleitet, was in jedem Fall zu bevorzugen ist.
- Da die Kommandos auf Eiffel zugeschnitten sind, können sie zwischen verschiedenen Abhängigkeitsarten unterscheiden. Insbesondere sind die Abhängigkeiten für Eltern und für Lieferanten nicht dieselben: Eine Klasse hängt von der Implementierung ihrer Eltern ab, aber nur von der Schnittstelle ihrer Lieferanten. Wenn eine Klasse *A* geändert wird, dann wird sie von **es** und **ec** neu übersetzt, ihre Kunden werden aber nicht neu übersetzt, es sei denn, die Schnittstelle von *A* sei geändert worden. Wenn die Änderung nur nicht-exportierte Merkmale betrifft, dann bleiben die Kunden ungestört. **es** und **ec** finden also eine minimale Menge neu zu übersetzender Klassen, wie Make es nicht kann.

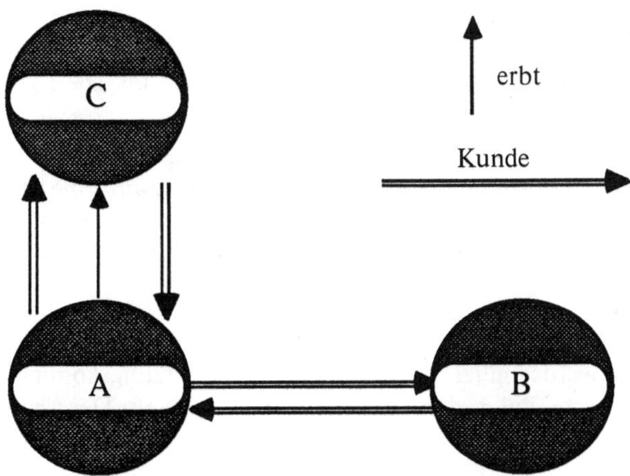

Bild 15.1 Klassenabhängigkeiten

Abgesehen von diesen Vorteilen ist Make auf Eiffel ohnehin **nicht** anwendbar. Das liegt daran, daß die Beziehungen komplexer sind, als sie von Make oder ähnlichen Werkzeugen bewältigt werden könnten; insbesondere (siehe das Bild):

- Die Kundenrelation kann zyklisch sein (*A* kann ein Kunde von *B* sein und *B* ein Kunde von *A*);
- Vererbung ist azyklisch, kann aber mit der anderen Beziehung vermischt werden: *A* kann Kunde oder Lieferant von einem seiner Vorfahren sein.

Klassenabhängigkeiten können also nicht mit den von Make verlangten einfachen azyklischen Abhängigkeiten beschrieben werden. Tatsächlich gibt es in Fällen mit Zyklen keine korrekte Übersetzungsreihenfolge. Die Lösung besteht in einem vierschrittigen, Koroutinen-ähnlichen Algorithmus, bei dem im Schritt *i* mit allen betroffenen Klassen so viel getan wird, daß in Schritt $i + 1$ auf den davon abhängigen Klassen weitergearbeitet werden kann. Der entsprechende Algorithmus ist schwierig. (Man sollte vielleicht erwähnen, daß wir an einer bestimmten Stelle der Implementierung von Eiffel zu zweifeln begannen, ob es für den allgemeinsten Fall überhaupt irgendeine Lösung geben könnte. Wir mußten einen formalen Beweis erbringen, wodurch wiederum der Algorithmus nahegelegt wurde; damit haben wir ein Beispiel für den Nutzen formaler Methoden in der Softwareentwicklung geliefert.)

15.2.6 Das Offen-geschlossen-Prinzip

Vererbung ist eine Abhängigkeitsbeziehung, die Klassenübersetzung und Konfigurationsverwaltung betrifft. Um eine Klasse neu zusammenzubauen, braucht man Informationen über ihre echten Vorfahren (nicht notwendigerweise in Quellform); das ist unverzichtbar, weil die Klassenstruktur von den in den Vorfahren deklarierten Merkmalen abhängt. Als Folge davon muß die übersetzte Form einer Klasse Informationen über ihre Vorfahren halten. Das Umgekehrte gilt aber nicht: Keine Eigenschaft einer Klasse in Quell- oder übersetzter Form hängt von den Nachkommen der Klasse ab.

Das paßt zu unserer Definition von Vererbung als einer Anwendung des Offen-geschlossen-Prinzips (siehe 10.2.1). Eine Klasse ist eine offene Struktur, die ständig Erweiterungen in Form von neuen Nachkommen zugänglich sein muß. Die Klasse hat keine Kontrolle über diese möglichen Nachkommen.

Diese Grundsätze werden nicht nur auf die Sprache, sondern auch auf die Implementierung angewandt. Wenn eine neue Klasse geschrieben wird, die *A* als ein Elternteil benennt, dann sind *A* und ihre Kunden nicht betroffen; sie bleiben „auf dem neuesten Stand", wenn sie bisher keine Neuübersetzung brauchten.

15.2.7 Die Systembeschreibungsdatei

Das Kommando **es** (das nützlichere der beiden Übersetzungskommandos) bezieht sich auf die Systembeschreibungsdatei, abgekürzt SDF (System Description File). Wenn **es** zum erstenmal in einem bestimmten Ordner abgesetzt wird, dann wird ein Muster der SDF erzeugt, so daß Programmierer nicht ihre Syntax lernen müssen. Die Form einer SDF ist wie folgt, wobei kursiv geschriebene Elemente die – falls notwendig – vom Programmierer einzutragenden Informationen bezeichnen:

ROOT: *Name der Wurzelklasse*
SOURCE: *Ordner mit den notwendigen Klassen*
EXTERNAL: *Liste der benötigten externen Dateien*
NO_ASSERTION_CHECK (Y|N): *Klassen, die ohne Zusicherungsüberwachung übersetzt werden sollen*
PRECONDITIONS (Y|N): *Klassen, die nur mit Vorbedingungsüberwachung übersetzt werden sollen*
ALL_ASSERTIONS (Y|N): *Klassen, die mit allen Zusicherungsüberwachungen übersetzt werden sollen*
TRACE (Y|N): *Klassen, die im Trace-Modus übersetzt werden sollen*
DEBUG (Y|N): *Klassen, die im Debug-Modus übersetzt werden sollen*
OPTIMIZE (Y|N): *Klassen, die optimiert werden sollen*
GARBAGE_COLLECTION (Y|N): *Speicherbereinigung einschalten oder nicht?*
VIRTUAL_MEMORY (Y|N): *Besonderes Eiffel-Paging einschalten oder nicht?*

-- Die übrigen Einträge werden nur für die Paket-Generierung gebraucht
(nächster Abschnitt)

C_PACKAGE (Y|N): *Ordner, in dem das generierte C-Paket abgelegt werden soll*
C_EXTERNAL: *Externe .c oder . h Dateien*
MAKE: *Make-File zur Übersetzung externer Dateien*
VISIBLE (Y|N): *Klassen, deren exportierte Routinen im Paket sind*

Der Eintrag ROOT ist der einzige, den der Programmierer unbedingt ausfüllen muß. Man erinnere sich (5.6.2), daß die Ausführung des Systems aus der Erzeugung eines Exemplars der Wurzelklasse und der Ausführung von deren *Create*-Prozedur besteht (wobei die *Create*-Prozedur ihrerseits normalerweise weitere Objekterzeugungen und Routinenausführungen auslöst).

Der Eintrag SOURCE führt die Ordner auf, in denen benötigte Klassen zu finden sind. Das erzeugte Muster initialisiert diese Zeile mit dem Ordner, in dem die Eiffel-Basisbibliothek liegt.

Der Eintrag EXTERNAL führt Dateien mit vorübersetzten externen Routinen auf, die von Eiffel mittels der **external**-Klausel benutzt werden (8.3).

Die folgenden paar Zeilen enthalten Übersetzungsoptionen. Bei jeder Option wird eine Liste von Klassen angegeben, für die diese Option gelten soll; anstelle einer Liste aller Klassen kann das Schlüsselwort *ALL* benutzt werden. Jede Option kann durch Angabe von *Y* oder *N* in Klammern an- und ausgeschaltet werden (womit vermieden wird, die Klassenliste jedesmal neu zu schreiben, wenn eine Option an- oder ausgeschaltet wird). Im Falle widersprüchlicher Optionen wie zum Beispiel der verschiedenen Stufen von Zusicherungsüberwachungen überdeckt die zuletzt angegebene Option alle anderen (die Reihenfolge der Einträge ist nicht wichtig).

Die Zusicherungsüberwachungsoptionen bestimmen den Grad der Laufzeitprüfung von Zusicherungen wie in 7.10.1 definiert: Keine Überwachung, nur Vorbedingungen oder alle Zusicherungen. Vorbelegung ist PRECONDITIONS.

Mit TRACE wird die Verfolgung von Routinenaufrufen in jeder Klasse an- oder ausgeschaltet. Routinenverfolgung ist bei der Fehlerbeseitigung und, allgemeiner, zur Verfolgung des Laufzeitverhaltens eines Systems ein wertvolles Hilfsmittel.

Der Eintrag DEBUG schaltet die Ausführung der **debug**-Anweisung (8.5.6) ein oder aus.

OPTIMIZE steuert die Optimierungsoption des C-Übersetzers (Eiffel-Optimierung wird unten beschrieben).

Die beiden nächsten Einträge steuern die Speicherverwaltung: Ein/Ausschalten der inkrementellen Speicherbereinigung von Eiffel und des Eiffel-Pagingsystems. Probleme der Speicherverwaltung werden im nächsten Kapitel erörtert.

Die letzten Einträge werden nur gebraucht, wenn der im nächsten Abschnitt beschriebene C-Paket-Generator benutzt wird.

15.3 Generierung von C-Paketen

Bei der normalen Eiffel-Benutzung ist der vom Übersetzer intern benutzte C-Code für den Programmierer nicht wichtiger als irgendeine andere interne Darstellung, wie sie von traditionellen Übersetzern für jede Sprache benutzt wird.

Es gibt jedoch eine andere Option, die für Entwickler nützlich ist, wenn diese ihre Erzeugnisse an eine breite Vielzahl von Benutzern verteilen müssen, die nicht alle ihrerseits Zugang zu einer Eiffel-Implementierung haben: In einem solchen Fall kann aus einem Eiffel-System ein vollständiges C-Paket hergestellt werden. Diese Option wird eingeschaltet durch ein Y im Eintrag C_PACKAGE der Systembeschreibungsdatei.

15.3.1 Inhalt eines erzeugten Pakets

Man erinnere sich, daß ein Eiffel-System eine Menge von Klassen ist. Das vom Paketgenerator erzeugte C-Paket ist eine Menge von Funktionen, die den exportierten Routinen bestimmter Klassen entsprechen. Diese Klassen werden mit dem Eintrag VISIBLE in der Systembeschreibungsdatei ausgewählt.

Das Paket wird in einem Ordner erzeugt (einem Knoten des hierarchischen Dateisystems) und enthält:

- Die C-Übersetzung aller Klassen eines Systems in der Form einer Liste von C-Dateien, die so zusammengestellt ist, daß nur die exportierten Routinen (einschließlich *Create*) ausgewählter Klassen für andere C-Programme (in C-Form) sichtbar sind.
- Eine Kopie des Eiffel-Laufzeitsystems in C-Form.
- Ein automatisch generiertes „Make-File", also eine Liste formaler Abhängigkeiten, die zur Übersetzung des Pakets benötigt wird.
- Ein wenig automatisch generierte Dokumentation.

Wenn das Paket externe C-Funktionen enthalten muß, dann werden sie im Eintrag C_EXTERNAL der Systembeschreibungsdatei benannt. Üblicherweise müssen bestimmte Abhängigkeiten beschrieben werden, um diese (nicht Eiffel-generierten) Funktionen zu übersetzen; zu diesem Zweck kann im Eintrag MAKE eine Make-Datei angegeben werden.

Die Option für die C-Paket-Generierung erzeugt also ein vollständig in sich abgeschlossenes C-Paket, das auf jede Maschine gebracht und dort neu übersetzt werden kann, unabhängig von allen Eiffel-Werkzeugen.

15.3.2 Benennung der C-Funktionen

Wenn ein Paket generiert wird, entsteht das Problem, Namen für die generierten C-Funktionen zu wählen, unter denen diese den Anwendungsprogrammierern bekannt sein sollen. Es wäre für den Programmierer sehr langweilig, sich all diese Namen ausdenken zu müssen; dies dem Eiffel-Übersetzer zu überlassen, wäre aber für die Klarheit nicht besonders gut. Eine natürliche Wahl ist die Benutzung der ursprünglichen Eiffel-Namen der exportierten Routinen; verschiedene Klassen können aber dieselben Routinennamen benutzen, was auf der C-Ebene eindeutig gemacht werden muß. Darüberhinaus nehmen viele C-Übersetzer nur die ersten sieben oder acht Zeichen eines Bezeichners zur Kenntnis, während es bei Eiffel eine solche Einschränkung nicht gibt. Infolgedessen wird die folgende Benennungsstrategie verfolgt:

- Standardmäßig wird der ursprüngliche Eiffel-Name, abgeschnitten bei der nötigen Anzahl Zeichen, benutzt.
- Wenn ein Konflikt entdeckt wird, konstruiert der Übersetzer für das zweite und jedes weitere Vorkommen desselben Eiffel-Namens selbst einen Namen.
- Der Übersetzer erzeugt eine Entsprechungsdatei, in der für jede Eiffel-Routine (identifiziert durch einen Klassennamen und einen Routinennamen) der entsprechende C-Funktionsname angegeben wird. Der Programmierer hat die Möglichkeit, diese Datei zu edieren und jeden C-Namen durch einen anderen zu ersetzen; der Übersetzer benutzt dann die vom Programmierer gewählten Namen. Der Übersetzer führt und aktualisiert die Entsprechungsdatei, so daß der Programmierer nicht gezwungen ist, nach jedem Durchlauf die gewählten Namen erneut einzutippen.

Die Entsprechungsdatei ist eine Folge von Einträgen wie folgt:

Class	**Eiffel routine**	**C name**
Window	*display*	*display*
Window	*parent*	*parent*
Window	*height*	*win_height*
Window	*Create*	*win_Create*
.....		
Screen	*height*	*scr_height*
Screen	*Create*	*scr_Create*
.....		

wobei die dritte Spalte vom Programmierer schon ediert wurde, um gewisse C-Namen, die wegen Namenskonflikten generiert worden waren, zu ersetzen.

15.4 Effizienzfragen

Mit der Eiffel-Umgebung soll nicht nur Prototyping oder Experimentier-Software unterstützt werden, sondern auch die Entwicklung ernsthafter „Produktions-"Software. Es war also wesentlich, auf effiziente Übersetzung und Ausführung zu achten.

15.4.1 Übersetzungsgeschwindigkeit

Wie oben erläutert, besteht die Übersetzung von Eiffel in C aus vier Schritten. Dann rufen **ec** und **es** den jeweiligen C-Übersetzer auf; **es** ruft außerdem noch den Binder auf.

Üblicherweise dauern C-Übersetzung und Binden am längsten. Die vier Eiffel-Schritte benötigen zusammen etwa 50% der für C-Übersetzung und Binden benötigten Zeit, wenn die Paket-Generierung nicht aufgerufen wird. Alles in allem ist die Zeit zur Neuübersetzung eines Systems nach wenigen kleinen Änderungen dank der oben beschriebenen Möglichkeiten der Konfigurationsverwaltung meist kurz - in einer durchschnittlichen Hardware-Umgebung wenige Minuten -, auch wenn das System sehr groß ist. Mit der Konfigurationsverwaltung erzielt man einen guten Kompromiß zwischen Übersetzung und Interpretation: Durch die Übersetzung gewinnt man Sicherheit und Schnelligkeit des erzeugten Codes; die Konfigurationsverwaltung erzielt für den Änderung-Ausführungsversuch-Zyklus eine Zeit, die zwar länger als bei einem Interpreter ist, aber noch sehr zufriedenstellend.

Wenn der Paket-Generator aufgerufen wird, dann bedeutet das drei weitere Schritte von Eiffel nach C, wodurch die Eiffel-Übersetzungszeit auf etwa 80% der Zeit für die C-Übersetzung und das Binden anwächst. (Wie wir unten sehen werden, führt der Paket-Generator auch wichtige Optimierungen durch.) Normalerweise wird der Paket-Generator nur aufgerufen, wenn ein System funktioniert und fertig zur Übergabe ist.

15.4.2 Geschwindigkeit des generierten Codes

Aus der Implementierung von Vererbung und dynamischem Binden entsteht ein schwieriges Problem. Nehmen wir einen Aufruf *x.r(...)*, wobei *x* vom Klassentyp *C* ist. Die zu benutzende Version von *r* hängt vom dynamischen Typ von *x* ab, der ein Nachkomme von *C* sein muß. Sei *D* dieser dynamische Typ; *D* ist erst zur Laufzeit bekannt und wird, wie wir gesehen haben, mit dem Objekt abgespeichert.

Um den Aufruf sauber zu bearbeiten, muß man zur Laufzeit eine Menge von Klassendeskriptoren führen; jeder Klassendeskriptor bietet den Zugriff auf alle Routinen in der Klasse. Wie wir in 17.4.2 sehen werden, kann der Klassendeskriptor als Liste von Verweisen auf Routinen implementiert werden.

In einer naiven Implementierung werden die Klassendeskriptoren als Graph organisiert, der dem Vererbungsgraphen entspricht. Wann immer dann ein Aufruf der obigen Form ausgeführt wird, muß der Graph nach der richtigen Routine durchsucht werden, indem beim Deskriptor für *D* angefangen wird, bei Mißerfolg mit den Eltern von *D* fortgefahren wird, dann mit den Großeltern, usw. Das könnte man die Methode der dynamischen Routinensuche nennen.

Obwohl eine Reihe von „Cache"-Techniken in der Literatur beschrieben sind, welche die dynamische Routinensuche beschleunigen, scheint die Methode gefährlich ineffizient zu sein. Besonders ärgerlich ist, daß es mit jeder zusätzlichen Vererbungsebene noch langsamer wird. Vererbung ist eine der hauptsächlichen objektorientierten Techniken für die Wiederverwendbarkeit; obwohl ein gewisser Mehraufwand unvermeidlich ist, kann ein direkter Konflikt zwischen Wiederverwendbarkeit und Effizienz nicht hingenommen werden. Eine objektorientierte Umgebung, in der Entwerfer immer zweimal überlegen müßten, bevor sie eine Vererbungsebene hinzufügen, weil das zu verschlechterter Leistung führte, wäre recht unangenehm.

Die dynamische Routinensuche scheint ohnehin nicht anwendbar zu sein, wenn Mehrfacherben erlaubt ist: Dann muß ein ganzer Graph, nicht nur eine Liste von Vorfahren, durchsucht werden, was zu untragbarer Ineffizienz führte.

Die Eiffel-Implementierung erzielt für das Wiederauffinden von Routinen eine konstante Zeit, indem jeder Klassendeskriptor als ein Feld dargestellt wird und ein Anordnungsschema benutzt wird, das es ermöglicht, für jeden Routinenaufruf einen Index für dieses Feld zur Übersetzungszeit zu berechnen. Der Konflikt zwischen mehr Vererbung und mehr Effizienz verschwindet also. Der Mechanismus kostet jedoch auch Zeit; nach unseren Messungen wird etwa 25% mehr Zeit gebraucht als bei normalen Routinenaufrufen in Standardimplementierungen klassischer Programmiersprachen wie C. Dieser Preis ist aber fest und nach unserer Erfahrung annehmbar. (Wir werden unten sehen, wie der Zusatzaufwand bei Routinen, die nie redefiniert werden, gänzlich verschwindet.)

15.4.3 Speicherplatz

Weder Generizität noch Mehrfacherben führen zu Codevervielfachung. (Die meisten Ada-Implementierungen kopieren bei jeder Exemplarbildung den Code eines generischen Paketes; veröffentlichte Beschreibungen über die Implementierung von Mehrfachvererbung in Smalltalk erfordern, daß der Code aller Routinen, die nicht in Nachkommen ersten Grades sind, kopiert werden muß.) Allerdings kann es vorkommen, daß im Falle des wiederholten Erbens mit Merkmalswiederholung Code dupliziert wird (11.6.3); das kommt selten vor, und Duplizieren ist dabei wohl konzeptionell unvermeidlich.

Ein Preis ist zu bezahlen sowohl bezüglich des von Daten belegten Speicherplatzes - wegen der zusätzlichen Komponenten von Objekten und wegen der Klassendeskriptoren - als auch bezüglich der Codegröße wegen des Laufzeitsystems.

In unserer augenblicklichen Implementierung werden pro Objekt zusätzlich acht Bytes benötigt; wenn Speicher knapp ist, sollten Programmierer die Erzeugung vieler kleiner Objekte vermeiden. Der zusätzliche Bedarf aufgrund der Klassendeskriptoren ist im allgemeinen vernachlässigbar. Die Größe des Laufzeitsystems beträgt gewöhnlich etwa 30 KBytes.

Ein weiterer möglicher Mehrbedarf an Speicherplatz, der vom Laden unbenutzten Codes herrührt, wird, wie im folgenden erörtert, vom Optimierer beseitigt.

15.4.4 Optimierung

In vielen Implementierungen objektorientierter Sprachen tragen zwei Faktoren zu ernstlichem Zusatzaufwand bei:

- Der Mechanismus des Routinenaufrufs behandelt mögliche Redefinitionen, was für Routinen, die niemals redefiniert werden, zu allgemein ist. Das ist unglücklich, weil ein ernsthaftes objektorientiertes System üblicherweise in der Mehrheit solche Routinen enthält. Obwohl wir gesehen haben, daß Eiffel das unterschiedlich lange Suchen von Routinen vermeidet, kann der Aufwand nicht vernachlässigt werden.

- Der durch objektorientierten Entwurf geförderte Einkaufszettel-Ansatz kann zu einer erheblichen Menge nutzlosen Codes führen, der zusammen mit den jeweils von einer Anwendung benutzten Routinen geladen wird. Dieses Problem kann im Zusammenhang mit Vererbung besonders groß werden: Die Entwickler neigen dazu, Klassen zu beerben, von denen sie nur wenige Einrichtungen benötigen.

Diese beiden Probleme werden von einem Eiffel-Optimierer gelöst, der Aufrufe nichtredefinierter Routinen vereinfacht und nicht gebrauchten Code entfernt. Diese Optimierungen können nicht auf einzelne Klassen angewandt werden: Sie sind nur auf einem ganzen System möglich. Aus diesem Grund ist der Optimierer mit dem Paketgenerator integriert (der aktiviert wird, wenn in der Systembeschreibungsdatei für das Kommando es die Option C_PACKAGE angeschaltet ist). Der Paketgenerator ist also nicht nur zur Erzeugung von C-Paketen nützlich, sondern auch zur Gewinnung optimierten Codes.

Wenn die vom Eiffel-Übersetzer angebotenen zahlreichen Optimierungen kombiniert und die entsprechenden Übersetzungsoptionen ausgewählt werden (NO_ASSERTION_CHECK, OPTIMIZE, usw.), dann bewegt sich die Ausführungszeit eines vom Eiffel-Übersetzer generierten Programms nach grober Schätzung bei etwa 120% der Ausführungszeit eines handcodierten C-Programms. Bezüglich Speicherplatz gelten die oben angegebenen Zahlen.

In stark polymorphen Anwendungen können gut geschriebene Eiffel-Systeme sogar kleiner als ihre C-Entsprechungen sein, weil die in vielen Routinen wiederholten komplexen Entscheidungsstrukturen (Variantenabfragen bei Datenstrukturen, zum Beispiel, ob eine Figur ein Polygon, ein Kreis, usw. ist) durch den einfachen und einheitlichen Mechanismus des dynamischen Bindens ersetzt werden.

15.5 Andere Aspekte der Umgebung

15.5.1 Die Bibliothek

Ein Schlüsselelement der Eiffel-Programmierung ist das Abstützen auf die Grundbibliothek. Zur Zeit deckt die Bibliothek die gemeinsamen Elemente des gewöhnlichen Programmierens ab: die grundlegenden Datenstrukturen wie Listen, Bäume, Keller, Schlangen, Dateien, Zeichenketten, Hash-Tabellen, Binärbäume, usw., zusammen mit den zugehörigen Algorithmen in Klassen gekapselt. Weitere Klassen insbesondere zu graphischen Konzepten sind in Arbeit.

Die Bibliotheksklassen sind mit großer Sorgfalt und unter Nutzung aller Mechanismen der Sprache (Mehrfacherben, Generizität, Zusicherungen, Redefinition, Umbenennung) geschrieben und gründlich überprüft worden. Abgesehen von allen anderen Aspekten objektorientierten Entwurfs sind diese Klassen ein wesentlicher Grund für den Unterschied zwischen Eiffel-Programmierung und Programmierung mit klassischen Sprachen wie Pascal oder C. Dadurch wird Eiffel praktisch zu einer Sprache auf viel höherem Niveau, in der die Grunddatentypen nicht einfach Ganzzahlen, Reals, usw. sind, sondern auch Listen, Bäume, Hash-Tabellen und ähnliches - alle offen für Erweiterungen und Spezialisierungen dank Generizität und Vererbung.

Eine der entscheidendsten praktischen Folgen besteht darin, daß es in der alltäglichen Eiffel-Programmierung nicht nötig ist, Zeiger zu benutzen. Zeigermanipulationen sind zwar bei nichttrivialen Datenstrukturen notwendig, aber sie sind trickreich und fehleranfällig. Ein Blick in die Interna der Eiffel-Bibliothek (Anhang A) macht das hinreichend augenfällig; siehe zum Beispiel Löschen in doppelt verketteten Listen oder viele andere ähnliche Operationen. Aber die Zeigermanipulationen in der Bibliothek sind (hoffentlich) korrekt und sind ein für allemal in der Bibliothek eingeschlossen. In Standardsituationen benutzt der Eiffel-Programmierer Listen und Bäume und nicht Zeiger und Verschiebefaktoren.

15.5.2 Dokumentation

Das Dokumentationswerkzeug **short** wurde in 9.5 vorgestellt.

Das Kommando

short *c*

liefert die Schnittstelle der Klasse *C* in der Datei *c.e.* (Wie bei **ec** kann der Dateiname auch als Argument benutzt werden.)

Eine Beispielausgabe von **short** wurde in 9.5.3 gezeigt. Man kam dazu durch Angabe der Option **-t** (troff); damit werden Ausgaben zum Drucken nach den Eiffel-Standardkonventionen bezüglich Einrückung, fetten Schlüsselwörtern, usw. erzeugt. Das ist der Standardweg zur Erzeugung von Dokumentationen zu Eiffel-Klassen; insbesondere wurde das Eiffel-Bibliothekshandbuch [Interactive 1986] fast vollständig durch **short -t** erzeugt (nur die Kapitelüberschriften wurden von Hand geschrieben). Wir haben bereits den Vorteil eines solchen Herangehens gesehen: Man bekommt nicht nur die Dokumentation im wesentlichen umsonst; wichtiger noch: sie ist mit der dokumentierten Software garantiert konsistent.

15.5.3 Flachdrücken einer Klasse

Es wurde bereits bemerkt, daß Vererbung eine Implementierungstechnik ist: Für die Kunden einer Klasse ist die Vererbungsstruktur, die zu ihrem Entwurf führte, nicht wichtig.

Wenn also eine Klasse über eine oder mehrere Vererbungsebenen definiert worden ist, ist es oft nützlich, eine „flache" Version der Klasse zu benutzen, in der sie als in sich abgeschlossener Modul ohne Verweis auf irgendeinen Vorfahren erscheint: Alle ererbten Merkmale werden in die Klasse kopiert (unter Berücksichtigung von Umbenennungen), und die Erbklausel wird entfernt.

Für Kunden dieser Klasse ist eine solche flache Version funktional äquivalent zum Original. Genauer gesagt: Die beiden Klassen sind als Moduln äquivalent, nicht als Typen.

Das Kommando

flat *c*

erzeugt als Ausgabe eine flache Version von C. (Auch hier kann wieder der Dateiname als Argument auftreten.) Man beachte, daß das Kommando **flat** mehr tun muß als rein textuelle Ersetzung, weil Umbenennungen und Redefinitionen berücksichtigt werden müssen. Indem man die Ausgabe von **flat** in **short** einflößt, was in der Unix-Komandosprache durch Ausführung von

flat *c* | **short**

geschieht, erhält man eine vollständige Schnittstellenbeschreibung für *C*, wobei über geerbte Merkmale die gleiche Art von Informationen gegeben werden wie über die in der Klasse selbst deklarierten Merkmale. Damit wird Kunden eine vollständige Schnittstellenbeschreibung von *C* geboten.

15.5.4 Fehlerbeseitigung

Verschiedene Hilfsmittel der Umgebung dienen der Fehlerbeseitigung in Eiffel-Systemen. Man erinnere sich, daß der C-Code nicht zum menschlichen Verbrauch gedacht ist: Fehlerbeseitigung kann auf der Eiffel-Ebene geschehen. (Damit unterscheidet sich der Eiffel-Übersetzer von einem C-„Präprozessor", der die Programmierer in der C-Welt beläßt.)

Zusicherungsüberwachung hat sich als wertvolle Fehlerbeseitigungshilfe erwiesen, wenn mit gewisser Sorgfalt Klassen und Routinen mit geeigneten Zusicherungen verziert wurden. Auch wenn Anwendungsklassen selbst nicht viele Zusicherungen enthalten, ist der Mechanismus nützlich, weil die typische Eiffel-Programmierung ganz entscheidend auf den Klassen der Grundbibliothek beruht, die ihrerseits umfassend mit Zusicherungen versorgt sind (Anhang A). Viele Fehler in den Anwendungen führen zur Verletzung von Zusicherungen in den Grundklassen, zum Beispiel ein Versuch, ein Element an einer unzulässigen Stelle in eine Liste einzufügen.

Die **Übersetzeroptionen** zur Ablaufverfolgung und Fehlerbeseitigung sind ebenso nützlich. Insbesondere die Ablaufverfolgung ermöglicht die Verfolgung der Laufzeitstruktur von Aufrufen. Die Ausgabe des Ablaufverfolgers sieht zum Beispiel so aus:

In r_1, *class* c_1, *object* n_1
    In r_2, *class* c_2, *object* n_2
    Out r_2
Out r_1
In r_3, *class* c_3, *object* n_3
    In r_4, *class* c_4, *object* n_4
        In r_5, *class* c_5, *object* n_5
        Out r_5
    Out r_4
Out r_3

Damit wird die hierarchische Verschachtelung von Aufrufen dargestellt. Die r_i sind Routinennamen, die c_i Klassennamen. Die n_i stellen die internen Nummern derjenigen Objekte dar, auf die sich der jeweilige Aufruf bezieht; die Nummern selbst haben keine direkte Bedeutung, aber sie ermöglichen es dem Benutzer festzustellen, ob sich zwei verschiedene Aufrufe auf dasselbe Objekt beziehen oder nicht.

Der **Betrachter** erlaubt die Erforschung der Objekte zur Laufzeit, was in objektorientierten Systemen ein besonders wichtiges Erfordernis ist. Wenn der Betrachter aufgerufen wird, dann kann der Benutzer die Objektstruktur den Verweisen entlang durchstreifen. In jedem Schritt wird der Inhalt eines Objekts angezeigt; der Benutzer kann eine Verweiskomponente durch dessen Nummer auswählen und mit dem entsprechenden Objekt fortfahren. Eine typische Sitzung beginnt wie folgt (Benutzereingaben fett gedruckt):

Current: TREE_DEMO   Number of fields: 4   Obj_id: 55f38

(1) nb_elements: INTEGER = 5
(2) size: REAL = 3.27
(3) first_child: reference to TWO_WAY_TREE object (Obj_id:68e76)
(4) active: reference to TWO_WAY_TREE object (Obj_id:67e31)

Your command: **3**

Current: TWO_WAY_TREE   Number of fields: 15   Obj_id : 67e31

(1) node_value: INTEGER = 0
(2) right_sibling: Void reference
(3) left_sibling: Void reference
(4) position: INTEGER = 1
(5) backup: Void reference
(6) parent: reference to TWO_WAY_TREE object (Obj_id:55f38)
...

(und so weiter)

Der Betrachter ist mehr als nur ein Werkzeug zur Untersuchung von Objekten. Er bildet die Grundlage für einen vollständigeren interaktiven Debugger, bei dem Objekte durch den Aufruf von Routinen, durch die Festlegung von Unterbrechungspunkten, durch Einzelschrittverfahren, usw. dynamisch verändert werden können. In Übereinstimmung mit dem generellen Ansatz ist die Einheit der Interaktion mit dem Debugger nicht die einzelne Anweisung, sondern die Routine.

Der Betrachter und seine Erweiterungen sind keine in den Übersetzer selbst eingebauten Hilfsmittel; stattdessen sind sie in einer Klasse namens *VIEWABLE* versammelt. Um den Betrachter zu starten, genügt es, diese Klasse zu beerben und eine Prozedur daraus aufzurufen: *view(input_file, output_file)*. Der Betrachter kann auch als Ergebnis einer Ausnahme angestoßen werden (7.10.3).

15.5.5 Persistente Objektstrukturen

Während ihrer Ausführung erzeugen und verändern objektorientierte Systeme Datenstrukturen (Objektstrukturen). Es kann notwendig sein, diese Strukturen zwischen Sitzungen zu erhalten.

Unterstützung für Speicherung und Wiedergewinnung von Objektstrukturen wird durch eine Klasse *STORABLE* geboten. Wenn der Typ *x* ein Nachkomme von *STORABLE* und *fn* ein Dateiname ist, dann legt

x.store(fn)

die bei *x* beginnende Objektstruktur in einer besonders gestalteten externen Form in der Datei *fn* ab. Die Objektstruktur kann vom gleichen oder einem anderen System durch

x.retrieve(fn)

wiedergewonnen werden.

Es wird die gesamte durch *x* direkt oder indirekt (die geschatteten Objekte im Bild unten) bezeichnete Objektstruktur gespeichert. Die externe Darstellung erhält die Verweise und geht korrekt mit Zyklen in der Datenstruktur um. Durch Wahl des richtigen *x* kann man die gesamte Objektstruktur des eigenen Systems oder einen bestimmten Teil davon speichern.

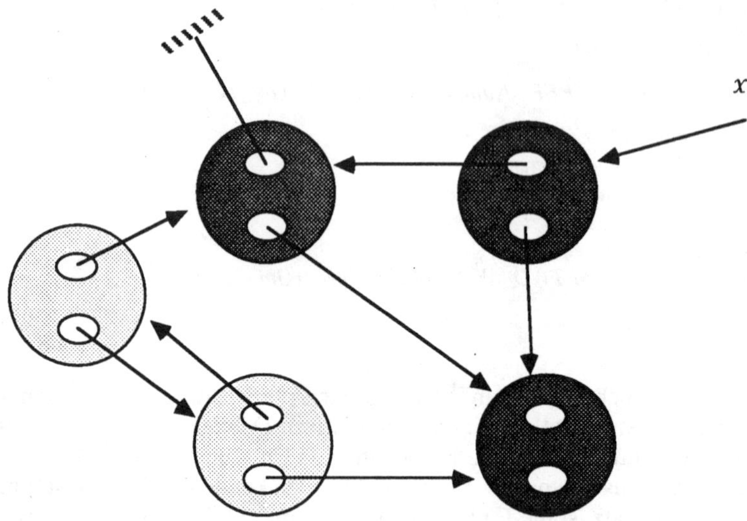

Bild 15.2 Speicherbare Struktur

Obwohl das die Objekte wiedergewinnende System nicht dasselbe sein muß wie dasjenige, das die Objekte gespeichert hat, müssen doch die beteiligten Klassen dieselben sein; andernfalls kann *retrieve* mit den Informationen, die es in externer Form vorfindet, nichts anfangen. Das ist ein schwieriges Problem beim Umgang mit persistenten Objektstrukturen; wir werden in Kapitel 21 weiter darauf eingehen.

Damit *x.store* oder *x.retrieve* funktionieren, muß der Klassentyp von *x* ein Nachkomme von *STORABLE* sein. Das ist auch eine hinreichende Bedingung: Wenn *x* auf ein Objekt *O* verweist, dann können die Typen derjenigen Objekte, auf die von den Komponenten von *O* verwiesen wird, beliebige Klassen sein.

15.5.6 Zugriff auf interne Strukturen

Normalerweise hat die interne Objektdarstellung für Programmierer keine Bedeutung, außer daß sie wissen müssen, daß jedes Objekt einen gewissen festen Mehrbedarf an Speicherplatz hat.

Besondere Anwendungen erfordern jedoch direkten Zugriff auf die interne Darstellung. Der Fall tritt insbesondere in solchen Systemen auf, in denen Eiffel-Objekte mit anderen Sprachen manipuliert werden müssen; ein typisches Beispiel ist die Schnittstelle mit einem Datenbanksystem, das zur Speicherung und zur Wiedergewinnung von Eiffel-Objekten benutzt wird. Vorhandene, in anderen Sprachen geschriebene Datenbank-Primitive können für diesen Zweck geeignet sein.

Solche Anwendungen könnten natürlich den generierten C-Code direkt benutzen. Diese Technik wäre aber schwierig und außerordentlich fehleranfällig. Stattdessen enthält die Eiffel-Bibliothek eine Klasse *INTERNAL,* die eine Menge von „sauberen" Primitiven für Objektmanipulationen kapselt.

Die Primitiven der Klasse *INTERNAL* liefern Informationen wie den dynamischen Typ eines Objekts und den entsprechenden Klassennamen, die Anzahl der Komponenten des Objekts, Typ und Wert jeder Komponente, usw. Sie bieten auch Prozeduren zur dynamischen Änderung dieser internen Struktur.

Ebenso wie *VIEWABLE* oder *STORABLE* ist *INTERNAL* dafür gedacht, als Vorfahre jeder Klasse, die Zugriff auf diese Hilfsmittel braucht, zu dienen; eine solche Klasse kann Aufrufe externer (nicht-Eiffel) Routinen enthalten, denen sie interne Informationen über die Eiffel-Objekte übermittelt.

Die Klasse *INTERNAL* ist nur für besondere Zwecke vorgesehen und sollte mit großer Sorgfalt benutzt werden. Da sie Zugriff auf interne Eiffel-Strukturen ermöglicht und die Veränderung dieser Strukturen erlaubt, kann ihr Mißbrauch zu Katastrophen im Laufzeitverhalten des Systems führen.

Der folgende Auszug aus der Schnittstelle der Klasse (mit **short** generiert) gibt einen Eindruck der in *INTERNAL* verfügbaren Primitiven.

```
class_name (obj: INTERNAL): STRING
        -- Klassenname des mit obj verbundenen Objekts
    require
        not obj.Void

field_nb (obj: INTERNAL): INTEGER
        -- Anzahl der Komponenten in obj
    require
        not obj.Void

field_name (i: INTEGER; obj: INTERNAL): STRING
        -- Name der i-ten Komponente von obj
    require
        not obj.Void;
        1 <= i; i <= field_nb(obj)

field_type (i: INTEGER; obj: INTERNAL): INTEGER
        -- Typ der i-ten Komponente von obj
    require
        not obj.Void;
        1 <= i; i <= field_nb(obj)
```

```
    ensure
        -- Result liefert den Typ der i-ten Komponente von obj wie folgt:
        -- >0: Verweis auf Objekt vom Typ Result (1 bei besonderem Objekt)
        --  0: Leerer Verweis
        -- -1: INTEGER
        -- -2: REAL
        -- -3: BOOLEAN_SET (ein oder mehrere gepackte Boolesche Werte)
        -- -4: CHARACTER

dynamic_type (obj: INTERNAL): INTEGER
        -- Dynamischer Typ von obj (1 bei besonderem Objekt)
    require
        not obj.Void

field (i:INTEGER; obj: INTERNAL): like Current
        -- Verweis auf dasjenige Objekt, auf das von der
        --        i-ten Komponente von obj verwiesen wird
    require
        not obj.Void;
        1 <= i; i <= field_nb(obj);
        1 <= field_type(i,obj)
            -- was bedeutet, daß die i-te Komponente ein
            -- Objektverweis sein muß.

free (obj: INTERNAL)
        -- Gib den mit obj verbundenen Speicherplatz frei
        -- BEACHTE: Die Benutzung dieses Hilfsmittels
        --   liegt in der Verantwortung des Programmierers
        -- Der sichere Weg der Speicherverwaltung geht
        -- über die Speicherplatzbereinigung (siehe
        -- Klasse MEMORY)
    require
        not obj.Void
```

Bei Aufrufen dieser Primitiven ist *obj* gewöhnlich *Current.* Der dynamische Typ des aktuellen Objekts ist zum Beispiel durch

dynamic_type(Current)

gegeben, wenn dies in einer Klasse steht, die Nachkomme von *INTERNAL* ist.

Die von *field_type* und *dynamic_type* gelieferten Typcodes enthalten einen Code (1) für „besondere Objekte". Besondere Objekte sind solche, die Felder oder Zeichenketten darstellen; sie müssen besonders behandelt werden, weil ein Feld oder eine Zeichenkette eine dynamisch variable Länge hat, während Exemplare jeder Eiffel-Klasse feste Längen haben.

Die Primitiven von *INTERNAL* erlauben das Schreiben von Anwendungen, die eine vollständige Objektstruktur durchstreifen. Einige interne Werkzeuge der Eiffel-Umgebung stützen sich zu diesem Zweck tatsächlich auf *INTERNAL:* Dazu gehören der Speicherplatzbereiniger (nächstes Kapitel), der Betrachter (Prozedur *view* in der Klasse *VIEWABLE*) und die Prozedur *store* aus der Klasse *STORABLE.*

15.5.7 Explizite Aufrufe des Speicherplatzbereinigers

Der Kommentar in der obigen Prozedur *free* erwähnt eine weitere Bibliotheksklasse: *MEMORY*. Diese Klasse ermöglicht explizite Aufrufe der vom Eiffel-Speicherplatzbereiniger angebotenen öffentlichen Merkmale. Der Speicherplatzbereiniger kann zum Beispiel zeitweise an Punkten angestoßen werden, bei denen der Programmierer weiß, daß eine gewisse CPU-Zeit verfügbar ist, zum Beispiel während der Benutzereingabe. Diese Hilfsmittel werden im nächsten Kapitel (16.7.1) beschrieben.

Die Primitiven von *MEMORY* sind vollkommen sicher. Dagegen wird vom Gebrauch von *free* in normalen Situationen entschieden abgeraten.

15.5.8 Andere Werkzeuge

In der Umgebung sind weitere Werkzeuge verfügbar: zur Erforschung der vorhandenen Klassen und ihrer Beziehungen, zur Bereinigung Übersetzer-erzeugter Dateien, zum Finden der Aufrufkette nach dem Auftreten eines Fehlers, auch wenn die Aufruffolgenoption nicht eingeschaltet war, usw.

Zum Zeitpunkt, als das hier geschrieben wurde, waren eine Reihe anderer Werkzeuge in der Entwicklung. Insbesondere wird gerade ein Satz graphischer Hilfsmittel in die Umgebung integriert, wodurch die anderen Werkzeugen mit einer graphischen Schnittstelle versehen werden und der objektorientierte Entwurf graphisch unterstützt wird.

Graphische Werkzeuge können verschiedene Rollen in einer objektorientierten Umgebung spielen: Sie bieten eine bequeme, konkrete Sicht auf abstrakte Begriffe wie Klassen und Objekte; sie erleichtern die Benutzung der Werkzeuge durch bessere Schnittstellen; sie können zur Unterstützung des Entwurfsprozesses benutzt werden (zum Beispiel können viele „Kästchen-, Kreis- und Pfeil-"Diagramme, wie sie in diesem Buch und in Entwurfsdiskussionen zur Darstellung von Vererbung und Kundenbeziehungen benutzt werden, mit Rechnerwerkzeugen erzeugt und später halbautomatisch zu echten Klassentexten erweitert werden); und schließlich können sie, in natürlicher Weise als Bibliotheksklassen implementiert, von Anwendungsprogrammierern für die Graphik in ihren eigenen Systemen benutzt werden.

16 Speicherverwaltung

Es wäre so schön, den Speicherplatz vergessen zu können.

Unsere Programme würden Objekte erzeugen, wie es ihnen beliebt. Nach und nach verschwänden die nicht mehr benötigten Objekte in der Unendlichkeit; die am häufigsten gebrauchten näherten sich langsam der Spitze wie verdiente Mitarbeiter einer großen Firma, die es immer mal wieder schaffen, die Aufmerksamkeit eines höheren Angestellten zu erregen und - indem sie sich ihren Vorgesetzten unersetzlich machen - mit einem bißchen Glück am Ende einer fleißigen Karriere in den inneren Kreis eintreten dürfen.

Aber so ist es nicht. Hauptspeicher ist nicht unendlich; er organisiert sich nicht harmonisch zu einem kontinuierlichen Spektrum von Speicherschichten mit abnehmenden Zugriffsgeschwindigkeiten, über die sich die Objekte in natürlicher Weise verteilten. Wir müssen unsere nicht mehr benötigten Angestellten entlassen, auch wenn wir das vorzeitigen Ruhestand nennen, den wir wegen der allgemeinen wirtschaftlichen Situation mit Bedauern anordnen müssen. In diesem Kapitel wird untersucht, wer, wie und durch wen so entlassen werden muß.

16.1 Was passiert mit Objekten?

Objektorientierte Programme erzeugen Objekte. Die dynamische Objekterzeugung gehört zu den nützlichsten Eigenschaften objektorientierter Sprachen.

In Eiffel geschieht die Erzeugung bei der Ausführung einer Anweisung *x.Create* oder *x.Clone(y)*. Andere objektorientierte Sprachen haben entsprechende Mechanismen.

16.1.1 Modelle der Objektverwaltung

Im allgemeinen Fall - nicht nur bei objektorientierten Sprachen - unterscheidet man drei Modelle der Objekterzeugung. Wir wollen uns an die Eiffel-Terminologie halten und bezeichnen als Objekt ein zur Laufzeit existierendes Element und als Größe ein Element des Programmtextes wie eine Variable in klassischen Sprachen, was eine statische Behandlung (zur Übersetzungszeit) solcher dynamischen (Laufzeit-) Objekte ermöglicht.

- Im **statischen** Modell kann jede Programm-Größe höchstens einem Laufzeitobjekt zugeordnet werden. Das ist typisch für Sprachen wie Fortran: Alle Größen werden zur Ladezeit oder bei Ausführungsbeginn ein für allemal zugeordnet. Diese Lösung schließt Rekursion aus, weil ein rekursives Unterprogramm mehrere Exemplare gleichzeitig aktiv haben kann, von denen jedes seine eigenen Exemplare der Größen haben muß. Ebenso werden dynamisch erzeugte Datenstrukturen ausgeschlossen: Die genaue Größe jeder Datenstruktur muß aus dem Programmtext ableitbar sein. Strukturen, die in Reaktion auf Laufzeitereignisse wachsen und schrumpfen, können nicht eingeordnet werden, es sei denn, man reservierte für jede den größtmöglichen Speicherplatz.

- Im **Keller-basierten** Modell kann eine Größe sich auf mehr als ein Objekt beziehen; die mit einer gegebenen Größe verbundenen Objekte werden zugeordnet und freigegeben nach der Last-in-first-out-Disziplin. Anders gesagt: Wenn ein Objekt freigegeben wird, dann wird die entsprechende Größe erneut mit demjenigen Objekt verbunden, mit dem es vor der Objektzuordnung verbunden war (falls es ein solches Objekt gibt). Diese Art ist typisch für Algol 60 (wo außerdem auch statische Objekte unterstützt werden). Damit werden Rekursion und Felder mit nur zur Laufzeit bekannten Grenzen ermöglicht, aber nicht dynamische Datenstrukturen in voller Allgemeinheit.
- Das **freie** Modell schließlich (wegen seiner Implementierung auch Halde-basiert genannt) ist das vollständig dynamische Modell, wobei alle Objekte dynamisch durch expliziten Aufruf erzeugt werden. Eine Größe kann nacheinander mit beliebig vielen Objekten verbunden werden; das Muster der Objekterzeugungen ist zur Übersetzungszeit gewöhnlich nicht voraussagbar. Darüberhinaus können Objekte auf andere Objekte verweisen. Damit können also dynamische Datenstrukturen beliebigen Verhaltens erzeugt werden.

Das letzte Modell ist selbstverständlich das allgemeinste. Es wird oft in Verbindung mit den beiden ersten eingesetzt. Man beachte, daß es nicht spezifisch für objektorientierte Sprachen ist. Tatsächlich gibt es das in so unterschiedlichen Sprachen wie Pascal (wo dynamische Objekte, deren zugehörige Größen von Zeigertypen sein müssen, durch Anwendung der Prozedur *new* erzeugt werden), Ada (in dieser Hinsicht ähnlich zu Pascal, wobei Zeigertypen hier „Zugriffstypen" genannt werden), C (durch die Funktion *malloc*), PL/I (bei Objekten vom Mode *BASED*) und Lisp (wo die zum Aufbau von Listen benutzte Funktion *CONS* die dynamische Erzeugung von Objekten zur Folge hat). Das Modell spielt jedoch in objektorientierten Sprachen eine besondere Rolle.

16.1.2 Rückgewinnung

Sobald Objekte dynamisch erzeugt werden können, entsteht das Problem, was zu tun ist, wenn das Objekt nicht mehr benötigt wird: Ist es möglich, den vom Objekt genutzten Speicher wiederzugewinnen?

Beim statischen Modell ist das kein drückendes Problem: Jedes Objekt ist mit einer Größe verbunden; der Platz des Objekts wird gebraucht, so lange die Größe aktiv ist. Es gibt keine Möglichkeit der Rückgewinnung im eigentlichen Sinne; wenn man jedoch davon überzeugt ist, daß die mit zwei Größen verbundenen Objekte niemals gleichzeitig benötigt werden und keine der beiden Größen die Werte seiner Objekte zwischen zwei aufeinanderfolgenden Benutzungen behalten muß, dann kann man ihnen denselben Speicherplatz zuweisen – wenn man sich wirklich sicher ist, was man da tut. Diese **Overlay**-Technik wird erschreckenderweise immer noch manuell angewandt. (Wenn sie überhaupt benutzt wird, dann sollte die Overlay-Technik natürlich durch automatische Software-Werkzeuge angewandt werden, weil das Fehlerrisiko viel zu hoch ist, wenn Programmierer das selbst steuern.)

Beim Keller-Modell können die mit einer Größe verbundenen Objekte auf einem Keller allokiert werden. Besonders einfach wird das bei blockstrukturierten Sprachen: Für alle Größen in einem bestimmten Block geschieht die Objektzuordnung zur selben Zeit, so daß für ein ganzes Programm ein einziger Keller genügt. Das Schema ist tatsächlich elegant, weil nur zwei Mengen gleichzeitiger Ereignisse vorkommen:

Ereignis	Wann	Wie
Allokierung	Blockeingang	Lege Objekte auf den Keller
Freigabe	Blockausgang	Entferne Objekte vom Keller

Bild 16.1 Speicherzuordnung und -freigabe in einer blockstrukturierten Sprache

Einfachheit und Effizienz dieser Implementierungsstechnik gehören zu den Gründen, warum blockstrukturierte Sprachen so erfolgreich sind.

Beim dritten Modell hört es auf, so einfach zu sein. Das Problem kommt aus der Mächtigkeit des Mechanismus: Da das Muster der Objekterzeugung zur Übersetzungszeit unbekannt ist, ist es unmöglich vorauszusagen, wann ein bestimmtes Objekt nutzlos werden wird. (Anstelle von „nützlichen" und „nutzlosen" Objekten werden wir ab jetzt von *lebendigen* und *toten* Objekten sprechen.)

16.1.3 Unerreichbare dynamische Objekte

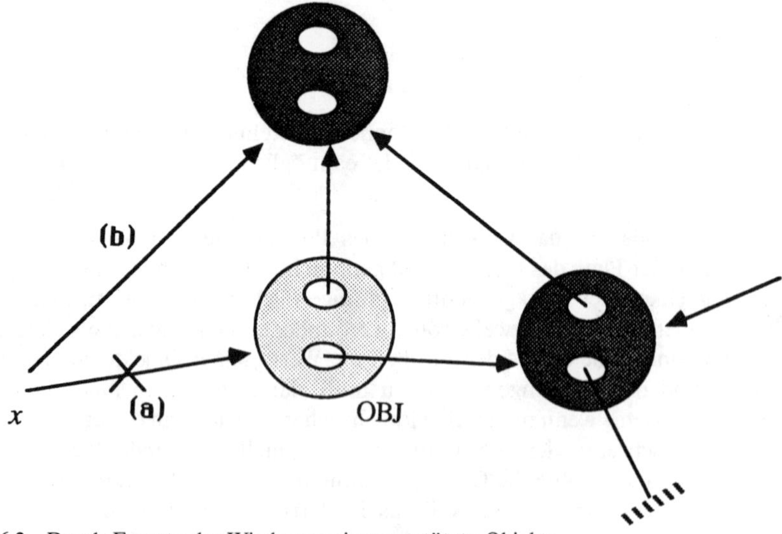

Bild 16.2 Durch Forget oder Wiederzuweisung getötete Objekte

Beim freien Modell können Objekte tatsächlich auf vielerlei Art sterben. Im einfachsten Fall macht ein *Create* auf eine Größe, gefolgt von einem *Forget* oder einem weiteren *Create* auf dieselbe Größe, ein Objekt tot. Das Bild zeigt, was in einem solchen Fall geschieht: Nach *x.Create* (a), wird *x* mit einem Objekt OBJ verbunden; wenn darauf unmittelbar *e.Forget* oder *e* :=*f* folgt, dann stirbt OBJ. Diese beiden Fälle werden durch (a) bzw. (b) im Bild veranschaulicht.

Aber natürlich ist das im allgemeinen nicht so einfach. Diejenige Größe, für die ein Objekt ursprünglich erzeugt worden war, kann jedes Interesse an diesem Objekt verloren haben - das reicht aber nicht, um es zum toten Objekt zu machen. Wegen der dynamischen Mehrfachbenennung (5.5.3) kann es immer noch eine Anzahl von Verweisen von Programm-Größen oder anderen lebendigen Objekten darauf geben.

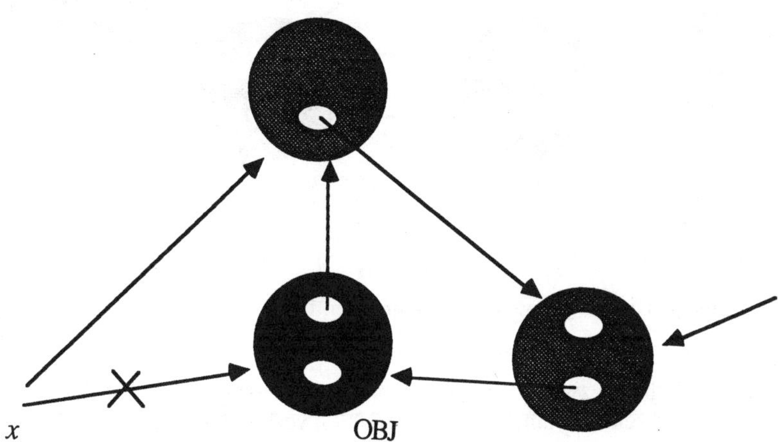

Bild 16.3 Gemeinsam genutztes Objekt, das auch nach der Beseitigung des Verweises lebendig ist

Was sind denn dann die lebendigen Objekte? In Sprachen wie Pascal, C und Ada, die Keller-basierte Objekte (verbunden mit Größen von Nicht-Zeiger-Typen) und vollständig dynamische Objekte kombinieren, ist die Antwort einfach: An jedem Punkt der Ausführung eines Programms muß jedes Objekt, das direkt oder indirekt von einem Kellerobjekt durch eine Kette von Verweisen erreichbar ist, als lebendig angesehen werden; alle anderen sind tot und werden niemals wieder lebendig werden: Der durch sie belegte Speicher kann zur Wiederbenutzung durch andere Objekte rückgewonnen werden. Im Bild unten sind nur geschattete Objekte lebendig.

In Eiffel ist die Situation ein wenig anders. Ein Eiffel-System wird gestartet, indem ein Wurzelobjekt erzeugt und dessen *Create*-Prozedur ausgeführt wird; zu jedem Ausführungszeitpunkt gibt es zwei Arten lebendiger Objekte:

- Alle Objekte, die direkt oder indirekt vom Wurzelobjekt aus zugreifbar sind, sind lebendig.

- Da Eiffel-Routinen lokale Variablen von Klassentypen haben dürfen, ist jedes Objekt, auf das eine solche Variable verweist, während der Lebenszeit einer Routine ebenfalls lebendig.

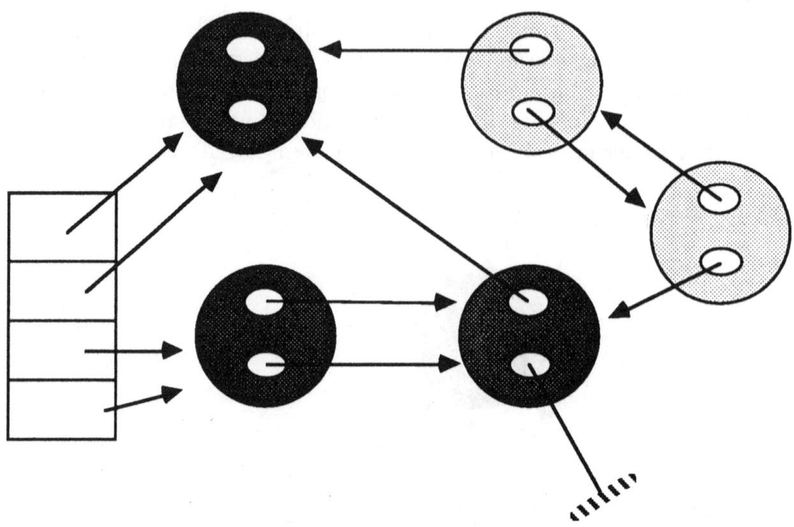

Bild 16.4 Lebendige Objekte in einem Pascal-ähnlichen Laufzeitmodell

Man beachte, daß die im zweiten Fall benutzte Terminologie nicht ganz korrekt ist: Ein Objekt kann nicht direkt mit einer lokalen Variablen verbunden werden, weil eine lokale Variable ein Programmelement und kein Laufzeitverweis ist. Die der lokalen Variable einer Routine entsprechenden Verweise werden im Ergebnis von Aufrufen dieser Routine in einem bestimmten Objekt zugeordnet. Die genaue Terminologie lautet also: „jedes mit einem *Exemplar* einer lokalen Variablen verbundene Objekt".

Zusammenfassend:

> **Definition**
> *(Lebendige Objekte):* An jedem Punkt der Ausführung eines Eiffel-Systems sind diejenigen Objekte lebendig, die direkt oder indirekt entweder von der Systemwurzel oder von Exemplaren lokaler Variablen einer gerade in Ausführung befindlichen Routine erreichbar sind.

Für diese Definition muß die zur Berechnung von Funktionsergebnissen benutzte vordefinierte Größe *Result* zu den lokalen Variablen gezählt werden.

Das Eiffel-Schema unterscheidet sich vom Schema blockorientierter Sprachen wie Pascal oder C nur durch den Charakter von Wurzeln: Im objektorientierten Fall Systemwurzel und Exemplare lokaler Routinenvariablen, im anderen Fall Keller-Größen.

In beiden Fällen stehen wir vor dem Problem, daß bestimmte Objekte zu verschiedenen Zeitpunkten einer Systemausführung sterben und zwar nach einem Muster, das im allgemeinen Fall zur Übersetzungszeit nicht vorhersagbar ist, da Objekterzeugung und Änderung von Verweisen gänzlich dynamische Phänomene sind (die zum Beispiel als Reaktion auf Benutzereingaben auftreten können).

Man beachte, daß das Muster in bestimmten Fällen vorhersagbar sein *kann.* Wenn man zum Beispiel mit verketteten Listen arbeitet und dabei die in Kapitel 9 skizzierte Klasse *LINKED_LIST* benutzt, dann hat man die Kontrolle über die Operationen, die *LINKABLE*-Objekte tot machen können (siehe die Routine *delete* in 9.2.4). In einem solchen Fall könnte man sich eine Rückgewinnungsprozedur vorstellen. Diese Idee wird später weiter ausgearbeitet werden.

Im allgemeinen Fall erhebt sich jedoch eine schwierige Frage: Was soll man mit toten Elementen tun? Verschiedene Herangehensweisen sind möglich; diese werden im weiteren erörtert.

16.2 Der gleichgültige Ansatz

Der erste Ansatz ist der, das Problem einfach zu vergessen: Tote Objekte werden ihrem düsteren Schicksal überlassen. Man führt *Create*-Operationen aus, wie man's braucht, und kümmert sich nicht darum, was später mit den Objekten passiert, die so zugeordnet wurden.

Dieser Ansatz funktioniert in einer Reihe von Fällen gut. Ein Fall ist der kleiner Programme, die nicht viele Objekte erzeugen (zum Beispiel Tests im kleinen Rahmen).

Interessanter ist der Fall von Programmen, die viele Objekte erzeugen, aber so, daß keines oder wenige sterben; dieser Fall ähnelt der statischen Speichervergabe, insofern kein Objekt jemals entlassen wird, nur mit dem Unterschied, daß die Erzeugung zur Laufzeit geschieht. Tatsächlich kann statische Speicherzuordnung als derjenige Unterfall betrachtet werden, bei dem alle Objekterzeugungen bei der Initialisierung stattfinden.

Dieser Fall stellt eine gute Rechtfertigung dar für den gleichgültigen Ansatz, weil es keine Notwendigkeit für Rückgewinnung gibt; die Anzahl der erzeugten Objekte kann immer noch zu groß sein für den verfügbaren Speicherplatz, jedoch kann keine Rückgewinnungsstrategie das Problem beseitigen, wenn es nichts rückzugewinnen gibt. Echtzeitprogramme folgen oft diesem Schema: Aus Effizienzgründen werden die komplexen Muster dynamischer Objekterzeugung vermieden.

Zur Rechtfertigung des gleichgültigen Ansatzes werden weiterhin die zunehmende Verfügbarkeit großer Speicher und die abnehmenden Kosten von Speicher herangezogen. Der betreffende Speicher kann sowohl realer als auch virtueller sein. In einem virtuellen Speichersystem werden Primär- und Sekundärspeicher in Blöcke, Kacheln (pages) genannt, unterteilt; wenn Primärspeicher benötigt wird, werden Blöcke des Primärspeichers, die nicht häufig benutzt wurden, in den Sekundärspeicher verlagert („paged out"). Wird ein solches System zur Steuerung eines objektorientierten Systems benutzt, dann werden Seiten mit toten Objekten tendenziell ausgelagert, und der Hauptspeicherplatz wird häufig benutzten überlassen. (Natürlich, wenn lebendige und tote Objekte in denselben Kacheln gespeichert sind, dann funktioniert das nicht so gut, weil Kacheln dann wiederholt aus- und eingelagert werden; das ist als *thrashing (Hin- und Herwerfen)* bekannt.)

Dieser Ansatz funktioniert jedoch nur zu einem gewissen Grad. Auch in Systemen mit großem realen oder virtuellen Speicher gibt es Grenzen; es ist überraschend zu sehen, wie schnell Programmierer diese Grenzen erreichen. Im übrigen werden die durch technische Fortschritte ermöglichten größeren Speicher gekauft, um benutzt zu werden, und nicht, um verschwendet zu werden. Wir können also das Problem der Speicherrückgewinnung nicht ignorieren, wenn wir ernsthafte Softwareentwicklung unterstützen wollen.

16.3 Wiedergewinnung von Speicher: die Probleme

Wenn wir über den vereinfachenden „gleichgültigen" Ansatz hinausgehen, dann müssen wir herausfinden, wie und wann Speicher rückgewonnen werden kann. In Wirklichkeit sind das zwei Probleme:

- Welche Ebene des Systems wird damit beauftragt, tote Elemente herauszufinden **(Entdeckung)**?
- Wie wird der zugeordnete Speicherplatz dann rückgewonnen **(Rückgewinnung)**?

Beide Aufgaben können auf jeder der drei Ebenen wahrgenommen werden:

- Die Sprachimplementierungsebene: Übersetzer und Laufzeitsystem bieten Unterstützung, die für alle in einer bestimmten Sprache und in einer bestimmten Umgebung geschriebene Software gemeinsam ist.
- Die Anwendungsebene: Anwendungsprogramme sind dazu gedacht, besondere Probleme zu lösen.
- Die Ebene der **Bausteinbildung:** Dies ist eine Zwischenschicht zwischen den vorigen beiden, die allgemeinverwendbare Softwarebestandteile enthält wie die Klassen der Eiffel-Bibliothek, die zur Wiederverwendung in vielen Anwendungsprogrammen erstellt wurden. Bausteinbildung zielt ebenso auf Anwendungsunabhängigkeit wie Sprachimplementierung, ist aber vergleichbar mit Anwendungsentwicklung, weil sie nur Zugriff auf die offiziellen Hilfsmittel der Programmiersprache hat. Im Gegensatz dazu können Betriebssystem- und Hardware-Hilfsmittel auf der Sprachimplementierungsebene direkt benutzt werden.

Mit zwei Kriterien und je drei Möglichkeiten dafür haben wir es im Prinzip mit neun Möglichkeiten zu tun. Tatsächlich sind jedoch nur ungefähr vier sinnvoll. Wir schauen uns diejenigen an, die wirklich in vorhandenen Systemen verfügbar sind.

16.4 Programmierer-gesteuerte Freigabe

Eine allzu populäre Lösung besteht in der Bereitstellung eines Rückgewinnungs-Hilfsmittels auf der Implementierungsebene, während das Entdeckungs-Problem dem Programmierer überlassen bleibt.

Das ist für Sprachimplementierer sicherlich die einfachste Lösung: Sie müssen lediglich eine Primitive, sagen wir *reclaim,* bereitstellen, so daß *a.reclaim* dem System mitteilt, daß das mit *a* verbundene Objekt nicht mehr gebraucht wird und der zugehörige Speicher wiedergewonnen werden kann.

Das ist die von (nicht objektorientierten) Sprachen wie Pascal (Prozedur *dispose*), C (*free*), PL/I (*FREE*), Modula-2 und, in bestimmten Fällen, Ada gewählte Lösung.

Diese Lösung ist aus zwei Gründen unannehmbar: Sicherheit und Erschwerung des Programm-Schreibens.

Das Sicherheitsproblem ist offensichtlich: Wenn wegen eines Programmierfehlers ein Objekt freigegeben und wiedergewonnen wird, während weiterhin aktive Verweise darauf bestehen, dann führen weitere Benutzungen dieser Verweise fast sicher zur Katastrophe. Das ist bekannt als das Problem der „hängenden Referenzen".

Das Erschwernisproblem ist genau so schwerwiegend. Das Problem besteht darin, daß die Freigabe eines Objekts gewöhnlich nicht ausreicht, da das Objekt selbst Verweise auf andere Objekte enthalten kann. Nehmen wir zum Beispiel die Deklaration eines Pascal-Verbundtyps

```
t =
    record
        a1: ↑t1; {Zeiger auf Objekte vom Typ t1}
        a2: ↑t2;
        ...
    end
```

Die Freigabe eines Objekts *x* vom Typ *t* geschieht in Pascal durch den Prozeduraufruf *dispose(x).* Aber das genügt natürlich nicht, da die durch die Komponenten *a1, a2 ...* bezeichneten Objekte wegen der Freigabe des anfänglichen Objekts sterben können. Das wird manchmal das Problem der **rekursiven Freigabe** genannt: Wenn die Freigabeoperationen sinnvoll sein sollen, dann müssen sie auf eine ganze Datenstruktur angewandt werden und nicht nur auf ein einzelnes Objekt.

Das bedeutet, daß für jeden Typ, der Objekte beschreibt, die ihrerseits auf andere Objekte verweisen können, eine besondere Freigabeoperation geschrieben werden muß. Das Ergebnis wäre eine Menge äußerst verwickelter wechselseitig rekursiver Prozeduren.

All das ist der Qualität des Programmierens und der entstehenden Programme abträglich. Anstatt sich auf das zu konzentrieren, was seine eigentliche Aufgabe sein sollte - ein Anwendungsproblem zu lösen - wird der Programmierer zum Buchhalter oder Müllsammler (je nachdem, welche Metapher Sie bevorzugen). Die Komplexität von Programmen wird erhöht, womit die Lesbarkeit behindert wird und damit andere Qualitätsmerkmale wie die Leichtigkeit der Fehlerentdeckung und der Veränderung. Das wiederum berührt die Sicherheit: Je komplexer ein Programm, desto wahrscheinlicher enthält es Fehler.

Die Rolle von Konstrukten wie *dispose* ist also in Umgebungen, die sicheres Programmieren fördern, recht fragwürdig.

16.5 Der Selbstverwaltungsansatz

Bevor wir uns anspruchsvolleren Vorgehensweisen wie der automatischen Speicherplatzbereinigung zuwenden, ist es interessant, sich eine Lösung anzusehen, die als eine verantwortungsvolle Alternative zur vorigen angesehen werden kann, da sie die meisten Nachteile vermeidet.

Diese Lösung ist nur bei einem objektorientierten Bottom-up-Ansatz für den Softwareentwurf anwendbar, wo Datenstrukturen nicht „mal eben so" entwickelt werden, wie Programme sie brauchen, sondern als wiederverwendbare, allgemeingültige Implementierungen abstrakter Datentypen mit allen zugehörigen Operationen gebaut werden.

Wir behalten das Wort „Klasse" für solche vollständigen Datenstrukturimplementierungen bei, obwohl die Technik in gewissem Maße auch bei nicht objektorientierten Sprachen angewandt werden kann, indem die unten (Kapitel 17 bis 19) beschriebenen Techniken der Emulation objektorientierter Programmierung verwendet werden.

Was zeichnet den objektorientierten Ansatz in bezug auf Speicherverwaltung aus? Das wichtigste Merkmal ist zunächst weniger technisch als organisatorisch: Zwischen dem Sprachimplementierer und dem Anwendungsprogrammierer gibt es jetzt eine dritte Person, welche die Datenstrukturimplementierungen schreibt. Diese Person kann Bausteinhersteller genannt werden. (Sie kann in der Praxis eine der beiden anderen sein, hat jedoch eine konzeptionell andere Rolle, so daß es angebracht ist, einen besonderen Namen einzuführen.)

Der zentrale Punkt ist der, daß der Bausteinhersteller die vollständige Kontrolle über alle Benutzungen einer bestimmten Klasse hat und deshalb eher dazu in der Lage ist, für das Speicherverwaltungsproblem eine annehmbare Lösung für alle Exemplare dieser Klasse zu finden.

Wenn das Muster von Zuordnung und Freigabe für die Klasse einfach genug ist, dann kann also der Klassenprogrammierer fähig sein, eine effiziente Lösung zu finden, die nicht einmal eine besondere „Freigabe"-Prozedur vom zugrundeliegenden Laufzeitsystem braucht; alles kann in Begriffen der höhersprachlichen Konzepte ausgedrückt werden. Das kann als der Selbstverwaltungsansatz bezeichnet werden.

16.5.1 Speicherverwaltung für eine verkettete Liste

Ein Beispiel soll zeigen, wie man dazu kommt. Betrachten wir die Klasse *LINKED_LIST[T]*, die Listen bestehend aus Kopf und einer beliebigen Anzahl von verketteten Zellen beschreibt, wobei die Zellen Exemplare von *LINKABLE[T]* sind. Das Zuordnungs- und Freigabe-Muster für verkettete Listen ist einfach. Die Objekte, um die es geht, sind die „verkettbaren" Zellen. In diesem Beispiel weiß der Bausteinhersteller (die für die Klassen *LINKED_LIST* und *LINKABLE* verantwortliche Person) genau, wie verkettbare Zellen erzeugt werden – durch die Einfüge-Prozeduren – und wie verkettbare Zellen sterben – als Ergebnis der Lösch-Prozeduren. Der Bausteinhersteller hat volle Kontrolle über diese Prozeduren.

Die Einfüge-Prozeduren sind *insert_right* und *insert_left*. Beide erzeugen jeweils genau ein neues lebendiges Objekt. Das erste habe zum Beispiel folgende Form (siehe 11.4.3):

```
insert_right (v: T) is
        -- Füge ein Element mit Wert v rechts von der
        -- Cursor-Position ein.
    ...
    local
        new: LINKABLE[T]    -- (im Original like first_element)
    do
        new.Create(v); insert_linkable_right(new)
    ...
    end; -- insert_right
```

Der *Create*-Aufruf weist die Sprachimplementierungsebene an, einem neuen Objekt Speicherplatz zuzuordnen.

Die Löschprozeduren sind *delete, delete_right, delete_left, delete_all_occurences* und *wipe_out*. Die ersten drei machen genau eine verkettbare Zelle tot, die anderen beiden eine beliebige Anzahl. Der Code von *delete* hat zum Beispiel folgende Form (9.2.4):

```
delete is
        -- Lösche Element an der Cursor-Position.
    require
        not offleft; not offright;
    do
        active := next;
        ... Anweisungen zur Aktualisierung von
        ... previous, next, first_element ...
    end; -- delete
```

Die Löschprozeduren bieten den genauen Zusammenhang, in dem tote Objekte entdeckt und, falls gewünscht, für spätere Wiederverwendung beiseite gelegt werden können.

In Ermangelung eines automatischen Verfahrens zur Speicherfreigabe kann der Bausteinhersteller auf sichere Weise Speicherplatz sparen, indem er die von einer Einfügung verlangte Speicherplatzzuordnung vermeidet und stattdessen denjenigen Speicher zur Wiederverwendung verfügbar macht, der durch vorhergegangene Löschungen von Objekten frei geworden war.

Nehmen wir an, wir speichern diese Exemplare von *LINKABLE* in einer Datenstruktur namens *available;* wir werden unten sehen, wie sie darzustellen ist. Dann können die Aufrufe von *new.Create(v)* in *insert_right* und *insert_left* ersetzt werden durch

```
new := fresh(v)
```

wobei *fresh* eine neue Funktion ist, die eine gebrauchsfertige verkettbare Zelle liefert; *fresh* versucht, sein Ergebnis aus der Liste *available* zu bekommen, und führt nur dann ein *Create* aus, wenn die Liste leer ist. Diese Funktion sollte natürlich in der Klasse *LINKED_LIST* geheim sein.

Die Liste *available* wird durch die Löschprozeduren mit Elementen gefüttert. Der Rumpf von *delete* sollte zum Beispiel jetzt folgende Form haben:

```
do
        recycle(active);
                -- Das übrige wie zuvor:
        active := next;
                -- Anweisungen zur Aktualisierung von
                -- previous, next, first_element, ...
```

wobei *recycle*, eine neue geheime Prozedur von *LINKED_LIST*, die umgekehrte Rolle wie *fresh* spielt: Sie fügt ihr Argument der Liste der verfügbaren Objekte zu.

16.5.2 Umgang mit wiedergewonnenen Elementen

Um *fresh* und *recycle* zu implementieren, muß man beachten, daß *available*, das Lager der wiedergewonnenen verkettbaren Elemente, als Keller dargestellt werden kann: *fresh* holt vom Keller und *recycle* legt auf den Keller. Wir wollen bei dieser Gelegenheit eine Klasse *STACK_OF_LINKABLES* einführen und fügen *LINKED_LIST* die folgenden geheimen Merkmale zu:

```
available: STACK_OF_LINKABLES[T] is ... Siehe unten ...;

fresh(v: T): LINKABLE[T] is
                -- Ein neues Element mit Wert v zur
                -- Wiederverwendung in einer Einfügung
        do
                if available.empty then
                                -- Keine andere Wahl, als tatsächlich
                                -- eine Speicherplatzreservierung durchzuführen
                        Result.Create(v)
                else
                                -- Wiederverwendung eines zuvor
                                -- ausrangierten verkettbaren Elements
                        Result := available.top; available.pop;
                        Result.change_value(v)
        end; -- fresh

recycle(dead: LINKABLE[T]) is
                -- Gib dead an die Liste available zurück
        require
                not dead.Void
        do
                available.push(dead)
        end; -- recycle
```

Die Klasse *STACK_OF_LINKABLES* kann wie folgt deklariert werden:

```
class STACK_OF_LINKABLES[T] export
        top {LINKED_LIST}, empty {LINKED_LIST},
        push {LINKED_LIST}, pop {LINKED_LIST}
feature
        top: LINKABLE[T];

        empty: BOOLEAN is
                        -- Ist der Keller leer?
                do Result := top.Void end; -- empty

        push(element: like Current) is
                        -- Lege element auf den Keller
                require
                        not element.Void
                do
                        element.change_right(top); top := element
                end; -- push

        pop is
                        -- Entferne das oberste Element des Kellers
                require
                        not empty
                do
                        top := top.right
                end; -- pop
end -- class STACK_OF_LINKABLES
```

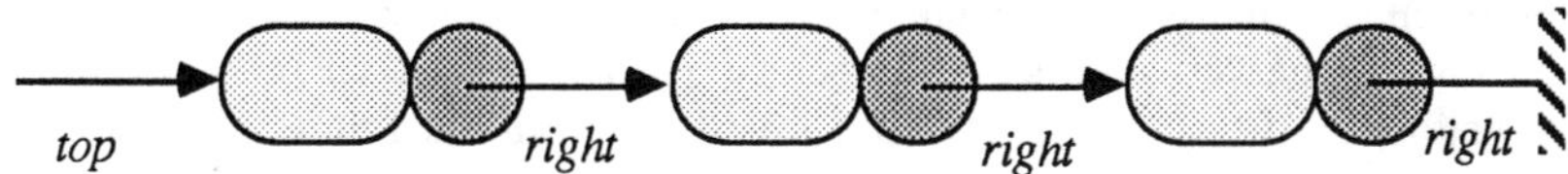

Bild 16.5 Verkettung toter Elemente in einem Keller

Es sind auch andere Strukturen als Keller denkbar, wie zum Beispiel Schlangen, da die Reihenfolge der Wiedergewinnung verfügbarer Objekte nicht wichtig ist. Die Lösung könnte sich auch auf eine wiederverwendbare, generische Kellerimplementierung stützen, wie sie in der Eiffel-Bibliothek vorhanden ist. Dies hier ist aber eher ein Fall für spezifisches Programmieren als für die Wiederverwendung von Standardbausteinen: Durch die Wahl einer bestimmten Darstellung kann man aus der Komponente „link" Vorteil ziehen, die es schon in jedem *LINKABLE* gibt, um damit alle wiedergewonnenen Elemente ohne Platzverschwendung zu verketten, wie das in Bild 16.5 gezeigt wird.

Man beachte, daß die Klasse *LINKABLE* nunmehr *right* und *change_right* nach *STACK_OF_LINKABLES* und nach *LINKED_LIST* exportieren sollte. Das ist vertretbar, weil sowohl *LINKABLE* als auch *STACK_OF_LINKABLES* Hilfsklassen für die Implementierung von *LINKED_LIST* sind.

16.5.3 Gemeinsam benutzte Listen verfügbarer Zellen

Jetzt muß nur noch die Liste *available* ordentlich definiert werden. Am einfachsten ist die Einführung als Attribut:

```
available: STACK_OF_LINKABLES[T]
```

Bei dieser Lösung führt die Liste der verfügbaren Elemente jedoch nur die verkettbaren Zellen einer einzigen verketteten Liste. Wenn ein bestimmtes System mehrere Listen enthält, dann ist es effizienter, den Vorrat an wiedergewonnenen verkettbaren Zellen im gesamten System gemeinsam zu nutzen. Das kann durch die gemeinsame Benutzung von *available* durch alle Exemplare von *LINKED_LIST* geschehen; in Eiffel bedeutet das, daß *available* eine Einmalfunktion (13.3.2) sein muß, die stets einen Verweis auf dasselbe, beim ersten Funktionsaufruf erzeugte Objekt liefert:

```
available: STACK_OF_LINKABLES[T] is
        -- Keller wiedergewonnener Elemente
    once
        Result.Create;
    end -- available
```

(Siehe Übung 16.5 zu einer Erörterung des Typs dieser Funktion.)

16.5.4 Erörterung

Dieses Beispiel ist typisch dafür, was man tun kann, das Problem der Speicherrückgewinnung zu mildern, indem man es auf der Bausteinherstellungsebene behandelt. Es setzt voraus, daß die zugrundeliegende Sprachimplementierung den im nächsten Kapitel beschriebenen automatischen Mechanismus nicht anbietet; anstatt Anwendungsprogramme mit Speicherverwaltungsproblemen zu belasten, was all die oben beschriebenen Risiken beinhaltet, weist die vorgestellte Lösung sowohl die Entdeckung als auch die Rückgewinnung den grundlegenden wiederverwendbaren Klassen zu.

Die Vor- und Nachteile dieses Ansatzes sollten sorgfältig abgewogen werden. Beim Vergleich mit dem vorigen Ansatz bemerken wir, daß die Probleme der Sicherheit und der Verkomplizierung nicht auf wundersame Weise verschwinden; es ist schwer, ein idiotensicheres Speicherverwaltungsschema für eine bestimmte Datenstruktur wie die verketteten Listen oben zu finden. Der Unterschied ist jedoch der, daß diese Aufgabe nicht dem Anwendungsprogrammierer zugewiesen wird: Sie wird dem Bausteinhersteller übergeben, dessen Arbeit es ist, wiederverwendbare Bausteine hoher Qualität genau auszufeilen. Der Zusatzaufwand zur Lösung des Speicherverwaltungsproblems ist gerechtfertigt durch die Vorteile, die von der Verfügbarkeit wohlkonstruierter Bausteine für den häufigen Gebrauch durch viele verschiedene Anwendungsprogramme erwartet werden können.

Sowohl Entdeckung als auch Rückgewinnung wurden auf der Bausteinherstellungsebene behandelt; letzteres wird durch die Prozeduren *recycle* und *fresh* erledigt. In Sprachen wie Pascal oder C, die eine Schnittstelle zur zugrundeliegenden Speicherverwaltung bieten, könnte *recycle* durch einen Aufruf von *dispose* (Pascal) oder *free* (C) ersetzt werden; *fresh* wäre dann das Standard-*Create* (*new* in Pascal, *malloc* in C). Beide Ansätze haben für und wider (Übung 16.4).

Die allgemeinere Frage ist die, ob es gut ist, *dispose* als Hilfsmittel in einer Sprache zu haben. Obwohl dieses Hilfsmittel auf der Bausteinherstellungsebene sauber benutzt werden kann, beschwört es auf der Anwendungsprogrammierungsebene die Gefahr des Mißbrauchs herauf. Der hier beschriebene „Selbstverwaltungsansatz" bietet eine ansprechende Alternative, wenn vom unterliegenden Sprachsystem keine automatische Speicherverwaltung angeboten wird.

16.6 Automatische Speicherverwaltung

Die obigen Techniken sind nur partiell. Eine allgemeine Lösung des Speicherverwaltungsproblems erfordert auch ernsthafte Arbeit auf der Sprachimplementierungsebene.

16.6.1 Verweiszählen

Eine Technik ist als Verweiszählen bekannt. Ihr Prinzip ist einfach: Jedes Objekt führt einen Zähler über die Anzahl der Verweise auf das Objekt; wenn dieser Zähler Null wird, kann das Objekt wiedergewonnen werden.

Diese Lösung ist nicht schwer zu implementieren (auf der Sprachimplementierungsebene). Wenn ein Objekt mit *a.Create* oder *a.Clone(b)* erzeugt wird, dann wird sein Verweiszähler mit eins initialisiert. Bei einer Verweiszuweisung *a* := *b* werden die Verweiszähler derjenigen Objekte (falls vorhanden), die zuvor mit *a* und *b* verbunden waren, um Eins vermindert bzw. erhöht; bei *a.Forget* wird der Verweiszähler um Eins vermindert. Immer wenn ein Zähler wie in den beiden letzten Fällen vermindert wird, wird er auf Null getestet; ist er tatsächlich Null, kann das Objekt wiedergewonnen werden.

Leider ist Verweiszählen keine realistische Technik. Sowohl Zeit als auch Platz wird verschwendet: Jede Operation auf einem Verweis einschließlich einfacher Zuweisungen beinhaltet jetzt ein wenig Arithmetik und Prüfungen; und jedem Objekt muß eine zusätzliche Ganzzahlkomponente hinzugefügt werden. Darüberhinaus ist Verweiszählen nicht allgemein genug: Die Technik versagt bei der Wiedergewinnung zyklischer Strukturen. Wenn ein Objekt direkte oder indirekte Verweise auf sich selbst enthält, dann wird der Verweiszähler niemals Null, auch wenn das Objekt tot ist, wie unten in Bild 16.6 veranschaulicht.

Zyklische Strukturen gehören genau zu denjenigen, bei denen ein „Selbstverwaltungsansatz" auf der Bausteinebene am schwierigsten zu implementieren ist; diese müssen sich also auf ein allgemeingültiges Schema stützen. Verweiszählen ist damit von geringem praktischen Interesse.

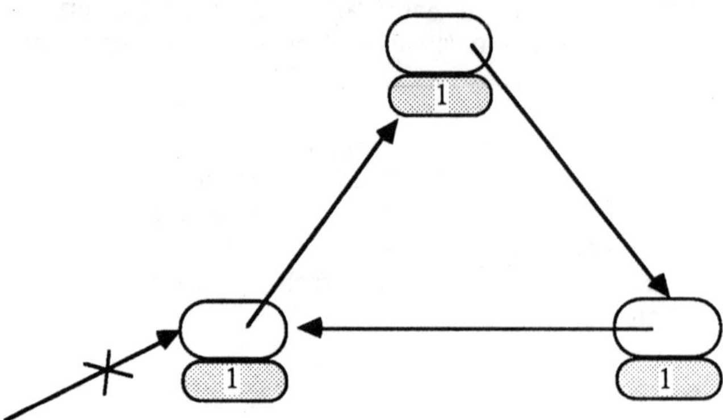

Bild 16.6 Verweiszählen: Toter Objektplatz für immer verloren

16.6.2 Speicherbereinigung

Die allgemeinste Technik ist die automatische Speicherbereinigung. Das Prinzip besteht darin, zu geeigneten Zeiten einen Wiedergewinnungsalgorithmus laufen zu lassen, der die gesamte Objektstruktur durchstreift und als tot befundene Objekte rückgewinnt.

Die Einzelheiten automatischer Speicherbereinigung gehen über den Themenbereich dieses Buches hinaus (siehe die Literaturhinweise). Ein Speicherbereiniger ist gewöhnlich in zwei Phasen eingeteilt: in eine **Markierungsphase,** wo von den Wurzeln ausgehend der aktive Teil der Struktur durchstreift wird und alle angetroffenen Objekte als lebendig markiert werden; und in eine **Putzphase,** wo die ganze Struktur linear durchstreift wird, alle nicht markierten Objekte in die Liste der verfügbaren Zellen eingetragen werden und bei allen Objekten die Markierung beseitigt wird. Auch hier wird eine zusätzliche Komponente benötigt (zum Markieren), aber der zusätzliche Platz ist vernachlässigbar, da ein Bit pro Objekt ausreicht.

Klassische Speicherbereiniger werden auf Anforderung aktiviert: Wenn das System Speichermangel bekommt, stößt es einen ganzen Speicherbereinigungsvorgang an. Der Vorteil dieser Technik besteht darin, daß kein Zusatzaufwand entsteht, solange genug Speicher da ist; das Programm wird nur dann durch Speicherverwaltung belastet, wenn es die verfügbaren Ressourcen ausgeschöpft hat. Das Verfahren hat aber einen schwerwiegenden möglichen Nachteil: Ein vollständiger Markierungs-Putz-Vorgang kann sehr, sehr lange dauern. Während die Speicherbereinigung arbeitet, kann das Programm nicht fortfahren.

Das ist für Echtzeitanwendungen natürlich inakzeptabel: Man stelle sich ein Roboterbewegungssystem vor, das mitten bei der Berechnung eines Bewegungsverlaufs, dementsprechend der Roboterarm ein ankommendes Objekt greifen soll, plötzlich für die Speicherbereinigung stoppt. Die Folgen für ein interaktives System sind fast genauso schlimm: Man denke an einen Editor, der meistens schnell funktioniert, aber hin und wieder zehn Minuten hängen bleibt.

In solchen Fällen - Echtzeit- oder interaktive Systeme - wird von Benutzern erwartet, daß sie bereit sind, einen Teil der generellen Schnelligkeit zu opfern, um solche unwillkommenen Einbrüche von Speicherverwaltungsaktivität zu vermeiden. Es ist also interessant, sich nach Varianten des Speicherbereinigungsansatzes umzusehen, die eher „gleichmäßig langsam" sind: Dabei wird der Zusatzaufwand gleichmäßiger verteilt, wie das auch beim Verweiszählen geschieht, aber mit geringeren Kosten und ohne die anderen Nachteile dieser Technik.

Eine mögliche Lösung bei Systemen mit Multiprocessing besteht darin, die Speicherbereinigung einem eigenen Prozeß zuzuweisen. Das ist als **on-the-fly** (oder **nebenläufige**) Speicherbereinigung bekannt. Die Idee ist die, daß der Sammelprozeß den Markierungs-Putz-Vorgang ständig laufen lassen sollte, wobei er versucht, so viel wie möglich vom Anwendungsprogramm zurückzugewinnen und es dabei so wenig wie möglich zu stören.

Nebenläufige Speicherbereinigung stellt sich als unter diesen Beschränkungen äußerst schwieriges Problem heraus. Es sind interessante Algorithmen veröffentlicht worden, auf die in den Literaturhinweisen verwiesen wird.

Zukünftige Varianten nebenläufiger Speicherbereinigung sind zu erwarten, bei denen Sammelalgorithmen auf eigenen Prozessoren ablaufen und nicht dem Prozessor, der vom Anwendungsprogramm benutzt wird, die Zeit stehlen, wie das bei den bisher vorgeschlagenen Algorithmen üblicherweise der Fall ist. Mit einem besonderen Speicherbereinigungsprozessor könnte die Zusatzbelastung für Anwendungsprogramme auf ein Minimum verringert werden.

16.7 Der Eiffel-Ansatz der Speicherverwaltung

Die Speicherverwaltung in der Eiffel-Implementierung ist ein Ergebnis der vorangegangenen Erörterung. Das Ziel war, das Schreiben und Ausführen von Systemen zu ermöglichen, die eine große Anzahl dynamischer Objekte erzeugen, ohne den Anwendungsprogrammierer mit dem Problem der Speicherverwaltung zu belasten. Andererseits ist es wohl notwendig, effiziente Systeme zu schreiben; insbesondere Echtzeitsysteme sollten nicht ausgeschlossen sein. (Zum Zeitpunkt der Niederschrift enthielt Eiffel selbst keine direkte Unterstützung für Nebenläufigkeits- oder Echtzeit-Eigenschaften, aber es ist selbstverständlich möglich, eine Menge von Routinen zur Behandlung von Synchronisation, Kommunikation und anderer solcher Primitiven in einer Klasse zu kapseln, wobei die Routinenrümpfe in irgendeiner anderen Sprache wie C kodiert würden. Eiffel-Erweiterungen für Nebenläufigkeit und Echtzeit sind in Arbeit.)

16.7.1 Speicherbereinigung

Ein Speicherbereiniger gehört zur Umgebung. Konzeptionell ist das ein nebenläufiger Speicherbereiniger, der als eigener Prozeß ablaufen kann. Da jedoch die Prozeßumschaltzeit auf einem Betriebssystem wie Unix zu viel Zusatzaufwand verursachte, läuft der Sammler als Koroutine und nicht als wirklicher Prozeß. Eine Koroutine (siehe 20.1.5) ist wie eine Routine, welche die Werte ihrer lokalen Daten von einer Aktivierung zur nächsten nicht verliert und durch jeden Aufruf dort wiedergestartet wird, wo ihre vorherige Aktivierung gestoppt hatte – im Gegensatz zu gewöhnlichen Routinen, die stets am Anfang wiedergestartet werden. Die Ausführung eines Eiffel-Systems kann als kooperatives Rennen zwischen zwei Koroutinen aufgefaßt werden: zwischen der Anwendung, die Objekte erzeugt, wie es kommt, und einige tot macht; und dem Sammler, der hinter der Anwendung herjagt, alle toten Objekte, die er findet, einsammelt und sie erneut der Anwendung zur Verfügung stellt.

Die Sammler-Koroutine wird aktiviert, wenn das Eiffel-Laufzeitsystem entdeckt, daß der Speicher knapp wird. Da der Sammler als unendliche Schleife aufgebaut ist, die an jedem Punkt unterbrochen werden kann, kontrolliert das Laufzeitsystem die Aktivierungszeit jedes Sammler-Einsatzes, indem es ein selbstanpassendes Schema benutzt, das versucht, ein Gleichgewicht bei der Speicherbelegung zu halten, während es für Gerechtigkeit im Rennen zwischen Anwendung und Sammler um die CPU-Zeit sorgt.

Im vollkommenen Gleichgewicht ist der Speicherverbrauch konstant: Die Anwendung erklärt für jedes neu erzeugte Objekt ein Objekt für tot, und die Koroutine gewinnt rasch den Platz zurück. Wenn das Gleichgewicht gestört ist und die Größe des besetzten Speicherplatzes ansteigt, bekommt die Koroutine größere Zeitscheiben zugeteilt; wenn sie mit Erfolg arbeitet und der besetzte Speicher abnimmt, dann werden die Zeitscheiben wieder verkleinert. Unterhalb einer bestimmten Schwelle wird der Bereiniger überhaupt nicht aktiviert. Im anderen Extremfall, wenn der Speicher erschöpft ist, wird die Koroutine zu einem vollwertigen sequentiellen Markierungs-Putz-Bereiniger.

Der Bereinigungsmechanismus wird weiter dadurch verbessert, daß alle Objekte, die lange Zeit lebendig sind, besonders behandelt werden. Dabei wird eine Technik namens *Generationsreinigen* eingesetzt; damit wird die Bereinigung beschleunigt, indem Objekte, die eine bestimmte große Anzahl von Bereinigungszyklen überlebt haben, „privilegiert" werden. Experimentelle Messungen haben gezeigt, daß solche Objekte oft die gesamte Ausführung überleben; ihre Privilegierung, also ihre Entfernung aus der Menge der zur Bereinigung vorgesehenen Objekte, verkürzt den Entdeckungsprozeß. Das wirft jedoch das Problem der privilegierten Objekte auf, die schließlich doch sterben: Beim Generationsreinigen können sie nur über einen besonderen Mechanismus wiedergewonnen werden. Wegen dieses Problems werden alte Objekte nicht die gesamte Systemausführung lang aufbewahrt (wie in manchen Implementierungen des Generationsreinigens), sondern auf besondere Weise behandelt, um Entdeckung und Sammlung zu beschleunigen.

Dank der Verbindung dieser verschiedenen Ideen beträgt der Zusatzaufwand für die Speicherbereinigung nur ein paar Prozent. Der Mechanismus kann vollständig abgeschaltet werden, indem in der entsprechenden Zeile der Systembeschreibungsdatei (15.2.7) **N** geschrieben wird:

GARBAGE_COLLECTION (N)

Wenn die Option **Y** gewählt wurde, gibt es zur Laufzeit weitere Steuerungsmöglichkeiten. Die Speicherbereinigung kann durch die folgenden Aufrufe dynamisch ab- bzw. angeschaltet werden:

collection_off
collection_on

Es kann zum Beispiel sinnvoll sein, die Bereinigung während langer Initialisierungsphasen abzuschalten, bei denen der Programmierer weiß, daß die meisten erzeugten Objekte gebraucht werden. Eine weitere interessante Möglichkeit besteht darin, die Speicherbereinigung durch einen der beiden folgenden Aufrufe explizit anzustoßen:

full_collect
collect

Das kann an einer Stelle geschehen, an der - wie der Programmierer weiß - CPU-Zeit übrig ist. Ein typisches Beispiel tritt in interaktiven Systemen auf, wenn auf Benutzereingaben gewartet wird: Die Zeit, die menschliche Aktionen brauchen, liegt um mehrere Größenordnungen über der Zeit von Rechneroperationen.

Die Routinen *collect* und *full_collect* arbeiten verschieden. Ein Aufruf von *full_collect* weist den Bereiniger an, alle aktuell toten Objekte zu finden und rückzugewinnen, wie lang das auch dauern mag. Außer in Sonderfällen wird empfohlen, die andere Primitive, *collect,* zu benutzen, welche die Bereinigungskoroutine eine begrenzte Zeitscheibe lang aktiviert.

Man könnte meinen, daß die Prozedur *collect* ein Argument für die Bereiniger-Aktivierungszeit haben sollte. Das ist aber nicht so: Die Aktivierungszeit wird vom Laufzeitsystem unter Nutzung des oben beschriebenen Selbstanpassungsmechanismus bestimmt. Das Laufzeitsystem verfolgt den Verlauf der Speichernutzung und ist dadurch besser als der Programmierer in der Lage, den Umfang an Bereinigungsarbeit zu bestimmen, der zur Aufrechterhaltung effizienter Speichernutzung bei Vermeidung von CPU-Zeitvergeudung notwendig ist. (Außerdem ist es unklar, welche Einheit ein solcher *collect*-Parameter haben sollte.)

Die obigen Primitiven sind in der Bibliotheksklasse *MEMORY* gekapselt. Klassen, die diese Primitiven benutzen, müssen *MEMORY* beerben.

16.7.2 Virtueller Speicher

Der nebenläufige Speicherbereiniger wird in der Eiffel-Implementierung durch ein besonderes **Eiffel-Paging-System** ergänzt. In anderen Worten: Eiffel bietet eine eigene virtuelle Speicherverwaltung zur Erweiterung des verfügbaren Speicherplatzes. Paging wird auf der Grundlage von Objekten durchgeführt; der benötigte Hilfsspeicher wird von einer temporären Datei genommen. Die Ersetzungsstrategie ist „das am längsten Unbenutzte"; wenn also im Hauptspeicher Platz für Objekte geschaffen werden muß, dann werden diejenigen im Hauptspeicher befindlichen Objekte zuerst ausgelagert, die am längsten nicht mehr benutzt worden sind.

Der virtuelle Speicher ist wie die Speicherbereinigung ein optionales Hilfsmittel, das durch eine Zeile in der Systembeschreibungsdatei gesteuert wird:

VIRTUAL_MEMORY (Y | N):

Diese Option sollte nur in Sonderfällen angeschaltet werden. Eiffel-Paging nützt nur etwas bei einem Betriebssystem, das keinen virtuellen Speicher bietet, oder als Ergänzung zum virtuellen Speicher des Betriebssystems. Das ist empfehlenswert bei Programmen, die viele Objekte erzeugen. Es führt zu einem erheblichen Mehraufwand

- an Zeit: Allen Objektzugriffen geht eine Prüfung voran, um festzustellen, ob das Objekt im Hauptspeicher bereit liegt, sowie, wenn das nicht der Fall ist, eine Einlageroperation.
- an Speicherplatz: In der augenblicklichen Implementierung werden in Verbindung mit jedem Objekt zwei zusätzliche Speicher-Wörter benötigt.

Unter gewöhnlichen Umständen ist der Nutzen den Zusatzaufwand nicht wert. Im Gegensatz dazu ist Speicherbereinigung ein höchst nützlicher Mechanismus und sollte gewöhnlich angeschaltet sein.

Trotz seiner im Augenblick beschränkten Nützlichkeit ist das Paging-System als erster Bestandteil eines allgemeineren Mechanismus für **persistente Objekte** und objektorientierte Datenbanken (Kapitel 21) interessant.

16.8 In diesem Kapitel eingeführte Schlüsselkonzepte

- Es gibt drei Grundmodelle der Objekterzeugung: statisch, Keller-basiert und frei. Das letztere ist charakteristisch für objektorientierte Sprachen, kommt aber auch anderswo vor, zum Beispiel in Lisp, Pascal (Zeiger und *new*), C (*malloc*), Ada (Zugriffstypen) usw.
- In Programmen, die viele Objekte erzeugen, können Objekte sterben, also unerreichbar werden; ihr Speicherplatz ist verloren, was zu Speichervergeudung und in extremen Fällen zu Fehlverhalten führen kann, weil Speicher fehlt, obwohl in Wirklichkeit Speicher zur Wiedergewinnung da ist.
- Dieses Problem kann im Falle von Programmen, die wenige tote Objekte oder im Vergleich zur verfügbaren Speichergröße überhaupt wenige Objekte erzeugen, gefahrlos unbeachtet bleiben.
- Wenn das Problem nicht außer acht gelassen werden kann (stark dynamische Datenstrukturen, begrenzte Speicherkapazität), dann müssen zwei Probleme gelöst werden: *Entdeckung* toter Objekte und *Rückgewinnung* des zugehörigen Speicherplatzes.
- Beide Aufgaben können von der Sprachimplementierung, der Bausteinherstellungsebene oder den Anwendungsprogrammen wahrgenommen werden.
- Die Entdeckung den Anwendungsprogrammen aufzubürden, ist umständlich und gefährlich. Das trifft auf *dispose*- oder *free*-Anweisungen in höheren Programmiersprachen zu.
- In gewissen Zusammenhängen kann eine einfache Speicherverwaltung auf der Bausteinebene durchgeführt werden. Die Entdeckung wird durch die Bausteine erledigt; die Wiedergewinnung wird durch die Bausteine oder durch die Sprachimplementierung durchgeführt.
- Die Verwaltung auf der Bausteinebene kann dazu dienen, einen allgemeingültigen Mechanismus auf der Sprachimplementierungsebene zu erleichtern.
- Verweiszählen ist ineffizient und funktioniert nicht bei zyklischen Strukturen.
- Speicherbereinigung ist die allgemeinste Technik. Der notwendige Zusatzaufwand zur normalen Systemausführung kann dadurch drastisch verringert werden, daß der Bereiniger als nebenläufiger Prozeß oder als Koroutine läuft.

- Eiffel hat eine Koroutinen-Speicherbereinigung, die abgeschaltet oder umgekehrt auf Anforderung aktiviert werden kann. Eingebautes Paging gibt es auch, wird aber im Normalfall nicht benutzt.

16.9 Literaturhinweise

Ein breiteres Bild der verschiedene Modelle von Objekterzeugung, wie wir es am Anfang des Kapitels erörtert haben, bietet das **„Konturmodell"** der Programmiersprachenausführung, wie es in [Johnston 1971] zu finden ist.

Ein nebenläufiger Speicherbereinigungsalgorithmus wurde in [Dijkstra 1978] eingeführt. Eine Erörterung von Effizienzfragen bei solchen Algorithmen findet sich in [Cohen 1984].

Generationsreinigen wird in [Ungar 1984] beschrieben.

Übungen

16.1 Typen von Kellerelementen

Warum sind in der „Selbstverwaltungsversion" verketteter Listen die Ergebnisse von *fresh* und *top* und die Argumente von *recycle* und *push* (Klassen *LINKED_LIST* und *STACK_OF_LINKABLES,* siehe 16.5.2) vom Typ *LINKABLE[T]* und nicht **like** *first_element* oder **like** *Current?* (Hinweis: Man betrachte *available* in 16.5.3).

16.2 Eine Funktion mit Seiteneffekt

Ebenfalls in der Selbstverwaltungsversion verketteter Listen ruft die Funktion *fresh* eine Prozedur *pop* auf und erzielt einen Seiteneffekt auf der Datenstruktur. Erörtern Sie, ob das im Hinblick auf die Analyse von Seiteneffekten in Funktionen (7.7) akzeptabel ist.

16.3 Deklaration durch Assoziation

Nehmen wir im selben Zusammenhang an, daß wir, anstatt für die Liste der verfügbaren Zellen eine besondere Klasse *STACK_OF_LINKABLES* zu definieren, eine generische Kellerimplementierung, sagen wir *GSTACK,* benutzten. Dann könnte *available* als *GSTACK[LINKABLE[T]]* deklariert werden. Könnte es als *GSTACK [***like** *first_element]* deklariert werden? Erklären Sie, worin sich die beiden Lösungen unterschieden, wenn sie beide erlaubt wären, und welche Risiken damit verbunden wären. (Hinweis: *available* ist eine Einmalfunktion.)

16.4 Welche Freigabeebene?

Wenn ein Betriebssystem ein Hilfsmittel *dispose* oder *free* zur Verfügung stellt, dann könnte, wie oben erwähnt (16.5.4), die Selbstverwaltungsstrategie in einer Sprache wie Pascal oder C dieses Hilfsmittel direkt benutzen, anstatt für jeden Datenstrukturtyp eine eigene Frei-Liste zu verwalten. Erörtern sie das Für und Wider beider Ansätze.

16.5 Einmalfunktionen und Generizität

Untersuchen Sie die Einmalfunktion *available* (16.5.3) im Lichte der Einmalfunktion-Regel (13.3.7). Wirft die Funktion in der Praxis irgendein Problem auf?

TEIL 3

Anwendung objektorientierter Techniken in anderen Umgebungen

17 Objektorientierte Programmierung in klassischen Sprachen

In Teil 2 wurden die Methode des objektorientierten Entwurfs und eine entsprechende Notation, Eiffel, Hand in Hand eingeführt. In diesem und den weiteren Kapiteln des Teils 3 wird untersucht, wie die Ideen in anderen Sprachen implementiert (oder in manchen Fällen nur emuliert) werden können: in klassischen, nicht objektorientierten Sprachen wie Pascal, Fortran und C; in Sprachen, die Kapseltechniken bieten, wie Ada; und in anderen objektorientierten Sprachen.

17.1 Ebenen der Sprachunterstützung

Bei der Beurteilung, inwieweit es Programmiersprachen gelingt, objektorientierte Konzepte zu unterstützen, treffen wir auf drei weite Kategorien.

In seiner einfachsten Form ist objektorientierte Programmierung nichts weiter als „Programmieren mit abstrakten Datentypen". Eine einfache Implementierung der Idee ist die, alle Zugriffe auf eine Datenstruktur von einem anderen Modul aus so einzuschränken, daß Routinen benutzt werden und nicht auf die Komponenten selbst zugegriffen werden kann. Ohne besondere Sprachunterstützung ist das eine rein methodische Regel, welche in jeder Sprache mit Routinenkonzept implementiert werden kann; man kann das als **disziplinierten Datenstrukturzugriff** bezeichnen. Aber natürlich ist das keine objektorientierte Programmierung - sondern nur eine Form des Geheimnisprinzips.

Die zweite Kategorie umfaßt Sprachen, die eine auf Datenstrukturen basierende Form von Modularität bieten. Diese Sprachen ermöglichen die Definition von Moduln, die eine Datenstrukturbeschreibung zusammen mit den darauf operierenden Routinen kapseln. Das kann **Kapselung** genannt werden. Typisch für diese Kategorie sind Ada und Modula-2. Ein Modul in einer solchen Sprache kann mit der Implementierung eines abstrakten Datentyps verbunden werden. Die Begriffe Typ und Modul bleiben jedoch verschieden; Vererbung wird nicht geboten.

Die nächste Kategorie (den Ebenen 4 bis 7 der Klassifizierung in Abschnitt 4.9 entsprechend) betrifft wirklich objektorientierte Sprachen. Klassen werden als Moduln und als Typen benutzt. Das eröffnet den Weg zu Vererbung, Polymorphismus, Redefinition und dynamischem Binden.

17.2 Objektorientierte Programmierung in Pascal?

Angenommen, man habe eine Sprache wie Pascal zur Verfügung. Wieviel vom objektorientierten Ansatz kann man implementieren?

Nicht viel. Die Pascal-Programmstruktur basiert auf einem vollkommen anderen Paradigma. Ein Pascal-Programm besteht aus einer Folge von Abschnitten, die in unveränderbarer Folge auftreten: Labels, Konstanten, Typen, Variablen, Routinen (Prozeduren und Funktionen) und ausführbare Anweisungen. Die Routinen haben ihrerseits rekursiv die gleiche Struktur.

Diese einfache Regel erleichtert die Ein-Pass-Übersetzung von Pascal-Programmen. Aber das dämpft jeden Versuch, objektorientierte Techniken in dieser Sprache zu verwenden. Sehen wir uns an, was man braucht, abstrakte Datentypen zu implementieren (sagen wir einen als Feld dargestellten Keller): ein paar Konstanten (wie die Feldlänge), einen oder wenige Typen (wie den Verbundtyp, der die Kellerimplementierung beschreibt), ein paar Variable (wie den Zeiger auf die Kellerspitze) und wenige Routinen, welche die Operationen auf dem abstrakten Datentyp darstellen. In Pascal werden diese Elemente über das gesamte Programm verstreut: Alle Konstanten für verschiedene abstrakte Datentypen zusammen, alle Typen zusammen und so weiter.

Die Struktur von Pascal steht also orthogonal zur Struktur objektorientierter Entwürfe. Die Benutzung von Pascal widerspricht völlig dem Prinzip der sprachlichen modularen Einheiten (2.2.1), womit ausgedrückt wurde, daß jede Modularisierungsstrategie durch die verfügbaren Sprachkonstrukte unterstützt werden müsse, andernfalls die Kriterien der Zusammensetzbarkeit, Zerlegbarkeit, usw. aufs Spiel gesetzt würden.

Man kann also mit Pascal über die einfache Regel des disziplinierten Datenstrukturzugriffs hinaus, die in jeder Sprache anwendbar ist, in bezug auf objektorientierte Techniken wenig anfangen.

Einige kommerzielle Versionen von Pascal heben die Vorschriften über die Deklarationsreihenfolge auf und enthalten eine gewisse Unterstützung für eine Art Modul über Routinen hinaus, einschließlich getrennter Übersetzung. Diese erweiterten Moduln können mehr als eine Datenstruktur zusammen mit zugehörigen Konstanten, Typen und Routinen enthalten. Aber solche Erweiterungen sind nur dem Namen nach Pascal; sie sind nicht standardisiert und ähneln eher einer Sprache wie Modula-2. Die obige Betrachtung bezieht sich auf Standard-Pascal.

17.3 Fortran

Die älteste überlebende Programmiersprache, Fortran, bietet eine - wenn auch in mancher Hinsicht recht primitive - Unterstützung für eine begrenzte Form von Kapselung.

Ein Fortran-System besteht aus einem Hauptprogramm und einer Anzahl von Routinen (Unterroutinen oder Funktionen). Die übliche Art, einen abstrakten Datentyp zu implementieren, ist die, für jede Operation aus der Spezifikation eine Routine vorzusehen (wie push, pop, usw. bei Kellern). Die Datenstrukturimplementierung kann von den Routinen über COMMON-Blöcke gemeinsam genutzt werden (siehe 13.5.1). Diese Technik hat offensichtliche Nachteile: Die Routinen haben keine physische Beziehung zueinander; es besteht die Gefahr, daß eine Routine aktualisiert wird, aber die anderen nicht. Das verletzt das Prinzip der sprachlichen modularen Einheiten.

Dank eines Sprachmittels, das durch die Revision 1978 (als Fortran 77 bekannt) offiziell zum Sprachbestandteil gemacht wurde, nachdem es einige Übersetzer schon zuvor angeboten hatten, ist es möglich, Kapseltechniken nachzubilden. Dieses Mittel - mehrere Eingänge in Routinen - wurde wahrscheinlich zu verschiedenen Zwecken eingebaut, kann aber auch für den „guten Zweck" verwendet werden.

Diese Erweiterung erlaubt Fortran-Routinen, neben dem normalen Routinenkopf weitere Eingänge zu haben. Diese Eingänge können von anderen Routinen aufgerufen werden, als ob sie eigenständige Routinen wären, und können unterschiedliche Argumente haben. Der Aufruf eines Eingangs startet die Routinenausführung an der Eingangsstelle. Alle Eingänge der Routine benutzen gemeinsam die persistenten Daten der Routine; ein persistentes Datenelement, das in Fortran 77 in einer *SAVE*-Direktive vorkommen muß, ist ein Datenelement, dessen Wert zwischen zwei Aktivierungen einer Routine aufbewahrt wird.

Diese Technik kann dazu benutzt werden, Moduln zur Verwaltung abstrakter Objekte zu entwickeln. Ein solcher Modul verkleidet sich als eine Routine mit mehreren Eingängen, wobei die Routine selbst nie unter ihrem Namen aufgerufen wird. Die Eingänge entsprechen den Operationen des unterliegenden abstrakten Datentyps. Sie müssen alle die folgende Form haben:

```
ENTRY (argumente)
... Anweisungen ...
RETURN
```

Anders gesagt: Alle Eingangsblöcke müssen disjunkt sein: Die Steuerung geht nie von einem Block in den nächsten über. Das ist eine eingeschränkte Benutzung von Eingängen, die im allgemeinen dazu gedacht sind, daß eine Routine an einer beliebigen Stelle angefangen und dann durchgängig weiterbenutzt werden kann.

Unten folgt ein Beispiel eines Funktionsmoduls mit mehreren Eingangsstellen, mit dem ein abstraktes Kellerobjekt (ein Keller von Reals) und die zugehörigen Operationen implementiert werden. Der Modul kann wie folgt von einem Kunden benutzt werden - in einem Stil, der tatsächlich an die Benutzung von Klassen erinnert:

```
LOGICAL OK
REAL X
OK = CREATE()
OK = PUSH(4.5)
OK = PUSH(-7.88)
X = TOP()
OK = POP()
IF (EMPTY()) A = B
```

Der Modul selbst kann wie unten dargestellt geschrieben werden.

Eine Fortran-Routine und ihre Eingangsstellen müssen entweder alle Unterroutinen oder alle Funktionen sein. Weil hier *EMPTY* und *TOP* Funktionen sein müssen, sind alle anderen Eingänge ebenfalls als Funktionen deklariert einschließlich *CREATE*, dessen Ergebnis überflüssig ist.

```
C   -- IMPLEMENTIERUNG EINES
C   -- ABSTRAKTEN KELLERS VON REALS
C
  INTEGER FUNCTION RSTACK()
  PARAMETER (SIZE = 1000)
C
C   -- FELD UND KELLERZEIGER
C
  REAL IMPL(SIZE)
  INTEGER LAST
  SAVE IMPL, LAST
C
C   -- DEKLARATION VON
C   -- EINGANGSSTELLEN
C
  LOGICAL CREATE
  LOGICAL PUSH
  LOGICAL POP
  REAL TOP
  LOGICAL EMPTY
C
  REAL X
C
C   -- KELLERERZEUGUNG
C
    ENTRY CREATE()
      CREATE = .TRUE.
      LAST = 0
    RETURN
C
C   -- ELEMENTE AUF DEN
C   -- KELLER LEGEN
C
    ENTRY PUSH(X)
      IF (LAST .NE. SIZE) THEN
        PUSH = .TRUE.
        LAST = LAST+1
      IMPL(LAST) = X
      ELSE
        PUSH = .FALSE.
      END IF
      RETURN
C   -- ELEMENT VOM KELLER
C   -- ENTFERNEN
C
    ENTRY POP(X)
      IF (LAST .NE. 0) THEN
        POP = .TRUE.
        LAST = LAST-1
      ELSE
        POP = .FALSE.
      END IF
    RETURN
C
C   -- ZUGRIFF AUF DIE SPITZE
C
    ENTRY TOP()
      IF (LAST .NE. 0) THEN
        TOP = IMPL(LAST)
      ELSE
        CALL ERROR
    *     ('TOP: EMPTY STACK')
      END IF
    RETURN
C
C   -- FESTSTELLEN,
C   -- OB DER KELLER LEER IST
C
    ENTRY EMPTY()
      EMPTY = (LAST .EQ. 0)
    RETURN
C
  END
```

Dieser Programmierstil funktioniert und wird in Umgebungen, in denen man keine andere Wahl hat, als Fortran anzuwenden, erfolgreich zur Nachbildung der Kapseltechniken von Ada oder Modula-2 angewendet. Diese Technik leidet aber natürlich unter strengen Begrenzungen:

- Interne Aufrufe sind nicht erlaubt: Während Routinen in objektorientierten Klassen für ihre Implementierungen gewöhnlich aufeinander aufbauen, würde der Aufruf eines Eingangs durch einen Eingang derselben Fortran-Routine als rekursiver Aufruf verstanden werden - ein Frevel gegen Fortran.

- Der Mechanismus ist streng statisch: Das Beispiel zeigt die Implementierung eines einzelnen abstrakten Objekts, nicht eines abstrakten Datentyps mit beliebiger Anzahl dynamisch erzeugter Exemplare, wie das bei Klassen der Fall ist. Die Technik kann so verallgemeinert werden, daß eine feste Anzahl von Objekten möglich ist (durch Überführung jeder Variable in ein eindimensionales Feld und Hinzufügen einer Länge zu jedem Feld). Für dynamische Objekterzeugungen gibt es aber keine Unterstützung.
- Schließlich birgt allein der Sachverhalt, daß die Technik einen Sprachmechanismus für andere als die den wahrscheinlichen Entwurfszielen entsprechenden Zwecke verwendet - indem man mit der Sprache mogelt - das Risiko von Verwirrung und Fehlern.

17.4 Objektorientierte Programmierung und C

17.4.1 Grundlagen

Wie bei jeder anderen Sprache auch kann man auf C die Technik des disziplinierten Datenstrukturzugriffs anwenden, was sichert, daß Datenstrukturen nur über Funktionen verändert werden. (In C sind alle Routinen Funktionen; Prozeduren werden als Funktionen mit „leerem" Ergebnistyp betrachtet.)

Darüberhinaus kann der Dateibegriff dazu dienen, Moduln auf höherer Ebene zu implementieren. Dateien sind in C ein Begriff auf der Grenzlinie zwischen Sprache und Betriebssystem. Eine Datei ist eine Übersetzungseinheit; sie kann einige Funktionen und Daten enthalten. Einige Funktionen können vor anderen Dateien verborgen werden, andere öffentlich gemacht werden. Damit hat man Kapselung: Eine Datei kann alle Elemente enthalten, die zur Implementierung eines oder mehrerer abstrakter Objekte gehören, oder einen abstrakten Datentyp. Mit dieser Vorstellung kann man mit einer C-Datei im wesentlichen dieselben Ergebnisse erzielen wie mit einem Ada-Paket, ohne Generizität und Unterscheidung zwischen Spezifikation und Implementierung (siehe nächstes Kapitel).

In der Praxis läuft eine oft benutzte C-Technik den Grundsätzen objektorientierten Entwurfs ziemlich zuwider. Die meisten C-Programme benutzen „Kopfdateien (header files)", die gemeinsam benutzte Datenstrukturen beschreiben. Jede Datei, welche die Datenstrukturen braucht, bekommt über eine Direktive „include" (die vom eingebauten C-Präprozessor abgehandelt wird) Zugriff auf diese Datenstrukturen:

#include *header. h*

wobei *header. h* der Name der Kopfdatei ist (gewöhnlich durch das Suffix *. h* abgeschlossen, zumindest auf Unix). Das ist konzeptionell dasselbe wie das Kopieren der gesamten Kopfdatei an die Stelle, wo die Direktive vorkommt, und ermöglicht es der hereinholenden Datei, direkt auf die in *header. h* enthaltenen Datenstrukturdefinitionen zuzugreifen. Kundenmoduln werden (wenn nicht durch die Sprache selbst, so doch durch die C-Tradition) dadurch dazu ermuntert, auf Datenstrukturen über ihre physische Darstellung zuzugreifen - was nicht gerade mit den in diesem Buch entwickelten Methoden zusammenpaßt.

17.4.2 In sich abgeschlossene Objekte

Gewisse speziellere Eigenschaften von C bieten interessante Fortschritte bei der Implementierung des wirklich objektorientierten Vorgehens. Sie sind für Implementierer objektorientierter Sprachen von größerem Interesse als für C-Programmierer, aber sie lohnen eine Erörterung.

Ein wichtiger Aspekt objektorientierter Programmierung ist der, daß man jedes Objekt so sehen kann, als trage es zur Laufzeit die darauf anwendbaren Operationen mit sich herum. Das ist nur ein Bild; seine wörtliche Auslegung führt aber zu einer interessanten C-Technik. Exemplare von C-„structure types" (die Entsprechung zu Verbunden in Pascal) können neben anderen Komponenten Verweise (Zeiger) auf Funktionen enthalten.

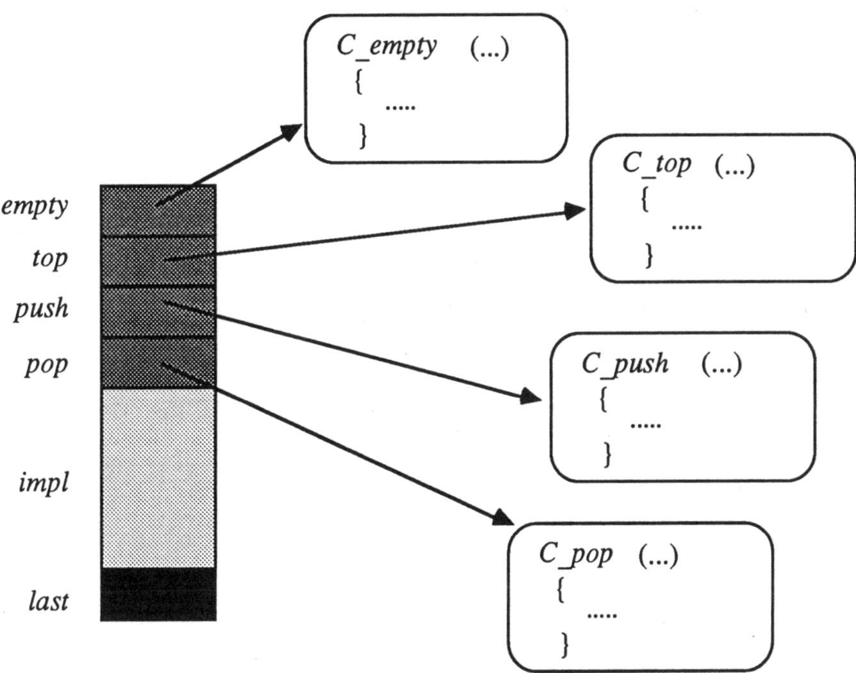

Bild 17.1 Ein C-Objekt mit Funktionsverweisen

Zum Beispiel kann ein C-Strukturtyp *REAL_STACK* durch die folgende Typdefinition deklariert werden:

```
typedef struct {
        int last;
        float impl[MAXSIZE];
        void (*pop) ();
        void (*push) ();
        float (*top) ();
        BOOL (*empty) ();
        } REAL_STACK;
```

(Die geschweiften Klammern dienen zur Begrenzung der Bestandteile des Strukturtyps; **float** ist der C-Typ für reelle Zahlen; Prozeduren werden als Funktionen mit Ergebnistyp **void** deklariert.)

Hier sind die ersten beiden Komponenten eine Ganzzahl und ein Feld; die übrigen sind Verweise auf Funktionen. Jedes Exemplar des Typs muß so initialisiert werden, daß die Verweiskomponenten auf geeignete Funktionen zeigen. Wenn zum Beispiel *a_stack* eine Variable dieses Typs ist und *C_pop* eine Pop-Funktion, dann kann man dem Element *pop* von *a_stack* einen Verweis auf diese Funktion zuweisen:

a_stack.pop = C_pop

In der entsprechenden Eiffel-Klasse hat *pop* kein Argument. Hier muß der Funktion *C_pop* Zugriff auf das passende Kellerobjekt verschafft werden; sie braucht also ein Argument. Sie muß deklariert werden als:

```
C_pop (s)
        REAL_STACK s:
    {
        ... Implementierung der Operation pop ...
    }
```

so daß *pop* auf ein Kellerobjekt *a_stack* in der Form

a_stack.pop(a_stack)

angewandt werden kann.

Allgemeiner: Eine Eiffel-Routine *rout* mit *n* Argumenten führt zu einer C-Funktion *C_rout* mit $n + 1$ Argumenten. Ein Eiffel-Routinenaufruf der Form

$x.rout(arg_1, arg_2, \ldots, arg_n)$

wird nachgebildet als

$x.C\_rout(x, arg_1, arg_2, \ldots, arg_n)$

Diese Technik funktioniert bis zu einem gewissen Grad. Sie kann sogar bis zur Nachbildung von Vererbung erweitert werden (siehe Übung 17.3). Sie ist aber bei keiner ernsthaften Entwicklung anwendbar: Wie in Bild 17.1 veranschaulicht, heißt das nämlich, daß jedes *Exemplar* jeder Klasse physisch Verweise auf alle darauf anwendbaren Routinen enthält! Der Mehrbedarf an Speicherplatz verbietet dieses Vorgehen, insbesondere mit Vererbung.

Dieser Mehraufwand kann auf ein annehmbares Maß reduziert werden, wenn man berücksichtigt, daß Routinen für alle Exemplare einer Klasse gemeinsam sind. Wir können deshalb für jede Klasse eine Laufzeitdatenstruktur einführen, den **Klassendeskriptor,** der Verweise auf die Routinen dieser Klasse enthält. Der Klassendeskriptor kann als verkettete Liste oder als Feld implementiert werden. Dann benötigen Exemplare der Klasse nur einen Verweis auf den Klassendeskriptor und nicht einzelne Verweise auf jede Routine (Bild 17.2).

Diese Idee bildet die Grundlage für die Implementierung objektorientierter Programmiersprachen, die C als Zielsprache benutzen. Natürlich braucht man wesentlich fortgeschrittenere Techniken, um eine hohe Effizienz zu gewährleisten und Vererbung zu unterstützen - insbesondere Mehrfacherben.

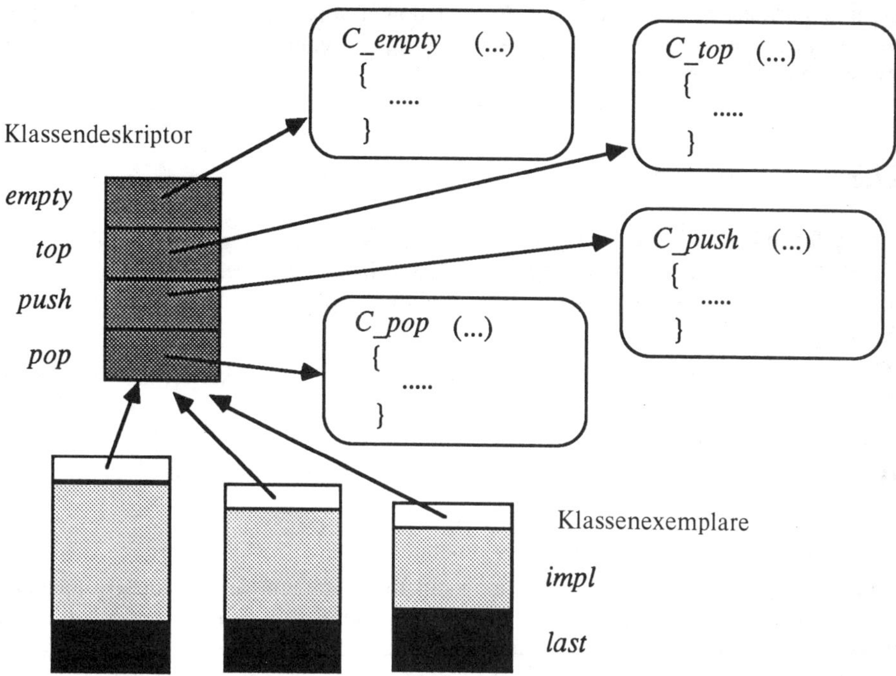

Bild 17.2 Gemeinsame Nutzung von Routinenverweisen durch Objekte

17.4.3 Eine Bewertung

Die Erörterung hat gezeigt, daß man in C Implementierungstechniken zur Nachbildung objektorientierten Programmierens finden kann. Das bedeutet aber nicht, daß Programmierer diese Techniken benutzen sollten. Wie im Falle von Fortran ist die Nachbildung nur dadurch möglich, daß man der Sprache Gewalt antut.

C ist eine traditionelle funktionsorientierte Sprache, ein Nachfolger „strukturierter" Assemblersprachen wie PL360 und BCPL. Weil C auf einer kleinen Anzahl von Konzepten beruht, auf einer breiten Palette von Rechnern benutzt werden kann und selbst stark auf effiziente Implementierung gezielt ist, wurde die Sprache in wenigen Jahren zur *lingua franca* der Systemprogrammierung. Aber leider sind nur wenige Konzepte weiter vom Geist von C entfernt als diejenigen des objektorientierten Entwurfs.

Die Gefahr beim Versuch, objektorientierte Konzepte auf eine C-Grundlage zu zwingen, besteht darin, daß man zu einem inkonsistenten Aufbau kommt, wodurch der Softwareentwicklungsprozeß und die Qualität des resultierenden Produkts beeinträchtigt werden. Ein Mischvorgehen führt zu gemischter Qualität. Deshalb werden ernsthafte Einwände gegen die in Kapitel 20 beschriebenen objektorientierten Erweiterungen von C erhoben. Um aus objektorientierten Techniken Nutzen zu ziehen, muß man einen konsistenten Rahmen benutzen und die Begrenzungen von Sprachen wie Fortran oder C überwinden, die - unabhängig von ihren übrigen Eigenschaften - für völlig andere Zwecke entworfen wurden.

17.5 Literaturhinweise

Einige Techniken, wie man den Prinzipien der Datenabstraktion entsprechende Fortran-Pakete schreiben kann, sind in [Meyer 1982] beschrieben. Dort werden Routinen benutzt, die *COMMON*-Blöcke gemeinsam nutzen und nicht Routinen mit mehreren Eingängen, wie in 17.3 dargestellt.

Eine Darlegung von C-Techniken für die Implementierung objektorientierter Konzepte findet sich in [Cox 1986].

Übungen

17.1 Graphikobjekte (für Fortran-Programmierer)

Schreiben Sie eine Menge von Routinen mit mehreren Eingängen, die grundlegende Graphikobjekte (Punkte, Kreise, Polygone) implementieren. Für die Spezifikation der nötigen Abstraktionen und zugehörigen Operationen können Sie sich auf den Graphikstandard GKS beziehen.

17.2 Generizität (für C-Programmierer)

Wie würden Sie die C-Nachbildung einer Klassendeklaration „Real-Keller" (17.4.2) in eine nachgebildete generische Deklaration überführen, die leicht auf Keller beliebigen Typs *T* und nicht nur vom Typ *float* angepaßt werden kann?

17.3 Objektorientierte Programmierung in C (Semesterprojekt)

Entwerfen und implementieren Sie eine einfache objektorientierte Erweiterung von C unter Nutzung der Ideen aus Abschnitt 17.4.2. Sie können entweder einen Präprozessor schreiben, der eine erweiterte Version der Sprache nach C übersetzt, oder ein Funktionspaket, das die Sprache selbst nicht verändert.

Nähern Sie sich dem Problem durch drei Verfeinerungsschritte:

- Implementieren Sie zunächst einen Mechanismus, mit dem Objekte ihre eigenen Verweise auf die verfügbaren Routinen tragen.
- Versuchen Sie dann, Routinenverweise auf der Klassenebene herauszufaktorieren.
- Prüfen Sie schließlich, wie Einfacherben zum Mechanismus hinzugefügt werden kann.

18 Objektorientierte Programmierung und Ada

Fortschritte in der Programmiermethodik brachten in den siebziger Jahren eine neue Generation von Sprachen hervor, in denen die Steuerkonstrukte von Algol 60 und die Datenstrukturkonzepte von Algol W und Pascal mit besseren Systemstrukturierungsmitteln und Unterstützung für das Geheimnisprinzip verbunden wurden. Im einzelnen unterscheiden sich zwar die Merkmale dieser Sprachen, aber sie haben dieselben Grundgedanken und können gemeinsam als „die Kapselungssprachen" bezeichnet werden.

Die vollständige Liste der Sprachen aus dieser Gruppe wäre sehr lang. Nur wenige haben eine meßbare Nutzergemeinde gefunden; vier davon sind besonderer Aufmerksamkeit wert: Modula-2, eine Pascal-Nachfolgerin, vom selben Autor, Niklaus Wirth, entwickelt; CLU, Ergebnis eines MIT-Projektes unter der Leitung von Barbara Liskov, die Sprache, die von den erwähnten der Implementierung objektorientierter Konzepte mit Ausnahme von Vererbung am nächsten kommt; Mesa, eine Xerox-Arbeit mit besonderer Betonung auf der Beschreibung intermodularer Beziehungen in großen Systemen; und Ada, entwickelt durch ein von Jean Ichbiah geleitetes Team als Reaktion auf Anforderungen des US-Verteidigungsministeriums.

Unsere Untersuchung über die Nachbildung objektorientierter Techniken in den Kapselungssprachen beschränkt sich auf Ada, die Sprache, welche nicht nur am meisten Aufmerksamkeit erregt hat, sondern auch die vollständigste (und komplexeste) dieser Sprachen ist und die meisten in den anderen Sprachen vorzufindenden Eigenschaften in der einen oder anderen Form enthält. Modula-2 bietet zum Beispiel keine Generizität und kein Überlagern; CLU unterstützt keine Nebenläufigkeit. Die Wahl von Ada als Transportmittel für diese Erörterung hat nichts mit einer vergleichenden Bewertung zu tun.

18.1 Pakete

Jede Kapselungssprache bietet ein Konstrukt zur Gruppierung logisch zusammenhängender Programmelemente. Dieses Konstrukt wird in Ada Paket (package) genannt; die entsprechenden Begriffe in Modula-2 und Mesa sind Modul und in CLU Cluster.

Eine Klasse wurde definiert als struktureller Systemteil - Modul - und als Typ. Im Gegensatz dazu ist ein Paket nur ein Modul.

Der Unterschied kann auch noch anders charakterisiert werden: Ein Paket ist ein rein **syntaktischer** Begriff. Mit Paketen können Systemelemente (Variablen, Routinen, usw.) auf in sich abgeschlossene Teilsysteme verteilt werden; sie werden aber nur für die Lesbarkeit und Bewältigbarkeit der Software gebraucht. Die Zerlegung eines Systems in Pakete berührt nicht seine **Semantik:** Ein aus mehreren Paketen bestehendes Ada-System kann in ein System aus nur einem Paket überführt werden, das genau dieselben Ergebnisse erzielt - indem alle Paketgrenzen entfernt, die generischen Exemplarbildungen aufgelöst (siehe unten) und die Namenskonflikte durch Umbenennung gelöst werden. Man vergleiche das mit Klassen: Außer daß sie eine Einheit modularer Zerlegung ist, ist eine Klasse auch ein semantisches Konstrukt, mit dem das Verhalten einer Menge von zur Laufzeit erzeugten Objekten beschrieben wird. Der semantische Effekt von Klassen wird durch das dynamische Binden sogar noch stärker.

Ein Ada-Paket ist eine freie Zusammensetzung von Programmelementen und kann für verschiedene Zwecke verwendet werden. Vernünftige Benutzungen dieses Konzepts bestehen im Schreiben von Paketen als Sammlungen von:

- einer Menge verwandter Konstanten (wie bei Klassen in 13.2).
- einer Bibliothek von Routinen, zum Beispiel einer mathematischen Bibliothek.
- einer Menge von Variablen, Konstanten und Routinen, welche die Implementierung eines Objekts oder einer bestimmten festen Anzahl von abstrakten Objekten beschreiben, auf die nur über dafür bestimmte Operationen zugegriffen werden kann, wie das in 17.3 mit Fortran versucht wurde.
- der Implementierung eines abstrakten Datentyps.

Die letztere Benutzung ist die für diese Erörterung interessanteste; wir untersuchen sie anhand des Beispiels eines Keller-Pakets, das wir einem ähnlichen Beispiel aus dem Ada Reference Manual entsprechend gewählt haben.

18.2 Eine Keller-Implementierung

Das Geheimnisprinzip wird in Ada durch die zweilagige Deklaration von Paketen unterstützt. Jedes Paket erscheint in zwei Teilen, offiziell „Spezifikation" und „Rumpf" genannt. Der erstere Begriff ist zu stark für ein Konstrukt, das keinerlei formale Beschreibung der Paketsemantik (in der Form von Zusicherungen oder ähnlichen Mechanismen) unterstützt; wir werden deshalb das bescheidenere Wort „Schnittstelle" benutzen.

Die Schnittstelle führt die öffentlichen Eigenschaften des Pakets auf: exportierte Variablen, Konstanten, Typen und Routinen.[1] Die Routinen werden nur durch ihre Köpfe angegeben, in denen die formalen Argumente und deren Typen (sowie bei einer Funktion der Ergebnistyp) aufgeführt sind; ein Beispiel eines Routinenkopfes ist folgendes:

function *top (s: STACK)* **return** *X;*

Der Rumpf vervollständigt die Paketbeschreibung, indem die Routinenimplementierung sowie alle nötigen geheimen Elemente eingefügt werden.

18.2.1 Eine einfache Schnittstelle

Eine erste Version des Schnittstellenteils eines Keller-Pakets kann wie folgt ausgedrückt werden. Man beachte, daß das Schlüsselwort **package** alleine eine Paket-Schnittstelle einleitet; der Rumpf, der weiter unten angegeben wird, wird durch **package body** eingeleitet.

[1] Der Standardbegriff für „Routine" in Ada ist „Unterprogramm". Aus Gründen der Konsistenz mit anderen Kapiteln bleiben wir beim Begriff Routine.

```
package REAL_STACKS is
  type STACK_CONTENTS is array (POSITIVE range <>) of FLOAT;
  type STACK (max_size: POSITIVE) is
      record
          implementation: STACK_CONTENTS (1..max_size);
          nb_elements: NATURAL := 0;
      end record;
  procedure push (x: in FLOAT; s: in out STACK);
  procedure pop (s: in out STACK);
  function top (s: STACK) return FLOAT;
  function empty (s: STACK) return BOOLEAN;
  overflow, underflow: EXCEPTION;
end REAL_STACKS;
```

Diese Schnittstelle führt exportierte Elemente auf: den Typ *STACK,* zur Deklaration von Kellern benutzt, den Hilfstyp *STACK_CONTENTS,* in der Definition von *STACK* benutzt, die vier Grundroutinen für Keller und zwei Ausnahmen.

Kundenpakete beziehen sich nur auf die Schnittstelle (vorausgesetzt, die Programmierer haben eine gewisse Vorstellung von der mit den Routinen verbundenen Semantik).

Die folgenden Beispiele gelten für diese einfache Paketschnittstelle:

- Der Leser hat sicher bemerkt, daß das Exportieren der gesamten Deklaration von *STACK* und *STACK_CONTENTS* und damit der internen Darstellung zuviel Export wäre. Wir werden unten sehen, wie das verbessert werden kann.
- Im Gegensatz zu Klassen objektorientierter Sprachen definiert eine Paketdeklaration nicht an sich einen Typ. Ein Typ *STACK* muß hier getrennt definiert werden. Eine Folge dieser Trennung besteht darin, daß der Programmierer, der ein Paket um eine abstrakte Datentyp-Implementierung herum baut, zwei verschiedene Namen erfinden muß - einen für das Paket und einen für den Typ. Eine weitere Folge ist die, daß die Routinen ein Argument mehr haben als ihre objektorientierten Gegenstücke: Alle Routinen operieren hier auf einem Keller *s*, was in der entsprechenden Eiffel-Klasse implizit geschieht.
- Eine Deklaration kann neben dem Typ einer Größe auch deren Anfangswert definieren. Hier setzt die Deklaration von *nb_elements* im Typ *STACK* einen Anfangswert von 0 fest. Das erübrigt die Notwendigkeit für eine explizite Initialisierungsoperation entsprechend *Create;* das wäre jedoch nicht der Fall, wenn eine weniger direkte und einfache Initialisierung erforderlich wäre.
- Einige wenige Details von Ada werden gebraucht, um die Typdeklarationen zu verstehen: *POSITIVE* und *NATURAL* bezeichnen die Untertypen von *INTEGER,* die positive bzw. nicht-negative ganze Zahlen umfassen; eine Typspezifikation der Form **array** *(TYPE* **range** <>), wobei <> „Box-Symbol" genannt wird, beschreibt ein Muster für Feldtypen und nicht einen wirklichen Typ. Ein wirklicher Typ entsteht durch die Festlegung eines endlichen Teilabschnitts von *TYPE;* das geschieht hier in *STACK,* wo der Teilabschnitt *1..max_size* von *POSITIVE* benutzt wird. *STACK* ist ein Beispiel für einen parametrierten Typen; jede Deklaration einer Größe vom Typ *STACK* muß einen aktuellen Wert für *max_size* spezifizieren, wie in

  s: STACK (1000)

- In Ada muß jedes Routinenargument durch einen Modus charakterisiert werden: **in**, **out** oder **in out**, womit die Rechte der Routine bezüglich der entsprechenden aktuellen Argumente definiert werden (nur Lesen, nur Schreiben, Aktualisieren). Fehlt ein explizites Schlüsselwort, so gilt der Modus **in.**
- Schließlich spezifiziert die Schnittstelle zwei Ausnahmenamen: *overflow* und *underflow.* Eine Ausnahme ist eine Fehlerbedingung, bei der der Programmierer entschieden hat, sie getrennt vom normalen Kontrollfluß zu behandeln. Alle Ausnahmen, die an die Kundenpakete durchgereicht werden können, müssen wie hier in der Schnittstelle stehen. Der Ausnahmemechanismus von Ada wird unten weiter untersucht.

18.2.2 Benutzung eines Pakets

Kundencode, der ein Paket benutzt, beruht auf der Schnittstelle. Das folgende ist ein Beispiel aus irgendeinem Paket, das einen Real-Keller braucht:

```
s: REAL_STACKS.STACK (1000);
REAL_STACKS.push (3.5,s); ...;
if REAL_STACKS.empty (s) then ...
```

Von Ada-Unterstützungssystemen wird gefordert, daß Kundenmoduln, die solchen Code enthalten, übersetzt werden können, auch wenn nur die Schnittstelle von *REAL_STACKS* und nicht ihr Rumpf verfügbar ist.

Was die Syntax betrifft, beachte man, daß der Name des Pakets *REAL_STACKS* bei jeder Benutzung einer Größe dieses Pakets unter Nutzung der Punktschreibweise wiederholt werden muß (wobei zu „Größen" hier Typnamen wie *STACK* ebenso gehören wie Routinennamen). Diese doch recht schwerfällige Schreibweise kann durch Einführung der folgenden Direktive am Anfang des Kundenpakets vereinfacht werden:

```
use REAL_STACKS;
```

Dann kann der obige Auszug einfacher folgendermaßen geschrieben werden:

```
s: STACK (1000);
push (3.5, s); ...;
if empty (s) then ...
```

Die vollständige Form muß jedoch weiterhin bei jeder Größe benutzt werden, deren Name mit dem Namen einer anderen vom Kundenpaket erreichbaren Größe kollidiert (das heißt, einer Größe, die im Kundenpaket selbst oder in einem anderen in der **use**-Direktive erwähnten Lieferanten deklariert ist).

In mancher Literatur zu Ada werden Programmierer angewiesen, auf die **use**-Direktive gänzlich zu verzichten, weil es die Klarheit stört: Ein nicht qualifizierter Verweis wie *empty (s)* teilt dem Leser nicht unmittelbar mit, auf welchen Lieferanten sich *empty* bezieht (*REAL_STACKS* im Beispiel). Im Gegensatz dazu ist das objektorientierte Gegenstück *s.empty* in Eiffel unzweideutig an eine bestimmte Lieferantenklasse gebunden, die durch den Typ *s* bestimmt ist. (Fairerweise muß jedoch erwähnt werden, daß bei der Vererbung ein der **use**-Benutzung in Ada ähnliches Problem auftaucht: Wenn man einen Namen in einer Klasse sieht, dann kann dieser sich auf ein in jeder Vorgängerklasse deklariertes Merkmal beziehen.)

18.2.3 Implementierung

Der Rumpf des Pakets *REAL_STACKS* kann nach dem folgendem Schema gebildet werden. Nur eine Routine wird vollständig dargestellt.

```
package body REAL_STACKS is
        procedure push (x: in FLOAT; s: in out STACK) is
        begin
            if nb_elements = max_size then
                    raise overflow
            end if;
            nb_elements := nb_elements + 1;
            implementation(nb_elements) := x;
        end push;
        procedure pop (s: in out STACK) is
            ... Implementierung von pop ...
        end pop;
        function top (s: STACK) return FLOAT is
            ... Implementierung von top ...
        end top;
        function empty (s: STACK) return BOOLEAN is
            ... Implementierung von empty ...
        end empty;
end REAL_STACKS;
```

Zwei Aspekte lohnen sich betrachtet zu werden. Der erste ist der Gebrauch von Ausnahmen: Ein Laufzeitfehler kann bearbeitet werden, indem eine besondere Bedingung hervorgerufen und der Fehler dann getrennt behandelt wird. Wir werden weiter unten sehen, wie die Ausnahme abgefangen wird. Zweitens ist zu bemerken, daß der größte Teil der Schnittstelleninformationen (die Routinenköpfe) im Rumpf wiederholt werden müssen. In Abschnitt 9.6.2 wurde das Für und Wider dieses Herangehens erörtert.

18.2.4 Generizität

Das Paket, so wie es dargestellt wurde, ist zu speziell; mithilfe von Generizität muß es auf jeden Typ und nicht nur auf *FLOAT* anwendbar gemacht werden. Um die Paketschnittstelle generisch zu machen, wird die folgende Syntax benutzt:

```
generic
        type T is private;
package STACKS is
        ... Wie zuvor, wobei alle Vorkommen von FLOAT durch T
            ersetzt werden ...
end STACKS;
```

Die Syntax zur Einführung formaler generischer Parameter (mithilfe der **generic**...-Klausel) ist umständlicher als die in früher dargestellten Schreibweisen, weil mehr Wahlmöglichkeiten angeboten werden. Insbesondere können die in einer **generic**-Klausel deklarierten Parameter nicht nur Typen, sondern auch Routinen repräsentieren. Mehr zu diesen Möglichkeiten sehen wir im nächsten Kapitel.

Die **generic**-Klausel wird im Paketrumpf nicht wiederholt; vielmehr gleicht dieser der vorigen Version, außer daß überall *FLOAT* durch *T* ersetzt werden muß.

Die Spezifikation **„is private"** für *T* schreibt vor, daß *T* innerhalb des Pakets als privater Typ behandelt werden muß. Das bedeutet, daß Größen dieses Typs nur in solchen Operationen verwendet werden dürfen, die auf alle Ada-Typen anwendbar sind: Nutzung als Quelle oder als Ziel einer Zuweisung, als Operand in einem Gleichheitstest, als aktuelles Argument in einer Routine sowie in wenigen weiteren besonderen Operationen. Das ist der Konvention ganz ähnlich, die für formale generische Parameter in Eiffel benutzt wird (6.1.3). In Ada sind auch andere Möglichkeiten verfügbar; insbesondere können die Operationen durch Deklaration der Parameter als **limited private** weiter eingeschränkt werden, wodurch im wesentlichen nur die Benutzung als Typ aktueller Routinenargumente übrigbleibt.

Obwohl *STACKS* Paket genannt wird, ist ein solcher generisch parametrierter Modul in Wirklichkeit nur ein Paketmuster und kann von Kunden nicht direkt benutzt werden. Kunden müssen aus dem Modul mit aktuellen generischen Parametern ein Exemplar bilden, zum Beispiel um eine elegantere Definition von *REAL_STACKS* zu erhalten. Die Syntax ist folgendermaßen:

```
package REAL_STACKS is new STACKS (FLOAT);
```

Solche Exemplare generischer Pakete sind ihrerseits nicht mehr generisch. Nur sie können wirklich von Kunden benutzt werden. Die Inflexibilität dieses Mechanismus, der nur parametrierte (nicht direkt benutzbare) oder benutzbare (nicht erweiterbare) Moduln bietet, muß der Offenheit von Vererbung gegenübergestellt werden, bei der vorhandene Moduln entsprechend dem „Offen-geschlossen-Prinzip" beliebig erweitert werden dürfen. Diese Frage wird im nächsten Kapitel ausführlich erörtert.

18.3 Verbergen der Repräsentation: Die private Geschichte

Das Paket *STACKS,* wie es oben dargestellt wurde, implementiert nicht das Geheimnisprinzip: Wie oben bemerkt, sind die Deklarationen der Typen *STACK* und *STACK_CONTENTS* in der Schnittstelle, so daß Kunden direkt auf die Kellerdarstellung zugreifen können. Ein Kunde kann zum Beispiel folgenden Code haben:

/1/

```
use REAL_STACKS; ...
s: STACK; ...
s.implementation(3) := 7.0; s.last := 51;
```

womit die unterliegende Spezifikation des abstrakten Datentyps gröblich verletzt würde.

Konzeptionell gehören die Typdeklarationen in den Rumpf. Warum haben wir sie nicht gleich dorthin getan? Der Grund ist nur verständlich, wenn man sich nicht nur die Sprache, sondern die Programmierumgebung ansieht.

Eine Anforderung an den Ada-Entwurf ist, wie bereits erwähnt, die, daß Pakete getrennt übersetzbar sein sollen und daß darüberhinaus sogar Kunden eines Pakets *A* übersetzt werden können sollen, wenn nur die Schnittstelle von *A* und nicht sein Rumpf bekannt ist. Das bevorzugt den Top-down-Entwurf: Um an einem Modul weiterzuarbeiten, genügt es, die Spezifikation der benötigten Merkmale zu kennen; die tatsächliche Implementierung kann später folgen.

Ein Kunde von *REAL_STACKS* kann also übersetzt werden, wenn nur die Schnittstelle von *REAL_STACKS* bekannt ist (das heißt, die Schnittstelle von *STACKS,* von dem *REAL_STACKS* ein Exemplar ist). Dieser Kunde enthält jedoch Deklarationen der Form

```
use REAL_STACKS; ...
s, s': STACK; ...
s' := s;
```

die der arme Übersetzer nicht ordentlich verarbeiten kann, wenn er nicht weiß, wieviel Platz von einem Objekt des Typs *STACK* gebraucht wird. Das kann aber nur aus den Deklarationen des Typs *STACK* und des Hilfstyps *STACK_CONTENTS* ermittelt werden.

Das ist das Dilemma, in dem sich die Ada-Entwerfer befanden: Konzeptionell gehören solche Deklarationen in die Hölle - den Rumpf; aus Implementierungsgründen müssen sie jedoch ins Paradies aufgenommen werden - die Schnittstelle.

Die gewählte Lösung bestand in der Schaffung eines Fegefeuers: Ein besonderer Paketabschnitt, der physisch zur Schnittstelle gehört und mit ihr übersetzt wird, aber so gekennzeichnet, daß Kunden sich nicht auf seine Elemente beziehen können. Der Fegefeuerabschnitt wird der private Teil der Schnittstelle genannt; er wird durch das Schlüsselwort **private** eingeleitet (das, wie wir oben sahen, auch als Kennzeichen für geschützte Typen verwendet wird). Alle Deklarationen im privaten Teil stehen den Kunden nicht zur Verfügung. Dieses Schema wird mit unserer abschließenden Version der Kellerpaketschnittstelle veranschaulicht:

```
generic
        type T is private;
package STACKS is
        type STACK (max_size: POSITIVE) is private ;
        procedure push (x: in T; s: in out STACK);
        procedure pop (s: in out STACK);
        function top (s: STACK) return T;
        function empty (s: STACK) return BOOLEAN;
        overflow, underflow: EXCEPTION;
private
        type STACK_VALUES is array (POSITIVE range<>) of T;
        type STACK (max_size: POSITIVE) is
            record
                implementation: STACK_VALUES (1..max_size);
                nb_elements: NATURAL := 0;
            end record
end STACKS;
```

Man beachte, wie nun der Typ *STACK* zweimal deklariert werden muß: einmal im nicht-privaten Teil der Schnittstelle, wo er nur als **private** spezifiziert wird; dann erneut im privaten Teil, wo die gesamte Beschreibung angegeben wird. Fehlte die erste Deklaration, dann wäre eine Zeile der Form *s: REAL_STACK* in einem Kunden nicht erlaubt, da Kunden nur Zugriff auf solche Größen haben, die im nicht-privaten Teil deklariert sind. Die erste Deklaration spezifiziert den Typ nur als **private,** womit Kunden davon abgehalten werden, irgendwelche Eigenschaften von Kellerobjekten mit Ausnahme der allgemeinen Operationen (Zuweisung, Gleichheitstest, Benutzung als aktuelles Argument) zu benutzen. Der Typ *STACK_VALUES* dagegen ist rein intern und für Kunden unwesentlich: Also muß er nur im privaten Teil deklariert werden.

Es muß erneut betont werden, daß die Informationen im privaten Teil einer Paketschnittstelle nur aus Implementierungsgründen in der Schnittstelle sind und daß Kunden physisch nicht darauf zugreifen können. Zum Beispiel ist der obige Code /1/, mit dem in einem Kunden direkt auf die Repräsentation zugegriffen wird, bei der neuen Paketform unzulässig. Das Vorhandensein der privaten Informationen in der Schnittstelle ist ziemlich quälend für die Kunden: Sie sehen das und können es nicht direkt benutzen. (Tatsächlich kann man sich eine gute Ada-Programmierumgebung vorstellen, die standardmäßig diese Informationen dem Kundenprogrammierer vorenthält, wenn nach Schnittstelleninformationen über die Klasse gefragt wird - in der Art des **short**-Kommandos bei Eiffel.) Man erinnere sich jedoch an die Bemerkung bei der Darstellung des Geheimnisprinzips (2.2.5): Das Geheimnisprinzip ist kein Sicherheitsmechanismus, der dazu dient, Kundenprogrammierer vom Lesen der versteckten Details physisch abzuhalten. Das Ziel ist schlicht, sie von der Benutzung dieser Details abzuhalten.

Zusammenfassend - auch auf die Gefahr hin zu verwirren - kann gesagt werden: Der private Abschnitt des öffentlichen Teils eines Pakets (der Schnittstelle) führt die Implementierung derjenigen konzeptionell privaten Typen auf, die im öffentlichen Teil deklariert sein müssen, obwohl ihre Implementierung nicht öffentlich verfügbar ist.

18.4 Ausnahmen

Das generische Paket *STACKS* führt in seiner Schnittstelle zwei Ausnahmen auf: *overflow* und *underflow.* Allgemeiner: Programmierer können mit Fehlerbedingungen umgehen, indem sie beliebige Ausnahmenamen definieren; Ada enthält auch vordefinierte Ausnahmen, die von der Hardware oder vom Betriebssystem angestoßen werden, in Fällen wie arithmetischem Überlauf oder Speicherplatzmangel.

18.4.1 Vereinfachung der Steuerkonstrukte

Die Ausnahmen in Ada sind eine Technik, mit Fehlern umzugehen, ohne die Steuerstruktur des normalen Ablaufs zu stören. Wenn ein Programm eine Folge von Aktionen durchführt, wobei jede Aktion aufgrund gewisser fehlerhafter Bedingungen unmöglich gemacht werden kann, dann kann es passieren, daß die daraus entstehende Steuerstruktur wie folgt aussieht[2]:

[2] In diesem Beispiel wird die Ada-Syntax benutzt, bei der das Semikolon eine Anweisung abschließt und nicht, wie in Eiffel, zwei Anweisungen trennt.

```
aktion1;
if fehler1 then
        fehlerbehandlung1;
else
        aktion2;
        if fehler2 then
                fehlerbehandlung2;
        else
                aktion3;
                if fehler3 then
                        fehlerbehandlung3;
                else
                        ...
```

Wie in Abschnitt 9.3 erwähnt, ist der Ada-Ausnahmemechanismus ein Versuch, die Komplexität eines solchen Schemas – bei dem die Elemente, die „nützliche" Arbeiten verrichten, manchmal wie ein kleines Archipel in einem Ozean von Fehlerbehandlungscode wirken – zu bekämpfen, indem die **Behandlung** von Fehlern von ihrer **Entdeckung** getrennt wird. Man braucht auch weiterhin Prüfungen, ob eine bestimmte Fehlerbedingung aufgetreten ist; aber die einzige dann zu ergreifende Maßnahme ist das Hervorrufen eines bestimmten Signals, der Ausnahme, die dann woanders behandelt wird.

18.4.2 Hervorrufen einer Ausnahme

Man könnte die Technik auf triviale Weise zunächst als Ersetzung der obigen **if... then...else**-Steuerstrukturen durch einfachere **if...then**-Strukturen ansehen, ohne Schachtelung, was zu geradlinigerem Code führt:

```
aktion1;
if fehler1 then raise ausn1; end;
aktion2;
if fehler2 then raise ausn2; end;
aktion3;
if fehler3 then raise ausn3; end;
...
```

18.4.3 Behandlung einer Ausnahme

Wenn eine Anweisung **raise** *ausn* ausgeführt wird, dann fließt die Steuerung nicht zu den Anweisungen, die normalerweise folgten, sondern wird an den **Ausnahmebehandler** übergeben. Diese Unterbrechung des normalen Steuerflusses erklärt, warum die **else...**-Klauseln hier nicht mehr benötigt werden.

Ein Ausnahmebehandler ist ein besonderer Abschnitt eines Blocks oder einer Routine der Form

```
exception
        when ausn1 => behandlung1;
        when ausn2 => behandlung2;
        ...
```

Wenn **raise** *ausn* ausgeführt wird, wird der erste Ausnahmebehandler genommen, der *ausn* in der dynamischen Kette behandelt, also in derjenigen Routinenliste, die beginnt mit der Routine, die das **raise** enthält, fortfährt mit deren Aufrufer, mit dem Aufrufer des Aufrufers, usw. (Wenn das **raise** in einem **begin ... end**-Block enthalten ist, dann ist dieser Block das erste Element der dynamischen Kette.) Wir sagen, ein Ausnahmebehandler „behandelt" *ausn,* wenn *ausn* in einer seiner **when**-Klauseln vorkommt.

Wenn kein Ausnahmebehandler in der dynamischen Kette *ausn* behandelt, dann beendet sich das Programm, und die Steuerung wird an das Betriebssystem zurückgegeben (das vermutlich eine Fehlermeldung ausgeben und die Ausführung anhalten wird). Wenn sich ein Ausnahmebehandler findet, dann wird die entsprechende rechte Seite (nach dem => Symbol) ausgeführt, und die umschließende Routine gibt die Steuerung an ihren Aufrufer zurück oder beendet sich, wenn es das Hauptprogramm ist. (Ada kennt den Begriff des Hauptprogramms nicht.)

18.4.4 Erörterung

Ausnahmen sind Steuerkonstrukte: Sie selbst bieten noch keinen Mechanismus zur Fehlerbehandlung. Sie ermöglichen es dem Programmierer, den Code für die Fehlerbehandlung in einem bestimmten Abschnitt jeder Routine zu versammeln.

Wie im Zusammenhang mit der Objektorientiertheit erörtert (siehe 9.3.4), spielen Ausnahmemechanismen eine Rolle, aber nur in bestimmten Fällen. Insbesondere gibt es wenig Anlaß für die Hoffnung, daß Ausnahmen Kundenprogrammierer von der Notwendigkeit, sich mit Fehlern zu befassen, entlasten könnten. Die obige Kellerimplementierung ist in dieser Hinsicht besonders aufschlußreich. Wie können wir die Ausnahme *underflow* behandeln, die beim Versuch, *pop* oder *top* auf den leeren Keller anzuwenden, auftritt? Es gibt keine klare Antwort. Die Routinen selbst können vernünftigerweise keinen eigenen Behandler enthalten (*top* weiß nicht, was zu tun ist, wenn es auf einen leeren Keller angewandt wird); die Verantwortung liegt also beim Kunden, der Code folgender Form enthalten sollte:

/2/

```
use REAL_STACKS;
procedure proc(...) is
        s: STACK; ...
begin
        ... pop(s); ...
exception
        when underflow => aktion1;
        ...
end proc;
```

Der Kunde **muß** also genau festlegen, was im Fehlerfalle zu tun ist. Es wäre ein schwerer Entwurfsfehler, eine Klausel **when** *underflow* wegzulassen. Man vergleiche die obige Form mit der klassischen Form des Aufrufs (in Eiffel-Syntax):

/3/

```
if not s.empty then s.pop else aktion1 end
```

Man erinnere sich, daß in manchen Fällen der Fehler nicht vor, sondern nach dem Aufruf entdeckt wird (das ist das in 9.4.3 beschriebene „a posteriori"-Schema). Das berührt diese Erörterung aber nicht.

Die Ausnahmeform /2/ unterscheidet sich von /3/ nur in zwei Aspekten:

- Der Code für die Fehlerbehandlung, *aktion1,* ist textuell getrennt von den Aufrufen, die den Fehler hervorrufen können;
- Die Fehlerbehandlung ist für alle diese Aufrufe gleich, wenn es mehr als einen gibt.

In diesem Beispiel scheint der klassische Ansatz besser zu sein. Der erste Aspekt macht die Ausnahmeform nicht unbedingt einfacher; tief geschachtelte Fehlerbehandlungsstrukturen mit **if...then...else,** wie sie am Beginn dieses Abschnitts (18.4.1) erörtert wurden, kommen nur in schlecht modularisierten Systemen vor. Der zweite Aspekt liefert ein Argument für die klassische Form: Wenn eine Routine mehr als einen Aufruf von *pop* enthält, dann ist die Art des Umgangs mit leeren Kellern höchstwahrscheinlich unterschiedlich, abhängig vom Zusammenhang, in dem diese Aufrufe stehen.

Das läßt wenig Gründe für die Benutzung Programmierer-definierter Ausnahmen übrig. Die vorangegangenen Erörterungen von Ausnahmen (siehe 7.10 und 9.3) schlossen mit der Feststellung von nur drei Fällen, in denen ein Ausnahmemechanismus eine unverzichtbare Rolle zu spielen scheint:

- Anomale Fälle, die zu Unterbrechungsaktionen durch die Hardware oder das Betriebssystem führen, wie zum Beispiel numerischer Überlauf oder Speicherplatzmangel.
- Anomale Fälle, die zur schnellstmöglichen Beendigung führen müssen, um katastrophale Folgen zu vermeiden.
- Software-Fehlertoleranz: Schutz gegen mögliche Fehler in irgendeinem Bestandteil des Systems selbst.

Der Ada-Ausnahmechanismus sollte auf diese Fälle beschränkt werden. Auch dann ist er noch zu allgemein. Das Problem ist, wie schon in 7.11.2 beschrieben, daß dieser Mechanismus nicht durch das Konzept des Vertrags eingeschränkt ist. Die Grundlage des disziplinierten Ausnahmemechanismus, wie er in Kapitel 7 erörtert wurde, ist die folgende Regel:

> **Erstes Gesetz des Software-Vertragsabschlusses:**
> Es gibt nur zwei Arten, wie ein Routinenaufruf beendet werden kann: Entweder erfüllt die Routine ihren Vertrag oder sie scheitert damit.

So trivial das klingen mag: In Ada ist die Regel nicht eingehalten. Weil ein Ausnahmebehandler jede beliebige Operation ausführen kann, bevor er dem Aufrufer die Steuerung zurückgibt, ist es ganz leicht möglich, das Scheitern der Vertragserfüllung vor dem Aufrufer zu verbergen. Das verletzt das Erste Gesetz und das folgende Korollar:

> **Zweites Gesetz des Software-Vertragsabschlusses:**
> Wenn eine Routine den Vertrag nicht erfüllen kann, dann kann auch die aktuelle Ausführung des Aufrufers ihren Vertrag nicht erfüllen.

Man beachte, daß diese Regel nur feststellt, daß die aktuelle Ausführung scheitern muß, nicht notwendigerweise die Routine als ganze. Das hält die Möglichkeit offen, es noch einmal zu versuchen, um den Vertrag mit anderen Mitteln zu erfüllen.

Diese Regeln, die durch den Ausnahmemechanismus aus Kapitel 7 erfüllt sind, werden durch den Ada-Mechanismus nicht erzwungen. Das erklärt, warum dieser Mechanismus so leicht als verallgemeinertes goto, und dazu noch als recht gefährliches, da es Routinengrenzen überschreitet, mißbraucht werden kann.

Jede vernünftige Benutzung von Ada-Ausnahmen sollte an diesen Regeln festhalten, die wie folgt in Ada-Begriffen zusammengefaßt werden können:

> **Ada-Ausnahmeregel:**
> Die Ausführung jedes Ausnahmebehandlers sollte entweder durch Ausführung einer **raise**-Anweisung oder durch Wiederausführung der umschließenden Programmeinheit beendet werden.

Eine Programmeinheit in dieser Regel ist entweder ein Block oder eine Routine. Die erste Lösung ist „organisierte Panik": Der Ausnahmebehandler versucht, die Umgebung in einen stabilen Zustand zu bringen und schließt ab mit einer **raise**-Anweisung, womit dem Aufrufer eine Ausnahme angezeigt wird (wobei der Aufrufer an dieselbe Regel gebunden ist). Üblicherweise ist diese Anweisung **raise** ohne Ausnahmenamen; diese Form der Anweisung ruft die ursprüngliche Ausnahme erneut hervor. Die zweite Möglichkeit, das Wieder-Ausführen, kann in Ada nur mit gotos implementiert werden, da es keine Entsprechung zur **retry**-Anweisung von Eiffel gibt.

Die Anwendung der obigen Regel ist wesentlich, um zu sichern, daß der Ausnahmemechanismus von Ada nicht mißbraucht wird.

Diese Erörterung von Ausnahmen sollte jede naive Hoffnung beseitigen, daß Ausnahmen dazu dienen könnten, das Problem von Fehlern zu umgehen. Mit oder ohne Ausnahmemechanismus sind Laufzeitfehler Tatsachen des (System-)Lebens, mit denen man bei der Software rechnen muß.

18.5 Tasks

Außer Paketen bietet Ada ein weiteres interessantes Modulkonstrukt: die Task. Tasks sind zur Behandlung von Nebenläufigkeit da und gehen über das Thema des Buches hinaus; sie verdienen es jedoch, erwähnt zu werden, da sie tatsächlich eher als Pakete objektorientierte Konzepte unterstützen.

Syntaktisch haben Tasks und Pakete viel gemeinsam. Der Hauptunterschied ist der, daß eine Task nicht nur eine modulare Einheit ist, sondern die Darstellung eines Prozesses, der parallel zu anderen Prozessen ausgeführt werden soll. Um die Begriffe vom Anfang des Kapitels zu benutzen: Eine Task ist mehr als eine syntaktische Einheit; sie beschreibt einen semantischen Teil des Systems. Es ist deshalb nicht überraschend, daß Tasks verwandter mit Klassen sind als Pakete.

Eine Task wird, wie ein Paket, in zwei Teilen deklariert, der Schnittstelle und dem Rumpf. Anstelle von Routinen enthält eine Task-Spezifikation eine Anzahl von **Eingängen (entries).** Für den Kunden sehen Eingänge wie Prozeduren aus; die Schnittstelle einer Pufferverwaltungs-Task kann zum Beispiel wie folgt aussehen:

```
task BUFFER_MANAGER is
        entry read (x: out T);
        entry write (x: in T);
end BUFFER_MANAGER;
```

(Tasks dürfen nicht generisch sein, so daß der Typ *T* global verfügbar sein muß.) Lediglich die Implementierung von Eingängen unterscheidet sie von Prozeduren: Im Rumpf werden „**accept**"-Anweisungen verwendet, um Synchronisation und andere Vorschriften zur Ausführung der Eingänge zu spezifizieren; hier könnten wir zum Beispiel vorschreiben, daß nur ein *read* oder *write* zur gleichen Zeit stattfinden darf, daß *read* warten muß, bis der Puffer nicht leer ist, und *write,* bis er nicht voll ist.

Zwar werden die Einzelheiten des Ada-Tasking hier nicht ausgebreitet, aber ein Punkt ist es doch wert, in bezug auf objektorientierte Techniken erwähnt zu werden: Ada erlaubt die Definition von **task types,** die zur Erzeugung von so vielen Exemplaren (tasks), wie zur Laufzeit nötig, benutzt werden können.

Damit werden Tasks Klassen ohne Vererbung ähnlich. Man kann sich tatsächlich eine Implementierung objektorientierten Entwurfs vorstellen, in der Klassen durch Tasktypen dargestellt werden; zur Ausführungszeit würden Objekte als Tasks - Exemplare dieser Tasktypen - erzeugt werden. Diese Übung ist aber fast nur von akademischem Interesse. Man erinnere sich, daß man bei der Definition einer Klasse damit rechnet, eine möglicherweise große Zahl von Exemplaren zur Laufzeit zu erzeugen; wenn man jetzt den Mehraufwand berücksichtigt, der von gegenwärtigen Betriebsumgebungen zur Erzeugung eines neuen parallelen Prozesses benötigt wird, dann kann man dasselbe mit Tasktypen wohl kaum tun. Vielleicht eines Tages, in massiv parallelen Hardwareumgebungen ...

18.6 In diesem Kapitel eingeführte Schlüsselkonzepte

- Ada, das wir als Vertreter der Klasse von „Kapselungssprachen" studiert haben (zu denen auch Modula-2 gehört), bietet modulare Zerlegungskonstrukte: Pakete (und Tasks).
- Die Betonung liegt auf dem Geheimnisprinzip: Schnittstelle und Implementierung werden getrennt deklariert.
- Generizität erhöht die Flexibilität von Paketen.
- Konflikte zwischen methodischen Anforderungen und Sprachimplementierungsangelegenheiten führen zum „private"-Problem.
- Das Paket ist ein rein syntaktischer Mechanismus. Moduln bleiben verschieden von Typen. Ein Vererbungsmechanismus ist nicht möglich.

- Ausnahmen trennen die Fehlerentdeckung von der Fehlerbehandlung, bieten aber keine wundersame Lösung für das Problem der Laufzeitfehler.
- Der Ada-Ausnahmemechanismus sollte nur auf disziplinierte Weise benutzt werden; jede Ausführung eines Ausnahmebehandlers sollte entweder mit der Wieder-Ausführung der Operation oder mit der Fehlersignalisierung an den Aufrufer enden.
- Tasktypen können im Prinzip dazu genutzt werden, Klassen ohne Vererbung zu implementieren; diese Lösung ist aber in gegenwärtigen Umgebungen nicht praktikabel.

18.7 Literaturhinweise

Eine einflußreiche Darstellung, wie manche Konzepte objektorientierten Entwurfs in Ada benutzt werden können, wurde in [Booch 1983] gegeben.

Die offizielle Referenz zu Ada ist [ANSI 1983]. Dies ist weder als Bettlektüre noch als Einführungsmaterial über die Sprache zu empfehlen. Jetzt gibt es zahlreiche Bücher, um den letzteren Bedarf zu befriedigen.

Verweise auf die anderen am Anfang dieses Kapitels erwähnten modularen Sprachen sind [Mitchell 1979] für Mesa, [Wirth 1982] für Modula-2 und [Liskov 1981] für CLU. Siehe auch [Liskov 1986] zur Programmiermethodik auf der Basis von CLU.

Übungen

18.1 Warum Eiffel keinen privaten Teil braucht

Das Ada-Übersetzungsproblem, das zum „private"-Konstrukt (18.3) führt, scheint auch objektorientierte Sprachen drücken zu können, wenn die unterliegende Umgebung (wie im Fall von Eiffel) getrennte Übersetzung von Klassen unterstützt. Tatsächlich scheint das Problem wegen der Vererbung noch schlimmer zu sein: Eine Variable vom Typ *C* kann zur Laufzeit nicht nur auf Exemplare von *C,* sondern auch auf Exemplare jeder Nachkommensklasse verweisen; da jeder Nachkomme seine eigenen Attribute hinzufügen kann, ist die Größe dieser Exemplare variabel. Wenn *C* eine aufgeschobene Klasse ist, dann ist es nicht einmal möglich, den Exemplaren eine Standardgröße zuzuordnen. Erklären Sie, warum trotz dieser Bemerkungen in Eiffel kein Bedarf an einem Sprachkonstrukt besteht, das dem **private**-Mechanismus von Ada ähnelte. Erörtern Sie die Vor- und Nachteile beider Lösungen. Können Sie im Ada-Rahmen einen besseren Ansatz vorschlagen?

18.2 Generische Routinenparameter

Generische Parameter von Ada-Paketen können nicht nur Typen, sondern auch Routinen sein. Erläutern Sie die Bedeutung dieser Möglichkeit für die Implementierung objektorientierter Konzepte und ihre Grenzen. (Siehe auch das folgende Kapitel.)

18.3 Klassen als Tasks (für Ada-Programmierer)

Schreiben Sie die Eiffel-Klasse COMPLEX (7.7.4) zu einem Ada-Tasktyp um. Zeigen Sie nützliche Beispiele für den entstehenden Typ.

19 Generizität und Vererbung

In Teil 2 und den vorangegangenen Kapiteln haben wir zwei Ansätze studiert, wie man Softwarebausteine erweiterbarer und wiederverwendbarer machen kann. Der eine, Vererbung, ist spezifisch für objektorientierte Sprachen; damit können Moduln durch schrittweise Erweiterung und Spezialisierung konstruiert werden. Der andere, Generizität, ist typisch für Ada und wurde ursprünglich von Algol 68 eingeführt; es handelt sich um die Möglichkeit, parametrierte Moduln zu definieren, wobei die Parameter (gewöhnlich) Typen sind.

Beide Methoden beruhen auf *Polymorphismus* und *Überlagern,* wobei Polymorphismus die Fähigkeit ist, Programmeinheiten zu definieren, die mehr als eine Gestalt annehmen können, und Überlagern, eine einfache Form von Polymorphismus, ist die Möglichkeit, demselben Namen mehr als eine Bedeutung zu geben, wobei Mehrdeutigkeiten dadurch aufgelöst werden, daß der Kontext jedes Vorkommens des Namens entweder zur Übersetzungszeit (statisches Überlagern) oder zur Laufzeit berücksichtigt wird.

Oberflächlich betrachtet, scheinen diese Techniken dasselbe Bedürfnis zu befriedigen: Herstellung flexiblerer Moduln. Eine Frage, die viele Informatik-Studenten beschäftigt, lautet: Wie stehen diese beiden Techniken zueinander? Leisten sie dasselbe? Sind sie unverträglich? Ergänzen sie sich? Muß man sich zwischen beiden entscheiden, oder kann es sinnvoll sein, sie zu verbinden?

In diesem Kapitel werden diese Fragen durch eine vergleichende Betrachtung von Generizität und Vererbung im Zusammenhang mit Typprüfung (ohne die Generizität sinnlos wäre) angegangen. Die jeweiligen Stärken und Schwächen werden beurteilt, es wird untersucht, welche Bestandteile gleichwertig und welche gänzlich unterschiedlich sind, es wird gezeigt, wie die beiden Ansätze sich ergänzen, und es wird erklärt, wie die Ansätze miteinander versöhnt werden können, wie es beispielhaft im Eiffel-Entwurf geschieht.

19.1 Generizität

Diese Betrachtung beginnt mit einer Würdigung der Verdienste von Generizität, wie sie in einigen Sprachen vorhanden ist. Viele dieser Sprachen sind nicht objektorientiert; die Erörterung bezieht sich auf die in Ada vorhandene Form von Generizität. Man beachte, daß wir im gesamten Abschnitt 19.1 nichts mehr mit objektorientierten Sprachen zu tun haben werden.

Wir betrachten nur die wichtigste Form von Ada-Generizität: die *Typparametrierung,* also die Möglichkeit, ein Softwareelement (in Ada ein Paket oder eine Routine) mit einem oder mehreren Typen zu parametrieren. Generische Parameter werden auch noch auf andere, weniger wichtige Weisen in Ada benutzt, zum Beispiel als parametrierte Dimensionen für Felder.

Man kann unterscheiden zwischen *unbeschränkter* Generizität, bei der keine besonderen Anforderungen an generische Parameter gestellt werden, und *beschränkter* Generizität, bei der eine bestimmte Struktur gefordert wird.

19.1.1 Unbeschränkte Generizität

In ihrer einfachsten Form kann unbeschränkte Generizität als Technik zur Umgehung unnötiger Anforderungen der statischen Typprüfung gesehen werden.

Man betrachte das Beispiel einer einfachen Prozedur zum Vertauschen der Werte zweier Variablen. In einer nicht statisch getypten Sprache würde man etwa folgendes hinschreiben (wir benutzen eine Ada-ähnliche Syntax):

/1/

```
procedure swap(x,y) is
        t: local;
begin
        t := x; x := y; y := t;
end swap
```

Die Typen der zu vertauschenden Elemente und der lokalen Variablen *t* müssen nicht spezifiziert werden. Das kann jedoch ein zu großer Freiheitsgrad sein, da ein Aufruf der Form *swap(a,b),* wo *a* zum Beispiel eine Ganzzahl und *b* eine Zeichenkette ist, nicht verboten wäre, auch wenn das wahrscheinlich zum Fehler führte.

Um dieses Problem zu lösen, verlangen statisch getypte Sprachen wie Pascal vom Programmierer, daß er die Typen aller Variablen und formalen Parameter deklariert, und erzwingen eine statisch überprüfbare Typverträglichkeit zwischen aktuellen und formalen Parametern in Aufrufen und zwischen Quelle und Ziel in Zuweisungen. In einer solchen Sprache sieht die Prozedur zum Vertauschen der Werte zweier Variablen vom Typ *T* folgendermaßen aus:

/2/

```
        procedure T_swap(x,y: in out T) is
        t: T;
begin
        t := x; x := y; y := t;
end swap
```

Dadurch, daß *T* als einzelner Typ deklariert sein muß, werden Typunverträglichkeitsfehler vermieden; die unangenehme Folge ist jedoch, daß für jeden Typ, für den eine Vertauschoperation gebraucht wird, eine neue Prozedur verlangt wird; ohne Überlagern muß jeder dieser Prozeduren ein anderer Name gegeben werden, zum Beispiel *int_swap, str_ swap,* und so weiter. Solche vielfachen Deklarationen verlängern und verkomplizieren Programme. Das gewählte Beispiel ist besonders unangenehm, da alle Deklarationen mit Ausnahme der beiden Vorkommen von *T* identisch sind.

Statische Typisierung mag hier zu restriktiv erscheinen: In Wirklichkeit ist ja die einzige Forderung, daß die beiden aktuellen Argumente jedes Aufrufs von *swap* vom selben Typ sein müssen und daß dieser Typ auch für die Deklaration der lokalen Variablen *t* verwendet werden muß.

Eine Sprache mit Generizität bietet einen Kompromiß zwischen zu viel Freiheit bei ungetypten Sprachen und zu viel Einschränkung wie bei Pascal. In einer solchen Sprache kann man *T* als generischen Typparameter der Prozedur *swap* deklarieren. Das ist in Ada möglich; generische Routinen werden auf die gleiche Weise wie die im vorigen Kapitel behandelten generischen Pakete deklariert. In Quasi-Ada wird ein generisches *swap* wie folgt definiert:

/3/

```
generic
        type T is private;
procedure swap(x,y: in out T) is
        t: T;
begin
        t := x; x := y; y := t;
end swap
```

Das wird zu korrektem Ada, wenn die Schnittstelle und die Implementierung getrennt werden, wie das im vorigen Kapitel erläutert wurde. Da das Geheimnisprinzip für die Erörterung in diesem Kapitel nicht von Bedeutung ist, werden zum Zwecke der leichteren Darstellung Schnittstellen und Implementierungen gemischt.

Die Klausel **generic**... führt Typparameter ein. Indem er *T* als „private" spezifiziert, läßt sich der Verfasser dieser Prozedur die Freiheit offen, auf Objekte vom Typ *T (x, y* und *t)* für alle Typen verfügbare Operationen wie Zuweisung und Vergleich anzuwenden - und nur diese.

Eine Deklaration wie die obige liefert nicht wirklich eine Prozedur, sondern eher ein Prozedurmuster; wirkliche Prozeduren erhält man durch Hinzufügung aktueller Typparameter, wie bei:

/4/

```
procedure int_swap is new swap(INTEGER);
procedure str_swap is new swap(STRING);
```

usw. Nehmen wir nun an, daß *i* und *j* Variablen vom Typ *INTEGER* und *s* und *t* vom Typ *STRING* sind, dann sind von den Aufrufen

```
int_swap(i,j);
str_swap(s,t);

int_swap(i,s);
str_swap(s,j);
str_swap(i,j);
```

nur die beiden ersten statisch korrekt.

Interessanter als parametrierte Routinen sind parametrierte Pakete. Im letzten Kapitel haben wir ein Beispiel gesehen: ein generisches Keller-Paket. Betrachten wir zur Abwechslung eine Schlange als Beispiel. Die Operationen auf einer Schlange (first-in, first-out) sind folgende: Füge ein Element hinzu; entferne das älteste noch nicht entfernte Element; liefere den Wert dieses ältesten Elements; prüfe, ob die Schlange leer ist. Die Schnittstelle eines Pakets für Schlangenmanipulationen könnte wie folgt aussehen:

/5/

```
generic
        type T is private;
package QUEUES is
        type QUEUE(max_elements: POSITIVE) is private;
        function empty(s: in QUEUE) return BOOLEAN;
        procedure add(t: in T; s: in out QUEUE);
        procedure remove(s: in out QUEUE);
        function oldest(s: in QUEUE) return T;
private
        type QUEUE(max_elements: POSITIVE) is
                    -- Das Paket benutzt für Schlangen eine Felddarstellung
            record
                    implementation: array (0..max_elements) of T;
                    nb_elements: NATURAL;
            end record;
end QUEUES
```

Wie bei generischen Routinen wird mit obigem kein Paket, sondern ein Paketmuster definiert; wirkliche Pakete erhält man durch Exemplarbildung, wie bei

/6/

```
package INT_QUEUES is new QUEUES(INTEGER);
package STR_QUEUES is new QUEUES(STRING);
```

Man erkennt hier erneut den Kompromiß, den generische Deklarationen zwischen getypten und ungetypten Sprachen bieten. *QUEUES* ist ein Muster für die Deklaration von Moduln, die Schlangen von Elementen aller möglichen Typen *T* implementieren, wobei die Möglichkeit, Typprüfungen zu erzwingen, erhalten bleibt: Es wäre zum Beispiel nicht möglich, auf eine Schlange von Zeichenketten eine Ganzzahl zu addieren.

Beide obigen Beispiele (*swap* und *QUEUES*) zeigen eine Form von Generizität, die als *uneingeschränkt* bezeichnet werden könnte, weil an die als aktuelle generische Parameter benutzbaren Typen keine bestimmten Anforderungen gestellt werden: Man kann die Werte von Variablen jeden beliebigen Typs vertauschen und Schlangen von Werten jeden Typs erzeugen - vorausgesetzt, daß alle Werte in einer bestimmten Schlange vom selben Typ sind.

Andere generische Definitionen sind jedoch nur sinnvoll, wenn die aktuellen generischen Parameter gewisse Bedingungen erfüllen. Diese Form wird eingeschränkte Generizität genannt.

19.1.2 Eingeschränkte Generizität

Wir betrachten eingeschränkte Generizität anhand zweier Beispiele. Wie im uneingeschränkten Fall handelt es sich um eine Routine und um ein Paket.

Nehmen wir zunächst an, wir bräuchten eine generische Funktion zur Berechnung des Minimums zweier Werte. Wir können nach dem Vorbild von *swap* schreiben:

/7/

```
generic
        type T is private;
function minimum(x,y: T) return T is
begin
        if x <= y then return x;
        else return y end if;
end minimum
```

Eine solche Funktionsdeklaration hat jedoch nicht immer eine Bedeutung: Daraus dürfen nur mit solchen Typen *T* Exemplare gebildet werden, bei denen der Vergleichsoperator <= definiert ist. Natürlich könnte die Prüfung dieser Eigenschaft auf die Laufzeit verschoben werden, aber das ist in einer Sprache, welche die Sicherheit durch statische Typisierung erhöht, nicht akzeptabel. Wir müssen einen Weg finden auszudrücken, daß Typ *T* über die richtige Operation verfügen muß.

In Ada wird das so geschrieben, daß der Operator <= selbst als generischer Parameter behandelt wird. Syntaktisch ist das eine Funktion; da es ein syntaktisches Merkmal ist, ist es möglich, eine solche Funktion aufzurufen, indem die übliche Infix-Form benutzt wird, wenn die Funktion durch einen Namen in Anführungsstrichen, hier "<=", deklariert ist. Auch hier würde das folgende zu gültigem Ada, wenn Schnittstelle und Implementierung getrennt würden.

/8/

```
generic
        type T is private;
        with function "<=" (a,b: T) return BOOLEAN is <>;
function minimum(x,y: T) return T is
begin
        if x <= y then return x;
        else return y end if;
end minimum
```

Das Schlüsselwort **with** leitet generische Parameter ein, die wie "<=" Routinen darstellen.

Man kann aus *minimum* für jeden Typ *T1* Exemplare bilden, für den gilt: Es gibt eine Funktion *T1_le* mit der Signatur **function** *(a,b: T1)* **return** *BOOLEAN:*

/9/

```
function T1_minimum is new minimum(T1, T1_le);
```

Wenn andererseits die Funktion *T1_le* tatsächlich "<=" genannt wird, das heißt, wenn ihr Name und Typ zu denen der entsprechenden formalen Routine passen, dann kann die Funktion aus der Liste der aktuellen Parameter des generischen Exemplars weggelassen werden. Der Typ *INTEGER* hat zum Beispiel eine vordefinierte Funktion "<=" mit dem richtigen Typ, so daß man einfach deklarieren kann:

/10/

```
    function int_minimum is new minimum(INTEGER);
```

Die Benutzung von Standardroutinen mit passenden Namen und Typen wird durch die Klausel **is** <> in der Deklaration der formalen Routine ermöglicht, hier "<=". Das Überlagern von Operatoren, wie es vom Konzept von Ada erlaubt (und sogar nahegelegt) wird, spielt hier eine wesentliche Rolle: Viele verschiedene Typen dürfen eine Funktion "<=" haben.

Diese Erörterung eingeschränkter Generizität für Routinen gilt genauso auch für Pakete. Nehmen wir an, wir bräuchten ein generisches Paket zur Behandlung von Matrizen aus Objekten jeden Typs *T* mit den Grundoperationen Matrizenaddition und -multiplikation. Eine solche Definition ergibt nur Sinn, wenn der Typ *T* selbst eine Addition und eine Multiplikation hat und beide Operationen ein Nullelement haben; diese Merkmale von *T* werden für die Implementierung von Matrizenaddition und -multiplikation gebraucht. Der öffentliche Teil des Pakets könnte wie folgt aussehen:

/11/

```
generic
        type T is private;
        zero: T;
        unity: T;
        with function "+" (a,b: T) return T is <>;
        with function "*" (a,b: T) return T is <>;
    package MATRICES is
        type MATRIX(lines, columns: POSITIVE) is private;
        function "+" (m1, m2: MATRIX) return MATRIX;
        function "*" (m1, m2: MATRIX) return MATRIX;
    private
        type MATRIX (lines, columns: POSITIVE) is
            array (1..lines, 1..columns) of T;
    end MATRICES;
```

Typische Exemplare des Pakets sind:

/12/

```
package INT_MATRICES is new MATRICES(INTEGER, 0, 1);
    package BOOL_MATRICES is
        new MATRICES(BOOLEAN, false, true, "or", "and");
```

Auch hier können aktuelle Parameter, die formalen generischen Routinen entsprechen (hier "+" und "*"), beim Typ *INTEGER*, der passende Operationen hat, weggelassen werden; bei *BOOLEAN* müssen sie aber angegeben werden. (Es ist bequem, solche Parameter als letzte in der formalen Liste zu deklarieren; andernfalls muß in Aufrufen, bei denen die entsprechenden aktuellen Parameter weggelassen werden, die Schlüsselwort-Schreibweise verwendet werden.)

Es ist hier interessant zu zeigen, wie der Implementierungsteil eines solchen Paketes aussähe, wobei die Matrizenmultiplikation als Beispiel eines Funktionsrumpfes benutzt wird:

/13/

```
package body MATRICES is
    ... Andere Deklarationen ...
    function "*" (m1,m2: T) is
        result: MATRIX(m1'lines, m2'columns);
    begin
        if m1'columns /= m2'lines then
            raise incompatible_sizes;
        end if;
        for i in m1'RANGE(1) loop
            for j in m2'RANGE(2) loop
                result(i,j) := zero;
                for k in m1'RANGE(2) loop
                    result(i,j) :=
                        result(i,j) + m1 (i,k) * m2 (k,j)
                end loop;
            end loop;
        end loop;
        return result
    end "*";
end MATRICES;
```

Dieser Code benutzt gewisse besondere Mittel von Ada:

- Für einen parametrierten Typ wie *MATRIX(lines,columns: POSITIVE)* muß eine Variablendeklaration aktuelle Parameter angeben, z.B. *mm: MATRIX(100,75);*, auf deren Werte dann mithilfe der Apostroph-Schreibweise wie in *mm'lines* (was in diesem Fall den Wert 100 hat) zugegriffen werden kann.
- Wenn *a* ein Feld ist, dann bezeichnet *a'RANGE(i)* den Wertebereich in der *i*-ten Dimension; *m1'RANGE(1)* oben ist dasselbe wie *1 .. m1'lines.*
- Wenn verlangt wird, zwei bezüglich ihrer Dimensionen unverträgliche Matrizen zu multiplizieren, ruft das Programm eine Ausnahme hervor. Wie bei den Ausnahmen in den Routinen *pop* und *top* aus dem Keller-Paket des vorigen Kapitels entspricht diese Ausnahme der Verletzung einer impliziten Vorbedingung.

Die Beispiele minimum und MATRIX stehen für die Ada-Technik der eingeschränkten Generizität. Sie zeigen auch eine harte Grenze dieser Technik: Nur syntaktische Einschränkungen können ausgedrückt werden. Der Programmierer kann ausschließlich das Vorhandensein bestimmter Routinen ("<=", "+", "*" in den Beispielen) mit gegebenen Typen fordern; die Deklarationen sind aber bedeutungslos, solange nicht gewisse semantische Vorschriften ebenso erfüllt sind. Zum Beispiel ergibt *minimum* nur Sinn, wenn "<=" eine vollständige Ordnung auf *T* ist; und vom Paket *MATRICES* sollten nur dann Exemplare für einen Typ *T* gebildet werden können, wenn die Operationen "+" und "*" nicht nur den richtigen Typ haben ($T \times T \rightarrow T$), sondern auch die passenden Eigenschaften: Assoziativität, Distributivität, *zero* ist Nullelement für "+", *unity* für "*", usw. Wir benutzen den Begriff **Ring** für eine Struktur, deren Operationen diesen Eigenschaften genügen.

19.1.3 Implizite Generizität

Es ist wichtig, eine Form von Generizität zu erwähnen, die sich sehr von der obigen Ada-artigen expliziten Parametrierung unterscheidet: der implizite Polymorphismus, wie er sich beispielhaft in der Arbeit an der funktionalen Sprache ML ausdrückt (siehe Literaturhinweise).

Diese Technik beruht auf der Beobachtung, daß explizite Generizität, wie wir sie oben gesehen haben, dem Programmierer eine unnötige Last aufbürdet, weil er generische Typen auch dann angeben muß, wenn aus dem Kontext ausreichend Information zur Ableitung einer korrekten Typisierung vorhanden ist. Man kann zum Beispiel behaupten, daß die allererste Version (/1/) der Prozedur *swap,* ohne Typdeklaration, so wie sie ist, durchaus akzeptabel ist: Mit geeigneten Typisierungsregeln hat ein Übersetzer genug Informationen, um abzuleiten, daß *x, y* und *t* denselben Typ haben müssen. Warum sollten dann Programmierer nicht Typdeklarationen weglassen dürfen, wenn sie konzeptionell nicht unbedingt benötigt werden, und es dem Übersetzer überlassen dürfen zu prüfen, ob alle Benutzungen von Bezeichnern konsistent sind?

Dieser Ansatz, manchmal „unaufdringliche Typprüfung" genannt, versucht die Freiheit ungetypter Sprachen mit der Sicherheit getypter Sprachen zu versöhnen. Das ist in ML und anderen funktionalen Sprachen elegant implementiert worden (siehe Literaturhinweise).

Der Rest des Kapitels bezieht sich auf die Ada-Form, was für diese Erörterung den Vorteil hat, daß generische Parameter sichtbarer sind.

19.2 Vererbung

So viel zur reinen Generizität. Der andere Begriff im Vergleich ist Vererbung, was wir ausführlich in den Kapiteln 10 und 11 erörtert hatten. Um Vererbung der Generizität gegenüberzustellen, betrachten wir das Beispiel einer allgemeingültigen Modulbibliothek für Dateien. Zunächst folgt hier die Skizze einer Eiffel-Implementierung von „besonderen Dateien" im Unix-Sinne, das heißt, mit Geräten verbundenen Dateien:

/14/

```
class DEVICE export
        open, close, opened
feature
        open (file_descriptor: INTEGER) is
            do
                ...
            end; -- open
        close is
            do
                ...
            end; -- close
        opened: BOOLEAN
end -- class DEVICE
```

Eine Beispielbenutzung dieser Klasse ist:

/15/

d1: DEVICE; f1: INTEGER;
d1.Create;
d1.open(f1);
if *d1.opened* **then ...**

Man betrachte als nächstes den Begriff eines Gerätes *tape.* Im Rahmen dieser Erörterung habe eine Bandeinheit alle Eigenschaften von Geräten, wie sie von den drei Merkmalen der Klasse *DEVICE* dargestellt sind, und zusätzlich die Fähigkeit, das Band zurückzuspulen. Vererbung kommt hier sehr zupaß. Anstatt von grundauf eine neue Klasse zu bauen, können wir eine Klasse *TAPE* als Erweiterung von *DEVICE* deklarieren:

/16/

```
class TAPE export ... inherit DEVICE feature
        rewind is
            do ... end
end -- class TAPE
```

Objekte vom Typ *TAPE* besitzen automatisch alle Merkmale von *DEVICE*-Objekten und zusätzlich ihre eigenen (hier *rewind*). Die Klasse *DEVICE* könnte weitere Erben haben, zum Beispiel *DISK* mit eigenen besonderen Merkmalen wie direktes Lesen und andere.

Die mit der Vererbung verbundene Form von Polymorphismus erlaubt Zuweisungen der Form

$x := y$

die in einer getypten Sprache wie Eiffel nur zulässig sind, wenn der Typ von x ein Vorfahre des Typs von y ist. Die nächste verbundene Eigenschaft ist das dynamische Binden, im Beispiel veranschaulicht durch den Fall, bei dem ein „open"-Mechanismus für Bandgeräte angegeben wird, was die Redefinition der entsprechenden Routine erfordert:

/17/

```
class TAPE export ... inherit
        DEVICE redefine open
feature
        open (file_descriptor: INTEGER) is
            do ... besonderes Öffnen für Bandgeräte ... end;
        rewind is
            do ... end
end -- class TAPE
```

Wenn x ein Gerät (device) ist, dann wird der Aufruf

x.open(f1)

unterschiedlich ausgeführt, je nachdem, welche Zuweisungen an x vor dem Aufruf ausgeführt wurden: nach $x := y$, wo y ein Band ist, würde die Bandversion ausgeführt.

Wir haben die bemerkenswerten Vorteile der Vererbungstechnik in bezug auf Wiederverwendbarkeit und Erweiterbarkeit gesehen. Ein Schlüsselaspekt war die Anwendung des

Offen-geschlossen-Prinzips: Ein Softwareelement wie *DEVICE* ist sowohl benutzbar, so wie es ist (es kann als Teil eines ausführbaren Systems übersetzt werden), als auch Erweiterungen zugänglich (wenn es als Vorfahre neuer Klassen benutzt wird). Damit wird ein Kompromiß zwischen Benutzbarkeit und Flexibilität erzielt, wie er für die erwähnten Qualitätsmerkmale grundlegend ist.

Die obigen Eigenschaften werden vervollständigt durch zurückgestellte Merkmale. Hier sind zum Beispiel Geräte unter Unix eine besondere Art von Dateien; *DEVICE* sollte also Erbe einer Klasse *FILE* sein, deren andere Erben *TEXT_FILE* (die ihrerseits *NORMAL* und *DIRECTORY* als Erben hat) und *BINARY_FILE* sind. Das Bild zeigt den Vererbungsgraphen, in diesem Fall ein Baum.

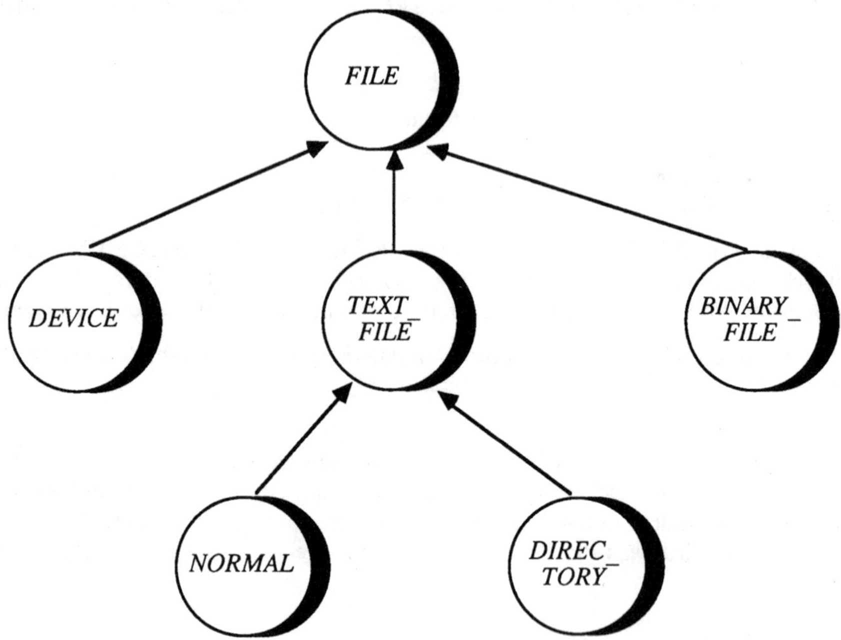

Bild 19.1 Vererbungsgraph für Dateien

Jede Datei kann geöffnet oder geschlossen werden; wie aber diese Operationen durchgeführt werden, hängt davon ab, ob die Datei ein Gerät, ein Ordner, usw. ist. Deshalb ist *FILE* eine aufgeschobene Klasse, bei der alle entsprechenden Routinen aufgeschoben sind, wodurch die Last der tatsächlichen Implementierung an die Nachkommensklassen weitergereicht wird:

/18/

```
deferred class FILE export open, close feature
        open (file_descriptor: INTEGER) is deferred end;
        close is deferred end;
end -- class FILE
```

Nachkommen von *FILE* müssen tatsächliche Definitionen von *open* und *close* beisteuern.

19.3 Simulieren von Vererbung durch Generizität

Um Generizität mit Vererbung zu vergleichen, werden wir untersuchen, wie - wenn überhaupt - die Wirkung des einen Konzepts in einer Sprache, die das andere hat, simuliert werden kann.

Wir betrachten zunächst eine Sprache wie Ada, die Generizität bietet, aber keine Vererbung. Kann man die Wirkung von Vererbung damit hinkriegen?

Der leichte Teil ist das Überlagern. In Sprachen wie Ada oder Algol 68, in denen derselbe Routinenname so oft wie nötig benutzt werden kann, vorausgesetzt, die Routine wird auf Operanden verschiedenen Typs angewandt, ist es nicht schwer, Typen wie *TAPE, DISK* usw., jeden mit seiner eigenen Version von *open, close* usw., zu definieren:

/19/

```
procedure open (p: in out TAPE; descriptor: in INTEGER);
procedure close (p: in out DISK);
usw.
```

Vorausgesetzt, die Routinen unterscheiden sich wie hier in mindestens einem Operandentyp, kommt es zu keiner Mehrdeutigkeit.

Diese Lösung kann jedoch keine wirklich polymorphen Größen wie in Sprachen mit Vererbung bieten, wo, wie oben erörtert, eine Operation, abhängig von der Form ihrer Operanden, zur Laufzeit unterschiedlich ausgeführt werden kann (obwohl es in einer statisch getypten Sprache sogar möglich ist, zur Übersetzungszeit zu prüfen, ob die Operation in allen möglichen Fällen definiert ist). Ein typisches Beispiel ist der Aufruf *d.close,* der nach den Zuweisungen *d := di* und *d := ta* - wobei *di* eine *DISK* und *ta* ein *TAPE* ist - unterschiedlich ausgeführt wird. Die Überlagerung á la Ada bietet nichts Vergleichbares zu dieser bemerkenswerten Möglichkeit.

Das einzige Konzept in Ada, das zur Nachbildung dieser Eigenschaft objektorientierter Sprachen benutzt werden kann, gibt es auch in Pascal und hat nichts mit Überlagern oder Generizität zu tun: der Verbund mit varianten Komponenten. Wir können zum Beispiel folgendes definieren:

/20/

```
type DEVICE (unit: DEVICE_TYPE) is
    record
        ... für alle Gerätetypen gemeinsame Komponenten ...
        case unit is
            when tape => ... Komponenten für Bandgeräte ...;
            when disk => ... Komponenten für Platteneinheiten ...;
            ... andere Fälle ...;
        end case
    end record
```

wobei *DEVICE_TYPE* ein Aufzählungstyp mit den Elementen *tape, disk,* usw. ist. Dann gibt es pro Geräteprozedur (*open, close,* usw.) eine einzige Version, die eine Fallunterscheidung folgender Form enthält:

```
case d'unit is
        when tape => ... Aktion für Bandgeräte ...;
        when disk => ... Aktion für Platteneinheiten ...;
        ... andere Fälle ...
end case
```

Wir haben jedoch gesehen, daß eine solche Lösung vom Standpunkt der Softwaretechnik unannehmbar ist: Sie läuft den Kriterien der Erweiterbarkeit, Wiederverwendbarkeit und Verträglichkeit zuwider. Die Lösung verteilt das Wissen über die möglichen Gerätetypen über das gesamte Softwaresystem, indem Fallunterscheidungen über *DEVICE_TYPE* überall verstreut werden. Schlimmer noch: Die Menge der möglichen Geräte wird geschlossen. Im Gegensatz zur Eiffel-Klasse *DEVICE,* die zu jeder Zeit als Elternteil einer neuen Klasse benutzt werden kann, hat der Ada-Typ *DEVICE* eine feste Liste von Varianten, nämlich die Elemente des Aufzählungstyps *DEVICE_TYPE.* Um einen neuen Fall hinzuzufügen, muß man die Deklaration von *DEVICE* ändern, wodurch jede Programmeinheit, die sich darauf bezog, ungültig gemacht wird.

Die Antwort auf die eingangs gestellte Frage - kann Vererbung durch Generizität simuliert werden? - lautet also nein.

19.4 Simulieren von Generizität durch Vererbung

Wenden wir uns jetzt dem umgekehrten Problem zu: Können wir in einer objektorientierten Sprache, die wie Eiffel Vererbung hat, die Wirkung von Generizität im Ada-Stil erzielen?

Wie wir aus Kapitel 6 wissen, bietet Eiffel einen Mechanismus für generische Parameter. Da wir aber reine Generizität mit reiner Vererbung vergleichen, lautet die Spielregel - so frustrierend das auch sein mag - für eine gewisse Zeit, daß wir vorgeben, alles über Kapitel 6 und Generizität in Eiffel vergessen zu haben. Man sollte die folgende Erörterung also ein wenig kritisch betrachten, da die in diesem Abschnitt angebotenen Lösungen wesentlich komplexer sind als solche, die man mit vollem Eiffel fände, wie es in 19.5 dargestellt wird.

Die Simulation erweist sich für eingeschränkte Generizität als leichter oder zumindest weniger künstlich - ein überraschendes Ergebnis, da uneingeschränkte Generizität konzeptionell einfacher ist. Wir beginnen deshalb mit dem eingeschränkten Fall.

19.4.1 Eingeschränkte Generizität: Überblick

Die Idee ist die, eine Klasse mit einem eingeschränkten formalen generischen Typparameter in Verbindung zu bringen. Das ist recht natürlich, da ein eingeschränkter generischer Typ zusammen mit seinen einschränkenden Operationen als abstrakter Datentyp betrachtet werden kann. Sehen wir uns zum Beispiel die Ada-generic-Klauseln in unseren beiden eingeschränkten Beispielen *minimum* und *MATRICES* an:

/22/

```
generic
        type T is private;
        with function "<=" (a,b: T) return BOOLEAN is <>;
```

/23/

```
generic
        type T is private;
        zero: T;
        unity: T;
        with function "+" (a,b: T) return T is <>;
        with function "*" (a,b: T) return T is <>;
```

Wir können diese Klauseln als Definitionen zweier abstrakter Datentypen betrachten, nämlich *COMPARABLE* und *RING;* der erstere ist durch eine Vergleichsoperation "<=" charakterisiert, der letztere durch die Merkmale *zero, unity,* "+" und "*".

In einer objektorientierten Sprache können solche Typen direkt als Klassen dargestellt werden. Wir können diese Klassen nicht vollständig definieren, weil es keine universelle Implementierung von "<=", "+", usw. gibt; stattdessen werden sie als Vorfahren anderer Klassen benutzt werden, was den aktuellen generischen Parametern entspricht. Aufgeschobene Klassen bieten genau das, was wir brauchen:

/24/

```
deferred class COMPARABLE export le feature
        le (other: COMPARABLE): BOOLEAN is deferred end
end -- class COMPARABLE
        -- le entspricht dem "<="; in Eiffel gibt es keine Infix-Funktionen.

deferred class RING export
        plus, times, zero, unity
feature
        plus (other: RING) is deferred end;
        times (other: RING) is deferred end;
        zero: RING;
        unity: RING
end -- class RING
```

Die in 19.1.2 gemachte Bemerkung über den Mangel an semantischer Spezifikation in der eingeschränkten Generizität von Ada scheint hier auch angebracht zu sein: Keine der bei *le, plus,* usw. verlangten Eigenschaften ist hier spezifiziert. In Eiffel können wir jedoch Vor- und Nachbedingungen benutzen. Einfache Beispiele werden in 19.4.4 angegeben.

Sie werden auch bemerkt haben, daß *plus* und *times* hier als Prozeduren und nicht als Funktionen definiert werden; die Vereinbarung für die folgenden Eiffel-Beispiele lautet, daß *r.plus(r1)* eine Anweisung mit dem Seiteneffekt auf *r* ist, daß zum Wert von *r* der Wert von *r1* addiert wird, und nicht ein Ausdruck, der die Summe dieser Werte liefert (und analog für *times*). Im Gegensatz dazu waren die Ada-Operatoren "+" und "*" Funktionen. Der Unterschied ist nicht wesentlich; in Eiffel werden Prozeduren hauptsächlich der Kürze wegen verwendet. In bezug auf die folgende Erörterung können die Beispiele in Funktionen umgeformt werden, wie bei

```
plus (other: RING): RING is deferred end
```

19.4.2 Eingeschränkte Generizität: Routinen

Eine Routine wie *minimum* kann nunmehr so geschrieben werden, daß ihre Argumente als vom Typ *COMPARABLE* spezifiziert werden. Entsprechend dem Ada-Muster wird die Funktion deklariert als:

/25/

```
minimum (one, other: COMPARABLE): COMPARABLE is
        -- Minimum von one und other
    do ... end
```

In einer objektorientierten Sprache steht jedoch jede Routine in einer Klasse und bezieht sich auf das aktuelle Exemplar dieser Klasse; es scheint also angebracht zu sein, *minimum* in die Klasse *COMPARABLE* zu tun, wobei das Argument *one* das implizite aktuelle Exemplar wird.

Die Klasse sieht dann so aus:

/26/

```
deferred class COMPARABLE export le, minimum feature
    le (other: COMPARABLE): BOOLEAN is deferred end
    minimum (other: like Current): COMPARABLE is
            -- Minimum des aktuellen Elements und von other
        do
            if le (other) then
                Result := Current
            else
                Result := other
            end
        end -- minimum
end -- class COMPARABLE
```

Um das Minimum zweier Elemente zu berechnen, müssen diese von irgendeinem Nachkommenstyp von *COMPARABLE* sein, für den eine wirksame Version von *le* definiert ist.

Zum Beispiel:

/27/

```
class INT_COMPARABLE export
        le, value, change_value
inherit
        COMPARABLE
feature
        le (other: like Current): BOOLEAN is
                        -- Ist das aktuelle Element kleiner oder gleich other?
            do Result := (value <= other.value) end;
        value: INTEGER;
                -- Wert des aktuellen Elements
        change_value (new: T) is
                        -- Weise dem aktuellen Element new als Wert zu
            do value := new end
end -- class INT_COMPARABLE
```

Um das Minimum zweier Ganzzahlen zu bestimmen, kann jetzt die Funktion *minimum* angewandt werden, aber nicht auf Argumente vom Typ integer, sondern auf Argumente vom Typ *INT_COMPARABLE* - sagen wir *ic1* und *ic2:*

/28/

```
ic3 := ic1.minimum (ic2)
```

Um die generischen Funktionen *le* und *minimum* benutzen zu können, muß man auf direkte Bezüge zu integers verzichten und stattdessen Größen vom Typ *INT_COMPARABLE* verwenden; deshalb braucht man hier das Attribut *value* und die Routine *change_value,* um die dazugehörigen Ganzzahlwerte lesen und verändern zu können.

Für jeden Typ, für den eine Version von *minimum* verlangt wird, müssen Erben von *COMPARABLE* wie *STR_COMPARABLE* und *REAL_COMPARABLE* eingeführt werden.

Es ist natürlich sehr unschön, daß man für jeden Nachkommen von *COMPARABLE* ähnliche Merkmale *value* und *change_value* deklarieren und die direkte Benutzung einfacher Typen opfern muß. Dieser relativ geringe Preis in bezug auf das Programme schreiben scheint jedoch den Effekt der Generizität zu bringen. (Wir werden sehen, wie man in wirklichem Eiffel das redundante Kodieren vermeidet.)

Man beachte, daß der Mechanismus der Deklaration durch Assoziation wesentlich für die Typkorrektheit ist. Wenn das Argument von *minimum* in *COMPARABLE* als vom Typ *COMPARABLE* deklariert worden wäre und nicht als **like** *CURRENT,* dann wäre folgender Aufruf erlaubt:

/29/

```
ic1.minimum(c)
```

auch wenn *c* nicht ein *INT_COMPARABLE,* sondern ein *COMPARABLE* ist. Ein solcher Aufruf sollte natürlich verboten sein.

Wenn Sie die Einzelheiten der Deklaration durch Assoziation nicht mehr gegenwärtig haben, dann sollten Sie zum vollen Verständnis des restlichen Kapitels zu 11.4 zurückgehen; Deklaration durch Assoziation spielt in der folgenden Erörterung eine wichtige Rolle.

19.4.3 Eingeschränkte Generizität: Pakete

Die vorige Erörterung führt uns zu Paketen. Die in Ada durch das Paket *MATRICES* implementierte Matrizenabstraktion kann durch eine Klasse nachgebildet werden:

/30/

```
class MATRIX export
        entry, enter, plus, times
feature
        anchor: RING;
        implementation: ARRAY2 [like anchor];
        entry (i,j: INTEGER): like anchor is
                        -- Wert des Elements (i,j) der Matrix
            do Result := implementation.entry(i,j) end;
        enter (i,j: INTEGER; v: like anchor) is
                        -- Gib dem Element (i,j) der Matrix den Wert v
            do implementation.enter(i,j,v) end;
        plus (other: like Current) is
                        -- Addiere other auf die aktuelle Matrix
            local
                t1: RING
            do
                ... loop
                    ... loop
                        t1 := entry(i,j);
                        t1.plus(other.entry(i,j));
                        enter(i,j,t1)
                        end
                end
            end; -- plus
        times (other: like Current) is
                        -- Multipliziere die aktuelle Matrix mit other
            local ... do ... end
end -- class MATRIX
```

Auch hier wird Deklaration durch Assoziation benutzt. Der Argumenttyp von *enter* und der Ergebnistyp von *entry* werfen ein interessantes Problem auf: Es muß sich um *RING* handeln, jedoch in Nachkommensklassen sauber redefiniert. Deklaration durch Assoziation ist die Lösung; hier steht aber das erstemal anscheinend kein Attribut der Klasse als Anker zur Verfügung. Das hält uns aber nicht auf: Wir deklarieren einen **künstlichen Anker,** der genauso benannt wird – *anchor.* Sein einziger Zweck ist der, in künftigen Nachkommen von *MATRIX* durch echte Nachkommenstypen von *RING* redefiniert zu werden (also durch *BOOL_RING* in *BOOL_MATRIX*, usw.), so daß alle zugehörigen Größen nachgezogen werden.

Diese Technik des künstlichen Ankers ist zur Erhaltung der Typkonsistenz nützlich, wenn es wie hier keinen „natürlichen" Anker unter den Attributen der Klasse gibt.

Wir haben einige Einzelheiten weggelassen (wie zum Beispiel die Dimensionen einer Matrix festgelegt werden), die Prozedur *plus* aber skizziert, um die objektorientierte Form des Überlagerns zu veranschaulichen: Der interne Aufruf von *plus* ist eine Operation auf *RING*, nicht auf *MATRIX*. Analog werden die Routinen *enter* und *entry* sowohl in ihren *MATRIX*- als auch in ihren *ARRAY2*-Versionen benutzt. (*ARRAY2* beschreibt zweidimensionale Felder.)

Um die Entsprechung zur Exemplarbildung des generischen Ada-Pakets (/12/)

```
package BOOL_MATRICES is
        MATRICES (BOOLEAN, false, true, "or", "and");
```

zu definieren, müssen wir den „Ring" für Boolesche Werte deklarieren:

/31/

```
class BOOL_RING export
        value, change_value, plus, times, zero, unity
inherit
        RING redefine zero, unity
feature
        value: BOOLEAN;

        change_value (b: BOOLEAN) is
                -- Weise dem aktuellen Element b zu
            do value := b end;

        plus (other: like Current) is
                -- Boolesche Addition: or
            do change_value (value or other.value) end;

        times (other: like Current) is
                -- Boolesche Multiplikation: and
            do change_value (value and other.value) end;

        zero: like Current is
                -- Nullelement für die Boolesche Addition
            once
                Result.Create;
                Result.change_value (false)
            end; -- zero

        unity: like Current is
                -- Nullelement für die Boolesche Multiplikation
            once
                Result.Create;
                Result.change_value (true)
            end -- unity
end -- class BOOL_RING
```

Man beachte, daß *zero* und *unity* als **once**-Funktionen redefiniert sind, die konstante Werte vom Typ **like** *Current* liefern.

Um eine Entsprechung für das Ada-Paketexemplar für Boolesche Matrizen zu erhalten, genügt es, einen Erben *BOOL_MATRIX* von *MATRIX* zu definieren, wobei nur *anchor* explizit redefiniert werden muß; die Argument- und Ergebnistypen von *entry, enter, plus* und *times* sowie der Elementtyp des Feldes *implementation* folgen automatisch.

/32/

```
class BOOL_MATRIX export
        ... dieselbe Exportklausel wie MATRIX ...
inherit
        MATRIX
                redefine anchor
feature
        anchor: BOOL_RING;
end -- class BOOL_MATRIX
```

Mithilfe von Vererbung erzielt diese Konstruktion die Wirkung eingeschränkter Generizität.

19.4.4 Unbeschränkte Generizität

Der Mechanismus zur Simulation unbeschränkter Generizität ist derselbe; wir betrachten diesen Fall einfach als besondere Form eingeschränkter Generizität mit leerer Menge von Vorschriften. Wie oben werden formale Typparameter als abstrakte Datentypen aufgefaßt, hier jedoch ohne wichtige Operationen. Die Technik funktioniert, ist jedoch umständlich anzuwenden, weil die Attrappentypen keiner offensichtlich wichtigen Datenabstraktion entsprechen.

Wir wollen die vorige Technik auf unsere beiden Beispiele der unbeschränkten Generizität, *swap* und *QUEUE,* anwenden, wobei wir mit dem letzteren beginnen. Wir brauchen eine Klasse, sagen wir *QUEUEABLE* für Objekte, die bei einer Schlange hinzugefügt und entfernt werden können. Da das für jedes beliebige Objekt gilt, hat diese Klasse außer ihrem Namen keine Eigenschaft:

/33/

```
class QUEUEABLE end
```

Wir können jetzt eine Klasse *QUEUE* deklarieren, deren Operationen auf *QUEUEABLE*-Objekte angewandt werden. (Man erinnere sich, daß diese Klasse nicht zur Nachahmung empfohlen wird: Wir spielen hier willkürlich mit einer verarmten Eiffel-Version, der die Generizität genommen wurde.)

Wie zuvor ist es nützlich, einen künstlichen Anker einzuführen, der hier mit dem Typ der Schlangenelemente verbunden ist. Statt *anchor* benutzen wir für den Anker einen bedeutungsvolleren Namen: *a_queue_element.* Die Routinennachbedingungen wurden der Kürze wegen weggelassen.

/34/

```
class QUEUE export
        empty, add, remove, oldest, full
feature
        a_queue_element: QUEUEABLE;
            -- Anker für den Schlangenelementtyp
        implementation: ARRAY [like a_queue_element];
        max_elements, first, last, nb_elements: INTEGER;
        empty: BOOLEAN is
                -- Ist die Schlange leer?
            do Result := (nb_elements = 0) end;
        full: BOOLEAN is
                -- Ist die Schlangendarstellung voll?
            do Result := (nb_elements = max_elements) end;
        add (x: like a_queue_element) is
                -- Füge x am Schlangenende an
            require
                not full
            do
                last := next(last);
                implementation.enter (last,x)
            end; -- add
        remove is
                -- Entferne ältestes Element
            require
                not empty
            do
                first := next(first);
            end; -- remove
        oldest: like a_queue_element is
                -- Ältestes Schlangenelement
            require
                not empty
            do
                Result := implementation.entry (first+1)
            end; -- oldest
        nb_elements: INTEGER is
                -- Anzahl der angefügten und bisher nicht entfernten Elemente
            do
                Result := (last - first) mod max_elements
            end; -- nb_elements
        Create (m: INTEGER) is
                -- Erzeuge eine Schlange mit Platz für m Elemente
            do
                implementation.Create (0,m);
                max_elements := m
                    -- Eins weniger als es gültige Feldindizes gibt
            end; -- Create
```

```
        next (n: INTEGER): INTEGER is
                -- Nächster Wert nach n modulo max_elements (geheim)
            do
                Result := (n+1) mod max_elements
            end -- next
invariant
        0 <= nb_elements; nb_elements <= max_elements;
        -- Eine Feldposition wird freigehalten;
        -- Die Schlangenelemente stehen auf den Feldpositionen
                --first+1, ...last (zyklisch modulo max_size)
end -- class QUEUE
```

Um aus dieser Definition Exemplare von Schlangen bestimmter Typen zu bilden, muß man dieselbe Technik wie oben anwenden: Man definiert Nachkommen von *QUEUEABLE* wie

/35/

```
class INT_QUEUEABLE export
        value, change_value
inherit
        QUEUEABLE
feature
        value: INTEGER;
        change_value (n: INTEGER) is
                -- Weise dem aktuellen Element n zu
            do value := n end
end -- class INT_QUEUEABLE
```

und analog *STR_QUEUEABLE* usw.; dann deklariert man die entsprechenden Nachkommen von *QUEUE,* wobei jeweils der Anker *a_queue_element* geeignet redefiniert wird.

19.5 Generizität und Vererbung in Eiffel

Aus der vorangegangenen Erörterung geht hervor, daß Vererbung der mächtigere Mechanismus ist: Es gibt keinen Weg, Vererbung vernünftig mit Generizität nachzubilden. Darüberhinaus:

- Generischen Routinen und Paketen Entsprechendes kann in einer Sprache mit Vererbung ausgedrückt werden, man vermeidet dabei jedoch nicht die Notwendigkeit, bestimmten Code mehrmals zu schreiben. Die zusätzliche Weitschweifigkeit ist insbesondere im Falle unbeschränkter Generizität kaum zu rechtfertigen, für welche der Simulationsmechanismus genauso kompliziert ist wie beim konzeptionell schwierigeren eingeschränkten Fall.
- Wenn man Vererbung zur Darstellung generischer Objekte benutzt, dann führt die Typprüfung zu Schwierigkeiten.

In Eiffel löst die Deklaration durch Assoziation das zweite Problem. Wir wollen sehen, wie die in der Sprache vorhandene beschränkte Form von Generizität das erste Problem angeht.

19.5.1 Einfache Generizität

Da unbeschränkte Generizität einerseits der einfachere Fall ist und andererseits hier die reine Vererbungslösung am wenigsten annehmbar ist, erscheint es angebracht, für diesen Fall einen besonderen Mechanismus vorzuziehen, der sich vom Vererbungsmechanismus unterscheidet. Infolgedessen können Eiffel-Klassen unbeschränkt generische Parameter haben: Jetzt dürfen wir uns ja wieder daran erinnern, wie in Kapitel 6 eine Klasse als

```
class C [T1, T2, ..., Tn] ...
```

definiert wurde, wobei die Parameter beliebige Typen (einfache oder Klassentypen) darstellen. Die Benutzung einer Klasse braucht aktuelle Typparameter, wie bei

```
x: C[INTEGER, RING, ..., DEVICE]
```

Die Beispiele der vorangegangenen Abschnitte liefern offensichtliche Fälle, in denen generische Parameter nützlich, wenn nicht gar unverzichtbar sind. *COMPARABLE /26/* wird zum Beispiel zu:

/36/

```
deferred class COMPARABLE[T] export
        le, minimum, value, change_value
feature
        le (other: like Current): BOOLEAN is deferred end;
        minimum (other: like Current): like Current is
        ... wie in /26/ ...;
        value: T;
        change_value (new: T) is do value := new end
end -- class COMPARABLE
```

Die Benutzung eines generischen Parameters macht die Klasse einfach und klar. Um *INT_COMPARABLE* zu definieren, müssen wir jetzt nur noch schreiben:

/37/

```
class INT_COMPARABLE export le inherit
        COMPARABLE[INTEGER]
feature
        le (other: INT_COMPARABLE): BOOLEAN is
                        -- Ist das aktuelle Element kleiner oder gleich other?
                do Result := (value <= other.value) end
end -- class INT_COMPARABLE
```

Die anderen Beispiele werden analog behandelt:

/38/

```
deferred class RING[T] export
        plus, times, zero, unity, value, change_value
feature
        plus (other: like Current) is deferred end;
        times (other: like Current) is deferred end;
        zero, unity: like Current;
        value: T;
        change_value (new: T) is do value := new end
end -- class RING
```

/39/

```
class MATRIX[T] export
        entry, enter, plus, times inherit
        RING[T]
feature
        anchor: RING[T];
        implementation: ARRAY [like anchor];
        entry (i,j: INTEGER): like anchor is
                ... wie zuvor ... (siehe /30/);
        ... und analog für enter, plus und times ...
end -- class MATRIX
```

Man beachte, wie die Benutzung eines generischen Parameters in zwei verwandten Klassen, *RING* und *MATRIX,* die Typkonsistenz sicherstellt (alle Elemente einer Matrix sind für dasselbe *T* vom Typ *RING[T]*). Wie bei *COMPARABLE* /36/ sind die Deklarationen der Merkmale *value* und *change_value* herausgenommen worden: Sie erscheinen jetzt in der Klasse *RING* und werden nicht mehr in allen Nachkommen wiederholt.

Kunden sollten Matrizen betrachten können, als ob diese Elemente vom Typ *T* enthielten, auch wenn die Elemente vom Typ *RING[T]* intern benutzt werden. Mit der neuen Definition der Klasse wird es möglich, für Kunden besser geeignete exportierte Funktionen als *entry* und *enter* zu schreiben. Siehe Übung 19.3.

Im unbeschränkten Fall verschwindet die Notwendigkeit von Attrappenklassen; die Klasse *QUEUEABLE* und ihre Erben *INT_QUEUEABLE, STR_QUEUEABLE* usw. werden nicht mehr benötigt, da *QUEUE* wie folgt umgeschrieben werden kann:

/40/

```
class QUEUE[T] export ... wie zuvor /34/ ... feature
        implementation: ARRAY[T];
        ... Der Rest der Klasse wie in /34/, außer daß T
            anstelle von QUEUEABLE verwendet wird ...
end -- class QUEUE
```

Klassen wie *INT_QUEUE, STR_QUEUE,* usw. werden nicht mehr gebraucht; man benutzt einfach *QUEUE[INTEGER], QUEUE[STRING]* und so weiter. Der künstliche Anker *a_queue_element* verschwindet in diesem Fall ebenso, da der Typ der Schlangenelemente, der auch Ergebnistyp von *oldest* ist, jetzt einfach *T* ist.

Wir haben einen bemerkenswerten Grad an Vereinfachung erreicht. Für die unbeschränkte Generizität werden keine Hilfsklassen mehr benötigt. Wir führen jedoch trotzdem *keine* eingeschränkte Generizität in die Sprache ein: Dieses Merkmal wäre redundant zum Vererbungsmechanismus. Um für die eingeschränkten formalen generischen Parameter entsprechendes zu bieten, behalten wir die Technik aus 19.4.1 bei: Man deklariert eine besondere Klasse wie *COMPARABLE[T],* deren Merkmale den Vorschriften entsprechen (das heißt, die **with**-Routinen in Ada), und deklariert alle dazugehörigen aktuellen Parameter als Nachkommen dieser Klasse.

19.6 Erörterung

Generizität und Vererbung sind zwei wichtige Techniken im Hinblick auf die am Anfang des Kapitels erwähnten Softwarequalitätsziele. Wir haben analysiert, welche Merkmale äquivalent sind und welche sich ergänzen.

Eine Sprache mit dem vollen Ausmaß an Vererbung und Ada-ähnlicher Generizität würde zu einem redundanten und übermäßig komplexen Entwurf führen; Vererbung alleine würde es Programmierern erschweren, mit denjenigen einfachen Fällen umzugehen, für die unbeschränkte Generizität elegante Ausdrucksmittel bietet wie im Schlangenbeispiel.

Deshalb wurde in Eiffel die Trennungslinie bei der unbeschränkten Generizität gezogen. Klassen können unbeschränkt generische Parameter haben; eingeschränkt generische Parameter werden durch Vererbung behandelt. (Siehe Übung 19.5 für eine mögliche Erweiterung.)

Deklaration durch Assoziation vervollständigt diese Architektur, indem sie vollständige statische Typprüfung erlaubt und dabei die notwendige Flexibilität bewahrt.

Dieser Entwurf ist dazu gedacht, ein gutes Gleichgewicht zu bilden zwischen den von zwei wichtigen, aber sehr verschiedenen Techniken für die Implementierung erweiterbarer und wiederverwendbarer Software gebotenen Eigenschaften.

19.7 In diesem Kapitel eingeführte Schlüsselkonzepte

- Sowohl Generizität als auch Vererbung zielen darauf, die Flexibilität von Softwaremoduln zu erhöhen.
- Generizität ist eine eher statische Technik, die nicht notwendig mit objektorientierten Sprachen verbunden ist.
- Vererbung erlaubt schrittweise Modulherstellung mittels Erweiterung und Spezialisierung.

- Man kann zwei Formen von Generizität unterscheiden: unbeschränkte Generizität, wobei keine Forderungen an die generischen Parameter gestellt werden, und eingeschränkte Generizität, wobei gefordert wird, daß die generischen Parameter mit bestimmten Operationen versehen sind.
- Die Mächtigkeit der Vererbung kann durch Generizität auf einfache Weise nicht nachgebildet werden.
- Reine Vererbung kann zum Simulieren von Generizität benutzt werden, jedoch nur um den Preis umständlicher Ausdrücke und Verletzung von Typprüfungsvorschriften.
- Ein guter Kompromiß - wie er in Eiffel eingegangen wurde - besteht in der Verbindung der ganzen Mächtigkeit von Vererbung und Redefinition mit unbeschränkter Generizität.
- In diesem Rahmen werden die Typprüfungsprobleme mit dem Konzept der Deklaration durch Assoziation gelöst; in manchen Fällen wird dazu ein künstlicher Anker benötigt.

19.8 Literaturhinweise

(Siehe auch die Verweise in Kapitel 6.)

Eine interessante Variante von Generizität mit impliziten Typparametern (die Sprache ist so entworfen, daß im Falle des Überlagerns einer Operation der Übersetzer aus dem Kontext jedes Vorkommens die zutreffende Variante der Operation bestimmen kann) wurde von Robin Milner im Zusammenhang mit der Sprache ML [Milner 1978] entwikkelt. [Cardelli 1987] ist eine einführende Darstellung dieses Ansatzes, der in eine Anzahl funktionaler Sprachen aufgenommen wurde.

Ein Überblicksartikel [Cardelli 1985] zu Typen, Datenabstraktion und Polymorphismus behandelt aus einem mathematischen Blickwinkel einige in diesem Kapitel erörterten Fragen.

Übungen

19.1 Künstliche Anker

Der künstliche Anker *anchor* (19.4.3) wird als Attribut der Klasse *MATRIX* deklariert und hat deshalb einen geringen Speicherplatzmehrbedarf zur Laufzeit bei Exemplaren dieser Klasse. Kann man diesen Mehrbedarf vermeiden, indem *anchor* als „Einmalfunktion" deklariert wird, deren Rumpf leer sein kann, weil sie nie ausgewertet werden muß?

19.2 Binärbäume und binäre Suchbäume

Schreiben Sie eine generische „Binärbaumklasse" *BINTREE;* ein Binärbaum (oder Binärknoten) hat eine gewisse Wurzelinformation und zwei optionale Unterbäume, links und rechts.

Dann betrachten Sie das Konzept des „binären Suchbaums", bei dem ein neues Element links von einem gegebenen Knoten eingefügt wird, wenn seine Informationskomponente kleiner oder gleich der Information dieses Knotens ist, und sonst rechts davon; da wird vorausgesetzt, daß es eine vollständige Ordnung auf „Informationen" gibt. Schreiben Sie eine Klasse *BINSEARCHTREE,* welche dieses Konzept als Nachkommen von *BINTREE* implementiert. Machen Sie die Klasse so allgemein wie möglich und ihre Benutzung durch einen Kunden für einen beliebigen Typ von „Information" mit dessen besonderer Ordnungsrelation so leicht wie möglich.

19.3 Weitere nützliche Matrizen

Fügen Sie zur letzten Version der Klasse *MATRIX* /39/ zwei Funktionen hinzu, eine zum Zugriff, die andere zur Veränderung, die im Gegensatz zu *entry* und *enter* es Kunden ermöglicht, eine Matrix vom Typ *MATRIX[T]* in Begriffen der Elemente vom Typ *T* anstatt *RING[T]* zu verändern!

19.4 Volle Schlangenimplementierungen

Erweitern Sie das Schlangenbeispiel durch Definition einer aufgeschobenen Klasse *QUEUE,* indem Sie die Klasse in Abschnitt 19.4.4 (die jetzt *FIXED_QUEUE* genannt wird und *QUEUE* und *ARRAY* beerbt, mit richtigen Nachbedingungen) vervollständigen und eine Klasse *LINKED_QUEUE* hinzufügen für die Implementierung verketteter Listen (auf der Grundlage der Erbschaft von *LINKED_LIST* und *QUEUE).*

19.5 Besondere Unterstützung eingeschränkter Generizität

(Sie sollten zuerst Übung 19.2 lösen, bevor Sie diese angehen.) Man betrachte die Nützlichkeit einer Erweiterung des Generizitätsmechanismus in Eiffel, mit der die Deklaration einer generischen Klasse zur Aufnahme von Vorschriften für generische Parameter ermöglicht würde, zum Beispiel wie folgt ausdrückbar:

/41/

class *AA [T >> BB]* ...

wobei *BB* irgendeine Klasse sei; diese Schreibweise bedeutete, daß jeder aktuelle generische Parameter für *T* ein Nachkomme von *BB* sein müßte. Erörtern Sie die Einzelheiten einer solchen Erweiterung; sollte insbesondere unter der Annahme, daß die Erweiterung nützlich ist, *BB* ein Klassentyp sein (so daß er generische Parameter haben kann, in welchem Fall sich die Frage erhebt, ob *T* dazugehören könnte) oder nur ein Klassenname?

20 Andere objektorientierte Sprachen

In der Folge von Simula 1967 wurden eine Reihe objektorientierter Sprachen entworfen, die verschiedene Aspekte dieses Ansatzes beleuchten. In diesem Kapitel werden einige dieser Sprachen untersucht, welche die meiste Aufmerksamkeit erregt haben: Simula, Smalltalk und objektorientierte Erweiterungen von C, Lisp und Pascal.

Wenn die Unterschiede in der Begrifflichkeit unwesentlich sind, werden stets die Eiffel-Begriffe verwendet. Zum Beispiel sprechen wir von Simula-Routinen, -Prozeduren und -Funktionen, obwohl die entsprechenden Begriffe in Standard-Simula Prozedur, ungetypte Prozedur und getypte Prozedur sind.

20.1 Simula

20.1.1 Hintergrund

Simula wurde 1967 unter dem Namen Simula 67 von Ole-Johan Dahl und Krysten Nygaard von der Universität von Oslo und vom Norwegischen Rechenzentrum (Norsk Regnesentral) entworfen. Der Name verweist auf die Kontinuität zu einer vorhergegangenen Simulationssprache, Simula 1; er ist ein wenig irreführend, weil Simula 67 wirklich eine allgemeinverwendbare Programmiersprache ist, bei der Simulation nur eine mögliche Anwendung ist.

Der Name wurde 1986 zu Simula verkürzt.

20.1.2 Verfügbarkeit

Neuere Konvertiten zu den Ideen der objektorientierten Programmierung halten Simula manchmal für einen achtbaren, aber verstorbenen Vorfahren. Ganz im Gegenteil ist Simula ganz lebendig und erfreut sich der Unterstützung einer kleinen, aber leidenschaftlichen Gemeinde. Die Sprachdefinition wird von der „Simula Standardgruppe" gepflegt.

Es gibt Übersetzer für eine ganze Reihe von Hardwareumgebungen verschiedenster Hersteller, zumeist norwegischer und schwedischer.

20.1.3 Hauptmerkmale der Sprache

Simula ist eine objektorientierte Erweiterung von Algol 60. Die meisten korrekten Algol-60-Programme sind auch korrekte Simula-Programme. Insbesondere sind die grundlegenden Steuerkonstrukte dieselben wie in Algol 60: Schleife, bedingte Anweisung, Schalter (eine mehrzweigige Anweisung, Vorläufer zur Pascalschen case-Anweisung auf niederem Sprachniveau). Die grundlegenden Datentypen (integer, real, usw.) sind ebenfalls Algol 60 entnommen.

Wie Algol 60 ist Simula eine klassische Sprache mit dem Begriff des Hauptprogramms. Ein ausführbares Programm ist ein Hauptprogramm, das eine Menge von Programmeinheiten (Routinen oder Klassen) enthält. Eine begrenzte Form getrennter Übersetzung wird jedoch unterstützt.

Simula enthält volle Blockstruktur im Algol-60-Stil: Programmeinheiten wie Klassen können ineinander verschachtelt werden.

Wie in Eiffel bezeichnen Größen von nicht-primitiven Typen Verweise auf Klassenexemplare. Um diese Eigenschaft zu betonen, werden solche Größen als **ref***(C)* deklariert und Operationen darauf benutzen besondere Symbole: :- anstatt := für die Zuweisung, == anstatt = für die Gleichheit, =/= anstatt /= für die Ungleichheit. Die Vorteile dieser Vereinbarung wurden in 5.8.3 erörtert.

Wie in Eiffel werden Klassenexemplare explizit erzeugt. Exemplare erhält man nicht durch eine Anweisung, sondern durch die Auswertung von **new**-Ausdrücken wie in

```
ref(C) a;
...
a :- new C
```

Die Auswertung des **new**-Ausdrucks erzeugt ein Exemplar von C und liefert einen Verweis darauf. Eine Klasse kann Argumente haben (welche die Rolle der Argumente von *Create* in Eiffel spielen), wie in

```
class C(x,y); integer x,y
        begin ... end;
```

Wenn das der Fall ist, dann muß der **new**-Ausdruck entsprechende aktuelle Argumente enthalten:

```
a :- new C(3,98)
```

Eine Klasse kann Routinen, Attribute und eine Folge von Anweisungen enthalten, den Rumpf einer Klasse, der als Folge eines **new**-Aufrufs ausgeführt wird.

Es gibt keinen Zusicherungsmechanismus.

Vererbung ist vorhanden; *B* wird als Erbe von *A* deklariert durch

```
A class B; begin ... end
```

Das Präfix, hier *A,* muß eindeutig sein; Mehrfachvererbung wird nicht unterstützt.

Ein Merkmal einer Klasse kann in einer Nachkommensklasse einfach durch eine neue Deklaration redefiniert werden. (Es gibt keine explizite „redefine"-Klausel.)

In der ursprünglichen Version von Simula 67 gab es kein Geheimnisprinzip. In neueren Versionen ist ein als **protected** deklariertes Merkmal für Kunden nicht zugänglich; ein geschütztes Merkmal, das außerdem als **hidden** deklariert wird, ist auch für echte Nachkommen nicht zugänglich. Ein nicht-geschütztes Merkmal kann von einem echten Nachkommen geschützt werden, aber ein geschütztes Merkmal kann von einem echten Nachkommen nicht seinerseits exportiert werden.

Aufgeschobene Merkmale sind in der Form „virtueller Routinen" vorhanden, die in einem Abschnitt **virtual** am Anfang der Klasse erscheinen. Es ist nicht notwendig, die Argumente einer virtuellen Routine zu deklarieren; das bedeutet, daß verschiedene wirksame Definitionen einer virtuellen Routine verschiedene Zahl und Typen von Argumenten haben können. Eine Klasse *POLYGON* kann zum Beispiel beginnen mit

```
class POLYGON;
        virtual: procedure set_vertices;
begin
        ...
end
```

was es Nachkommen ermöglicht, *set_vertices* mit verschieden vielen Argumenten vom Typ *POINT* zu versehen: drei für *TRIANGLE,* vier für *QUADRANGLE,* usw. Diese Flexibilität hat zur Folge, daß die Prüfungen zur Laufzeit stattfinden müssen.

Polymorphismus wird unterstützt: Wenn *B* ein Nachkomme von *A* ist, dann ist die Zuweisung *a1 := b1* korrekt für *a1* vom Typ *A* und *b1* vom Typ *B*.

Standardmäßig wird statisch und nicht dynamisch gebunden, außer bei virtuellen Routinen. Wenn also *f* ein nicht-virtuelles Merkmal ist, das auf der Ebene von *A* deklariert wurde, dann bezeichnet *a1.f* die *A*-Version von *f,* auch wenn es in *B* eine andere Version gibt. Dynamisches Binden kann durch Benutzung des Konstrukts **qua** erzwungen werden wie in

```
(a1 qua B).f
```

Damit verliert man natürlich die automatische Anpassung jeder Operation an ihr Ziel, was als Schlüsselmerkmal des objektorientierten Ansatzes vorgestellt worden war. Diese Eigenschaft läßt sich aber in Simula durch die Deklaration polymorpher Routinen als virtuell erreichen. In vielen der hier untersuchten Beispiele war eine polymorphe Routine nicht aufgeschoben, sondern hatte eine Standardimplementierung: Das war so beim ersten Beispiel für dynamisches Binden, *perimeter* für Polygone (10.1). Um in Simula denselben Effekt zu erzielen, muß der Programmierer angeben, daß die Routine virtuell ist.

Als Alternative zur Benutzung von **qua** erlaubt die **inspect**-Anweisung, auf einer Größe *a1* in Abhängigkeit vom aktuellen Typ des entsprechenden Objekts, das ein Nachkomme des Typs *A* von *a1* sein muß, verschiedene Operationen auszuführen:

```
inspect a1
        when A do ...;
        when B do ...;
        ...
```

Die Benutzung dieser Anweisung setzt voraus, daß die Menge der Nachkommen einer Klasse eingefroren ist; das widerspricht dem Sinn der Vererbung (Offen-geschlossen-Prinzip), die in diesem Buch vorgeschlagen wird.

20.1.4 Ein Beispiel

Die folgenden Klassenausschnitte dienen dazu, ganz allgemein den Charakter von Simula zu veranschaulichen. Sie sind aus der Lösung des Problems von Ganzbildschirm-Eingabesystemen (12.3) hergeleitet. Es ist aufschlußreich, diese Klassenausschnitte mit den entsprechenden Eiffel-Klassen (12.3.5 und 12.3.6) zu vergleichen.

```
class STATE;
    virtual:
                procedure display;
                procedure read;
                boolean procedure correct;
                procedure message;
                procedure process;
    begin
                ref (ANSWER) user_answer;
                integer next_choice;
        procedure do_one_state;
                begin
                        boolean ok;
                    ok := false;
                    while not ok do
                        begin
                            display;
                            read;
                            ok := correct;
                            if not ok then
                                message(a)
                        end checking;
                    process;
                end do_one_state
    end STATE
class APPLICATION(n,m);
        integer n,m;
    begin
                ref (STATE) array transition(1:n, 0:m-1);
                ref (STATE) array associated_state(1:n);
                integer first_number;
        procedure session;
                begin
                        integer st_number;
                    st_number := first_number;
                    while st_number /= 0 do
                        begin
                                ref (STATE) st;
                        st := associated_state(st_number);
                        st.do_one_state;
                        st_number := transition(st_number,st.next_choice)
                        end Loop
                end session
    end APPLICATION
```

20.1.5 Koroutinen

Oben wurde kurz beschrieben, wie Simula die Grundkonzepte objektorientierter Programmierung implementiert. Simula bietet auch eine interessante Ergänzung dieser Konzepte: Koroutinen.

Koroutinen sind nebenläufigen Prozessen nachgebildet, wie sie in Betriebssystemen oder Echtzeit-Software vorkommen. Ein Prozeß hat mehr konzeptionelle Eigenständigkeit als eine klassische Routine; ein Druckertreiber ist zum Beispiel vollständig dafür verantwortlich, was mit seinem Drucker passiert. Ein solcher Treiber ist praktisch die Implementierung eines abstrakten Datentyps (der Drucker mit Operationen wie „Schalte den Drucker ein", „Drucke eine Zeile", „Schiebe um eine Seite vor", usw.). Er hat aber auch einen starken Prozeßaspekt und kann durch einen wohldefinierten Lebenszyklus charakterisiert werden, der oft konzeptionell unendlich ist. Die grobe Form des Druckerprozesses kann etwa wie folgt aussehen:

```
initialisierung;
loop forever
        nimm eine zu druckende datei;
        drucke sie
end -- loop
```

In der sequentiellen Programmierung ist die Beziehung zwischen Programmeinheiten asymmetrisch: Eine Programmeinheit ruft eine andere auf, die vollständig abgearbeitet wird und zum Aufrufer an den Aufrufpunkt zurückkehrt. Die Kommunikation zwischen Prozessen ist mehr eine Beziehung zwischen Gleichen: Jeder Prozeß verfolgt sein eigenes Leben und unterbricht sich selbst, um einem Prozeß Informationen bereitzustellen oder Informationen abzuholen.

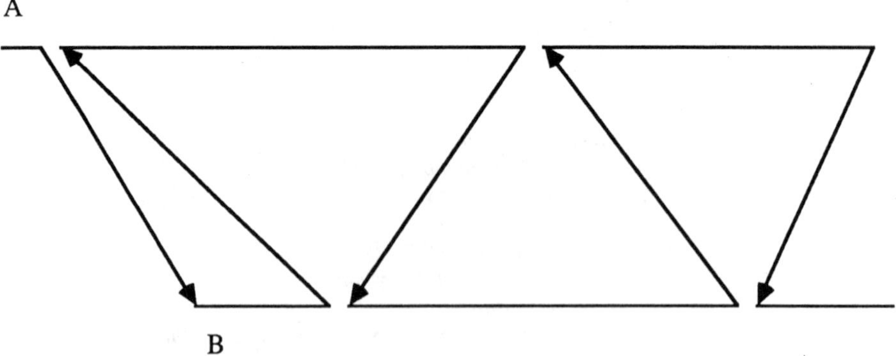

Bild 20.1 Abfolge von Koroutinen

Koroutinen sind nach diesem Muster entworfen; der einzige Unterschied zu nebenläufigen Prozessen ist der, daß Koroutinen auf einem sequentiellen Rechner ablaufen. Diese Nachbildung nebenläufiger Abarbeitung in einer sequentiellen Umgebung wird **Quasi-Parallelität** genannt. Eine Koroutine kann als Routine betrachtet werden, die eine symmetrische Beziehung zu ihrem Aufrufer hat: Die Operationen „call" und „return" werden zu einer einzigen verschmolzen, der **resume**-Anweisung. Eine Koroutine, die ein resume auf eine andere absetzt, unterbricht ihre eigene Ausführung und setzt ihre Kollegin an deren letztem Unterbrechungspunkt wieder ingang. Die unterbrochene Koroutine kann ihrerseits später wieder fortgeführt werden.

Koroutinen sind besonders dann nützlich, wenn aus einer Reihe verwandter Aktivitäten jede ihre eigene Logik hat; jede kann durch einen sequentiellen Prozeß beschrieben werden, und die aus Routinen folgende Herr-Sklave-Beziehung ist nicht geeignet. Ein häufiges Beispiel ist eine Umsetzung von der Eingabe zur Ausgabe, bei der verschiedene Vorschriften für die Struktur der Ein- und Ausgabedateien gelten. Ein solcher Fall wird unten behandelt.

In Simula werden Koroutinen durch Klassenexemplare dargestellt. Das ist angebracht, weil Koroutinen fast immer persistente Daten benötigen und oft nicht einfach nur als Prozesse, sondern auch als Implementierungen abstrakter Datentypen aufgefaßt werden können. Man erinnere sich, daß eine Simula-Klasse einen Rumpf besitzt, der eine Folge von Anweisungen ist. In einer Klasse, die eine reine Datenabstraktion darstellt, dient dieser Rumpf lediglich zur Initialisierung der Klassenexemplare (entsprechend dem Eiffel-*Create*); in einer Koroutine ist er jedoch die Beschreibung eines Prozesses.

Der Rumpf einer Koroutine ist gewöhnlich eine Schleife der Form

```
while fortsetzungsbedingung do
      begin
            ... aktionen;
            resume andere_koroutine;
            ... aktionen
      end
```

wobei der Schleifenrumpf ein oder mehrere **resume**-Operationen enthält, die auf andere Koroutinen mit ähnlicher Struktur angewandt werden. Die *fortsetzungsbedingung* ist häufig **true,** denn es kann wie im Falle des Druckertreibers angebracht sein, die Koroutine als einen konzeptionell unendlichen Prozeß aufzufassen; wenn die Ausführung eines Systems beendet wird, wird die Koroutine einfach nicht mehr fortgeführt. Natürlich sollte mindestens eine Koroutine eine von **true** verschiedene Fortsetzungsbedingung haben, wenn die Ausführung terminieren soll.

Ein bei Koroutinen auftretendes Problem besteht darin, wie denn die generelle Ausführung eines Systems begonnen werden soll. Ein auf Koroutinen basierendes System hat gewöhnlich ein Hauptprogramm, das zuerst eine Anzahl von Koroutinen-Objekten erzeugt und dann eins davon mit resume aufruft:

```
korout1 :_ new C1; korout2 :_ new C2; korout3 :_new C3; ...
resume korouti
```

Die Auswertung eines **new**-Ausdrucks erzeugt ein Objekt und veranlaßt die Ausführung dessen Rumpfes.

In einer Umgebung mit echter Parallelität und nicht nur Quasi-Parallelität würde der Rumpf einer Koroutine als nebenläufiger Prozeß ausgeführt werden; **new** startete einen solchen Prozeß und gäbe die Steuerung sofort wieder an das aufrufende Programm zurück, so daß dieses mit der Erzeugung weiterer Koroutinenobjekte fortfahren und auf eins davon **resume** absetzen kann. Bei quasi-nebenläufigen Prozessen kann jedoch zu einem Zeitpunkt immer nur eine Koroutine aktiv sein. Wenn jede Koroutine die Ausführung ihres Rumpfes unmittelbar bei der Erzeugung begönne, würde zum Beispiel *korout1* sofort in eine **while**-Schleife der oben gezeigten Art hineingeraten und dem Hauptprogramm niemals die Fortsetzung ermöglichen.

Eine Lösung dieses Problems wird in Simula durch die **detach**-Anweisung geboten, die in einer Koroutine die Steuerung an diejenige Einheit zurückgibt, welche die Koroutine mit **new** erzeugt hat. Ein Koroutinenrumpf beginnt fast immer mit **detach** vor einer Schleife der obigen Form. Diese Anweisung ermöglicht dem Hauptprogramm, die Initialisierung zu terminieren und die eigentliche Systemausführung durch **resume** *korouti* zu beginnen.

Als Beispiel der Benutzung von Koroutinen wollen wir uns das folgende einfache Problem ansehen. Wir sollen eine Folge reeller Zahlen ausdrucken, die eingegeben werden; jedoch soll jede achte Zahl (die achte, sechzehnte, vierundzwanzigste, usw.) bei der Ausgabe weggelassen werden. Weiterhin soll die Ausgabe als Folge von Zeilen mit sechs Zahlen pro Zeile arrangiert werden (mit Ausnahme der letzten Zeile, die weniger Zahlen haben kann). Wenn also i_n das n-te Eingabeelement bezeichnet, dann beginnt die Ausgabe so:

$i_1\ i_2\ i_3\ i_4\ i_5\ i_6$
$i_7\ i_9\ i_{10}\ i_{11}\ i_{12}\ i_{13}$
$i_{14}\ i_{15}\ i_{17}$ usw.

Schließlich sollen nur die ersten 1000 Zahlen gedruckt werden.

Dieses Problem ist typisch für Koroutinen, weil es konzeptionell drei Prozesse umfaßt, die alle ihre eigene Logik haben: die Eingabe, wo die Vorschrift lautet, jedes achte Element wegzulassen; die Ausgabe, wo die Vorschrift lautet, nach jedem sechsten Element die Zeile zu wechseln; und das Hauptprogramm, das 1000 Elemente abarbeiten soll. Herkömmliche Steuerstrukturen sind nicht gut dafür geeignet, solche Prozesse mit sehr unterschiedlichen Vorschriften zu kombinieren.

Eine Koroutinenlösung andererseits ist dafür sehr gut geeignet. Hier werden drei Koroutinen benutzt: der Erzeuger (Eingabe), der Drucker (Ausgabe) und der Steuerer. Die allgemeine Struktur ist folgende:

```
begin
        class ERZEUGER begin ... siehe unten ... end ERZEUGER;
        class DRUCKER begin ... siehe unten ... end DRUCKER;
        class STEUERER begin ... siehe unten ... end STEUERER;
        ref (ERZEUGER) ein_erzeuger;
        ref (DRUCKER) ein_drucker;
        ref (STEUERER) ein_steuerer;
        ein_erzeuger :_ new ERZEUGER;
        ein_drucker :_ new DRUCKER;
        ein_steuerer :_ new STEUERER;
        resume ein_steuerer
end
```

Jede Koroutine muß als Exemplar einer Klasse erzeugt werden, zum Beispiel *ein_erzeuger* als Exemplar von *ERZEUGER*, usw. Man erinnere sich, daß Simula eine traditionelle Algol-Blockstruktur hat; das obige ist ein Hauptprogramm, in dem verschiedene Klassendeklarationen eingebettet sind.

Diese Klassen beschreiben das Verhalten der Koroutinen:

```
class STEUERER;
    begin
            integer i;
        detach;
        for i := 1 step 1 until 1000 do
            resume ein_drucker
    end STEUERER;

class DRUCKER;
    begin
            integer i;
        detach;
        while true do
            for i := 1 step 1 until 8 do
                begin
                    resume ein_erzeuger;
                    outreal (ein_erzeuger.letzte_eingabe);
                    resume ein_steuerer
                end;
                next_line
        end
    end DRUCKER;

class ERZEUGER;
    begin
            integer i;
            real letzte_eingabe, weggeworfen;
        detach;
        while true do
            begin
                for i := 1 step 1 until 6 do
                    begin
                        zaehler := inreal;
                        resume ein_drucker;
                    end;
                weggeworfen := inreal
            end
    end ERZEUGER;
```

Jeder Klassenrumpf beginnt mit **detach,** damit das Hauptprogramm mit der Initialisierung anderer Koroutinen fortfahren kann. Die Prozedur *outreal* druckt eine reelle Zahl aus; die Funktion *inreal* liest die nächste reelle Zahl der Eingabe und liefert diese; außerdem setzen wir eine Prozedur *next_line* voraus, die ein Zeilenvorschubzeichen ausgibt.

Koroutinen sind eine wertvolle Ergänzung der Grundkonzepte objektorientierten Entwurfs. Man beachte, wie stark dezentral das obige Schema ist: Jeder Prozeß „kümmert sich um seine eigenen Angelegenheiten" mit begrenzten Einflüssen von anderen. Der Erzeuger kümmert sich um die Eingabe; der Drucker befaßt sich mit der Ausgabe; der Steuerer nimmt sich des Gesamtablaufs der Sitzung an. Wir haben wiederholt beobachtet, daß Dezentralisierung den Schlüssel zu flexiblen Architekturen bildet; hier wird die Dezentralisierung ein Schritt weitergetrieben.

Es sind aber noch dezentralere Architekturen möglich. Insbesondere müssen in der obigen Struktur die Prozesse sich gegenseitig aktivieren; in einer vollständig dezentralen Welt müßten sie überhaupt nichts voneinander wissen, außer um erforderliche Informationen auszutauschen (wenn zum Beispiel der Drucker vom Erzeuger *letzte_eingabe* empfängt). Dazu kommt man, wenn man die unten beschriebenen Simulationsprimitiven benutzt. Vollständige Dezentralisierung bekommt man jedoch erst, wenn man über Quasi-Nebenläufigkeit hinausgeht und zu wirklicher Nebenläufigkeit übergeht, wie das im nächsten Kapitel kurz erörtert wird.

20.1.6 Reihenfolgebildung und Vererbung

Die potentiell doppelte Rolle von Klassen - Datentypen und Prozesse - ist auch bei Klassen vorhanden, die keine Koroutinenprimitiven benutzen, weil auch diese Klassen Rümpfe haben können. Dieser Sprachaspekt muß mit Vererbung verbunden sein.

Die Regel lautet wie folgt. Für eine Klasse *C* bezeichnen wir die als Rumpf von *C* deklarierte Folge von Anweisungen als $body_C$ und die Folge derjenigen Anweisungen, die bei jeder Erzeugung eines Exemplars von *C* ausgeführt werden, als $actual\_body_C$. Wenn *C* kein Elternteil hat, ist $actual\_body_C$ einfach $body_C$. Wenn *C* ein Elternteil *A* hat (man erinnere sich, daß Mehrfacherben nicht unterstützt wird), dann ist $actual\_body_C$ standardmäßig die Folge der Anweisungen:

$actual\_body_C$;
$body_C$

Mit anderen Worten: Die Rümpfe der Vorfahren werden in der Reihenfolge ihrer Beerbung ausgeführt. Diese Standardreihenfolge kann verändert werden mithilfe des **inner**-Konstrukts, das in einer Klasse zur Bezeichnung des Rumpfes eines Erben benutzt wird; die Standardvorgehensweise entspricht dem, daß **inner** am Ende des Rumpfes des Elternteils steht. Zum Beispiel könnte der Rumpf von *A* folgende Form haben:

$anweisungen_1$; **inner**; $anweisungen_2$

In diesem Fall lautet (unter der Annahme, daß *A* selbst kein Elternteil hat) der tatsächliche Rumpf von *C* folgendermaßen:

$anweisungen_1$;
$body_C$;
$anweisungen_2$

Diese Konvention ist ziemlich unhandlich, schon deshalb, weil in vielen Fällen Exemplare von Unterklassen auf völlig andere Weise erzeugt werden sollten als Exemplare ihrer Vorfahren (daher die Eiffel-Create-Regel in 10.1.3). Darüberhinaus wäre es schwierig, die Simula-Konvention auf den Fall des Mehrfacherbens auszudehnen. Fast alle objektorientierten Sprachen nach Simula einschließlich Eiffel und die anderen in diesem Kapitel erörterten Sprachen haben sich von der Simula-Konvention gelöst und behandeln Objektinitialisierung als Prozedur wie *Create* in Eiffel.

Damit verlieren diese Sprachen jedoch den Prozeßcharakter von Simula-Klassen, der den in diesem Buch betonten Datencharakter ergänzt. Wenn man ausschließlich mit sequentieller Programmierung befaßt ist, dann ist der Verlust nicht schwerwiegend; man vermißt dann lediglich Koroutinen, eine elegante Programmiertechnik, ohne die man aber auskommt oder die man nachbilden kann (Übung 20.1). Der Prozeßcharakter wird jedoch dann gebraucht, wenn der objektorientierte Ansatz auf die Programmierung mit Nebenläufigkeit ausgedehnt wird (Kapitel 21).

20.1.7 Simulation

Simula enthält auch einen Satz von Primitiven für die diskrete ereignisorientierte Simulation. Simulation ist eine Anwendung, die aus objektorientierten Techniken sehr direkt Nutzen zieht; die Auffassung des Programmierens als „operationale Modellierung" (4.6), wie sie durch die objektorientierte Methode gefördert wird, ist hier unmittelbar von Bedeutung.

Das allgemeine Ziel eines Simulationsprogramms ist die Analyse und Vorhersage des Verhaltens einer externen Wirklichkeit - einer Montagelinie, einer chemischen Reaktion, eines Rechnerbetriebssystems, eines Schiffs, usw. Diese externe Wirklichkeit wird als das „physische System" bezeichnet.

Ein diskretes ereignisorientiertes Simulationsmodell beschreibt physische Systeme als solche, die ihren Zustand in Reaktion auf einzelne Ereignisse zu diskreten Zeitpunkten ändern. Das ist abzugrenzen gegen *kontinuierliche Simulation,* wo der Zustand als sich kontinuierlich entwickelnd betrachtet wird. Beides sind Modellierungstechniken; welche jeweils auf ein bestimmtes physisches System anwendbar ist, hängt nicht so sehr davon ab, ob das physische System „inhärent" kontinuierlich oder diskret ist (das ist oft eine sinnlose Frage), sondern davon, mit welcher Technik es realistisch modelliert werden kann.

Ein weiterer Konkurrent für die diskrete Simulation ist das analytische Modellieren, das einfach aus der mathematischen Modellierung eines zu untersuchenden physischen Systems und der Lösung der Modellgleichungen besteht. Im Gegensatz dazu ist das diskrete Ereignismodell ein Programm, in dem die Ausführung seiner Anweisungen die Ereignisse des modellierten physischen Systems simuliert: Je länger der simulierte Teil der Lebenszeit des physischen Systems, desto länger die Ausführung des Programms. Da längere Simulationen zu verwertbareren Ergebnissen führen, ist oft eine lange Rechenzeit erforderlich. Deshalb sind analytische Modelle im allgemeinen effizienter. Viele physischen Systeme sind jedoch zu komplex, um realistische, aber dennoch behandelbare mathematische Modelle zu ermöglichen; dann ist Simulation die einzige Möglichkeit.

Viele physischen Systeme eignen sich zur diskreten Simulation. Ein Beispiel ist eine Montagelinie; typische Ereignisse dabei sind: Ein neues Teil kommt in die Linie, ein Arbeiter oder eine Maschine führt auf einem oder mehreren Teilen eine bestimmte Operation aus, ein fertiggestelltes Produkt wird aus der Linie entfernt, ein Fehler führt zum Anhalten der Linie, usw. Die Simulation kann dazu genutzt werden, Fragen über das modellierte physische System zu beantworten, zum Beispiel: Wie lange dauert die Erzeugung eines fertigen Produkts (im Durchschnitt, minimal, maximal, Standardabweichung)? Wie lang bleibt eine bestimmte Maschine ungenutzt? Wie ist der optimale Füllgrad des Lagers? Wie lang braucht man, um das System nach einem Netzausfall wieder hochzufahren?

Die Eingabe für eine Simulation ist eine Folge von Ereignissen und der Zeitpunkte ihrer Vorkommen. Die Folge kann durch Messungen am wirklichen physischen System ermittelt werden (wenn die Simulation dazu genutzt wird, vergangene Vorkommnisse, zum Beispiel einen physischen Systemfehler, zu rekonstruieren und zu analysieren); üblicher ist es, die Folge durch Zufallszahlengeneratoren entsprechend gewisser ausgewählter statistischer Gesetze zu erzeugen.

Ein wichtiges Merkmal diskreter Ereignismodellierung ist die physische Systemzeit, auch **simulierte Zeit** genannt. Operationen im physischen System wie die Durchführung einer bestimmten Arbeit an einem bestimmten Teil benötigen Zeit; bestimmte Ereignisse wie Gerätefehler treten in bestimmten Zeitintervallen auf. Das muß in der Simulation berücksichtigt werden.

Diese simulierte Zeit darf nicht verwechselt werden mit der Rechenzeit, die zur Ausführung des Simulationsprogramms benötigt wird. Vom Standpunkt des Simulationsprogramms ist die simulierte Zeit einfach eine nicht-negative Real-Variable, die vom Simulationsprogramm nur in diskreten Schritten erhöht werden kann. In Simula wird diese Variable *time* genannt; das ist eine globale Variable, die vom Laufzeitsystem verwaltet und vom Programm mithilfe einiger der unten angegebenen Prozeduren verändert wird.

Simula unterstützt diese Konzepte durch eine Klasse *SIMULATION,* die von einer anderen Klasse als Elternteil benutzt werden kann. Mit „Simulationsklasse" sei nun jeder Nachkomme von *SIMULATION* gemeint.[1]

Zunächst enthält *SIMULATION* die Deklaration einer Klasse *PROCESS*. (Man erinnere sich, daß Klassendeklarationen in Simula geschachtelt sein dürfen.) *PROCESS* beschreibt Prozesse des physischen Systems. In jeder Simulationsklasse können wir Nachkommen von *PROCESS* deklarieren, die wir „Prozeßklassen" nennen; ihre Exemplare heißen einfach „Prozesse". Neben anderen Eigenschaften kann ein Prozeß auch mit anderen Prozessen in einer verketteten Liste verbunden werden (das heißt, daß *PROCESS* ein Nachkomme der Simula-Entsprechung der Klasse *LINKABLE* ist). Ein Prozeß kann in einem der vier folgenden Zustände sein:

---

[1] In Simula kann Vererbung auch auf Blöcke angewandt werden: das ist ein Block, der mit *C* **begin** beginnt und Vater eines vollständigen Programms und nicht nur einer Klasse ist. Man kann also auch von einem „Simulationsprogramm" sprechen.

- Aktiv (active) oder aktuell ablaufend.
- Ausgesetzt (suspended) oder auf die Fortsetzung wartend.
- Untätig (idle) oder nicht Teil des Systems.
- Abgeschlossen (terminated).

Jede Simulation (das heißt, jedes Exemplar eines Nachkommens von *SIMULATION*) pflegt eine Liste von Ereignisaufzeichnungen oder Ereignisliste. Eine Ereignisnotiz ist ein Paar [Prozeß, Aktivierungszeit], wobei die Aktivierungszeit anzeigt, wann der Prozeß aktiviert werden muß. Hier und im folgenden Text dieses Abschnitts bezieht sich jede Erwähnung von Zeit und jedes Wort wie „wann" oder „aktuell" auf die simulierte (physische System-)Zeit, die durch die Variable *time* kontrolliert wird. Die Ereignisliste ist nach aufsteigender Aktivierungszeit geordnet; der erste Prozeß ist aktiv, alle anderen sind ausgesetzt. Nicht-abgeschlossene Prozesse, die nicht in der Liste stehen, sind untätig.

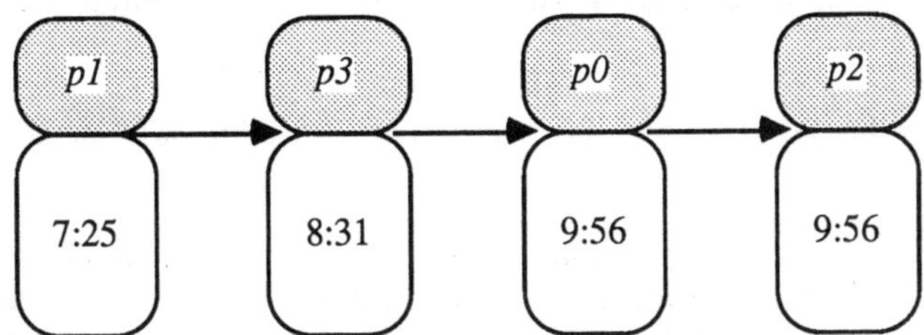

Bild 20.2 Ereignisliste

Die Hauptoperation auf Prozessen ist die Aktivierung, womit eingeplant wird, daß ein Prozeß zu einer bestimmten Zeit aktiv werden soll, indem eine geeignete Ereignisnotiz in die Ereignisliste eingetragen wird. Offensichtlich aus syntaktischen Gründen ist diese Operation kein Aufruf einer Prozedur der Klasse *SIMULATION*, sondern eine besondere Anweisung unter Nutzung des Schlüsselworts **activate** bzw. der Variante **reactivate.** (Ein Prozeduraufruf scheint der konsistentere Ansatz zu sein; tatsächlich ist die Semantik von **activate** offiziell durch eine solche Prozedur definiert.) Die Grundform dieser Anweisung ist:

activate *ein_prozeß einplanungsklausel*

wobei *ein_prozeß* eine nicht-leere Größe vom Typ *PROCESS* ist (oder einer Nachkommensklasse). Die optionale *einplanungsklausel* hat eine der folgenden Formen:

at *ein_zeitpunkt*
delay *ein_zeitraum*
before *ein_prozeß*
after *ein_prozeß*

Die ersten beiden Formen bestimmen die Position einer neuen Ereignisnotiz für *ein_prozeß* durch seine Aktivierungszeit (die Ereignisliste ist, wie gesagt, nach Aktivierungszeiten sortiert); die neue Aktivierungszeit ist *max(time, ein_zeitpunkt)* in der **at**-Form und *max(time, time + ein_zeitraum)* in der **delay**-Form. Die neue Ereignisnotiz wird nach irgendeiner anderen Ereignisnotiz mit derselben Aktivierungszeit in der Liste eingetragen, wenn nicht **prior** angegeben ist. Die beiden letzten Formen bestimmen die Position mit Bezug auf einen anderen Prozeß *ein_prozeß* in der Liste. Eine fehlende Einplanungsklausel ist gleichbedeutend mit **delay** *0.*

Ein Prozeß kann sich zu einem späteren Zeitpunkt aktivieren, indem er sich als der Zielprozeß *ein_prozeß* der Aktivierungsanweisung bestimmt. In diesem Fall sollte das Schlüsselwort **reactivate** lauten. Das ist eine wichtige Technik zur Darstellung einer Systemaufgabe, die eine gewisse Systemzeit dauert, aber natürlich keine Rechenzeit. Um zum Beispiel die Tatsache, daß ein Arbeiter eine 180-Sekunden-Aufgabe ausführt, darzustellen, könnte der entsprechende Prozeß, sagen wir *arbeiter,* die folgende Anweisung enthalten:

```
reactivate arbeiter delay 180
```

Dieser Fall ist wichtig genug, um dafür eine besondere Syntax vorzusehen, womit vermieden wird, explizit auf sich selbst zu verweisen: Der Prozeduraufruf

```
hold(180)
```

hat genau dieselbe Wirkung wie das obige. Die Prozedur *hold* ist Teil der Klasse *SIMULATION.*

Prozesse sind Koroutinen, und die Simulationsprimitiven benutzen die Koroutinenprimitiven für ihre Implementierung. Die Wirkung von *hold(ein_zeitraum)* kann zum Beispiel annähernd (in einer durch **resume** erweiterten Eiffel-ähnlichen Syntax) wie folgt beschrieben werden:

```
        -- Füge eine neue Ereignisnotiz in die Ereignisliste
        -- an der durch ihre Zeit bestimmten Position ein:
meine_neue_zeit := max(time, time + ein_zeitraum);
meine_reaktivierungsnotiz.Create(Current, meine_neue_zeit);
ereignisliste.insert(meine_reaktivierungsnotiz);
        -- Finde das erste Element der Ereignisliste und entferne es:
nächstes := ereignisliste.first;
ereignisliste.remove_first;
        -- Aktiviere den gewählten Prozeß und erhöhe die Zeit, falls nötig:
time := max(time, nächstes.wann);
resume nächstes.was
```

Dabei werden folgende Deklarationen angenommen:

```
meine_neue_zeit: REAL;
meine_reaktivierungsnotiz, nächstes: EREIGNISNOTIZ;
class EREIGNISNOTIZ export wann, was feature
        wann: REAL; -- d.h. Zeit
        was: PROCESS;
        Create(t: REAL; p: PROCESS) is
            do
                wann := t; was := p
            end -- Create
end -- class EREIGNISNOTIZ
```

Man beachte, wie ein Prozeß ausgesetzt werden kann, indem er sich selbst zu einem späteren Zeitpunkt reaktiviert. Wenn das vorkommt, dann wird der zuerst ausgesetzte Prozeß (mit der frühesten Reaktivierungszeit) der Ereignisliste als erster fortgeführt; wenn seine Reaktivierungszeit nach der aktuellen Zeit liegt, wird die aktuelle Zeit entsprechend erhöht.

Wie dieses Beispiel zeigt, liegen die auf den Koroutinenprimitiven basierenden Simulationsprimitiven auf hohem Niveau; sie sollten wann immer möglich benutzt werden. Insbesondere kann *hold(0)* als eine Form von **resume** aufgefaßt werden, die es dem unterliegenden Ereignislistenmechanismus überläßt, den fortzuführenden Prozeß herauszusuchen, und diesen nicht explizit bestimmt (Übung 20.3).

Viele Prozesse der realen Welt werden elegant mit Prozeßklassen modelliert. Ein typisches Beispiel ist ein Arbeiter, der entweder die eine oder die andere von zwei Arbeiten ausführen soll. Beide Aufgaben benötigen einen variablen Zeitaufwand; die zweite Aufgabe erfordert, daß der Arbeiter eine Maschine *m* einschaltet, was 300 Sekunden dauert, und wartet, bis die Maschine diese Aufgabe ausgeführt hat.

```
PROCESS class ARBEITER
    begin
        while true do
            begin
                "ermittle nächsten Aufgabentyp i und
                 die Dauer d der Aufgabe";
                if i = 1 then
                    hold(d)
                else
                    begin
                        activate m delay 300;
                        reactivate this ARBEITER after m;
                        hold(d)
                    end
                end while
        end ARBEITER
```

Die Simula-Schreibweise **this** *C* innerhalb einer Klasse *C* (hier **this** *ARBEITER*) entspricht dem *Current* in Eiffel.

Die Operation „ermittle nächsten Aufgabentyp und die Dauer der Aufgabe" wird normalerweise implementiert, indem der verlangte Wert mit einem Pseudozufallszahlengenerator unter Verwendung einer festgelegten statistischen Verteilung bestimmt wird. Die Simula-Bibliothek enthält eine Anzahl von Generatoren für übliche statistische Gesetze.

Der Typ von *m* sei hier eine Prozeßklasse *MASCHINE,* die das Verhalten von Maschinen darstellt. Alle Aktoren einer Simulation werden auf ähnliche Weise durch Prozeßklassen dargestellt.

20.1.8 Implementierung

Alle Simula-Implementierungen unterstützen Speicherbereinigung. Andere Eigenschaften sind von Implementierung zu Implementierung verschieden. Zu einigen gehören gute Quellcode-Debugger. Die Sprachdefinition enthält über wenige wichtige Klassen zur Beschreibung doppelt verketteter Listen, die von den Simulationsprimitiven benutzt werden, hinaus keine Standardklassen-Bibliothek.

20.2 Smalltalk

Die Ideen für Smalltalk wurden um 1970 an der Universität von Utah von Alan Kay begründet, damals Student und Mitglied einer Gruppe, die sich besonders mit Graphik beschäftigte, als er auf einen Simula-Übersetzer stieß und feststellte, daß die Konzepte direkt auf seine graphischen Arbeiten anwendbar waren. Als Kay später zu Xerox ging, benutzte er dieselben Grundsätze als Basis für eine fortgeschrittene Personalcomputer-Umgebung. Die beiden anderen Personen, denen allgemein Schlüsselbeiträge zugerechnet werden, sind Adele Goldberg und Daniel H.H. Ingalls.

Smalltalk entwickelte sich zu Smalltalk-76, dann zu Smalltalk-80, und es wurden Versionen für eine Reihe von Xerox-Rechnern und Maschinen anderer Hersteller entwickelt. ParcPlace Systems, eine Xerox-Tochter, wurde 1986 als Versuch gegründet, Smalltalk zu einem „Mainstream"-Softwareprodukt zu machen.

20.2.1 Sprachstil

Als Sprache verbindet Smalltalk den Einfluß von Simula mit dem freien, typlosen Stil von Lisp. Die Betonung liegt auf dynamischem Binden. Typprüfung gibt es nicht: Im Gegensatz zum in diesem Buch betonten Ansatz wird erst zur Laufzeit bestimmt, ob eine Routine auf ein Objekt angewandt werden kann oder nicht.

Das ist, nebenbei gesagt, nicht die Standardterminologie von Smalltalk. Eine Routine heißt in Smalltalk „Methode"; die Anwendung einer Routine auf ein Objekt heißt „Senden einer Botschaft" zum Objekt (dessen Klasse die zur Behandlung der Botschaft geeignete Methode finden muß).

Eine andere wichtige Eigenschaft, die den Smalltalk-Stil vom Ansatz dieses Buches unterscheidet, ist die, daß nicht klar zwischen Klassen und Objekten unterschieden wird. Im Smalltalk-System ist alles ein Objekt, auch Klassen selbst. Eine Klasse wird verstanden als Exemplar einer Klasse höherer Ebene, „Metaklasse" genannt. Damit ist es möglich, daß in der Klassenhierarchie alle Elemente im System enthalten sind; die Wurzel der Hierarchie bildet die Klasse der höchsten Ebene, *object* genannt. Die Wurzel des Unterbaums, der nur Klassen enthält, ist die Metaklasse *class*. Für diesen Ansatz sprechen drei Vorteile:

- Man erhält konzeptionelle Konsistenz, da ein einziges Konzept (Objekt) auf alle Smalltalk-Begriffe anwendbar ist.

- Daß Klassen Teil des Laufzeit-Kontextes werden, trägt zur Qualität der Programmierumgebung bei, indem die Entwicklung symbolischer Debugger, Werkzeuge zum Auffinden verfügbarer Klassen und anderer Werkzeuge, die zur Laufzeit Zugriff auf den Klassentext brauchen, erleichtert wird. Das ist in einer interpretierenden Umgebung angebracht.
- Wenn man eine Klasse als Exemplar einer abstrakteren Metaklasse auffaßt, dann ist es möglich, **Klassenmethoden** zu definieren, die auf die Klasse und nicht auf ihre Exemplare angewandt werden. Klassenmethoden können dazu benutzt werden, besondere Implementierungen für Standardoperationen wie **new** bereitzustellen, die Exemplare der Klasse erzeugt.

Argumente für den statischen Ansatz, bei dem Klassen *nicht* Objekte sind, wurden in 5.8.5 diskutiert.

20.2.2 Botschaften

Es gibt drei Hauptformen von Botschaften (und zugehörigen Methoden): einstellige, Schlüsselwort- und zweistellige Botschaften. Routinen ohne Parameter werden dargestellt durch einstellige Botschaften wie in

acc1 balance

womit die Botschaft *balance* zum mit *acc1* verbundenen Objekt gesendet wird. Das entspricht *acc1.balance* in Eiffel oder Simula. Botschaften können wie hier Werte liefern.

Schlüsselwortbotschaften werden für Botschaften mit Argumenten benutzt wie in

point1 translateBy: vector1
window1 moveHor: 5 Vert: -3

(Die Benutzung von Großbuchstaben in der Mitte von Wörtern ist Teil des etablierten Smalltalk-Stils.) Man beachte, wie das Schlüsselwort für das erste Argument mit dem Botschaftsnamen zusammenfällt. Die entsprechende Eiffel- oder Simula-Syntax wäre hier *point1.translate(vector1) und window1.move(5,-3).*

Zweistellige Botschaften werden als geschickte syntaktische Methode verwendet, um den Ansatz des „alles ist ein Objekt" mit traditionelleren arithmetischen Schreibweisen zu versöhnen. In einer rein objektorientierten Welt würde die Addition zweier Ganzzahlen

2 addMeTo: 3

geschrieben werden, was wohl immer noch von den Überlebenden älterer Generationen, die elementare Arithmetik vor Computerprogrammierung gelernt haben, für weniger aussagekräftig gehalten wird als $2 + 3$. Smalltalk bietet eine Lösung, indem tatsächlich die letztere Form als Synonym für die erste erlaubt wird; + und ähnliche Operatoren werden als Schlüsselwörter für zweistellige Botschaften behandelt. Der Haken sind die Vorrangregeln: $a + b * c$ bedeutet $(a + b) * c$. Klammern können zur Wiederherstellung der Standardvorrangregeln benutzt werden. Einstellige Botschaften haben Vorrang vor zweistelligen, so daß

fenster1 höhe + fenster2 höhe

die erwartete Bedeutung hat.

Im Gegensatz zu Eiffel und Simula können Simula-Klassen nur Methoden (Routinen) exportieren. Ein Attribut kann nur durch eine Funktion exportiert werden, die Zugriff auf seinen Wert gewährt. Ein typisches Beispiel ist:

```
...
x ||
        ↑ xx
y ||
        ↑ yy
scale: scaleFactor ||
        xx ← xx * scaleFactor
        yy ← yy * scaleFactor
...
```

Die Methoden *x* bzw. *y* liefern die Werte der Exemplarvariablen (Attribute) *xx* und *yy*. Der Hochpfeil ↑ bedeutet, daß der folgende Ausdruck derjenige Wert ist, der durch die Methode an den Sender der entsprechenden Botschaft geliefert werden soll. Die Methode *scale* hat ein Argument, nämlich *scaleFactor*. Eine Methode kann lokale Variablen benutzen, die zwischen senkrechten Strichen |...| deklariert werden, jedoch werden in diesem Beispiel keine lokalen Variablen benötigt.

Wie in [Goldberg 1983] beschrieben, unterstützt Smalltalk nur einfaches Erben. In einigen neueren Versionen ist Mehrfacherben enthalten, allerdings auf Kosten von Kodeduplizieren implementiert. Dynamisches Binden spielt bei diesem Ansatz eine wichtige Rolle.

Wie in Kapitel 10 angemerkt, kann es bei der Redefinition einer Methode notwendig sein, die ursprüngliche Version aufrufen zu können, und sei es auch nur, weil die Implementierung der redefinierten Version sich darauf bezieht. Das wird in Smalltalk dadurch ermöglicht, daß explizit eine Botschaft an die mit *super* bezeichnete Superklasse gesandt wird, wie in

```
eineFunktion: einArgument |...|
        ... super eineFunktion: einArgument ...
```

Das kann man dem Eiffel-Ansatz gegenüberstellen, bei dem die ursprüngliche Version, falls nötig, über Umbenennung zur Verfügung gestellt wird, was auf dem Gedanken beruht, daß Kunden einer Klasse über deren Vererbungsstruktur nicht Bescheid wissen müssen (10.4.7).

Weil es keinen Typbegriff gibt, können Fehler wegen des Sendens einer Botschaft zu einem Objekt, das keine geeignete Methode zur Verarbeitung der Botschaft hat, nur zur Laufzeit erkannt werden. (In Eiffel werden all diese Fehler vom Übersetzer entdeckt.)

Der typlose Ansatz macht auch einige früher in diesem Buch entwickelten Konzepte unwichtig: Sprachunterstützung für Generizität ist überflüssig, da eine generische Struktur wie ein Keller Elemente beliebigen Typs ohne jede statische Konsistenzprüfung enthalten kann; aufgeschobene Routinen haben in diesem Kontext ebensowenig eine Bedeutung, da eine Routine ohnehin völlig frei redefiniert werden kann. Jedoch ist ein Laufzeitmechanismus vorhanden, der für das Hervorrufen eines Fehlers sorgt, wenn eine Botschaft an ein Exemplar der Klasse *C* gesendet wird, obwohl wirksame Definitionen der entsprechenden Methode nur in echten Nachkommen von *C* vorhanden sind. (In Eiffel wäre *C* eine aufgeschobene Klasse, und Exemplare würden nur von nicht-aufgeschobenen Nachkommen von *C* gebildet.) Zum Beispiel kann man *drehen* in einer Klasse *FIGURE* implementieren durch

```
drehen: einWinkel um: einPunkt ||
        self shouldNotImplement
```

Die Methode *shouldNotImplement* ist in der allgemeinen Klasse *object* enthalten und liefert eine Fehlermeldung.

20.2.3 Die Umgebung

Smalltalk ist nicht nur eine Sprache, sondern eine Programmierumgebung, die viele traditionell von Hardware und Betriebssystem behandelten Aspekte abdeckt. Diese Umgebung ist die wichtigste Leistung von Smalltalk.

Die Umgebung ist durch eine charakteristische Benutzungsschnittstelle gekennzeichnet. Viele Fortschritte in diesem Bereich wurden dadurch neu erzielt oder verbreitet: mehrere Fenster, Sinnbilder, Integration von Text und Grafik, Pull-down-Menüs, Benutzung der Maus als Zeige- und Auswahl-Gerät.

Diese Schnittstellentechniken werden in der Smalltalk-Umgebung mit den Techniken objektorientierter Programmierung gemischt und machen dadurch die „Objekte" der objektorientierten Programmierung für ein großes Publikum sichtbar und faßbar.

Wie bei Simula unterstützt die Umgebung die Speicherbereinigung.

In der Umgebung ist eine Bibliothek von Grundklassen enthalten, die wichtige Abstraktionen wie „Sammlungen" und „Verzeichnisse" sowie grafische Konzepte abdecken. Ein wichtiges Fensterwerkzeug ist der **browser,** mit dessen Hilfe mögliche Benutzer vorhandener Klassen diese herausfinden und auf verschiedenen Abstraktionsebenen betrachten können. Dieser Browser geht ein wichtiges Anliegen objektorientierten Entwurfs und – allgemeiner – von Techniken zur Betonung der Wiederverwendbarkeit an: Wenn einmal wiederverwendbare Softwarebausteine hergestellt wurden, wie macht man sie dem Rest der Welt bekannt? Weitere Erörterungen zu diesem Thema finden sich im folgenden Kapitel.

20.3 C-Erweiterungen

Zwei unabhängige Unternehmungen haben versucht, manche Vorteile des objektorientierten Entwurfs den in der Sprache C ausgebildeten Programmierern zugänglich zu machen: C++ und Objective-C. C ist in wenigen Jahren zu einer der in der Industrie am weitesten verbreiteten Sprachen geworden; diese Unternehmungen richten sich an Manager, die ihre Gruppenmitglieder vor der Erfahrung eines zu großen Kulturschocks bewahren wollen, wenn diese der objektorientierten Methode ausgesetzt werden. Dieser „hybride" Ansatz wurde von Brad Cox (dem Entwerfer von Objective-C) mit den Versuchen in den 70er Jahren verglichen, Konstrukte für „strukturiertes Programmieren" Fortran über Präprozessoren hinzuzufügen.

Obwohl die Ziele ähnlich sind, unterscheiden sich die beiden Sprachen erheblich. Bei C++ ist deutlich der Simula-Einfluß zu sehen, während Objective-C mehr ein Präprozessor für Smalltalkähnliche Konstrukte ist, die dem C-Stamm hinzugefügt werden.

20.3.1 C++

C++ wurde von Bjarne Stroustrup von AT&T entwickelt und wird von AT&T und anderen Firmen vertrieben. Der Sprachentwurf ist der Versuch, ein „besseres C" zu schaffen. C wird um eine Reihe von Eigenschaften erweitert, die nicht alle etwas mit Objektorientiertheit zu tun haben. Jedes korrekte C-Programm ist ein korrektes C++-Programm.

Die Struktur einer Klasse wird durch das folgende Beispiel veranschaulicht:

```
class POINT {
        float xx, yy;
public:
        void translate (float, float);
        void rotate (float);
            float x();
            float y();
        friend void p_translate (POINT*,float,float);
        friend void p_rotate (POINT*,float);
            friend float p_x (POINT*);
            friend float p_y (POINT*);
};
```

Wie in Smalltalk dürfen die am Anfang der Klasse deklarierten Attribute nicht exportiert werden; hier müssen Funktionen *x* und *y* geschrieben werden, um Zugriff auf die Attribute *xx* und *yy* zu gewähren. Nicht-exportierte Routinen[2] würden auch vor der Klausel *public* deklariert werden.

Die ersten vier Routinen bilden die normale, objektorientierte Schnittstelle der Klasse. Wie an diesem Beispiel gezeigt, sind in der Klassendeklaration nur die Köpfe dieser Routinen und nicht ihre Implementierungen enthalten (so ähnlich wie in der Ausgabe des „short"-Kommandos von Eiffel). Die Routinenimplementierungen müssen getrennt definiert werden, was Fragen des Sichtbarkeitsbereiches sowohl für den Übersetzer als auch für den menschlichen Leser aufwirft.

[2] In C und C++ werden Routinen Funktionen genannt: Prozeduren werden als Funktionen vom Typ „void" betrachtet. Da „Funktion" in diesem Buch im Sinne von Routine, die keine Prozedur ist, benutzt wird, bleiben wir zur Vermeidung von Verwirrung bei der bisherigen Bezeichnungsweise.

Die anderen vier Routinen sind Beispiele von „Freund-Routinen". Diese Schreibweise ist eine Besonderheit von C++ und ermöglicht den Aufruf von C++-Routinen aus normalem C-Code heraus. Freundroutinen brauchen ein zusätzliches Argument zur Darstellung des Objektes, auf das eine Operation angewandt wird; dieses Argument ist hier vom Typ *POINT**, was Zeiger auf *POINT* bedeutet.

Das Überlagern von Operatoren ermöglicht im Ada-Stil die Benutzung desselben Namens für verschiedene Operationen. Zum Beispiel können Additionsfunktionen auf verschiedenen Datentypen (Vektoren, Matrizen, usw.) alle durch Benutzung des Symbols + aufgerufen werden.

Die veröffentlichten Beschreibungen von C++ (siehe Literaturhinweise) erlauben nur das Einfacherben; neuere AT&T-Versionen bieten eine Form von Mehrfacherben.

Dynamisches Binden ist auch vorhanden, aber nur für Routinen, die in der ursprünglichen Klasse ausdrücklich als „virtual" gekennzeichnet wurden. Das ist nicht dasselbe wie das „virtual"-Konzept von Simula (das den aufgeschobenen Routinen entspricht), da eine virtuelle C++-Routine in ihrer ursprünglichen Klasse eine wirksame Definition haben muß: Die Deklaration einer Klasse als virtuell macht sie einfach nur offen zur Redefinition in Nachkommensklassen. Das unterscheidet sich vom Ansatz dieses Buches, der auf dem Offen-geschlossen-Prinzip gründet (eine Klasse sollte stets offen für Erweiterungen bleiben, was auch heißt, daß es nicht ihre Aufgabe ist zu entscheiden, welche ihrer Routinen durch Nachkommen redefinierbar sein sollten). Wenn man fordert, daß Routinen nicht redefiniert werden dürfen, wenn sie nicht besonders als virtuell gekennzeichnet sind, dann können Aufrufe leichter effizient implementiert werden, da für die Aufrufe nicht-virtueller Routinen statisches Binden benutzt werden kann. (In Eiffel wird die entsprechende Optimierung vom Übersetzer durchgeführt, wie in 15.4.4 beschrieben.)

Speicherbereinigung ist nicht vorgesehen; Objekterzeugung und beseitigung kann durch das Schreiben von Aufbau- und Abbau-Funktionen gesteuert werden.

20.3.2 Objective-C

Objective-C, von Brad Cox von Productivity Products International entwickelt, ist eine weitere C-Erweiterung, die Smalltalk-Konzepte in eine C-Basis einpflanzt. Wie bei Smalltalk liegt der Schwerpunkt auf Polymorphismus und dynamischem Binden; der objektorientierte Teil der Sprache ist typlos: Die Größen irgendeines Klassentyps sind einfach vom Typ *ID,* einem C hinzugefügten besonderen Typ. Typische Objective-C-Syntax sieht wie folgt aus:

```
= Proceedings: Publication {
        id date, place;
        id articles;
}
+ new { return [[super new] initialize]}
- initialize {articles = [OrderedCollection new]; return self;}
- add: anArticle { return [contents add: anArticle];}
- remove: anArticle { return [contents remove: anArticle];}
-(int)size { return [contents size]; }
=:
```

Die Klasse *Proceedings* wurde hier als Erbe von *Publication* definiert (Objective-C unterstützt Einfacherben). In geschweiften Klammern stehen Attribute (in Einklang mit der Smalltalk-Bezeichnungsweise Exemplarvariablen genannt). Wie in Smalltalk können nur Routinen und keine Attribute exportiert werden. Die nächste Zeile beschreibt Routinen; *self* ist der Smalltalk-Begriff für den Bezug auf das laufende Exemplar der Klasse.

Objective-C ist mit einer Bibliothek von Klassen ausgestattet, die ihren Smalltalk-Entsprechungen nachgestaltet sind.

20.4 Lisp-Erweiterungen

Objektorientierte Konzepte haben in der Gemeinde der Künstlichen Intelligenz viel Aufmerksamkeit erregt. Die Sprache der Wahl in dieser Gemeinde (bei ein wenig Konkurrenz durch Prolog) ist Lisp, zumindest in akademischen Kreisen. Deshalb ist es nicht überraschend, daß Lisp als Grundlage für eine Anzahl objektorientierter Sprachen benutzt wurde. Die Rolle von Lisp hat jedoch nicht nur historische Ursachen: Vieles von der durch gute Lisp-Umgebungen bereitgestellten technischen Grundlage (mit Speicherbereinigung, fertig verfügbaren Implementierungen baumartiger Datenstrukturen, einheitlicher Darstellung von Programmen und Daten und mit einer Reihe von Werkzeugen zum Edieren und Fehlersuchen) ist direkt auf die Implementierung objektorientierter Konzepte anwendbar.

Der Stil der so entstandenen Sprachen unterscheidet sich ziemlich vom getypten Ansatz, wie er in diesem Buch betont wird. Konventionen für die Auflösung von Namenskonflikten bei der Mehrfachvererbung (die von diesen Sprachen normalerweise unterstützt wird) basieren beispielsweise nicht auf Umbenennung, sondern auf Laufzeit-Routinensuche; die - nach der Reihenfolge der aufgelisteten Eltern - erste passende Routine wird ausgewählt. Von der Reihenfolge kann auf ausdrücklichen Wunsch abgewichen werden.

Die bedeutendsten Sprachen in dieser Kategorie sind:

- Loops, bei Xerox anfangs für die Interlisp-Umgebung entwickelt.
- Flavors, entwickelt am MIT, auch auf verschiedenen Lisp-orientierten Architekturen verfügbar.
- Ceyx, entwickelt am INRIA.

Ein von Loops eingeführtes interessantes Konzept ist die „datenorientierte Programmierung", bei der einem Datenelement eine Routine zugeordnet werden kann (wie ein Attribut). Die Ausführung der Routine wird nicht nur durch expliziten Aufruf angestoßen, sondern auch immer, wenn das Element gelesen oder verändert wird. Das eröffnet den Weg zur **ereignisgesteuerten Datenverarbeitung,** einem weiteren Schritt in Richtung dezentraler Softwarearchitekturen.

20.5 Andere Sprachen

In den letzten Jahren wurde eine Vielzahl von Sprachen vorgeschlagen. Dazu gehören Object Pascal von Apple, ein Nachfolger der Sprache Clascal, die zur Entwicklung von Lisa- und Macintosh-Software verwendet wurde, Trellis/Owl von DEC, die Mehrfacherben und Generizität unterstützt, sowie zahlreiche Sprachvorschläge aus dem Gebiet der Künstlichen Intelligenz.

20.6 Literaturhinweise

Simula

[Dahl 1966] beschreibt Simula 1 und ist nur von historischem Interesse. Das gegenwärtige Simula, lange als Simula 67 bekannt, wurde ursprünglich von [Dahl 1970] beschrieben, wobei Algol 60 als Basis vorausgesetzt wurde und nur die Simula-Erweiterungen beschrieben wurden. (Die Neuauflage von 1984 beschreibt die vollständige Sprache.) Die aktuellste offizielle Referenz ist der schwedische nationale Standard [SIS 1987].

Das bekannteste Buch über Simula ist [Birtwistle 1973]. Es ist nach wie vor eine hervorragende Einführung. Ein neuerer Text ist [Pooley 1986]. [Nygaard 1981] ist eine Zusammenfassung der Simula-Geschichte.

Smalltalk

Referenzen auf die beiden ersten Versionen von Smalltalk (-72 und -76) sind [Goldberg 1976] und [Ingalls 1978].

Eine Einführung in Smalltalk-80 findet sich in einer Smalltalk gewidmeten Sonderausgabe von *Byte* [Goldberg 1981]. [Goldberg 1983] ist die Basisreferenz für die Sprache, die sowohl eine didaktische Beschreibung als auch eine Referenz ist, und wird vervollständigt durch [Goldberg 1985], welche die Programmierumgebung beschreibt.

C-Erweiterungen

Objective-C wird in einem Artikel [Cox 1984] und in einem Buch [Cox 1986] beschrieben. Dasselbe gilt für C++: [Stroustrup 1984] und [Stroustrup 1986]. Implementierungsfragen für C++ sind in [Dewhurst 1987] beschrieben.

Lisp-Erweiterungen

Loops: [Bobrow 1982]; Flavors: [Cannon 1980], [Moon 1986]; Ceyx: [Hullot 1984].

Übungen

20.1 Nachbildung von Koroutinen

Erfinden Sie einen Mechanismus zur Nachbildung von Koroutinen in einer Sprache wie Eiffel, die keine explizite Unterstützung für ein solches Konstrukt bietet. (**Hinweis:** Schreiben Sie eine Prozedur *resume,* implementiert als Schleife, die eine bedingte Anweisung mit einer Verzweigung für jedes **resume** enthält.) Wenden Sie diese Technik auf das Erzeuger-Drucker-Beispiel an (20.1.5).

20.2 Simulation

Schreiben Sie eine Menge von Eiffel-Klassen für die diskrete Simulation nach dem Muster der Simula-Klassen *SIMULATION, PROCESS* und *EVENT_NOTICE,* wie in 20.1.7 beschrieben. (Benutzen Sie die in der vorigen Übung entwickelten Techniken.)

20.3 Implizites resume

(Dies ist eine Übung zu Simula-Konzepten, aber Sie können die Eiffel-Bezeichnungsweise benutzen, erweitert um die in 20.1.7 beschriebenen Simulationsprimitiven.) Schreiben Sie das Erzeuger-Drucker-Beispiel so um, daß keine Koroutine ein explizites **resume** auf eine ihrer Kolleginnen absetzen muß, wenn sie ihre aktuelle Aufgabe erledigt hat; die Koroutinenklassen sollten als Nachkommen von *PROCESS* deklariert werden, und explizite **resume**-Anweisungen sollten durch *hold(0)*-Anweisungen ersetzt werden. (**Hinweis:** Man erinnere sich, daß Ereignisnotizen mit derselben Aktivierungszeit in der Reihenfolge ihrer Erzeugung belassen werden. Ordnen Sie jedem Prozeß eine Bedingung zu, die erfüllt sein muß, damit der Prozeß fortgeführt werden kann.)

21 Weitere Problemstellungen

Dieses Buch hat eine Reihe von Entwurfs- und Implementierungstechniken eingeführt, die sowohl die von uns hergestellte Software als auch den Herstellungsprozeß entscheidend verbessern könnten. Viele Straßen für weitere Forschungen sind noch offen. In diesem letzten Kapitel werfen wir einen kurzen Blick auf einige der drängendsten Probleme, geben aber lediglich Hinweise auf mögliche Lösungen.

21.1 Implementierung von Wiederverwendbarkeit

Nehmen wir an, jedermann sei begeistert vom objektorientierten Entwurf, und Softwarefabriken begännen rund um die Welt damit, rasch wiederverwendbare Softwarebausteine unter Nutzung der fortgeschrittensten Technik auszustoßen - Klassen, Programmieren als Vertragsschließen, Zusicherungen, disziplinierte Ausnahmen, Generizität, Mehrfacherben, Polymorphismus, dynamisches Binden, und so weiter. Funktionierte Wiederverwendbarkeit dann automatisch?

Nicht notwendigerweise. Selbst wenn man von den damit verbundenen ökonomischen, politischen und psychologischen Problemen absieht, wird Software nur wiederverwendet werden, wenn die potentiellen Nutznießer von den verfügbaren Bausteinen wissen. Das ist das ganze Problem von Bausteindatenbanken. In Kapitel 3 wurde dieses Problem erwähnt und hinzugefügt, daß das richtige technische Niveau - objektorientierter Entwurf mit voller Entfaltung dieser Techniken - erreicht sein muß, bevor es entscheidend wird. Wenn aber dieses Niveau einmal erreicht ist, dann muß dieses Problem angegangen werden.

Ein erster Versuch für Bausteindatenbanken ist der Smalltalk-Browser (20.2.3), der es Smalltalk-Benutzern ermöglicht, interaktiv die Klassenhierarchie bis ganz hinab zum tatsächlichen Code jeder Klasse zu durchforschen. Dieses Werkzeug, das auf den Smalltalk-Fenstertechniken beruht, ist gut auf eine Umgebung zugeschnitten, in der Klassen von wenigen Leuten erstellt werden und die Gesamtzahl von Klassen nicht wenige zehn oder vielleicht wenige hundert überschreitet. Bei Wiederverwendbarkeit im großen Maßstab ist das nicht ausreichend.

Was man braucht, ist ein System, das es potentiellen Benutzern erlaubt, vorhandene Klassen nicht nur über ihre Namen (zu ungenau) oder ihren ganzen Text (zu detailliert) zu finden, sondern auch über ihre Eigenschaften; anders gesagt, eine Klassen-Datenbank mit einer zugehörigen Anfragesprache.

Die Standard-Datenbanktechnik ist dafür in gewissem Maße geeignet; eine Klasse und ihre Merkmale kann in einer Datenbank auf die gleiche Weise gespeichert werden wie zum Beispiel ein Kundensatz. Es gibt aber weitere Anforderungen:

- Beziehungen zwischen Klassen (Vererbung, Kunde) sollten in der Datenbank geführt werden. Aus offensichtlichem Grund sollten diese Beziehungen automatisch aus dem Klassentext abgeleitet und nicht manuell eingegeben werden.

- Der Kontext jeder Klasse (siehe die Zeile SOURCE in der Eiffel-Systembeschreibungsdatei) sollte exakt beschrieben sein, so daß Verweise auf die Namen anderer Klassen (Eltern oder Lieferanten) eindeutig sind, auch wenn viele Klassen in der Datenbank denselben Namen haben sollten.
- Die Versionsverwaltung sollte zu einem gewissen Grade unterstützt werden.
- Einige Klassentexte werden in der Datenbank verfügbar sein; andere mögen nicht verfügbar sein, und sei es auch nur zum Schutz von Eigentümerinformationen. In jedem Fall sollte eine Schnittstellenversion (wie sie in Eiffel vom Kommando „short" erzeugt wird) vorhanden sein.
- Es muß möglich sein, eine Klasse in der Datenbank um zusätzliche Informationen zu ergänzen: Schlüsselwörter zur Erleichterung des Wiederauffindens (zur Beschreibung von Anwendungskategorien wie Signalverarbeitung, Übersetzerbau, usw.), Leistungsdaten, Entwickler, Preis, irgendwelche besonderen Einschränkungen.
- Es muß möglich sein, Zugriffskontrollen und Integritätsschutz zu implementieren.

Nur wenige dieser Ziele werden von vorhandenen Datenbanksystemen angegangen. Ein Softwarebaustein-Datenbanksystem sollte wahrscheinlich auf einem Datenbankmanagementsystem, erweitert um besondere Mechanismen, beruhen.

21.2 Persistenz

Die objektorientierte Programmierung wirft ein weiteres Datenbankproblem auf. Die bisher betrachteten Objekte existieren für die Dauer einer Ausführung. Es besteht ebenso Bedarf nach Objekten mit längerer Lebenszeit.

Eine Form dieser Persistenz wird von Eiffel mit der Klasse *STORABLE* mit ihren Primitiven *store* und *retrieve* geboten (15.5.5), die für das Abspeichern als Dateien und das Wiederauffinden ganzer Datenstrukturen sorgen. Über solche Hilfsmittel hinaus sollte es möglich sein, einzelne Objekte zu speichern und sie durch Anfragen bezüglich ihrer Attribute wiederaufzufinden. Das ist natürlich eine grundlegende Erweiterung dieses Ansatzes.

Jedes Schema, das sich mit persistenten Objekten befaßt, muß sich mit einem sehr diffizilen Problem befassen: Wie kann man zuvor gespeicherte Objekte wiederfinden, wenn die dazugehörigen Klassenbeschreibungen geringfügig geändert wurden. Jede Lösung muß die Erhaltung der Datenintegrität gewährleisten, wie das in Eiffel durch die Klasseninvarianten beschrieben wird.

Allgemeiner: Datenabstraktion und das objektorientierte Paradigma bieten eine attraktive Alternative zu den heutigen Datenbanksystemen zugrundeliegenden Modellen – hierarchisch, netzwerkartig, relational, Entity-Relation. Im Vergleich zu zum Beispiel relationalen Datenbanken bräuchte eine objektorientierte Datenbank nicht „normalisiert" werden: Die Attribute eines Objekts können Verweise auf andere Objekte sein.

In den letzten Jahren haben Datenbankforscher steigendes Interesse am objektorientierten Modell gezeigt. Es ist kaum anzuzweifeln, daß objektorientierte Konzepte eine mögliche Basis für Datenbanksysteme bieten, die wirksamer als die heutigen sind; die Herausforderung besteht darin, objektorientierte Datenbanken zu bauen, die mindestens ebenso effizient und leicht zu benutzen sind wie Datenbanken, die mit heutiger Technik gebaut sind.

21.3 Nebenläufigkeit

Objektorientierter Entwurf fördert dezentrale Softwarearchitekturen. Konsequente Dezentralisierung erfordert, daß auch die Steuerung dezentral ist: Nebenläufigkeit muß unterstützt werden.

Simula hat gezeigt, wie Klassen zur Implementierung nicht nur von Datenstrukturen, sondern auch von Prozessen genutzt werden können. Simula-Prozesse sind jedoch zur Abarbeitung auf einem sequentiellen Prozessor gedacht.

Nicht alle Objekte können als Prozesse betrachtet werden. Die Betrachtung von Prozessen als Objekte ist aber attraktiv. Prozesse haben Attribute und können Routinen ausführen; was sie von anderen Objekten unterscheidet, ist, daß sie auch ein vorgeschriebenes Verhalten haben, das aufeinanderfolgende Phasen durchläuft. Darüberhinaus kommunizieren Prozesse miteinander und sind Synchronisationsvorschriften unterworfen.

Der Kommunikationsaspekt scheint vom grundlegenden Mechanismus der objektorientierten Programmausführung angemessen abgedeckt zu sein: Aufruf einer Routine zu einem Objekt (oder Senden einer Botschaft an ein Objekt), eventuell mit Argumenten. Das Aktor-Modell (siehe Literaturhinweise) basiert auf dieser Idee: Nebenläufige Ausführung wird durch eine Verallgemeinerung des Botschaftsübertragungs-Paradigmas beschrieben. Andere Ansätze haben versucht, herkömmliche Synchronisationsprimitiven wie Semaphoren oder Monitore der objektorientierten Basis hinzuzufügen; das kann man machen, aber die Eleganz der einfachen Idee „Prozesse als Objekte mit Szenarium" geht verloren.

> Als dieses Buch geschrieben wurde, war ein Versuch im Gange, Eiffel um eine Unterstützung nebenläufiger Abarbeitung auf der Basis des Eiffel-Ausnahmemechanismus (7.10) zu ergänzen; die Zusammensetzungshilfsmittel der Sprache (Klassen, Generizität, Vererbung) werden benutzt, um verschiedene Modelle hohen Niveaus wie Rendezvous, Monitore, usw. zu unterstützen. Der Entwurf ist jedoch noch nicht vollständig genug, um in diesem Buch veröffentlicht zu werden.

Die Herausforderung für Forscher auf diesem Gebiet besteht darin, ein Schema für Nebenläufigkeit zu finden, das mit dem übrigen objektorientierten Ansatz gut zusammenpaßt und gleichzeitig die überzeugende Einfachheit der erfolgreichsten Nebenläufigkeitskonzepte, von Monitoren zu CSP und CCS, erhält.

21.4 Literaturhinweise

Eine Übersicht über Persistenzprobleme in objektorientierten Systemen wird in [Wiederhold 1986] gegeben. [VLDB 1987], ein Band mit Tagungspapieren, enthält verschiedene Artikel zu diesem Thema.

Eine Menge von Artikeln über Nebenläufigkeit in objektorientierten Systemen finden sich in [Yonezawa 1987]. Einer dieser Artikel beschreibt Hewitts Aktor-Modell, das genauer in [Agha 1986] beschrieben wird.

Eine Anzahl von Artikeln zu Forschungsfragen bei objektorientierten Techniken findet sich in [Shriver 1987]. Die Konferenzen OOPSLA (Object-Oriented Programming, Systems, Languages and Applications) und ECOOP (European Conference on Object-Oriented Programming) spiegeln den aktuellen Fortschritt auf diesem Gebiet wider [OOPSLA 1986], [OOPSLA 1987], [ECOOP 1987].

TEIL 4

Anhang

Anhang A
Auszüge aus der Eiffel-Bibliothek

Die unten wiedergegebenen Klassen stammen aus der Basisbibliothek, die eine der grundlegenden Schätze für den Entwurf von Software in Eiffel ist. Sie wurden ein wenig vereinfacht, einige Aspekte wurden weggelassen, aber sie bleiben dem Original treu. Gewisse Einzelheiten wurden zur Ergänzung durch den Leser offengehalten.

A.1 Felder

Eindimensionale Felder sind in Eiffel kein Grundbegriff, sondern eine generische Klasse mit der unten angegebenen Implementierung. Ähnliche Klassen gibt es für zwei- und für dreidimensionale Felder.

Ein Feld kann mit beliebigen Grenzen mithilfe der Prozedur *Create* erzeugt werden; die Routinen *entry* und *enter* werden zum Lesen und zum Ändern von Feldelementen benutzt.

Die hier gezeigte Implementierung beruht auf maschinenabhängigen Primitiven niederer Ebene für die dynamische Speicherverwaltung: *allocate* zur dynamischen Zuweisung von Speicherbereichen, *dynget* zum Lesen von Daten aus solchen Bereichen, *dynput* zur Veränderung dieser Daten. Diese maschinennahen Primitiven wurden als in C-Form vorhanden vorausgesetzt. Sie arbeiten unmittelbar auf Adressen; da „Adresse" natürlich kein gültiger Eiffel-Typ ist, werden Adressen als positive Ganzzahlen verschlüsselt. Das Verschlüsseln und Entschlüsseln ist Aufgabe der maschinennahen Routinen; die Eiffel-Ebene sieht nur „abstrakte" Ganzzahlen.

Das Beispiel enthält wenig eigentlichen Eiffel-Code, aber zeigt, wie eine Eiffel-Klasse zur Kapselung einer Gruppe von verwandten maschinennahen Primitiven benutzt werden kann und wie die Klasse dies der Außenwelt als in sich geschlossene Abstraktion darstellt, vollständig mit Vorbedingungen, Nachbedingungen und Klasseninvariante.

```
class ARRAY[T] export
    lower, size, upper, entry, enter
feature
    lower, size, upper: INTEGER;
    area: INTEGER; -- Geheim
```

```
Create (minb, maxb: INTEGER) is
        -- Erzeuge das Feld mit den Grenzen minb und maxb.
        -- (Leer, wenn minb > maxb.)
    external
        allocate (length: INTEGER): INTEGER
        name "allocate" language "C";
            -- Reserviere einen Bereich von length
            -- integers und liefere dessen Adresse
            -- (0 falls unmöglich)
    do
        lower := minb;
        upper := maxb;
        if minb <= maxb then
            size := maxb - minb + 1;
            area := allocate(size)
        else
            size := 0
        end;
    end; -- Create

entry (i: INTEGER): T is
            -- Eintrag am Index i
    require
        lower <= i; i <= upper; area > 0
    external
        dynget (address, index: INTEGER): T
        name "dynget" language "C";
                -- Wert des indexten Elements im Bereich
                -- mit der Adresse address
    do
        Result := dynget (area,i)
    end; -- entry

enter (i: INTEGER; value: T) is
            -- Weise dem i-ten Eintrag den Wert value zu
    require
        lower <= i; i <= upper; area > 0
    external
        dynput (address, index: INTEGER; val: T)
        name "dynput" language "C";
                -- Ersetze den Wert des indexten
                -- Elements im Bereich mit der Adresse
                -- address durch val
    do
        dynput (area,i,val)
    end; -- enter

invariant
    size = upper - lower + 1; size >= 0;
    -- area > 0 genau dann, wenn das Feld erzeugt wurde
end -- class ARRAY[T]
```

A.2 Allgemeine Listen

Dieser und die folgenden Abschnitte führen Klassen ein, die Listen diverser Sorten entsprechen:

- *LIST[T]* (Allgemeiner Listenbegriff)
- *FIXED_LIST[T]* (durch Felder dargestellte Listen; keine Einfügung oder Löschung)
- *LINKED_LIST[T]* (verkettete Darstellung; Einfügungen und Löschungen erlaubt)
- *TWO_WAY_LIST[T]* (wie *LINKED_LIST*, aber zum effizienteren Rechts-nach-links-Durchstreifen doppelt verkettet).

Diese Klassen sind entsprechend den Grundsätzen aus 9.2 zur Beschreibung aktiver Datenstrukturen gebaut, mit Positionsinformationen, die von einem Routinenaufruf zum nächsten aufbewahrt werden. Jede Liste enthält einen „Cursor", der von verschiedenen Prozeduren bewegt werden kann.

```
            -- Allgemeine Listen ohne Festlegung auf eine bestimmte
            -- Darstellung
class LIST[T] export
    nb_elements, empty,
    position, offright, offleft, isfirst, islast,
    value, i_th, first, last,
    change_value, change_i_th, swap,
    start, finish, forth, back, go, search,
    mark, return,
    index_of, present,
    duplicate
feature
-- Anzahl der Listenelemente
    nb_elements: INTEGER;
    empty: BOOLEAN is
                -- Ist die Liste leer?
        do Result := (nb_elements = 0) end; -- empty
-- Abfrage der Cursorposition
    position: INTEGER;

    offright: BOOLEAN is
                -- Ist der Cursor rechts vom rechten Rand?
        do Result := empty or (position = nb_elements+1)
        end; -- offright

    offleft: BOOLEAN is
                -- Ist der Cursor links vom linken Rand?
        do Result := empty or (position = 0)
                -- Diese Formulierung ist wegen der Symmetrie mit
                -- offright so gewählt: empty impliziert
                -- (position = 0), so daß die zweite Bedingung
                -- äquivalent zum ganzen "or"-Ausdruck ist
        end; -- offleft
```

```
isfirst: BOOLEAN is
        -- Steht der Cursor auf dem ersten Element?
        -- (wenn ja, ist die Liste nicht leer)
    do
        Result := (position = 1)
    ensure
        not Result or else not empty
    end; -- isfirst

islast: BOOLEAN is
        -- Steht der Cursor auf dem letzten Element?
        -- (wenn ja, ist die Liste nicht leer)
    * bleibt dem Leser überlassen

-- Zugriff auf Listenwerte

value: T is
        -- Wert des Elements an der Cursorposition
    require
        not offleft; not offright
                -- Das impliziert not empty
    deferred
    end; -- value

i_th (i: INTEGER): T is
        -- Wert des i-ten Elements
    require
        1 <= i; i <= nb_elements
                -- Das impliziert not empty
    do
        mark; go(i); Result := value; return
    ensure
        -- Result = Wert des i-ten Elements
    end; -- i_th

first: T is
        -- Wert des ersten Elements
    require
        not empty
    do
        Result := i_th(1)
    end; -- first

last: T is
        -- Wert des letzten Elements
    * bleibt dem Leser überlassen

-- Änderung von Listenwerten
```

```
change_value (v: T) is
        -- Weise dem Element an der Cursorposition v zu
    require
        not offleft; not offright
                    -- Das impliziert not empty
    deferred
    ensure
        value = v
    end; -- change_value

change_i_th (i: INTEGER; v: T) is
        -- Weise dem i-ten Element v zu
    * Bleibt dem Leser überlassen


swap (i: INTEGER) is
        -- Vertausche die Werte der Elemente an der
        -- Cursorposition und an der Position i.
        -- Bewege nicht den Cursor.
    require
        not offleft; not offright;1 <= i; i <= nb_elements
                    -- Das impliziert not empty
    local
        thisvalue, thatvalue: T;
    do
        thisvalue := value; mark;
        go(i);thatvalue := value;change_value(thisvalue);
        return;change_value(thatvalue)
    end; -- swap

-- An der Liste entlanglaufen

start is
        -- Bewege den Cursor zum ersten Element (kein
        -- Effekt, wenn die Liste leer ist)
    deferred
    ensure
        (empty and Nochange) or else isfirst
    end; -- start

forth is
        -- Bewege den Cursor zum nächsten Element
    require
        not offright
    deferred
    ensure
        position = old position + 1
    end; -- forth
```

```
go (i: INTEGER) is
        -- Bewege den Cursor zur Position i
    require
        0 <= i; i <= nb_elements + 1
    do
        if empty or i = 0 then
            go_offleft
        else
            from
                if position > i then start end
            invariant
                1 <= position; position <= i
            variant
                i - position
            until position = i loop
                    check not offright end;
                forth
            end -- loop
        end -- if
    ensure
        (i = 0 and offleft) or
        (i = nb_elements + 1 and offright) or
        (1 <= i and i <= nb_elements and position = i)
    end; -- go

back is
        -- Bewege den Cursor zum vorherigen Element
    require
        not offleft
    do
            check position >= 1 end;
        go(position -1)
    end; -- back

finish is
        -- Bewege den Cursor zum letzten Element (kein
        -- Effekt, wenn die Liste leer ist)
    do
        go(nb_elements)
    ensure
        (empty and Nochange) or else islast
    end; -- finish

go_offleft is
        -- Bewege den Cursor hinter das letzte Element
        -- (Geheime Prozedur; benutze in Kunden go(0))
    deferred
    ensure
        offleft
    end; -- go_offleft
```

```
search (v: T;i: INTEGER) is
        -- Bewege den Cursor zum i-ten Vorkommen des
        -- Wertes v in der Liste, wenn es mindestens i
        -- solche Elemente gibt; sonst gehe hinter die
        -- letzte Position
    require
        i > 0
    local
        k: INTEGER
    do
        from
            start; k := 1
        invariant
            position >= 0
            -- k-1 Elemente links von der Cursor-Position
            -- haben den Wert v
        variant
            nb_elements - position
        until
            offright or else (value = v and k = i)
        loop
            if value = v then k := k + 1 end;
            forth
        end -- loop
    ensure
        offright or else value = v;
        -- offright or else Cursor steht auf dem i-ten
        -- Vorkommen von Wert v
    end; -- search

 -- Geheime Attribute für mark und return
    backup: like Current;
    no_change_since_mark: BOOLEAN;

-- Markieren von Positionen und Zurückkehren (zurückgekehrt wird
-- last-in, first-out)

 mark is
        -- Markiere die Cursor-Position
    do backup.Clone(Current); end; -- mark

 return is
        -- Bewege den Cursor zur letzten markierten Position
    require
        not backup.Void;
        no_change_since_mark
    do
        position := backup.position;
        no_change_since_mark := backup.no_change_since_mark;
        backup := backup.backup
    end; -- return
```

```
-- Informationen über Vorkommen bestimmter Elemente finden.

    index_of (v: T; i: INTEGER): INTEGER is
                -- Index des i-ten Elements mit Wert v (0, wenn
                -- weniger als i)
            require
                i > 0
            do
                mark; search(v,i);
                if not offright then Result := position end;
                return
            ensure
                -- (Result > 0 and then
                --   Result ist der Index des i-ten Elements mit
                --   Wert v in der Liste)
                -- or else
                --   (Result = 0 and
                --   es gibt weniger als i Elemente vom Wert v
                --   in der Liste)
            end; -- index_of

    present (v: T): BOOLEAN is
              -- Kommt v in der Liste vor?
            do
                Result := index_of(v,1) > 0
            ensure
                -- Result = (v kommt in der Liste vor)
            end; -- present

-- Kopieren einer Liste

    duplicate: like Current is
                -- Stelle eine Kopie der Liste her
            deferred
            end; -- duplicate

invariant
    0 <= position; position <= nb_elements + 1;
    not empty or else (position = 0);
    empty = (offleft and offright);
    offright = (empty or (position = nb_elements + 1));
    offleft = (empty or (position = 0));
            -- Man beachte, daß aus empty (position = 0) folgt,
            -- so daß also:
    offleft = (position =0);
    isfirst = (position =1);
    islast = (not empty and (position = nb_elements));
    not empty or else (not isfirst and not islast);
end -- class LIST
```

A.3 Feldlisten

Die Klasse *FIXED_LIST[T]* bietet eine Feldimplementierung für Listen; Operationen sind nur beschränkt möglich (keine Einfügungen oder Löschungen). Das Feld wird mit festen Grenzen erzeugt, die als Argumente der für diese Klasse redefinierten Version der Prozedur *Create* auftauchen.

```
        -- Liste mit einer festen Elementanzahl
class FIXED_LIST[T] export
  ... Dieselben exportierten Merkmale wie in LIST ...

inherit
  ARRAY[T]
        rename Create as array_Create;
  LIST[T]
        redefine i_th, change_i_th, swap, go;

feature
  Create (n: INTEGER) is
                -- Erzeuge eine feste Liste mit n Elementen
        do
            array_Create (1,n);
                check n = size end;
            nb_elements := n;
        end; -- Create

  value: T is
            -- Wert des Elements an der Cursor-Position
        do Result := entry (position) end; -- value

  change_value (v: T) is
            -- Weise dem Element an der Cursor-Position den
            -- Wert v zu
        do
            enter (position,v)
        ensure
            value = v; entry(position) = v
        end; -- change_value

  i_th (i: INTEGER): T is
            -- Wert des i-ten Elements
        * Bleibt dem Leser überlassen

  change_i_th (i: INTEGER; v: T) is
            -- Weise v dem i-ten Element zu
        * Bleibt dem Leser überlassen

  swap (i: INTEGER) is
            -- Vertausche den Wert des Elements an der Cursor-
            -- Position mit dem des i-ten Elements.
            -- Bewege den Cursor nicht.
        * Bleibt dem Leser überlassen
```

```
start is
        -- Bewege den Cursor zum ersten Element (kein
        -- Effekt, wenn die Liste leer ist)
    do
        position := min(nb_elements,1)
    end; -- start

forth is
        -- Bewege den Cursor zum nächsten Element
    require
        not offright
    do
        position := position + 1
    ensure
        position = old position + 1
    end; -- forth

go (i: INTEGER) is
        -- Bewege den Cursor zum i-ten Element
    * Bleibt dem Leser überlassen

go_offleft is
        -- Bewege den Cursor vor das erste Element
        -- (Geheime Prozedur; benutze in Kunden go(0))
    * Bleibt dem Leser überlassen

duplicate: like Current is
        -- Erstelle Kopie der Liste
    do
        Result.Create (nb_elements);
            -- Result.Clone wäre ungeeignet
        mark;
        from start; Result.start invariant
            -- position - 1 Werte wurden kopiert
        variant nb_elements - position until
            offright
                -- Damit auch Result.offright
        loop
            Result.change_value (value);
            forth; Result.forth
        end; -- loop
        return; Result.go (position)
    end; -- duplicate

invariant
    -- Die Klasseninvariante fügt der Klasseninvarianten von
    -- LIST nichts hinzu
end -- class FIXED_LIST
```

A.4 Verkettbare Elemente

Dieser Abschnitt führt die Klassen *LINKABLE[T]* und *BI_LINKABLE[T]* ein, die den „verkettbaren" Listenbestandteilen zweier unterschiedlicher Sorten entsprechen: nur-rechts-verkettete und doppelt-verkettete. Objekte dieser Typen haben zwei Felder: einen Wert und einen „Rechtszeiger" auf ein weiteres, gleichartiges Objekt. Doppelt-verkettbare Objekte haben zusätzlich ein „Linksfeld". Solche Bestandteilstrukturen werden in Verbindung mit Klassen für verkettete Listen entwickelt: *LINKED-LIST[T]* und *TWO_WAY_LIST[T].*

```
        -- Verkettete Listenelemente (zur Benutzung in
        -- Verbindung mit LINKED_LIST[T] und TWO_WAY_LIST[T])

class LINKABLE[T] export

    value,
    change_linkable_value {LINKED_LIST},
    right, change_right {LINKED_LIST},
    put_between {LINKED_LIST}

feature

    Create (initial: T) is
                -- Initialisiere mit dem Wert initial
        do value := t end; -- Create

    value: T;

    change_linkable_value (new: T) is
                -- Weise dem aktuellen Listenelement
                -- den Wert new zu
        do value := t end; -- change_linkable_value

    right: like Current;

    change_right (other: like Current) is
                -- Füge other rechts vom aktuellen Element ein
        do right := other end; -- change_right

    put_between (before,after: like Current) is
                -- Füge das aktuelle Argument zwischen before und
                -- after ein (falls möglich)
                -- Diese Prozedur wird in LINKED_LIST bei jeder
                -- Einfügung benutzt.
        do
            if not before.Void then
                before.change_right (Current)
            end;
            change_right (after);
        end; -- put_between
end -- class LINKABLE[T]
```

```
-- Dasselbe wie LINKABLE[T] plus "Linksfeld"

class BI_LINKABLE[T] export
    value, right, left,
    change_bilinkable_value {TWO_WAY_LIST},
    change_right {BI_LINKABLE, TWO_WAY_LIST},
    change_left {BI_LINKABLE, TWO_WAY_LIST}

inherit

    LINKABLE[T]
        rename
            change_linkable_value as change_bilinkable_value
                -- Umbenennung nur für konsistente Bezeichnungsweise
        redefine right, change_right

feature

    left, right: like Current;

    change_right (other: like Current) is
            -- Füge other rechts vom aktuellen Argument ein
        do
            right := other;
            if not other.Void then
                other.change_left (Current)
            end
        end; -- change_right

    change_left (other: like Current) is
            -- Füge other links vom aktuellen Argument ein
        do
            left := other;
            if not other.Void
                    -- Vermeide unendliche Rekursion mit
                    -- change_right!
            and then other.right /= Current
            then
                other.change_right (Current)
            end
        end -- change_left

invariant
    right.Void or else right.left = Current;
    left.Void or else left.right = Current;
end -- class BI_LINKABLE[T]
```

A.5 Verkettete Listen

Die Klasse *LINKED_LIST[T]* führt einfach verkettete Listen ein. Alle Einfüge- und Löschoperationen sind möglich; da die Listen aber nur in einer Richtung verkettet sind, sind Operationen wie *back*, die ein vollständiges Durchstreifen erfordern, ineffizient.

Die Darstellung führt nicht nur Verweise auf das Element an der Cursor-Position, sondern auch auf dessen linke und rechte Nachbarn *(active, left, right)*. Das ermöglicht zum Beispiel effiziente Einfügungen unmittelbar vor und hinter dem Cursor.

Ein Hinweis für den mutigen Leser: Eine hervorragende Prüfung Ihres Verständnisses der augenblicklichen Basisklassen und der allgemeinen Grundsätze der Eiffel-Entwicklung besteht darin, zwei Prozeduren nach dem Muster von *insert_right* und *insert_left* zu schreiben, nämlich

```
merge_after (l: like Current)
merge_before (l: like Current),
```

die rechts bzw. links von der aktuellen Cursor-Position eine verkettete Liste *l* einfügen. Es sollten die genauen Bedingungen **(require ...)** angegeben werden, unter denen sie anwendbar sind. Die Leitlinien sollten sein: Einfachheit (keine Hilfsprozedur ist nötig), Erhaltung der Klasseninvarianten, vollständige Symmetrie zwischen links und rechts und Eleganz. Noch besser wäre es, wenn die Prozeduren auch auf doppelt verkettete Listen (nächster Abschnitt) ohne Redefinition anwendbar wären.

```
        -- Einfach verkettete Listen

class LINKED_LIST[T] export
        -- Merkmale von LIST:
    nb_elements, empty,
    position, offright, offleft, isfirst, islast,
    value, i_th, first, last,
    change_value, change_i_th, swap,
    start, finish, forth, back, go, search,
    mark, return,
    index_of, present,
    duplicate,
        -- plus neue, durch die verkettete Darstellung
        -- ermöglichte Merkmale
    insert_right, insert_left,
    delete, delete_right, delete_left,
    delete_all_occurrences, wipe_out

inherit
    LIST[T]
        redefine first

feature
    first: T;
        -- Wert des ersten Elements (hier als Attribut
        -- redefiniert)
```

```
-- Für verkettete Darstellung spezifische geheime Attribute

   first_element: LINKABLE[T];
   active, previous, next: like first_element;

-- Verkettete Implementierungen von Merkmalen, die in LIST aufgeschoben waren

   value: T is
            -- Wert des Elements an der Cursor-Position
        require
            not offleft; not offright
                    -- Daraus folgt not empty
        do
            Result := active.value
        end; -- value

   change_value (v: T) is
            -- Weise dem Element an der Cursor-Position den
            -- Wert v zu
        require
            not offleft; not offright
                    -- Daraus folgt not empty
        do
            active.change_linkable_value (v)
        ensure
            value = v
        end; -- change_value

   start is
            -- Bewege den Cursor zum ersten Element (kein
            -- Effekt, wenn die Liste leer ist)
        do
            if not empty then
                previous.Forget;
                active := first_element;
                    check not active.Void end;
                next := active.right;
                position := 1
            end
        ensure
            empty or else isfirst
        end; -- start

   forth is
            -- Bewege den Cursor zum nächsten Element
        require
            not offright
        do
            if offleft then
                    check not empty end;
                start
```

```
            else
                    check not active.Void end;
                previous := active; active := next;
                if not active.Void then next := active.right
                end;
                position := position + 1
            end
        ensure
            position = old position + 1
        end; -- forth
    go_offleft is
            -- Bewege den Cursor vor das erste Element
            -- (Geheime Prozedur; benutze in Kunden go(0))
        do
            active.Forget; previous.Forget;
            next := first_element;
            position := 0
        ensure
            offleft
        end; -- go_offleft
    duplicate: like Current is
            -- Erstelle Kopie der Liste
        * Bleibt dem Leser überlassen
        * (Gehe durch die Liste, kopiere jedes Listenelement)
        * (Siehe entsprechende Prozedur für FIXED_LIST)

-- Für verkettete Listen spezifische Lösch- und Einfügeoperationen

    insert_right (v: T) is
            -- Füge rechts von der Cursor-Position ein Element
            -- mit Wert v ein, falls da ein Element ist.
            -- Bewege nicht den Cursor.
        require
            empty or else offright
        local
            new: like first_element
        do
            new.Create (v);
            insert_linkable_right (new)
        ensure
            nb_elements = old nb_elements + 1;
            active = old active;
            position = old position;
            not next.Void; next.value = v
        end; -- insert_right

    insert_left (v: T) is
            -- Füge links von der Cursor-Position ein Element
            -- mit Wert v ein, falls da ein Element ist.
            -- Bewege nicht den Cursor.
        * Bleibt dem Leser überlassen
```

```
delete is
        -- Lösche das Element an der Cursor-Position und
        -- bewege den Cursor zum rechten Nachbarn.
        -- (Die Liste wird offright, wenn es keinen rechten Nachbarn gibt)
    require
        not offleft; not offright
    do
        active := next;
        if not previous.Void then
            previous.change_right (active)
        end;
        if not active.Void then
            next := active.right
        end;
            -- sonst ist next schon leer
        nb_elements := nb_elements - 1;
        no_change_since_mark := false;
            check
                position - 1 >= 0;
                position - 1 <= nb_elements;
                empty or else position - 1 > 0 or else not active.Void;
            end;
        update_after_deletion(previous,active,position-1);
    ensure
        nb_elements = old nb_elements - 1;
        empty or else (position = old position)
    end; -- delete

delete_right is
        -- Lösche das Element unmittelbar rechts vom
        -- Cursor. Bewege den Cursor nicht.
        -- (Kein Effekt, wenn die Cursor-Position die
        -- letzte in der Liste ist.)
    * Bleibt dem Leser überlassen (mache delete nach)

delete_left is
        -- Lösche das Element unmittelbar links vom
        -- Cursor. Bewege den Cursor nicht.
        -- (Kein Effekt, wenn die Cursor-Position die
        -- erste in der Liste ist.)
        -- Ineffizient für einfach verkettete Listen:
        -- der Vollständigkeit halber aufgenommen
    * Bleibt dem Leser überlassen (benutze back und delete)

delete_all_occurrences (v: T) is
        -- Lösche alle Vorkommen von v in der Liste
    do
        from start until offright loop
            if value = v then delete else forth end
        end;
        no_change_since_mark := false
    end; -- delete_all_occurrences
```

```
wipe_out is
        -- Leere die Liste
    do
        nb_elements := 0; position := 0;
        active.Forget; first_element.Forget;
        previous.Forget; next.Forget;
        no_change_since_mark := false
    ensure
        empty
    end; -- wipe_out

-- Geheime Routinen zur Implementierung von Löschungen und Einfügungen

insert_linkable_right (new: like first_element) is
        -- Füge new rechts von der Cursor-Position ein,
        -- falls dort ein Element ist.
        -- Bewege den Cursor nicht.
        -- (Geheime Prozedur.)
    require
        not new.Void; empty or else not offright
    do
        new.put_between (active, next);
        next := new; nb_elements := nb_elements + 1;
        no_change_since_mark := false;
            check 1 <= position + 1;
                position + 1 <= nb_elements
            end;
        update_after_insertion (new, position + 1)
    ensure
        nb_elements = old nb_elements + 1;
        position = old position;
        previous = new
    end; -- insert_linkable_right

insert_linkable_left (new: like first_element) is
        -- Füge new links von der Cursor-Position ein,
        -- falls dort ein Element ist.
        -- Bewege den Cursor nicht.
        -- (Geheime Prozedur.)
    require
        not new.Void; empty or else not offleft
    do
        if empty then position := 1 end;
        new.put_between (previous, active);
        previous := new; nb_elements := nb_elements + 1;
        position := position + 1;
        no_change_since_mark := false;
            check 1 <= position - 1;
                position - 1 <= nb_elements
            end;
```

```
            update_after_insertion (new, position - 1)
        ensure
            nb_elements = old nb_elements + 1;
            position = old position + 1;
            previous = new
        end; -- insert_linkable_left

    update_after_insertion
            (new: like first_element; index: INTEGER) is
            -- Prüfe die Folgen der Einfügung von Element new
            -- an der Position index: Wird es zum ersten Element?
        require
            not new.Void;
            index >= 1; index <= nb_elements
        do
            if index = 1 then
                first_element := new; first := new.value
            end
        end; -- update_after_insertion

    update_after_deletion
            (one, other: like first_element; index: INTEGER) is
            -- Prüfe die Folgen der Löschung des Elements
            -- zwischen one und other, wobei one an der
            -- Position index ist.
            -- Korrigiere first_element, wenn nötig.
        require
            index >= 0; index <= nb_elements;
            empty or else index > 0 or else not other.Void;
            -- Das gelöschte Element war zwischen one und other
        do
            if empty then
                first_element.Forget; position := 0
            elsif index = 0 then
                        check not other.Void end;
                                    -- siehe Vorbedingung
                first_element := other; first := other.value
            -- sonst mache nichts weiter
            end
        end; -- update_after_deletion

invariant
        -- Die Invariante der Klasse LIST plus das folgende:
    empty = first_element.Void;
    empty or else first_element.value = first;
    active.Void = (offleft or offright);
    previous.Void = (offleft or isfirst);
    next.Void = (offleft or islast);
    previous.Void or else (active.right = next);
    -- (offleft or offright) or else active ist das position-te Element
end -- class LINKED_LIST
```

A.6 Doppelt verkettete Listen

Die Klasse *TWO_WAY_LIST[T]* führt doppelt verkettete Listen ein. Die Merkmale *back* und *forth* sind jetzt gleich effizient; tatsächlich ist die ganze Klasse in bezug auf „links" und „rechts" fast vollständig symmetrisch.

```
            -- Doppelt verkettete Listen
class TWO_WAY_LIST[T] export
    ... Dieselben exportierten Merkmale wie in LINKED_LIST ...

inherit

    LINKED_LIST[T]
        rename
            go as reach_from_left,
            wipe_out as simple_wipe_out
        redefine
            first_element, last, back, go, wipe_out, last,
            update_after_deletion, update_after_insertion

feature

    first_element: BI_LINKABLE[T];
        -- Redefiniert von LINKED_LIST
        -- Doppelt verkettete Listen führen auch einen Verweis
        -- auf das letzte Element und dessen Wert:

    last_element: like first_element;

    last: T;
        -- Redefiniert als Attribut (war in LINKED_LIST Funktion)

    back is
            -- Bewege den Cursor zur vorherigen Position
        require
            not offleft
        do
            if offright then
                    check not empty end;
                finish
            else
                    check not active.Void end;
                next := active; active := previous;
                if not active.Void then
                    previous := active.left
                end;
                position := position - 1
            end
        ensure
            position = old position - 1
        end; -- back
```

```
go (i: INTEGER) is
        -- Bewege den Cursor zur Position i
    require
        i >= 0; i <= nb_elements + 1
    do
        if i = nb_elements + 1 then
                -- Gehe hinter den rechten Rand:
            active.Forget; next.Forget;
            previous := last_element;
            position := nb_elements + 1
        elsif
            i <= position/2 or
                (i >= position and
                    i <= (position + nb_elements)/2)
        then
            reach_from_left (i)
        else -- Komme von rechts:
            from
                if position < i then
                        -- finish (revidiert für
                        -- doppelt verkettete Listen)
                    active := last_element;
                    previous := active.left;
                    next.Forget
                end
            invariant
                i <= position; position <= nb_elements
            variant position - i
            until position = i loop
                    check not offleft end;
                back
            end -- loop
        end -- if
    ensure
        position = i
    end; -- go

update_after_insertion
        (new: like first_element; index: INTEGER) is
        -- Prüfe die Folgen der Einfügung von Element new
        -- an der Position index: Wird es zum ersten Element?
    * Redefinition bleibt dem Leser überlassen
    * Hinweis: Mache die Routine symmetrisch in bezug auf
    * links und rechts
    * last_element und last müssen ggf. angepaßt werden
    * genauso first_element und first
```

```
update_after_deletion
        (one, other: like first_element; index: INTEGER) is
        -- Prüfe die Folgen der Löschung des Elements
        -- zwischen one und other, wobei one an der
        -- Position index ist.
        -- Korrigiere first_element, wenn nötig.
    * Redefinition bleibt dem Leser überlassen
    * Hinweis: siehe update_after_insertion

wipe_out is
        -- Leere die Liste
    do
        simple_wipe_out; last_element.Forget
    ensure
        empty
    end -- wipe_out

invariant
    -- Die Invariante von LINKED_LIST plus das folgende:
    empty = last_element.Void;
    empty or else last_element.value = last;
    active.Void or else (active.left = previous);
    next.Void or else (next.left = active);
    -- (offleft or offright) or else active ist das
    -- position-te Element
end -- class TWO_WAY_LIST
```

A.7 Bäume und Knoten

Die folgende Klasse ist eine Implementierung von Bäumen mithilfe verketteter Darstellung. Man beachte, daß nicht zwischen Bäumen und Baumknoten unterschieden wird.

Wie in 10.4.3 erläutert, werden Baumknoten als eine Kombination von Listen und Listenelementen implementiert. Die Listenmerkmale ermöglichen es, die Kinder eines Knotens zu bekommen; die Listenelementmerkmale erlauben den Zugriff auf die zu jedem Knoten gehörenden Informationen und sein rechtes Geschwister (die Klasse kann auch für die Nutzung von doppelt verketteten Listen und „doppelt verkettbaren" Elementen redefiniert werden, um den Zugriff auf das linke Geschwister auch zu ermöglichen). Das zusätzliche Merkmal *parent* macht den Zugriff auf das Elternteil jedes Knotens möglich.

Da jeder Knoten des Baums unter anderem eine Liste im obigen Sinne ist, führt er Buch über das jeweilige Kind, auf dem der „Cursor" steht. Zur Bewegung des Cursors eines Knotens sind von *LIST* (durch *LINKED_LIST*) geerbte Prozeduren verfügbar: *back, forth, go,* usw.

```
class TREE[T] export
    position, offright, offleft, isfirst, islast,
    start, finish, forth, back, go,
    mark, return,
    is_leaf, arity,
    node_value, change_node_value,
    child_value, change_child_value,
    child, change_child,
    right_sibling, first_child,
    insert_child_right, insert_child_left,
    delete_child,
    delete_child_left, delete_child_right,
    parent, is_root

inherit
    LINKABLE[T]
        rename
            right as sibling,
            value as node_value,
            change_value as change_node_value,
            put_between as linkable_put_between;
        redefine put_between;

    LINKED_LIST[T]
        rename
            empty as is_leaf, nb_elements as arity,
            value as child_value,
            change_value as change_child_value,
            active as child, first_element as first_child,
            insert_linkable_right as insert_child_right,
            insert_linkable_left as insert_child_left,
            delete as delete_child,
            delete_left as delete_child_left,
            delete_right as delete_child_right,
            update_after_insertion as linked_update_after_insertion;

        redefine first_child, update_after_insertion

feature

    first_child: TREE[T];

    parent: like first_child;

    attach_to_parent (n: like first_child) is
                            -- Mache n zum Elternteil des aktuellen
                            -- Knotens. Geheime Prozedur.
        do
            parent := n
        ensure
            parent = n
        end; -- attach_to_parent
```

```
update_after_insertion
        (new: like first_element; index: INTEGER) is
        -- Prüfe die Folgen der Einfügung von Element new
        -- an der Position index: Wird es zum ersten
        -- Element?
        -- Geheime, von LINKED_LIST redefinierte Prozedur
    require
        not new.Void;
        index >= 1; index <= nb_elements
    do
        linked_update_after_insertion (new, index);
        if index = 1 then
            new.attach_to_parent (Current)
        end
    end; -- update_after_insertion

change_child (n: like first_child) is
        -- Ersetze das Kind an der Cursor-Position durch n
    require
        not n.Void;
        not offleft; not offright -- also not child.Void
    do
        insert_child_right (n);
                check n.parent = Current end;
                -- Wegen der Redefinition von put_between
        delete_child;
                check child = n end
        -- Eine direkte Implementierung (ohne Nutzung von
        -- insert und delete) ist auch möglich
    ensure
        child = n;
        n.parent = Current
    end; -- change_child

is_root: BOOLEAN is
            -- Ist der aktuelle Knoten die Wurzel?
    do
        Result := parent.Void
    end; -- is_root

put_between (before, after: like first_child) is
        -- Füge das aktuelle Element zwischen before und
        -- after ein, wenn es möglich ist
        -- Redefiniert von LINKABLE, um Current dasselbe
        -- Elternteil wie seinen beiden Geschwistern zu geben
    require
        (before.Void or after.Void) or else
                (before.parent = after.parent)
```

```
        do
            linkable_put_between;
            if not before.Void then
                attach_to_parent (before.parent)
            end;
            if not after.Void then
                attach_to_parent (after.parent)
            end;
        end; -- put_between

invariant
        -- Die Invarianten der Elternklassen plus die folgenden:

    is_root = parent.Void;
    sibling.Void or else sibling.parent = parent;
    child.Void or else child.parent = Current;
    previous.Void or else previous.parent = Current;
    next.Void or else next.parent = Current;
    first_child.Void or else first_child.parent = Current;
end -- class TREE
```

Anhang B
Eiffel: Ein kurzer Überblick

Dieser Anhang bietet einen raschen Überblick über Eiffel-Sprache und -Umgebung.

B.1 Entwurfsprinzipien

Die hinter Eiffel stehenden Entwurfsprinzipien folgen aus den Erörterungen in den Kapiteln 1 bis 4: Software-Wiederverwendbarkeit, Erweiterbarkeit und Verträglichkeit wurden als wesentlich erachtet. Auch andere Entwurfsprinzipien spielten eine bedeutende Rolle. Ein Hauptzweck besteht natürlich darin, Programmierern zu *Korrektheit* und *Robustheit* ihrer Software zu verhelfen. *Portabilität* war eine Anforderung an die Implementierung. Schließlich darf bei einem auf praktische Entwicklungen mittleren und großen Ausmaßes gezielten Werkzeug die *Effizienz* nicht vernachlässigt werden.

Um diese Ziele zu erreichen, beruht die Sprache auf den Grundsätzen des objektorientierten Entwurfs. Objektorientierter Entwurf wird definiert als die Entwicklung von Softwaresystemen als strukturierte Sammlungen von Implementierungen abstrakter Datentypen mit den folgenden Anmerkungen:

- Der Schwerpunkt liegt darauf, ein System um die Klassen von Objekten herum zu bauen, auf denen das System arbeitet, und nicht um die Funktionen herum, die darauf ausgeführt werden, sowie auf der Wiederverwendung ganzer Datenstrukturen zusammen mit den zugehörigen Operationen und nicht von vereinzelten Prozeduren.
- Objekte werden als Exemplare abstrakter Datentypen beschrieben - soll heißen, als Datenstrukturen, die über ihre offizielle Schnittstelle bekannt sind und nicht durch ihre Darstellung.
- Die grundlegende modulare Einheit, Klasse genannt, beschreibt eine Implementierung oder eine Gruppe von Implementierungen eines abstrakten Datentyps - nicht den abstrakten Datentyp selbst, dessen Spezifikation nicht unbedingt ausführbar wäre. (Einige Klassen, „aufgeschobene Klassen" genannt, stellen nicht eine, sondern eine ganze Gruppe von Implementierungen dar.)
- Das Wort *Sammlung* spiegelt wider, wie Klassen entworfen werden sollten: als Einheiten, die an sich interessant und nützlich sind, unabhängig von den Systemen, zu denen sie gehören, und von vielen verschiedenen Systemen wiederverwendet werden können. Softwareentwicklung wird als Montage vorhandener Klassen verstanden, nicht als ein Top-down-Prozeß, der bei Null beginnt.
- Das Wort *strukturiert* schließlich spiegelt das Vorhandensein wichtiger Beziehungen zwischen Klassen wider, insbesondere der Beziehung **Mehrfacherben.**

B.2 Klassen

Eine Klasse, welche die Implementierung eines abstrakten Datentyps darstellt, beschreibt eine Menge möglicher Laufzeitobjekte, die durch ihre darauf verfügbaren Operationen (denselben für alle Exemplare einer gegebenen Klasse) und die Eigenschaften dieser Operationen charakterisiert werden. Diese Objekte werden **Exemplare** der Klasse genannt. Klassen und Objekte sollten nicht verwechselt werden: „Klasse" ist ein Begriff der Übersetzungszeit, während Objekte nur zur Laufzeit existieren. Das ist so ähnlich wie der Unterschied zwischen einem Programm und einer Ausführung dieses Programms in der klassischen Programmierung.

Grundstruktur und Grundeigenschaften von Klassen wurden in Kapitel 5 beschrieben. Man betrachte das Beispiel einer einfachen Klasse *KONTO,* die Bankkonten beschreibt. Bevor wir die Klasse selbst untersuchen, wollen wir zunächst einen Blick darauf werfen, wie diese Klasse von einer anderen Klasse *X* benutzt würde. Zur Benutzung von *KONTO* könnte *X* eine Größe einführen und sie als von diesem Typ deklarieren:

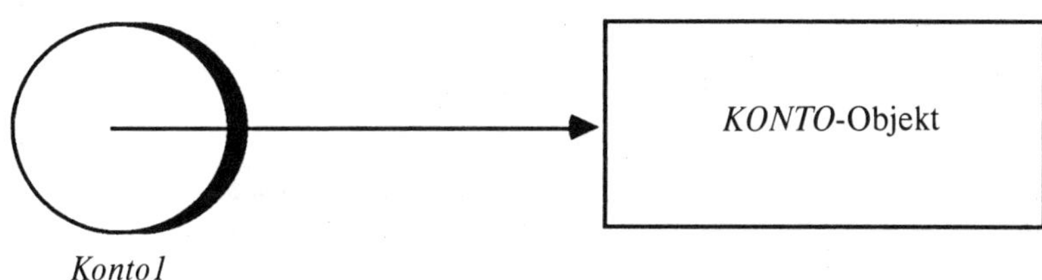

Bild B.1 Größe und Objekt

Der Ausdruck „Größe" wird hier dem Ausdruck „Variable" vorgezogen, weil damit ein allgemeinerer Begriff bezeichnet wird. Eine als von einem Klassentyp deklarierte Größe wie *konto1* kann während der gesamten Ausführung auf ein Objekt verweisen; da Eiffel eine getypte Sprache ist, muß dieses Objekt ein Exemplar von *KONTO* sein (oder, wie wir unten sehen werden, von einer „Nachkommensklasse" von *KONTO*). Eine Größe, die auf kein Objekt verweist, heißt leer. Größen sind (bei der Initialisierung) mit leer vorbelegt; Objekte müssen durch eine Anweisung

konto1.Create

explizit erzeugt werden, die *konto1* mit dem neu erzeugten Objekt verbindet. *Create* ist ein vordefiniertes „Merkmal" der Sprache.

Sobald *konto1* mit einem Objekt verbunden ist, können die in der Klasse *KONTO* definierten Merkmale darauf angewandt werden. Beispiele sind:

```
konto1.eröffnen("Robert");
konto1.einzahlen(5000);
if konto1.abheben_möglich(3000) then
        konto1.abheben(3000)
end;
print(konto1.stand)
```

Alle Merkmalanwendungen benutzen die Punktschreibweise: *größenname.merkmalsname.* Es gibt zwei Arten von Merkmalen: **Routinen** (wie *eröffnen, einzahlen, abheben_möglich* oder *abheben*), also Operationen; und **Attribute,** das heißt Datenelemente, die zu Objekten der Klasse gehören.

Routinen werden darüberhinaus unterteilt in Prozeduren (Aktionen, die keinen Wert liefern) und Funktionen (die einen Wert liefern). Hier ist *abheben_möglich* eine Funktion mit einem Ganzzahl-Parameter, die ein Boolesches Ergebnis liefert; die anderen drei aufgerufenen Routinen sind Prozeduren.

Der obige Auszug aus der Klasse *X* zeigt nicht, ob *stand* in der Klasse *KONTO* ein Attribut oder eine argumentlose Funktion ist. Diese Mehrdeutigkeit ist beabsichtigt. Eine Klasse wie *X,* die als **Kunde** von *KONTO* bezeichnet wird, braucht nicht zu wissen, wie ein Kontostand ermittelt wird: Er kann als Attribut jedes Kontoobjekts gespeichert werden oder durch eine Funktion jedesmal, wenn es verlangt wird, aus anderen Attributen wie der Liste vorangegangener Ein- und Auszahlungen neu berechnet werden. Die Entscheidung für eine dieser Implementierungen ist Angelegenheit der Klasse *KONTO* und sonst von niemandem. Das ist der Grundsatz des *einheitlichen Zugriffs,* wie in 2.1.4 erläutert.

Hier folgt eine erste Skizze davon, wie die Klasse *KONTO* selbst aussehen könnte. Mit -- beginnende Zeilenabschnitte sind Kommentare.

```
class KONTO export
        eröffnen, einzahlen, abheben_möglich, abheben, stand, inhaber
feature
        stand: INTEGER;

        minimaler_stand: INTEGER is 1000;

        inhaber: STRING;

        eröffnen (wer: STRING) is
                        -- Weise das Konto dem Inhaber wer zu
                do inhaber := wer end; -- eröffnen

        hinzufügen (betrag: INTEGER) is
                        -- Füge betrag dem Stand hinzu
                        -- (geheime Prozedur)
                do stand := stand + betrag end; -- hinzufügen

        einzahlen (betrag: INTEGER) is
                        -- Zahle betrag auf das Konto ein
                do hinzufügen(betrag) end; -- einzahlen

        abheben (betrag: INTEGER) is
                        -- Hebe betrag vom Konto ab
                do hinzufügen(-betrag) end; -- abheben

        abheben_möglich (betrag: INTEGER): BOOLEAN is
                        -- Ist es erlaubt, betrag vom Konto
                        -- abzuheben?
                do Result := (stand >= minimaler_stand)
                end; -- abheben_möglich
end -- class KONTO
```

Diese Klasse enthält zwei Klauseln: **feature,** welche die Merkmale der Klasse beschreibt, und **export,** welche die Namen derjenigen Merkmale aufführt, die für die Kunden der Klasse zur Verfügung stehen. Nicht-exportierte Merkmale werden geheim genannt. Hier ist die Prozedur *hinzufügen* geheim, so daß *konto1. hinzufügen(3000)* in *X* unzulässig wäre. Das Attribut *minimaler_stand* ist ebenso geheim.

Routinen werden von Attributen durch eine Klausel der Form **is ... do ... end** unterschieden. Deshalb ist *stand* tatsächlich ein Attribut. Die Klausel **is** *1000* führt *minimaler_stand* als konstantes Attribut ein, das in Objekten der Klasse keinen physischen Speicherplatz belegt (Konstanten werden in Kapitel 13 behandelt). Nicht-konstante Attribute wie *stand* brauchen für jedes Objekt der Klasse Platz; sie ähneln den Record-Elementen in Pascal.

Die Attribute *stand* und *minimaler_stand* sind vom Typ *INTEGER* deklariert. Eiffel ist streng getypt: Jede Größe ist von einem bestimmten Typ. Ein Typ ist entweder einfach, das heißt *INTEGER, REAL, CHARACTER* oder *BOOLEAN,* oder eine Klasse. Felder und Zeichenketten gehören zur zweiten Kategorie; sie sind durch die vordefinierten Systemklassen *ARRAY* und *STRING* beschrieben und werden genau wie benutzerdefinierte Klassen behandelt - mit einer Ausnahme: Es gibt eine besondere Schreibweise wie in *"Robert"* zur Bezeichnung literaler Zeichenkettenkonstanten.

Die Sprachdefinition sichert die automatische Initialisierung (5.3.6), so daß der anfängliche *stand* eines Kontoobjekts nach einem *Create* Null ist. Numerische Attribute werden mit Null initialisiert, Boolesche mit falsch, Zeichenketten mit der leeren Zeichenkette; Attribute von Klassentypen sind anfänglich leer.

Die übrigen fünf Merkmale sind gewöhnliche Routinen. Die ersten vier sind Prozeduren, das letzte *(abheben_möglich)* eine Funktion, die einen Booleschen Wert liefert; man beachte, daß die besondere Variable *Result* das Funktionsergebnis bezeichnet. Bei Funktionsbeginn wird es mit dem Vorbelegungswert des entsprechenden Typs, wie oben definiert, initialisiert.

Um die Routinen zu verstehen, ist es notwendig, sich zu erinnern, daß in objektorientierten Sprachen jede Operation sich auf ein bestimmtes Objekt bezieht. In einer Kundenklasse, welche die Operation aufruft, wird dieses Objekt dadurch spezifiziert, daß die entsprechende Größe links vom Punkt geschrieben wird, wie *konto1* in *konto1.eröffnen ("Robert").* Innerhalb der Klasse jedoch bleibt das „aktuelle" Objekt, auf das die Operationen angewandt werden, gewöhnlich implizit: Nicht qualifizierte Verweise, wie *inhaber* in der Prozedur *eröffnen* oder *hinzufügen* in *einzahlen,* bedeuten, „das Attribut *inhaber* oder die Routine *hinzufügen* in bezug auf das aktuelle Objekt". Die besondere Variable *Current* kann, wenn nötig, benutzt werden, um dieses Objekt explizit zu bezeichnen. Die nicht qualifizierten Vorkommen von *hinzufügen* in der obigen Klasse sind also äquivalent zu *Current. hinzufügen.*

B.3 Zusicherungen

Ein abstrakter Datentyp ist nicht einfach durch eine Menge von Operationen definiert, sondern auch durch die formalen Eigenschaften dieser Operationen, die im obigen Klassenbeispiel nicht vorkamen.

Eiffel befähigt und ermutigt Programmierer dazu, formale Eigenschaften von Klassen durch **Zusicherungen** auszudrücken (Kapitel 7), die insbesondere an den folgenden Stellen auftreten können:

- **Routinenvorbedingungen** drücken Bedingungen aus, die bei jedem Aufruf der Routine erfüllt sein müssen. Abheben könnte zum Beispiel nur erlaubt werden, wenn dadurch der Kontostand auf oder über dem Minimum gehalten wird. Vorbedingungen werden durch das Schlüsselwort **require** eingeleitet.
- **Routinennachbedingungen,** die durch das Schlüsselwort **ensure** eingeleitet werden, drücken Bedingungen aus, deren Erfülltsein bei Routinenabschluß gewährleistet wird (wenn beim Einstieg die Vorbedingung erfüllt war).
- **Klasseninvarianten** müssen von Objekten der Klasse jederzeit erfüllt sein oder genauer: nach der Objekterzeugung und nach jedem Aufruf einer Routine aus der Klasse. Sie werden in der Klausel **invariant** der Klasse beschrieben und stellen allgemeine Konsistenzvorschriften dar, die allen Routinen der Klasse auferlegt sind.

Zusicherungen gehören zu den wesentlichen Merkmalen, die auf die besondere Hinwendung in der Sprache zu Korrektheit hinweisen. So bemerkenswert objektorientierte Techniken zur Erzeugung erweiterbarer und wiederverwendbarer Bausteine sind, so uninteressant wären sie, wenn wir uns nicht davon überzeugen könnten, daß diese Bausteine auch korrekt und robust sind.

Die Klasse *KONTO* kann mit geeigneten Zusicherungen überarbeitet werden:

```
class KONTO export ... (wie oben) feature
        ... Attribute stand, minimaler_stand, inhaber wie oben
        ... Routinen eröffnen, abheben_möglich und hinzufügen wie oben

        einzahlen (betrag: INTEGER) is
                        -- Zahle betrag auf das Konto ein
                require
                        betrag >= 0
                do
                        hinzufügen(betrag)
                ensure
                        stand = old stand + betrag
                end; -- einzahlen

        abheben (betrag: INTEGER) is
                        -- Hebe betrag vom Konto ab
                require
                        0 <= betrag;
                        betrag <= stand - minimaler_bestand
                do
                        hinzufügen(-betrag)
                ensure
                        stand = old stand - betrag
                end; -- abheben
```

```
        Create (einstand: INTEGER) is
            require
                einstand >= minimaler_bestand
            do
                stand := einstand
            end -- Create
invariant
        stand >= minimaler_bestand
end -- class KONTO
```

Die Schreibweise **old ...** kann in **ensure**-Klauseln mit selbsterklärender Bedeutung benutzt werden.

Diese Klasse enthält jetzt eine besondere *Create*-Prozedur, wie sie gebraucht wird, wenn die Standardinitialisierung nicht ausreicht. Bei der vorigen Version der Klasse wurde das Konto durch zum Beispiel *konto1.Create* erzeugt, wodurch alle Attribute mit den Vorbelegungswerten initialisiert wurden. Das verträgt sich jetzt aber nicht mehr mit der Klasseninvarianten, da *stand* mit Null initialisiert würde. Wenn Nicht-Standard-Initialisierung gebraucht wird, weil eventuell (wie hier) vom Kunden zu liefernde Argumente nötig sind, dann muß die Klasse eine Prozedur namens *Create* enthalten. Die Wirkung von

konto1.Create(5500)

besteht darin, das Objekt zu allokieren und die Standardinitialisierungen (wie beim Standard-*Create*) durchzuführen, sodann die *Create* genannte Prozedur der Klasse mit dem gegebenen Argument aufzurufen. Dieser Aufruf ist korrekt, da er die Vorbedingung erfüllt und die Invariante erhält. (Die Prozedur *Create* wird, sofern vorhanden, als besonders erkannt; sie wird automatisch exportiert und darf in der **export**-Klausel nicht vorkommen.)

Syntaktisch sind Zusicherungen Boolesche Ausdrücke mit wenigen Erweiterungen (wie der Schreibweise **old**). Das Semikolon (siehe die Vorbedingung von *abheben*) ist einem „und" äquivalent, erlaubt aber einzelne Identifikation der Bestandteile.

Zusicherungen sollten vor allem als mächtige Werkzeuge zur Dokumentation von Korrektheitsargumenten gesehen werden: Sie dienen dazu, die Zusicherungen explizit zu machen, auf die sich Programmierer stützen, wenn sie Programmstücke schreiben, von deren Korrektheit sie überzeugt sind. Zusicherungen, insbesondere Vor- und Nachbedingungen, zu schreiben, läuft darauf hinaus, die **Vertragsbedingungen** auszusprechen, die eine Routine und ihre Aufrufer binden. Die Vorbedingung bindet den Aufrufer; die Nachbedingung bindet die Routine. Diese Metapher des *Programmierens als Vertragsabschluß* ist ein allgemeines und fruchtbares Paradigma, das im Falle der Vererbung durch den Begriff des Untervertrags erweitert wird (siehe unten und Kapitel 11).

B.4 Ausnahmen

Wenn zur Laufzeit eine Zusicherung verletzt wird, dann heißt das, daß das System einen Programmierfehler enthält: Irgendein Systemelement hat seinen Teil des Vertrags nicht beachtet.

Zum Umgang mit solchen Fällen ist ein disziplinierter Ausnahmemechanismus (7.10) vorgesehen. Eine Übersetzungsoption, die für jede Klasse getrennt gesetzt werden kann, ermöglicht die Beobachtung von Zusicherungen zur Laufzeit. Drei Beobachtungsstufen werden geboten (keine, nur Vorbedingungen, alle Zusicherungen). Wenn eine Verletzung entdeckt wird, wird eine **Ausnahme** hervorgerufen. Ausnahmen werden auch als Ergebnis ungewöhnlicher Bedingungen hervorgerufen, die von der Hardware oder vom Betriebssystem entdeckt wurden (numerischer Überlauf, Speicherplatzmangel, usw.); formal können diese Fälle als Verletzungen impliziter Zusicherungen betrachtet werden (zum Beispiel die für jede arithmetische Addition implizite Zusicherung, daß Operanden nicht zu groß sind).

Eine während der Ausführung einer Routine auftretende Ausnahme führt normalerweise zum **Scheitern** der Routine. Das Scheitern der Routine wiederum bewirkt beim Routinenaufrufer eine Ausnahme.

Eine Routine kann jedoch eine **Rettungsklausel** enthalten, die immer aktiviert wird, wenn während der Routinenausführung eine Ausnahme hervorgerufen wird. Das Ziel der Rettungsklausel besteht darin, dasjenige Objekt, auf welches die Routine angewandt worden war, in einen stabilen Zustand zurückzuversetzen (also einen Zustand, in dem die Klasseninvariante erfüllt ist). Wenn die Rettungsklausel bis zu ihrem Ende ausgeführt wird, scheitert die Routine, was zu einer Ausnahme beim Aufrufer führt. Die Rettungsklausel kann auch mit der Ausführung einer **retry**-Anweisung enden, die versucht, die Routine erneut auszuführen; dabei wird angenommen, daß die Rettungsklausel die Ursache für die Ausnahme beseitigt und die Routinenvorbedingung wieder gültig gemacht hat. Wenn dieser neue Versuch Erfolg hat, wird in der aufrufenden Routine keine Ausnahme hervorgerufen.

Als Beispiel versucht die folgende Routine, eine Ganzzahl auf ein Band zu schreiben. Wenn die Operation scheitert, zum Beispiel weil das Band nicht bereit ist, gibt die Routine eine Fehlermeldung aus und versucht es erneut, scheitert aber nach drei erfolglosen Versuchen. Es wird angenommen, daß ein Scheitern beim Schreiben eine Ausnahme hervorruft.

```
zu_schreiben_versuchen (x: INTEGER) is
                -- Versuch, (höchstens dreimal) x auf Band
                -- zu schreiben
    do
        wirklich_schreiben(x)
                -- wirklich_schreiben ist eine physische
                -- Schreiboperation, die eine Ausnahme hervorrufen kann
    rescue
        versuche := versuche + 1;
        if versuche <= 3 then
            meldung("Aufs Band schreiben gescheitert.
                Bitte prüfen, ob Bandeinheit bereit.");
            meldung("Bitte eine beliebige Taste drücken,
                wenn erneut versucht werden soll.");
            lies_ein_zeichen;
            retry
        end
    end -- zu_schreiben_versuchen
```

Ausnahmen sollten sparsam verwendet werden (7.10.3). Sie sind nicht als Technik gedacht, mit den Fällen umzugehen, die einfach andere als die üblichsten bei einem Algorithmus sind. Sie sollten unvorhergesehenen ungewöhnlichen Ereignissen, nicht prüfbaren Vorbedingungen und der Fehlertoleranz (Schutz gegen Restfehler in der Software) vorbehalten bleiben.

B.5 Generische Klassen

Der Bau von Softwarebausteinen (Klassen) als Implementierungen abstrakter Datentypen führt zu Systemen mit einer soliden Architektur, genügt jedoch nicht schon an sich zur Gewährleistung von Wiederverwendbarkeit und Erweiterbarkeit. Dieser und die beiden folgenden Abschnitte beschreiben Eiffel-Techniken, wie die Bausteine so allgemein und flexibel wie möglich gemacht werden können.

Die erste Technik ist Generizität. Klassen können generische Parameter haben, die Typen darstellen. Die folgenden Beispiele stammen aus der Eiffel-Klassenbibliothek (Anhang A):

```
ARRAY[T]
LIST[T]
LINKED_LIST[T]
```

Sie beschreiben eindimensionale Felder bzw. allgemeine Listen (ohne Festlegung auf eine bestimmte Darstellung) bzw. Listen in verketteter Darstellung. Jede hat einen formalen generischen Parameter *T*, der einen beliebigen Typ darstellt. Um diese Klassen zu benutzen, gibt man aktuelle generische Parameter an, die entweder einfache oder Klassentypen sind wie in den folgenden Deklarationen:

```
il: LIST[INTEGER];
ka: ARRAY[KONTO];
kal: LIST[ARRAY[KONTO]] -- usw.
```

Die Generizitätsmöglichkeiten von Eiffel werden im Detail in Kapitel 6 beschrieben. Kapitel 19 ist ein genauer Vergleich dieser Möglichkeiten mit der Vererbung (siehe nächster Abschnitt) und erklärt ihre Verbindung im Zusammenhang mit strenger Typprüfung.

B.6 Mehrfacherben

Vererbung (Kapitel 10 und 11) ist eine Schlüsseltechnik zur Wiederverwendbarkeit. Die Grundidee ist einfach: Wenn man eine neue Klasse definiert, ist es oft fruchtbar, sie durch Kombination und Spezialisierung vorhandener Klassen zu konstruieren statt sie als neue Größe aus dem Nichts zu definieren.

Das folgende einfache Beispiel aus der Eiffel-Bibliothek ist typisch. Wie erwähnt, beschreibt *LIST* Listen beliebiger Darstellung. Eine mögliche Darstellung für Listen mit einer festen Anzahl von Elementen benutzt ein Feld. Eine solche Klasse wird wie folgt durch Kombination von *LIST* und *ARRAY* definiert:

```
class FIXED_LIST[T] export ...
inherit
        LIST[T];
        ARRAY[T]
feature
        ... Besondere Merkmale von Listen fester Länge ...
end -- class FIXED_LIST
```

In der **inherit**...-Klausel werden alle „Eltern" der neuen Klasse aufgeführt, die als deren „Erbe" bezeichnet wird. (Zu den „Vorfahren" einer Klasse gehören die Klasse selbst, ihre Eltern, Großeltern, usw.; der umgekehrte Begriff ist „Nachkomme".) Wenn *FIXED_LIST* wie gezeigt deklariert wird, dann gewährleistet das, daß alle Merkmale und Eigenschaften von Listen und Feldern auch auf feste Listen anwendbar sind.

Mehrfacherben bringt einen bemerkenswerten Produktivitätsgewinn beim Programmieren und hat grundlegende Auswirkungen auf den Softwareentwicklungsprozeß.

Die schiere Mächtigkeit des Mechanismus erfordert geeignete Mittel zu seiner Beherrschung. In Eiffel werden Namenskonflikte zwischen geerbten Merkmalen nicht erlaubt. Da in der Praxis unvermeidlich Namenskonflikte auftreten, insbesondere bei Softwarebausteinen, die von unabhängigen Entwicklern geliefert werden, bietet die Sprache eine Technik zu ihrer Beseitigung: **Umbenennung** (10.4.6) wie in

```
class C export...inherit
        A rename x as x1, y as y1;
        B rename x as x2, y as y2
feature ...
```

Ohne Umbenennung wäre hier die **inherit**-Klausel ungültig, da im Beispiel angenommen wird, daß sowohl *A* als auch *B* Merkmale namens *x* und *y* haben.

Umbenennung dient auch dazu, in Erben passendere Merkmalsnamen zu wählen. In einem anderen Beispiel aus der Bibliothek (10.4.3) wird die Klasse *TREE[T]* als Nachkomme von *LINKED_LIST* definiert, da ein Baum oder Baumknoten als Liste seiner Unterbäume betrachtet werden kann, auf welche die üblichen Listenoperationen einfügen, ändern, löschen, durchstreifen, usw. angewandt werden können. (*TREE* ist auch ein Nachkomme von *LINKABLE,* das verkettete Listenelemente beschreibt, da ein Baum selbst als Unterbaum in einen anderen Baum eingefügt werden kann; diese Anwendung des Mehrfacherbens führt zu einer einfachen und doch allgemeinen und mächtigen Definition von Bäumen.) In der Erbklausel wird das Merkmal *empty* von verketteten Listen, eine Funktion mit Booleschem Wert, die feststellt, ob eine Liste leer ist, in *is_leaf* umbenannt, um zur Baumterminologie zu passen. Ebenso wird das Merkmal *nb_elements* von Listen in *arity* umbenannt, dem Standardausdruck bei Bäumen.

Um darüberhinaus zu gewährleisten, daß der Mechanismus des Mehrfacherbens nicht mißbraucht wird, gelten die Invarianten aller Elternklassen automatisch für jede neu definierte Klasse. Klassen können also nicht kombiniert werden, wenn ihre Invarianten unverträglich sind. Routinenvor- und -nachbedingungen können auch auf Nachkommen angewandt werden (siehe unten).

B.7 Polymorphismus

Ein wichtiger Aspekt der Vererbung (10.1.5) besteht darin, daß damit die Definition flexibler Programmstücke ermöglicht wird, die sich zur Laufzeit auf Objekte verschiedenster Form beziehen können (daher der Name „polymorph").

Diese Möglichkeit ist eine der charakteristischsten Merkmale objektorientierter Sprachen. In Eiffel wird dies mit statischer Typisierung versöhnt. Die Typverträglichkeitsregel (11.3.1) erlaubt eine Zuweisung der Form $a := b$ nicht nur, wenn a und b vom selben Typ sind, sondern auch allgemeiner, wenn a und b von solchen Klassentypen A und B sind, daß B ein Nachkomme von A ist.

Das entspricht der intuitiven Idee, daß ein Wert eines spezielleren Typs einer Größe eines weniger speziellen Typs zugewiesen werden kann - aber nicht umgekehrt. (Man betrachte als Analogie folgendes: Wenn ich Gemüse verlange, ist es in Ordnung, wenn ich Spinat bekomme, wenn ich aber nach Spinat frage, ist ein Teller, der mit „Gemüse" bezeichnet ist, nicht annehmbar, da er ja zum Beispiel auch Karotten enthalten kann.)

Was diese Möglichkeit besonders mächtig macht, ist die komplementäre Einrichtung: **Merkmalsredefinition.** Ein Merkmal einer Klasse kann in jeder Nachkommensklasse redefiniert werden; der Typ des redefinierten Merkmals (falls es sich um ein Attribut oder eine Funktion handelt) kann als ein Nachkommenstyp des ursprünglichen Merkmals redefiniert werden, und im Falle einer Routine kann ihr Rumpf auch durch einen neuen ersetzt werden.

Nehmen wir beispielsweise an, daß eine Klasse *HAUS,* die Häuser beschreibt, als ein Merkmal ein Real-Attribut *grundfläche* hat, das den vom Haus belegten Grund darstellt, und eine Funktion *steuer* mit einem Real-Ergebnis, der für das Haus zu zahlenden Jahressteuer, wie sie aus *grundfläche* und anderen Attributen errechnet wird. Ein Erbe von *HAUS*, der ein gemietetes Haus beschreibt, könnte wie folgt aussehen:

```
class GEMIETETES_HAUS export ... inherit
        HAUS redefine steuer
feature
        -- Besondere Merkmale gemieteter Häuser wie:
        monatsmiete: REAL;

        steuer: REAL is
                        -- Version, die besondere Steuervorschriften
                        -- für vermietete Häuser berücksichtigt
                do
                        ... Berechnungen unter Benutzung von monatsmiete ...
                end; -- steuer
        ... andere Merkmale von GEMIETETES_HAUS
```

Hier ist es nötig, *steuer* für vermietete Häuser zu redefinieren, weil in diesem Fall ein besonderer Algorithmus verwendet wird. Man beachte die explizite **redefine**-Teilklausel (die nach **rename** käme, wenn diese vorhanden wäre).

Andere Nachkommen von *HAUS* wie *UNBEWOHNTES_HAUS* (wenn in diesem Fall besondere Regeln anzuwenden wären) könnten ebenso ihre eigenen Redefinitionen von *steuer* haben. Die bei jedem Aufruf zu benutzende Version wird durch die Laufzeitform des Parameters bestimmt. Man betrachte das folgende Teilstück einer Klasse:

```
h: HAUS; g: GEMIETETES_HAUS;
... h.Create; g.Create; ...
if c then h := g end;
print (h.steuer)
```

Die Zuweisung *h* := *g* ist wegen der Typverträglichkeitsregel gültig. Ist die Bedingung *c* falsch, dann verweist *h* auf ein Objekt vom Typ *HAUS,* wenn *h.steuer* ausgewertet wird, so daß der *HAUS*-Algorithmus benutzt wird; im umgekehrten Fall jedoch verweist *h* dynamisch auf ein gemietetes Haus, so daß die redefinierte Version des Merkmals angewandt wird. Diese Eigenschaft ist als dynamisches Binden bekannt (10.1.8).

Diese Technik bringt ein hohes Maß an Flexibilität und Allgemeinheit mit sich. Der bemerkenswerte Vorteil für Kunden besteht in der Möglichkeit, eine Operation (hier die Berechnung der Steuer für ein Haus) ohne Kenntnis der schließlich ausgewählten Operationsversion aufrufen zu können; die Auswahl geschieht erst zur Laufzeit. Das ist wesentlich für große Systeme, wo viele Varianten von Operationen verfügbar sein mögen und jeder Bestandteil des Systems gegen Variantenänderungen in anderen Bestandteilen geschützt werden muß.

In nicht objektorientierten Sprachen gibt es zu dieser Möglichkeit keine Entsprechung. Zum Beispiel ist die Unterscheidung bei Verbunden mit Varianten, wie sie in Pascal oder Ada erlaubt sind, sehr viel restriktiver, da die Liste der Varianten eines Verbundtyps fest ist: Jede Erweiterung kann vorhandenen Code ungültig machen. Im Gegensatz dazu ist Vererbung offen und inkrementell: Zu einer vorhandenen Klasse kann stets ein neuer Erbe hinzukommen (mit neuen und/oder redefinierten Merkmalen), ohne daß sie sich selbst ändert. Diese Einrichtung ist von großer Bedeutung in der Softwareentwicklung, was schließlich (gewollt oder aufgrund der Umstände) eine unvermeidbar inkrementelle Tätigkeit ist.

Genausowenig bieten die Ada-Möglichkeiten der Generizität und des Überlagerns (siehe 3.6.3 und Kapitel 18 und 19) die hier gezeigte Art von Polymorphismus, da sie keinen Programmierstil unterstützen, bei dem ein Kundenmodul eine Anforderung folgender Bedeutung absetzen kann: „Berechne die Steuer auf *h* und benutze dabei denjenigen Algorithmus, der für die Form von *h* paßt, die *h* zum Zeitpunkt der Ausführung gerade hat."

Der Vererbungsmechanismus ist in Eiffel in disziplinierter Form vorhanden. Erstens ist die Merkmalsredefinition, wie oben gesehen, explizit. Zweitens kann der Übersetzer, da die Sprache getypt ist, stets statisch prüfen, ob eine Merkmalsanwendung *a.f* korrekt ist.

Ein drittes Werkzeug zur Beherrschung der Mächtigkeit des Redefinitionsmechanismus steht in Eiffel mit den Zusicherungen zur Verfügung. Werden keine Vorkehrungen getroffen, kann Redefinition gefährlich sein: Wie kann ein Kunde sicher sein, daß die Auswertung von *h.steuer* nicht in manchen Fällen, sagen wir, die Höhe von *h* liefert? Ein Weg zur

Erhaltung der semantischen Konsistenz von Routinen über alle Redefinitionen hinweg ist die Benutzung von Vor- und Nachbedingungen, die für Redefinitionen bindend sind. Genauer gesagt (11.1.2): Jede redefinierte Version muß eine schwächere oder gleiche Vorbedingung erfüllen und eine stärkere oder gleiche Nachbedingung als das Original gewährleisten. Routinenschreiber können also dadurch, daß sie die semantischen Vorschriften explizit machen, den eventuellen Redefinierern gewährten Freiheitsgrad beschränken.

Diese Regeln sollten im Licht der oben eingeführten Vertragsmetapher verstanden werden. Redefinition und dynamisches Binden führen Unterverträge ein (11.1.4): *HAUS* macht zum Beispiel mit *GEMIETETES_HAUS* einen Untervertrag über *steuer,* wann immer diese Routine zur Laufzeit auf eine Größe angewandt wird, die auf ein rechteckiges Objekt verweist. Ein ehrlicher Subkontraktor ist an den vom Hauptkontraktor akzeptierten Vertrag gebunden: Er kann den Kunden keine strengeren Vorschriften auferlegen (darf aber allgemeinere Anforderungen akzeptieren, daher die Möglichkeit, daß Vorbedingungen schwächer sein dürfen); und er muß mindestens so viel erreichen, wie der Hauptkontraktor versprochen hat (kann aber auch mehr erreichen, daher die Möglichkeit, daß Nachbedingungen stärker sein dürfen).

B.8 Aufgeschobene Klassen

Aufgeschobene Klassen (10.3) bieten eine interessante Erweiterung des Vererbungsmechanismus. Aufgeschoben ist eine Klasse, in der mindestens eine Routine als aufgeschoben deklariert ist, um auszudrücken, daß wirkliche Implementierungen nur in den Nachkommen stehen. Ein von der KFZ-Zulassungsstelle benutztes System zur Zulassung von Kraftfahrzeugen könnte zum Beispiel eine Klasse folgender Form enthalten:

```
deferred class FAHRZEUG export
        steuer_bezahlt, gestempelt, zulassen, ...
feature
        steuer_bezahlt (jahr: INTEGER): BOOLEAN is...end;
        gestempelt (jahr: INTEGER): BOOLEAN is...end;
        zulassen (jahr: INTEGER) is
                    -- Das Fahrzeug ab jahr zulassen
            require
                    steuer_bezahlt(jahr)
            deferred
            ensure
                    gestempelt(jahr)
            end; -- zulassen
        ... Weitere Merkmale ...
end -- class FAHRZEUG
```

In diesem Beispiel wird angenommen, daß es nicht nur einen einzigen Zulassungsalgorithmus gibt; welches Verfahren genau angewendet wird, hängt vom Typ des jeweiligen Fahrzeugs ab: PKW, Motorrad, Lastkraftwagen, usw. Es gelten jedoch in allen Fällen dieselben Vor- und Nachbedingungen. Die Lösung besteht darin, *zulassen* als aufgeschobene Routine zu behandeln, wodurch *FAHRZEUG* zur aufgeschobenen Klasse wird. Wirksame Versionen dieser Routine werden in Nachkommen der Klasse *FAHRZEUG* angegeben, zum Beispiel in *LKW* usw. Sie sind so etwas ähnliches wie redefinierte Versionen von Routinen; hier gibt es aber in der ursprünglichen Klasse keine wirksame Version, sondern nur eine Spezifikation in der Form einer aufgeschobenen Routine.

Aufgeschobene Klassen können eher als Beschreibung einer Gruppe von Implementierungen abstrakter Datentypen gesehen werden denn als Beschreibung einer einzelnen Implementierung. Von einer aufgeschobenen Klasse können keine Exemplare gebildet werden: *f.Create* ist ungültig, wenn *f* eine Größe vom Typ *FAHRZEUG* ist. Einer solchen Größe kann jedoch ein Verweis auf ein Exemplar eines nicht-aufgeschobenen Nachkommens von *FAHRZEUG* zugewiesen werden. Nehmen wir beispielsweise an, *PKW* und *LKW* enthielten wirksame Definitionen für alle aufgeschobenen Routinen von *FAHRZEUG;* dann wäre folgendes korrekt:

```
...f: FAHRZEUG; p: PKW; l: LKW;
... p.Create(...); l.Create(...); ...
if "irgendeine Prüfung" then f := p else f := l end;
f.zulassen(1990)
```

Die Mechanismen des Polymorphismus und des dynamischen Bindens werden hier vollständig ausgenutzt: Abhängig vom Ergebnis von „irgendeine Prüfung" wird *f* als PKW oder als LKW behandelt, und der entsprechende Zulassungsalgorithmus wird angewandt. Man beachte, daß „irgendeine Prüfung" von einem Ereignis abhängig sein kann, das vor der Laufzeit unmöglich vorausgesagt werden kann, zum Beispiel die Auswahl eines Fahrzeug-Sinnbildes unter vielen dargestellten durch den Benutzer mithilfe der Maus.

Aufgeschobene Klassen sind insbesondere für die Anwendung von Eiffel als Entwurfssprache hohen Sprachniveaus nützlich. Die erste Version eines Moduls, die in der Phase des Gesamtentwurfs entsteht, könnte eine aufgeschobene Klasse sein, die später zu einer oder mehreren wirksamen (nicht-aufgeschobenen) Klassen verfeinert wird. Für diese Anwendung besonders wichtig ist die Möglichkeit, einer Routine auch dann eine Vor- und eine Nachbedingung zuzuordnen, wenn sie aufgeschoben ist (wie oben bei der Routine *zulassen*), sowie einer Klasse eine Invariante zu geben, auch wenn es sich um eine aufgeschobene Klasse handelt. Das gibt dem Entwerfer die Möglichkeit, einem Modul eine präzise Semantik zu geben, lange bevor irgendeine Implementierung angegeben wird.

B.9 Die Implementierung

Die Eiffel-Implementierung (Kapitel 15) läuft auf diversen Unix-Versionen (System V, 4.2/4.3 BSD, Xenix); zum Zeitpunkt der Niederschrift dieses Buches lagen Portierungen auf etwa 20 verschiedene Maschinenarchitekturen vor. Eine Vax-VMS-Version ist in Arbeit.

Der Übersetzer benutzt C als Zwischensprache, wodurch Eiffel auf alle C unterstützenden Umgebungen portiert werden kann. Als Sprache ist Eiffel keineswegs eine Erweiterung von C; die Benutzung einer weit verfügbaren Assemblersprache wie C als Zwischencode hat jedoch offensichtliche Portabilitätsvorteile.

Es wurde sehr auf effiziente Übersetzung und Ausführung geachtet, damit die Umgebung die Entwicklung ernsthafter Software unterstützen kann. Die folgenden Punkte sind es besonders wert, erwähnt zu werden.

- Redefinition hat zur Folge, daß ein qualifizierter Routinenverweis wie *h.steuer* abhängig vom Wert von *h* zur Laufzeit viele verschiedene Interpretationen haben kann. Eine Laufzeit-Suche der passenden Routine hätte erhebliche Effizienznachteile, insbesondere bei Mehrfachvererbung. Die Eiffel-Implementierung löst dieses Problem mit einer Technik, mit der die passende Routine stets in konstanter Zeit gefunden wird, wobei nur ein geringer Zusatzaufwand gegenüber einem Standard-Prozeduraufruf und kein wesentlicher Speichermehrverbrauch entsteht.

- Es gibt fast nie Code-Verdoppelungen. Code wird nur in einem besonderen Fall dupliziert, nämlich bei „wiederholtem" Erben mit Umbenennung (11.6).

- Das Laufzeitsystem behandelt Objekterzeugung und Speicherfreigabe. Es enthält eine inkrementelle Speicherbereinigung, die als permanent mit den Anwendungsprogrammen zusammenarbeitende Koroutine implementiert ist. Automatische Speicherbereinigung ist wesentlicher Bestandteil des objektorientierten Ansatzes: Programmierer objektorientierter Anwendungen, die typischerweise viele Objekte erzeugen, sollten nicht mit der lästigen und fehleranfälligen Aufgabe der Speicherverwaltung belastet werden. Speicherbereinigung kann abgeschaltet werden; die Bereinigungskoroutine kann auch für eine bestimmte Zeit explizit aktiviert werden, wenn der Programmierer weiß, daß ein wenig CPU-Zeit zur Verfügung steht, zum Beispiel, wenn Benutzereingaben erwartet werden. Speicherverwaltung wird in Kapitel 16 erörtert.

- Die Übersetzung wird Klasse für Klasse durchgeführt, so daß große Systeme inkrementell geändert und erweitert werden können. Die Zeit zur Übersetzung von Eiffel nach C ist gewöhnlich ungefähr die Hälfte der Zeit des nächsten Schritts, der Übersetzung von C in den Maschinencode.

- Die Implementierung ist sehr offen: Klassen können ohne weiteres mit Code anderer Sprachen verkehren. Dieser Zweck spiegelt sich in der Sprache in der optionalen Klausel **external** wider, die in einer Routinendeklaration von der Routine benutzte, aber in einer anderen Sprache geschriebene externe Unterprogramme aufführt (8.3). Dieser Mechanismus macht es möglich, externe Routinen zu benutzen – eine wichtige Anforderung, Wiederverwendung praktikabel zu machen –, ohne die konzeptionelle Konsistenz von Eiffel-Klassen zu beeinträchtigen. Dank dieser Einrichtung kann Eiffel als Sprache für das „Programmieren im Großen" zur Integration von in anderen Sprachen geschriebenen Bausteinen genutzt werden.

B.10 Die Umgebung

Die Entwicklung von Systemen in Eiffel wird durch eine Reihe von Entwicklungswerkzeugen unterstützt.

Am wichtigsten sind die Hilfsmittel für die automatische Konfigurationsverwaltung, die in das Übersetzungskommando **es** - für Eiffel-System - eingebaut ist (15.2). Wenn eine Klasse *C* übersetzt wird, dann sucht das System automatisch nach allen Klassen, von denen *C* direkt oder indirekt (als Kunde oder Erbe) abhängt, und übersetzt all jene neu, deren übersetzte Versionen veraltet sind.

Dieses Problem wird durch die Komplexität der Abhängigkeitsbeziehungen schwierig: Eine Klasse kann Kunde eines Nachkommen oder Vorfahren sein, und die Kundenrelation kann zyklisch sein. Die Lösung befreit die Programmierer vollständig von der Notwendigkeit, zur Erhaltung der Systemkonsistenz Moduländerungen zu verfolgen. Der Algorithmus vermeidet viele unnötige Neuübersetzungen, indem Änderungen entdeckt werden, welche die Klassenschnittstellen nicht betreffen.

Die Umgebung enthält außerdem Fehlersuch-Werkzeuge (15.5.4): Werkzeuge zur Prüfung von Zusicherungen zur Laufzeit; ein Spurverfolgungswerkzeug und einen symbolischen Debugger; ein Werkzeug zur interaktiven Betrachtung der Objektstruktur zur Laufzeit.

Ein wichtiges Dokumentationswerkzeug ist **short** (9.5), mit dem eine Kurzversion einer Klasse erzeugt wird, welche die für Kunden verfügbare Schnittstelle zeigt: nur die exportierten Merkmale und im Falle von Routinen nur Kopf, Vor- und Nachbedingung. Diese Dokumentation bekommt man im wesentlichen „umsonst", und sie ist garantiert mit der dokumentierten Software konsistent, da sie daraus erstellt und nicht, wie in herkömmlichen Ansätzen, getrennt gepflegt wird. Das Werkzeug **flat** (15.5.3) erzeugt eine Version einer Klasse, die dem Original funktional äquivalent ist, jedoch ohne die Erbklausel: Alle geerbten Merkmale werden von ihren Elternversionen kopiert, wobei Umbenennungen und Redefinitionen berücksichtigt werden.

Ein in **es** integrierter Postprozessor führt auf Wunsch wichtige Optimierungen des erzeugten C-Codes aus (15.4.4): Entfernung unnötiger Routinen und Vereinfachung von Aufrufen nicht-polymorpher Routinen. Eine Hauptoption (15.3) ist die Erzeugung eines eigenständigen **C-Pakets** aus einem Eiffel-System; das Paket ist vollständig mit Make-Datei und Kopie des Laufzeitsystems. Es kann in jede C und gewisse primitiven Funktionen unterstützende Umgebung portiert werden. Dieses Hilfsmittel ist besonders für Cross-Entwicklungen interessant: Entwickler können Eiffel für Entwurf und Implementierung ihrer Software nutzen, ihren Kunden jedoch die Software in Standard-C-Form liefern. Eiffel braucht in der Zielumgebung nicht verfügbar zu sein.

Schließlich enthält die Umgebung eine Bibliothek von Klassen (Anhang A), die viele der wichtigsten Datenstrukturen und Algorithmen der täglichen Programmierung abdecken. Die Benutzung dieser Bibliothek ist ein Element, das der Eiffel-Programmierung ihre Eigenheit verleiht, weil damit Programmierer in Begriffen wie Listen, Bäumen, Keller, Hash-Tabellen, usw. denken und schreiben können anstatt mit Feldern, Zeigern, Marken und ähnlichem umzugehen.

Anhang C
Eiffel-Grammatik

Dieser Anhang beschreibt die Grammatik von Eiffel. Lexikalische Konventionen werden in Abschnitt C.1 eingeführt. Die syntaktische Spezifikation wird in Abschnitt C.2 angegeben. In dieser Spezifikation werden bei der Syntax für Ausdrücke die Operator-Vorrangregeln nicht berücksichtigt; die Vorrangregeln werden gesondert in Abschnitt C.3 angegeben.

Man beachte, daß sich die Syntax in Anhang F auch in Diagramm-Form findet.

C.1 Lexikalische Konventionen

Die im nächsten Abschnitt angegebene Syntaxspezifikation benutzt die folgenden lexikalischen Elemente als primitive Konstrukte:

- *Integer:* vorzeichenlose Ganzzahlen wie 345 oder 1987.
- *Real:* vorzeichenlose Real-Zahlen wie 34. oder 34.56.
- *Character:* Zeichen wie A oder /.
- *String:* Zeichenfolgen wie ABCD/?00+eee.
- *Identifier:* Bezeichner.

Ein Eiffel-Bezeichner ist eine Folge von Buchstaben, Ziffern und Unterstrichen (_). Das erste Zeichen muß ein Buchstabe sein. Es gibt keine Längenbegrenzung für Bezeichner, mit einer Ausnahme: Klassennamen dürfen 12 Zeichen nicht überschreiten (wegen der Begrenzungen für Dateinamen in üblichen Betriebssystemen).

Eiffel hat 53 reservierte Wörter, die nicht als Bezeichner verwendet werden dürfen. Diese reservierten Wörter (Anhang D) umfassen Schlüsselwörter (wie **class**), Namen vordefinierter Routinen (wie *Create*) und vordefinierter Größen (wie *Result*, was das Ergebnis einer Funktion bezeichnet).

Groß-/Kleinschreibung spielt bei Eiffel-Bezeichnern **keine** Rolle. *AB, aB, Ab* und *ab* bezeichnen alle denselben Bezeichner. Deshalb darf man einen Bezeichner nicht zum Beispiel *result* nennen, weil das mit der vordefinierten Größe *Result* verwechselt würde.

Bestimmte Standard-Konventionen werden jedoch zur Verbesserung der Lesbarkeit empfohlen:

- Klassennamen und andere Typen (*INTEGER* usw.) werden mit Großbuchstaben geschrieben.

- Vordefinierte Größen und Routinen (*Result, Create, Void* usw.) beginnen mit einem Großbuchstaben.
- Namen symbolischer Konstanten beginnen auch mit einem Großbuchstaben.
- Alle anderen Bezeichner werden mit Kleinbuchstaben geschrieben.

C.2 Syntaktische Spezifikation

Class_declaration	=	Class_header
		[Formal_generics]
		[Exports]
		[Parents]
		[Features]
		[Class_invariant]
		end [”--” **class** Class_name]
Class_header	=	[Deferred_mark] **class** Class_name
Deferred_mark	=	**deferred**
Class_name	=	Identifier
Formal_generics	=	”[” Formal_generic_list ”]”
Formal_generic_list	=	{Formal_generic ”,” ...}
Formal_generic	=	Identifier
Exports	=	**export** Export_list
Export_list	=	{Export_item ”,” ...}
Export_item	=	Feature_name [Export_restriction]
Feature_name	=	Identifier
Export_restriction	=	”{” Class_list ”}”
Class_list	=	{Class_name ”,” ...}
Parents	=	**inherit** Parent_list
Parent_list	=	{Parent ”;” ...}
Parent	=	Class_type [Rename_clause] [Redefine_clause]
Class_type	=	Class_name [Actual_generics]
Actual_generics	=	”[” Type_list ”]”
Type_list	=	{Type ”,” ...}
Type	=	*INTEGER* | *BOOLEAN* | *CHARACTER* | *REAL* |
		Class_type | Formal_generic | Association
Association	=	**like** Anchor
Anchor	=	Feature_name | *Current*
Rename_clause	=	**rename** Rename_list
Rename_list	=	{Rename_pair ”,” ...}
Rename_pair	=	Feature_name **as** Feature_name
Redefine_clause	=	**redefine** Feature_list
Feature_list	=	{Feature_name ”,” ...}

Features	=	**feature** { Feature_declaration ";" ...}
Feature_declaration	=	Feature_name [Formal_arguments] [Type_mark] [Feature_value_mark]
Formal_arguments	=	Entity_declaration_list
Entity_declaration_list	=	{Entity_declaration_group ";" ...}
Entity_declaration_group	=	{Identifier "," ...}+ Type_mark
Type_mark	=	":" Type
Feature_value_mark	=	**is** Feature_value
Feature_value	=	Constant | Routine
Constant	=	Integer_constant | Character_constant | Boolean_constant | Real_constant | String_constant
Integer_constant	=	[Sign] Integer
Sign	=	'+' | '-'
Character_constant	=	"'" Character "'"
Boolean_constant	=	**true** | **false**
Real_constant	=	[Sign] Real
String_constant	=	'"' String '"'
Routine	=	[Precondition] [Externals] [Local_variables] Body [Postcondition] [Rescue] **end** ["--" Feature_name]
Precondition	=	**require** Assertion
Assertion	=	{Assertion_clause ";" ...}
Assertion_clause	=	[Tag_mark] Unlabeled_assertion_clause
Tag_mark	=	Tag ":"
Tag	=	Identifier
Unlabeled_assertion_clause	=	Boolean_expression | Comment
Boolean_expression	=	Expression
Comment	=	"--" String
Externals	=	**external** External_list
External_list	=	{External_declaration ";" ...}
External_declaration	=	Feature_name [Formal_arguments] [Type_mark] [External_name] Language
Language	=	**language** String_constant
External_name	=	**name** String_constant
Local_variables	=	Entity_declaration_list

Body = Full_body | Deferred_body
Deffered_body = **deferred**
Full_body = Normal_body | Once_body
Normal_body = **do** Compound
Once_body = **once** Compound
Compound = {Instruction ";" ...}

Instruction = Call | Assignment | Conditional |
Loop | Check | Retry | Debug

Call = Qualified_call | Unqualified_call
Qualified_call = Expression "." Unqualified_call
Unqualified_call = Feature_name [Actuals]
Actuals = "(" Expression_list ")"
Expression_list = {Expression Separator ...}
Separator = "," | ";"

Assignment = Entity ":=" Expression
Entity = Identifier | *Result*

Expression = {Unqualified_expression "." ...}
Unqualified_expression = Constant | Entity | Unqualified_call | *Current* |
Old_value | Nochange | Operator_expression
Old_value = **old** Expression
Nochange = **nochange**

Operator_expression = Unary_expression | Binary_expression |
Multiary_expression | Parenthesized
Unary_expression = Unary Expression
Unary = **not** | "+" | "-"
Binary_expression = Expression Binary Expression
Binary = ˆ | = | /= | < | > | <= | >=
Multiary_expression = {Expression Multiary ...}$^+$
Multiary = "+" | "-" | "*" | "/" |
and | **and then** | **or** | **or else**
Parenthesized = "(" Expression ")"

Conditional = **if** Then_part_list
[Else_part] **end**
Then_part_list = {Then_part **elsif** ...}$^+$
Then_part = Boolean_expression **then** Compound
Else_part = **else** Compound

Loop = Initialization
[Loop_invariant]
[Loop_variant]
Exit_clause
Loop_body
end

Initialization	=	**from** Compound
Loop_invariant	=	**invariant** Assertion
Loop_variant	=	**variant** Integer_expression
Integer_expression	=	Expression
Exit_clause	=	**until** Boolean_expression
Loop_body	=	**loop** Compound
Check	=	**check** Assertion **end**
Retry	=	**retry**
Debug	=	**debug** Compound **end**
Postcondition	=	**ensure** Assertion
Rescue	=	**rescue** Compound
Class_invariant	=	**invariant** Assertion

C.3 Vorrangregeln für Operatoren

Operatoren sind unten in der Reihenfolge absteigenden Vorrangs (von der stärksten zur schwächsten Bindung) aufgelistet. Operatoren auf der gleichen Ebene assoziieren von links nach rechts, außer die Vergleichsoperatoren auf Ebene 4, die nicht assoziieren.

Ebene	Operatoren
10	. (Punktnotation für qualifizierte Merkmale)
9	**old**
8	^ (hoch, Exponentation)
7	**not** + - (einstellig)
6	* / **mod div**
5	+- (zweistellig)
4	= /= < > <= >=
3	**and and then**
2	**or or else**
1	; („und" in Zusicherungen mit geringerem Vorrang)

Anhang D

Reservierte Wörter und Sondersymbole

D.1 Reservierte Wörter

and	**debug**	*Equal*	**invariant**	**not**	*Result*
as	**deferred**	**external**	**is**	**old**	**retry**
BOOLEAN	**div**	**false**	**language**	**once**	*STRING*
check	**do**	**feature**	**like**	**or**	**then**
class	**else**	*Forget*	**local**	*REAL*	**true**
CHARACTER	**elsif**	**from**	**loop**	**redefine**	**until**
Clone	**end**	**if**	**mod**	**rename**	**variant**
Create	**ensure**	**inherit**	**name**	**require**	*Void*
Current	**export**	*INTEGER*	**nochange**	**rescue**	

D.2 Sondersymbole

```
--
; ,
: .
:=
= /= < > <= >=
+ - * / ^
( ) [ ] { }
```

Anhang E

Eingabe, Ausgabe und Zeichenketten

In diesem Anhang wird der Umgang mit Ein-/Ausgabe und Zeichenketten in Eiffel gezeigt, wie das in den Klassen der Grundbibliothek geschieht. Die Benutzung wird anhand der vom Kommando **short** (siehe 9.5) erzeugten Klassenschnittstellen erläutert.

Für die praktische Nutzung von Eiffel ebenso wichtig ist die Behandlung von Feldern. Die dazugehörige Klasse, *ARRAY,* wurde in Anhang A (A.1) wiedergegeben.

E.1 Standard-Ein-/Ausgabe

Die Klasse *STD_FILES* beschreibt die drei Grunddateien (Eingabe, Normalausgabe und Fehlerausgabe). Jede diese Klasse beerbende Klasse kann Dateioperationen (wie das im nächsten Abschnitt mit den Merkmalen der Klasse *FILE* gezeigt wird) auf einer der mit *input, output* und *error* bezeichneten Dateien durchführen.

```
class interface STD_FILES exported features
        input, output, error
feature specification
        input: FILE
        output: FILE
        error: FILE
end interface -- class STD_FILES
```

Die drei Merkmale dieser Klasse werden intern als Einmalfunktionen definiert, welche die notwendigen Initialisierungen durchführen. Deshalb ist es nicht notwendig, die entsprechenden Dateien zu initialisieren: Sie werden beim erstenmal, wenn eine E/A-Operation angewandt wird, im richtigen Modus automatisch geöffnet.

E.2 Dateien

Die Attribute der Klasse *STD_FILES* sind vom Typ *FILE,* der durch die folgende Klasse beschrieben wird:

```
class interface FILE exported features
    exists, readable, writable, executable, date, creatable,
    open_read, open_write, open_append, close, putint, putreal,
    putchar, putstring, putbool, putint_nl, putreal_nl,
    putchar_nl, putstring_nl, putbool_nl, lastint, lastreal,
    lastchar, laststring, next_line, error, set_error_output,
    unset_error_output
```

feature specification

Create (fn: STRING)
-- Erzeuge Datei mit *fn* als Dateinamen.
error: INTEGER
-- Von der letzten Dateioperation gelieferter Fehlercode
-- Fehlercodes:
No_error: INTEGER
Incorrect_file: INTEGER
Read_error: INTEGER
Write_error: INTEGER
End_of_file: INTEGER
set_error_output
-- Ermögliche das Schreiben von Fehlermeldungen
-- auf die Fehlerausgabe im Fall von Ein-/Ausgabe-
-- Fehlern. (Das ist die Vorbelegung.)
unset_error_output
-- Verhindere das Schreiben von Fehlermeldungen
-- auf die Fehlerausgabe im Fall von Ein-/Ausgabe-
-- Fehlern. (Das ist nicht die Vorbelegung.)
exists: BOOLEAN
-- Existiert die Datei?
readable: BOOLEAN
-- Ist die Datei lesbar?
executable: BOOLEAN
-- Ist die Datei ausführbar?
writable: BOOLEAN
-- Ist die Datei beschreibbar?
creatable: BOOLEAN
-- Kann die Datei im Elternordner erzeugt werden?
date: INTEGER
-- Datumsstempel
open_read
-- Öffne die Datei im Nur-Lesen-Modus
open_write
-- Öffne die Datei im Nur-Schreiben-Modus
open_append
-- Öffne die Datei im Nur-Ergänzen-Modus
putint_nl (n: INTEGER)
-- Schreibe *n* ans Dateiende, gefolgt von neuer Zeile
putbool_nl (b: BOOLEAN)
-- Schreibe *b* ans Dateiende, gefolgt von neuer Zeile
putreal_nl (r: REAL)
-- Schreibe *r* ans Dateiende, gefolgt von neuer Zeile
putstring_nl (s: STRING)
-- Schreibe *s* ans Dateiende, gefolgt von neuer Zeile

```
    putchar_nl (c: CHARACTER)
            -- Schreibe c ans Dateiende, gefolgt von neuer Zeile
    putint (n: INTEGER)
            -- Schreibe n ans Dateiende
    putbool (b: BOOLEAN)
            -- Schreibe b ans Dateiende
    putreal (r: REAL)
            -- Schreibe r ans Dateiende
    putst ing (s: STRING)
            -- Schreibe s ans Dateiende
    putchar (c: CHARACTER)
            -- Schreibe c ans Dateiende
    readchar
            -- Setze die Eingabe ein Zeichen weiter, wenn möglich
    readitem
            -- Lies das nächste Element, wenn möglich
    itemtype: INTEGER
            -- Code für den Typ des zuletzt gelesenen Elements

            -- Typcodes:
    Integer_type: INTEGER
    Real_type: INTEGER
    String_type: INTEGER
    Unknown_type: INTEGER
    add_delimiter (c: CHARACTER)
            -- Füge c als Begrenzungszeichen für readitem
            -- hinzu (Vorbelegung: nur Leerzeichen und neue Zeile)
    remove_delimiter (c: CHARACTER)
            -- Entferne c als Begrenzungszeichen für readitem
    lastchar: CHARACTER
            -- Das mit readchar zuletzt gelesene Zeichen
    lastint: INTEGER
            -- Die mit readitem zuletzt gelesene Ganzzahl
    lastreal: REAL
            -- Die mit readitem zuletzt gelesene Real-Zahl
    laststring (size: INTEGER): STRING
            -- Die mit readitem zuletzt gelesene Zeichenkette
    next_line
            -- Bewege vor zur nächsten Eingabezeile
    close
            -- Schließe die Datei.

end interface -- class FILE
```

E.3 Zeichenketten

Die folgende Klasse beschreibt Operationen auf Zeichenketten. Man beachte, daß diese Klasse auch zur Deklaration literaler Zeichenkettenkonstanten benutzt werden kann (13.5.2).

```
    size, length, resize, enter, entry, append, prepend,
    substring, duplicate, to_upper, to_lower, share,
    shared_with, same_as, le, gt, string_char, to_integer,
    clear, fill_blank, remove_char, remove_all_occurrences,
    tail, head, char_string, left_adjust, right_adjust,
    hash_code, to_c

inherit
    INDIRECT [CHARACTER]

feature specification
    size: INTEGER

    length: INTEGER
                -- Aktuelle dynamische Länge
            ensure
                Result >= 0

    Create (n: INTEGER)
                -- Allokiere ungefähr Platz für eine Zeichenkette
                -- mit n Zeichen
            require
                non_negative_size: n >= 0
            ensure
                size = n

    resize (newsize: INTEGER)
                -- Reallokiere Zeichenkette, wenn nötig
            require
                new_size_non_negative: newsize >= 0

    entry (i: INTEGER): CHARACTER
                -- Zeichen an der Position i
            require
                index_large_enough: i > 0;
                index_small_enough: i <= length

    enter (i: INTEGER, c: CHARACTER)
                -- Ersetze das Zeichen an der Position i durch c
            require
                index_large_enough: i > 0;
                index_small_enough: i <= length
            ensure
                entry (i) = c
```

```
clear
        -- Lösche die Zeichenkette
    ensure
        length = 0

fill_blank
        -- Fülle die Zeichenkette mit Leerzeichen
    ensure
        -- für alle i: 1..length, entry(i) = ' '

append (s: STRING)
        -- Füge eine Kopie von s ans Ende der
        -- aktuellen Zeichenkette an
    require
        argument_not_void: not s.Void
    ensure
        length = old length + s.length

prepend (s: STRING)
        -- Füge eine Kopie von s an den Anfang der
        -- aktuellen Zeichenkette an
    require
        argument_not_void: not s.Void
    ensure
        length = old length + s.length

substring (n1: INTEGER, n2: INTEGER): like Current
        -- Teilkette, die an Position n1 beginnt und
        -- an Position n2 endet
    require
        st_argument_large_enough: 1 <= n1;
        t_no_greater_than_second: n1 <= n2;
        nd_argument_small_enough: n2 <= length
    ensure
        Result.length = n2 - n1 + 1
        -- für alle i: 1..n2-n1,
        -- Result.entry(i) = entry(n1 + i - 1)

duplicate: STRING
        -- Kopie der aktuellen Zeichenkette
    ensure
        Result.length = length;
        -- für alle i: 1..n2-n1,
        -- Result.entry(i) = entry(i)

to_lower
        -- Transformiere die Zeichenkette in Kleinbuchstaben

to_upper
        -- Transformiere die Zeichenkette in Großbuchstaben

share (other: STRING)
        -- Bewirke, daß die aktuelle Zeichenkette den Text
        -- von other mitbenutzt
```

require
argument_not_void: **not** *other.Void*
ensure
other.length = length;
-- für alle *i: 1..length,*
-- *Result.entry(i) = entry(i)*
-- Folgende Änderungen der Zeichen der aktuellen
-- Zeichenkette betreffen auch *other* und umgekehrt

shared_with (other: STRING): BOOLEAN
-- Benutzt die aktuelle Zeichenkette den Text
-- von *other* mit?

same_as (other: STRING): BOOLEAN
-- Hat die aktuelle Zeichenkette denselben Inhalt
-- wie *other?*

le (other: STRING): BOOLEAN
-- Ist die aktuelle Zeichenkette lexikalisch
-- kleiner als *other?*

gt (other: STRING): BOOLEAN
-- Ist die aktuelle Zeichenkette lexikalisch
-- größer als *other?*

to_integer: INTEGER
-- Ganzzahlwert der aktuellen Zeichenkette unter
-- der Annahme, daß nur Ziffern enthalten sind.
-- Beispiel: Angewandt auf "123" wird 123
-- geliefert
require
-- Die Zeichenkette enthält nur Ziffern

char_string (c: CHARACTER)
-- Füge *c* am Anfang an
ensure
length = **old** *length + 1*

string_char (c: CHARACTER)
-- Füge *c* am Ende an
ensure
length = **old** *length + 1*

hash_code: INTEGER
-- Hashcode-Wert der aktuellen Zeichenkette

to_c: INTEGER
-- Entsprechende C-Zeichenkette

remove_all_occurrences (c: CHARACTER)
-- Entferne alle Vorkommen von *c*
ensure
-- für alle *i: 1..length, entry(i) /= c*
-- *length =* **old** *length* - (Anzahl von Vorkommen
-- von *c* in der ursprünglichen Zeichenkette)

remove_char (i: INTEGER)
-- Entferne das *i*-te Zeichen

```
        require
            index_large_enough: i >= 1;
            index_small_enough: i <= length
        ensure
            length = old length - 1
    tail (n: INTEGER)
            -- Entferne alle Zeichen bis auf die letzten n.
            -- Wenn n >= length, dann mache gar nichts.
        require
            non_negative_argument: n >= 0
        ensure
            -- length = min (n, old length)
    left_adjust
            -- Entferne führende Leerzeichen
        ensure
            (length = 0) or else (entry(1) /= ' ')
    right_adjust
            -- Entferne alle Leerzeichen am Ende
        ensure
            (length = 0) or else (entry(length) /= ' ')
invariant
    0 <= length;
    length <= size
end interface -- class STRING
```

Anhang F

Eiffel Syntaxdiagramme

Class_declaration

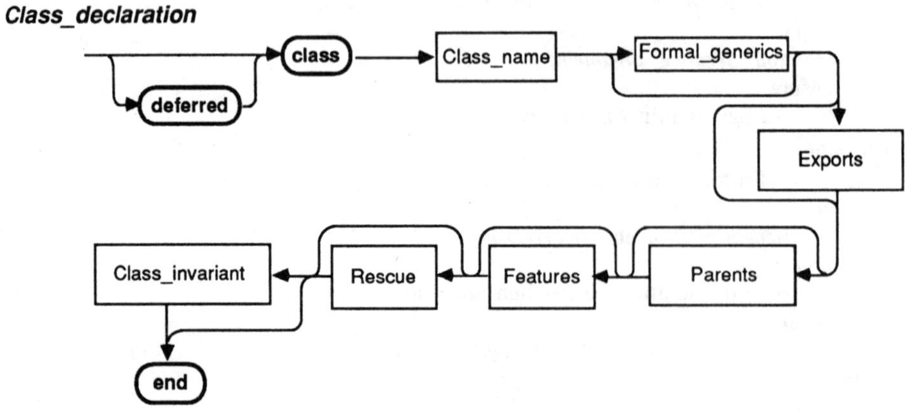

Formal_generics

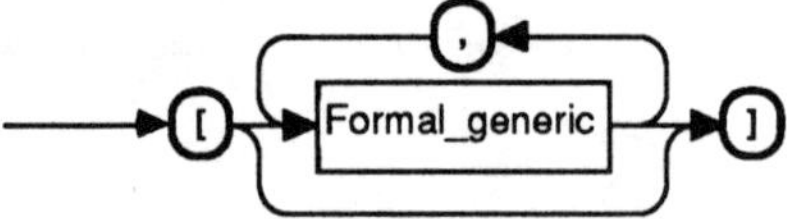

Exports

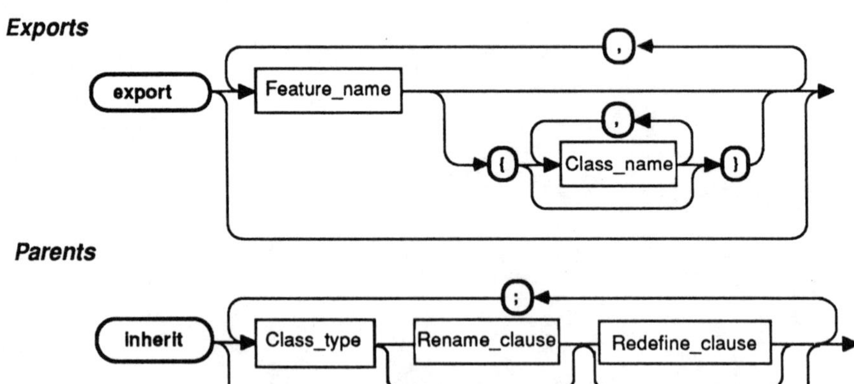

Parents

Class_type

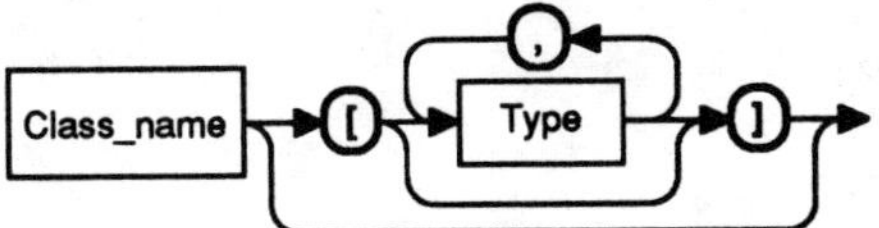

Type

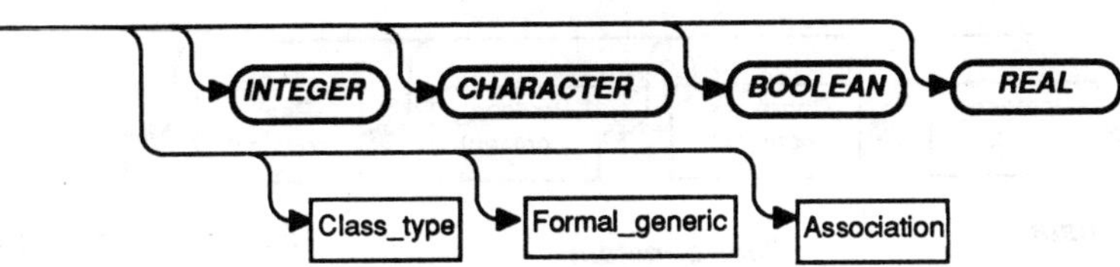

Association

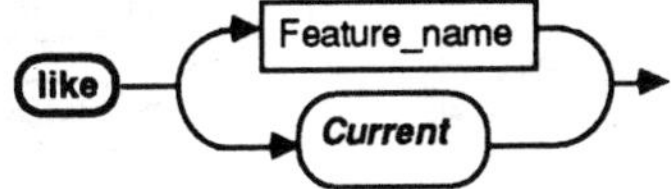

Rename_clause

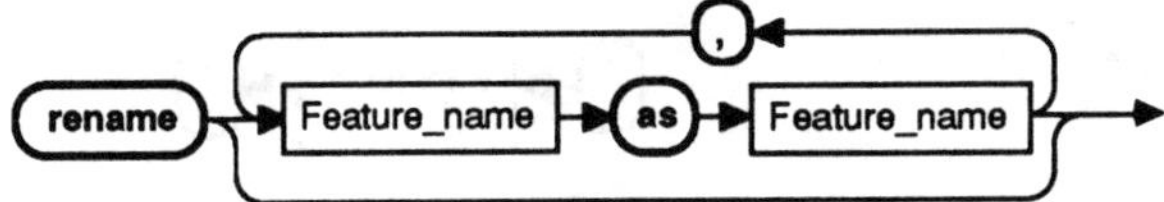

Redefine_clause

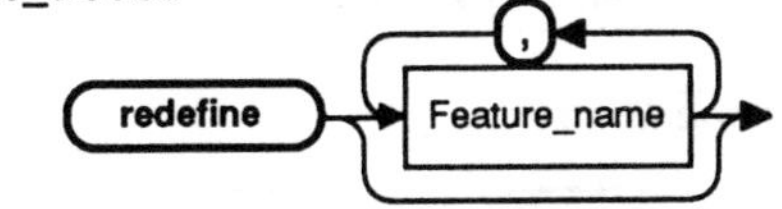

Features

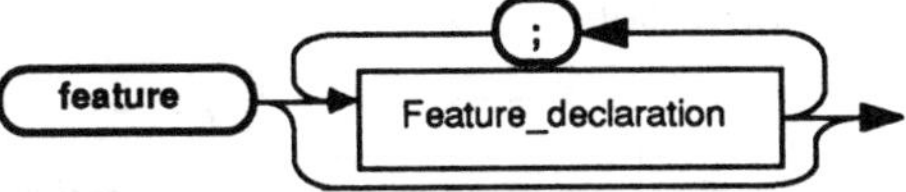

Feature_declaration

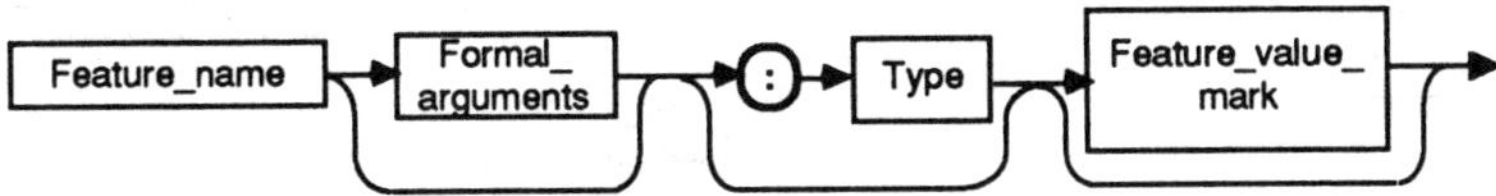

Formal_arguments

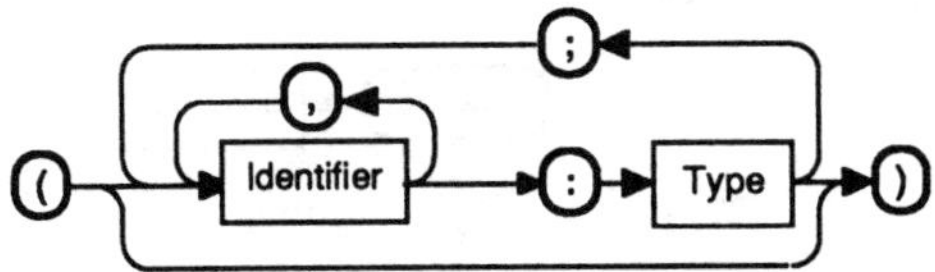

Feature_value_mark

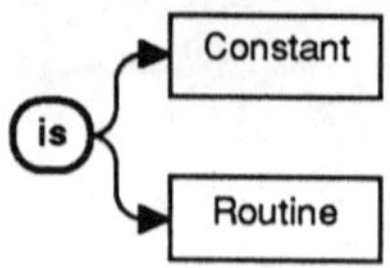

Constant

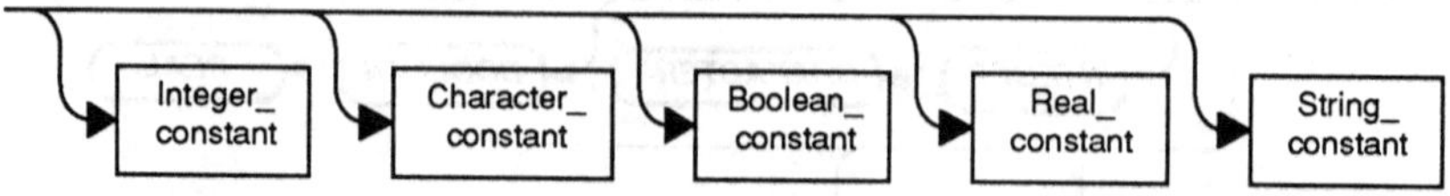

Integer_ constant
Character_ constant
Boolean_ constant
Real_ constant
String_ constant

Integer_constant

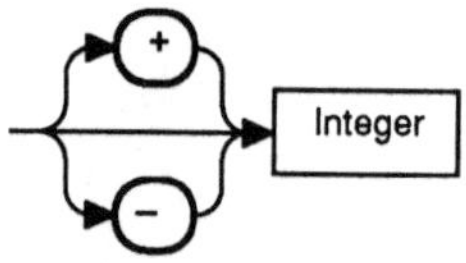

+
–
Integer

Real_constant

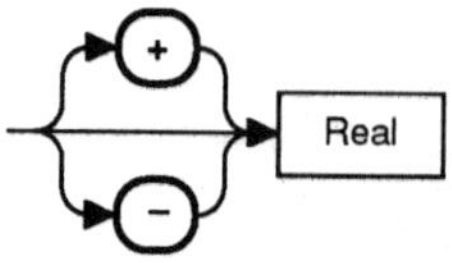

+
–
Real

Boolean_constant

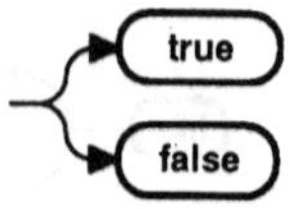

true
false

String_constant

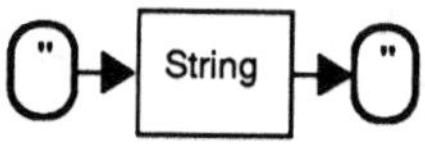

"
String
"

Character_constant

'
Character
'

Routine

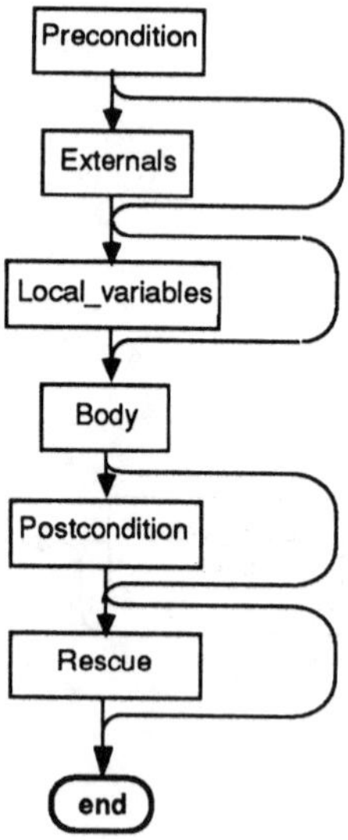

Precondition
Externals
Local_variables
Body
Postcondition
Rescue
end

Precondition

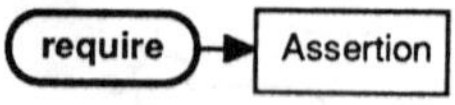

require
Assertion

Postcondition

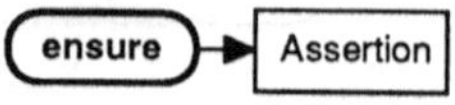

ensure
Assertion

Assertion

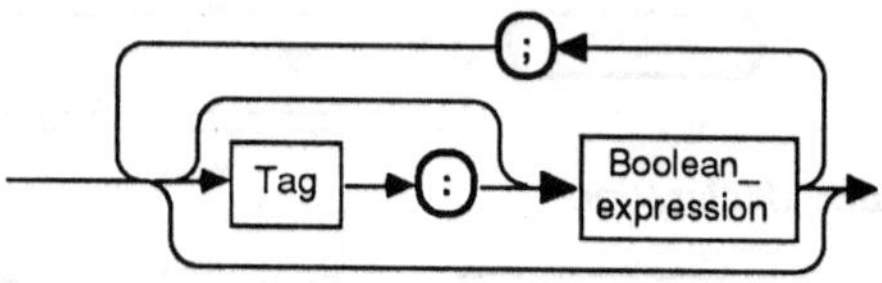

;
Tag
:
Boolean_ expression

Boolean_expression, Integer_expression

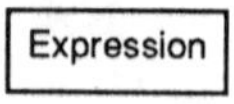

Expression

Rescue

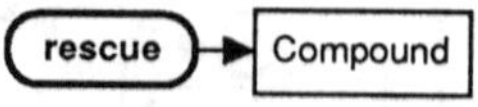

rescue
Compound

Externals

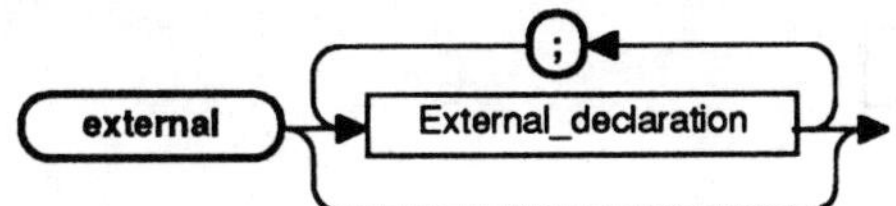

External_declaration

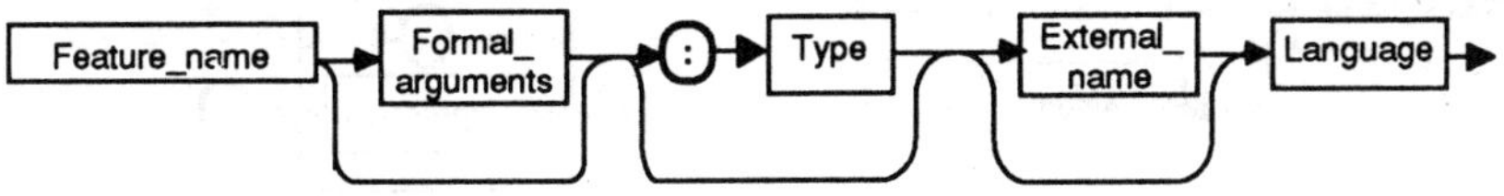

Language

External_name

Local_variables

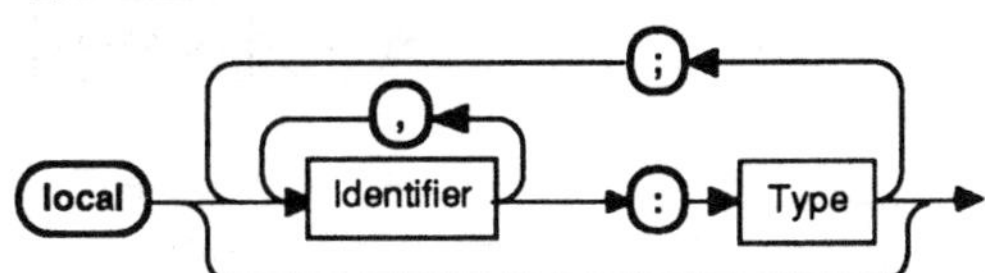

Body

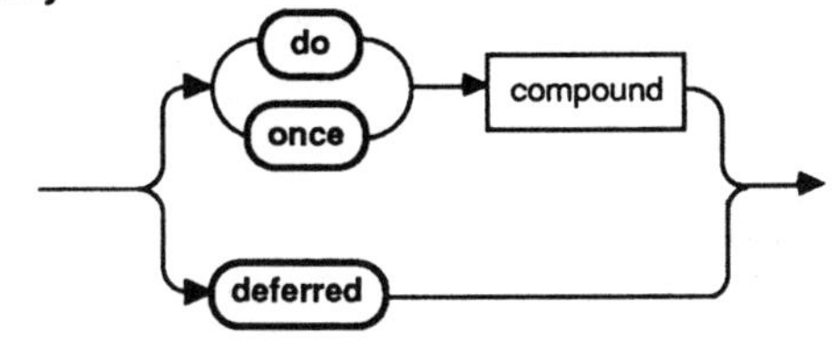

Compound

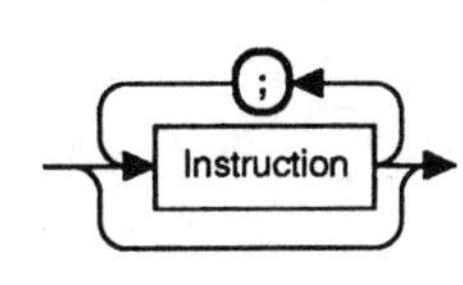

Instruction

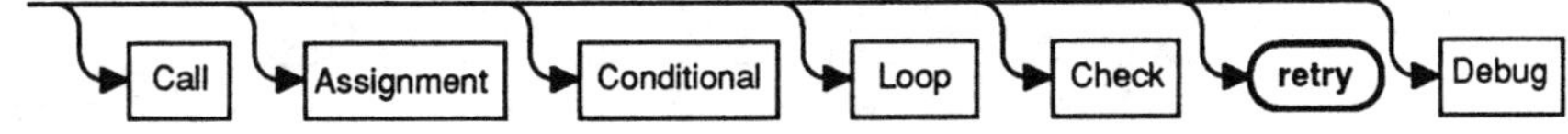

Call

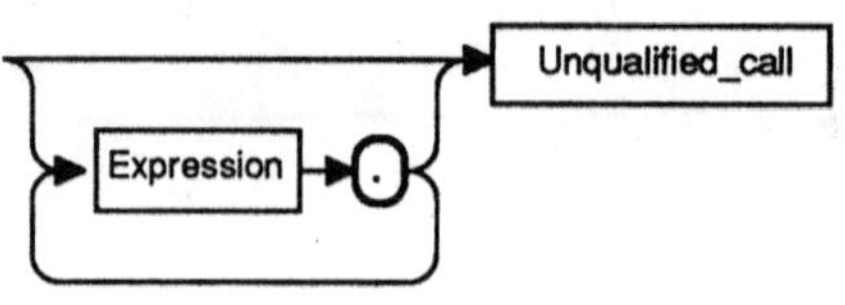

Unqualified_call

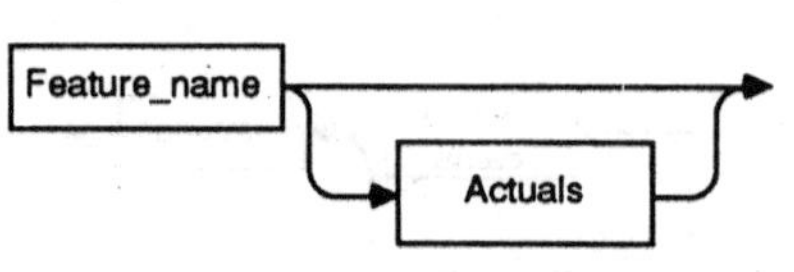

Actuals

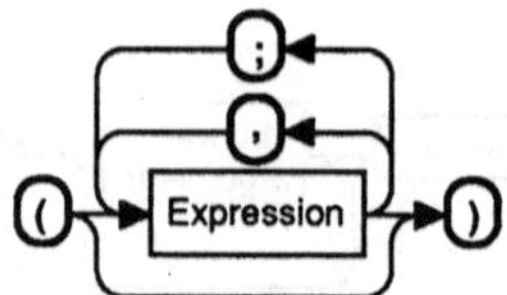

Expression

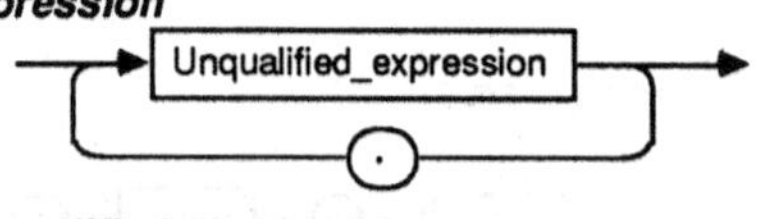

Unqualified_expression

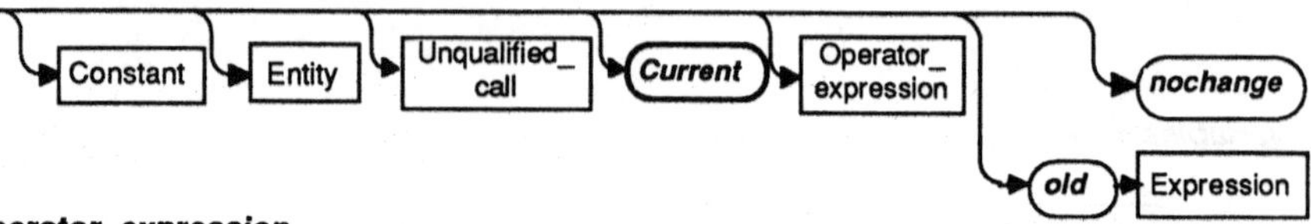

Operator_expression

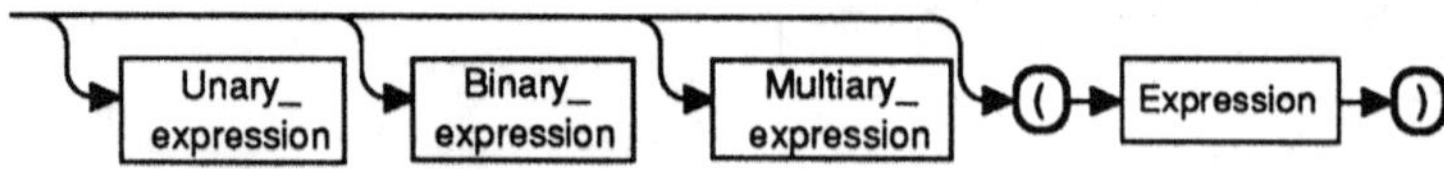

Unary_expression

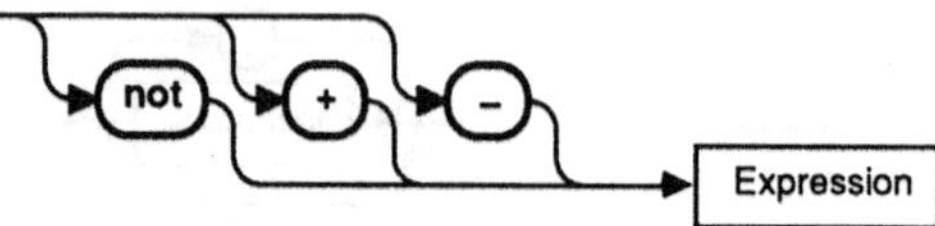

Binary_expression

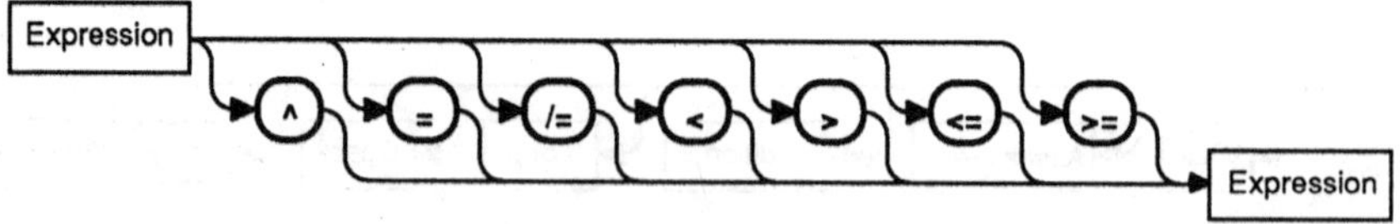

Multiary_expression

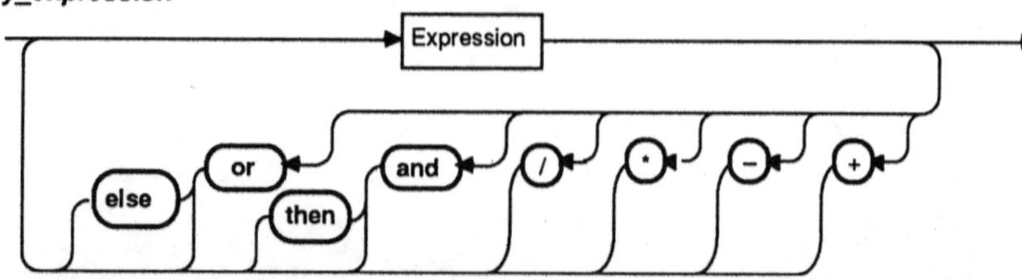

Assignment

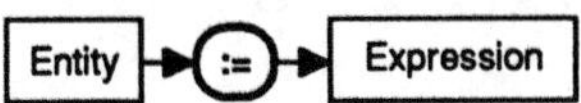

Conditional

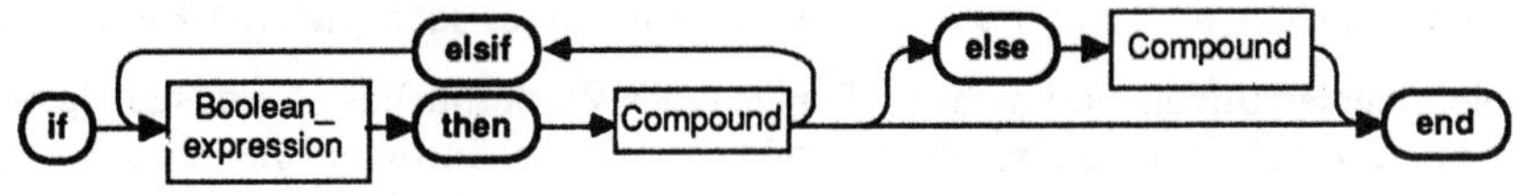

Loop

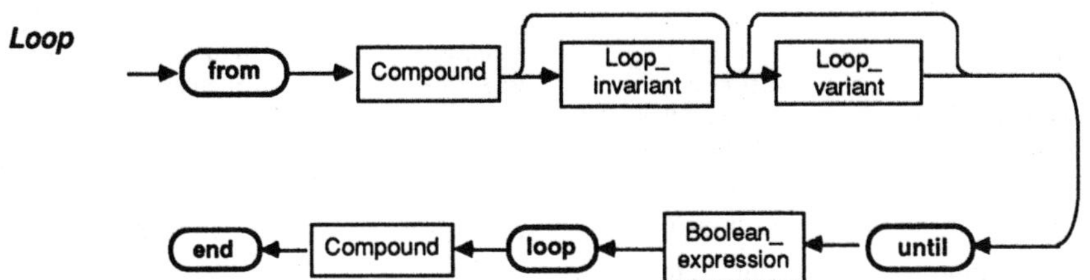

Class_invariant, Loop_invariant

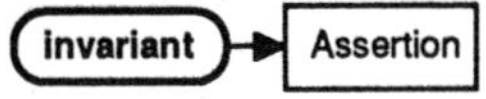

Loop_variant

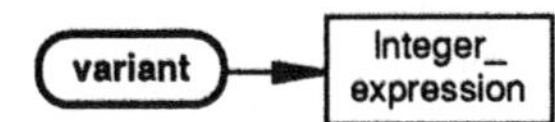

Check

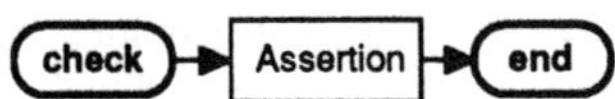

Debug

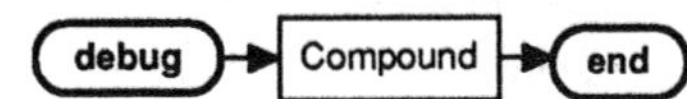

Class_name, Formal_generic, Feature_name, Tag

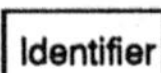

Entity

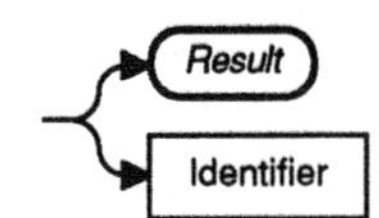

Übersetzungsliste für die wichtigsten Begriffe

Da es auf dem Gebiet der objektorientierten Softwareentwicklung eine Reihe englischer Begriffe gibt, für die es noch keine oder noch keine allgemein verwendeten deutschen Entsprechungen gibt, werden im folgenden die wichtigsten Begriffspaare aufgeführt, so daß ein/e mit der englischsprachigen Literatur vertraute/r Leser/in durch Rückübersetzung vielleicht manchmal schneller schon Gewußtes identifizieren kann.

Die Übersetzungen sind nicht im Sinnes eines Wörterbuches als vollständig oder allgemeingültig zu verstehen, sondern stehen für mir vernünftig erscheinende Entsprechungen der Begriffe auf dem Gebiet der objektorientierten Softwareentwicklung bzw. dieses Buches.

allokieren	to allocate
Attribut	attribute
Aufgeschobene Klasse	deferred class
Aufgeschobene Routine	deferred routine
Beständigkeit	constancy
Beziehung	relationship
Einheitlicher Zugriff	uniform reference
Einrichtung	facility
Element (von Objekten)	field
Feld	array
(Speicher) freigeben	to deallocate
Geheimnisprinzip	information hiding
Geschütztheit	protection
Größe	entity
Hilfsmittel	facility
Kombinierbarkeit	composability
Komponente (von Objekten)	field
Literalkonstante	manifest constant
Mehrfachbenennung	aliasing
Merkmal	feature
Mittel	facility
Nachkomme	descendant
Ordner	directory
Passen	conformance
Referenz	reference
selbstbezogen	self-referent
Sinnbild	icon
Stetigkeit	continuity
Verbundtyp	record type
Verständlichkeit	understandability
Verweis	reference
wirksame Klasse	effective class
Zerlegbarkeit	decomposability
(Speicher)zuordnen	to allocate

aliasing	Mehrfachbenennung
to allocate	(Speicher) zuordnen, allokieren
array	Feld
attribute	Attribut
composability	Kombinierbarkeit
conformance	Passen
constancy	Beständigkeit
continuity	Stetigkeit
to deallocate	(Speicher) freigeben
decomposability	Zerlegbarkeit
deferred class	Aufgeschobene Klasse
deferred routine	Aufgeschobene Routine
descendant	Nachkomme
directory	Ordner
effective class	wirksame Klasse
entity	Größe
facility	Hilfsmittel, Mittel, Einrichtung
feature	Merkmal
field	Element, Komponente (von Objekten)
icon	Sinnbild
information hiding	Geheimnisprinzip
manifest constant	Literalkonstante
protection	Geschütztheit
record type	Verbundtyp
reference	Referenz, Verweis
relationship	Beziehung
self-referent	selbstbezogen
understandability	Verständlichkeit
uniform reference	Einheitlicher Zugriff

Literaturverzeichnis

Abrial 1980.
Jean-Raymond Abrial, Stephen A. Schuman and Bertrand Meyer, "A Specification Language," in *On the Construction of Programs,* ed. R. McNaughten and R.C. McKeag, Cambridge University Press, 1980.

ANSI 1983.
ANSI and AJPO, "Military Standard: Ada Programming Language (Am. Nat. Standards Inst. and US Gov. Dept. of Defense, Ada Joint Program Office)," ANSI/MIL-STD-1815A-1983, Feb. 17, 1983.

Agha 1986.
Gul Agha, *A Model of Concurrent Computation in Distributed Systems,* MIT Press, 1986.

Avižienis 1985.
Algirdas Avižienis, "The N-version aproach to Fault-Tolerant Software," *IEEE Trans. on Software Engineering,* vol. SE-11, no. 12, pp. 1491-1501, Dec. 1985.

Bert 1983.
Didier Bert, "Manuel de Référence du Langage LPG, Version 1.2," Rapport R-408, IFIAG, IMAG Inst. (Grenoble University), Grenoble, Dec. 1983.

Biggerstaff 1984.
Ted J. Biggerstaff and Alan J. Perlis (eds.), "Special Issue on Software Reusability," *IEEE Trans. on Software Engineering,* vol. SE-10, no. 5, pp. 474-609, Sept. 1984.

Birtwistle 1973.
Graham Birtwistle, Ole-Johan Dahl, Bjørn Myrhaug and Kristen Nygaard, *Simula Begin,* Studentliteratur (Lund) and Auerbach Pub. (New York), 1973.

Bobrow 1982.
Daniel G. Bobrow and Mark J. Stefik, *LOOPS: an Object-Oriented Programming System for Interlisp,* Xerox PARC, 1982.

Boehm 1978.
Barry W. Boehm, J.R. Brown, G. McLeod, Myron Lipow and M. Merrit, "Characteristics of Software Quality," TRW Series of Software Technology, North-Holland Publishing Co., Amsterdam, 1978.

Boehm 1979.
Barry W. Boehm, "Software Engineering - As It Is," in *Proc. 4th International Conf. on Software Engineering,* pp. 11-21, Munich, Sept. 1979.

Booch 1983.
Grady Booch, *Software Engineering with Ada,* Benjamin/Cummings Publishing Co., Menlo Park (Calif.), 1983.

Booch 1986.
Grady Booch, "Object-Oriented Development," *IEEE Trans. on Software Engineering,* vol. SE-12, no. 2, pp. 211-221, Feb. 1986.

Brachman 1983.
Ronald J. Brachman, "What IS-A and Isn't: An Analysis of Taxonomic Links in Semantic Networks," *IEEE Computer,* vol. 16, no. 10, pp. 67-73, Oct. 1983.

Cannon 1980.
H.I. Canon, "Flavors," Tech. Report, MIT Artificial Intelligence Laboratory, Cambridge (Mass.), 1980.

Cardelli 1984.
Luca Cardelli, "A Semantics of Multiple Inheritance," in *Semantics of Data Types* (eds. Gilles Kahn, David B. McQueen and Gordon Plotkin), Lecture Notes in Computer Science 173, pp. 51-67, Springer-Verlag, New York, 1984.

Cardelli 1985.
Luca Cardelli and Peter Wegner, "On Understanding Types, Data Abstraction and Polymorphism," *Computing Surveys,* vol. 17, no. 4, pp. 471-522, December 1985.

Cardelli 1987.
Luca Cardelli, "Basic Polymorphic Typechecking," , 1987. (Revised version of 1984 AT&T Bell Laboratories Comp. Sc. Tech. Report, to appear.)

Cohen 1984.
Jacques Cohen and Tim Hickey, "Performance Analysis of On-the-Fly Garbage Collection," *Communications of the ACM,* vol. 27, no. 11, pp. 1143-1154, Nov. 1984.

Cox 1984.
Brad J. Cox, "Message/Object Programming: An Evolutionary Change in Programming Technology," *IEEE Software,* vol. 1, no. 1, pp. 50-69, Jan. 1984.

Cox 1986.
Brad J. Cox, *Object-Oriented Programming: An Evolutionary Approach,* Addison-Wesley, Reading (Mass.), 1986.

Cristian 1985.
Flaviu Cristian, "On Exceptions, Failures and Errors," *Technology and Science of Informatics,* vol. 4, no. 1, Jan. 1985.

Curry 1984.
Gael A. Curry and Robert M. Ayers, "Experience with Traits in the Xerox Star Workstation," *IEEE Trans. on Software Engineering,* vol. SE-10, no. 5, pp. 519-527, Sept. 1984.

Dahl 1966.
Ole-Johan Dahl and Kristen Nygaard, "SIMULA - An Algol-based Simulation Language," *Communications of the ACM,* vol. 9, no. 9, pp. 671-678, Sept. 1966.

Dahl 1970.
Ole-Johan Dahl, Bjørn Myrhaug and Kristen Nygaard, "(Simula 67) Common Base Language," Publication N. S-22, Norsk Regnesentral (Norwegian Computing Center), Oslo, Oct. 1970. (Revised version, Feb. 1984.)

DeMarco 1978.
Tom DeMarco, *Structured Analysis and System Specification,* Yourdon Press, New York, 1978.

DeRemer 1976.
Frank DeRemer and Hans H. Kron, "Programming-in-the-Large Versus Programming-in-the-Small," *IEEE Trans. on Software Engineering,* vol. SE-2, no. 2, pp. 80-86, June 1976.

Dewhurst 1987.
Stephen C. Dewhurst, "Object Representation of Scope during Translation," in *[ECOOP 1987],* pp. 79-86, 1987.

Dijkstra 1976.
Edsger W. Dijkstra, *A Discipline of Programming,* Prentice-Hall, Englewood Cliffs (N.J.), 1976.

Dijkstra 1978.
E. W. Dijkstra, L. Lampert, A.J. Martin, C.S. Scholten and E.F.M. Steffens, "On-the-Fly Garbage Collection: An Exercise in Cooperation," *Communications of the ACM,* vol. 21, no. 11, pp. 966-975, Nov. 1978.

ECOOP 1987.
ECOOP, *First European Conference on Object-Oriented Programming,* AFCET, Paris, June 15-17, 1987, published as BIGRE 54, June 1987.

Feldman 1979.
Stuart I. Feldmann, "Make - A Program for Maintaining Computer Programs," *Software, Practice and Experience,* vol. 9, pp. 255-265, 1979.

Floyd 1967.
Robert W. Floyd, "Assigning Meanings to Programs," in *Proc. Am. Math. Soc. Symp. in Applied Mathematics,* vol. 19, pp. 19-31, 1967.

Futatsugi 1985.
Kokichi Futatsugi, Joseph A. Goguen, Jean-Pierre Jouannaud and José Messeguer, "Principles of OBJ2," in *Proc. ACM Symp. on the Principles of Programming Languages,* vol. 12, pp. 52-66, 1985.

Geschke 1975.
C.M. Geschke and J.G. Mitchell, "On the Problem of Uniform References to Data Structures," *SIGPLAN Notices,* vol. 10, no. 6, pp. 31-42, June 1975.

Goguen 1978.
Joseph A. Goguen, J.W. Thatcher and E.G. Wagner, "An Initial Algebra Approach to the Specification, Correctness and Implementation of Abstract Data Types," in *Current Trends in Programming Methodology,* vol. 4, ed Raymond T. Yeh, pp. 80-149, Prentice-Hall, Englewood Cliffs (N.J.), 1978.

Goguen 1984.
Joseph A. Goguen, "Parameterized Programming," *IEEE Trans. on Software Engineering,* vol. SE-10, no. 5, pp. 528-543, Sept. 1984.

Goldberg 1976.
Adele Goldberg and Alan Kay (eds.), "Smalltalk-72 Instruction Manual," Tech. Report SSL-76-6, Xerox Palo Alto Research Center, March 1976.

Goldberg 1981.
Adele Goldberg and others, "Special issue on Smalltalk-80," *Byte Magazine,* August 1981.

Goldberg 1983.
Adele Goldberg and David Robson, *Smalltalk-80: The Language and its Implementation,* Addison-Wesley, Reading (Mass.), 1983.

Goldberg 1985.
Adele Goldberg, *Smalltalk-80: The Interactive Programming Environment,* Addison-Wesley, Reading (Mass.), 1985.

Guttag 1977.
John V. Guttag, "Abstract Data Types and the Development of Data Structures," *Communications of the ACM,* vol. 20, no. 6, pp. 396-404, June 1977.

Halbert 1987.
D.C. Halbert and P.D. O'Brien, "Using Types and Inheritance in Object-Oriented Languages," in *[ECOOP 1987],* pp. 23-34, 1987.

Hoare 1969.
C.A.R. Hoare, "An Axiomatic Basis for Computer Programming," *Communications of the ACM,* vol. 12, no. 10, pp. 576-580, 583, Oct 1969.

Hoare 1972.
C.A.R. Hoare, "Proof of Correctness of Data Representations," *Acta Informatica,* vol. 1, pp. 271-281, 1972.

Horowitz 1984.
Ellis Horowitz and John B. Munson, "An Expansive View of Reusable Software," *IEEE Trans. on Software Engineering,* vol. SE-10, no. 5, pp. 477-487, Sept. 1984.

Hullot 1984.
Jean-Marie Hullot, "Ceyx, Version 15: I – une Initation," Rapport Technique no. 44, INRIA, Rocquencourt, Eté 1984.

Ingalls 1978.
Daniel H.H. Ingalls, "The Smalltalk-76 Programming System: Design and Implementation," in *Proc. ACM Symp. on the Principles of Programming Languages,* Jan. 1978.

Interactive 1986.
Interactive Software Engineering, Inc., "Eiffel Library Manual," Tech. Report TR-EI-7/LI, 1986.

Jackson 1975.
Michael A. Jackson, *Principles of Program Design,* Academic Press, London, 1975.

Jackson 1983.
Michael A. Jackson, *System Development,* Prentice-Hall International, Hemel Hempstead, 1983.

Johnston 1971.
J.B. Johnston, "The Contour Model of Block Structured Processes," *SIGPLAN Notices,* vol. 6, no. 2, pp. 55-82, Feb. 1971.

Jones 1980.
Cliff B. Jones, *Software Development: A Rigorous Approach,* Prentice-Hall International, Hemel Hempstead, 1980.

Jones 1984.
T. Capers Jones, "Reusability in Programming: A Survey of the State of the Art," *IEEE Trans. on Software Engineering,* vol. SE-10, no. 5, pp. 488-494, Sept. 1984.

Jones 1986.
Cliff B. Jones, *Systematic Software Development Using VDM,* Prentice-Hall International, Hemel Hempstead, 1986.

Knuth 1984.
Donald E. Knuth, "Literate Programming," *The Computer Journal,* vol. 27, no. 2, pp. 97-111, May 1984.

Lampson 1977.
Butler W. Lampson, Jim J. Horning, Ralph L. London, J.G. Mitchell and Gerard L. Popek, "Report on the Programming Language Euclid," *SIGPLAN Notices,* vol. 12, no. 2, pp. 1-79, Feb. 1977.

Lientz 1979.
B.P. Lientz and E.B. Swanson, "Software Maintenance: A User/Management Tug of War," *Data Management,* pp. 26-30, Apr. 1979.

Liskov 1974.
Barbara H. Liskov and Stephen N. Zilles, "Programming with Abstract Data Types," Computation Structures Group, Memo no. 99, MIT, Project MAC, Cambridge (Mass.), 1974. (See also SIGPLAN Notices, 9, 4, pp. 50-59, Apr. 1974.)

Liskov 1979.
Barbara H. Liskov and Alan Snyder, "Exception Handling in CLU," *IEEE Trans. on Software Engineering,* vol. SE-5, no. 6, pp. 546-558, Nov. 1979.

Liskov 1981.
Barbara H. Liskov, Russel Atkinson, T. Bloom, E. Moss, J. Craig Schaffert, R. Scheifler and Alan Snyder, *CLU Reference Manual,* Springer-Verlag, New York, 1981.

Liskov 1986.
Barbara H. Liskov and John Guttag, *Abstraction and Specification in Program Development,* MIT Press, Cambridge (Mass.), 1986.

McCall 1977.
James McCall (ed.), *Factors in Software Quality,* General Electric, 1977.

McIlroy 1976.
M.D. McIlroy, "Mass-produced Software Components," in *Software Engineering Concepts and Techniques (1968 NATO Conf. on Software Engineering),* eds. J.M. Buxton, P. Naur and B. Randell, pp. 88-98, 1976.

McMenamin 1984.
Stephen M. McMenamin and John F. Palmer, *Essential Systems Analysis,* Yourdon Press, New York, 1984.

Meyer 1976.
Bertrand Meyer, "La Description des Structures de Données," *Bulletin de la Direction des Etudes et Recherches d'Electricité de France, Série C (Informatique),* no. 2, Clamart (France), 1976.

Meyer 1978.
Bertrand Meyer and Claude Baudoin, *Méthodes de Programmation,* Eyrolles, Paris, 1978. New edition, 1984.

Meyer 1979.
Bertrand Meyer, "Quelques concepts importants des langages de programmation modernes et leur expression en Simula 67," *Bulletin de la Direction des Etudes et Recherches d'Electricité de France, Série C (Informatique),* no. 1, pp. 89-150, Clamart, France, 1979. Also in GROPLAN 9, AFCET, 1979.

Meyer 1982.
Bertrand Meyer, "Principles of Package Design," *Communications of the ACM,* vol. 25, no. 7, pp. 419-428, July 1982.

Meyer 1986.
Bertrand Meyer, "M: A System Description Method," Tech. Report TRCS85-15, University of California, Santa Barbara, Computer Science Department, Aug. 1986.

Meyer 1986a.
Bertrand Meyer, "Cépage: A Software Design Tool," *Computer Language,* vol. 3, no. 9, pp. 43-53, Sept. 1986.

Meyer 1987.
Bertrand Meyer, "Reusability: the Case for Object-Oriented Design," *IEEE Software,* vol. 4, no. 2, pp. 50-64, March 1987.
Meyer 1988.
Bertrand Meyer, "Eiffel: A Language and Environment for Software Engineering," *The Journal of Systems and Software.* To appear.
Meyer 1988a.
Bertrand Meyer, "Genericity, static type checking and inheritance," *The Journal of Pascal, Ada and Modula-2,* 1988. To appear (Revised version of paper in *[OOPSLA 1986],* pp. 391-405).
Milner 1978.
Robin Milner, "A Theory of Type Polymorphism in Programming," *Journal of Computer and System Sciences,* vol. 17, pp. 348-375, 1978.
Mitchell 1979.
J.G. Mitchell, W. Maybury and R. Sweet, "Mesa Language Manual (Version 5.0)," Report CSL-79-3, Xerox Research Center, Palo Alto (Calif.), Apr. 1979.
Moffat 1981.
David V. Moffat, "Enumerations in Pascal, Ada and Beyond," *SIGPLAN Notices,* vol. 16, no. 2, pp. 77-82, Feb. 1981.
Moon 1986.
David A. Moon, "Object-Oriented Programming with Flavors," in *[OOPSLA 1986],* 1986.
NSIA 1985.
NSIA (National Security Industry Association), *Proc. First Joint DoD-Industry Symp. on the STARS program,* San Diego (Calif.), Apr. 30-May 2 1985.
Nygaard 1981.
Kristen Nygaard and Ole-Johan Dahl, "Simula 67," in *History of Programming Languages,* ed. Richard W. Wexelblat, 1981.
OOPSLA 1986.
OOPSLA, *ACM Conference on Object-Oriented Programming, Systems, Languages and Applications,* Portland (Oreg.), Sept. 29-Oct. 2, 1986, published as SIGPLAN Notices, 21, 11, Nov. 1986.
OOPSLA 1987.
OOPSLA, *ACM Conference on Object-Oriented Programming, Systems, Languages and Applications,* Orlando (Flor.), Oct. 4-8, 1987, published as SIGPLAN Notices, 22, 12, Dec. 1987.
Orr 1977.
Ken T. Orr, *Structured Systems Development,* Yourdon Press, New York, 1977.
Page-Jones 1980.
Meillir Page-Jones, *The Practical Guide to Structured Systems Design,* Yourdon Press, New York, 1980.
Parnas 1972.
David Lorge Parnas, "On the Criteria to Be Used in Decomposing Systems into Modules," *Communications of the ACM,* vol. 5, no. 12, pp. 1053-1058, Dec. 1972.
Pooley 1986.
Robert J. Pooley, *An Introduction to Programming in SIMULA,* Blackwell Scientific, Oxford, 1986.
Randell 1975.
Brian Randell, "System Structure for Software Fault Tolerance," *IEEE Trans. on Software Engineering,* vol. SE-1, no. 2, pp. 220-232, June 1975.
Shaw 1981.
Mary Shaw and others, *Alphard: Form and Content,* Springer-Verlag, New York, 1981.
SIS 1987.
SIS, *Data Processing – Programming Languages – SIMULA,* Svensk Standard SS 63 61 14, Standardiseringskommissionen i Sverige (Swedish Standards Inst.), 20 May 1987.
Schaffert 1986.
Craig Schaffert, Topher Cooper, Bruce Bullis, Mike Kilian and Carrie Wilpolt, "An Introduction to Trellis-Owl," in *[OOPSLA 1986],* pp. 9-16, 1986.
Shriver 1987.
Bruce Shriver and Peter Wegner (eds.), *Research Directions in Object-Oriented Programming,* MIT Press, 1987.

Snyder 1986.
Alan Snyder, "Encapsulation and Inheritance in Object-Oriented Programming Languages," in *[OOPSLA 1986]*, pp. 38-45, 1986.
Standish 1984.
Thomas A. Standish, "An Essay on Software Reuse," *IEEE Trans. on Software Engineering,* vol. SE-10, no. 5, pp. 494-497, Sept. 1984.
Stroustrup 1984.
Bjarne Stroustrup, "Data Abstraction in C," *AT&T Bell Laboratories Tech. Journal,* vol. 63, no. 8, Part 2, pp. 1701-1732, Oct. 1984.
Stroustrup 1986.
Bjarne Stroustrup, *The C++ Programming Language,* Addison-Wesley, Menlo Park (Calif.), 1986.
Tabourier 1986.
Yves Tabourier, *De l'autre côté de Merise - Systèmes d'Information et Modèles d'Entreprise,* Les Editions d'Organisation, Paris, 1986.
Tardieu 1984.
Hubert Tardieu, Arnold Rochfeld and René Colletti, *La Méthode Merise, Principes et Outils* (2nd Edition), Les Editions d'Organisation, Paris, 1984.
Tesler 1985.
Larry Tesler, "Object Pascal Report," *Structured Language World,* vol. 9, no. 3, 1985.
Ungar 1984.
David Ungar, "Generation Scavenging: A Non-disruptive High Performance Storage Reclamation Algorithm," in *Proc. ACM SIGSOFT/SIGPLAN Software Engineering Symp. on Practical Software Development Environments* (Pittsburgh, Pennsylvania, Apr. 23-25, 1984), pp. 157-167, ACM Software Engineering Notes, 9, 3 and SIGPLAN Notices, 19, 5, May 1984.
VLDB 1987.
VLDB, *Very Large Databases Conference, 1987,* London, Sept. 1987.
Waters 1985.
Richard C. Waters, "The Programmer's Apprentice: A Session with KBEmacs," *IEEE Trans. on Software Engineering,* vol. SE-11, no. 11, pp. 1296-1320, Nov. 1985.
Wegner 1984.
Peter Wegner, "Capital-Intensive Software Technology," *IEEE Software,* vol. 1, no. 3, July 1984.
Welsh 1977.
J. Welsh, W. Sneeringer and C.A.R. Hoare, "Ambiguities and Insecurities in Pascal," *Software, Practice and Experience,* vol. 7, pp. 685-696, 1977.
Wiederhold 1986.
Gio Wiederhold, "Views, Objects and Databases," *IEEE Computer,* vol. 19, no. 2 pp. 37-44, Dec. 1986.
Wirth 1971.
Niklaus Wirth, "Program Development by Stepwise Refinement," *Communications of the ACM,* vol. 14, no. 4, pp. 221-227, 1971.
Wirth 1982.
Niklaus Wirth, *Programming in Modula-2,* Springer-Verlag, New York, 1982.
Yonezawa 1987.
Akinori Yonezawa and Mario Tokoro (eds.), *Object-oriented Concurrent Programming,* MIT Press, Cambridge (Mass.), 1987.
Yourdon 1979.
Edward Nash Yourdon and Larry L. Constantine, *Structured Design: Fundamentals of a Discipline of Computer Program and Systems Design,* Prentice-Hall, Englewood Cliffs (N.J.), 1979.
van Wijngaarden 1975.
Aad van Wijngaarden, B.J. Mailloux, J.E.L Peck, C.H.A. Koster, Michel Sintzoff, Charles H. Lindsey, Lambert G.L.T. Meertens and R.G. Fisker, "Revised Report on the Algorithmic Language Algol 68," *Acta Informatica,* vol. 5, pp. 1-236, 1975.

Quellenhinweise

Einige Textabschnitte von Anhang B erschienen teilweise in “Eiffel: Programming for reusability and extendibility”, *SIGPLAN Notices,* 22, 2, February 1987, pp. 85-94.

Einige Textabschnitte von Kapitel 3 und 12 erschienen teilweise in “Reusability: The Case for Object-Oriented Design”, *IEEE Software,* 4, 2, March 1987, pp. 50-64.

Einige Textabschnitte von Kapitel 19 erschienen teilweise in “Genericity vs. Inheritance”, Proc. OOPSLA Conference, ACM, October 1986; revised version to appear in *Journal of Pascal, Ada and Modula-2.*

Einige Textabschnitte von Kapitel 4 und Anhang A erschienen teilweise in “Eiffel: A Language and Environment for Software Engineering”, *The Journal of Systems and Software,* 1988.

Warenzeichen, die in diesem Buch verwendet wurden: Ada (US Department of Defense); Eiffel (Interactive Software Engineering, Inc.); Objective-C (Productivity Products International); Simula 67 (Simula AS); Smalltalk (Xerox); Unix (AT&T Bell Laboratories).

Stichwortverzeichnis